Dix ans d'application de la loi pénitentiaire

BIBLIOTHÈQUE*S DE* DROIT

COLLECTION FONDÉE ET DIRIGÉE PAR JEAN-PAUL CÉRÉ

Cette collection a pour vocation d'assurer la diffusion d'ouvrages scientifiques sur des thèmes d'actualité ou sur des sujets peu explorés dans le domaine des sciences juridiques. Elle se destine notamment à la publication de travaux de jeunes chercheurs.

Dernières parutions :

C. MENABE et J. LEONHARD (dir.), Femmes, mineurs et terrorisme

V. LE TROUHER, Droit pénal des affaires et groupes de sociétés

N. JOUENNE-PEYRAT, L'encadrement pénal de la prostitution des mineurs

J.P. CÉRÉ, Droit disciplinaire pénitentiaire

H. HEDHILI-AZEMA, Droit disciplinaire pénitentiaire de la belle époque

M.C. GLOMET, Consommation de cannabis et droit pénal

C.A. VAZ-FERNANDEZ, Big data et intelligence artificielle au service de la sécurité intérieure en France

A. CHARRIAU, L'avenir du juge unique

M. MANET, Le devenir juridique de la dignité

M. GALLIMARD, L'incrimination de la zoophilie

M. PELTIER-HENRY, Le droit pénal à l'épreuve des neurosciences

T. TOUZEAU, Recel et blanchiment

H. CAPPADORO, Le sens de la peine

M. BONNARD, Le statut juridique de l'assistance médicale à la procréation

BIBLIOTHÈQUE DE *DROIT PENITENTIAIRE*

Sous la direction de
Jean-Paul CÉRÉ et Ludivine GRÉGOIRE

DIX ANS D'APPLICATION DE LA LOI PENITENTIAIRE

Bilan et perspectives

L'Harmattan

5-7, rue de l'École-Polytechnique ; 75005 Paris

http://www.editions-harmattan.fr

ISBN : 978-2-343-23310-9

EAN : 9782343233109

Avant-Propos

« Il y a des périodes favorables et des périodes défavorables : périodes favorables quand survient, comme maintenant, une prise de conscience de la réalité des prisons »[1].

Cette prise de conscience décrite par Robert Badinter au début des années 2000 traverse les époques, tant elle se réalise de manière ponctuelle, par à-coups successifs, comme si à certains moments, la situation dans les prisons devenait si insoutenable qu'il faille y remédier – rapidement si possible.

La loi n° 2009-1436 du 24 novembre 2009, dite *« loi pénitentiaire »*, s'inscrit dans cette dynamique, comme le résultat d'une prise de conscience de la nécessité d'adapter – enfin – le droit aux réalités pénitentiaires. C'est que, le contexte était propice à une telle (r)évolution. Un contexte international d'abord, marqué par une invitation faite aux États membres d'élaborer une *« loi fondamentale sur les établissements pénitentiaires qui définisse un cadre réglementant à la fois le régime juridique, le droit de réclamation ainsi que les obligations des détenus et prévoie un organe de contrôle indépendant auquel les détenus puissent s'adresser en cas de violation de leurs droits »*[2]. Un contexte juridique ensuite, guidé par la

---

[1] Propos retranscrits dans le Rapport n° 2521 de l'Assemblée Nationale (dir. J. Floch), fait au nom de la commission d'enquête sur la situation dans les prisons françaises, 28 juin 2000.

[2] Cette invitation résulte notamment de la lecture d'une résolution du 17 décembre 1998 sur les conditions carcérales dans l'Union européenne, adoptée par le Parlement européen.

volonté d'élever au niveau législatif des normes qui, jusqu'alors, résultaient de dispositions réglementaires, de circulaires ou encore de notes administratives. En effet, l'éparpillement de ces normes privait le droit de la privation de liberté des qualités inhérentes à tout arsenal juridique : la clarté, l'accessibilité, la lisibilité ou encore la prévisibilité. Un contexte historique enfin, qui témoigne des bouleversements subis par la prison depuis plusieurs années. L'ouverture de la prison vers l'extérieur, la judiciarisation de l'application des peines ou encore les transformations du service public pénitentiaire sont autant de mutations justifiant un regroupement et une harmonisation des normes pénitentiaires.

Dans cette optique, la France s'est ainsi dotée d'une loi fondamentale sur le service public pénitentiaire, une loi qui fait partie de ces Grandes lois, comme symbolisant l'avènement d'un nouveau Droit, un nouveau droit pénitentiaire.

Quelque dix années plus tard, il est temps de dresser le bilan de l'application de cette loi, un bilan en demi-teinte comme le révèlent les différentes contributions de cet ouvrage, un bilan mitigé également à l'aune d'une actualité qui foisonne d'exemples faisant écho aux insuffisances constatées : une surpopulation carcérale pointée du doigt par les juges européens, une ineffectivité des recours offerts aux détenus par le droit positif ou encore, de manière plus générale peut-être, un accès aux droits en détention plus que lacunaire. Cet ouvrage propose ainsi d'interroger l'effectivité et l'efficacité des dispositions issues de la loi du 24 novembre 2009, tout en mettant en lumière des perspectives d'évolution bien réelles. L'ambition de créer un code pénitentiaire, qui découle d'une volonté clairement exprimée par notre garde des Sceaux et qui trouve son assise dans l'article 15 du projet de loi pour la confiance dans l'institution judiciaire[3], atteste de l'impérieuse nécessité d'effectuer une réforme d'ampleur d'un

---

[3] NOR : JUSX2107763L

droit en quête de cohérence et de stabilité. Au final, l'histoire montrera peut-être que la loi du 24 novembre 2009 n'aura été qu'une étape – la première étape – dans l'avènement d'un véritable droit pénitentiaire.

L'analyse de *« Dix ans d'application de la loi pénitentiaire »* permet en définitive de dresser un bilan objectif et nuancé du droit pénitentiaire tel qu'il résulte de la loi, mais également d'envisager les perspectives d'évolution de ce droit en pleine mutation, à court ou moyen terme.

La publication de cet ouvrage s'effectue dans le cadre du 3e Congrès des jeunes pénalistes de l'Association Française de Droit Pénal. Elle précède le Congrès restitutif qui se tiendra le 2 juillet à l'Université de Pau et des Pays de l'Adour et qui sera l'occasion, pour l'ensemble des auteurs, de poursuivre des réflexions déjà particulièrement riches.

Pau, le 24 mars 2021

Jean-Paul CÉRÉ
Université de Pau et des Pays de l'Adour
Directeur du Centre de Recherche sur la Justice Pénale et Pénitentiaire (CRJ2P/IFTJ)
Président honoraire de l'Association Française de Droit Pénal

Ludivine GRÉGOIRE
Université de Pau et des Pays de l'Adour
Centre de Recherche sur la Justice Pénale et Pénitentiaire (CRJ2P/IFTJ)
Trésorière de l'Association Française de Droit Pénal

Principales abréviations

AJDA ... Actualité juridique de droit administratif
AJ pénal ... Actualité juridique pénal
ARSE ... Assignation à résidence sous surveillance électronique
Art ... Article
BOMJ ... Bulletin officiel du ministère de la justice
CE ... Conseil d'Etat
CEDH ... Cour européenne des droits de l'homme
CGLPL ... Contrôleur général des lieux de privation de liberté
Chron. ... Chronique
Circ. ... Circulaire
CNCDH Commission nationale consultative des droits de l'homme
CNE ... Centre national d'évaluation
Coll. ... Collection
Comm. ... Commentaire
Cons. const. ... Conseil constitutionnel
Consid. ... Considérant
C. pén ... Code pénal
CPP ... Code de procédure pénale
Crim. ... Chambre criminelle de la Cour de cassation
CSDP ... Commission de suivi de la détention provisoire
CSI ... Code de la sécurité intérieure
D. ... Recueil Dalloz
D. actualité ... Dalloz actualité
DDSE ... Détention à domicile sous surveillance électronique
Décis. ... Décision
Décr. ... Décret
Dr. pén ... Revue Droit pénal
Ed ... Edition
Gaz. Pal ... Gazette du Palais
Ibid ... *Ibidem*, au même endroit

Infra .... Ci-dessous
JAP .... Juge de l'application des peines
J.-Cl. pén. .... Juris-Classeur pénal
JCP G .... Jurisclasseur, La semaine juridique, édition générale
JLD .... Juge des libertés et de la détention
JO .... Journal Officiel
LPA .... Les petites affiches
Not .... Notamment
Obs. .... Observations
OIP .... Observatoire international des prisons
OMS .... Organisation mondiale de la Santé
Ord. .... Ordonnance
P, pp .... page(s)
PEP .... Parcours d'exécution des peines
Préc. .... Précité
QPC .... Question prioritaire de constitutionnalité
RDSS .... Revue de droit sanitaire et social
Rép. pén. .... Répertoire de droit pénal et de procédure pénale Dalloz
Req. .... Requête(s)
RFDA .... Revue française de droit administratif
RPDP .... Revue Pénitentiaire et de Droit Pénal
RSC .... Revue de science criminelle et de droit pénal comparé
S .... suivant
Spéc. .... Spécialement
SPIP .... Services pénitentiaires d'insertion et de probation
Supra .... Supra
TIG .... Travail d'intérêt général
V .... Voir

1ère PARTIE

ENCADRER LA PRIVATION DE LIBERTÉ : ENTRE AVANCÉES ET INSUFFISANCES

Quel sens pour la peine privative de liberté ?

Elisa BARON
Maître de conférences à Université de Bordeaux (ISCJ)

« L'âme sait que le châtiment répare l'ordre du monde blessé par l'injustice »[1]

Un peu plus de dix ans se sont écoulés depuis que la loi pénitentiaire du 24 novembre 2009[2] prétendait appréhender le sens de la peine privative de liberté. Celle-ci s'ouvrait en effet sur un titre préliminaire, composé d'un unique article, intitulé « *Du sens de la peine privative de liberté* ». Belle promesse d'un texte, ajouté sur proposition du Sénat, qui fut pourtant balayée à peine 5 ans plus tard[3] : abrogé, le texte fut remplacé en partie par l'adjonction d'un II à l'article 707 du Code de procédure pénale qui dispose que « *Le régime d'exécution des*

---

[1] J.-B. Bossuet, *Traité de la connaissance de Dieu et de soi-même*, V., 6, 1722.

[2] Loi n° 2009-1436 du 24 novembre 2019 pénitentiaire.

[3] Loi n° 2014-896 du 15 août 2014 *relative à l'individualisation des peines et renforçant l'efficacité des sanctions pénales.*

peines privatives et restrictives de liberté vise à préparer l'insertion ou la réinsertion de la personne condamnée afin de lui permettre d'agir en personne responsable, respectueuse des règles et des intérêts de la société et d'éviter la commission de nouvelles infractions », sans plus qu'il ne soit question de sens de la peine privative de liberté. Celui-ci serait-il déjà acquis ? Ou son expression formelle considérée comme superflue ? La question du sens de la peine privative de liberté est pourtant aujourd'hui au cœur des réformes les plus récentes consacrées au droit de la peine.

La peine privative de liberté s'entend de l'enfermement d'un condamné dans un établissement pénitentiaire[4]. Elle revêt aujourd'hui plusieurs formes : la *réclusion criminelle* – propre aux crimes de droit commun –, la *détention criminelle* – propre aux crimes politiques –, et l'*emprisonnement* – propre aux délits et aux crimes lorsque leurs auteurs sont condamnés à moins de 10 ans[5].

Son histoire est en réalité récente[6]. Ce n'est qu'à la fin du 18ème siècle que l'enfermement est apparu comme une peine à part entière. Les prisons étaient pourtant déjà bien connues puisque présentes dès l'Antiquité, mais en droit romain par exemple, elles servaient à enfermer les individus en attente de leur jugement ou de l'exécution de leur peine. Cette double vocation perdurera sous l'Ancien Régime mais jamais l'enfermement n'y sera envisagé comme une peine à part

[4] L. Leturmy, Peines applicables aux personnes physiques – Synthèse, *J.-Cl. Pénal Code*, n° 29.

[5] Les mesures privatives de liberté telles que la rétention de sûreté ou encore la détention provisoire seront donc exclues en ce qu'elles ne sont pas des peines.

[6] Pour une présentation de l'histoire de l'enfermement, v. notamment *Place respective des sanctions privatives et non privatives de liberté*, Rapport aux journées franco-roumaines de la Société de législation comparée, *Revue internationale de droit comparé*, 1981, p. 7.

entière[7]. L'enfermement en tant que conséquence d'une condamnation date du Code pénal de 1791 et le code napoléonien en fait rapidement la pierre angulaire du système répressif français, en tant que peine principale prévue pour les crimes, les délits, et certaines contraventions. La peine privative de liberté s'est ainsi imposée comme un substitut à la peine de mort en parallèle des conceptions renouvelées de la peine, sans être pour autant le premier d'entre eux puisque des peines telles que les travaux forcés, la transportation dans les colonies, le bannissement, ou encore la relégation subsistaient et étaient largement utilisées à l'encontre des récidivistes notamment[8]. Du reste, Beccaria, souvent présenté comme le précurseur des théories modernes de la peine, ne songeait ainsi pas à l'enfermement en tant que peine mais plutôt aux travaux forcés et aux châtiments corporels, formes d'adoucissement de la peine, selon lui, par comparaison à la peine de mort[9]. L'histoire de l'évolution des fonctions de la peine est connue : de rétributive, la peine a aspiré, traversée par un courant humaniste au demeurant fort légitime, à la resocialisation du délinquant[10]. Dans cette lignée, la privation de liberté s'est imposée en tant que peine évoluée dans le courant du 19ème siècle, Rossi écrivant ainsi qu'elle est « *la peine par excellence dans les sociétés civilisées* »[11].

---

[7] Sur ces différents points, v. notamment : R. Estangüi Gomez, D. Pasquier-Chambolle, *De l'enfermement et des lieux de réclusion*, *Hypothèses* 2008/I (II), pp. 141-150.

[8] V. notamment P. Poncela, *Droit de la peine*, PUF, coll. Thémis, 2001, spéc. 82 et s.

[9] V. P. Audegean, *Beccaria et la naissance de la prison*, *in* « Prison et Droits : visages de la peine », Paris, Campus ouvert/L'Harmattan, L'irascible n° 5, 2016.

[10] Sur l'évolution des fonctions de la peine, v. notamment J.-P. Céré et L. Grégoire, « Peine : nature et prononcé », *Rép. pén.* Dalloz, spéc. n° 2 à 16.

[11] P. Rossi, *Traité de droit pénal*, livre III, chap. VIII, « De l'emprisonnement », 1829, p. 169.

Pourtant, elle est aujourd'hui accusée de tous les maux[12], si bien que le courant humaniste qui a présidé à son adoption questionne son sens.

Les références au sens de la peine, et plus particulièrement au sens de la peine privative de liberté sont ainsi légion chez le législateur et l'exécutif depuis une dizaine d'années. Pour n'évoquer que le législateur, après avoir promu le sens de la peine privative de liberté dans la loi pénitentiaire de 2009, celui-ci a entendu « *Renforcer l'efficacité et le sens de la peine* » en 2019[13], non sans avoir entre-temps évoqué à plusieurs reprises le sens de la peine au détour d'un communiqué de presse[14] par exemple. Mais cette soudaine quête de sens interroge.

Certes, la peine privative de liberté connaît un déclin certain, voire une crise, en particulier en matière d'emprisonnement, si bien que des auteurs ont pu se demander si « *après l'abolition de la peine de mort, (on ne serait pas) sur le point d'assister à une abrogation de facto de la peine d'emprisonnement* »[15]. Mais cette crise n'est-elle pas justement le fait du législateur contemporain guidé avant tout par une logique « *d'économie pénitentiaire* »[16] dans sa volonté d'éviter l'incarcération ? A l'heure où la surpopulation carcérale et les conditions de détention sont dénoncées par la Cour européenne des droits de l'Homme[17], cette logique budgétaire n'est pourtant pas près de disparaître.

---

[12] V. *infra*.

[13] Loi n° 2019-22 du 23 mars 2019 *de programmation 2018-2022 et de réforme de la justice*, JO 24 mars 2019, texte n° 2.

[14] V. *infra* s'agissant du communiqué de presse de la loi du 15 août 2014.

[15] E. Bonis et V. Peltier, *Droit de la peine*, LexisNexis, 3ème éd., n° 34.

[16] L'expression est empruntée à E. Bonis et V. Peltier, *ibid.*

[17] V. CEDH 30 janvier 2020, *J.M.B. et autres c. France*, n° 9671/15 et 31 autres. L'arrêt est certes concernant la détention provisoire, mais il semble généralisable quant aux griefs relatifs à la surpopulation carcérale

La question en appelle ainsi une autre : quel sens donner à une peine exécutée dans des conditions contraires à la dignité de la personne humaine ? Peut-elle encore en avoir un ? Réfléchir au sens de la peine impliquerait en principe de définir la notion de sens. Pourtant, la notion échappe à une définition précise et le flou qui entoure les expressions l'utilisant (faire sens, donner du sens…) témoigne certainement de l'embarras qu'il cause à qui doit l'utiliser[18]. Le sens est ainsi « *un « horizon » qu'on n'atteint jamais, mais qui recule au fur et à mesure qu'on s'en rapproche* »[19]. De ce point de vue, plus qu'une recherche du sens de la peine, les intitulés des différents textes de loi ne masquent pas leur quête d'une justification à l'échec des politiques pénales en la matière. N'est-ce pas le législateur lui-même qui contribue à vider de son sens, si tant est qu'il en ait un, la peine privative de liberté ? Il s'agirait alors de (re)donner du sens à une coquille, sinon vide, réduite à peau de chagrin.

La question est au demeurant fondamentale tant le sens de la peine, malgré toute l'obscurité qui entoure l'expression, est profondément lié à l'idée de justice : une peine qui aurait du sens est une peine qui devrait d'abord être juste[20]. La quête de sens est en réalité une quête de légitimation. Le paradoxe, qui explique certainement l'échec de l'entreprise[21],

---

et les conditions de détention en maisons d'arrêt où certaines peines d'emprisonnement sont effectuées.

[18] Pour une approche philosophique de la difficulté à aborder le sens de la peine, v. D. Bernard et K. Ladd, *Introduction – Ce que faire sens veut dire : sanction pénale et questions de sens*, *in* « Les sens de la peine », Presses de l'Université Saint-Louis, 2019, p. 7 et s.

[19] M. Van de Kerchove, *Sens et non-sens de la peine, entre mythe et mystification*, Facultés universitaires Saint-Louis, Droit, 2009, p. 19-20.

[20] L'impossibilité de réaliser cet objectif invite ainsi certains auteurs à conclure à l'absence de sens de la peine : v. G. Casadamont et P. Poncela, *Il n'y a pas de peine juste*, Ed. O. Jacob, 2004.

[21] La multiplication des réformes relatives au sens de la peine est sans aucun doute un aveu d'échec quant à la découverte de celui-ci…

est remarquable : alors qu'il cherche à tout prix à éviter la peine privative de liberté, le législateur s'échine dans le même temps à la légitimer.

Pourtant, il n'est pas certain que la peine privative de liberté ait jamais perdu son sens si l'on veut bien entendre ce dernier d'une façon assez simple. Si le sens contient nécessairement une part subjective[22], il vise principalement la raison d'être une chose, mais aussi sa finalité, sa fonction. Le pourquoi et le pour quoi la peine privative de liberté en somme. Compris de la sorte, le sens de la peine privative de liberté n'est peut-être pas si hétérogène et obscur qu'il y paraît. Tout au plus a-t-il pu se dérober sous l'effet de nouvelles fonctions assignées à la peine et que l'on aurait voulu attribuer à toute peine, sans considération pour leur nature différente. Si des fonctions communes à la peine peuvent ainsi être dégagées, le dosage de ces fonctions n'est certainement pas le même selon la nature de la peine prononcée. Or, la peine privative de liberté est sans conteste celle qui cristallise principalement la tension entre ces fonctions traditionnelles et modernes. Il convient alors de revenir à l'essence de la peine pour déterminer le sens profond de la peine privative de liberté et envisager une conciliation avec les fonctions plus modernes de celle-là. De ce point de vue, elle apparaît comme le parangon du châtiment.

Défini comme une peine, généralement sévère, infligée au coupable d'une faute[23], le châtiment possède une coloration morale qui témoigne de la réprobation attachée à la personne que l'on prive de sa liberté. Plus encore, le châti-

---

[22] L'une des significations du mot sens vise ainsi le point de vue, la manière de comprendre et de concevoir une chose à travers le regard spécifique d'une personne : v. E. Bonis, *Propos introductif au colloque Le sens de la longue peine*, 14 juin 2019, disponible en ligne : https://iscj.u-bordeaux.fr/Publications/Collection-Colloques

[23] V. notamment Larousse, Dictionnaire en ligne, *« Châtiment »* : https://www.larousse.fr/dictionnaires/francais/châtiment/14915

ment est une punition qui a pour but de corriger celui qui le subit, de l'amender[24]. Il est ainsi tourné à la fois vers le passé du délinquant, et vers son avenir. Ce double aspect se retrouve parfaitement s'agissant de la peine privative de liberté telle qu'elle devrait être conçue aujourd'hui : elle s'explique par la faute commise par le délinquant, qui doit ainsi être puni pour la commission d'un acte contraire au droit, et doit en même temps lui permettre de s'améliorer pour que, comme toute peine, elle remplisse sa mission de protection de la société. Les fonctions qualifiées d'utilitaristes de la peine ne sont ainsi pas oubliées mais conciliées avec la fonction rétributive, la protection de la société exigeant une réinsertion du condamné et l'assurance qu'il ne recommencera pas.

Loin d'être archaïque, la notion de châtiment intrinsèquement liée à la peine et plus particulièrement à la peine privative de liberté ne doit donc pas être passée sous silence[25]. Au contraire, l'assumer permettrait de redonner son sens premier à cette dernière et de mieux asseoir ses autres finalités. Ignoré aujourd'hui à tort par le législateur, comme s'il était un terme indécent[26], le châtiment s'analyse pourtant

---

[24] V. l'étymologie du terme, issu de *castigo* « punir » mais aussi « amender, corriger » : F. Gaffiot, *Dictionnaire Latin-Français*, 1934.

[25] Dans un sens proche, au sujet de la peine dans son ensemble, v. D. Dassa-Le Deist, « L'emprisonnement : peine de référence en droit pénal », *Gaz. Pal.* 26 avril 2016, p. 92.

[26] V. J. Ferrand, *Brèves intempestives sur le sens de peine saisi dans une perspective historique*, Rue Descartes 2018/3, n° 93, p. 8 et s., spéc. p. 8 : « *Où sont encore passés la répression, la sanction, la neutralisation, et ce vocabulaire jadis si fréquent sous la plume des criminalistes ? Il se passe en effet quelque chose dans l'ordre du discours : la tendance est à l'euphémisation. Plutôt que de parler de répression, on préfère mettre l'accent sur la prévention* ». V. également A. Leroy, Un temps pour condamner, un temps pour laisser souffrir, un temps pour en sortir ?, *in* « Les sens de la peine », préc., pp. 291-343, n° 25, qui évoque « *l'axe punitif voulu, non-absent, mais quasi-indicible du refus d'aménagement de peine* » (et donc de la peine privative de liberté).

tout à la fois comme la genèse (I) et le salut (II) de la peine privative de liberté.

I. Le châtiment, genèse de la peine privative de liberté

La peine privative de liberté, en tant que peine, ne peut s'abstraire de la définition de celle-ci. Si la peine a pu être appréhendée comme « *le châtiment édicté par la loi à l'effet de prévenir et, s'il y a lieu, de réprimer l'atteinte à l'ordre social qualifiée d'infraction* »[27], la peine privative de liberté est certainement aujourd'hui celle dans laquelle s'incarne le plus la coloration morale que revêt la notion de châtiment. En effet, peine rétributive par excellence (B), elle entretient des liens étroits avec la notion de symbole (A).

A. Peine privative de liberté et symbole(s)

Peine la plus grave de notre arsenal répressif contemporain, la peine privative de liberté est sans conteste aujourd'hui emblématique de la protection pénale d'une norme : dans l'inconscient collectif, nul doute que le droit pénal n'est autre que le droit de la sanction, et plus particulièrement, celui dont la violation d'une norme est susceptible d'entraîner l'enfermement de son auteur dans un établissement pénitentiaire. Pour autant, cette vision est certainement très réductrice aujourd'hui : nombre d'infractions ne sont en réalité pas punissables d'une peine privative de liberté, et même à supposer qu'elles le soient, le principe d'individualisation de la sanction permettra bien souvent que d'autres peines, dites alternatives, soient prononcées en lieu et place de l'emprisonnement.

---

[27] R. Merle et A. Vitu, *Traité de droit criminel*, t. 1 ; Cujas, 7ème éd., 1997, n° 142.

Symbole des peines (1), la peine privative de liberté apparaît ainsi comme une peine hautement symbolique (2).

1. La peine privative de liberté, un symbole des peines

La peine privative de liberté s'analyse comme un symbole des peines en ce qu'elle est d'abord une peine principale, c'est-à-dire qu'elle fait partie de celles encourues à titre principal par le condamné en matière criminelle et correctionnelle[28]. Surtout, il s'agit d'une peine de référence en ce qu'elle permet de déterminer la nature de l'infraction. Dénommée *réclusion* ou *détention criminelle* en matière criminelle, elle est *emprisonnement* en matière délictuelle. Or, très peu de peines disposent d'un tel statut puisque seule l'amende partage ce rôle avec elle, l'amende pouvant en effet être correctionnelle et permettre alors d'identifier un délit, ou contraventionnelle et permettre ainsi d'identifier une contravention[29]. Prévue pour les infractions les plus graves, elle apparaît ainsi comme la peine la plus sévère du droit pénal français.

En effet, depuis l'abolition de la peine de mort et la suppression des peines telles que la relégation, le bannissement, ou encore les travaux forcés[30], aucune sanction n'est plus

---

[28] L'emprisonnement de police ayant disparu avec l'entrée en vigueur du nouveau Code pénal.

[29] L'amende peut également intervenir en matière de crimes mais elle n'est pas systématique dans une telle hypothèse, et son *quantum* ne permet pas nécessairement de la distinguer de l'amende délictuelle, ce qui interdit par conséquent de la considérer comme une peine de référence en matière criminelle : v. E. Bonis et V. Peltier, *Droit de la peine*, préc., n° 176.

[30] Le décret du 17 juin 1938 met fin à la transportation dans les colonies ; l'ordonnance du 4 juin 1960 met fin à la peine de travaux forcés et de déportation ; la loi du 17 juillet 1970 met fin à la relégation ; enfin, le bannissement, tombé en désuétude, n'est pas envisagé dans le Code pénal de 1992.

dure que la peine privative de liberté, en particulier lorsqu'elle est assortie d'une période de sûreté[31]. Partant, choisir d'infliger une telle peine, que ce choix soit celui du législateur à travers la sanction abstraitement prévue, de la juridiction de jugement à travers la sanction prononcée ou encore du juge d'application des peines à travers la sanction qui sera effectivement mise à exécution, traduit la volonté, plus que pour toute autre peine, de punir son auteur. Loin d'être neutre, ce choix témoigne sans conteste du caractère symbolique de la peine privative de liberté.

2. La peine privative de liberté, une peine symbolique

En matière criminelle, hormis en cas de dispense de peine[32], le prononcé d'une peine privative de liberté est la règle en cas de condamnation : si la juridiction déclare la culpabilité d'un individu, elle devra assortir cette décision d'une peine de réclusion criminelle, de détention criminelle, ou d'emprisonnement dont des *minima* sont du reste fixés par le législateur (un an en cas de réclusion à temps, deux en cas de réclusion à perpétuité[33]).

En matière délictuelle, le prononcé d'une peine privative de liberté est en revanche l'exception. En effet, depuis la loi du 23 mars 2019[34], l'échelle des peines correctionnelles a été revue. L'article 131-3 modifié du Code pénal vise ainsi huit peines correctionnelles encourues par les personnes physiques, parmi lesquelles l'emprisonnement occupe toujours la première place. Pourtant, ce positionnement en tête de l'énumération ne signifie nullement que cette peine soit celle

---

[31] Sur ce point, v. *infra* (II-B).

[32] C. pén., art. 132-59.

[33] C. pén., art. 132-18.

[34] Préc. Sur cette loi, v. notamment M. Giacopelli, « Renforcer l'efficacité et le sens de la peine », *JCP G* 2019, p. 386.

à privilégier, bien au contraire. En effet, l'article 132-19 du Code pénal, relatif aux aménagements de peine *ab initio*, commence par rappeler que la peine d'emprisonnement peut être assortie d'un sursis total ou partiel, avant d'interdire de prononcer une peine d'emprisonnement inférieure ou égale à un mois. Surtout, son alinéa 2 affirme explicitement qu'une peine d'emprisonnement sans sursis ne peut être prononcée « *qu'en dernier recours si la gravité de l'infraction et la personnalité de son auteur rendent cette peine indispensable et si toute autre sanction est manifestement inadéquate* ». L'aménagement de peine est même de principe en cas de condamnation à une peine inférieure ou égale à six mois d'emprisonnement. L'exigence de motivation spéciale de la peine d'emprisonnement[35] démontre encore le caractère souhaité exceptionnel de la peine d'emprisonnement par le législateur, même avant la loi du 23 mars 2019[36]. Enfin, même s'il occupe toujours la première place, son énoncé est immédiatement suivi d'une précision relative à son régime[37], dont la mise en œuvre au sein d'un texte relatif à la nomenclature des peines ne peut que surprendre[38] – quitte à laisser croire que le législateur entendait ainsi à nouveau marquer son aversion à son égard, et avouer sa culpabilité à maintenir la peine privative de liberté en matière correctionnelle… A en croire le titre V de la loi, ces mesures de lutte contre l'emprisonnement viendraient « *Renforcer l'efficacité et le sens de la peine* ».

---

[35] C. pén., art. 132-19, al. 4.

[36] L'obligation spéciale de motivation date ainsi du Code pénal de 1992 et la Cour de cassation veillait déjà à sa stricte application (v. notamment Crim., 18 mai 2011, n° 10-81.045) et le fait de considérer l'emprisonnement comme l'*ultima ratio* de la loi du 15 août 2014.

[37] « *Cet emprisonnement peut faire l'objet d'un sursis, d'un sursis probatoire ou d'un aménagement conformément aux dispositions du chapitre II du présent titre ;* »

[38] Dans le même sens, v. notamment E. Bonis et V. Peltier, *Droit de la peine*, préc., n° 153.

Exception en matière correctionnelle, la peine privative de liberté se retrouve donc par principe cantonnée à la matière criminelle, et la prononcer est alors un symbole particulièrement fort de la réprobation sociale associée à la fois à l'acte commis et au délinquant (sa personnalité n'ayant pas permis d'éviter son prononcé). Subir une peine privative de liberté, c'est ainsi commettre une infraction si grave qu'aucune autre sanction n'est possible ou envisageable. La vertu symbolique de cette peine est patente tant elle vient marquer socialement le coupable. C'est alors évoquer le caractère infâmant de la peine, qui atteint son paroxysme avec la peine privative de liberté. Or, le caractère infâmant de la peine n'est qu'un des aspects du caractère rétributif de cette dernière.

B. Peine privative de liberté et rétribution

Les ressorts de la rétribution sont connus : compensation du mal infligé à la société, la peine vient restaurer un équilibre rompu par l'infraction. Cette finalité de la peine, qui s'adresse ainsi à la société, et exclusivement à elle[39], connaît un déclin certain dans un droit pénal tourné vers l'auteur de l'acte (1). Pourtant, ce caractère rétributif n'a pas disparu et imprègne plus particulièrement la peine privative de liberté (2).

1. Le déclin du caractère rétributif de la peine

Historiquement, cette fonction est certainement l'une des plus anciennes assignées à la peine, que l'on retrouve dans l'étymologie même du mot. La *poena* est ainsi la « *compensation destinée à racheter un meurtre* », dont découlent notamment les termes de punition, châtiment et peine[40]. Mais peu à peu, d'autres fonctions lui ont été préférées, tournées vers l'avenir

---

[39] En ce sens, v. E. Bonis et V. Peltier, *Droit de la peine*, préc., n° 424.

[40] V. F. Gaffiot, *Dictionnaire Latin-Français*, préc.

et la prévention du renouvellement de l'infraction, la réadaptation ou la réinsertion du condamné, dans une vision qualifiée d'utilitariste de la peine[41]. Ces fonctions modernes de la peine, généralement datées du 18ème siècle, n'ont pas pour autant fait disparaître la dimension rétributive de celle-ci, mais se sont plutôt juxtaposées ou superposées à elle. Cette finalité originelle, parfois qualifiée d'archaïque, n'a pourtant pas disparu de notre droit positif, même si elle est incontestablement en déclin[42]. Or, bien que ce déclin soit prégnant s'agissant de la peine privative de liberté[43], c'est malgré tout à l'égard de cette dernière que le caractère rétributif demeure le plus marqué. La peine privative de liberté vise ainsi à infliger une souffrance au condamné, souffrance qui vient compenser le mal qu'il a causé à la société.

2. La survie de la fonction rétributive de la peine privative de liberté

Puisque la peine est un prix, le « *prix du renoncement à la vengeance* »[44], plus l'atteinte à la société est grave, plus ce prix va être élevé. Partant, la peine privative de liberté, en tant que peine la plus sévère de notre arsenal juridique, est donc celle qui induit le plus de souffrance pour celui qui la subit. Cette idée de souffrance qui accompagne la privation de liberté est d'ailleurs expressément évoquée et assumée par la Cour européenne des droits de l'Homme selon laquelle « *les mesures privatives de liberté s'accompagnent inévitablement de souffrance*

---

[41] V. également E. Dreyer, « L'objet de la sanction pénale », *D.* 2016, p. 2583, n° 5, qui évoque la fonction prophylactique de la peine.

[42] Sur ce point, v. notamment E. Bonis et V. Peltier, *Droit de la peine*, préc., n° 425.

[43] V. notamment l'encouragement aux aménagements de peine ou encore la possibilité de confusion des peines en matière de concours d'infractions.

[44] E. Chevreau, Y. Mausen et Cl. Bouglé, *Introduction historique au droit des obligations*, Paris, Litec, 2007, p. 87.

et d'humiliation »[45]. Les caractères afflictif et infâmant de la peine privative de liberté sont ainsi expressément relevés, sans qu'ils emportent condamnation de l'Etat en cause.

Mais le caractère rétributif de la peine privative de liberté est encore marqué par la logique de proportionnalité qui préside à la détermination abstraite de celle-ci. En effet, si elle est une compensation, la peine entretient nécessairement un rapport de proportionnalité entre l'atteinte portée au corps social et la souffrance infligée au délinquant. Il suffit ainsi pour s'en convaincre de songer à la loi du talion. Or, la peine privative de liberté témoigne particulièrement de cette volonté de proportionnalité puisque sa durée maximale, son *quantum*, varie en fonction de la gravité de l'acte commis[46].

Si « *le condamné paye le prix de son acte par le châtiment qu'il reçoit* »[47], la peine privative de liberté est certainement l'archétype de cette fonction rétributive. Pourtant, ce caractère en premier lieu punitif de la peine privative de liberté n'est pas explicitement assumé par le législateur. Point d'évocation de châtiment, de punition, ni même de rétribution à l'égard de la peine privative de liberté dans le Code pénal. Seul l'article 130-1, dans une formule relative à la peine en général, rappelle cette fonction en affirmant que « *la peine a pour fonctions de sanctionner l'auteur de l'infraction (…)* »[48].

---

[45] CEDH 31 janv. 2019, *Rooman c. Belgique*, n° 18052/11, n° 142.

[46] Ce qu'une étude rapide des circonstances aggravantes confirme, puisqu'elles viennent aggraver la pénalité encourue en allongeant notamment la durée de la peine privative de liberté encourue. Par ailleurs, le principe d'individualisation de la peine, lui, permettra d'assurer une proportionnalité plus concrète, en prenant en compte les circonstances de commission de l'infraction et la personnalité de l'auteur.

[47] E. Bonis et V. Peltier, *Droit de la peine*, préc., n° 426.

[48] « *Afin d'assurer la protection de la société, de prévenir la commission de nouvelles infractions et de restaurer l'équilibre social, dans le respect des intérêts de la victime, la peine a pour fonctions : 1° De sanctionner l'auteur de l'infraction ; 2° De favoriser son amendement, son insertion ou sa réinsertion* ». La qualification de peines

Mais outre le fait qu'il soit relatif aux peines en général et non propre à la peine privative de liberté, ce texte évoque surtout la finalité rétributive de la peine de façon très maladroite[49]. En effet, non seulement le terme de sanction n'est pas propre à la matière pénale, mais il est en outre loin de témoigner suffisamment du caractère punitif de la peine[50]. L'optimiste pourrait voir ce silence quant à la fonction punitive de la peine privative de liberté comme une manifestation de l'évidence du propos, qui ne mériterait pas que le législateur use sa plume pour énoncer une lapalissade (la peine punit). Néanmoins, c'est négliger qu'à taire l'évidence, on finit par l'ignorer. Surtout, cet optimisme – ou naïveté – n'emporte pas la conviction quand il s'agit de raisonner sur les finalités aujourd'hui expressément assignées à la peine privative de liberté, qui feignent d'ignorer le but avant tout punitif de celle-ci. Pourtant, c'est certainement en assumant que la peine privative de liberté est d'abord un châtiment que celle-ci trouvera son salut.

II. Le châtiment, salut de la peine privative de liberté

Parce que la peine est aujourd'hui profondément ancrée dans un courant humaniste, la punition ne peut évidemment pas être l'unique finalité de la peine privative de liberté. La Cour européenne des droits de l'Homme ne dit pas autre chose lorsqu'elle conditionne la compatibilité des peines

---

« correctionnelles » pourrait également être relevée comme se référant à cette fonction rétributive : corriger, c'est à la fois punir et améliorer. Il ne faudrait cependant pas en déduire que les peines criminelles et contraventionnelles n'aspirent pas au même rôle.

[49] Un auteur fait ainsi justement remarquer l'affaiblissement paradoxal du rôle de sanction de la peine par cette formule : E. Dreyer, « L'objet de la sanction pénale », préc., n° 5.

[50] Dans le même sens, v. E. Bonis et V. Peltier, *Droit de la peine*, préc., n° 414.

perpétuelles avec l'article 3 de la Convention à la possibilité d'un réexamen offrant une perspective de libération au condamné[51]. Elle précise ainsi que « *La personne mise en détention à vie sans aucune perspective d'élargissement ni possibilité de faire réexaminer sa peine perpétuelle risque de ne jamais pouvoir se racheter : quoi qu'elle fasse en prison, aussi exceptionnels que puissent être ses progrès sur la voie de l'amendement, son châtiment demeure immuable et insusceptible de contrôle* »[52]. Il importe alors de s'accorder sur cette finalité punitive de la peine privative de liberté, dont le caractère de châtiment est d'ailleurs pleinement assumé par la Cour européenne, afin que l'enfermement du condamné puisse remplir les autres ou certaines des autres fonctions assignées à la peine de façon moderne. L'insuffisance des finalités utilitaristes avec l'exécution de la peine privative de liberté (A) doit ainsi laisser la place à la reconnaissance nécessaire d'un temps de punition dans l'exécution de la peine privative de liberté (B).

A. L'insuffisance des finalités utilitaristes avec l'exécution de la peine privative de liberté

Bien que leur existence soit – heureusement – incontestable, les fonctions autres que rétributives de la peine sont loin d'épuiser le sens de la peine privative de liberté. La dissuasion par exemple, est certainement une des vertus de cette dernière. Pourtant, cette finalité ne résiste pas à l'analyse des longues peines. Il a ainsi été démontré que l'allongement des peines carcérales n'augmentait pas leur valeur dissuasive[53]. Or, les longues peines demeurent, et mieux encore, le législateur continue à prévoir des *quanta*

---

[51] CEDH Gde ch., 9 juill. 2013, *Vinter et autres c. Royaume-Uni*, n° 66069/09, 130/10 et 3896/10 ; Gde ch., 17 janv. 2017, *Hutchinson c. Royaume-Uni*, n° 57592/08.

[52] CEDH 9 juill. 2013, *Vinter c. Royaume-Uni*, préc., n° 112.

[53] M. Cusson, *Pourquoi punir ?*, Dalloz, Coll. Criminologie et droits de l'homme, 1987, p. 136.

différents en termes de temps d'incarcération selon la gravité de l'infraction commise. De même, la fonction de neutralisation (1) et la fonction sociale (2) de la peine ne permettent pas d'expliquer le maintien de la peine privative de liberté, témoignant alors de la persistance de la fonction rétributive de cette dernière.

1. Peine privative de liberté et fonction de neutralisation

Historiquement, la peine privative de liberté est venue prendre le relai de peines tendant à l'exclusion de la société des condamnés, comme le bannissement ou la relégation, ou à leur neutralisation définitive avec la peine de mort. Dès lors, elle a naturellement été perçue comme une continuité de cette fonction, à travers la neutralisation du délinquant, non plus à titre définitif, mais le temps de son incarcération. La création de la période de sûreté participe ainsi, *a priori*, pleinement de cette fonction.

Pourtant, si, de fait, l'incarcération d'un individu l'exclut de la société et le neutralise, cette fonction est loin d'être suffisante à expliquer la finalité de la peine privative de liberté. Plus encore, il est permis de douter de la réalité de cette fonction à l'heure actuelle puisque la neutralisation du condamné peut tout aussi bien être assurée par des mesures de rétention et de surveillance de sûreté une fois sa peine purgée[54]. S'il s'agissait simplement d'exclure l'individu de la société, point besoin de peine privative de liberté donc dans l'état actuel du droit. La finalité de neutralisation de la peine privative de liberté est ainsi aujourd'hui dépassée. Mais alors *quid* des longues peines ? Quel est leur sens, alors même qu'elles sont assorties de périodes de sûreté ? Leur permettre d'atteindre les objectifs plus modernes de la peine ?

---

[54] Il ne s'agit évidemment pas ici de s'interroger sur le bien-fondé ou non de ces mesures mais simplement de constater leur existence.

2. Peine privative de liberté et fonction sociale de la peine

Les motivations ayant présidé à la suppression des courtes peines d'emprisonnement par la loi du 23 mars 2019[55] apportent certains éléments de réponse. Deux arguments principaux ont été avancés pour justifier cette mesure : la lutte contre la récidive et l'exigence de temps pour préparer la réinsertion du détenu[56].

S'agissant du premier point, plusieurs études ont en effet démontré que la prison se révélait criminogène et permettent d'affirmer que les « *peines alternatives sont effectivement plus efficaces que la prison pour prévenir la récidive* »[57]. Force est ainsi de constater que la peine privative de liberté ne remplit pas une finalité de lutte contre la récidive, ou du moins, qu'elle échoue dans cette fonction[58].

S'agissant du second point, l'impossibilité matérielle de disposer d'un temps utile à la préparation de la réinsertion ne peut évidemment pas être évoquée pour les longues peines. Pourtant, le temps joue paradoxalement contre le condamné à une longue peine : le phénomène de suradaptation carcérale est connu pour être un frein à la réadaptation du condamné, à sa réinsertion si celle-ci n'est pas suffisamment préparée[59]. Il semble en outre illusoire de croire qu'un condamné tenu à une période de sûreté parfois particulièrement

---

55 V. *supra.*

56 Sur ces deux points, v. notamment A. Simon, « L'histoire sans fin de la disparition des courtes peines », *Gaz. Pal.* 19 nov. 2019, p. 68.

57 http://www.justice.gouv.fr/include_htm/reforme_penale_chiffres_cles_plaquette.pdf, p. 5.

58 Tout au moins dans l'état actuel de notre système carcéral…

59 Sur cette question, v. notamment L. Lechon, *Les effets spatio-temporels de la longue peine : approche professionnelle*, intervention au colloque « Le sens de la longue peine », Université de Bordeaux, 14 juin 2019, publié en ligne : https://iscj.u-bordeaux.fr/Publications/Collection-Colloques

longue peut se projeter dès le début de son incarcération dans une insertion ou une réinsertion pourtant seules évoquées par l'article 707 II du Code de procédure pénale en tant qu'objectif du régime d'exécution des peines privatives et restrictives de liberté[60]. L'hypocrisie atteint son paroxysme quand les mesures actuelles ignorent ces condamnés et que la préparation de la sortie est jugée insuffisante pour ces détenus par les professionnels[61].

Finalement, la peine privative de liberté ne remplit donc efficacement aucune des fonctions évoquées ici, et pourtant elle demeure. Ne subsiste ainsi que son caractère punitif : si la peine privative de liberté perdure (bien qu'elle soit en déclin), c'est parce que la société réclame le prix de l'offense qu'elle a subie par la punition de son auteur. Ainsi, la rétribution apparaît toujours comme une finalité à part entière de la peine privative de liberté. Du reste, elle devrait être reconnue en tant que première étape dans l'exécution de cette dernière.

B. La reconnaissance nécessaire d'un temps de punition dans l'exécution de la peine privative de liberté

Comme il l'a été relevé précédemment, l'article 707 II ne mentionne nullement une quelconque rétribution dans l'exécution de la peine privative de liberté, à croire qu'elle n'existe pas. Celle-ci ne remplirait donc aucune fonction punitive. Outre le fait que cette affirmation est éminemment contestable, elle est de plus certainement néfaste pour qui

---

[60] « *Le régime d'exécution des peines privatives et restrictives de liberté vise à préparer l'insertion ou la réinsertion de la personne condamnée afin de lui permettre d'agir en personne responsable, respectueuse des règles et des intérêts de la société et d'éviter la commission de nouvelles infractions* ».

[61] L. Lechon, *Les effets spatio-temporels de la longue peine : approche professionnelle*, préc.

voudrait donner une autre utilité à la peine privative de liberté. Le reflux de l'expression du caractère punitif de l'exécution de la peine privative de liberté (1) doit en effet laisser place à une césure du temps d'exécution de cette dernière (2).

1. Le reflux de l'expression du caractère punitif de l'exécution de la peine privative de liberté

Alors que l'article 1er de la loi pénitentiaire de 2009[62] mentionnait l'objectif de sanction du condamné au sein du régime de l'exécution de la peine privative de liberté[63], son abrogation par la loi du 15 août 2014 et son remplacement par le II de l'article 707 du Code de procédure pénale précité ont fait disparaître toute idée rétributive de cette période. Certes, le texte comportait bien des maladresses[64], mais il avait le mérite de ne pas nier cette fonction. Surtout, le communiqué de presse de la loi étonne encore davantage en ce qu'il évoque des dispositions de la loi pénitentiaire « *qui dénaturaient le sens de la peine de prison* ». On peine à comprendre en quoi il y avait dénaturation de la peine privative de liberté sur ce point, et l'exposé des motifs ne s'y attarde malheureusement pas[65].

---

[62] Préc.

[63] Art. 1 « *Le régime d'exécution de la peine de privation de liberté concilie la protection de la société, la sanction du condamné et les intérêts de la victime avec la nécessité de préparer l'insertion ou la réinsertion de la personne détenue afin de lui permettre de mener une vie responsable et de prévenir la commission de nouvelles infractions* ».

[64] Cette fonction n'était en effet pas la première évoquée chronologiquement puisque la protection de la société était d'abord envisagée. Or, cette référence procède certainement d'une confusion entre l'objectif final de la peine et peut-être même du droit pénal, (la protection de la société) et les moyens pour y parvenir (la sanction du condamné, la nécessité de préparer l'insertion ou la réinsertion du condamné).

[65] De là à considérer que la dénaturation du sens ne serait devenue qu'une formule de style…

L'étude d'impact quant à elle se réjouissait que soient distingués « *deux temps, celui du prononcé de la peine qui emprunte à la fois aux conceptions rétributives et utilitaristes de la peine, et celui de son exécution, au cours duquel la dimension éducative de la peine prend toute son ampleur* ». Pourtant, si l'on peut saluer la césure entre prononcé et exécution de la peine, on ne peut que regretter que la conception rétributive de l'exécution de la peine soit ignorée[66]. Certes, beaucoup de peines ne comportent pas de dimension rétributive lors de leur exécution[67], mais il n'en va pas de même pour la peine privative de liberté, ce qui devrait être clairement assumé par le législateur. En outre, il faut convenir avec un auteur que les fonctions de la peine ne peuvent être différentes au stade de son prononcé et au stade de son exécution. « *La peine ne remplit aucune des fonctions qui lui sont attribuées au stade de son prononcé si elles ne se vérifient pas au stade de l'exécution* »[68]. Une césure fictive du temps d'exécution de la peine privative de liberté pourrait en revanche se révéler salvatrice pour permettre d'affirmer la fonction rétributive de la peine privative de liberté dans son exécution, tout en assurant les objectifs si chers au législateur.

2. La césure de l'exécution de la peine privative de liberté

La peine privative de liberté est certainement la peine qui illustre avec le plus de force le hiatus existant entre la fonction traditionnelle rétributive de la peine et ses fonctions

---

[66] E. Dreyer, « L'objet de la sanction pénale », préc., n° 6, dénonce ainsi justement l'« *artifice* » qu'il y a « *à prétendre que les fonctions de la peine ne seraient pas les mêmes au stade de son prononcé et au stade de son exécution* ».

[67] Sur ce point, v. V. Peltier, Le sens de la sanction pénale, *in* « Les sens de la peine », Cahiers de l'institut d'anthropologie juridique, Pulim, 2018, spéc. p. 26.

[68] E. Dreyer, « L'objet de la sanction pénale », préc., n° 6.

nouvelles tournées vers l'avenir. Peut-être est-ce du reste ce qui explique la crise qu'elle traverse : elle n'est apte à remplir efficacement aucun des rôles que l'on souhaite lui attribuer. Il est courant de relever que tous sont complémentaires, mais cette complémentarité devrait suivre un cheminement chronologique : accepter que la peine privative de liberté soit d'abord une punition, pour lui permettre de remplir, dans un second temps, sa fonction de réinsertion[69]. Regarder et affronter sa faute, période propice à l'amendement[70], puis se tourner vers l'avenir pour mieux surmonter et dépasser ce passé[71]. Cette succession temporelle d'orientations de la peine privative de liberté permettrait certainement en outre de réunir auteur, victime et société autour du sens de la peine privative de liberté, les deux dernières, satisfaites de la visée rétributive assumée de la peine privative de liberté, pouvant passer à un temps d'apaisement et de réconciliation. N'est-ce pas là l'essence de la justice restaurative consacrée légalement par la loi du 15 août 2014[72] ?

Nier le caractère punitif de la peine privative de liberté risque de maintenir l'illusion d'une société humaniste et civilisée alors que dans le même temps, l'état des prisons de cette société si évoluée, pour ne citer que cet exemple, démontre qu'elle ne peut se targuer de l'être. C'est au contraire en assumant la logique rétributive de la peine privative de liberté que les fonctions plus modernes qui lui sont attachées gagneront en efficacité. « *Comment dire qu'il y a eu assez de souf-*

---

[69] Qui, si elle est couronnée de succès, devrait éviter toute récidive.

[70] Sur cette notion, v. notamment J.-P. Céré et L. Grégoire, « Peine : nature et prononcé », préc., n° 8 et s.

[71] Processus qui est parfois du reste relevé comme existant, de fait, dans la pratique judiciaire : v. A. Leroy, Un temps pour condamner, un temps pour laisser souffrir, un temps pour en sortir ?, *in* « Les sens de la peine », préc., pp. 91-343.

[72] C. proc. pén., art. 10-1. Il est intéressant de noter que c'est la même loi qui a écarté toute idée punitive de l'exécution de la peine privative de liberté.

france, s'il faut faire un peu comme si elle n'existait pas ? »[73]. Essence de la peine, le châtiment donne ainsi son âme à la peine privative de liberté.

[73] A. Leroy, Un temps pour condamner, un temps pour laisser souffrir, un temps pour en sortir ?, préc., n° 4.

Conditions de détention et office des juges : dignité versus effectivité

Clément MARGAINE
Professeur à Université de Poitiers (ISC)

Affirmée à l'article 22 de la loi pénitentiaire du 24 novembre 2009[1], l'exigence de dignité est longtemps restée lettre morte s'agissant des conditions de détention. L'état de délabrement de certains établissements, le manque de moyens (matériels, financiers, humains, etc.) et la surpopulation carcérale réduisent bien souvent la portée réelle d'une exigence encore difficile à mettre en œuvre dans l'ensemble des établissements pénitentiaires français. Si l'année 2019 marquait le dixième anniversaire de la loi pénitentiaire, c'est finalement l'année suivante qui se révéla décisive en matière de conditions de détention françaises. L'année 2020 qui avait, on s'en souvient, commencé sur les chapeaux de roue avec la condamnation de la France dans l'arrêt *J.M.B. co/ France* du 30 janvier 2020[2] s'est terminée par une seconde

[1] Qui oblige l'Administration pénitentiaire à garantir à toute personne détenue le respect de sa dignité et de ses droits

[2] CEDH, 30 janv. 2020, *J.M.B. et autres c. France* (n°s 9671/15 et 31 autres requêtes). Sur cette décision : J.-P. Céré, « Surpopulation carcérale : l'arrêt "quasi pilote" de la CEDH », *AJ Pénal* 2020 p. 122 ; C. Margaine, « Le droit interne est-il soluble dans l'article 13 de la Convention consacrant le droit à un recours juridictionnel effectif ? », *RPDP* 2019, n° 1.

condamnation avec l'arrêt *Barbotin* du 11 novembre 2020[3]. Entre ces deux arrêts importants, plusieurs décisions émanant des juridictions nationales ont joué le rôle de caisse de résonnance de la jurisprudence européenne, cherchant à intégrer ces solutions en droit interne tout en les amplifiant. A l'occasion d'une question prioritaire de constitutionnalité[4], la Chambre criminelle a rendu en juillet 2020, un retentissant arrêt[5] octroyant au juge judiciaire une prérogative aussi originale dans son fondement que radicale dans ses effets, puisqu'il se voit reconnaitre la possibilité de mettre fin à une détention provisoire lorsqu'il n'est pas possible de faire cesser rapidement et efficacement une atteinte à la dignité des détenus. La Cour de cassation ayant, par arrêt du même jour, accepté de transmettre la question qui lui était soumise au Conseil constitutionnel, il fut donc, lui aussi, amené à se prononcer. Dans sa décision du 2 octobre 2020[6], le Conseil constitutionnel a jugé inconstitutionnel l'alinéa 2 de l'article 144-1 du Code de procédure pénale en ce qu'il ne permet pas au juge d'instruction ou au juge des libertés et de la détention de mettre fin à une détention provisoire en considération des mauvaises conditions de détention. Le Conseil a toutefois fait le choix de différer l'abrogation du texte au 1er mars 2021, obligeant ainsi

---

3 CEDH, 11 nov. 2020, *Barbotin c. France* (nos 25338/16), J.-P Céré, Conditions de détention et insuffisance du recours indemnitaire, *AJ Pénal* 2021, p. 47 ; *Dr. pén.* 2021, comm. 19, V. Peltier.

4 La Chambre criminelle a pu se prononcer au fond sur cette affaire conformément aux dispositions de l'article 23-5, al. 4 de l'ordonnance n° 58-1067 du 7 novembre 1958 portant loi organique sur le Conseil constitutionnel qui permet à la juridiction transmettant une QPC de statuer lorsque l'intéressé est privé de liberté à raison de l'instance.

5 Crim., 8 juill. 2020, FS-D, n° 20-81.739, *AJDA* 2020, p. 1383 ; *D.* 2020, p. 1462 ; *ibid.* p. 1774 ; *D. actualité*, 31 août 2020, obs. C. Margaine.

6 Cons. const., décis. n° 2020-858/859 QPC du 2 octobre 2020, *M. Geoffrey F. et autre.*

le législateur à consacrer la possibilité pour le juge judiciaire de mettre fin à une détention contraire à la dignité[7].

Bien que ce mouvement d'origine jurisprudentielle ne soit donc pas terminé, il semble tout de même possible de dresser le bilan de ces avancées. L'année qui vient de s'écouler aura contribué à faire progresser la situation des détenus français, au moins s'agissant des recours permettant de contester ses conditions de détention. Porteuse d'espoir, la solution consacrée par la Cour de cassation soulève cependant des interrogations, voire des doutes quant à la traduction et la mise en œuvre concrète de ces solutions jurisprudentielles récentes. Fondées sur un même constat, celui de l'ineffectivité des recours offerts par le droit positif, les décisions évoquées précédemment ont tenté, chacune à leur manière, d'y apporter une réponse. De manière plus profonde, ce mouvement remet en question l'architecture des règles applicables en matière carcérale en bousculant la répartition des compétences entre un juge administratif bien souvent démuni et un juge judiciaire promu (sacré ?) juge de la condition pénitentiaire. Le dialogue des juges version 2020 a donc conduit à rebattre les cartes et à opérer une redistribution des rôles qui implique de s'interroger sur l'office actuel du juge ou plutôt désormais des juges en matière de conditions de détention contraires à la dignité.

---

[7] Au jour de la rédaction de ces lignes (23 février 2021), l'article 144-1 du Code de procédure pénale n'a toujours pas été modifié et ne le sera vraisemblablement pas avant la date fatidique du 1er mars 2021 fixée par le Conseil constitutionnel. Un amendement déposé en ce sens lors des débats sur la loi du 24 décembre 2020 relative au Parquet européen avait été finalement rejeté au motif qu'il s'agissait d'un cavalier législatif. Une proposition de loi tendant à garantir le droit au respect de la dignité en détention a ensuite été déposée courant février par M. le sénateur François-Noël Buffet (proposition de loi n° 362 du 11 février 2021). Cette proposition devrait, en principe, être débattue au début du mois de mars. Sur cette proposition, v. *infra*.

C'est par l'analyse de la jurisprudence européenne que l'on se doit de commencer ce bilan au regard de l'importance de la condamnation par la CEDH de l'ineffectivité des voies de recours françaises contre les conditions de détention indignes (I). Cette censure a rapidement conduit les juridictions et instances internes à réagir afin de pallier l'ineffectivité mise en évidence par la Cour européenne (II).

I. La condamnation européenne de l'ineffectivité des voies de recours contre des conditions de détention indignes

S'il faut souligner les efforts accomplis par l'Administration pénitentiaire pour améliorer les conditions de détention au sein de ses établissements, le chemin est encore long avant que l'ensemble des personnes détenues en Métropole comme en Outremer puissent bénéficier de conditions de détention respectant leur dignité et leurs droits. Le droit positif a tout de même tenté de répondre à ce problème en développant plusieurs mécanismes juridiques permettant aux détenus de contester les conditions dans lesquelles ils sont détenus. Ces derniers disposent ainsi de recours destinés à mettre fin à des situations problématiques, mais également de recours compensatoires à visée indemnitaire leur permettant d'engager la responsabilité de l'Etat afin d'obtenir réparation du préjudice résultant de conditions de détention attentatoires à la dignité humaine. Malheureusement, l'arrêt *J.M.B.* du 30 janvier 2020 a condamné l'inefficacité des premiers (A), quand l'arrêt *Barbotin* du 19 novembre 2020 a mis en lumière l'insuffisance des seconds (B)

A. L'arrêt *J.M.B.* : l'inefficacité des voies de recours préventives

Si le contrôle du service public pénitentiaire par le juge administratif ne s'est développé qu'assez tardivement, il semble être aujourd'hui arrivé à maturité. Le droit administratif consacre plusieurs mécanismes visant à mettre fin aux atteintes graves aux libertés fondamentales des détenus, y compris en urgence avec l'institution de procédures rapides comme le référé-liberté[8] ou le référé mesures utiles[9]. Ces mesures ont ainsi permis d'améliorer la situation de certains établissements grâce, notamment, à des injonctions du juge administratif concernant l'hygiène ou la sécurité dans les établissements. A titre d'exemple, la célèbre décision du 22 décembre 2012 concernant la prison des Baumettes à Marseille rendue par le Conseil d'Etat statuant en référé[10], enjoignant à l'Administration pénitentiaire de déterminer et de prendre les mesures nécessaires à l'éradication des animaux nuisibles présents dans l'ensemble des locaux du centre pénitentiaire au motif que la prolifération d'animaux nuisibles affectait la dignité des détenus et engendrait un risque sanitaire pour l'ensemble des personnes fréquentant l'établissement. Trois ans plus tard, le juge des référés du Conseil d'Etat avait enjoint à l'Administration de prendre les mesures nécessaires pour garantir la sécurité de l'établissement et la prévention des risques d'incendies ainsi que pour assurer l'accès des détenus à des draps et couvertures propres et à des produits d'entretien pour leur cellule[11]. L'utilisation des procédures de référé a donc permis de régler certains problèmes liés à

---

[8] Code de justice administrative, art. L. 521-2.

[9] Code de justice administrative, art. L. 521-3.

[10] CE, juge des référés, 22 décembre 2012, *Section française de l'OIP et autres*, n° 364584.

[11] CE, juge des référés, 30 juillet 2015, n° 392043 (maison d'arrêt de Nîmes).

l'hygiène, la salubrité ou la sécurité d'établissements parfois vétustes. Elle n'a toutefois pas réglé l'ensemble des difficultés rencontrées en matière carcérale qui sont bien souvent liées au problème systémique de surpopulation carcérale, comme l'a rappelé la CEDH dans son arrêt du 30 janvier 2020[12].

Le pouvoir du juge administratif en matière carcérale reste en effet assez limité, comme l'attestent les nombreuses décisions rejetant les requêtes des détenus[13], rejets qui se sont même faits plus nombreux dernièrement, du fait de la pandémie de Covid-19 ! Les tribunaux administratifs saisis en référé au cours du printemps et de l'été 2020, soit au plus fort de la crise sanitaire, ont, dans leur grande majorité, rejeté les requêtes des détenus demandant du gel hydro-alcoolique, des masques ou la réalisation de test en détention[14]. Saisi en appel d'une des rares ordonnances ayant fait droit à une telle demande[15], le Conseil d'Etat a finalement annulé la décision

---

[12] « *La surpopulation des prisons et leur vétusté, a fortiori sur des territoires où n'existent que peu de prisons et où les transferts s'avèrent illusoires, font obstacle à ce que l'utilisation du référé-liberté offre aux personnes détenues la possibilité en pratique de faire cesser pleinement et immédiatement les atteintes graves portées à l'article 3 de la Convention ou d'y apporter une amélioration substantielle* » (§ 220 de la décision).

[13] Parmi les nombreuses décisions dans lesquels le juge administratif refuse de faire droit aux demandes des requérant, v. notamment la décision du Conseil d'Etat refusant d'annuler l'ordonnance du juge des référés du tribunal administratif de Basse-Terre n'ayant pas accepté d'enjoindre à l'administration pénitentiaire de mettre en place un comité consultatif des détenus ou un cahier de doléances au sein de la prison de Baie-Mahault, car il s'agit de mesures règlementaires d'organisation des services qui ne relève pas du domaine du référé « mesures utiles » (CE, 27 mars 2015, *Section française de l'OIP et autres*, req. n° 385332).

[14] V. par ex. TA Nice, ord. référés, 6 avr. 2020 (confirmé en appel CE, ord., 21 avril 2020) ; TA Lille, ord. référés, 23 avr. 2020 ; TA Lyon, ord. référés, 22 avril 2020 ; *contra* TA Guadeloupe, ord. référés, 4 avril 2020 qui ordonne à l'Administration pénitentiaire de distribuer du gel et des masques et de faire procéder à des tests pour les cas contact d'une personne infectée.

[15] Le juge des référés du tribunal administratif de Toulouse avait en effet

favorable des juges du fond au motif que l'absence de masques de protection dans les locaux clos et partagés n'impliquant aucun contact avec des personnes extérieures ne révélait pas une carence portant une atteinte grave et manifestement illégale aux libertés fondamentales invoquées[16]. On ne peut que regretter cette sévérité du juge administratif qui contribue lui-même à l'ineffectivité de ces recours préventifs[17]. A cette ineffectivité s'ajoute d'ailleurs l'impuissance du juge administratif à lutter contre les atteintes résultant de carences structurelles comme l'a rappelé le Conseil d'Etat dans une récente décision[18] jugeant que si le référé-liberté a

---

accepté d'enjoindre au chef d'établissement du centre pénitentiaire de Seysses de mettre à la disposition des détenus des masques dans les locaux clos et partagés et d'organiser une campagne de dépistage au sein de son établissement (TA Toulouse, ord. référés, 4 sept. 2020).

[16] CE, ord., 8 octobre 2020, n° 444741. Plus récemment, le Conseil a refusé de faire droit à la demande d'une association visant à inclure l'ensemble des personnes détenues dans la première étape de la campagne vaccinale (CE, ord., 5 févr. 2021, n° 449081)

[17] Dans ses observations sur la décision du Conseil d'Etat du 7 mai dernier (CE, ord., 7 mai 2020, *Ordre des avocats du barreau de Martinique*, req. n° 440151), P. Lingibé résume la position du Conseil dans les décisions rendues lors de la crise sanitaire : « *le Conseil d'État entend très clairement limiter son office en matière de référé : il tient en général pour acquises les mesures d'organisation du service présentées par l'administration. En clair, l'administration est présumée bien faire et faire ce qu'elle peut sans être astreinte à la démonstration forte de la mise en œuvre de cette obligation de faire et de sa pertinence. En deuxième lieu, il a tendance à prendre trop souvent acte des mesures prises par l'État pour gérer la pénurie* », P. Lingibé : Quel contrôle exerce le juge en matière de référé-liberté ?, *Dalloz Actualité* 19 mai 2020 *(accessible en ligne).*

[18] CE 19 oct. 2020, req. n° 439372 (spéc. § 14 et 16). Dans sa décision, le Conseil refuse de faire droit aux nombreuses demandes d'injonctions émanant de l'OIP au motif qu'il s'agit de mesures d'ordre structurel insusceptibles d'être mises en œuvre à très bref délai, renvoyant la responsabilité de telles mesures aux pouvoirs publics, seuls à même de résoudre ces problèmes liées à la surpopulation carcérale : « *Il n'appartient qu'au législateur de tirer les conséquences de l'arrêt de la Cour s'agissant de l'absence de voie de recours préventive pour mettre fin aux conditions indignes de détention résultant de carences structurelles* » (§ 11).

permis de remédier aux atteintes les plus graves aux libertés fondamentales des personnes détenues, « *la cessation de conditions de détention contraires aux exigences de l'article 3 de la convention est subordonnée à l'adoption de mesures structurelles à même de répondre à la vétusté et à la surpopulation du parc carcéral français* », mesures qui dépassent, selon le Conseil, l'office du juge administratif saisi dans le cadre d'un référé-liberté. C'est donc au législateur qu'il convient de tirer les conséquences de la jurisprudence européenne, afin de faire évoluer l'office du juge des référés, au besoin par une modification de l'article L. 521-2 du Code de justice administrative visant à rendre le référé-liberté plus efficace[19]. Les juges du Palais Royal ont toutefois tenu à rappeler dans leur décision que l'action du juge administratif ne se limite pas aux seules procédures de référés puisque, saisi dans le cadre d'un recours pour excès de pouvoir, le juge administratif dispose de la faculté d'enjoindre à l'Administration pénitentiaire « *de remédier à des atteintes structurelles aux droits fondamentaux des prisonniers en lui fixant, le cas échéant, des obligations de moyens ou de résultats* »[20]. Si le contrôle du juge administratif s'est progressivement renforcé, ses pouvoirs restent encore bien limités, tout comme le sont les recours indemnitaires offerts aux détenus.

---

[19] « *Les limitations de l'office du juge des référés, saisi sur le fondement de l'article L. 521-2 du code de justice administrative [...] découlent des dispositions législatives qui ont créé cette voie de recours et sont justifiées par les conditions particulières dans lesquelles ce juge doit statuer en urgence* » *(ibidem)*

[20] *Ibidem.* Pour une illustration récente, v. la décision de la Cour administrative d'appel de Paris du 19 nov. 2020 (inédit) qui ordonne, dans le cadre d'un recours pour excès de pouvoir émanant d'une personne détenue au Garde des sceaux, Ministre de la justice, de prendre, dans le délai d'un an « *toutes mesures, destinées à faire cesser les atteintes à la dignité des détenus concernés, en vue de procéder à l'aménagement de la maison d'arrêt pour hommes de l'établissement pénitentiaire de Fresnes, afin d'augmenter la superficie des cours de promenade, de les rénover, d'aménager leur sol de manière à éviter l'accumulation de détritus et la circulation des rongeurs et de rendre effective la surveillance des cours de promenade afin que tout incident puisse être détecté et traité en temps réel* ».

B. L'arrêt *Barbotin* : l'insuffisance des voies de recours compensatoires

Faute de pouvoir remédier efficacement aux conditions de détention attentatoires à la dignité, la possibilité d'un recours compensatoire, autrement dit d'une réparation du préjudice causé par ces conditions de détention serait susceptible d'apporter une réponse[21] aux problèmes systémiques ou structurels que sont la surpopulation carcérale ou la crise sanitaire, impossibles à régler par des mesures individuelles. Pour la Cour européenne, l'effectivité en matière de recours contre des conditions de détention contraires à la dignité doit d'ailleurs s'apprécier de manière globale, en tenant compte, ou plutôt en combinant l'ensemble des voies de recours proposées par le droit positif[22]. Le recours indemnitaire est particulièrement adapté à l'hypothèse spécifique des personnes qui ne sont plus détenues au moment de leur demande et qui ne peuvent, par conséquent, plus bénéficier de mesures destinées à mettre fin à des manquements[23]. Si l'utilité de ces recours est donc avérée, il faut s'interroger sur leur efficacité. On ne peut tout d'abord que se féliciter du mouvement ayant conduit à passer d'un régime de responsabilité fondé sur la faute lourde[24] à un régime de faute simple[25], facilitant d'autant les actions des personnes déte-

---

[21] Même si elle ne doit pas être la seule réponse, au risque de « *légitimer des souffrances incompatibles avec l'article 3 et d'affaiblir sérieusement l'obligation des États de mettre leurs normes en accord avec les exigences de la Convention* » § 167 de la décision *J.M.B. et autres c. France* (précitée).

[22] Sur la complémentarité des recours préventifs et compensatoires : CEDH 21 mai 2015, *Yengo c. France*, (n° 50494/12), § 50 ; *J.M.B. et autres c. France*, 30 janv. 2020 (précitée), § 167.

[23] La Cour européenne le rappelle régulièrement : v. CEDH 27 janv. 2015, *Neshkov et autres c. Bulgarie*, (36925/10), spéc. §§ 285 à 289.

[24] CE 3 oct. 1958, *Rakotoarinovy*, Lebon 470.

[25] CE 23 mai 2003, n° 244663, *Chabba*, Lebon 240 ; CE 17 déc. 2008, n° 292088, *Garde des sceaux, ministre de la justice c. M. et Mme Zaouiya*, Lebon

nues. Mais doit-on en conclure que ces recours indemnitaires[26] seraient plus efficaces que les recours préventifs ? Rien n'est moins sûr…

Dans son arrêt du 30 janvier 2020, la Cour européenne a rejeté les demandes de deux détenus au motif qu'ils avaient déjà reçu une indemnisation du juge national ce qui conduisait, logiquement, à juger leur requête irrecevable puisque le juge administratif, en réparant l'intégralité de leur préjudice, aurait définitivement redressé la violation alléguée de l'article 3[27]. Parfaitement justifiée sur le plan juridique[28], cette solution présentait l'inconvénient de fermer le prétoire aux détenus ayant obtenu réparation de leurs conditions de détention indignes. Consciente de l'effet pernicieux de cette solution, la Cour européenne avait laissé entrevoir aux détenus déjà indemnisés, une alternative consistant à invoquer l'ineffectivité de ce recours indemnitaire au regard des faibles montants généralement alloués aux détenus[29]. En effet, il n'y a pas que les conditions de détention qui sont indignes en France, les montants accordés en réparation le sont tout autant[30] : au maximum quelques centaine d'euros par mois

---

465. Sur ce mouvement jurisprudentiel, Y. Faure, C. Malverti, Conditions indignes de détention : le prix du temps, *AJDA* 2019, p. 279.

[26] Utiles et plus faciles à mettre en œuvre du fait de l'assouplissement de leurs conditions.

[27] § 168 de la décision *J.M.B.*

[28] L'effet compensatoire du recours indemnitaire fait disparaître rétroactivement la violation conventionnelle, faisant du même coup perdre aux requérants la qualité de victime.

[29] V. de manière plus explicite dans l'arrêt *Stella et autres c. Italie* du 16 sept. 2014 : « *Si l'indemnisation octroyée au niveau national était insuffisante par rapport aux montants accordés par la Cour dans des affaires similaires, il serait loisible au requérant de prétendre qu'il était toujours une "victime" au sens de l'article 34 de la Convention d'une violation de ses droits garantis par l'article 3, et d'introduire une nouvelle requête devant la Cour* » (§ 44).

[30] Pour un état des lieux des sommes allouées par le juge administratif aux personnes détenues dans des conditions indignes, v. le § 29 de la

de détention, soit un peu plus de trois euros par jour ! Malheureusement, il y a pire. La situation de certains détenus frôle parfois l'absurde comme en témoigne les faits de l'espèce ayant donné lieu à l'arrêt *Barbotin* rendu en novembre dernier. Le juge administratif avait, dans cette affaire, accordé au requérant une indemnité de 500 € pour quatre mois de détention, mais l'avait, dans le même temps, condamné[31] à payer les frais d'expertise ayant conclu au caractère indigne des conditions de détention au sein de la maison d'arrêt de Caen (qui s'élevait à 773,57€). Au final, bien qu'ayant obtenu une décision confirmant le caractère attentatoire à la dignité de ses conditions de détention, le requérant se retrouvait débiteur de plus de 200 € ! Cette situation kafkaïenne a, naturellement, conduit la Cour européenne à juger que la charge de l'expertise qui grevait l'indemnisation accordée privait le recours indemnitaire de toute efficacité.

On peut toutefois regretter que la Cour européenne n'ait pas saisi cette opportunité pour inciter la France à réfléchir aux (faibles) montants alloués par le juge administratif et

---

décision *Barbotin c. France*. Notons que depuis une décision du Conseil d'Etat du 3 décembre 2018, le juge administratif se fonde désormais sur une grille d'indemnisation forfaitaire et évolutive, considérant que le préjudice tend à s'aggraver à mesure que la détention se prolonge. Selon cette grille, la personne qui a subi des conditions de détention indignes pourra généralement prétendre à un forfait mensuel de 200 € pour la première année de détention, puis 300 € par mois pour la deuxième année et enfin 450 € pour la troisième année. A titre de comparaison, la Cour européenne avait alloué, dans sa décision du 30 janvier 2020, une satisfaction équitable calculée sur une base plus élevée qui variait selon les établissements et les détenus mais qui se situait plutôt entre 600 € et 800 € par mois de détention, parfois plus dans certains cas.

[31] Conformément à l'art. R. 716-1 du code de justice administrative qui permet au juge de mettre les frais d'expertise à la charge d'une partie autre que la partie perdante (en l'occurrence ici, à la charge du détenu). Cette décision était justifiée par le fait que le juge disposait déjà d'une première expertise, la seconde apparaissant donc non nécessaire.

condamner l'ineffectivité des recours compensatoires aussi vivement qu'elle l'avait fait à l'égard des recours préventifs dans son arrêt *J.M.B.* rendu quelques mois plus tôt. Si la France est condamnée dans cet arrêt, c'est moins en raison de la faiblesse du montant accordé, qu'en raison de circonstances particulières à l'espèce, l'imputation des frais d'expertise à la somme allouée ayant, en quelque sorte, exacerbé le caractère insuffisant de l'indemnité. Cette solution s'inscrit dans le raisonnement habituel de la Cour européenne la conduisant à distinguer la règle de droit (abstraite) et sa mise en œuvre (concrète)[32]. Appliqué au recours indemnitaire, la solution rendue dans l'arrêt Barbotin pourrait se résumer ainsi : bien qu'en théorie effectif, ce recours serait, en pratique, « *privé de son effectivité* » pour reprendre la formule utilisée par la Cour elle-même. Loin de condamner l'effectivité de ce recours, la Cour constate d'ailleurs que le requérant a été effectivement indemnisé et valide donc « *l'économie générale du recours indemnitaire [...] offrant la perspective d'une réparation adéquate du préjudice subi* »[33]. On peut ne pas être convaincu par cette solution au regard de la faiblesse des sommes allouées par le juge administratif qui, rappelons-le, avoisinent les 3 ou 4 euros par jour, ce qui est bien insuffisant pour compenser les atteintes à cette exigence fondamentale qu'est la dignité ! Pour toutes ces raisons, on ne peut se réjouir de cette condamnation aux allures de quasi-*satisfecit* qui tranche avec la condamnation quasi-pilote[34] de la France quelques mois plus tôt.

Malgré quelques différences, ces deux décisions concluent donc à l'ineffectivité des recours offerts aux

---

[32] V. ainsi en matière de peines perpétuelles qui sont ne sont admises par la Cour qu'à la condition qu'elles soient, *de jure* et *de facto* compressible : CEDH, *Kafkaris c. Chypre*, 12 février 2008, spéc. § 89.

[33] § 54 de la décision.

[34] J.-P. Céré, « Surpopulation carcérale : l'arrêt "quasi-pilote" de la CEDH », *AJ Pénal* 2020, p. 122 et s.

personnes subissant des conditions de détention indignes : ineffectivité absolue pour les recours préventifs ou simplement relative pour les recours indemnitaires. Ce constat d'ineffectivité a conduit les juridictions internes à réagir, au premier rang desquels, la Cour de cassation qui a, quelques mois après l'arrêt *J.M.B.* décider d'opérer un revirement de jurisprudence, en consacrant un recours original destiné à pallier les insuffisances du droit positif.

II. La consécration française d'un recours judiciaire original contre l'indignité des conditions de détention

En permettant de remettre en liberté les prévenus subissant une détention indigne, la Cour introduit un recours original et subsidiaire fondé sur la dignité (A), au risque de bouleverser la répartition des rôles et des offices des juges intervenant en matière carcérale (B).

A. Le prisme de la dignité

L'existence de mauvaises conditions de détention avait conduit certaines juridictions du fond à octroyer un aménagement de peine[35] en se fondant sur le troisième paragraphe de l'article 707 du Code de procédure pénale invitant les juridictions à tenir compte, lorsqu'elles statuent sur un aménagement de peine, des conditions matérielles de détention et du taux d'occupation de l'établissement pénitentiaire. Si quelques juridictions du fond ont pu, dans une logique similaire, refuser de prolonger une détention provisoire au regard des conditions de détention, la Cour de cassation avait, dans une décision très remarquée de 2019[36], condamné cette pra-

[35] V. par ex. les décisions des 24 mai 2016 et 18 juin 2016 de la cour d'appel de Montpellier, citées au § 204 de l'arrêt *J.M.B. c. France*.

[36] Crim., 18 sept. 2019, n° 19-83.950, *D. actualité*, 10 oct. 2019, obs. W.

tique. Selon elle, les conditions de détention ne peuvent, faute de texte en ce sens, justifier de mettre fin à une détention provisoire. La Cour réaffirmait ainsi que si une atteinte à la dignité liée aux conditions de détention est susceptible d'engager, devant le juge administratif, la responsabilité de l'Etat en raison du mauvais fonctionnement du service public pénitentiaire, elle ne constitue pas un obstacle légal au placement et maintien en détention provisoire. Justifiée par le principe d'interprétation stricte de la loi pénale, cette solution se fondait sur une répartition classique des rôles entre le juge administratif, juge de la condition carcérale des détenus et notamment de la dignité de la détention et le juge judiciaire qui limitait son office à un simple contrôle de la légalité de la détention, au regard des conditions posées par l'article 144 du Code de procédure pénale.

En admettant seulement un an plus tard la possibilité pour le juge judiciaire de mettre fin à une détention provisoire exécutée dans des conditions indignes, la Cour opère un très important revirement de jurisprudence. La condamnation de la France par la Cour européenne dans l'arrêt *J.M.B.* intervenu quelques mois auparavant a évidemment joué un rôle essentiel, comme le prouvent les multiples références à cette décision ainsi que la formule selon laquelle « *il appartient au juge national, chargé d'appliquer la Convention, de tenir compte de ladite décision sans attendre une éventuelle modification des textes législatifs ou réglementaires* »[37]. L'arrêt du 8 juillet 2020 est donc directement inspiré de la décision *J.M.B.* que la Cour semble ériger au rang d'arrêt pilote qu'elle estime devoir non

---

Azoulay ; *D.* 2019, p. 1761 ; *AJ Pénal* 2019, p. 560, obs. J. Frinchaboy ; *RSC* 2019, p. 808, obs. Y. Mayaud.

[37] Qui n'est pas sans rappeler celle des quatre arrêts rendus par l'assemblée plénière le 15 avril 2011 en matière de garde à vue : « *les États [...] sont tenus de respecter les décisions de la Cour européenne des droits de l'homme, sans attendre d'être attaqués devant elle ni d'avoir modifié leur législation* », Cass., ass. plén., 15 avr. 2011, n° 10-17.049, 10-30.242, 10-30.313 et 10-30.316.

seulement respecter mais également traduire en droit interne[38]. Nouvelle illustration de l'influence croissante du droit européen en matière pénitentiaire[39] mais également des possibilités que peut offrir le fameux dialogue des juges, cet arrêt est pourtant bien plus qu'une simple traduction de l'arrêt *J.M.B.* Le droit européen est l'inspiration autant que le fondement juridique de la décision de la Chambre criminelle qui a profité de cette QPC pour opérer, via un contrôle de conventionnalité, un revirement de jurisprudence, sans avoir à attendre la décision du Conseil constitutionnel. Mais la Cour de cassation ne se contente pas de répondre au juge de Strasbourg, elle fait œuvre créatrice en offrant aux détenus un recours spécifique inspiré de dispositions existantes.

La possibilité de mettre fin à une détention provisoire indigne rappelle ainsi la procédure créée par la loi du 15 août 2014[40] permettant de mettre fin à une détention provisoire lorsque l'état de santé physique ou mentale d'un prévenu rend incompatible son maintien en détention, mesure elle-même inspirée de la suspension de peine médicale introduite en 2002[41]. L'arrêt du 8 juillet 2020 permet donc d'intégrer les

---

[38] Il est intéressant de comparer cette position avec celle du Conseil d'Etat, dans sa décision du 19 octobre 2020. Si le Conseil fait lui aussi référence à l'arrêt *J.M.B*, il tient toutefois à rappeler qu'il ne reconnait aux arrêts de la Cour européenne qu'un effet « *essentiellement déclaratoire* » (§ 10 de la décision précitée note 17).

[39] De nombreuses règles européennes ont été adoptées en matière pénitentiaire : qu'il s'agisse des Règles pénitentiaires européennes de 2006 (révisées en juillet 2020) ou des Règles européennes de la probation adoptées en janvier 2010 par le comité des ministres du Conseil de l'Europe.

[40] Article 147-1 du code de procédure pénale consacrant une solution jurisprudentielle de 2012 (Crim., 29 février 2012, n° 11-88.441)

[41] Prévue à l'art. 720-1-1 du code de procédure pénale, cette mesure permet de suspendre l'exécution d'une peine privative de liberté lorsque le condamné est atteint d'une pathologie engageant le pronostic vital ou que son état de santé est durablement incompatible avec le maintien en détention.

critiques du juge européen tout en harmonisant les textes internes applicables à la détention provisoire. Plusieurs voix s'étaient élevées pour souligner l'incohérence du droit positif depuis l'arrêt de la Cour de cassation du 18 septembre 2019 ayant refusé de faire de la dignité une éventuelle condition du maintien en détention provisoire. Il pouvait effectivement apparaitre contradictoire de permettre de mettre fin à une détention lorsque l'état de santé du prévenu le justifie, tout en le refusant lorsque les conditions de détention ne sont pas satisfaisantes. Bien que regrettable, cette divergence de solutions pouvait tout de même se justifier par la logique sensiblement différente de ces deux hypothèses. La suspension de peine[42] comme la remise en liberté[43] pour raisons médicales consacrent toutes deux une inaptitude à la détention liée à l'état de santé du détenu[44], jugé inapte à une mesure privative de liberté quelle qu'elle soit[45]. L'hypothèse consacrée par la Cour de cassation en juillet 2020 vise, quant à elle, à faire cesser une atteinte à la dignité résultant moins de la détention elle-même que de ses conditions d'exécution. Elle n'est donc pas une nouvelle manifestation de la prise en compte d'une éventuelle pathologie des détenus et apparait davantage comme l'ultime moyen permettant de faire cesser une atteinte aux droits fondamentaux des personnes détenues. Cette différence de philosophie justifie l'effet plus limité du recours introduit en 2020. Contrairement à la suspension de peine ou la remise en liberté pour raisons

---

[42] Applicable aux condamnés.

[43] Applicable aux prévenus.

[44] Entendu largement, ce qui permet d'inclure l'âge avancé du détenu ou l'existence d'un handicap. La Recommandation relative aux aspects éthiques et organisationnels des soins de santé en milieu pénitentiaire adoptée le 8 avril 1998 par le Comité des Ministres du Conseil de l'Europe évoque expressément la question des personnes inaptes à la détention continue en cas de handicap physique grave ou d'âge avancé du condamné.

[45] V. aussi pour la garde à vue, les dispositions de l'article 63-3 du CPP.

médicales qui obligent à suspendre (temporairement ou définitivement) toute mesure privative de liberté[46], l'action intentée devant le juge judiciaire ne permettra à ce dernier de prononcer la remise en liberté de la personne détenues qu'en dernier recours au terme d'une procédure en deux étapes. Le détenu devra tout d'abord rapporter par des éléments suffisamment précis, crédibles et actuels le caractère indigne de ses conditions de détention. Considérés comme un commencement de preuve, ces éléments devront conduire le juge judiciaire à faire procéder à des vérifications complémentaires afin d'en apprécier la réalité. Ce n'est qu'à la suite de ces vérifications, que le juge judiciaire devra, si une atteinte à la dignité est finalement constatée[47], ordonner la mise en liberté de la personne, éventuellement en le plaçant sous contrôle judiciaire ou en l'astreignant à une mesure d'assignation à résidence avec surveillance électronique.

On ne peut pas s'empêcher de voir dans cette procédure en deux temps, ainsi que dans la référence explicite à la possibilité de remédier à l'atteinte alléguée, autant de moyens réduisant l'éventualité d'une remise en liberté du fait de conditions indignes. Parmi les solutions pouvant être envisagées, on pense bien évidemment à celle qui consisterait à transférer le détenu vers un établissement moins surpeuplé[48], voire au sein d'un même établissement, vers un quartier offrant de meilleures conditions de détention. Ces mesures, moins radicales et plus simples à mettre en œuvre par l'Administration

---

[46] Et ce même lorsque le condamné est sous le coup d'une période de sûreté interdisant, en principe, tout aménagement de peine.

[47] Et à laquelle il n'aura pas été remédié entre-temps.

[48] Dans un contexte de surpopulation systémique touchant la majorité des maisons d'arrêt, il n'y aura probablement pas d'autres établissements susceptibles d'accueillir les détenus contestant leurs conditions de détention. En outre, le droit au respect du maintien des liens familiaux pourrait s'opposer à un transfert qui éloignerait la personne détenue de ses proches.

pénitentiaire, permettront ainsi d'éviter une éventuelle remise en liberté. L'hypothèse du transfert du détenu comme moyen d'éviter sa remise en liberté est d'ailleurs au cœur de la proposition de la loi déposée le 11 février dernier[49]. Le nouvel article 803-8 que ce texte propose d'introduire dans le Code de procédure pénale reprend la structure procédurale en deux temps consacrée par la Chambre criminelle, tout en reconnaissant une place importante à la possibilité de transférer l'auteur du recours. Expressément prévu à l'alinéa 3 de cet article[50], le transfèrement est également présenté, à l'alinéa suivant, comme la première réponse permettant de mettre fin à une détention indigne, avant la possibilité de remettre en liberté un prévenu ou de prononcer un aménagement de peine à l'égard d'un condamné[51]. Il résulte de ce texte que le transfert, susceptible d'être choisi à plusieurs moments et par plusieurs acteurs[52], apparait comme une (la ?) solution privilégiée, ce qui risque de limiter fortement le nombre de décisions de remise en liberté, cette dernière apparaissant comme l'*ultima ratio* du système consacré par le législateur, si la proposition était adoptée sans modification.

---

[49] Proposition de loi tendant à garantir le droit au respect de la dignité en détention déposée le 11 février 2021 par M. le sénateur François-Noël Buffet.

[50] Lors de l'exécution des investigations nécessaires à la vérification des éléments apportés par la personne détenue ou à l'issue de celles-ci.

[51] Art. 803-8, II tel qu'il résulterait de la proposition précitée, note 49 : « *Si, à l'issue du délai fixé, le juge constate qu'il n'a pas été mis fin aux conditions indignes de détention, il prend l'une des décisions suivantes : 1° Soit il ordonne le transfèrement de la personne dans un autre établissement pénitentiaire ; 2° Soit, si la personne est en détention provisoire, il ordonne sa mise en liberté immédiate, le cas échéant sous contrôle judiciaire ou sous assignation à résidence avec surveillance électronique ; 3° Soit, si la personne est définitivement condamnée et qu'elle est éligible à une telle mesure, il ordonne un aménagement de peine.* »

[52] Dans un premier temps par l'Administration pénitentiaire, dans un second temps par l'autorité judiciaire.

Limitée par la Cour de cassation[53] la solution proposée se révèle, au surplus, inadaptée ou, en tout cas, en décalage avec les recommandations de la Cour européenne dans son arrêt *J.M.B.* Dans cet arrêt, la Cour européenne invitait la France, à défaut de régler le problème, endémique, de surpopulation carcérale, à améliorer l'efficacité des recours offerts aux détenus français. Or, en consacrant un nouveau motif de remise en liberté des prévenus, la Cour déplace le problème soulevé par la Cour européenne plus qu'elle ne le résout. La solution consacrée ne permet pas d'améliorer les conditions de détention comme nous y invitait la Cour européenne ; elle ne fait que proposer des solutions individuelles inadaptées au problème systémique de surpopulation carcérale, une rustine ou plutôt un pansement sur une « *hémorragie systémique* »[54]. Le plus inquiétant, c'est que le domaine de ce recours tel que la Cour de cassation l'a consacré se révèle plus limité que la solution esquissée par le juge européen dans la décision *J.M.B.* En effet, alors que cette dernière n'opérait pas de distinction entre les prévenus ou les condamnés, le juge français limite expressément sa solution aux seuls prévenus. Cette limitation se justifie parfaitement sur le plan strictement juridique dans la mesure où la Cour de cassation était saisie aux fins de transmission d'une QPC déposée par un prévenu contestant uniquement des dispositions relatives à la détention provisoire, mais également parce que le recours ainsi créé est fondé sur l'alinéa 8 de l'article préliminaire du Code de procédure pénale[55] qui ne vise que les mesures de

---

[53] Et peut-être davantage demain par le législateur.

[54] Pour reprendre l'éclairante expression de Julia Schmitz : La CEDH, le juge du référé-liberté, et l'architecture de l'exécution des peines privatives de liberté (commentaire sous CEDH, 31 janv. 2020, *J.M.B. et autres c. France*, Req. n° 9671/15), *Revue des droits et libertés fondamentaux*, 2020 chron. n° 46 (accessible en ligne).

[55] Cet article dispose que les mesures de contraintes dont peut faire l'objet la personne suspectée ou poursuivie ne doivent pas porter atteinte à sa dignité.

contrainte présententielles. Justifiée juridiquement, cette solution reste toutefois contestable dans la mesure où la question de la dignité des conditions de détention concerne aussi bien les prévenus que les condamnés qui, parce qu'ils sont bien souvent amenés à purger leur peine ou une partie de celle-ci en maison d'arrêt, doivent, eux aussi, subir les conséquences de la surpopulation carcérale et de la vétusté de certaines maisons d'arrêt. Cette inégalité entre les prévenus et les condamnés ne fera pas long feu d'une part parce que le Conseil d'Etat, saisi d'une QPC contestant les dispositions applicables aux condamnés, vient de transmettre[56] cette question au Conseil constitutionnel qui devrait rendre sa décision dans les prochains mois[57] et d'autre part parce que les modifications législatives envisagées jusqu'alors s'appliqueraient aux prévenus comme aux condamnés, qu'il s'agisse de l'amendement déposé en novembre 2020 lors des débats sur le Parquet européen ou de la proposition de loi déposée le 11 février dernier[58]. Quel que soit l'avenir réservé à cette prérogative reconnue au juge judiciaire ainsi que les améliorations qui pourraient y être apporter, ce « nouveau recours » ne devra pas éclipser l'ensemble des recours existants. On ne peut, en effet, faire l'économie d'une réflexion approfondie sur l'architecture globale de ces recours et leur effectivité.

---

[56] CE 27 janvier 2021, n° 445873.

[57] S'il n'est pas impossible que le juge constitutionnel puisse considérer que la différence de situation entre les prévenus et les condamnés justifie une différence de régime, on peut raisonnablement penser qu'il jugera les dispositions applicables aux condamnés insuffisamment protectrices de la dignité des détenus (alors même que l'article 707, § III prévoit expressément la prise en compte des conditions de détention pour l'octroi d'un aménagement de peine, contrairement aux textes relatifs à la détention provisoire qui ne prévoyaient pas de dispositions similaires).

[58] V. note de bas de page n° 7.

B. Le prix de l'effectivité

La création par la Cour de cassation d'un recours susceptible de faire cesser efficacement les atteintes à la dignité en détention consacre le juge judiciaire comme un nouvel acteur de la protection de la condition des détenus au côté du juge administratif et, dans une moindre mesure, du juge constitutionnel. S'il faut se féliciter de cette démarche résolument volontariste, le risque d'une divergence des solutions retenues par ces différentes juridictions n'est pas à exclure (1), tout comme celui d'une concurrence entre le juge administratif et son homologue judiciaire (2). Mais, à long terme, c'est le risque d'une déchéance de la protection offerte par le droit européen qui pourrait être le plus préoccupant (3)

1. Une divergence (des solutions)

Le recours consacré par la Cour de cassation reste, comme tous les autres recours, conditionné à la preuve d'une atteinte à la dignité, ce qui pose la question de l'appréciation de celle-ci et soulève l'éventualité d'une divergence d'appréciation entre le juge judiciaire et le juge administratif, mais également entre le juge national et le juge européen. Le danger serait que le dialogue (constructif) des juges laisse place à une divergence ou, à tout le moins, à une dissonance regrettable dans l'appréciation des conditions de détention par les différents juges compétents. On sait par exemple qu'après plusieurs années de tâtonnements, les critères utilisés par le juge administratif se sont aujourd'hui stabilisés[59] autour d'une part, de la nature et de la durée des

---

[59] V. par exemple dans la décision du Conseil d'Etat du 3 déc. 2018, n° 412010 : « « *En raison de la situation d'entière dépendance des personnes détenues vis-à-vis de l'administration pénitentiaire, l'appréciation du caractère attentatoire à la dignité des conditions de détention dépend notamment de leur vulnérabilité, appréciée compte tenu de leur âge, de leur état de santé, de leur personnalité et, le cas échéant, de leur handicap, ainsi que de la nature et de la durée des manquements*

manquements et d'autre part, de deux autres éléments qui permettent de faire varier le seuil à partir duquel une atteinte à la dignité sera caractérisée : le degré de vulnérabilité de la personne détenue et, à l'inverse, les contraintes liées au maintien de l'ordre au sein des établissements[60]. En outre, le juge administratif rappelle régulièrement que « *les conditions de détention s'apprécient au regard de l'espace de vie individuel réservé aux personnes détenues, de la promiscuité engendrée, le cas échéant, par la sur-occupation des cellules, du respect de l'intimité à laquelle peut prétendre tout détenu, dans les limites inhérentes à la détention, de la configuration des locaux, de l'accès à la lumière, de l'hygiène et de la qualité des installations sanitaires et de chauffage* »[61]. S'agissant de la charge de la preuve, la jurisprudence administrative semble, là aussi, avoir trouvé un certain équilibre. Après avoir exigé du détenu qu'il apporte la preuve d'une faute lourde de l'administration ayant porté atteinte à la dignité du demandeur, le Conseil d'Etat a finalement assoupli sa position, facilitant d'autant l'action en responsabilité à raison de conditions de détention indignes. Il juge désormais que tout atteinte à la dignité humaine est de nature à engendrer, par elle-même un préjudice moral pour la personne qui en est victime[62] : il n'est donc pas exigé de la personne détenue

---

constatés et eu égard aux contraintes qu'implique le maintien de la sécurité et du bon ordre dans les établissements pénitentiaires ».

[60] La nécessité de garantir la sécurité de l'établissement ou de prévenir les évasions peut ainsi justifier de limiter certains droits fondamentaux des personnes détenues. D'autres motifs avaient précédemment été retenus (tels que la protection de l'intérêt des victimes ou la prévention de la récidive), mais ils ont finalement été abandonnés à partir de 2017. Sur cette évolution, Y. Faure, C. Malverti, « Conditions indignes de détention : le prix du temps », *AJDA* 2019, p. 279.

[61] CE, 3 déc. 2018, n° 412010.

[62] CE, 5 juin 2015, *Langlet*, n° 370896. Un arrêt postérieur a d'ailleurs admis que la brièveté de la durée de détention n'est pas susceptible d'exclure le droit à réparation de la victime (CE, 13 janv. 2017, n° 389711).

dans des conditions indignes de rapporter la preuve de la réalité et de l'ampleur de son préjudice.

S'il est encore trop tôt pour pouvoir identifier clairement les lignes directrices de la position du juge judiciaire sur cette question, on constate tout de même une similitude d'approche. Un arrêt récent de la Cour de cassation a ainsi jugé qu'il n'appartenait pas à la personne détenue de démontrer que ses conditions personnelles de détention affectaient sa santé physique ou psychologique, ce qui revient peu ou prou à la solution adoptée par le juge administratif. Le détenu n'aura donc pas à prouver une dégradation de sa santé liée à ses conditions de détention[63]. Ce dernier n'aura pas non plus à démontrer le caractère indigne de ses conditions de détention, celui-ci étant présumé dès lors que sont rapportés des éléments suffisamment précis et crédibles, solution qui est empruntée à la jurisprudence de la Cour européenne des droits de l'Homme. L'inspiration européenne est d'ailleurs pleinement assumée par le juge administratif, judiciaire comme constitutionnel, tous n'hésitant pas à se référer expressément aux solutions dégagées par la Cour européenne[64]. Rappelons que la Cour européenne déduit l'atteinte à la dignité de certains éléments objectifs, notamment la superficie réservée à chaque détenu en cellule[65] qui est un élément déterminant dans de nombreuses affaires.

---

[63] Cette solution semble opportune dans la mesure où la solution inverse limiterait l'action aux seuls détenus dont les conditions de détention auraient effectivement eu des répercussions sur leur état de santé.

[64] V. ainsi la récente décision de la Chambre criminelle du 15 décembre 2020 : « *En l'état de ces énonciations, la chambre de l'instruction, qui a appliqué les principes et normes définis par la Cour européenne des droits de l'homme, en a exactement déduit que les conditions de détention de l'intéressé n'étaient pas indignes* » (Crim., 15 déc. 2020, n° 20-85.461, § 14).

[65] La position de la Cour européenne sur cette question est désormais bien établie (v. notamment l'arrêt *Muršić c. Croatie* du 20 oct. 2016, spéc.

Si l'on constate, pour le moment, un alignement de la jurisprudence interne sur la jurisprudence européenne, ce qui faciliterait une harmonisation des différentes juridictions, le risque de divergence n'est pas exclu, spécialement lorsqu'il s'agira de prendre en compte les contraintes pouvant justifier de mauvaises conditions de détention. On peut ainsi se demander si les juges du quai de l'Horloge se montreront aussi compréhensifs ou bienveillants à l'égard de l'administration que ceux du Palais Royal, souvent enclins à donner raison à l'Etat ou au moins à justifier son (in)action par les contraintes liées au contexte ou au problème structurel de surpopulation carcérale[66]. La question du mode d'appréciation de l'indignité des conditions de détention est également susceptible de faire naitre d'éventuelles divergences. Les juges devront-ils adopter une appréciation *in concreto* ou au contraire privilégier une appréciation plus abstraite[67] des conditions de détention ? Dans sa décision du 8 juillet 2020 comme dans d'autres arrêts postérieurs[68], la Chambre criminelle a rejeté le pourvoi de détenus qui ne

---

§§ 136-141). Lorsque le détenu dispose de moins de 3m², il y a une forte présomption de violation de l'article 3. Lorsqu'il dispose d'un espace personnel compris entre 3 et 4 m², le facteur spatial demeure un élément essentiel mais devra être complété par d'autres mauvaises conditions matérielles de détention.

[66] On peut noter que le seul arrêt rendu à ce jour par la Chambre criminelle sur la seconde étape du recours (autrement dit, l'appréciation par le juge pénal non pas de la réalité des éléments apportés par le détenu comme commencement de preuve mais bien du caractère indigne des conditions de détention) conclut à l'absence de violation de l'article 3 non seulement au regard des conditions matérielles de détention satisfaisantes mais également de la mise en place par l'Administration pénitentiaire « *de mesures variées et réitérées pour remédier à la présence de nuisibles résultant notamment du jet de détritus* » (Crim., 15 déc. 2020, préc. note 64).

[67] Ce que pourrait laisser penser l'absence d'exigence de la preuve par le détenu d'une altération effective de sa santé ou les présomptions établies par la Cour européenne fondées sur des éléments objectifs.

[68] V. par ex. Crim., 19 août 2020, n° 20-82.171.

faisaient état que des conditions générales de détention au sein de leur établissement consacrant, à demi-mots, une appréciation *in concreto*. Pourtant, certains des éléments[69] auxquels se réfère la Cour de Cassation dans des arrêts postérieurs[70] rendent assez incertaine la manière dont la Cour de cassation entend, à l'avenir, apprécier les conditions de détention. La casuistique jurisprudentielle inhérente à la diversité de situation de chaque établissement ou détenu[71] pourrait donc favoriser les divergences si chaque juridiction décidait de développer « sa » propre appréciation. Cette divergence pourrait également conduire à une mise en concurrence préoccupante des différents juges compétents.

2. Une concurrence (des juridictions)

Le second risque que pourrait provoquer cette irruption du juge judiciaire est celui d'une concurrence des juges. Rappelons que ce n'est qu'au prix d'une lente évolution jurisprudentielle[72] que le juge administratif est progressivement devenu le juge de la condition carcérale, le conduisant

---

[69] Saleté des douches, sous-dimensionnement de la cour de promenade…

[70] Crim., 25 nov. 2020, n° 20-84.886 : « *Saisie d'une description du demandeur qui évoquait une cellule infestée de punaises et de cafards, l'absence de chaise, la saleté repoussante des douches et le sous-dimensionnement de la cour de promenade, la chambre de l'instruction devait en apprécier le caractère précis, crédible et actuel, sans s'arrêter au fait que cette description ne renverrait qu'aux conditions générales de détention à la maison d'arrêt de Fresnes* » (nous soulignons). V. également Crim., 19 janv. 2021, n° 20-85.935.

[71] V. ainsi la décision de la Chambre d'instruction de Nouméa du 08 oct. 2020 (n° CHI 2020/0036) ayant ordonné la remise en liberté d'un prévenu en raison de ses conditions de détention dégradantes et à l'inverse les ordonnance des JLD de Pontoise (JLD, ord. du 27 juill. 2020) ou de Nantes (JLD, ord. du 26 oct. 2020) qui ont refusé de faire droit à une telle demande.

[72] Sur ce mouvement, S. Gauché, « À la recherche du recours effectif : responsabilité et référés en droit pénitentiaire », *AJDA* 2017, p. 1837.

non seulement à connaitre des actions en réparation en matière de conditions de détention mais également à se voir attribuer des prérogatives tendant à faire cesser toute atteinte aux droits fondamentaux des personnes détenues, le cas échéant, en référé. Le juge administratif devra dorénavant composer avec son homologue, le juge judiciaire qui interviendra lui aussi à un double titre : d'abord comme garant de la *légalité* de la détention provisoire, contrôlant le respect des conditions de placement ou de maintien de cette mesure, mais aussi désormais comme juge de la *dignité* de la détention. Cette mission nouvelle ne risque-t-elle pas d'entrer en conflit avec les prérogatives traditionnelles du juge administratif ? La réponse semble a priori négative dans la mesure où le recours au juge judiciaire a, dès la décision le consacrant, été présenté comme un palliatif aux insuffisances des recours existants. Complémentaire plutôt qu'alternative, cette action ne devrait être envisagée qu'en dernier recours, lorsque les outils « classiques » que sont les mesures préventives tels que le référé-liberté par exemple n'auront pas permis de mettre fin à l'atteinte à la dignité résultant des conditions de détention.

Pour autant, on peut s'interroger sur la viabilité et la pérennité d'un tel schéma. L'ineffectivité des recours administratifs mise en évidence par la Cour européenne semble condamner l'action du juge administratif, en tout cas pour faire cesser efficacement une détention indigne, ce qui pourrait, *in fine*, profiter à l'autorité judiciaire. Face à un juge administratif qui peine à pouvoir obtenir une amélioration des conditions de détention ou une indemnisation suffisante de celles-ci, le juge judiciaire offre ce qu'aucun juge administratif ne pourrait accorder : une éventuelle remise en liberté. Même si elle sera probablement assez rare, cette perspective pourrait inciter les détenus à se détourner du juge administratif au profit de l'autorité judiciaire, pourtant aussi peu armée que les juridictions administratives pour remédier au problème de surpopulation carcérale. La complémentarité originelle laisserait alors place à une concurrence (déloyale) en défaveur du juge administratif, ce qui pourrait d'ailleurs le pousser à ne pas faire évoluer sa position actuelle, pourtant jugée excessivement sévère et, à ce titre, vivement critiquée[73]. Un brin alarmiste, ce scénario catastrophe met toutefois au jour les risques d'une concurrence des recours et partant des magistrats. Limité pour le moment à la seule détention provisoire[74], le recours judiciaire pourrait en se développant apparaitre comme plus efficace[75] que les autres recours, favorisant le juge judiciaire au détriment du juge administratif, grand perdant de cette mise en concurrence des juges. A moins que les vrais perdants ne soient les détenus eux-mêmes. Bien qu'a priori favorable à ces derniers qui se voient offrir un recours supplémentaire, la redistribution des rôles opérée pourrait, en réalité, se retourner contre eux.

3. Une déchéance (de protection)

Le dernier risque méritant d'être approfondi est, paradoxalement, celui d'une moins bonne protection des intérêts des personnes détenues. Ce risque découle non plus de l'articulation entre les différents recours consacrés par le droit positif, mais de l'articulation de ces recours avec ceux du droit européen. On a vu que le mouvement jurisprudentiel actuel devait beaucoup à la jurisprudence européenne et plus précisément aux condamnations récentes de la France

---

[73] Selon M. Herzog-Evans, le juge administratif se serait d'ailleurs « *raidi* » sur sa position lors de la crise sanitaire, en « *donnant quoi qu'il arrive raison à l'Etat et donc à ses démembrements, à de rares exception près* » : *AJ Pénal*, janv. 2021, n° 1, obs. p. 49.

[74] Ce qui pourrait changer si le Conseil constitutionnel ou le législateur décidait de l'étendre aux détenus condamnés.

[75] Non au regard des conditions de détention (que ce recours ne permet pas d'améliorer), mais de la situation du détenu qui pourra espérer un transfert, voire une remise en liberté.

par la Cour européenne. Or, il faut rappeler que ces condamnations, qu'il s'agisse de l'arrêt *J.M.B.* ou de l'arrêt *Barbotin* étaient fondées sur une violation combinée des articles 3 et 13 de la Convention. Autrement dit, si la France est condamnée, c'est moins pour ses conditions de détention (et leur contrariété à l'art. 3) que pour l'ineffectivité des recours permettant de faire cesser ou de réparer de telles atteintes (combinaison des art. 13 et 3). On perçoit le subtil glissement opéré par la Cour qui passe de la question de l'indignité des conditions de détention à celle de l'ineffectivité des voies de recours pour y mettre fin. Ce glissement est loin d'être anodin ou isolé puisqu'on retrouve un raisonnement similaire dans des décisions récentes du Conseil constitutionnel censurant des dispositions du Code de procédure pénale ne prévoyant pas de recours contre des décisions concernant des prévenus. Ainsi, après une première décision en 2016[76] portant sur le refus de délivrer un permis de visite aux proches d'un prévenu, le Conseil a réitéré sa solution en 2018[77] puis deux fois en 2019[78]. De telles

[76] Décis. n° 2016-543 QPC du 24 mai 2016 (Permis de visite et autorisation de téléphoner durant la détention provisoire).

[77] Décis. n° 2018-715 QPC du 22 juin 2018 qui juge contraire au droit au recours juridictionnel effectif l'absence de toute voie de recours contre la décision de s'opposer à l'échange de correspondance des prévenus.

[78] Décisions n° 2018-763 QPC du 8 février 2019 (absence de recours contre la décision de refus d'un rapprochement familial à l'égard des prévenus dont l'instruction est achevée et qui attendent leur comparution devant la juridiction de jugement) et n° 2019-791 QPC du 21 juin 2019 (absence de recours contre le refus d'une autorisation de sortie sous escorte d'une personne détenue prévenue). Une nouvelle QPC vient tout juste d'être transmise par le Conseil d'Etat au Conseil constitutionnel contestant l'absence d'une voie de recours effective contre les décisions défavorables prises par le ministère public en matière de transfèrement international (art. 728-10 à 728-22 du Code de procédure pénale), v. l'acte de saisine sur le site du Conseil constitutionnel : https://www.conseil-constitutionnel.fr/sites/default/files/2021-02/2021905qpc_saisinece.pdf

décisions s'inscrivent dans un vaste mouvement jurisprudentiel tendant à instrumentaliser le droit à un recours juridictionnel effectif pour en faire un nouvel outil de progression de la condition juridique des détenus[79], au risque, peut-être, d'en abuser. Cet attrait pour l'effectivité des voies de recours pourrait en effet, à plus ou moins long terme, avoir des effets pernicieux. L'efficacité du recours judiciaire en matière de conditions de détention indignes ajoutée à une éventuelle amélioration des recours administratifs (tant préventifs que curatifs) pourraient, à l'avenir, amener la Cour européenne à faire évoluer sa position et à juger le droit positif français conforme aux exigences de l'article 13 de la Convention. Ne pourrait-on pas reprocher à un détenu de ne pas avoir sollicité une remise en liberté du juge judiciaire ou de ne pas avoir davantage exploité les recours préventifs existants[80] ? De la même façon, la possibilité de solliciter une compensation en cas de conditions de détention indignes, si tant est que cette indemnisation soit suffisante[81], pourrait-elle permettre d'exclure tout recours devant la Cour européenne ? Les personnes détenues ayant été indemnisées perdraient en effet la qualité de victime et ne pourrait alors plus agir, ou bien, lorsqu'elles n'auraient pas sollicité une telle indemnisation, elles pourraient se voir reprocher de n'avoir pas épuisé les voies de recours (effectives) à leur dis-

[79] C. Margaine, « Le droit à un recours juridictionnel effectif, un nouvel outil de progression de la condition juridique des détenus ? », *RPDP* 2019, n° 1 (janv/mars), pp. 173-180

[80] Si, bien sûr, ces derniers étaient modifiés et jugés suffisamment effectifs par la Cour européenne.

[81] Ce qui reste, pour le moment, assez illusoire au regard de la faiblesse des montants accordés par le juge français par rapport aux sommes allouées par la Cour européenne au titre de satisfaction équitable. Dans sa décision *J.M.B. et autres c. France* du 30 janvier 2020, la Cour avait d'ailleurs tenu à souligner le risque qu'un recours indemnitaire suffisamment efficace « *affaibli[sse] sérieusement l'obligation des États de mettre leurs normes en accord avec les exigences de la Convention* » (§ 167).

position. Pour le moment, l'ineffectivité des voies de recours françaises a, paradoxalement, protégé la France d'un tel risque[82]. Pour autant, plusieurs décisions de la Cour européenne vont dans ce sens, laissant penser que ce risque existe bel et bien. Il a ainsi été reproché, au nom du principe de subsidiarité, à des personnes détenues de n'avoir pas épuisé l'ensemble des voies de recours effectives consacrées par leur droit national[83]. La recherche d'une meilleure effectivité des voies de recours pourrait alors, *in fine*, aggraver la situation des personnes détenues, déchues de toute possibilité d'action devant la Cour européenne, ce qui, s'agissant du contentieux indemnitaire, serait regrettable au regard des

---

[82] Au prix, toutefois, d'une certaine contorsion juridique. Ainsi dans l'arrêt *J.M.B. c. France*, la CEDH a été conduite, dans un premier temps, à rejeter la requête de trois anciens détenus au motif qu'ils n'avaient pas épuisé les voies de recours dont ils disposaient, tout en jugeant, dans un second temps, leur demande recevable, faute d'avoir pu bénéficier de recours préventifs suffisamment efficaces durant leur détention ! La juge irlandaise ayant siégé pour cette affaire a d'ailleurs tenu à exprimer son désaccord sur ce point dans son opinion concordante annexée à l'arrêt : « *J'ai des difficultés à souscrire au constat de recevabilité du grief tiré de l'article 3 combiné avec l'article 13 par les trois requérants cités ci-dessus. Étant donné que le grief qu'ils avaient soulevé sous l'angle de l'article 3 avait été rejeté pour non-épuisement des voies de recours indemnitaires effectives qui existaient à cet égard, ils ne disposaient plus sous l'angle de l'article 3 d'un "grief défendable" propre à fonder un grief sur le terrain de l'article 13* ».

[83] V. ainsi l'arrêt *Stella et autres c. Italie* du 16 sept. 2014 (n° 49169/09), § 64-69, spéc. § 67 : « *En ce qui concerne l'espèce, la Cour observe que les requérants, pour autant qu'ils allèguent avoir été emprisonnés dans des conditions contraires à l'article 3 de la Convention, doivent se prévaloir du recours introduit par le décret-loi n° 92/2014 afin d'obtenir au niveau national la reconnaissance de la violation et, le cas échéant, une compensation adéquate. De plus, pour ce qui est des requérants qui pourraient toujours être détenus dans de mauvaises conditions, la Cour juge qu'ils doivent également, conformément à l'article 35 § 1 de la Convention, saisir le juge d'application des peines d'une réclamation au titre de l'article 35 ter de la loi sur l'organisation pénitentiaire dans le but d'obtenir une amélioration immédiate de leurs conditions de vie en prison* ». V. également l'arrêt *Ulemek c. Croatie* du 31 octobre 2019, (n° 21613/16), §§ 81 à 92.

sommes allouées par la Cour de Strasbourg bien supérieures à celles accordées par le juge français.

Le bilan de cette année 2020 est finalement à l'image de ce que fut cette année 2020, une année très particulière, ayant incontestablement fait progresser la condition des détenus français, au risque d'une seconde vague porteuse d'une potentielle régression de la situation de certains détenus[84]…

[84] A titre d'exemple, on peut s'inquiéter de l'effet dissuasif d'un éventuel transfert comme réponse au recours devant le juge judiciaire, ainsi que le prévoit la proposition de loi déposée le 11 février 2021. Un détenu aura-t-il vraiment intérêt à se plaindre de ses conditions de détention s'il risque, en cas de transfert, d'être éloigné de sa famille, de perdre l'emploi qu'il occupe en prison ou de ne plus pouvoir suivre la formation dont il bénéficie ?

Nouveau droit disciplinaire pénitentiaire ou droit disciplinaire antique ?

Joana FALXA
Maître de conférences à Université de Pau et des Pays de l'Adour
Centre de Recherche sur la Justice Pénale et Pénitentiaire
(CRJ2P/IFJT)

Le droit encadrant la discipline pénitentiaire n'est pas, en soi, un droit nouveau. Les travaux s'intéressant à l'histoire du droit et de la norme dans les établissements pénitentiaires sont légion[1], et s'ils continuent d'interroger nos connaissances ou nos croyances concernant les systèmes pénitentiaires à travers le monde et à travers le temps, ils n'en attestent pas moins de l'existence de règles encadrant la mise en œuvre de la discipline pénitentiaire en France depuis près de deux siècles. Ainsi, l'apparition en maison centrale du prétoire en 1842, compétent pour se prononcer en matière disciplinaire, où le directeur siégeait entouré d'autres agents de l'établissement pénitentiaire (sous-directeur, ins-

[1] V. ainsi pour des travaux récents H. Hedhili-Azéma, *Droit disciplinaire pénitentiaire de la Belle époque*, Ed. L'Harmattan, Paris, 2020 ; ou encore *Socio, La nouvelle revue des sciences sociales*, 2020, n° 14, consacré au thème de l'historiographie de la prison.

pecteur et instituteur), recherchait déjà l'instauration d'une certaine justice interne, se rapprochant symboliquement de la justice pénale et de sa solennité[2].

En termes généraux, le vocable « discipline » renvoie à une norme qui intéresse des groupes sociaux ou des institutions et elle impose un code de conduite qui est nécessaire au fonctionnement du groupe concerné ainsi qu'à l'atteinte des objectifs de celui-ci. Les moyens de la discipline sont multiples : ils comprennent notamment « *les prescriptions ou interdictions de comportements ou d'actions, procédant de règles ou d'ordres ; la surveillance des assujettis ; la répression des agissements jugés déviants par l'imposition de sanctions [...] qui ont sans doute pour trait distinctif de "(frapper) l'agent dans ses intérêts de membre du groupe"* [3]»[4]. La discipline pénitentiaire comprend de toute évidence les éléments d'une telle définition : elle implique en premier lieu la sujétion d'un groupe social défini, à savoir la population détenue. Elle professe en deuxième lieu un code de conduite : en établissement pénitentiaire, c'est le quotidien dans ses moindres détails (temps, espace, hygiène, relations, comportement) qui est régi par ce code. Enfin, le cadre ainsi posé est nécessaire à la poursuite des objectifs de l'institution : la discipline appliquée dans les établissements pénitentiaires est l'un des supports nécessaires au maintien de l'ordre en détention, condition indispensable à

---

[2] J.-P. Céré, *Le contentieux disciplinaire dans les prisons françaises et le droit européen*, Ed. L'Harmattan, Paris, 1999, p. 172 s.

[3] J. Moret-Bailly, V° *Discipline*, *in* L. Cadiet (Dir.), *Dictionnaire de la Justice*, Ed. PUF, 2004, p. 332.

[4] A. Jeammaud, « Disciplines et droit », in P. Ancel et J. Moret-Bailly (Dir.), *Vers un droit commun disciplinaire* ?, Ed. Publications de l'Université de Saint-Étienne, 2007, p. 19-20.

l'accomplissement des missions de garde mais également de réinsertion dévolues à l'administration pénitentiaire[5].

« *Nouveau droit disciplinaire pénitentiaire ou droit disciplinaire antique ?* » interpelle l'intitulé de cette contribution, paraissant presque nous inviter à une comparaison historique entre le droit disciplinaire applicable dans les prisons contemporaines et les châtiments infligés dans les cachots de l'Antiquité[6]. Sans doute l'ambition de cette étude doit-elle être bien moindre. Le terme « antique » ici, s'il taquine notre fibre historienne, ne peut être entendu que comme une référence aux possibles archaïsmes subsistant dans le droit disciplinaire contemporain. À défaut, nous nous trouverions sur un terrain certes passionnant mais hors de notre portée. Par « archaïsme », nous nous référons non seulement aux éléments persistants hérités de régimes disciplinaires antérieurs, mais également au caractère dépassé, obsolète de certaines de ces survivances.

Ainsi ce code de conduite interne aux établissements pénitentiaires n'est-il pas nouveau, tout comme n'est pas nouvelle la volonté de centralisation des normes de conduites imposées en détention[7]. Il serait néanmoins fallacieux de parer ce « droit » des vertus de la modernité : il s'agissait bien davantage d'un cadre à géométrie variable, fonction des établissements, des agents et des chefs d'établissements chargés de sa mise en œuvre. En réalité, en l'absence d'une norme unifiée et de contrôles hiérarchiques ou externes,

---

[5] Pour des éléments de définition plus détaillés, v. notre thèse *Le droit disciplinaire pénitentiaire : une approche européenne*, Ed. Mare et Martin, 2016, p. 37 s.

[6] V. not. Y. Rivière, *Le Cachot et les fers. Détention et coercition à Rome*, Ed. Belin, Paris, 2004 ; Y. Rivière, « L'incarcération dans la Rome antique », *Socio* n° 14, 2020, p. 37-70.

[7] H. Hedhili-Azéma, *La discipline pénitentiaire : approche juridique et doctrinale : XIXe et XXe siècles*, Thèse, D. Cabanis (Dir.), Univ. Toulouse 1, 2009, *passim*.

l'arbitraire régnait. Ce n'est qu'à une époque encore très récente, à partir des années 1995-1996 puis à nouveau en 2009-2010, que d'importantes évolutions ont donné naissance à ce qu'il est à présent permis d'appeler un droit disciplinaire pénitentiaire.

Cette apparition est le résultat d'un processus de « normativisation »[8] de la discipline pénitentiaire qui s'est réalisé en plusieurs phases. L'étape initiale s'étend sur la période 1995-2000, avec en premier lieu l'arrêt *Marie* du Conseil d'État en 1995[9] qui, en admettant que les décisions disciplinaires font grief et sont donc susceptibles de recours devant les juridictions administratives, a posé les premiers jalons de ce parcours. Le décret du 2 avril 1996 a ensuite marqué un tournant décisif par l'adoption d'un cadre règlementaire clair pour la mise en œuvre de la discipline pénitentiaire. Pour la première fois, un texte prévoit une liste de fautes disciplinaires susceptibles de sanctions, elles-mêmes limitativement énumérées. Il encadre également la procédure applicable, prévoyant notamment l'instruction des faits dénoncés, ou encore la composition et le déroulement de la commission de discipline. C'est ensuite la loi du 12 avril 2000 qui élargira les droits de la défense du détenu disciplinairement poursuivi en permettant, malgré d'importantes résistances au sein de

---

[8] Entendu comme un processus de soumission de la discipline à la norme de droit, quelle qu'elle soit (constitutionnelle, conventionnelle, législative ou règlementaire en l'occurrence).

[9] CE, Ass., 17 février 1995, *Marie*, req. n° 97754 : L. Touvet, J.-H. Stahl, « Rétrécissement de la notion de mesures d'ordre intérieur», *AJDA* 1995, p. 379-383; P. Frydman, «Le contrôle juridictionnel des institutions fermées », *RFDA* 1995, p. 353-369 ; P. Couvrat, « Le contrôle du juge sur les sanctions disciplinaires du milieu pénitentiaire », *RSC* 1995, p. 381-384 ; F. Moderne, « À propos du contrôle des punitions en milieu carcéral. Le point de vue du publiciste. Conseil d'État, 17 février 1995, *Marie* », *RFDA* 1995, p. 822-825 ; J.-P. Céré, « À propos du contrôle des punitions en milieu carcéral. Le point de vue du pénaliste. Conseil d'État, 17 février 1995, *Marie* », *RFDA* 1995, p. 826-833.

l'administration pénitentiaire, de faire entrer l'avocat en commission de discipline.

La deuxième étape intervient plus tardivement, à partir de l'adoption de la loi pénitentiaire, du 24 novembre 2009. Celle-ci pose pour la première fois un socle législatif à l'ensemble du régime disciplinaire pénitentiaire : en effet, l'article 726 du code de procédure pénale vient fixer les limites législatives à l'intervention disciplinaire de l'administration pénitentiaire. La disposition renvoie certes à un décret en Conseil d'État le soin de déterminer le contenu des fautes et sanctions disciplinaire, le déroulement de la procédure, les modalités d'accès de la défense au dossier de la procédure ou encore la composition de la commission de discipline, mais elle précise néanmoins, d'une part, que les sanctions de placement en cellule disciplinaire ou de confinement en cellule ordinaire (les plus graves) ne peuvent excéder 20 jours, sauf en cas de violences (le maximum étant alors porté à 30 jours) et, d'autre part, que la commission de discipline doit comprendre au moins un membre extérieur à l'administration pénitentiaire. La loi intervient donc pour la première fois dans l'organisation de la discipline interne aux établissements pénitentiaires. Le décret en Conseil d'État est adopté le 23 décembre 2010[10] et il prévoit dans le détail le nouveau droit disciplinaire pénitentiaire applicable. S'il conserve d'importants éléments du décret de 1996 (classification tripartite des fautes, déroulement de la phase d'instruction des faits, rôle du chef d'établissement), certaines avancées sont également à relever, telles que la gradation des durées d'encellulement disciplinaire en fonction de la gravité de la faute poursuivie, l'allongement du délai de préparation de la défense du détenu jusqu'à 24 heures ou encore l'introduction d'un assesseur extérieur comme membre de la commission de discipline. Cette deuxième étape se termine par l'adoption

[10] Décret en CE n° 2010-1634 du 23 décembre 2010.

d'un nouveau décret, le 30 avril 2013[11], instaurant un règlement intérieur type comprenant, dans sa partie générale, maintes règles dont la violation peut se traduire par le déclenchement de poursuites disciplinaires (interdiction de fumer hors des cellules et de la cour de promenade ; interdiction de fabriquer de l'alcool ; interdiction de jeter des détritus par les fenêtres ou dans les coursives, d'obstruer les fenêtres et bouches de ventilation ou encore de dégrader ou de salir les parties communes et les cellules). La partie spéciale, réservée aux dispositions spécifiques arrêtées par chaque chef d'établissement, étend également le champ des incriminations disciplinaires potentielles.

Enfin, la dernière étape – à ce jour – de cette évolution correspond à l'adoption du décret du 13 février 2019[12], qui n'est intervenu qu'en matière de droit disciplinaire pénitentiaire de fond, en retouchant la liste des fautes et des sanctions applicables. Il s'en dégage un durcissement de la répression en matière d'atteintes à l'autorité pénitentiaire et une prise en compte accrue du risque de radicalisation en détention[13].

La référence au « *nouveau droit disciplinaire pénitentiaire* » engage à limiter cette étude aux évolutions les plus récentes qu'a connu la matière, à savoir celles issues de la loi pénitentiaire de 2009 et des décrets d'application ultérieurs, et celles issues du décret du 13 février 2019. Le sujet proposé à l'étude incite à la réflexion sur la modernité ou la nouveauté de ce droit, ainsi qu'aux possibles survivances de régimes

---

[11] Décret en CE n° 2013-368 du 30 avril 2013.

[12] Décret en CE n° 2019-98 du 13 février 2019 modifiant les dispositions règlementaires du Code de procédure pénale relatives au régime disciplinaire des personnes détenues.

[13] M. Herzog-Evans, « Décret du 13 février 2019 sur la discipline pénitentiaire : un raidissement institutionnel et une occasion manquée », *AJ Pénal* 2019, p. 139 s.

passés subsistant dans le droit disciplinaire pénitentiaire contemporain. Or, il ressort de ce premier tour d'horizon que si le droit disciplinaire pénitentiaire s'est indéniablement modernisé au cours de la dernière décennie (I), certains archaïsmes perdurent obstinément (II).

I. Une modernisation indéniable

Les différents textes adoptés depuis 2009 ont permis de renforcer l'encadrement de la répression disciplinaire pénitentiaire (A) tout en favorisant l'émergence de la catégorie de détenu-justiciable (B).

A. L'encadrement renforcé de la répression disciplinaire pénitentiaire

L'une des principales lacunes du régime disciplinaire pénitentiaire antérieur à 1996 était l'absence de support textuel unifié. En contradiction flagrante avec les exigences d'un principe de légalité qui peine à s'appliquer en la matière, aucun texte ne régissait de manière harmonisée ni la détermination exhaustive des fautes disciplinaires, ni celle des sanctions applicables. Dans le même sens, le prétoire, organe disciplinaire créé dès la moitié du XIXème siècle, avait disparu des textes règlementaires en 1972 mais perdurait dans la pratique jusqu'en 1996[14]. Le décret du 2 avril 1996 fut, en ce sens, décisif dans la voie de l'encadrement textuel de la pratique disciplinaire pénitentiaire.

C'est donc dans la même veine que se situent les textes ultérieurs, puisqu'ils ont permis de renforcer non seulement l'encadrement du droit disciplinaire de fond, en délimitant plus précisément le contenu de fautes et sanctions appli-

---

[14] J.-P. Céré, « Le nécessaire contrôle du pouvoir disciplinaire dans les prisons françaises », *RSC* 1994, p. 603.

cables, mais également du droit disciplinaire de forme, en organisant le « *procès* » disciplinaire pénitentiaire.

Ce renforcement concerne en premier lieu les sources du droit disciplinaire pénitentiaire : aux côtés des sources réglementaires traditionnelles apparaît un socle législatif issu de la loi pénitentiaire de 2009. Ainsi, l'article 726 du code de procédure pénale sert de support aux développements réglementaires ultérieurs, et il en délimite le contenu en certains aspects. À cette source légale s'ajoutent les inspirations supranationales qui orientent, même à la marge ou en creux, le législateur et l'administration centrale dans l'adoption des nouveaux textes régissant la discipline pénitentiaire : les décisions de la Cour européenne des droits de l'homme en la matière et les Règles pénitentiaires européennes du Conseil de l'Europe[15] sont des références indispensables que les autorités françaises ne peuvent ignorer et qui tracent les limites de l'acceptable en matière de privation de liberté[16]. Enfin, notons que le décret du 23 décembre 2010 encadrant le régime disciplinaire pénitentiaire adopté en application de la loi pénitentiaire est pris en Conseil d'État : ainsi, s'il ne revient toujours pas à la loi de définir le détail de ce régime, le renforcement des textes transparaît en filigrane à travers la source du droit applicable, avec le choix par le législateur de la voie du décret en Conseil d'État, supérieur dans la hiérarchie des normes aux décrets

---

[15] Issues de la Recommandation (2006) 2 sur les Règles pénitentiaires européennes du 11 janvier 2006, actualisée et modifiée par le Comité des Ministres le 1er juillet 2020.

[16] On peut également citer l'Ensemble des règles minima pour le traitement des détenus, adopté en 1955 par le Conseil économique et social de l'ONU, révisé en 2015 et à présent désigné sous l'appellation de « règles Mandela ». Dans la pratique, relevons que la vocation des RPE et des Règles Mandela à servir de standards minima est souvent mise à mal par l'interprétation des Etats, qui les convertissent en objectifs maximaux que les autorités nationales peinent à atteindre.

simples tels que le décret de 1996 encadrant auparavant la matière.

L'encadrement du droit disciplinaire de fond fait, en deuxième lieu, l'objet d'une consolidation dans les derniers textes adoptés. Ainsi, concernant les fautes disciplinaires, bien que la classification tripartite des fautes, préexistante, soit maintenue dans le décret du 23 décembre 2010, et que plusieurs infractions soient définies dans des termes similaires à ceux des textes antérieurs, on note certaines avancées dans ce domaine, au regard par exemple de la disparition de l'infraction qui consiste à «*multiplier, auprès des autorités administratives et judiciaires, des réclamations injustifiées ayant déjà fait l'objet d'une décision de rejet*»[17] qui s'efface conformément aux exhortations des règles pénitentiaires européennes[18]. De même, la distinction opérée entre les infractions liées d'une part à l'introduction et au trafic de produits stupéfiants ou substances psychotropes, faute de premier degré[19], et d'autre part à la consommation de ces produits en détention, devenues fautes de deuxième degré[20], instaure une différenciation opportune entre des comportements, certes tous deux répréhensibles, mais qui ne revêtent pas la même gravité eu égard aux conséquences et dangers des réseaux de trafic dans les établissements pénitentiaires[21]. Le décret du 13 février 2019 a toutefois aggravé un certain nombre de qualifications, en relevant le degré de la faute associée : les menaces et insultes directes à l'endroit des personnels, de toute autre personne en mission dans l'établissement ou d'un autre dé-

[17] Auparavant prévue à l'art. D. 249-3, 12° CPP.

[18] Règle 70.4 des Règles Pénitentiaires Européennes.

[19] Art. R.57-7-1, 11° CPP.

[20] Art. R.57-7-2, 12° et 13° CPP.

tenu deviennent par exemple des fautes du premier degré[22], passibles à présent de 20 jours de placement en cellule disciplinaire ou de confinement en cellule ordinaire. Il crée également de nouvelles incriminations, venant ainsi en soutien d'une plus grande précision des qualifications disciplinaires en ajoutant notamment une faute de rébellion[23] ou une faute – conforme à l'air du temps et aux craintes liées au risque de radicalisation en détention – de provocation ou d'apologie d'actes terroristes[24].

En matière de sanctions, la limitation de la durée de l'isolement ou du confinement disciplinaire, prévue par la loi, est confirmée par le décret du 23 décembre 2010, qui fixe en outre une gradation dans la sévérité de la sanction d'encellulement disciplinaire (quartier disciplinaire comme confinement en cellule ordinaire) en fonction du degré de la faute. Ainsi, la durée de cet encellulement « *ne peut excéder vingt jours pour une faute disciplinaire du premier degré, quatorze jours pour une faute disciplinaire du deuxième degré et sept jours pour une faute disciplinaire du troisième degré* »[25]. Les améliorations instaurées par les textes règlementaires antérieurs (droit à un parloir hebdomadaire en cas de placement au quartier disciplinaire, absence de restriction du droit de visite pour les personnes confinées en cellule ordinaire, droit aux communications téléphoniques) sont également ratifiées aux articles R. 57-7-40 et R. 57-7-45 du code de procédure pénale. Le nombre de sanctions applicables est ramené à onze. Elles se répartissent entre sanctions générales et sanctions spéciales, distinction héritée de la règlementation antérieure, les pre-

---

21 A. Bouquet, « Droit disciplinaire et loi pénitentiaire : le rendez-vous manqué », *Archives de politique criminelle*, n° 34, 2012, p. 314.

22 À présent à l'art. R. 57-7-1, 12° et 13°, précédemment art. R. 57-7-2, 1° et 8° CPP.

23 Art. R. 57-7-1, 3° CPP.

24 Art. R. 57-7-1, 6° CPP.

25 Art. R. 57-7-42 et R.57-7-47 CPP.

mières pouvant s'appliquer à toute faute disciplinaire alors que les secondes ne pourront être prononcées qu'en répression d'infractions se produisant dans des circonstances déterminées. Ce procédé est intéressant car il s'attache à rechercher une véritable adéquation entre les faits constatés et la sanction proposée. Le décret du 13 février 2019 est cependant venu limiter drastiquement le nombre de ces sanctions spécifiques puisque des précédentes trois sanctions spécifiques, il n'en retient qu'une seule, la suppression de l'accès au parloir sans dispositif de séparation pour une période maximum de quatre mois lorsque la faute a été commise au cours ou à l'occasion d'une visite, les deux autres devenant des sanctions soit générales (pouvant s'appliquer à toutes les fautes), soit complémentaires (pouvant s'ajouter à une sanction générale), sans considération des circonstances dans lesquelles les faits se sont déroulés.

S'agissant enfin de la procédure disciplinaire pénitentiaire, le décret du 23 décembre 2010 a permis d'en assurer un meilleur encadrement. En l'occurrence, l'un des éléments à relever, avec la confirmation de la présence de l'avocat en défense devant une commission de discipline, est l'apparition d'un assesseur extérieur issu de la société civile comme membre de celle-ci, dans le but d'assurer une apparence d'impartialité à l'organe disciplinaire. Les difficultés initiales de mise en œuvre de cette mesure ont progressivement été résorbées et à ce jour, il semble que la participation du membre extérieur de la commission de discipline soit entrée dans les mœurs.

Malgré l'expression de certaines critiques lors de l'adoption de la loi pénitentiaire et du décret de 2010[26],

---

[26] V. not. A. Bouquet, « Droit disciplinaire et loi pénitentiaire : le rendez-vous manqué », *op. cit.* ; J.-P. Céré, « Virage ou mirage pénitentiaire ? À propos de la loi du 24 novembre 2009 », *JCP G* 2009, I, 552, p. 47 s. ; M. Giacopelli, « Le contenu de la loi pénitentiaire : des avancées encore insuffisantes », *RFDA* 2010, p. 30-31 ; M. Herzog-Evans, « Loi péniten-

l'ensemble de ces circonstances a créé un terrain favorable à l'émergence d'une nouvelle figure en détention : celle du détenu-justiciable.

B. L'émergence de la catégorie de détenu-justiciable

L'apparition du terme « détenu-justiciable »[27] est révélatrice d'une approche nouvelle du droit pénitentiaire, reconnaissant le détenu non plus seulement comme objet de décisions judiciaires ou administratives mais également comme sujet et détenteur de droits lui permettant de se défendre ou de contester les décisions prises à son endroit. Le détenu-justiciable est celui qui, dans sa relation avec l'administration pénitentiaire, bénéficie d'un certain nombre de garanties processuelles. Les manifestations de cette approche sont multiples et tendent à s'accroître par l'intermédiaire de l'élargissement des possibilités de contrôle des décisions de l'administration pénitentiaire.

L'apparition de droits de la défense dans le processus disciplinaire esquisse les premiers traits de cette figure nouvelle. Ainsi, depuis le décret du 23 décembre 2010, le détenu dispose, pour la préparation de sa défense, d'un délai qui s'étend du moment de la notification des faits en entretien préalable à celui de l'audience disciplinaire et qui est de minimum 24 h[28]. La circulaire du 9 juin 2011 quant à elle, relative au régime disciplinaire des personnes détenues majeures[29] et qui apporte un certain nombre de précisions

---

tiaire n° 2009-1436 du 24 novembre 2009 : changement de paradigme pénologique et toute puissance administrative », *D.* 2010, p. 31-38.

[27] A. Blanc, « Décloisonnement et réinsertion : Poursuivre l'ouverture », *Cahiers de la sécurité intérieure*, n° 31, 1998, p. 64.

[28] Ce délai était auparavant de 3 heures minimum : ancien art. D. 250-2 CPP.

[29] Circ. du 9 juin 2011 relative au régime disciplinaire des personnes détenues majeures, NOR : JUSK1140024C.

concernant l'application du décret, préconise plutôt le respect d'un délai de 48 heures afin « *d'organiser au mieux la consultation du dossier et l'entretien entre la personne détenue et son avocat* »[30]. L'accès au dossier de la procédure fait également partie des prérogatives de la personne détenue ou de son défenseur[31] et un décret du 24 octobre 2016[32] est en outre venu préciser le droit de la personne détenue de solliciter la consultation de tout élément utile à sa défense « *dont l'administration pénitentiaire dispose dans l'exercice de sa mission et relatif aux faits visés par la procédure disciplinaire* »[33]. Il peut s'agir notamment d'enregistrements de vidéosurveillance. Une note EMS2 n° 00269 du 17 octobre 2011 prévoyait déjà le recours aux enregistrements des caméras de vidéoprotection comme moyen de preuve en commission de discipline. Mais les réticences des autorités pénitentiaires à accorder l'accès des détenus et de leurs défenseurs à ces éléments couplées aux difficultés matérielles de reproduction de ces vidéos rendaient en pratique leur utilisation généralement impossible. La jurisprudence administrative a d'ailleurs tardé à reconnaître l'atteinte aux droits de la défense que constituaient les refus peu ou pas motivés opposés par les autorités pénitentiaires en la matière[34]. Le décret du 24 octobre 2016, attendu depuis l'adoption de la loi pénitentiaire[35], est intervenu en

---

[30] Circ. du 9 juin 2011 préc., n° 2.6.1.2.

[31] Art. 726, 4° et art. R. 57-5-16 II° CPP.

[32] Décret n° 2016-1432 du 24 octobre 2016 relatif aux conditions de consultation par les personnes détenues poursuivies en commission de discipline du dossier de la procédure et des éléments utiles à l'exercice des droits de la défense.

[33] Art. R. 57-5-16 III° CPP.

[34] V. ainsi CAA Lyon, 18 avril 2013, req. n° 12LY2085, *AJ Pénal* 2013, p. 624, obs. M. Herzog-Evans.

[35] V. sur ces questions la décision 2017-117 du Défenseur des droits du 24 mars 2017 relative à l'accès des personnes détenues aux enregistrements vidéo de l'établissement pénitentiaire lors des procédures disciplinaires, [en ligne].

prévoyant notamment des causes de refus, semblant ainsi inciter les autorités à faire droit à ces demandes toutes les fois que les circonstances le justifient et que le visionnage des enregistrements « *ne porte pas atteinte à la sécurité publique ou à celle des personnes* »[36]. Le texte fixe un délai de réponse qui s'impose aux autorités pénitentiaires : il est de sept jours au plus pour les demandes relatives aux éléments utiles à la défense (il est toutefois précisé que la réponse doit intervenir « *en tout état de cause, en temps utile pour permettre à la personne de préparer sa défense* ») et de 48h pour les demandes portant sur les enregistrements de vidéoprotection. Il faut néanmoins relever que dans ce domaine, le silence de l'administration vaut rejet, ce qui n'est pas sans soulever des objections, au vu de l'entrave que peuvent supposer ces refus au plein exercice des droits de la défense et du contradictoire. Il serait au contraire souhaitable que de tels refus fassent l'objet d'une motivation explicite et suffisamment précise pour en permettre le contrôle en cas de recours.

Le droit à l'assistance d'un avocat, apparu dès 2000 en commission de discipline, a également fait l'objet d'une consécration expresse avec la loi pénitentiaire de 2009 à l'article 726, 4° du code de procédure pénale. Concernant l'effectivité de ce droit, il incombe à l'administration pénitentiaire de mettre en œuvre les diligences suffisantes pour contacter et convoquer l'avocat désigné par le détenu ; à défaut, la procé-

[36] Art. R. 57-5-16 III° et IV° CPP. L'appréhension extensive des motifs de sécurité par les autorités pénitentiaires risque de venir à l'appui de nombreux refus, mais la jurisprudence a cependant indiqué, avant même la publication du décret du 24 octobre 2016, qu' « *un refus ne saurait être opposé à de telles demandes au motif de principe que le visionnage de ces enregistrements serait susceptible en toute circonstance de porter atteinte à la sécurité publique ou à celle des personnes* » : Conseil d'État, 25 juillet 2016, n° 400777, *AJ Pénal* 2016, p. 546, obs. M. Herzog-Evans.

dure qui se serait déroulée en l'absence de l'avocat devrait être annulée[37].

Une des autres manifestations de l'émergence du détenu-justiciable est le développement d'une jurisprudence fournie en matière pénitentiaire depuis l'arrêt *Marie* de 1995 et le recul inexorable, depuis cette date, du champ des mesures d'ordre intérieur dans le domaine pénitentiaire, qui en était pourtant traditionnellement le terrain de prédilection[38]. En matière disciplinaire, l'accès au recours auprès du juge administratif est donc assuré, mais uniquement après l'exercice d'une voie de recours administrative préalable obligatoire auprès du directeur interrégional des services pénitentiaires. L'adoption de la loi pénitentiaire et des décrets subséquents n'a d'ailleurs pas modifié l'économie d'ensemble du recours en matière disciplinaire, et n'a donc pas altéré le cours de ce développement jurisprudentiel[39]. En effet, les détenus continuent de saisir le juge administratif pour tenter de faire reconnaître leurs droits et en assurer l'effectivité, avec une fortune inégale. Ainsi, en matière de droit à un recours effectif, le juge administratif, après s'être longtemps limité à un contrôle de la disproportion manifeste des sanctions disciplinaires pénitentiaires et refusant donc d'effectuer un examen approfondi des décisions soumises à son appréciation, a décidé par un arrêt du 1er juin 2015[40] d'appliquer un

[37] TA Rennes, 9 déc. 2016, n° 140297. V. cependant *contra* TA Lyon, 1er déc. 2015, n° 1304054, *AJ Pénal* 2016, p. 227, obs. M. Herzog-Evans.

[38] R. Chapus, *Droit du contentieux administratif*, 2008, 13ème édition, Ed. Montchrestien, p. 590 ; D. Costa, « La nouvelle frontière entre mesure d'ordre intérieur et acte administratif susceptible de recours », *AJDA* 2008, p. 1827-1830.

[39] B. David, « Le contentieux des droits des détenus depuis la loi pénitentiaire », *AJ Pénal* 2019, p. 535 s.

[40] CE 1er juin 2015, *B.A.*, req. n° 380 449, *JCP G* 2015, p. 1171, obs. E. Langelier ; *AJDA* 2015, p. 1596, concl. A. Bretonneau ; *AJ Pénal* 2015, p. 447, obs. E. Péchillon ; *Droit administratif* 2015, p. 27, obs. G. Eveillard ; *Gaz. Pal.*, n° 202-203, 2015, p. 17, obs. S. Roussel.

contrôle entier, dit de proportionnalité, dans ce domaine, qui faisait jusqu'alors office d'isolat jurisprudentiel[41]. Mais nous verrons également que la question de l'effectivité réelle des voies de recours offertes aux personnes détenues n'est toujours pas résolue, le juge administratif se refusant toujours à admettre l'existence d'une situation urgente du fait du placement d'une personne sanctionnée en quartier disciplinaire[42].

La modernité du nouveau droit disciplinaire pénitentiaire est patente, les avancées tangibles du point de vue de la lisibilité du droit et de l'encadrement de la procédure disciplinaire pénitentiaire. Mais, on le pressent, perdurent néanmoins certains archaïsmes, dont le droit disciplinaire pénitentiaire ne semble pas devoir se défaire de sitôt.

II. Des archaïsmes persistants

L'étude du droit issu des derniers textes en matière de discipline pénitentiaire révèle la persistance de certains mécanismes archaïques, parfois dus à des résistances liées à la pratique pénitentiaire elle-même. Ce droit demeure donc, dans une certaine mesure, un droit « en mode mineur » (A), qui peine à atteindre son plein potentiel, d'autant que les droits des personnes détenues se heurtent souvent en pratique à de nombreux obstacles, soumettant leur effectivité à rude épreuve (B).

---

41 M. Moliner- Dubost, « À propos d'une autre "jurisprudence immobile" », *AJDA* 2013, p. 1383.

42 CE, ord., 22 avr. 2010, n° 338662, *D.* 2011, p. 1306, obs. E. Péchillon ; *AJDA* 2010, p. 929 ; *AJ pénal* 2010, p. 299, obs. E. Péchillon ; *RSC* 2010, p. 645, chron. P. Poncela.

A. Un droit disciplinaire pénitentiaire en mode mineur

Le droit disciplinaire pénitentiaire est un droit répressif qui permet l'adoption de mesures restrictives de droits (droit d'aller et venir, droit à la vie privée et familiale notamment). Or, s'il n'est pas indispensable que le principe de légalité, entendu au sens formel comme la nécessité d'un texte législatif pour encadrer les infractions et sanctions associées, s'applique strictement en la matière, il n'en demeure pas moins que l'encadrement légal des fautes et sanctions disciplinaires paraît souhaitable, voire nécessaire, au vu des enjeux des procédures disciplinaires pour les personnes détenues. En l'occurrence, le droit disciplinaire pénitentiaire présente quelque faiblesse tant du point de vue de ses sources que de celui de la légitimité de certains choix opérés par les textes règlementaires qui régissent la matière, qui trahissent l'approche étroite et restrictive privilégiée par l'administration pénitentiaire chargée d'en édicter le contenu.

Le droit disciplinaire pénitentiaire dispose certes d'un socle législatif. Néanmoins, l'essentiel de ce droit est régi par des textes règlementaires. Or s'il s'agit bien de décrets en Conseil d'État comme l'exige la loi pénitentiaire[43], l'origine administrative de ces textes ressort très clairement de leur contenu. Ils expriment en effet toute l'étendue du pouvoir de l'administration pénitentiaire sur cette « chasse gardée », et cette tendance est particulièrement marquée dans le dernier décret adopté en la matière, celui du 13 février 2019 : l'aggravation des qualifications portant atteinte à l'autorité et aux personnels pénitentiaires est un trait saillant de ce texte, signant une volonté de protection accrue des agents et fruit vraisemblable de revendications syndicales en la matière. Il

---

[43] À l'exception du décr. n° 2016-143 du 24 octobre 2016, préc., comme le souligne d'ailleurs le Défenseur des droits dans sa décision 2017-117, préc.

convient par ailleurs de relever que la circulaire relative au régime disciplinaire des personnes détenues faisant suite à ce décret, adoptée le 8 avril 2019 et censée remplacer la précédente circulaire du 9 juin 2011, n'a toujours pas été publiée, ce qui porte atteinte à la clarté du droit applicable. La circulaire antérieure est, de fait, obsolète en certains aspects, et il n'existe aucune indication publique quant aux considérations qui doivent guider l'application des nouvelles qualifications ou de la réorganisation des sanctions introduites par le décret de 2019.

A ce titre, la référence par différentes qualifications disciplinaires[44] au règlement intérieur amoindrit la lisibilité des interdits disciplinaires : cela révèle la faiblesse des sources de ce droit car l'incrimination par renvoi s'opère ici vers un texte administratif de rang inférieur, comprenant de nouvelles obligations dont la violation constitue une faute disciplinaire, avec en outre des variations possibles en fonction du type d'établissement concerné. Ce renvoi entraîne, de plus, une dispersion de ces sources car chacun des établissements disposera de la partie spéciale du règlement en fonction des nécessités d'organisation locales, et pourra ainsi prévoir des obligations supplémentaires dont la violation sera susceptible de susciter autant de fautes disciplinaires.

Le décret du 13 février 2019 marque en ce sens un affermissement de la répression disciplinaire, avec un renforcement global des incriminations[45], une aggravation des sanctions encourues par l'élévation du degré des qualifications et par l'élargissement du panel des sanctions générales (lié à la diminution corrélative du nombre de sanc-

---

[44] Art. R. 57-7-1, 14°, R. 57-7-2, 1°, R. 57-7-2, 8°, R. 57-7-3, 1°, R. 57-7-3, 3°, R. 57-7-3, 6° et R. 57-7-3, 7° CPP.

[45] V. en ce sens le tableau comparatif des incriminations dans M. Herzog-Evans, « Décret du 13 février 2019 sur la discipline pénitentiaire : un raidissement institutionnel et une occasion manquée », *op. cit.*, p. 139.

tions spécifiques). Il est notable que le décret paraît renoncer à tout semblant de proportionnalité dans le degré de certaines sanctions encourues, des comportements portant simplement atteinte à l'ordre intérieur de l'établissement étant à présent considérés comme des fautes du premier degré, passibles de 20 jours de placement au quartier disciplinaire[46]. Cela s'avère d'autant plus problématique que les sanctions d'encellulement disciplinaire (placement au quartier disciplinaire et confinement en cellule ordinaire) demeurent les sanctions de référence dans un certain nombre d'établissements[47].

Les dernières évolutions règlementaires du droit disciplinaire pénitentiaire maintiennent en outre un *statu quo* problématique concernant certains aspects qui ne manquent pas d'interpeller la doctrine et certains observateurs depuis bien longtemps déjà[48] : il s'agit d'une part de l'absence de prise en compte par les textes (hormis les brèves références à ces questions dans la circulaire du 9 juin 2011 précitée) des causes d'irresponsabilité telles que la légitime défense ou encore les troubles mentaux, qui permettraient d'exonérer (ou à tout le moins d'atténuer) la responsabilité de la personne poursuivie disciplinairement. Il n'y a pas davantage de précision, d'autre part, concernant l'effet de la récidive disciplinaire sur l'appréciation de toute nouvelle faute commise par le détenu.

Enfin, parmi les réminiscences d'un système archaïque, il en est une qui est significative d'un ancrage administratif et institutionnel fort de la discipline dans l'organisation péni-

---

46 V. *supra* pour les insultes, outrages et menaces directs.

47 Les chiffres de l'administration pénitentiaire dont nous disposons datent de la période 2008-2011 et montraient à l'époque le recours à ces deux seules sanctions dans près de 80% des cas : J. Falxa, *Le droit disciplinaire pénitentiaire : une approche européenne*, *op. cit.*, 2016, p. 169.

48 M. Herzog-Evans, *Droit pénitentiaire*, 3ème édition, 2019, p, 779 s.

tentiaire et de la faiblesse du standard procédural appliqué dans ce domaine : il s'agit de la place centrale et prédominante occupée par le chef d'établissement ou son délégataire au sein de la commission de discipline. Il est en effet le seul titulaire du pouvoir disciplinaire : il décide de l'engagement de poursuites disciplinaires, il désigne les agents chargés de l'enquête et il préside la commission de discipline. Il est, en outre, le plus haut représentant de l'administration pénitentiaire dans l'établissement et le supérieur hiérarchique direct des agents impliqués dans la procédure disciplinaire ou concernés par l'incident. Il préside ou participe enfin aux différents organes qui statueront ou seront consultés sur diverses questions (retraits de crédits de peine, permissions de sortie, classement pénitentiaire, etc.) pour lesquelles les décisions disciplinaires peuvent avoir un impact décisif. Cette concentration de pouvoirs aux seules mains d'un représentant de l'institution pénitentiaire soulève d'importantes critiques du point de vue des exigences d'indépendance et d'impartialité de l'autorité disciplinaire. En effet, malgré une composition renouvelée de la commission de discipline à la suite de l'adoption de la loi pénitentiaire de 2009 qui fait l'effort d'intégrer un membre extérieur, les assesseurs ne disposent que d'une voix consultative et le chef d'établissement est seul maître de la décision finale[49]. Il n'est pas anodin que ce soit le texte règlementaire (décret du 23 décembre 2010) qui apporte cette restriction, la loi n'ayant pas fixé les compétences respectives des membres de la commission de discipline. L'attribution d'une voix seulement consultative aux assesseurs limite la portée de la réforme engagée par l'introduction d'un assesseur extérieur, dont le but était de renforcer l'impartialité de l'organe disciplinaire. D'ailleurs, le Sénat dans son rapport d'information relatif à l'application de la loi pénitentiaire a estimé qu'au vu des conséquences probables d'une sanction disciplinaire en

---

[49] Art. R. 57-7-7 CPP.

matière de retrait de crédits de réduction de peine, l'organe disciplinaire doit présenter certaines garanties d'impartialité. Il a pour cela recommandé d'attribuer à l'assesseur extérieur une voix délibérative[50], sans que cet appel n'ait été suivi d'effet.

L'extension de la titularité du pouvoir disciplinaire pourrait du reste passer par l'attribution d'une voix délibérative à l'ensemble des membres de la commission de discipline. Néanmoins la présence majoritaire de membres de l'administration pénitentiaire continuerait de faire peser, en soi, un soupçon de partialité sur l'organe disciplinaire. Une autre solution pourrait consister à élargir tout simplement la composition de la commission de discipline en y ajoutant un ou plusieurs nouveaux assesseurs, notamment extérieurs, car la loi ne limite pas ce nombre et qu'en l'occurrence, le décret s'est ici aussi contenté d'une transcription a minima[51].

Au-delà des limites intrinsèques de ce droit disciplinaire pénitentiaire, institué en « mode mineur » au sens où les restrictions règlementaires viennent limiter les évolutions potentielles rendues possibles par la loi, il faut également relever que l'affirmation des droits du détenu-justiciable ne suffit pas nécessairement à en assurer l'effectivité.

---

[50] J.-R. Lecerf et N. Borvo Cohen-Seat, *Rapport d'information n° 629 (2011-2012) sur l'application de la loi pénitentiaire au Sénat*, fait au nom de la commission des lois et de la commission pour le contrôle de l'application des lois, 4 juillet 2012, p. 49, Recommandation n° 13.

[51] L'art. 726 CPP issu de la loi pénitentiaire du 24 novembre 2009 prévoit en effet que « *la composition de la commission disciplinaire […] doit comprendre au moins un membre extérieur à l'administration pénitentiaire* » (nous soulignons).

B. Des obstacles à l'effectivité des droits des personnes détenues

Proclamer la difficulté pour les droits reconnus aux personnes détenues à s'appliquer de manière effective en détention n'a rien de nouveau. Pour preuve, s'il en fallait, les multiples rapports et avis rendus par le Contrôleur général des lieux de privation de liberté concernant les divers aspects de la privation de liberté[52] ou encore ceux du Défenseur des droits concernant la situation des personnes détenues[53].

Ainsi, la reconnaissance du droit à l'assistance d'un avocat n'a pas automatiquement aboli tous les obstacles à son application effective, et les entraves aux droits de la défense en matière disciplinaire sont nombreuses : certaines ont trait à l'environnement carcéral lui-même, qui impose un cadre contraint et restrictif à l'exercice des droits de la défense. L'absence ou l'inadaptation d'espaces réservés aux entretiens entre avocat et détenu, les entraves à l'accès aux pièces et preuves sollicitées sont souvent évoqués par les défenseurs des personnes détenues. D'autres ont trait à des questions matérielles, à savoir la rémunération des défenseurs pour assister à des commissions de discipline : la somme forfaitaire allouée au titre de l'aide juridictionnelle est de 88€ hors taxe, sans qu'aucune revalorisation n'ait eu lieu malgré l'évolution récente des barèmes dans le tout dernier texte en

---

[52] V. par exemple l'avis du CGLPL du 23 avril 2020 relatif à la défense dans les lieux de privation de liberté, NOR : CPLX2015582V, JO du 25 juin 2020, ou celui du 12 décembre 2019 relatif à l'accès à internet dans les lieux de privation de liberté, NOR : CPLX2003262V, JO du 6 février 2020.

[53] V. *supra* la décision 2017-117 du Défenseur des droits du 24 mars 2017 relative à l'utilisation des enregistrements vidéo dans le cadre des procédures disciplinaires.

la matière[54]. Cette somme peut être jugée insuffisante lorsque l'établissement se situe en des lieux isolés ou éloignés du lieu d'exercice de l'avocat, la distance à parcourir pour se rendre en établissement et le temps à consacrer à l'entrée en détention puis à l'attente du passage en commission disciplinaire entraînant en définitive un déplacement à perte pour l'avocat[55]. Il faut également évoquer les difficultés qu'ont pu connaître par le passé certains avocats pour la délivrance par le chef d'établissement d'attestations de fin de mission conformes au nombre de procédures pour lesquelles le conseil a prêté son assistance[56]. En cas de renvoi de l'affaire et si l'avocat s'est déplacé, il n'aura par ailleurs droit à aucune rétribution au titre de l'aide juridictionnelle. Aussi arrive-t-il parfois que les avocats refusent de se déplacer lorsqu'ils ne sont appelés à défendre qu'un seul détenu en commission de discipline[57] : l'absence de l'avocat n'étant pas due à l'inaction ou au manque de diligence de l'administration pénitentiaire, le renvoi de l'affaire ne sera pas de droit, et l'audience disciplinaire pourra alors se tenir, au détriment des droits de la défense de la personne détenue qui avait sollicité cette assistance.

Concernant d'ailleurs la diligence attendue de l'administration pénitentiaire pour s'assurer de l'effectivité

---

[54] Décr. nº 2020-1717 du 28 décembre 2020 portant application de la loi n° 91-647 du 10 juillet 1991 relative à l'aide juridique et relatif à l'aide juridictionnelle et à l'aide à l'intervention de l'avocat dans les procédures non juridictionnelles, Annexe II.

[55] V. Bianchi, « La défense en matière disciplinaire », *AJ Pénal* 2005, p. 407.

[56] V. ainsi CAA Marseille, 4 décembre 2012, req. nº 10MA04156, *Rev. pénit.* 2012, p. 941, obs. E. Péchillon : un directeur de maison d'arrêt ayant refusé de signer des attestations distinctes pour les différentes procédures dans lesquelles l'avocat était intervenu en commission de discipline au cours d'une même journée, ce dernier s'est tourné vers les juridictions administratives qui lui ont finalement donné raison.

[57] Revue *Dedans-Dehors*, nº 80, 2013, p. 7.

du droit à l'assistance d'un avocat, le seuil d'exigence du juge administratif en la matière est relativement faible, puisque des « *diligences normales* » suffisent à satisfaire ce seuil et que le juge a pu admettre que la convocation d'un avocat par télécopie vers un numéro erroné trouvé par l'administration pénitentiaire sur un site internet non officiel, qui plus est sur la base d'une recherche nominative inexacte, constituaient de telles diligences[58].

S'agissant ensuite de la question des éléments de preuve par vidéo, l'amélioration de la règlementation en vigueur n'a pas permis de régler la question de l'accessibilité, qui demeure un sujet sensible pour l'administration pénitentiaire. En outre, la durée de conservation des enregistrements vidéo en établissement pénitentiaire, fixée à un mois, empêche souvent l'accès effectif à ces éléments de preuve[59]. La règle selon laquelle le silence de l'administration face aux demandes de consultation des enregistrements vaut rejet et l'absence d'encadrement clair des causes de refus entraîne, en tout état de cause, une situation dommageable pour le détenu qui se verrait opposer un tel rejet en ce qu'il ne dispose d'aucun moyen de contester formellement les motifs du refus, inexistants ou bien souvent lacunaires. Il n'est pas non plus prévu de voie de recours particulière qui permettrait de contester un tel refus en temps utile. Relevons que les textes prévoient que le visionnage donnera lieu à une transcription de l'enregistrement[60], et que c'est en général cette transcription qui sera versée au dossier, les membres de la commission de discipline – à tout le moins le membre extérieur – ne pouvant alors se fier qu'à cette transcription, dont le formalisme n'est régi par aucun texte[61]. Cette situa-

---

[58] TA Lyon, 1er déc. 2015, préc., *AJ Pénal* 2016, p. 227, obs. M. Herzog-Evans.

[59] Décision 2017-117 du Défenseur des droits du 24 mars 2017, préc.

[60] Art. R. 57-5-16 CPP.

[61] Décision 2017-117 du Défenseur des droits du 24 mars 2017, préc.

tion hautement insatisfaisante est relevée par différents acteurs (Défenseur des droits, CGLPL, ANAEC – Association nationale des assesseurs extérieurs en commission de discipline), qui préconisent que soit rendu possible le visionnage de ces enregistrements au cours des audiences disciplinaires.

Enfin, les voies de recours offertes au détenu condamné par la commission de discipline continuent de susciter la critique sous l'angle de leur effectivité. Elles présentent plusieurs insuffisances qui affectent leur faculté à apporter une réponse satisfaisante aux recours déposés par les personnes détenues. Un recours véritablement effectif devrait en effet conjuguer les paramètres de célérité de la procédure de recours (pour que celui-ci soit examiné avant le terme de la sanction) et de suspensivité de plein droit dans les cas les plus graves, une faculté de contrôle étendu (contrôle entier) de l'autorité compétente, un pouvoir de réformation totale de la décision, et de réparation en cas de sanction irrégulière[62]. Or, à ce jour, aucune des voies de recours existantes ne satisfait pleinement à ces attentes. Ainsi, en termes d'effectivité temporelle, il n'est pas de possibilité de suspension de la sanction en cas de recours par la personne détenue, et les voies du référé administratif ne laissent que peu d'espoir en la matière car le juge des référés se refuse notamment à considérer que le placement en cellule disciplinaire, « *en l'absence de circonstances particulières* », crée par lui-même une situation d'urgence[63]. Qu'il s'agisse du référé-liberté[64] ou du référé-suspension[65], aucune des modalités

[62] J. Falxa, *Le droit disciplinaire pénitentiaire : une approche européenne*, *op. cit.*, 2016, p. 454 s.

[63] CE, ord. 22 avril 2010, *Garde des Sceaux, Ministre de la Justice c/ Mebarek*, req. n° 338662, *AJ Pénal* 2010, p. 299, obs. E. Péchillon ; *D.* 2011, p. 1308, obs. E. Péchillon ; *AJDA* 2010, p. 929, obs. S. Brondel ; *RSC* 2011, p. 645, obs. P. Poncela.

[64] Art. L. 521-2 du code de justice administrative.

[65] Art. L. 521-1 du code de justice administrative.

prévues ne semble devoir permettre à ce jour au détenu d'obtenir la suspension de la sanction ou toute autre issue favorable[66]. En termes d'effectivité matérielle ensuite, seul le directeur interrégional des services pénitentiaires dispose du pouvoir de réformer la décision de la commission de discipline par la voie du recours hiérarchique, le juge administratif ne pouvant tout au plus que l'annuler, et ce une fois que la sanction aura déjà été exécutée du fait du défaut d'effectivité temporelle de ces recours. Si l'annulation est une décision utile pour l'avenir en ce qu'elle permet, par exemple, d'écarter la prise en compte de la sanction dans le cadre de décisions ultérieures, cette issue n'est pas satisfaisante car elle ne met pas fin à la situation d'illégalité constatée avant son terme.

En conclusion, il serait certes injuste de nier les avancées auxquelles a donné lieu la loi pénitentiaire de 2009 et les textes règlementaires qui en sont issus dans le domaine de la discipline pénitentiaire. Ces avancées ont contribué à renforcer les droits de la personne détenue dans cette procédure naguère opaque et demeurée à l'écart du droit commun. Néanmoins, le droit disciplinaire pénitentiaire dispose à ce jour encore d'une importante marge de progression, que les derniers textes en la matière ne semblent hélas pas disposés à investir.

---

[66] M. Giacopelli, « Le contenu de la loi pénitentiaire : des avancées encore insuffisantes », *op. cit.*, p. 31 ; J.-P. Céré, « La procédure disciplinaire pénitentiaire à l'épreuve de la jurisprudence de la Cour européenne des droits de l'homme », *AJ Pénal* 2012, p. 536 ; F. Saint-Pierre et S. Cormier, « L'avocat face à la nouvelle loi pénitentiaire », *RPDP* 2010, p. 105 ; A. Bouquet, « Droit disciplinaire et loi pénitentiaire : le rendez-vous manqué », *op. cit.*, p. 312 ; J. Falxa, « Regards comparés sur le droit au recours effectif en matière pénitentiaire », *AJ Pénal* 2015, p. 358 s.

Quelles réponses à la dangerosité en prison ?

Aurélie CAPPELLO
Maître de conférences à l'Université de Bourgogne

Depuis quelques années, la notion de *« dangerosité »* envahit la matière pénale. Nombreux sont les articles et autres colloques à lui être consacrés, souvent pour en dénoncer les faiblesses et les dangers[1]. Si le droit pénal de fond est encore préservé et si la loi pénitentiaire du 24 novembre 2009 ne la reprend qu'une seule fois, la procédure pénale et le droit de la peine, en sont désormais imprégnés à travers une question

[1] Voir, par exemple, *La dangerosité saisie par le droit pénal*, sous la direction de G. Giudicelli-Delage et C. Lazerges, PUF, IRJS Editions, Les voies du droit, 2011 ; D. Roman, « Conjurer la dangerosité ou prévenir le risque ? », *in* Dangerosité et droits fondamentaux, *RDLF*, 2020, chron 74 ; C. Margaine, F. Gauvin, J-F. Cau, O. Marmasse, R. Ollard et V. Ramez, « Dangerosité et privation de liberté » (table ronde), *in* Dangerosité et droits fondamentaux, *RDLF* 2020, chron 70 ; J-L. Senon, C. Jonas et M. Voyer, « Outils d'évaluation de la dangerosité des personnes condamnées ou plutôt outils d'évaluation des risques, besoins, réceptivité et facteurs pro-criminogènes et de désistance de la personne condamnée », *AJ Pénal*, 2015, n° 6, p. 289 ; A. Coche, « Les présomptions législatives de dangerosité », *RPDP* 2014, n° 2, p. 335 ; G. Bernard, « Les doctrines de la dangerosité (XVIIIe-XXe siècle) », *RPDP* 2013, n° 1, p. 63 ; F. Fiechter-Boulvard, « La dangerosité : encore et toujours… », *AJ Pénal*, 2012, n° 2, p. 67 ; G. Giudicelli-Delage, « Droit pénal de la dangerosité – Droit pénal de l'ennemi », *AJ Pénal* 2010, n° 1, p. 69.

récurrente : comment protéger la société des individus dangereux, avant même qu'ils ne soient jugés, mais aussi et surtout après leur condamnation ? La question est sans aucun doute légitime *a priori*, mais elle met nécessairement mal à l'aise car la notion de *« dangerosité »* n'est pas facile à appréhender. Elle soulève, en effet, deux difficultés majeures.

La première difficulté concerne la définition même de la dangerosité. Il s'agit d'une notion très complexe et finalement assez relative. Les dictionnaires la définissent comme l'état d'une personne ou d'une chose dangereuse c'est à dire d'une personne ou d'une chose qui constitue ou présente un danger, une menace pour l'existence de quelqu'un ou de quelque chose, l'état d'une personne ou d'une chose qui est capable de nuire. A la lecture de cette définition, une question, peut-être naïve, voire stupide, surgit nécessairement : n'est-on pas tous dangereux ? N'est-on pas tous capable de nuire ? Sans doute. Peut-être. Mais c'est là s'engager dans un débat trop large. Le sujet de ce congrès nous impose de nous concentrer ici sur les personnes dont la dangerosité mérite d'être analysée parce qu'elle s'est déjà manifestée : les condamnés détenus. Il s'agit d'ailleurs davantage de leur capacité à nuire à nouveau.

Étonnement, il n'existe pas véritablement de définition juridique ni de définition médicale de la notion de dangerosité, alors que ces deux domaines, le droit et la santé, sont particulièrement concernés par le phénomène de dangerosité en se chargeant de l'évaluer, de le comprendre, de le résoudre… En revanche, lorsque l'on s'intéresse à la dangerosité en prison, on s'aperçoit très vite qu'il existe une distinction traditionnelle et très usitée entre la *« dangerosité psychiatrique »* et la *« dangerosité criminologique »*. La *« dangerosité psychiatrique »* est celle qui relève de la maladie mentale et qui soulève sans doute le moins de difficultés, en tout cas pour les psychiatres. Elle correspond au risque de commission d'une infraction par un détenu souffrant d'une maladie mentale. La dangerosité est alors une manifestation symptomatique de la maladie mentale et elle repose sur un diagnostic médical. La *« dangerosité criminologique »*, quant à elle, correspond au risque, à la probabilité, on dira parfois la forte probabilité, voire la très forte probabilité selon les situations juridiques envisagées, bref à la probabilité que présente un détenu de commettre à nouveau une infraction. Elle repose sur un pronostic. Nous ne nous intéresserons ici qu'à la seconde de ces notions, la *« dangerosité criminologique »*, la plus délicate, parce que la première, la *« dangerosité psychiatrique »*, relève davantage et presque exclusivement du domaine médical et parce qu'elle sera peut-être abordée plus tard en lien avec le droit de la santé.

Envisager la *« dangerosité criminologique »* en prison revient donc à s'interroger sur les détenus qui présentent le risque d'un nouveau passage à l'acte, qui présentent une capacité de nuire, qui sont susceptibles de commettre une nouvelle infraction. Dans ce cadre, la notion de dangerosité se dédouble encore. Il convient, en effet, de distinguer *« la dangerosité immédiate »*, celle qui s'exprime au sein même de la prison, et la *« dangerosité future »*, celle qui aura vocation à s'exprimer à la sortie de prison et qui n'est, le plus souvent, que la continuité de la première. Cette distinction renvoie à deux préoccupations majeures que sont, d'une part, la sécurité et le maintien de l'ordre au sein de l'établissement pénitentiaire et, d'autre part, la lutte contre la récidive à la sortie de prison. Elle implique la nécessité de réponses aussi bien immédiates que prospectives à la dangerosité. Ces deux versions seront retenues dans le champ de cette étude parce qu'elles sont au cœur des préoccupations du milieu carcéral[2].

---

[2] De même, on peut encore distinguer entre la *« dangerosité à l'égard de soi »* et la *« dangerosité à l'égard des autres »*. La première version ne sera pas complètement exclue de cette étude dans la mesure où la réglementation que nous évoquerons plus tard la concerne également, au moins en partie (par exemple, l'isolement), mais elle ne sera pas au centre de nos préoc-

La seconde difficulté que présente la dangerosité tient à son évaluation. Le problème est là aussi très complexe. Comment peut-on déterminer qu'une personne, ici un détenu, est ou n'est pas dangereux ? A ce sujet, le Conseil constitutionnel dans sa décision du 7 août 2020 portant sur les nouvelles mesures de sûreté qui devaient être instaurées contre les auteurs d'infractions terroristes à l'issue de leur peine, a formulé une phrase qui semble pour le moins étonnante. Il n'a pas accueilli l'argument des députés requérants qui critiquaient *« la subjectivité de l'appréciation de la dangerosité d'une personne »* et a affirmé que la dangerosité était évaluée *« à partir d'éléments objectifs »*[3]. L'affirmation paraît brutale et le doute semble légitime. L'évaluation de la dangerosité a, à notre sens, nécessairement une part de subjectivité puisqu'elle suppose de s'intéresser à certaines caractéristiques propres à l'individu. Il s'agit, pour le moins, d'une appréciation objectivante reposant sur des éléments subjectifs. Pour autant, la question reste entière, comment mesure-t-on la dangerosité d'un détenu ? Quels sont les éléments pris en compte ? Mission nécessairement difficile, l'évaluation de la dangerosité des détenus s'oriente dans deux directions.

D'une part, l'évaluation de la dangerosité repose sur ce qu'on appellerait en droit la méthode du faisceau d'indices. Les experts psychiatres, par exemple, utilisent des échelles actuarielles basées sur des aspects statiques et des aspects dynamiques qui permettent de déterminer, non pas si le détenu est ou n'est pas dangereux, mais s'il présente des

---

cupations pour deux raisons. D'abord, parce qu'elle relève davantage du domaine médical, ensuite, parce qu'elle se situe bien souvent en dehors du champ pénal, le suicide, par exemple, n'étant pas une infraction.

[3] Cons. const. 07/08/2020, n° 2020-805 DC ; *JO* n° 196, 11/08/2020, texte n° 4 ; *Gaz. Pal.* 2020, n° 29, p. 5, note L. Garnerie ; *D.* 2020, n° 33, p. 1853, note J. Pradel ; *Ibid*, p. 1869, note G. Beaussonie ; *Dr. pén.* 2020, n° 10, p. 16, note M. Brenaut ; *AJDA* 2020, n° 40, p. 2319, note M. Verpeaux.

facteurs de dangerosité[4]. Il s'agit concrètement et un peu schématiquement de cocher des cases sur différents critères que sont par exemple, la violence antérieure, l'instabilité des relations intimes, les problèmes d'emploi, les problèmes de toxicomanie, l'inadaptation durant la jeunesse, l'introspection difficile, l'impulsivité, le manque de soutien, le stress… Selon les cases cochées et le nombre de cases cochées, il est permis de cibler les objectifs de prise en charge du détenu et de déterminer s'il présente une certaine dangerosité pour lui ou pour les tiers. L'institution pénitentiaire procède de manière similaire. Par exemple, pour chaque détenu, à l'arrivée en prison, doit être remplie une « grille d'évaluation du potentiel de dangerosité et de vulnérabilité » qui fonctionne sur le même modèle[5].

D'autre part, l'évaluation de la dangerosité relève de la pluridisciplinarité comme en attestent le Code de procédure pénale et la loi pénitentiaire de 2009. Elle ne fait pas intervenir que des experts psychiatres ou psychologues, mais aussi la direction des établissements pénitentiaires, les éducateurs, les conseillers d'insertion et de probation… L'objectif est de croiser les regards de chacun et de multiplier les outils et les critères d'évaluation. Par exemple, l'article D 90 du Code de procédure pénale institue au sein des établissements pénitentiaires une commission pluridisciplinaire unique, qui est notamment chargée de dresser le bilan de personnalité des détenus à leur arrivée en prison. Cette commission est composée de personnes très variées dont le chef d'établissement, le directeur du service pénitentiaire d'insertion et de probation, un responsable du secteur de détention, un représentant du service du travail, un représentant du service

---

[4] Voir, par exemple, l'échelle d'évaluation HCR-20.

[5] Elle est divisée en différentes rubriques (par exemple, les risques liés aux antécédents, les risques liés à des troubles du comportement, les éléments d'environnement social…) chacune composée de plusieurs items qu'il convient de cocher ou non.

de la formation professionnelle, un représentant du service d'enseignement, le psychologue en charge du parcours d'exécution de la peine…

A présent que les deux principales difficultés liées au contexte de dangerosité sont éclaircies, à défaut d'être pleinement résolues, on peut raisonnablement partir du constat que la dangerosité existe bien en prison et qu'elle est prise en compte. La question est désormais de savoir quelles réponses sont apportées pour lutter contre ce phénomène. Si l'on reprend la distinction évoquée plus haut entre la dangerosité immédiate et la dangerosité future, cette question comporte nécessairement deux volets : il faut s'intéresser aussi bien aux réponses apportées en prison à la dangerosité qui peut s'exprimer en son sein et aux réponses apportées en prison à la dangerosité qui est susceptible de s'exprimer après l'exécution de la peine. Autrement dit, s'intéresser aux réponses à la dangerosité en prison revient à s'interroger sur les mesures mises œuvre en prison pour assurer la sécurité et le bon ordre au sein de l'établissement et pour préparer la sortie en minimisant le risque de récidive. Il semble que la loi pénitentiaire de 2009 et, après elle, les réformes successives, ont opté pour deux types de réponses : d'une part, l'adaptation des conditions de détention des détenus dangereux (I) et, d'autre part, la mise en œuvre de mesures coercitives contre les détenus dangereux (II).

I. L'adaptation des conditions de détention des détenus dangereux

Adapter les conditions de détention en fonction de la personnalité du détenu, notamment de sa dangerosité, était une préoccupation majeure de la loi pénitentiaire de 2009 qu'elle a inscrite à l'article 717-1 du Code de procédure pénale[6]. Il résulte de cette disposition que, dès le début de l'exécution de la mesure privative de liberté, les détenus sont placés dans ce que l'on appelle les *« quartiers arrivants »* pour une période d'observation et d'évaluation, notamment de leur dangerosité, afin de dresser un *« bilan de personnalité »* et de déterminer les conditions d'exécution de la peine les plus adaptées. Cette évaluation est assurée par la commission pluridisciplinaire unique définie à l'article D 90 du Code de procédure pénale et est renouvelée régulièrement, en principe tous les deux ans[7]. L'objectif est d'élaborer un *« parcours d'exécution de la peine »* propre à chaque détenu (travail, ensei-

[6] Article 717-1, alinéas 1 et 2 CPP issus de la loi pénitentiaire de 2009 et complétés par la loi n° 2010-242 du 10 mars 2010 : *« Dès leur accueil dans l'établissement pénitentiaire et à l'issue d'une période d'observation pluridisciplinaire, les personnes détenues font l'objet d'un bilan de personnalité. Un parcours d'exécution de la peine est élaboré par le chef d'établissement et le directeur du service pénitentiaire d'insertion et de probation pour les condamnés, en concertation avec ces derniers, dès que leur condamnation est devenue définitive. Le projet initial et ses modifications ultérieures sont portés à la connaissance du juge de l'application des peines. La répartition des condamnés dans les prisons établies pour peines s'effectue compte tenu de leur catégorie pénale, de leur âge, de leur état de santé et de leur personnalité. Leur régime de détention est déterminé en prenant en compte leur personnalité, leur santé, leur dangerosité et leurs efforts en matière de réinsertion sociale. Le placement d'une personne détenue sous un régime de détention plus sévère ne saurait porter atteinte aux droits visés à l'article 22 de la loi n° 2009-1436 du 24 novembre 2009 pénitentiaire »*.

[7] On relèvera aussi qu'il existe également un centre national d'évaluation des personnes détenues (CNE) qui remplit deux missions distinctes, une mission d'orientation d'exécution de la peine et une mission d'évaluation pluridisciplinaire de la dangerosité. Il s'agit d'une entité unique mais comprenant différents sites d'évaluation, dont le centre pénitentiaire de Fresnes. L'équipe est composée d'un directeur des services pénitentiaires, d'un directeur pénitentiaire d'insertion et de probation, de conseillers pénitentiaires d'insertion et de probation, de psychologues et de personnels de surveillance. Cette évaluation ne concerne que les détenus condamnés à de longues peines qui, pendant six semaines, font l'objet de différents tests notamment scolaires, intellectuels ou psychomoteurs, participent à différentes activités et s'entretiennent régulièrement avec l'équipe du centre.

gnement, formation, suivi psychologique…), de répartir les condamnés au sein de l'établissement et de déterminer le régime de détention de chacun. A l'égard des détenus identifiés comme dangereux, l'adaptation des conditions de détention est susceptible de prendre deux formes : leur mise à l'écart, d'abord (A), et la prise en charge, et par-là, le traitement, de leur dangerosité, ensuite (B).

A. La mise à l'écart du détenu dangereux

Face à un détenu identifié comme dangereux et pour assurer la sécurité et le bon ordre au sein de l'établissement, il peut sembler légitime et même logique d'envisager sa mise à l'écart du reste de la population carcérale, malgré le risque de stigmatisation. C'est une des solutions qui a été retenue par la loi pénitentiaire de 2009, puis renforcée plus tard.

Dans un premier temps, la loi pénitentiaire de 2009 a créé, à l'article 726-1 du Code de procédure pénale, un régime spécifique d'isolement que l'on pourrait qualifier *« d'administratif »*[8], par opposition à l'isolement disciplinaire. Les conditions d'application de cette mesure sont exposées aux articles R57-7-62 à R 57-7-78 du Code de procédure pénale, issus d'un décret du 23 décembre 2010[9] et n'ont subi aucune modification depuis. L'isolement est une mesure de confinement solitaire qui vise à assurer la protection du détenu ou la sécurité au sein de l'établissement et qui concerne donc notamment les détenus dangereux. Elle est décidée par l'autorité administrative, c'est à dire le chef de l'établissement pénitentiaire, à la demande de l'intéressé ou d'office, pour une durée de trois mois maximum, renouvelable jusqu'à un

---

[8] Il s'agit d'un isolement *« administratif »* dans le sens où il est prononcé par l'autorité administrative, non d'un isolement disciplinaire sanctionnant une faute ou d'un isolement judiciaire décidé par le juge.

[9] Décret n° 2010-1634 du 23 décembre 2010 portant application de la loi pénitentiaire et modifiant le Code de procédure pénale.

an, ou au-delà après avis de l'autorité judiciaire. Il ne s'agit pas d'une mesure disciplinaire prise en raison de la culpabilité du détenu, mais bien d'une mesure préventive fonction notamment de sa dangerosité potentielle. D'ailleurs, le placement à l'isolement n'affecte pas l'exercice des droits du détenu tels qu'ils sont prévus à l'article 22 de la loi pénitentiaire et les détenus placés à l'isolement bénéficient du même régime de détention que les autres détenus, mais n'ont aucun contact avec eux. Par exemple, le détenu placé à l'isolement doit être en cellule individuelle et il ne peut pas participer aux activités collectives des détenus ordinaires, sauf autorisation spécifique du chef d'établissement, mais peut participer à des activités collectives avec les autres détenus placés à l'isolement. L'objectif est donc d'isoler le détenu, de le mettre à l'écart du reste de la population carcérale, notamment en raison de sa dangerosité, pour assurer la sécurité et le maintien de l'ordre au sein de l'établissement.

Plus tard, d'autres régimes spécifiques de détention ont été créés. C'est le cas, par exemple, de ce que le Code de procédure pénale appelle *« les unités pour détenus violents »* et les *« quartiers de prise en charge de la radicalisation »*[10]. Issus de deux décrets du 30 et du 31 décembre 2019[11], ces régimes de détention sont mis en place lorsque le comportement du détenu *« porte ou est susceptible de porter atteinte au maintien de l'ordre de l'établissement ou à la sécurité publique »*[12]. L'affectation

---

[10] Articles R 57-7-84-1 à R 57-7-84-24 du Code de procédure pénale.

[11] Décret n° 2019-1504 du 30 décembre 2019 modifiant le Code de procédure pénale (partie réglementaire – décrets en Conseil d'Etat) et relatif aux unités pour détenus violents et Décret n° 2019-1579 du 31 décembre 2019 modifiant le Code de procédure pénale (partie réglementaire – décrets en Conseil d'Etat) et relatif aux quartiers de prise en charge de la radicalisation. On précisera que la question de la radicalisation dans les établissements pénitentiaires était déjà prise en compte avant le décret, mais à l'initiative des directeurs d'établissements pénitentiaires ou dans le cadre de plans gouvernementaux.

[12] Article 726-2 du Code de procédure pénale relatif à l'affectation dans

dans une unité pour détenu violent concerne *« les personnes détenues majeures qui présentent des antécédents de violences ou un risque de passage à l'acte violent ou ont commis des violences en détention »*. Il s'agit donc bien de mettre à l'écart l'individu potentiellement dangereux ou effectivement dangereux. Elle est décidée par le chef d'établissement après avis de la commission pluridisciplinaire prévue à l'article D 90 du Code de procédure pénale, pour six mois maximum, renouvelable pour trois mois maximum par le directeur interrégional des services pénitentiaires. Le placement en quartier de prise en charge de la radicalisation[13] est, quant à lui, décidé soit par le ministre de la justice soit par le directeur interrégional des services pénitentiaires selon les cas[14], pour une durée maximale de six mois, renouvelables pour six mois maximum. Au-delà, seul le ministre de la justice est compétent pour prolonger le placement par tranche de six mois. Ce placement en quartier de prise en charge de la radicalisation concerne *« la personne détenue majeure dangereuse en raison de sa radicalisation et qui est susceptible, du fait de son comportement et de ses actes de prosélytisme ou des risques qu'elle présente de passage à l'acte violent, de porter atteinte au maintien du bon ordre de l'établissement ou à la sécurité publique »*. *« Détenus violents »*,

---

des quartiers spécifiques.

[13] On relèvera qu'il existe, d'une part, le quartier de prise en charge de la radicalisation spécialisé dans l'évaluation dont le but est de procéder à l'évaluation du détenu et de déterminer s'il présente une radicalisation nécessitant une prise en charge adaptée ou s'il peut subir une détention de droit commun (article R 57-84-13 I), et, d'autre part, le quartier de prise en charge de la radicalisation dont relèvent les détenus présentant une radicalisation nécessitant une prise en charge adaptée (article R 57-84-13 II).

[14] L'article R 57-7-84-17 du Code de procédure pénale dresse la liste des cas limitatifs dans lesquels la décision de placement initiale relève de la compétence du ministre de la justice et prévoit que, dans tous les autres cas, celle-ci relève de la compétence du directeur interrégional des services pénitentiaires.

« risque de passage à l'acte violent », *« radicalisation »* ne sont rien d'autres que des synonymes de la dangerosité. Comme l'isolement, il ne s'agit pas de mesures disciplinaires. L'objectif, dans les deux cas, est d'écarter les détenus dangereux du reste de la population carcérale et de mettre en place *« des mesures individualisées de sécurité renforcée »* et un *« programme adapté de prise en charge »*[15], l'ensemble étant susceptible d'évoluer en même temps que la situation du détenu. Dans les deux cas, il doit s'agir de quartiers distincts au sein de l'établissement pénitentiaire et les détenus concernés doivent être affectés en cellule individuelle. Le Code offre quelques exemples des mesures de sécurité qui peuvent être mises en place, notamment les cellules et les locaux doivent être spécifiquement aménagés, par exemple pour éviter que les objets ne se transforment en armes, les droits des détenus, notamment leur droit aux visites ou à la correspondance, peuvent faire l'objet de restrictions, ils doivent être séparés dans le cadre de l'exercice du culte et des promenades…

Avec ces différents régimes de détention, la réponse faite à la dangerosité des détenus est donc leur mise à l'écart pour assurer la sécurité. Son effectivité en pratique ne soulève pas de véritables difficultés. Elle est toutefois censée s'accompagner d'une prise en charge des détenus qui, quant à elle, se révèle plus délicate à mettre en place.

B. La prise en charge de la dangerosité

Face à un détenu identifié comme dangereux, une autre réponse liée à l'adaptation des conditions de détention est encore proposée par le droit positif : la prise en charge du détenu, ou, autrement dit, le *« traitement »* de la dangerosité. L'objectif final est de préparer la sortie de prison et de réduire le risque de récidive. Il s'agit aussi, plus

---

[15] Article 726-2 du Code de procédure pénale relatif à l'affectation dans des quartiers spécifiques.

immédiatement, de veiller à la sécurité au sein de l'établissement puisque la prise en charge de la dangerosité est susceptible d'avoir un impact immédiat. Bien qu'inscrite dans le droit positif, cette prise en charge de la dangerosité n'apparaît quasiment pas dans la loi pénitentiaire de 2009 et apparaît difficile à identifier.

S'agissant des détenus placés dans les unités pour détenus violents ou dans les quartiers de prise en charge de la radicalisation, le Code de procédure pénale prévoit, certes, une mise à l'écart accompagnée de mesures de sécurité renforcée, mais aussi *« un programme adapté de prise en charge »*. Or, le Code ne dit rien de cette prise en charge. Et il est difficile de trouver des renseignements à son sujet sauf à investir le milieu pénitentiaire, chaque établissement ayant ses propres pratiques qui se révèlent très disparates. Il s'agit, par exemple pour les détenus radicalisés, de les faire participer à différentes activités en bibliothèque notamment, d'organiser des entretiens multiples notamment avec des psychologues et de mettre en place divers ateliers, sur la liberté d'expression ou sur la gestion des émotions… Mais le bilan pratique apparaît plutôt négatif. Par exemple, au sujet des quartiers de prise en charge de la radicalisation, l'Observatoire international des prisons fait valoir que *« bien souvent, la sécurité l'emporte sur l'accompagnement, et l'objectif de neutralisation sur celui de réhabilitation »*[16] et, au sujet de l'isolement, il dénonce un *« abandon total »* du détenu. De même, selon le Contrôleur général des lieux de privation de liberté, ces différents régimes de détention ont, en réalité, une *« connotation disciplinaire »* et constituent *« davantage un outil de gestion de la détention qu'un outil permettant la prise en charge des personnes évaluées »*[17]. En pratique, dans ces quartiers, la dangerosité est

---

[16] Observatoire international des prisons, Section française, Prise en charge de la radicalisation en prison : la grande illusion, 28/10/2020.

[17] Contrôleur général des lieux de privation de liberté, « Prise en charge pénitentiaire des personnes "radicalisées" et respect des droits fonda-

plus surveillée que traitée, ce qui limite nécessairement la préparation de la sortie de prison et affecte l'objectif de réinsertion. S'agissant des détenus dangereux ordinaires, qui ne sont pas placés dans ces quartiers, la difficulté semble être la même. Le suivi psychologique et psychiatrique du détenu, les activités d'enseignement, de formation, le travail, le sport, les activités culturelles, les modules respect[18], les ateliers et groupes de parole faisant intervenir des membres du SPIP ou des partenaires extérieurs en matière d'addiction, de prise de conscience des difficultés que présente le parcours du condamné, de retour à l'emploi… sont autant d'outils au service du traitement de la dangerosité et donc de la préparation à la sortie de prison. Mais, ici aussi, la réalité ne se présente pas sous son meilleur jour. Il n'est pas nécessaire d'insister trop longuement sur une situation largement dénoncée qui fait état des faiblesses du système carcéral. Manque de travail et d'activités, surpopulation carcérale, conditions d'hygiène parfois critiquables, violences entre

---

mentaux », Rapport public, Janvier 2020.

[18] Voir, par exemple, l'avis du Contrôleur général des lieux de privation de liberté en date du 12 décembre 2017 et relatif aux modules de respect dans les établissements pénitentiaires, *JO* 14/03/2018, texte n° 114. Ces dispositifs ont pour objectif de *« diminuer les violences, apaiser le climat en détention, définir des nouvelles règles de respect des personnes et de la vie en détention, redonner du sens aux métiers pénitentiaires, intégrer le surveillant dans une équipe de détention, modifier le comportement des personnes détenues (respect des règles de vie en détention, hygiène, bruit, violence) et rendre la personne détenue responsable de sa vie en détention »*. Reposant sur la responsabilisation du détenu, ces dispositifs consistent en la signature d'un contrat d'engagement des personnes détenues sélectionnées pour y participer. *« Elles disposent d'une liberté de déplacement dans l'ensemble du bâtiment concerné en journée ; elles participent à certaines commissions en vue d'organiser des aspects quotidiens de la vie en détention ; elles s'engagent à justifier d'heures d'activités ; elles sont tenues de respecter des obligations multiples en matière de convivialité, d'entretien de la cellule, d'hygiène corporelle, de ponctualité, de comportement au cours des activités et au sein des espaces communs, etc… ; elles sont observées quotidiennement puis évaluées hebdomadairement par le personnel de surveillance via un dispositif de bons et mauvais points qui donne lieu à récompense ou recadrage voire exclusion »*.

détenus et entre détenus et surveillants, agressions sexuelles, usage de la drogue… La prison est un milieu dangereux et souffre d'un manque de moyens, financiers, matériels et humains. Dans ces conditions, il n'est pas étonnant qu'elle peine à prendre en charge la dangerosité des détenus.

Ce constat de la trop faible prise en charge de la dangerosité en prison est particulièrement regrettable et emporte deux conséquences. D'abord, il prive, au moins en partie, la peine privative de liberté de son intérêt. Il faut ici se référer à l'article 1er de la loi pénitentiaire de 2009, seul article du titre préliminaire qui porte sur le sens de la peine de privation de liberté et qui, comme tout article préliminaire, à l'image de celui du Code de procédure pénale, doit être appréhendé comme un préalable à la loi, le reste de ses dispositions devant être comprises à la lumière de celle-ci. Cet article 1er a, certes, été abrogé par la loi du 15 août 2014[19], mais pour être transposé et reformulé au sein de l'article 707 du Code de procédure pénale. *« Le régime d'exécution des peines privatives et restrictives de liberté vise à préparer l'insertion ou la réinsertion de la personne condamnée afin de lui permettre d'agir en personne responsable, respectueuse des règles et des intérêts de la société et d'éviter la commission de nouvelles infractions »*. Dans ce cadre, la prise en charge de la dangerosité apparaît comme un élément essentiel de la peine privative de liberté : comment assurer la réinsertion du condamné et lui permettre d'agir en personne responsable et respectueuse des règles et des intérêts de la société si sa dangerosité n'est pas traitée en prison, si sa capacité à nuire à nouveau, bien qu'identifiée et évaluée, n'est pas prise en charge ? Ensuite, il aboutit à la multiplication des mesures de sûreté applicables après l'exécution de la peine privative de liberté. Le suivi socio-judiciaire[20], la réten-

---

[19] Loi n° 2014-896 relative à l'individualisation des peines et renforçant l'effectivité des sanctions pénales.

[20] Articles 131-36-1 à 131-36-8 du Code pénal.

tion de sûreté[21], la surveillance de sûreté[22] en sont autant d'exemples. Puisque la dangerosité du détenu n'a pas disparu, une sortie franche de prison n'est pas envisageable. Or, lorsque la dangerosité persiste alors que tout a été mis en œuvre pour la prendre en charge, ces mesures de sûreté peuvent être justifiées. Mais si, au contraire, la prise en charge de la dangerosité pendant l'exécution de la peine est défaillante, alors ces mesures deviennent particulièrement critiquables. C'est d'ailleurs un point qui est évoqué par le Conseil constitutionnel dans sa décision du 7 août 2020 relative à la loi instaurant des mesures de sûreté à l'encontre des auteurs d'infractions terroristes à l'issue de leur peine. Selon ces propres termes, *« alors que la mesure de sûreté ne peut intervenir qu'à l'issue de l'exécution d'une peine d'emprisonnement, il n'est pas exigé que la personne ait pu, pendant l'exécution de cette peine, bénéficier de mesures de nature à favoriser sa réinsertion »*.

Le bilan de l'adaptation des conditions de détention des détenus dangereux se révèle donc mitigé. La prise en charge de la dangerosité paraît trop faible et l'accent est davantage mis sur la mise à l'écart du détenu dangereux dans une logique sécuritaire. L'autre réponse apportée à la dangerosité en prison, à savoir la mise en œuvre de mesures coercitives, s'inscrit dans la même logique.

II. La mise en œuvre de mesures coercitives contre les détenus dangereux

La loi pénitentiaire de 2009 et le Code de procédure pénale consacrent également des solutions davantage coercitives pour lutter contre la dangerosité en prison, qu'elle soit potentielle, le danger ne s'étant pas encore réalisé, ou effective, le danger étant survenu. La réponse à la dange-

---

[21] Articles 706-53-13 à 706-53-22 du Code de procédure pénale.

[22] *Ibid.*

rosité n'a alors plus aucune dimension prospective, pour préparer la sortie de prison, et se veut immédiate avec pour objectif quasi exclusif d'assurer la sécurité et le maintien de l'ordre au sein de l'établissement pénitentiaire. Deux types de mesures doivent être relevés : certaines s'inscrivent dans la prévention et la recherche des infractions ou, plus généralement des actes dangereux (A), d'autres organisent la réaction face à la commission des infractions, ou autrement dit, face à la réalisation du danger (B).

A. La prévention et la recherche des actes dangereux

L'article 44 de la loi pénitentiaire de 2009 fait de la sécurité une mission essentielle de l'administration pénitentiaire : *« L'administration pénitentiaire doit assurer à chaque personne détenue une protection effective de son intégrité physique en tous lieux collectifs et individuels »*[23]. Pour mener à bien cette mission, le personnel pénitentiaire détient un pouvoir de contrainte et de contrôle destiné à prévenir et/ou à rechercher la commission d'infractions, ou plus généralement, d'actes dangereux, contre les personnes ou les biens. Dans ce cadre, plusieurs mesures coercitives sont susceptibles d'être mises en œuvre.

Tout d'abord, les fouilles des détenus constituent sans doute la mesure la plus importante et, aujourd'hui, la plus critiquée. La loi pénitentiaire de 2009 a cherché à mettre fin à la pratique des fouilles intégrales systématiques, qui présentent un caractère particulièrement dégradant et attentatoire à la dignité[24]. Elle a donc opté pour un régime strict permet-

---

[23] Voir également l'article 12 de la loi pénitentiaire : *« Les personnels de surveillance de l'administration pénitentiaire constituent, sous l'autorité des personnels de direction, l'une des forces dont dispose l'Etat pour assurer la sécurité intérieure. Dans le cadre de leur mission de sécurité, ils veillent au respect de l'intégrité physique des personnes privées de liberté et participent à l'individualisation de leur peine ainsi qu'à leur réinsertion ».*

[24] L'article 57 de la loi pénitentiaire interdit également, en principe, les fouilles corporelles internes : *« les investigations corporelles internes sont pros-*

tant de lutter efficacement contre la dangerosité et d'assurer la sécurité et le maintien de l'ordre tout en présentant des garanties pour les détenus[25]. Le régime des fouilles tel qu'il figurait initialement à l'article 57 s'organisait ainsi autour de trois exigences principales. Une exigence de nécessité, d'abord, les fouilles devant être justifiées *« par la présomption d'une infraction ou par les risques que le comportement des personnes détenues fait courir à la sécurité des personnes et au maintien du bon ordre dans l'établissement »*. Une exigence de proportionnalité, ensuite, puisque la nature et la fréquence des fouilles devaient être proportionnées à ces justifications et *« à la personnalité des personnes détenues »*. C'était là interdire le recours aux fouilles systématiques et imposer l'individualisation de ces mesures. Une exigence de subsidiarité, enfin, les fouilles intégrales, qui impliquent la mise à nu du détenu, par opposition aux fouilles par palpation ou par utilisation de moyens de détection électronique, devaient être le dernier recours. Pourtant, comme l'ont dénoncé le Contrôleur général des lieux de privation de liberté, le Défenseur des droits ou l'Observatoire international des prisons[26], et malgré l'intervention du Conseil d'Etat et de la Cour européenne des droits de l'homme[27], la pratique des fouilles intégrales

---

crites, sauf impératif spécialement motivé. Elles ne peuvent alors être réalisées que par un médecin n'exerçant pas au sein de l'établissement pénitentiaire et requis à cet effet par l'autorité judiciaire ».

[25] Le régime des fouilles des détenus antérieur à la loi de 2009 était très souple. On relèvera notamment que, jusque 2010, l'article D 275 du Code de procédure pénale disposait : *« Les détenus doivent être fouillés fréquemment et aussi souvent que le chef d'établissement l'estime nécessaire ».*

[26] Contrôleur général des lieux de privation de liberté, Rapport d'activité 2011 ; Défenseur des droits, Rapport d'activité 2011 ; Observatoire international des prisons, section française, Les fouilles intégrales en détention, 31/05/2018.

[27] CE 06/06/2013, n° 368875, *D.* 2013, n° 22 p.1478 note M. Léna ; *AJ Pénal* 2013, n° 9, p. 497 note E. Péchillon ; CEDH 20 janv. 2011, *El Shennawy c. France*, n° 51246/08, *AJ Pénal* 2011, n° 2, p. 88 note M. Herzog-Evans.

systématiques a perduré. Elle a même, par la suite, été consacrée par la loi du 3 juin 2016[28], puis par la loi du 23 mars 2019[29], réduisant à néant les espoirs que portait la loi de 2009. La loi du 3 juin 2016 en particulier a complété l'article 57 de la loi pénitentiaire de 2009 pour permettre les fouilles systématiques *« lorsqu'il existe des raisons sérieuses de soupçonner l'introduction au sein de l'établissement pénitentiaire d'objets ou de substances interdits ou constituant une menace pour la sécurité des personnes ou des biens »* dans des lieux et pour une période de temps déterminés par le chef d'établissement. Si les fouilles doivent toujours être motivées, elles peuvent désormais ne plus être individualisées puisque, dans ce nouveau cadre, elles sont effectuées *« indépendamment de la personnalité des personnes détenues »*, comme l'indique l'article 57. Toutes les institutions spécialisées dans le domaine carcéral s'opposent vivement à ce nouveau régime[30] et ce d'autant plus que rien ne permet d'affirmer que l'existence d'un régime stricte protecteur des détenus entraîne une augmentation du nombre de substances ou d'objets dangereux introduits au sein de l'établissement pénitentiaire. Les efforts de la loi pénitentiaire de 2009 ont donc été anéantis au profit d'une lutte, presque fictive, contre la dangerosité en prison.

---

[28] Loi n° 2016-731 du 3 juin 2016 renforçant la lutte contre le crime organisé, le terrorisme et leur financement, et améliorant l'efficacité et les garanties de la procédure pénale.

[29] Loi n° 2019-222 du 23 mars 2019 de programmation 2018-2022 et de réforme pour la justice. Son article 92 permet le recours aux fouilles systématiques individualisées (contre un détenu en particulier en raison de sa personnalité) lorsque *« les nécessités de l'ordre public et les contraintes du service public pénitentiaire l'imposent ». « Dans ce cas, le chef d'établissement doit prendre une décision pour une durée maximale de trois mois renouvelable après un nouvel examen de la situation de la personne détenue »*.

[30] V. par exemple, la lettre adressée, le 3 mai 2016, par la Contrôleure générale des lieux de privation de liberté aux membres de la commission mixte paritaire en charge de l'examen du projet de la loi de 2016 ou le rapport d'information du 8 octobre 2018 déposé par la commission des lois constitutionnelles, de la législation et de l'administration générale de la République et relatif au régime des fouilles en détention.

D'autres mesures coercitives ayant pour objet de prévenir les infractions et donc de lutter contre la dangerosité, peuvent encore être relevées. Par exemple, l'article 58 de la loi pénitentiaire offre la possibilité d'installer *« des caméras de surveillance dans les espaces collectifs présentant un risque d'atteinte à l'intégrité physique des personnes »*, détenus et surveillants, et en fait même *« une obligation pour l'ensemble des établissements pénitentiaires dont l'ouverture est postérieure à l'entrée en vigueur »* de la loi. Attentatoire à l'intimité des détenus, cette mesure permet, comme son nom l'indique, de les surveiller et, par-là, de prévenir la commission d'infractions. Elle est toutefois limitée puisqu'elle ne concerne que les espaces collectifs non les cellules de détention. Par la suite, la loi du 21 juillet 2016[31] est allée plus loin en insérant un nouvel article 58-1 permettant la mise sous vidéosurveillance exceptionnelle des cellules. Cette disposition ne concerne, toutefois, que les personnes placées en détention provisoire, non les détenus condamnés, *« faisant l'objet d'une mesure d'isolement dont l'évasion ou le suicide pourraient avoir un impact important sur l'ordre public eu égard aux circonstances particulières à l'origine de leur incarcération et à l'impact de celles-ci sur l'opinion publique »*[32]. Un autre exemple peut encore être trouvé au sein de l'article 22 de la loi pénitentiaire de 2009. Celui-ci dispose que *« l'administration pénitentiaire garantit à toute personne détenue le respect de sa dignité et de ses droits »* et prévoit que l'exercice de ces derniers *« ne peut faire l'objet d'autres restrictions que celles résultant des contraintes inhérentes à la détention, du maintien de la sécurité et du bon ordre des établissements, de prévention de la récidive et de la protection de l'intérêt des*

[31] Loi n° 2016-987 du 21 juillet 2016 prorogeant l'application de la loi n° 55-385 du 3 avril 1955 relative à l'état d'urgence et portant mesures de renforcement de la lutte antiterroriste.

[32] On relèvera que l'entrée en vigueur de cette disposition a été pour le moins mouvementée. Elle reprend un arrêté du ministre de la justice du 9 juin 2016, sur la base duquel le garde des sceaux avait décidé, le 17 juin 2016, de placer la détention provisoire de Salah Abdeslam sous vidéosurveillance.

victimes ». A cet égard, les articles 29 et 40, par exemple, permettent, pour le premier, de refuser, suspendre ou retirer l'accès au téléphone *« pour des motifs liés au maintien du bon ordre et de la sécurité ou à la prévention des infractions »* et, pour le second, de contrôler et de retenir le courrier émis ou reçu par les personnes détenues *« lorsque cette correspondance paraît compromettre gravement leur réinsertion ou le maintien du bon ordre et de la sécurité »*.

Bien qu'elle ait été remise en cause par la législation postérieure, la loi pénitentiaire du 24 novembre 2009 semble donc avoir cherché et, sans doute, trouvé un équilibre entre, d'une part, la lutte contre la dangerosité à travers la prévention et la recherche des infractions et, d'autre part, la préservation des droits des détenus. Elle a également cherché à organiser la réaction de l'autorité face à la commission d'une infraction au sein de l'établissement pénitentiaire.

B. La réaction face à la réalisation du danger

La loi pénitentiaire de 2009 prévoit trois mécanismes principaux de réaction lorsqu'une infraction est commise en prison, ou pour le dire autrement et s'en tenir au sujet de cette intervention, lorsque la dangerosité devient effective, lorsqu'elle se concrétise, lorsque le danger se réalise.

Bien que le premier mécanisme ne constitue pas une mesure coercitive à l'encontre du détenu dangereux, il mérite d'être souligné ici. Selon l'article 44 de la loi : *« Même en l'absence de faute, l'Etat est tenu de réparer le dommage résultant du décès d'une personne détenue causé par des violences commises au sein d'un établissement pénitentiaire par une autre personne détenue »*. Si le Conseil d'Etat avait d'abord opté pour une responsabilité fondée sur la faute lourde de l'administration pénitentiaire, puis seulement sur une faute simple[33], la loi pénitentiaire va

[33] Voir, Le juge administratif et l'administration pénitentiaire, Conseil d'Etat, Dossier thématique, 2 mai 2017.

plus loin et consacre une responsabilité sans faute de l'Etat en cas de décès d'un prévenu imputable à un autre prévenu. Cette solution permet de donner toute son effectivité au *« droit à la sécurité »* instauré au sein du même article et pousse l'administration pénitentiaire *« à songer de manière plus systématique à cette dimension de la sécurité »*[34]. A tel point d'ailleurs qu'elle aurait pu être envisagée plus haut, comme une mesure visant à prévenir la commission des infractions. Pourtant, certains ont pu considérer que l'article 44 traduisait certes une *« avancée législative » mais que celle-ci demeurait « incomplète »*[35]. En particulier, sont exclues de son champ toutes les hypothèses de violences entre détenus qui ne causent pas la mort. La sécurité exigerait sans doute que l'on s'intéresse également à ces situations. De même, il n'envisage pas les violences commises par des non détenus, par exemple les membres du personnel pénitentiaire. A l'heure actuelle, la question du décès des détenus demeure très délicate et semble toujours tabou, marquée par les *« silences et les défaillances »*, comme le relevait l'Observatoire international des prisons en 2018[36]. Si l'on exclut l'hypothèse du suicide, il est d'ailleurs très difficile de trouver des informations officielles sur ce sujet.

L'article 12 de la loi de 2009 s'intéresse à un autre mécanisme de réaction face au passage à l'acte. Il est consacré à l'usage de la force, notamment des armes à feu, par les personnels de surveillance de l'administration pénitentiaire. Cette disposition et le régime qu'elle renferme ont beaucoup

---

[34] M. Herzog-Evans, « La loi pénitentiaire n° 2009-1436 du 24 novembre 2009 : changement de paradigme pénologique et toute puissance administrative », *D.* 2010, n° 1 p.31.

[35] H. Arbousset, « Violences mortelles entre détenus et responsabilité sans faute de l'Etat : une avancée législative incomplète », *AJ Pénal* 2010 n° 6 p. 277.

[36] Observatoire international des prisons, section française, Morts en prison : silences et défaillances, 30/10/2018.

évolué depuis l'entrée en vigueur de la loi. Il résulte de cet article 12 et de l'article R 57-7-83 du Code de procédure pénale que le personnel de l'établissement pénitentiaire peut faire usage de la force dans cinq cas et sous deux conditions. Les trois premiers cas renvoient à l'hypothèse de la légitime défense, de la tentative d'évasion et de la résistance du détenu par la violence ou par l'inertie physique aux ordres donnés. Les deux derniers cas sont ceux prévus à l'article L 435-1 du Code de la sécurité intérieure relatif à l'usage de leurs armes par les agents de la police nationale et les militaires de la gendarmerie nationale : *« lorsque des atteintes à la vie ou à l'intégrité physique sont portées contre eux ou contre autrui ou lorsque des personnes armées menacent leur vie ou leur intégrité physique ou celles d'autrui »* (1°) et *« lorsque, après deux sommations faites à haute voix, ils ne peuvent défendre autrement les lieux qu'ils occupent ou les personnes qui leur sont confiées »*. L'usage de la force est donc envisagé comme une réponse à la dangerosité des détenus lorsque la réalisation du danger est imminente ou actuelle. Mais il n'est admis que s'il est absolument nécessaire à la prévention de l'évasion ou au rétablissement de l'ordre ou à la défense des personnes ou des biens et strictement proportionné au danger. La Cour européenne des droits de l'homme retient la même solution, fondée sur l'article 3 de la Convention, et ajoute que l'usage de la force requiert *« une enquête officielle effective »*[37].

Enfin, le droit disciplinaire constitue le dernier mécanisme de réaction face à la réalisation du danger. Il s'agit cette fois d'une réponse punitive à la dangerosité en prison.

---

[37] Voir, D. Roets, « L'obligation positive de punir les violences commises par des agents de l'administration pénitentiaire sur un détenu : l'absence d'instruction effective stigmatisée par la Cour européenne des droits de l'homme », note CEDH 05/12/2019, *J-M. c. France*, n° 71670/14, *RSC* 2020, n° 1, p. 143 ; M. Herzog-Evans, « La France à nouveau condamnée par la CEDH ; Cette fois pour violences envers un détenu », note CEDH 20/10/2011, *Alboreo c. France*, n° 51019/08, *AJ Pénal* 2012, n° 3, p. 175.

L'article 91 de la loi pénitentiaire de 2009 a réformé en profondeur l'article 726 du Code de procédure pénale qui a, par la suite, connu de nombreuses évolutions. Il n'est pas question d'entrer dans les détails de la réglementation, le régime disciplinaire étant l'objet d'une précédente intervention. On relèvera simplement que, parmi les fautes définies aux articles R 57-7-1 et s du Code de procédure pénale, toutes ne constituent pas des infractions pénales, mais toutes correspondent à des actes dangereux, des actes de nuisance pour les personnes ou les biens[38].

Pour conclure, le bilan des réponses apportées à la dangerosité en prison, c'est à dire à la dangerosité qui est susceptible de s'exprimer au sein de la prison et à la sortie de prison, est assez mitigé. L'accent est surtout mis sur la sécurité immédiate, à travers la mise en œuvre de mesures contraignantes comme la mise à l'écart du détenu ou les fouilles, tandis que la prise en charge de la dangerosité s'inscrivant dans une dynamique plus prospective, semble délaissée par les textes.

[38] Voir, T. Lebreton et A. Ziane, « La commission d'infractions en milieu pénitentiaire », *AJ Pénal 2020*, n° 7-8, p. 335.

La prison comme lieu de soins. Ambitions théoriques et difficultés pratiques

Anne SIMON
Maître de conférences à l'Université Paris 1 Panthéon Sorbonne (IRJS)

La prison comme lieu de soins a connu une véritable révolution grâce à la loi du 18 janvier 1994[1] qui a opéré un transfert de compétence en matière de soins, de l'administration pénitentiaire vers les services de santé hospitaliers. Depuis cette date, le principe promu a été celui d'une équivalence souhaitée entre les soins proposés en détention et ceux offerts hors les murs. L'idée était d'abolir un système de santé *« pénitentiarisé »* et donc par définition soumis aux contraintes de cette administration sécuritaire et ainsi moins performant en termes de protection de la santé des personnes incarcérées. A ce transfert de compétences en matière de soins était nécessairement lié un nouveau partage des responsabilités quant à la prise en charge médicale des personnes incarcérées. Penser la santé en prison depuis cette loi transformatrice, avec un recul de bientôt 30 ans, devrait

---

[1] Loi n° 94-43 du 18 janvier 1994 relative à la santé publique et à la protection sociale.

nous permettre de dresser un bilan sur l'implantation de cette équivalence des soins, de cette recherche de continuité entre milieu ouvert et milieu fermé. Bien sûr, depuis 1994, d'autres lois sont intervenues pour améliorer la prise en charge médicale en détention, afin de renforcer cet accès aux soins des personnes incarcérées. La loi du 4 mars 2002 relative aux droits des malades et à la qualité du système de santé apparait fondamentale, pour les droits des patients en général mais aussi parce qu'elle a permis de créer un mécanisme de suspension de peine pour raison médicale au profit des condamnés. D'autres lois relatives à la qualité des soins en général ont également eu une influence bénéfique sur la situation des personnes détenues, sur les soins palliatifs notamment[2], ou encore sur les droits des malades en fin de vie[3] ou en situation de handicap[4].

La loi pénitentiaire de novembre 2009 dont il est question dans le cadre de cette manifestation scientifique, bien que non spécifiquement consacrée aux questions de santé des personnes incarcérées, y consacre néanmoins une section entière[5], au sein du chapitre relatif aux droits de la personne détenue[6]. Cette loi pénitentiaire est une loi dont la portée juridique mais surtout symbolique a été très forte[7].

---

[2] Loi n° 99-477 du 9 juin 1999 visant à garantir le droit à l'accès aux soins palliatifs.

[3] Loi n° 2005-370 du 22 avril 2005 relative aux droits des malades et à la fin de vie.

[4] Loi n° 2005-102 du 11 février 2005 pour l'égalité des droits et des chances, la participation et la citoyenneté des personnes handicapées.

[5] Plus récemment un guide méthodologique relatif à la prise en charge sanitaire des personnes placées sous-main de justice (2019) en témoigne également de l'importance de la question.

[6] Chap. 3, section 7 de la loi n° 2009-1436 du 24 novembre 2009 pénitentiaire intitulée *De la santé* (Art. 45 à 56), ci-après dite loi pénitentiaire ou LP.

[7] V. not. C. Bergoignan-Esper, « La santé en prison : quelle législation ? », *RDSS* 2009, pp. 497 s.

Même si elle n'a opéré aucune révolution des règles applicables en droit de l'incarcération, elle a notamment énoncé des principes généraux permettant d'intégrer à l'ordre interne des exigences internationales en matière de respect des droits fondamentaux[8] et elle a surtout permis de hisser au rang législatif des considérations essentielles relatives aux modalités d'exécution des mesures d'incarcération, classiquement reléguées au domaine règlementaire. Il est important d'indiquer à titre liminaire que les enjeux de santé sont spécifiques lorsque la population carcérale est visée. Tout d'abord, il s'agit d'une population globalement en moins bonne santé que la population générale. En effet, l'origine sociale majoritairement modeste des personnes privées de liberté est souvent associée à une santé dégradée, à une faible fréquentation des lieux de soin, à un faible taux de protection sociale, et donc à une mauvaise prise en charge des pathologies préexistantes qu'elles soient psychiques ou somatiques[9]. La crise de la *Covid 19* a d'ailleurs révélé une crainte, généralement partagée, d'une propagation rapide du virus au sein des enceintes pénitentiaires en raison de la promiscuité mais également de la forte représentation des situations de comorbités susceptibles d'aggraver les effets de la maladie. Ensuite, l'incarcération de cette population dont

---

[8] J.-P. Céré, « Le détenu malade : le traitement du droit européen », *AJDA* 2010, pp. 325 s.

[9] V. en ce sens A. E. Develay, C. Verdot, *Dispositif de surveillance de la santé des personnes détenues. Synthèse des connaissances et recommandations*, Saint-Maurice : Institut de veille sanitaire, 2015. Selon le rapport, aux difficultés sociales *« s'ajoute un état de santé dégradé à l'entrée en détention en raison d'un faible accès aux soins (problèmes de couverture sociale), d'un moindre recours aux soins (populations davantage "éloignées" du système de santé et n'exprimant pas forcément de demandes de soins), d'une prévalence importante des comportements à risque en amont de l'incarcération (addictions, usage de drogues par voie intraveineuse, partenaires sexuels multiples, par exemple) et d'un état psychologique souvent fragilisé »*. Cité par le rapport d'information n° 682 (2016-2017) de M. Antoine Lefèvre, fait au nom de la commission des finances, déposé le 26 juillet 2017, *Soigner les détenus : dépenses sous observations.*

l'état de santé est globalement plus dégradé qu'à l'extérieur soulève des questionnements théoriques et pratiques. Comme prendre en charge les troubles mentaux et les pathologies graves vécues par des personnes incarcérées ? Cette prise en charge correspond-elle d'ailleurs aux prérogatives de l'administration pénitentiaire ? Quelles sont les limites à la prise en charge des personnes malades au sein d'une structure carcérale ?

Malgré la volonté systématiquement rappelée du législateur d'assurer des soins de qualité au profit des personnes incarcérées, l'affirmation se heurte à une réalité bien complexe et brutale. La situation d'incarcération constitue un obstacle au soin qu'il soit d'ailleurs surmontable ou dirimant. Toutes les lois adoptées pour garantir continuité et équivalence des soins ne pourront sans doute pas dépasser ce constat. La loi pénitentiaire, en dépit de toute la bonne volonté affichée n'y est pas parvenu non plus. Pour autant, elle reste paradoxalement silencieuse sur les incompatibilités qui pourraient naître de la rencontre entre incarcération et exigences liées au soin. Regarder les apports de cette loi extrêmement importante dans le paysage du droit pénitentiaire nous incite à revenir à certaines observations élémentaires. Il semble important de garder à l'esprit que la prison n'est pas un lieu de soin par nature mais il peut le devenir par nécessité. En ce sens, si l'abolition du discernement inhérent à un trouble psychique peut être un obstacle à la responsabilité pénale, à condition qu'il se soit manifesté au moment de la commission de l'infraction, le même trouble déclaré ultérieurement n'est pas un obstacle au maintien en détention.

Seront donc essentiellement abordées les conditions d'accès aux soins, dans des environnements carcéraux qui ont parfois eux-mêmes des effets iatrogènes, notamment lorsque les détenus souffrent des effets de la surpopulation sur leur santé[10], mais aussi d'une exposition à la violence et à la consommation de psychotropes. Il semble donc indispensable d'envisager la santé des personnes incarcérées dans une perspective globale[11] comprenant à la fois l'identification des pathologies et la mise à disposition de traitements adéquats mais aussi le *bien-être*[12] général inhérent à leurs conditions de prise en charge.

Un rapport rendu en 2006 par le Conseil consultatif national d'éthique évoquait une forme d'unanimité des observateurs quant au fait que *« la prison demeure, dans de nombreux domaines, un lieu de non-respect de l'accès aux soins, de la protection de la santé et de la dignité de la personne détenue, et notamment de la personne malade, handicapée ou en fin de vie »*[13]. Il soulignait notamment un des paradoxes dans la prise en charge de la santé des personnes incarcérées lié à la confrontation des exigences inhérentes au fonctionnement sécuritaire des établissements et des considérations humanitaires liées à la santé des individus. La loi pénitentiaire renoue d'ailleurs avec l'ambivalence de cette prise en charge complexifiée pas le cadre dans lequel elle s'inscrit, tout en insistant sur l'importance de l'idéal d'équivalence d'accès aux soins. La loi pénitentiaire garde aussi le silence sur la part d'ombre d'un idéal des soins garantis dans un cadre carcéral,

---

[10] Sur les effets délétères pour la santé des situations de surpopulation, v. not. CGLPL, *Les droits fondamentaux à l'épreuve de la surpopulation carcérale*, Dalloz, 2018, 168 p. L'importance à cet égard de l'encellulement individuel est rappelée par le rapport de la CNCDH, *Sanctionner dans le respect des droits de l'homme*, 2007, le chapitre V est consacré à l'accès au soin des personnes détenues (sur la surpopulation v. pp. 140 s.).

[11] Conformément à la définition de la santé donnée par l'OMS : *« La santé est un état de complet bien-être physique, mental et social, et ne consiste pas seulement en une absence de maladie ou d'infirmité »*.

[12] CEDH [GC], 26 octobre 2000, *Kudla c. Pologne*, n° 30210/96, § 94.

[13] CCNE, Avis n° 94 : *La santé et la médecine en prison*, 2006. Avis rendu suite à saisine de l'Observatoire International des Prisons (OIP) le 3 janvier 2005.

celui d'une éventuelle antinomie entre soins et prison. Dès lors, si cette loi présente essentiellement la prison comme un lieu de soin (I), il est important d'explorer ses silences et ainsi les hypothèses dans lesquelles le constat d'une possible incompatibilité entre soin et prison devrait être formulé (II).

I. La prison comme lieu de soin dans la loi pénitentiaire

La prise en charge de vies humaines dans tous les aspects de leur quotidien au sein des structures carcérales implique nécessairement que l'administration pénitentiaire garantisse la santé des personnes détenues. La fourniture de ces services de santé permet d'ailleurs à certaines de ces personnes d'accéder à une prise en charge dont ils n'auraient pas bénéficié à l'extérieur (A). Par ailleurs, l'administration pénitentiaire est susceptible de s'adapter aux exigences du traitement de certaines pathologies identifiées dans le temps de l'incarcération (B).

A. L'ouverture d'un accès aux soins

L'article 22 de la loi pénitentiaire prévoit que l'administration pénitentiaire doit exercer ses missions à l'égard des personnes détenues dans le *« respect de [leur] dignité et de [leurs] droits »*. Le même texte ajoute que les restrictions qui sont imposées à ces mêmes droits fondamentaux *« tiennent compte de l'âge, de l'état de santé, du handicap et de la personnalité de la personne détenue »*. Dans ces dispositions relatives à la santé, il pourrait être affirmé que la loi pénitentiaire insiste sur l'exigence de continuité des soins et sur le *mythe* d'une parfaite équivalence des services de santé fournis *dans* et *hors* les murs. En ce sens, l'article 46 de la loi pénitentiaire prévoit que *« la prise en charge de la santé des personnes détenues est assurée par le service public hospitalier dans les conditions prévues par le code de la santé publique. La qualité et la continuité des soins sont garanties aux personnes détenues dans des conditions équivalentes à celles dont bénéficie l'ensemble de la population »*. En ce sens également, les recommandations minimales du CGLPL pour le respect de la dignité des personnes privées de liberté affirment ce principe de l'équivalence des soins *« quel que soit le fondement de la mesure privative de liberté »*[14], ajoutant qu'il serait indispensable que les personnes privées de liberté aient accès aux soins utiles à tout moment[15]. Cette continuité est assurée par la mise en œuvre de protocoles[16] qui devraient permettre d'identifier clairement les conditions d'accès à cette permanence des soins[17].

Pour certaines personnes incarcérées, cet accès au soin généralisé et *« à demeure »* leur offre l'opportunité d'intégrer un parcours de soin. En effet, de nombreuses personnes totalement en dehors du système de santé profitent d'une prise en charge nouvelle une fois qu'elles sont incarcérées. Cette réalité, qui concerne une partie non négligeable de la population carcérale, est à mettre en lien avec l'idée selon laquelle la peine, pour être utile, doit permettre l'amendement et la réinsertion de la personne condamnée. Cette conception utilitariste et même thérapeutique de la pénalité, qui peut être attribuée aux auteurs néo-classiques qui ont été confrontés à la prison comme nouvelle peine « reine » du nuancier répressif, impose que le soin puisse être une composante des modalités d'exécution de la privation de

---

14 CGLPL, *Recommandations minimales pour le respect de la dignité et des droits fondamentaux des personnes privées de liberté*, 2020, recommandation n° 6.

15 CGLPL, *Rapport annuel d'activité*, 2019. Dans ce rapport, il est notamment expliqué que les services d'escorte de nuit doivent être organisés de telle sorte qu'ils permettent sans délai et sans restriction l'accompagnement d'une personne à l'hôpital. Les services d'urgence doivent par ailleurs être en mesure d'intervenir rapidement et de manière optimale dans n'importe quel lieu de privation de liberté.

16 V. I B. sur l'adaptation des établissements pénitentiaires.

17 V. en ce sens, CGLPL, *Rapport annuel d'activité*, 2019.

liberté[18]. Le CGLPL observe d'ailleurs, dans ses recommandations le lien qui peut être fait entre soin objectif de réinsertion de la peine indiquant, uniquement concernant les établissements pénitentiaires, que lorsque *« les soins d'un détenu ne peuvent être couverts ni par son assurance sociale, ni par ses ressources personnelles, il appartient à l'administration pénitentiaire de prévoir les moyens de financer la part qui reste à payer au détenu »*[19] ; l'idée est celle que la prison devrait pouvoir être aussi un lieu d'éducation à la santé. A cet égard, la loi pénitentiaire a prévu que toute personne détenue devait se voir proposer, au moment de son entrée en détention, *« un bilan de santé relatif à sa consommation de produits stupéfiants, d'alcool et de tabac »*[20]. Par ailleurs, en application de l'article article R57-8-1 du Code de procédure pénale, un examen médical systématique est proposé au moment de l'entrée en prison, il a généralement lieu la première semaine. Il est aussi prévu qu'un examen bucco-dentaire est associé à cette visite[21]. La loi pénitentiaire a également prévu, en son article 53, qu'une visite médicale sera proposée à toute personne dans le dans le mois précédant sa libération. Dans cette perspective, il est aussi envisagé par le texte de la loi de constituer pour chaque personne incarcérée un dossier médical électronique unique[22], leur permettant de participer à la dématérialisation plus générale des données de

---

[18] V. not. C. Duprat, « Punir et guérir. En 1819, la prison des philanthropes », *Annales historiques de la Révolution française* 1977, n° 228, pp. 204-246.

[19] CGLPL, *Recommandations minimales précitées*, § 111.

[20] Art. 51 LP.

[21] V. en ce sens l'instruction NOR : ETSP1115156J du 29 août 2011 relative à la réalisation d'un examen bucco-dentaire des personnes détenues lors de leur arrivée en établissement pénitentiaire et à la réduction du risque infectieux associé aux soins dentaires.

[22] Art. 54 LP.

santé[23] ; ce qui pour certains pourrait être considéré comme une étape positive dans leur parcours de soins.

Comme l'indique la loi pénitentiaire, il découle de cette volonté d'équivalence dans l'accès aux soins une reconnaissance de droits des patients équivalents à ceux exercés à l'extérieur. Ainsi, l'administrations pénitentiaire a l'obligation de respecter le secret médical des personnes détenues, ainsi que le secret des consultations[24]. Il est également prévu qu'une prise en charge adaptée doit être offerte aux femmes détenues[25]. Le consentement aux soins des personnes incarcérées doit être recherché et respecté, même en cas de grève de la fin[26]. Les médecins qui interviennent au sein des établissements pénitentiaires doivent agir dans le respect des règles de l'art, et reconnaitre qu'ils n'ont pas la fonction d'expert[27]. Théoriquement, l'ensemble des droits des usagers des services de santé devraient être reconnus aux personnes détenues qui les exercent.

---

[23] Dans son rapport d'activité 1999, le Conseil Supérieur des Systèmes d'Information de Santé indique que ce dossier généralisé à l'ensemble de la population doit permettre de *« faciliter la coordination des soins entre les différents professionnels de santé »*.

[24] Art. 45 LP. Ces éléments ont été repris par le CGLPL dans ses recommandations minimales qui insistent sur le secret médical confidentialité des soins (recommandation 6.3).

[25] Art. 47 LP.

[26] CGLPL, *Recommandations minimales précitées*, § 113 (principes généraux).

[27] Art. 48 LP : *« Ne peuvent être demandés aux médecins et aux personnels soignants intervenant en milieu carcéral ni un acte dénué de lien avec les soins ou avec la préservation de la santé des personnes détenues, ni une expertise médicale »*. Cet élément est également repris par CGLPL, *Recommandations minimales précitées*, § 115.

B. Un lieu de contraintes susceptible de s'adapter à l'état de santé

Les établissements pénitentiaires sont des lieux dans lesquels les contraintes sécuritaires sont omniprésentes et souvent prioritaires sur toute autre considération. Il est généralement admis que les personnes incarcérées devraient jouir de conditions de détention propres à garantir leur santé. Pourtant certaines contraintes propres à l'incarcération atteignent, par nature, le droit à la santé des personnes détenues. L'état matériel des cellules (humidité, manque d'air et de lumière), la situation de promiscuité entre les détenus, la présence de nuisibles, l'absence d'activité physique, le champ de vision restreint, la perte de contrôle quant aux aliments consommés, mais aussi la rupture familiale, l'absence de liens sociaux, la limitation drastique des activités intellectuelles sont autant de raisons pouvant expliquer la dégradation de l'état de santé d'une personne privée de liberté. Par nature, les établissements pénitentiaires sont des lieux dans lesquels il n'est guère évident de rester en « bonne santé », tant physique que psychique. Dès lors, une fois l'exigence d'équivalence d'accès aux soins affirmée[28], il est important que les établissements puissent s'adapter pour limiter les impacts négatifs que le temps d'incarcération pourrait avoir sur les personnes détenues[29], mais aussi pour organiser des services de soin accessibles depuis l'établissement. En ce sens, l'article 46 de la loi pénitentiaire prévoit qu'un *« protocole signé par le directeur général de l'agence régionale de santé, le directeur interrégional des services pénitentiaires, le chef de l'établissement péniten-*

---

[28] A titre d'exemple, selon le CGLPL les soins ne devraient pas être différés pour des raisons d'organisation (CGLPL, *Recommandations minimales précitées,* recommandation 6.2).

[29] L'art. 46 LP prévoit notamment que l'administration pénitentiaire *« assure un hébergement, un accès à l'hygiène, une alimentation et une cohabitation propices à la prévention des affections physiologiques ou psychologiques ».*

tiaire et le directeur de l'établissement de santé concerné définit les conditions dans lesquelles est assurée l'intervention des professionnels de santé appelés à intervenir en urgence dans les établissements pénitentiaires, afin de garantir aux personnes détenues un accès aux soins d'urgence dans des conditions équivalentes à celles dont bénéficie l'ensemble de la population ». Cette articulation des compétences par le biais de protocoles est indispensable à la mise en œuvre de la prise en charge sanitaire complexe au sein des établissements pénitentiaires, notamment *« afin de garantir la fluidité des échanges d'information nécessaires à la prise en charge des personnes détenues dans leur propre intérêt et dans le respect du secret médical »* [30]. Cependant, *de facto*, un droit à la santé ne peut être admis au bénéfice des personnes détenues qu'à la condition qu'il soit exercé dans le respect des exigences sécuritaires propres à la vie en prison. En effet, le détenu n'est jamais un patient comme les autres et il est aisé d'imaginer que le droit de choisir son médecin ou de bénéficier d'un secret absolu sur les informations relatives à la santé sont nécessairement entravés par le contexte carcéral.

Au-delà de ces limites structurelles, il est dorénavant exigé de l'administration pénitentiaire qu'elle adapte les conditions d'incarcération à l'état de santé des personnes détenues qu'elle détient et qui souffriraient de pathologies. Cette obligation positive mise à la charge de l'ensemble des autorités de l'état susceptibles de priver des individus de leur liberté s'est développée sur le fondement des articles 2 et 3 de la Convention européenne des droits de l'homme. En ce sens notamment, la Cour européenne rappelle que *« lorsque les autorités nationales décident de placer ou de maintenir en détention une personne invalide, elles doivent veiller avec une rigueur particulière à ce que les conditions de sa détention répondent aux besoins spécifiques de son infirmité »*[31]. Quelle que soit la pathologie dont la per-

[30] CGLPL, *Rapport annuel d'activité*, 2019, p. 41.

[31] CEDH, 19 février 2015, *Kelhal c. France*, n° 10401/12, § 50. V. aussi en ce sens, pour une décision judiciaire d'incarcération d'une personne

sonne incarcérée est atteinte, les conditions de son incarcération doivent lui éviter de souffrir de manière excessive, afin qu'elle ne soit pas soumise à des traitements contraires aux droit fondamentaux. Selon une jurisprudence dorénavant constante *« l'État doit s'assurer que tout prisonnier est détenu dans des conditions compatibles avec le respect de la dignité humaine, et que la santé et le bien-être du prisonnier sont assurés de manière adéquate, notamment par l'administration des soins médicaux requis »*[32]. Dans une affaire de 2015 la Cour européenne a ainsi considéré que *« le maintien en détention du requérant n'est pas incompatible en soi avec l'article 3 de la Convention mais que les autorités nationales ne lui ont pas assuré une prise en charge propre à lui épargner des traitements contraires à cette disposition. Compte tenu de son grave handicap, et du fait qu'il souffre d'incontinence urinaire et anale, la période de détention qu'il a vécue sans pouvoir bénéficier d'aucun traitement de rééducation et dans un établissement où il ne peut prendre des douches que grâce à l'aide d'un codétenu sont des circonstances qui l'ont soumis à une épreuve d'une intensité qui a dépassé le niveau inévitable de souffrances inhérentes à une privation de liberté »* [33], un tel constat emportait violation de l'article 3 de la Convention. Dans cet esprit, la loi pénitentiaire prévoit notamment que *« toute personne détenue se trouvant dans la situation de handicap prévue par l'article L.1111-6-1 du Code de la santé publique a le droit de désigner un aidant de son choix »*[34]. Face à cette obligation d'aménager les conditions de détention au profit de ceux qui souffriraient de certaines pathologies, les manques structurels en termes de prise en charge médicale sont susceptibles d'être mis en lumière. Ainsi, la forte pénurie de médecins spécialistes en soin somatiques rendant impossible une prise en charge adaptée

---

handicapée, CEDH 10 juill. 2001, *Price c. Royaume-Uni*, req. n° 33394/96, *AJDA* 2001, 1060, chron. J.-F. Flauss ; *RSC* 2001, 881, obs. F. Tulkens ; *JCP G* 2002. I. 105, obs. F. Sudre.

32 CEDH Gde ch. 26 oct. 2000, *Kudla c. Pologne*, n° 30210/96.

33 CEDH 19 févr. 2015, *Kelhal c. France*, n° 10401/12, § 63.

34 Art. 50 LP.

est régulièrement dénoncée[35]. Les UHSA sont également saturés rendant parfois impossible la prise en charge de personnes détenues souffrant de troubles psychiques et qui en auraient pourtant besoin[36]. L'exigence croissante d'adaptation renforcée des conditions de détention à la situation des personnes incarcérées a une conséquence manifeste qui consiste en une hybridation des dispositifs pénaux, dont la *coloration* thérapeutique a dorénavant tendance à se renforcer.

Cette prise en compte des pathologies et l'adaptation de l'environnement des personnes privées de liberté corrélatif pourrait conduire à une confusion des modes de prise en charge. En effet, des lacunes sont à déplorer en termes de conceptualisation de ce qui pourrait être une théorie de la capacité carcérale[37]. L'unique lieu où le droit pénal adopte une position jusqu'à récemment assez claire en matière de capacité à endurer la sanction pénale est celui de l'abolition du discernement pour trouble psychique de l'article 122-1 du Code pénal. En application de ce texte, une personne irresponsable de ses actes ne devrait pas être accessible à la sanction pénale. Dans l'esprit des textes imprégnés des théories classiques de la responsabilité pénale, il est indispensable que l'auteur de faits ait pu les comprendre pour que la répression à son encontre soit justifiée. En revanche, cette théorie, qui témoigne d'un attachement à la notion de culpabilité au fondement de la répression, est dépourvue de tout prolongement lorsqu'un trouble psychique, développé ulté-

---

[35] La difficulté déjà constatée par CNCDH, *Sanctionner dans le respect des droits de l'homme*, 2007, p. 145 est toujours d'actualité.

[36] IGJ-IGAS, *Évaluation des unités hospitalières spécialement aménagées* (UHSA), IGJ n° 061-18 / IGAS n° 2018-072R, déc. 2018, pp. 39, 42, 62, 64, 79.

[37] Pour plus de développements sur cette question v. A. Simon, *Les atteintes à l'intégrité des personnes détenues imputables à l'État. Contribution à la théorie des obligations conventionnelles européennes : l'exemple de la France*, Dalloz, 2015, §§ 524 s.

rieurement, rendrait la mesure d'incarcération finalement exécutée totalement incompréhensible pour la personne enfermée. Il n'est pas non plus d'extension pensée de cette idée dans les hypothèses où une personne serait physiquement incapable de supporter une mesure d'incarcération, contrairement au cas de la garde à vue qui peut être suspendue si un médecin considère que le suspect est inapte à la supporter[38]. C'est finalement par une application plus systématisée de la prohibition des traitements inhumains et dégradants qu'un relais a pu être pris pour permettre la libération de personnes *incapables* de supporter la mesure qui leur était imposée. La théorie de la capacité à l'incarcération mériterait néanmoins d'être étudiée plus globalement, comme préalable à des propositions d'hybridation des dispositifs. En effet, à défaut de théorie générale, chaque situation est pensée au cas par cas, en essayant d'accorder certains dispositifs pénaux aux situations particulières de détenus souffrant de pathologies. A titre d'exemple, l'article 46 de la loi pénitentiaire prévoit que *« l'état psychologique des personnes détenues est pris en compte lors de leur incarcération et pendant leur détention. L'administration pénitentiaire favorise la coordination des différents intervenants agissant pour la prévention et l'éducation sanitaires »*. Il faut comprendre que la pathologie identifiée est presque toujours exclusivement pensée en termes d'adaptation des conditions d'incarcération même dans les situations les plus extrêmes. En ce sens également, la loi du 15 août 2014 a précisé qu'en cas d'altération du discernement lié à un trouble psychique, l'infraction demeure punissable mais *« la juridiction tient compte de cette circonstance lorsqu'elle détermine la peine et en fixe le régime »*[39], le texte prévoit encore que lorsque

---

[38] Pour la chambre criminelle, le maintien en garde à vue d'une personne, malgré les constatations du médecin de son état de santé incompatible avec la mesure, porte nécessairement atteinte à ses intérêts et entraîne donc la nullité de la mesure (Crim., 27 oct. 2009, n° 09-82.505, *D*. 2009 p. 2688, obs. Girault ; *D*. 2010, p. 245, note Delage).

[39] Art. 17 de la loi n° 2014-896 du 15 août 2014 relative à l'individualisa-

« la juridiction considère que la nature du trouble le justifie, elle s'assure que la peine prononcée permette que le condamné fasse l'objet de soins adaptés à son état »[40]. Cette intégration d'une dimension thérapeutique aux modalités d'exécution de la sanction pénale participe nécessairement d'une redéfinition de la rationalité répressive. Si elle n'est pas mauvaise en tant que telle, elle mérite d'être pensée. Cette hybridation des rationalités est perceptible par le développement des possibilités d'accueil hospitalières dans un cadre néanmoins carcéral. La création des UHSA et des UHSI en sont de bonnes illustrations[41]. Ce mouvement dépasse d'ailleurs largement le champ de l'incarcération et passe par la reconnaissance de peines teintées de soin comme l'injonction soin, l'obligation de soins prolongée au terme de la peine[42] mais aussi, inversement, de mesures de sûreté répressives prononcées à l'encontre de personnes pourtant irresponsables pénalement[43]. L'hybridation pourrait être source d'une certaine confusion[44], notamment dans l'articulation des espaces qui sont de plus en plus imbriqués malgré leurs fonctions théoriquement distinctes. Cette confusion pourrait en outre devenir un obs-

---

tion des peines et renforçant l'efficacité des sanctions pénales modifiant l'article 122-1 du Code pénal.

[40] *Idem.*

[41] Les unités hospitalières spécialement aménagées (UHSA) sont destinées à accueillir des personnes détenues souffrant de troubles psychiatriques et les unités hospitalières sécurisées interrégionales (UHSI) des personnes souffrant de troubles somatiques.

[42] Art. 706-136-1 CPP.

[43] V. les mesures de l'article 706-136 CPP créé par la loi n° 2008-174 du 25 février 2008 relative à la rétention de sûreté et à la déclaration d'irresponsabilité pénale pour cause de trouble mental, mesures qui correspondent dans leur contenu aux peines complémentaires correctionnelles prévues à l'article 131-10 du Code pénal.

[44] Cette *« confusion croissante »* avait notamment déjà été soulevée par le CCNE, avis n° 94 précité.

tacle à penser la nécessité occasionnelle d'organiser le soin en dehors de la structure carcérale.

II. Le soin hors de la prison

Lieu de soin par nécessité, il est des hypothèses dans lesquelles les limites contraignantes de la structure sont incompatibles avec la santé des personnes qui y sont détenues. Cette problématique n'apparait guère abordée par la loi pénitentiaire sous l'angle du droit à la santé, même si elle n'est pas totalement exclue des dispositions relatives aux aménagements de peines[45]. Pourtant, reconnaître une forme d'antinomie naturelle entre le soin et l'incarcération permettrait d'organiser de manière cohérente les cas dans lesquels une prise en charge *« hors les murs »* s'impose. Penser l'incapacité carcérale d'une manière générale permettrait d'ailleurs une meilleure systématisation de l'accès à l'extérieur qu'une telle situation pourrait imposer. Il est donc important de penser d'abord l'incompatibilité de l'état de santé avec les conditions d'une incarcération (A), afin d'envisager ensuite les recours permettant de sortir pour être soigné (B).

A. L'incarcération incompatible avec l'état de santé

Admise comme hypothèse par la Cour européenne des droits de l'homme, il est possible que l'état de santé de la personne incarcérée soit dégradé au point qu'elle soit dans l'incapacité de supporter certaines mesures contraignantes[46]

---

[45] Sur la question, V. *infra*, Y. Carpentier, « Le déploiement des aménagements de peine ».

[46] Certaines sanctions disciplinaires sont notamment prohibées à l'égard de personnes souffrant de troubles mentaux. V. CEDH 31 mars 2020, *Jeanty c. Belgique*, req. n° 82284/17 (l'isolement à titre disciplinaire d'un détenu suicidaire est considéré comme un traitement inhumain et dégradant).

et parfois même le fait même d'être incarcéré. En effet, lorsque l'incarcération impose une souffrance excessive à la personne détenue, il devrait être mis un terme à la mesure. A cet égard, le CGLPL rappelle qu'il est indispensable que *« l'appréciation des incompatibilités relatives à la vie en détention par le médecin [soit] réalisée en tenant compte de l'état de santé et de l'environnement offert »*[47]. Elle doit aussi être appréciée *« au regard de ses besoins et des réponses possibles en termes d'accompagnement, de compensation, d'accessibilité et le cas échéant de sa capacité à percevoir le sens de la peine pendant son incarcération »*[48]. Plusieurs réformes législatives ont permis de donner corps, dans l'ordre interne, à l'incapacité carcérale liée à l'état de santé d'une personne souffrante. Dans un premier temps, la loi *Kouchner* de 2002[49] a permis d'adopter la suspension de peine pour raison médicale en créant un nouvel article 720-1-1 du Code de procédure pénale. En application de ce texte, *« sauf s'il existe un risque grave de renouvellement de l'infraction, la suspension [de peine] peut également être ordonnée, quelle que soit la nature de la peine ou la durée de la peine restant à subir, et pour une durée qui n'a pas à être déterminée, pour les condamnés dont il est établi qu'ils sont atteints d'une pathologie engageant le pronostic vital ou que leur état de santé physique ou mentale est durablement incompatible avec le maintien en détention »*. La prise en compte de l'incapacité carcérale a par la suite été approfondie par l'adoption d'une procédure équivalente à la suspension de peine en matière de détention provisoire, permettant une forme de parallélisme en termes de prise en considération

[47] CGLPL, *Rapport annuel d'activité*, 2018. Selon ce rapport, des visites régulières en détention par l'équipe soignante doivent permettre cette appréciation.

[48] CGLPL, *Avis du 17 septembre 2018 relatif à la prise en compte des situations de perte d'autonomie dues à l'âge et aux handicaps physiques dans les établissements pénitentiaires.*

[49] Loi n° 2002-303 du 4 mars 2002 relative aux droits des malades et à la qualité du système de santé.

d'un état de santé dégradé entre détenus provisoires et condamnés[50]. Cette loi a également étendu la procédure de suspension de peine pour raison médicale aux pathologies psychiques qui en étaient originairement exclues[51]. Prises ensemble, ces procédures semblent donc couvrir l'ensemble des hypothèses dans lesquelles un état de santé particulièrement dégradé serait incompatible avec le *« lieu prison »*, qu'il soit lié à des pathologies physiques ou psychiques vécues par des détenus provisoires ou des condamnés.

Comment comprendre le sens de cette incompatibilité qui ferait obstacle au maintien en détention [52] ? Le pronostic vital engagé est une première hypothèse. En effet, toute personne devrait pouvoir mourir libre[53]. Même si la Cour de cassation a restreint le champ de la suspension de peine aux cas de pronostic vital engagée *« à court terme »*[54], le texte n'évoque pas cette exigence temporelle. Une maladie suffisamment grave devrait donc exiger qu'il soit mis un terme à la mesure d'incarcération, en particulier lorsque la gravité de cette maladie a pour conséquence de rendre cet état de santé incompatible avec la détention ordinaire[55]. La seconde hypothèse envisagée par le texte concerne d'ailleurs précisément l'incompatibilité durable de l'état de santé avec

---

[50] Conformément aux exigences européennes : CEDH, 5 mars 2013, *Gülay Çetin c. Turquie*, n° 44084/10.

[51] Art. 51 de la loi n° 2014-896 du 15 août 2014 précitée.

[52] V. notamment sur la question J.-C. Bouvier, « Sortir de prison pour raison médicale : du droit au fait », *Délibérée*, vol. 1, n° 1, 2017, pp. 53-58.

[53] CGLPL, *Recommandation minimales précitées*, § 137.

[54] Crim., 28 sept. 2005, n° 05-81.010.

[55] En ce sens, Crim.15 mars 2006, n° 05-83.329, la chambre criminelle reconnaît que cette procédure *« permet d'ordonner la suspension de peine lorsque la pathologie dont est atteint le condamné rend son état de santé durablement incompatible avec la détention, même si cette pathologie n'engage pas à court terme le pronostic vital »*.

l'incarcération[56]. Cela implique notamment qu'une prise en charge sanitaire adaptée serait démesurément lourde pour l'établissement pénitentiaire. C'est également le cas lorsque l'aide qui serait attendue des codétenus dans la vie quotidienne serait excessive[57]. Les médecins sont compétents pour établir cette incompatibilité, et l'article 147-1 du Code de procédure pénale prévoit même en cas d'urgence que *« la mise en liberté peut être ordonnée au vu d'un certificat médical établi par le médecin responsable de la structure sanitaire dans laquelle cette personne est prise en charge ou par le remplaçant de ce médecin »*. Cette compétence des services médicaux pour identifier l'incapacité à subir l'incarcération a une incidence sur le partage de responsabilités susceptible de découler de ce constat. Comme l'évoque d'ailleurs l'article 46 de la loi pénitentiaire qui exprime ce partage, l'administration pénitentiaire n'est plus seule responsable et les autorités de santé ont l'obligation d'alerter les juridictions compétentes quand la personne détenue est devenue incapable de supporter l'incarcération[58].

Certaines exceptions sont cependant prévues par ces textes. En dépit des enjeux de protection de la dignité humaine inhérents à l'intégration de ces dispositions dans notre

---

[56] Ces deux hypothèses sont prévues par l'art. 720-1-1 CPP et reprise par l'art. 147-1 CPP.

[57] CEDH 24 octobre 2006, *Vincent c. France*, req. n°6253/03. Selon le requérant ses conditions d'incarcération étaient inadaptées, à Fresnes notamment, du fait notamment de l'étroitesse des portes qu'il ne pouvait franchir en fauteuil [roulant] ce qui l'a placé dans une situation de dépendance. Il était aussi privé d'activités.

[58] V. en ce sens CGLPL, *Recommandations minimales précitées*, recommandation 6.1. En application de cette recommandation les personnels soignants sont investis d'une mission d'observation et d'alerte (§ 119) à l'égard d'éventuels manquements dont souffriraient les personnes détenues. Le texte prévoit aussi que l'incompatibilité durable de l'état de santé avec les conditions de détention devrait conduire à la fin de la mesure d'incarcération (§ 120).

arsenal répressif, sont prévues des exceptions qui ont pour conséquences de refuser la libération d'une personne détenue dont l'état de santé serait pourtant incompatible avec la détention. En effet, tant l'article 147-1 que l'article 720-1-1 du Code de procédure pénale prévoient qu'ils ne sont pas applicables en cas de *« risque grave de renouvellement de l'infraction »*. En ce sens, la chambre criminelle entérine le raisonnement de la Cour d'appel qui refuse la suspension de peine en relevant qu'il existe un risque de réitération important de l'infraction, *« le requérant étant déjà malade et handicapé lors de la commission des faits pour lesquels il a été condamné »*[59]. Dès lors, les auteurs d'infractions qui risqueraient de commettre de nouvelles infractions sont privés de faire valoir leur incapacité à l'incarcération, et ce en contradiction avec le caractère absolu de la prohibition des traitements inhumains et dégradants[60]. Un tel constat ne peut qu'interroger l'équilibre entre une recherche affichée d'équivalence des soins et l'émergence d'un droit à la sécurité dont les limites peinent à être définies[61]. Sur ce dernier point, le revirement de la chambre criminelle du 8 juillet 2020 en matière de conditions matérielles d'incarcération de droit commun[62] pourrait laisser penser qu'une réaffirmation des exigences de respect de la dignité humaine est à l'œuvre et qu'elle pourrait conduire à une révision par le législateur des conditions

[59] Crim.9 janv. 2019, n° 18-81.910 ; *Dr. pén.* 2019, comm. 58, obs. V. Peltier.

[60] V. en sur cette question A. Simon, « Les incohérences de la mise en liberté médicale ou la confirmation des incertitudes quant à la nature de la détention provisoire », *RSC* 2016, pp. 219-236.

[61] M.-A Granger, « Existe-t-il un "droit fondamental à la sécurité" ? », *RSC* 2009, pp. 273-296.

[62] Crim., 8 juill. 2020, n° 20-81739 (rejet pourvoi c. CA Rennes, 13 févr. 2020), M. Soulard, prés., M. Guéry, rapp., Mme Zientara-Logeay, av. gén. ; SCP Spinozi et Sureau, av. : *AJ Pénal* 2020, p. 404, note J. Frinchaboy et p. 377, note E. Noël ; *AJDA* 2020 p. 1383, obs. J.-M. Pastor ; *Gaz. Pal.* 29 sept. 2020, n° 387u3, p. 12, note J.-P. Céré.

d'application restrictives de ces textes qui ne semblent guère conformes aux exigences européennes.

B. Les possibilités de sortie à fins de soins

L'incapacité d'un établissement pénitentiaire à fournir les soins dont une personne incarcérée aurait besoin doit conduire à une libération pour que ces soins lui soient fournis à l'extérieur. Il peut s'agir de sorties temporaires sans que le statut de la personne détenue ne change en faveur de celui de personne libre, il peut également s'agir d'une libération pleine et entière au sens juridique du terme, même si elle pourrait n'être que temporaire. S'agissant de la première hypothèse, les extractions médicales méritent d'être évoquées. Selon l'article D. 291 du Code de procédure pénale *« l'extraction est l'opération par laquelle un détenu est conduit sous surveillance en dehors de l'établissement de détention [...] lorsqu'il doit recevoir des soins qu'il n'est pas possible de lui donner dans l'établissement pénitentiaire [...] »*. Le niveau de précaution pris en termes sécuritaires à l'égard des détenus extraits devrait être proportionnel aux indices de sa dangerosité, il devrait donc être individualisé[63]. Cependant, il s'agit d'une exigence théorique qui est souvent méconnue, les services pénitentiaires et plus généralement les escortes investies de cette mission préférant souvent opter pour le niveau de sécurité le plus élevé et ne prendre aucun risque. Les instances de contrôle des établissements privatifs de liberté doivent donc fréquemment rappeler cette exigence[64]. En ce sens notam-

---

[63] Selon l'ONUDC, il est un principe selon lequel les détenus devraient être soumis aux mesures les moins restrictives possibles qui sont nécessaires pour protéger la société, les autres détenus et le personnel (ONUDC, *Manuel sur la sécurité dynamique et le renseignement pénitentiaire*, 2015).

[64] V. not. le rapport d'enquête du CGLPL adressé le 24 avril 2013 au directeur de la maison d'arrêt de Bayonne concernant le port des entraves systématique au moment des escortes médicales ;

ment, conformément à l'article 52 de la loi pénitentiaire[65], le CGLPL rappelle que les examens gynécologiques doivent avoir lieu sans menottes et sans entraves et hors la présence du personnel pénitentiaire[66]. Ainsi, plus généralement, malgré les contraintes sécuritaires qui pèsent sur l'administration pénitentiaire, il est prévu que les menottes et les entraves ne devraient pas être utilisées durant les soins à l'hôpital, sauf en cas d'exigence exceptionnelle en termes de sécurité[67]. Dans un même ordre d'idée, les entretiens médicaux devraient être confidentiels car la présence d'un agent de l'administration pénitentiaire est constitutive d'une atteinte au secret médical. Les exceptions admises pour des raisons de sécurité devraient être dument motivées[68]. Ces prises en charge dans des lieux de soin, mais sous la pression des contraintes pénitentiaires, peuvent être comparées aux hospitalisations en UHSA et en UHSI précédemment évoquées, en ce qu'elles constituent des solutions hybrides qui ne sauraient être assimilées à des possibilités de soin libre, alors même que ces structures prennent en charge des pa-

---

https://www.cglpl.fr/wp-content/uploads/2017/04/Rapport-denquête-extractions-MA-Bayonne.pdf.

65 Art. 52 LP : *« Tout accouchement ou examen gynécologique doit se dérouler sans entraves et hors la présence du personnel pénitentiaire, afin de garantir le droit au respect de la dignité des femmes détenues. Il recommande que les directives émises par l'administration pénitentiaire à ce sujet soient strictement appliquées afin d'assurer le droit intangible à la dignité des femmes détenues ».*

66 CGLPL, *Avis relatif à la situation des femmes privées de liberté*, 2016.

67 Toute exception doit être justifiée par un écrit circonstancié. Le CGLPL rappelle les termes de son avis du 16 juin 2015 relatif à la prise en charge des personnes détenues dans les établissements de santé.

68 En ce sens notamment, CGLPL, *Avis du 16 juin 2015 relatif à la prise en charge des personnes détenues dans les établissements de santé.*

thologies lourdes, parfois sans véritable espoir de retour à la détention *ordinaire*[69].

Dans d'autres cas, la personne incarcérée sera libérée sans supervision pénitentiaire, afin d'être soignée à l'extérieur. Sans s'attarder sur la diversité de ces procédures envisageables, méritent d'être distinguées les permissions de sortir pour raison médicale et les procédures de libération. Les premières ne font pas disparaitre le statut de détenu de celui qui quitte l'établissement pour la journée. Les évasions les plus fréquemment constatées le sont d'ailleurs généralement à l'occasion de permissions de sortir. Les secondes : la suspension de peine et la libération conditionnelle, sont des mesures susceptibles d'être octroyées pour des raisons médicales ; elles impliquent toutes deux une levée d'écrou[70]. Le texte relatif à la suspension de peine, comme d'ailleurs celui qui est applicable à la mise en liberté pour motif médical, prévoient qu'une amélioration de l'état de santé pourrait conduire à un retour en prison.

S'agissant de ces différentes procédures, un élément de la loi pénitentiaire mérite d'être souligné. Il est celui de l'interdiction faite au médecin de la structure par l'article 48 d'exercer des fonctions d'expertise[71]. Contrairement à ce qu'exige le Code de déontologie médicale[72], il ne semble pas que cette interdiction ait un écho suffisant dans les pratiques actuelles, notamment en matière d'établissement implicite

---

[69] V. en ce sens IGJ-IGAS, *L'évaluation du plan d'actions stratégiques 2010-2014 relatif à la politique de santé des personnes placées sous-main de justice »*, janv. 2015.

[70] V. not. art. D149-1 CPP.

[71] Art. 48 LP.

[72] Au terme de l'article 10 du Code de déontologie médicale, *« un médecin amené à examiner une personne privée de liberté ou à lui donner des soins ne peut, directement ou indirectement, serait-ce par sa seule présence, favoriser ou cautionner une atteinte à l'intégrité physique ou mentale de cette personne ou à sa dignité »*.

d'une certaine capacité à endurer des sanctions disciplinaires. Les textes du code de procédure pénale qui admettent le recours à des certificats des médecins de la structure en cas d'urgence pourraient d'ailleurs participer de cette confusion, même s'ils pallient aussi le manque de connaissance des médecins extérieurs quant aux réelles conditions d'exécution des mesures d'incarcération.

La loi pénitentiaire, quel impact sur la surpopulation carcérale ?

Solène GALLUT
Doctorante à Université de Pau et des Pays de l'Adour
Centre de Recherche sur la Justice Pénale et Pénitentiaire (CRJ2P/IFJT)

Une loi pénitentiaire, sous les affres de la critique ? Les lois font l'objet, aujourd'hui, de toutes sortes d'accusations. Sont régulièrement mises en cause leur inutilité, leur inefficacité voire même parfois leur illégitimité. La loi pénitentiaire du 24 novembre 2009[1], même si elle mérite d'être saluée dans son ensemble – ne serait-ce que par son

[1] V. notamment pour les commentaires de la loi, J.-P. Céré, « Virage ou mirage pénitentiaire ? – A propos de la loi du 24 novembre 2009 », *JCP G* 2009, doctrine 552 ; F. Février, « Nécessité(s) de la loi pénitentiaire », *RFDA* 2010, p. 15 ; M. Giacopelli, « Le contenu de la loi pénitentiaire : des avancées encore insuffisantes », *RFDA* 2010, p.25 ; M. Herzog-Evans, « La loi pénitentiaire n° 2009-1436 du 24 novembre 2009 : changement de paradigme pénologique et toute puissance administrative », *D.* 2010, p. 31 ; E. Péchillon, « Regard d'un administrativiste sur la loi du 24 novembre 2009 », *AJ Pénal* 2009, p. 473 ; P. Poncela, « La loi pénitentiaire du 24 novembre 2009 », *RSC* 2010, p. 190 ; J.-O Viout, « La loi pénitentiaire du 24 novembre 2009...un long enfantement », *RFDA* 2010, p. 23.

caractère symbolique et les enjeux qu'elle représente[2] – n'a pas été exempte de toute critique : jugée *« décevante »*[3], parfois soupçonnée de constituer un *« mirage pénitentiaire »*[4] voire même accusée d'opérer une codification à droit constant[5]. Pourtant, selon le Professeur Denis Baranger « *nous avons besoin des lois, mais il semble que les lois ne répondent pas aux besoins que nous avons d'elles* »[6]. Si l'on part du principe que « *l'exercice du pouvoir législatif, loin d'être un acte anodin, concentre toutes les aspirations politiques* » alors « *la déception face aux imperfections de la législation est le revers de cette espérance et d'un projet politique primordial à nos yeux* »[7]. La loi pénitentiaire est-elle l'illustration de cette déception, d'un projet politique non abouti ? La réponse à cette question sera sûrement fonction des aspects de la loi qui seront étudiés et trouvera vraisemblablement, lors de cette journée d'étude, tantôt une réponse affirmative, tantôt négative. Aussi, cette présente contribution se propose de porter un regard sur les dispositions de la loi qui intéressent la surpopulation carcérale et conduira à dresser un constat après dix ans d'application de cette dernière.

La surpopulation carcérale, un phénomène connu mais difficile à définir. La surpopulation carcérale, faisant souvent la une des journaux, est un phénomène bien connu. Si l'on perçoit aisément que le terme surpopulation carcérale

---

2 V. M. Giacopelli, « Le contenu de la loi pénitentiaire : des avancées encore insuffisantes », *art. cit.*, p. 25.

3 *Ibid.*

4 V. J.P Céré, « Virage ou mirage pénitentiaire ? – A propos de la loi du 24 novembre 2009 », *art. cit.*, doctrine 552.

5 V. M. Herzog-Evans, « La loi pénitentiaire n° 2009-1436 du 24 novembre 2009 : changement de paradigme pénologique et toute puissance administrative », *art.. cit.*, p. 31.

6 V. D. Baranger, *Penser la loi. Essai sur le législateur des temps modernes*, éd. Gallimard, coll. L'esprit de la cité, janvier 2018, p. 12.

7 *Ibid.*, p. 13.

fait référence à un *« trop grand nombre »* de détenus en prison, ce concept est en réalité plus difficile à définir qu'à comprendre. Tout d'abord, comme l'énonce le professeur Pierre-Victor Tournier, le concept de surpopulation carcérale comporte un sens général – celui que l'on vient d'énoncer – et un sens plus précis qui se réfère à la capacité des établissements pénitentiaires. Ainsi, la surpopulation carcérale « *décrit l'inadéquation, à un instant t donné, entre le nombre de détenus et la capacité « *d'accueil* » des établissements pénitentiaires* »[8]. Cela suppose donc de définir, au préalable, la capacité d'accueil des établissements, c'est-à-dire le nombre de places opérationnelles[9]. Ensuite, il convient de distinguer la surpopulation carcérale du concept d'inflation carcérale. L'inflation carcérale correspond à « *une augmentation du nombre de personnes sous écrou très importante, c'est-à-dire sans commune mesure avec l'augmentation du nombre d'habitants* »[10]. Ainsi, même si une période d'inflation carcérale peut conduire à la surpopulation des établissements pénitentiaires, il peut également y avoir un état de surpopulation alors même que l'inflation carcérale a disparu. Si l'un peut être la cause de l'autre, ces deux phénomènes fonctionnent néanmoins de manière autonome.

Des années 2000 à 2010, une décennie entre cohérence et contradictions. L'entrée dans cette décennie s'est

---

[8] V. P.-V. Tournier, *Dictionnaire de la démographie pénale*, éd. L'Harmattan, coll. Criminologie, mai 2013, V° Surpopulation carcérale, p. 156.

[9] C'est sur ce point qu'il peut y avoir des difficultés. Le mode de calcul de la capacité des établissements pénitentiaires a été défini par une circulaire du 16 mars 1988, la capacité d'hébergement d'un établissement « *se calcule en places, par référence à la surface du plancher* » selon un barème précis. V. Circulaire du 16 mars 1988, n° A.P. 88 G 05 G. D'ailleurs, la CEDH dans son arrêt *J. M. B. et autres contre France* a pointé du doigt le mode de calcul des places disponibles qui, selon elle, devrait être refondu. V. CEDH, 30 janv. 2020, *J. M. B. et autres c. France*, n° 9671/15 et 31 autres, § 316.

[10] V. P.-V Tournier, *Dictionnaire de la démographie pénale*, *op. cit.*, V° Inflation carcérale, p. 80.

réalisée avec la prise de conscience de l'état réel des prisons françaises avec le rapport Mermaz et Le Floch déposé à l'Assemblée nationale en 2000[11] qui évoquait déjà la situation de surpopulation de certaines maisons d'arrêt et s'est terminée avec l'adoption de la loi pénitentiaire, qui constitue une avancée majeure pour le renforcement de la protection des personnes détenues. Entre ces deux extrêmes, beaucoup de va-et-vient dans la politique législative avec des lois tantôt sécuritaires[12], tantôt favorables à la réinsertion du condamné[13]. Ces changements constants de cap ont eu des répercussions sur la population carcérale, induisant des variations dans la courbe d'évolution mais n'évitant pas la progression de la surpopulation carcérale en France[14].

Une loi attendue, des droits reconnus. Un des apports majeurs de la loi pénitentiaire est d'avoir offert un cadre juridique plus protecteur – car légal et non plus réglementaire – comportant un énoncé des droits et devoirs de la personne détenue. Parmi l'ensemble de ces droits, le droit à

---

[11] L. Mermaz et J. Le Floch, Rapport de l'Assemblée nationale, au nom de la commission d'enquête, sur la situation dans les prisons françaises, tome I.

[12] Par exemple, la loi n° 2007-1198 du 10 août 2007 renforçant la lutte contre la récidive des majeurs et des mineurs avec la disposition phare des peines planchers ou encore la loi n° 2008-174 du 25 février 2008 relative à la rétention de sûreté et à la déclaration d'irresponsabilité pénale pour cause de trouble mental.

[13] Par exemple, la loi n° 2000-516 du 15 juin 2000 renforçant la protection de la présomption d'innocence et les droits des victimes qui amorce notamment le processus de juridictionnalisation de l'application des peines et la loi n° 2004-204 du 9 mars 2004 portant adaptation de la justice aux évolutions de la criminalité qui parachève le processus engagé en 2000.

[14] V. Ministère de la justice, *Séries statistiques des personnes placées sous-main de justice 1980-2020*, Administration pénitentiaire, Bureau de la donnée, graphique 1 : Evolution de la population carcérale depuis 1980, au 1er janvier de chaque année, p.18.

la dignité des personnes détenues, reconnu à l'article 22 de la loi, attire particulièrement l'attention lorsqu'il s'agit de s'intéresser au phénomène de la surpopulation carcérale car, dans la majeure partie des cas, elle conduit à la détérioration ou à l'aggravation des conditions matérielles de détention. Bien que la dignité humaine constitue déjà un principe à valeur constitutionnelle[15], son inscription dans la loi de 2009 était loin d'être superflue. En effet, la pratique du contentieux relatif aux conditions de détention a pu montrer que le juge administratif s'y réfère régulièrement, les principaux fondements étant l'article 22 de la loi pénitentiaire et l'article 3 de la Convention européenne des droits de l'homme[16]. La reconnaissance des droits des personnes détenues dans un contexte de surpopulation carcérale sévère révèle un certain paradoxe[17] : alors même que la prison n'est plus une zone de *« non-droit »*, l'effectivité de ces derniers ne peut être correctement assurée compte tenu de l'état de surpeuplement carcéral. En effet, la sur-occupation des établissements pénitentiaires affecte de manière significative les conditions de détention et l'exercice des droits des détenus en raison de la surcharge des infrastructures. Face à un tel encombrement des établissements, il arrive, par exemple, que l'administration pénitentiaire ne puisse plus assurer le quota

---

15 V. Cons. const., décis. n° 94-343/344 DC du 27 juillet 1994 sur la loi relative au respect du corps humain et loi relative au don et à l'utilisation des éléments et produits du corps humain, à l'assistance médicale à la procréation et au diagnostic prénatal.

16 V. A. Jennequin, « La dignité de la personne détenue », *RFDA* 2015, p. 1082. Comme le souligne l'auteur, la notion de dignité en droit pénitentiaire est autonome et originale dans la mesure où le juge ne fait pas application du concept de dignité de la personne humaine consacré par le Conseil d'État dans l'arrêt Morsang-sur-Orge, ni du principe à valeur constitutionnelle de sauvegarde de la dignité de la personne humaine consacrée par la décision du Conseil constitutionnel en 1994.

17 Voir sur ces questions, J.-P. Céré, *La prison*, 2e éd. Dalloz, 2016.

minimum de parloirs hebdomadaires[18] ou répondre à la demande de soins alors même que la loi reconnaît aux détenus le droit au maintien des liens familiaux[19] et consacre leur droit à la santé[20].

La loi pénitentiaire, une loi pour lutter contre la surpopulation carcérale ? Au vu de la situation des prisons françaises, la réponse qui paraît s'imposer est positive. En revanche, lorsque l'on s'intéresse à la raison d'être de la loi, la réponse semble à l'inverse négative. En effet, la lutte contre la surpopulation carcérale ne figurait pas parmi les objectifs premiers de la loi. Elle devait avant tout « *permettre à la France de doter le Service public pénitentiaire d'une grande loi fondamentale* »[21] en donnant un cadre juridique clair et précis sur ses missions tout en intégrant les normes européennes en la matière[22]. Faut-il en déduire pour autant que la loi se désintéresse du phénomène ? La situation appelle en réalité un propos nuancé. En effet, bien que l'impératif de lutte contre la surpopulation carcérale ne soit pas explicitement formulé dans l'exposé des motifs de la loi, contrairement, par exemple, à la lutte contre la récidive, ce texte est adopté dans ce contexte particulier. Parmi les commentateurs de la loi, certains ont rappelé que « *la loi a(avait) pour toile de fond la surpopulation carcérale invitant le législateur à développer un nouveau concept celui de prison hors les murs* »[23]. Il semblerait donc que, derrière certaines de ces dispositions, se cache en réalité un

---

18 *Ibid*, p. 133.

19 V. article 35 de la loi pénitentiaire.

20 V. article 46 de la loi pénitentiaire.

21 V. M. Giacopelli, « Le contenu de la loi pénitentiaire : des avancées encore insuffisantes », *art. cit.*, p. 25.

22 V. J.-P. Céré, « Virage ou mirage pénitentiaire ? – A propos de la loi du 24 novembre 2009 », *art. cit.*, doctr. 552.

23 V. M. Giacopelli, « Le contenu de la loi pénitentiaire : des avancées encore insuffisantes », *art. cit.*, p. 25.

objectif sous-jacent, celui de lutter contre le surpeuplement carcéral. En définitive, la loi pénitentiaire n'est pas une loi sur la lutte contre la surpopulation carcérale. En revanche, nombreux sont les mécanismes inscrits dans la loi qui permettent de réduire la population carcérale et ont, par voie de conséquence, un impact sur la surpopulation. Autrement dit, ce n'est pas l'objet de la loi mais bien ses effets qui participent à la lutte contre la surpopulation carcérale.

Quel impact de la loi pénitentiaire sur la surpopulation carcérale ? Après avoir montré que la loi pénitentiaire pouvait avoir un impact sur la surpopulation carcérale, une autre question vient à se poser : dans quelle(s) mesure (s) ? Il convient de rappeler que « *la démographie carcérale est un art difficile tant en raison des chiffres disponibles que des causes de leur évolution* »[24]. Aussi, avec toute la prudence dont font preuve les démographes dans leurs analyses, nous tenterons d'esquisser – à grands traits – un bilan de l'impact des dispositions de la loi de 2009 sur la surpopulation carcérale. Sans trop s'avancer, il est déjà possible de faire un premier constat, celui de l'insuffisance de la loi. Bien que la loi puisse s'avérer satisfaisante sur certains points, elle l'est beaucoup moins concernant le surpeuplement des prisons. La présente contribution s'inscrit donc davantage du côté des insuffisances que de celui des avancées. En effet, après dix années

---

24 V. B. Aubusson de Cavarlay, L'emprisonnement ferme, au cœur des sanctions prononcées, interrogations sur la sanction pénale, 2005/7, n° 127, p. 32. Il est, en effet, extrêmement difficile de corréler précisément les évolutions législatives et les données statistiques. Les chiffres doivent donc être analysés avec une grande prudence. Pour se convaincre de la difficulté, l'auteur évoque deux exemples : l'accroissement de la population pénitentiaire est-il dû à l'accroissement du nombre d'entrées supplémentaires en prison ou à l'allongement des peines ? De même, les condamnations correctionnelles sont en baisse, est-ce l'effet d'une diminution des amendes ou l'effet du remplacement des peines par des mesures alternatives ? Néanmoins, il est possible de formuler des hypothèses et de donner des tendances.

d'application de la loi pénitentiaire, les choses n'ont guère évolué. Les statistiques réalisées sur l'année 2019 montrent que la surpopulation carcérale a nettement progressé[25], le nombre de personnes détenues dépassant la barre symbolique des 70 000 détenus alors que le nombre de places opérationnelles se situe aux alentours des 60 000[26]. Il serait même possible de dire que la situation a empiré, comme en témoigne la condamnation de la France par la CEDH le 30 janvier 2020 en raison notamment du surpeuplement structurel de ses prisons. Pourtant, la crise sanitaire que l'on connaît et qui bouscule le pays depuis début 2020 a contraint l'État à libérer des personnes détenues faisant ainsi chuter la population carcérale[27]. Cette réduction rapide de la population carcérale montre bien qu'il est possible de résorber le phénomène de surpeuplement des établissements pénitentiaires. Ainsi, bien que ce soit le contexte sanitaire qui ait poussé l'État à réagir, la réduction s'est pourtant réalisée en recourant à des mécanismes juridiques du droit positif.

Annonce de plan. L'analyse de l'impact de la loi pénitentiaire sur la surpopulation carcérale nous conduira à nous

---

25 Au 1er janvier 2019, la densité carcérale en maison d'arrêt s'évaluait à 139,9%. V. Statistiques pénitentiaires mensuelles, accessible sur le site : http://www.justice.gouv.fr/art_pix/Mesure_mensuelle_incarceration_janvier2019.pdf (en ligne le 21/01/21).

26 Plus précisément au 1er janvier 2019 on dénombrait 70 059 détenus pour 60 151 places opérationnelles. V. Statistiques pénitentiaires mensuelles, accessible sur le site : http://www.justice.gouv.fr/art_pix/Mesure_mensuelle_incarceration_janvier2019.pdf (en ligne le 21/01/21).

27 La population carcérale est passée de 70 651 détenus en janvier à 65 300 détenus en avril pour descendre au mois de juillet sous la barre des 60 000 détenus (exactement 58 695 détenus au 1er juillet 2020). Les courbes d'évolution de la population carcérale sont de nouveau en hausse depuis mi- juin/début juillet 2020. V. http://www.justice.gouv.fr/art_pix/stat_etab_decembre_2020.pdf (en ligne le 21/01/21).

intéresser aux dispositions de la loi qui présentent un lien, plus ou moins direct, avec la surpopulation carcérale, en les abordant suivant deux problématiques distinctes : la question de l'espace (I) tout d'abord, et la question du mouvement (II) ensuite. En effet, ces deux questions sont intrinsèquement liées au phénomène de la surpopulation carcérale. La dimension spatiale en est un élément clé dans la mesure où le surpeuplement des établissements pénitentiaires contraint le condamné à devoir partager sa cellule, subissant une réduction significative de son espace vital personnel. Quant à la perspective du mouvement, elle fait écho à la question de la gestion des flux carcéraux, c'est-à-dire au nombre de personnes entrant et sortant de détention[28]. Ainsi, l'analyse des dispositions de la loi de 2009, suivant ce découpage, permettra de dresser le constat, plutôt décevant, d'un impact beaucoup trop mesuré par rapport à l'ampleur du phénomène.

I. L'espace

Déjà privé de liberté, enfermé dans un espace clos, le détenu voit, à mesure que le nombre de personnes s'accroit en prison, son espace progressivement diminuer. Dans ce contexte de surpeuplement des prisons, les conditions de

[28] Selon les démographes, le terme de flux fait référence à « *un ensemble d'évènements enregistrés au cours d'une période donnée, généralement civile, par exemple le nombre d'entrée sous écrou au cours d'une année* ». La notion de « flux » doit être distinguée de celle de « stock » qui se réfère à « *une grandeur que l'on mesure à un instant t* », par exemple la capacité opérationnelle d'un établissement pénitentiaire. V. P.-V. Tournier, *Dictionnaire de la démographie pénale*, *op. cit.*, V° Stock, p. 153. Comme le précise le Professeur Pierre-Victor Tournier, il est important de bien distinguer le flux (modalités des processus d'écrou et de levée d'écrou) du stock (la population sous écrou). V. P.-V. Tournier, *La prison. Une nécessité pour la République*, éd. Buchet Castel, février 2013, p. 95 et suiv. La surpopulation carcérale peut donc être considérée comme une donnée de stock (élément statique).

détention passent rapidement d'acceptables à inhumaines. Si la dimension spatiale n'est qu'un élément pris en compte parmi d'autres dans l'appréciation de la dignité des conditions matérielles de détention, elle peut être cruciale si le détenu dispose d'un espace extrêmement restreint[29]. Il semble pourtant impératif de garantir aux détenus un espace *« vivable »*. Or, on pourrait presque dire que la loi pénitentiaire se désintéresse de la question de la superficie dont doit bénéficier le détenu entre les murs de la prison, qui reste insuffisante (A), et traite davantage de celle de l'espace hors les murs de la prison, favorisant ainsi l'exécution des peines en milieu ouvert (B).

A. Espace clos : une superficie insuffisante entre les murs de la prison

Un espace vital insuffisant du fait de la surpopulation carcérale. La question de l'espace vital dont dispose les personnes détenues dans les établissements pénitentiaires est presque éludée. La loi ne peut être que décevante sur ce point car, loin de prendre à bras le corps ces questions – pourtant essentielles – de superficie, elle reporte, une fois de plus, l'application du principe de l'encellulement individuel. Comme le fait remarquer le Contrôleur général des lieux de privation de liberté dans un rapport, « *la conséquence la plus visible de la surpopulation carcérale est l'impossibilité de satisfaire l'obligation d'encellulement individuel* »[30]. Au cours de ces visites, le CGLPL n'aura de cesse de constater que le surpeuplement des maisons d'arrêt est un phénomène récurrent. Il a par

---

[29] V. sur ce point la jurisprudence de la Cour européenne des droits de l'homme en matière de conditions de détention. V. notamment : CEDH 10 janv. 2012, *Ananyev et autres c. Russie*, n° 42525/07, 60800/08 et CEDH Gde ch. 20 oct. 2016, *Mursic c. Croatie*, n° 7334/13.

[30] V. CGLPL, *Les droits fondamentaux à l'épreuve de la surpopulation carcérale*, éd. Dalloz, février 2018, p. 15.

exemple pu noter à Béziers que « *dès l'ouverture du centre pénitentiaire en 2009, la quasi-totalité des cellules individuelles de la maison d'arrêt étaient équipées d'un second lit* »[31]. De plus, il relève également que, outre l'existence continue de cellules collectives, « *certaines cellules prévues initialement pour une personne sont doublées voire parfois triplées et que de nombreux détenus sont contraints de dormir sur un matelas à même le sol* »[32].

Le principe de l'encellulement individuel. Le principe du régime de l'encellulement individuel a été instauré il y a plus d'un siècle par la loi du 5 juin 1875. Ce principe, venu d'outre-Atlantique, visait à l'origine à punir le condamné – par l'isolement de jour comme de nuit – et à assurer, à la peine d'emprisonnement, son plein effet. Comme le note le CGLPL, la signification du principe de l'encellulement individuel a aujourd'hui changé et doit permettre d'offrir au détenu un espace protecteur, préservé du reste de l'établissement[33]. En effet, « *en permettant à chacun de se livrer aux activités (autorisées) qu'il a choisies, d'étudier, de réfléchir, de se prendre en charge, l'encellulement individuel n'est plus une condition de l'application de la punition elle-même mais plutôt, par la préservation de la personnalité de chacun, garantie de la réinsertion ultérieure* »[34]. Bien que la signification du principe de l'encellulement individuel ait évoluée, la nécessité de l'honorer, elle, reste la même. Ce principe figure actuellement aux articles 716 et 717-2 du Code de procédure pénale[35]. Le premier s'applique aux personnes placées en détention provisoire ayant le statut

---

31 V. Rapport de visite du centre pénitentiaire de Béziers, mars 2015, p. 15.

32 V. CGLPL, *Les droits fondamentaux à l'épreuve de la surpopulation carcérale*, *op. cit.*, p. 17.

33 V. CGLPL, Avis du 24 mars 2014 relatif à l'encellulement individuel dans les établissements pénitentiaires.

34 *Ibid.*

35 L'article 716 du CPP concerne les prévenus et l'article 717-2 du CPP, les personnes condamnées effectuant leur peine en maison d'arrêt.

de prévenu et le second, aux personnes condamnées. En maisons d'arrêt, les détenus – prévenus ou condamnés – sont donc, en principe, placés en cellule individuelle de jour comme de nuit.

Un principe constamment reporté. Ce principe n'a été que rarement appliqué depuis qu'il a intégré notre droit[36]. Plus encore, depuis 1958, a été prévue la possibilité d'y déroger pour diverses raisons, telles que la distribution intérieure des locaux de détention, leur encombrement temporaire ou encore les nécessités d'organisation du travail[37]. Ce principe n'est donc pas absolu puisque des dérogations sont admises. Sont énoncées à l'article 716 du CPP, trois dérogations possibles au principe de l'encellulement individuel. Les détenus ne sont donc pas placés dans une cellule individuelle, soit lorsqu'ils ont formulé une demande en ce sens, soit lorsque leur personnalité justifie dans leur intérêt qu'ils ne soient pas laissés seuls, soit lorsqu'ils ont été autorisés à travailler, suivre une formation professionnelle ou scolaire et que les nécessités d'organisation l'imposent[38]. L'application de ce principe a encore une fois été reportée par la loi pénitentiaire. En effet, l'article 100 de la loi prévoyait que, pour une durée de cinq ans, il est possible de déroger *« au placement en cellule individuelle dans les maisons d'arrêt au motif tiré de ce que la distribution intérieure des locaux ou le nombre de personnes détenues présentes ne permet pas son application »*[39]. Néanmoins, la loi pénitentiaire propose un encadrement du régime de cohabitation[40] puisque son article 87 énonce que, lorsque les détenus sont « *placés en cellule collective, les cellules, [celles-ci] doivent*

---

36 V. P. Poncela, « La crise du logement pénitentiaire », *RSC* 2008, p. 972.

37 *Ibid*, p. 973.

38 Art. 716 du CPP.

39 Art. 100 de la loi pénitentiaire.

40 V. M. Giacopelli, « Le contenu de la loi pénitentiaire : des avancées encore insuffisantes », *art. cit.*, p. 25.

être adaptées au nombre des personnes qui y sont hébergées »[41]. La précision tenant à la prise en compte de la nécessité d'adapter le nombre de détention en fonction de l'espace disponible dans les cellules collectives, ne peut s'avérer satisfaisante. Aussi, l'adoption par la loi pénitentiaire d'un énième moratoire – venant s'ajouter à une longue liste[42] – ne peut être que décevante.

Qu'en est-il du droit à l'encellulement individuel ? Le report de ce principe signifie-t-il que le droit à l'encellulement individuel ne peut être opposé par le détenu à l'administration pénitentiaire ? Le détenu dispose bien d'un droit opposable à l'administration en théorie, mais peu opposé en pratique. L'article 100 de la loi pénitentiaire précise en son alinéa 2 que la personne condamnée ou prévenue – sous réserve de l'accord du magistrat chargé de l'information – peut demander son transfert dans l'établissement le plus proche afin qu'elle puisse bénéficier d'un encellulement individuel[43]. L'article D. 53-1 du CPP prévoit bien une possibilité pour le détenu de faire une demande de transfert auprès du chef d'établissement afin qu'il bénéficie d'un encellulement individuel, de jour comme de nuit, lorsque la distribution intérieure de la maison d'arrêt et le nombre de détenus présents ne lui permettent pas de bénéficier sur place de ce régime[44]. Dans ce cas, le chef de l'établissement

---

41 Art. 87 de la loi pénitentiaire.

42 Le professeur Evelyne Bonis, à l'occasion du bilan des dix ans d'application de la loi pénitentiaire, constate sur ce point que « *les choses n'ont guère avancé* ». En effet, une loi du 29 décembre 2014 puis la loi du 23 mars 2019 ont prolongé ces moratoires si bien que la dérogation au principe de l'encellulement individuel est possible jusqu'au 31 décembre 2022. V. E. Bonis., « La loi pénitentiaire, 10 ans après », *Dr. pén.*, n° 11, novembre 2019, étude 23.

43 Art. 100 al. 2 de la loi pénitentiaire.

44 Cet article a été créé par le décret n° 2008-546 du 10 juin relatif au régime de détention et modifiant le Code de procédure pénale. La loi pénitentiaire, dans son article 88, reprend pour l'essentiel les dispositions

pénitentiaire proposera, avec l'accord du magistrat en charge de l'information, un transfert dans la maison d'arrêt la plus proche qui offrirait des capacités d'accueil permettant un encellulement individuel. Or, il est possible que la maison d'arrêt la plus proche se situe pourtant loin de celle où est incarcéré le détenu, surtout considérations faites du nombre important de maisons d'arrêt surpeuplées. Pour une large part, les détenus préfèreront rester dans l'établissement où ils sont détenus, proches de leurs familles, plutôt que de devoir s'éloigner[45], quitte, dans ce cas, à renoncer à leur droit[46].

L'épineuse question du *numerus clausus*. Comme le montrent les données statistiques, ce sont, en principe, les maisons d'arrêt qui sont touchées par le phénomène de la surpopulation carcérale et non les établissements pour peine. Cette différence réside principalement dans l'application, dans les établissements pour peine, d'un *numerus clausus* pour des raisons évidentes de sécurité et d'organisation de la vie en détention. Ces établissements n'accueillent donc pas plus de détenus qu'il n'y a de places disponibles, gérant les affectations afin d'éviter que les capacités ne soient dépassées[47]. Or, les maisons d'arrêt sont tenues, quant à elles, d'accueillir toute personne que l'autorité judiciaire lui confie, l'administration pénitentiaire ne pouvant les refuser. Ces

---

du décret de 2008 même si le texte semble moins contraignant que le précédent dispositif. V. M. Giacopelli, « Le contenu de la loi pénitentiaire : des avancées encore insuffisantes », *art. cit.*, p. 25.

45 V. J. Bérard et G. Chantraine, *80 000 détenus en 2017 ? Réforme et dérive de l'institution pénitentiaire*, Éditions Amsterdam, septembre 2008, p. 22.

46 Certains auteurs soulignent d'ailleurs le fait qu'avec ces dispositions, « *le droit à l'encellulement individuel devient finalement un droit de demander, lorsqu'on est en cellule collective, à être transféré, après une procédure de plusieurs mois et on ne sait où, dans une cellule individuelle* ». V. J. Bérard et G. Chantraine, *80 000 détenus en 2017 ? Réforme et dérive de l'institution pénitentiaire*, Éditions Amsterdam, septembre 2008, p. 23.

47 V. P.-V. Tournier, *La prison. Une nécessité pour la République*, *op. cit.*, p. 108.

éléments expliquent donc l'actuelle tension régnant au sein des maisons d'arrêt, car si les établissements pour peine peuvent se permettre de *« faire attendre »* les détenus qui sont condamnés en maison d'arrêt le temps qu'une place se libère, ce n'est pas le cas pour ces dernières. La pertinence de l'application d'un *numerus clausus* fait donc toujours débat tant pour des raisons d'inégalités territoriales que pour la nécessité pour le juge de conserver sa liberté de décision. Pourtant, le CGLPL a repris l'idée de l'instauration d'un mécanisme de régulation carcérale - que l'on retrouve dans divers rapports[48] – qui pourrait permettre de prévenir la surpopulation carcérale en faisant jouer des seuils d'alerte[49]. Ce mécanisme de régulation carcérale se distinguerait du mécanisme du *numerus clausus* en ce qu'il conduirait à une approche individualisée et non automatique. Quand « *le dispositif du numerus clausus est fondé sur une approche automatique consistant à faire sortir le détenu le plus proche de sa date de sortie, [...] le dispositif de régulation carcérale suppose une analyse individuelle de chaque situation et un choix de la personne détenue qui semble le mieux préparée à la sortie, couplée à une analyse affinée des entrées en détention* »[50]. Le CGLPL appelle de ses vœux l'instauration d'un tel mécanisme par voie législative, qui privilégie une approche plus rationnelle permettant de trouver un compromis entre les objectifs de réduction de la population carcérale et de réinsertion, le tout, sans les inconvénients – que l'on sait – d'une approche automatique.

Bilan. La loi pénitentiaire sur la question de l'encellulement individuel s'avère décevante, ce dernier fai-

---

48 V. notamment, Rapport D. Raimbourg et S. Huyghe, *sur les moyens de lutte contre la surpopulation carcérale*, Assemblée nationale, 23 janvier 2013 et Contre-rapport du FARAPEJ, *pour en finir vraiment avec la surpopulation carcérale* publié en réponse au rapport Urvoas sur l'encellulement individuel.

49 V. CGLPL, *Les droits fondamentaux à l'épreuve de la surpopulation carcérale*, *op. cit.*, p. 146.

50 *Ibid.*, p. 149.

sant figure d'horizon lointain[51]. 10 ans après l'entrée en vigueur de la loi, la situation demeure inchangée car l'encellulement individuel n'est toujours pas respecté et il est possible d'y déroger jusqu'au 31 décembre 2022[52]. La situation de la surpopulation carcérale – malgré une nette diminution en raison de la crise sanitaire – reste toujours préoccupante. Parvenir à l'encellulement individuel des détenus n'est pas la seule manière de lutter contre la surpopulation carcérale. La loi pénitentiaire a entendu favoriser l'incarcération hors les murs avec le développement des alternatives à la détention.

B. Espace ouvert : favoriser l'exécution des peines hors des murs de la prison

Promotion de l'exécution des peines à l'extérieur de la prison. Le législateur de 2009 tend à favoriser l'exécution des peines à l'extérieur de la prison. Ainsi, la loi pénitentiaire *« poursuit le travail de promotion du milieu ouvert ou semi-ouvert que la loi du 9 mars 2004 avait commencé »* [53]. Partant, nombreuses sont les dispositions qui visent à faciliter le recours aux aménagements de peine. Certains commentateurs de la loi ont même évoqué les dangers de cette *« industrialisation des aménagements de peine »* parlant même de *« politique de massification des aménagements de peine »*[54]. Pour illustrer cette tendance, il est possible de prendre pour exemple la simplification de la pro-

---

51 La CEDH arrive également à cette conclusion car dans l'arrêt J. M. B. at autres c. France elle observe que « *la prolongation du moratoire sur l'encellulement individuel ne permet pas d'augurer des perspectives d'amélioration immédiates* ». V. CEDH, 30 janv. 2020, *J. M. B. et autres c. France*, n° 9671/15 et 31 autres, § 315.

52 V. E. Bonis, « La loi pénitentiaire, 10 ans après », *art. cit.*, étude 23.

53 V. M. Giacopelli, « Le contenu de la loi pénitentiaire : des avancées encore insuffisantes », *art. cit.*, p. 25.

54 V. F. Février, « Nécessité(s) de la loi pénitentiaire », *art. cit.*, p. 15.

cédure des aménagements de peine avec la procédure de l'article 723-15 favorisant les aménagements de peine *ab initio* ou ce qui a pu être dénommé *« nouvelles procédures d'aménagements de peine »*, renforçant le pouvoir de proposition de l'administration pénitentiaire et donnant plus de pouvoirs au parquet. Par ailleurs, toujours dans sa volonté de multiplier les aménagements de peine, le législateur de 2009 a également retouché un certain nombre de mesures – souvent dans le sens de l'élargissement de leur champ d'application ou leurs conditions d'octroi – et a parfois systématisé certaines procédures, comme cela est le cas pour la surveillance électronique de fin de peine[55].

Favoriser les aménagements de peine = libérer des places en prison ? Les mesures d'aménagements de peine présentent l'avantage de permettre l'exécution de la peine en dehors de l'établissement pénitentiaire et peuvent donc, de ce fait, contribuer à réduire la population carcérale. *A priori*, les détenus bénéficiant de ce type de mesure, en n'étant plus incarcérés au sein de la prison, libèreront ainsi des places en détention. En effet, dans la mesure où « *le milieu ouvert fonctionne en tandem avec la prison* »[56], il serait possible de tenter une analyse arithmétique – relativement simpliste – laissant penser que favoriser les aménagements de peine équivaudrait mathématiquement à libérer des places en détention. Cependant, l'équation n'est pas aussi simple et il convient de formuler quelques précisions. Parmi l'éventail des aménagements de peine, tous ne conduisent pas à une libération du condamné. En effet, deux mesures d'aménagement de peine se distinguent sur ce point : la semi-liberté et le placement à l'extérieur[57]. Lorsque le détenu bénéficie de ces mesures, il

---

55 V. P. Poncela, « La loi pénitentiaire du 24 novembre 2009 », *art. cit.*, p. 190.

56 V. O. Razac, *Avec Foucault après Foucault. Disséquer la société de contrôle*, éd. L'Harmattan, coll. Esthétiques, mars 2016, p. 109.

57 V. Pour une analyse détaillée de ces mesures : E. Bonis-Garçon et V.

peut exercer une formation ou une activité professionnelle à l'extérieur de la prison durant la journée mais doit regagner l'établissement une fois la formation réalisée ou le travail accompli pour passer la nuit en détention. Ainsi, le détenu est toujours hébergé par l'établissement pénitentiaire, l'exécution de la peine ne se faisant à l'extérieur de la prison que *« partiellement »*. Dès lors, ces mesures présentent un intérêt nécessairement plus limité lorsqu'il est question de libérer des places de prison[58]. De plus, les mesures de semi-liberté et de placement à l'extérieur restent peu prononcées selon les statistiques[59] en comparaison d'autres mesures comme, par exemple, le placement sous surveillance électronique. En revanche, d'autres aménagements tels que la libération conditionnelle ou le placement sous surveillance électronique présentent plus de potentiel car les détenus sont libérés et ne sont donc plus hébergés au sein de l'établissement pénitentiaire. De plus, il faut garder à l'esprit que ces mesures sont accordées à titre conditionnel, l'exécution de la libération conditionnelle se faisant sous un régime probatoire[60]. Autrement dit, la personne condamnée qui en bénéficie doit présenter un comportement exemplaire, la mesure devant

---

Peltier, *Droit de la peine*, 2ème éd. Lexis Nexis, coll. Manuel, janvier 2015, p. 340 et suiv.

58 Néanmoins, les personnes qui bénéficient de ce type de mesures sont souvent réaffectées dans des ailes ou bâtiments spécifiques compte tenu de l'organisation particulière qu'elles requièrent (activité le jour et hébergement la nuit). Cela peut donc conduire à libérer quelques places dans les autres ailes de l'établissement.

59 Les chiffres varient peu en ce qui concerne le prononcé des mesures de semi-liberté et de placement à l'extérieur et restent donc stables. On remarque quand même une hausse du prononcé de la semi-liberté de 2010 à 2014. En revanche, les chiffres du placement à l'extérieur, moins prononcé, connaissent plus d'oscillations. V. http://www.justice.gouv.fr/art_pix/PPSMJ_2020_v5.pdf, tableau 7 : personnes condamnées en semi-liberté, placées à l'extérieur ou sous surveillance électronique au premier janvier de chaque année, p. 12.

60 V. E. Bonis-Garçon et V. Peltier, *Droit de la peine*, *op. cit.*, p. 539.

être une réussite pour que la personne libérée soit considérée comme ayant purgé sa peine et libre de toutes ses obligations[61]. En cas d'échec d'une mesure de libération conditionnelle[62], le juge d'application des peines pourra être amené à délivrer un mandat d'arrêt à l'encontre de la personne libérée, ce qui conduira à une nouvelle incarcération. Et en cas d'échec d'un placement sous surveillance électronique, il pourra révoquer la mesure obligeant le condamné à subir en tout ou partie le reste de sa peine, pouvant dans certains cas conduire à une incarcération[63]. Dans tous les cas, la probabilité d'un retour en détention en cas d'échec est importante. Précisions faites de ces éléments, il convient de s'intéresser au prononcé de ces mesures d'aménagements de peine. Bien que la libération conditionnelle soit la plus ancienne mesure d'aménagement de peine, les statistiques montrent que celle-ci est moins prononcée depuis quelques années[64]. En effet, depuis 2015, les chiffres révèlent une chute très nette des libérations conditionnelles et même « *si les libérations des personnes écrouées augmentent, la part des libérations conditionnelles parmi le total des libérations d'écroués diminue de 2,9 points entre 2015 et 2018* »[65]. En ce qui concerne le placement sous surveillance électronique, qui connaissait une hausse constante depuis 2001, les chiffres montrent une légère baisse entre 2015 et 2016 – la première depuis son adoption – avec une nouvelle remontée à partir de 2016[66]. Le chiffre

---

61 *Ibid.*

62 Par exemple si le condamné ne respecte pas les obligations qui lui incombent.

63 V. E. Bonis-Garçon et V. Peltier, *Droit de la peine*, *op. cit.*, p. 349.

64 V. L. Alcon-Lignereux et A. Kensey, Cahiers d'études pénitentiaires et criminologiques, n° 50, p. 9. Accessible sur le site du ministère de la justice : http://www.justice.gouv.fr/art_pix/Cahiers_etudes_penitentiaires_et_criminologiques_n50_mai2020.pdf (en ligne le 21/01/2021).

65 *Ibid.*

66 *Ibid.*, p. 8.

s'est néanmoins stabilisé, ces dernières années, autour de 10 000 par an[67]. Tout comme le placement sous surveillance électronique, la semi-liberté et le placement à l'extérieur ont accusé une baisse entre 2015 et 2016, suivie d'une remontée, retrouvant en 2019 le niveau de 2015. Le bilan concernant les aménagements de peine apparaît donc mitigé.

Bilan. Si l'on prend en compte la situation globale en 2019, la surpopulation carcérale est toujours présente, le taux global de densité carcérale au 1er janvier 2019 étant de 116,5%, celui des maisons d'arrêt étant de 139,9%[68]. Il semblerait donc que, malgré les dispositions visant à favoriser l'exécution de la peine en milieu ouvert, les effets de la loi pénitentiaire n'aient pas perduré dans le temps. Cela est aussi vrai car, au regard de la frénésie législative qui caractérise le droit pénal, certaines dispositions issues de la loi de 2009 ont bien changé en dix ans[69]. Favoriser l'exécution des peines en dehors des murs de la prison n'est pas la seule manière de réduire la population carcérale, la gestion des flux carcéraux est également essentielle.

II. Le mouvement

L'agrandissement du parc pénitentiaire ne peut permettre, à lui seul, de résoudre la surpopulation carcérale – mais peut en revanche permettre d'améliorer les conditions

---

67 V. Ministère de la justice, *Séries statistiques des personnes placées sous main de justice 1980-2020*, *op. cit.*, graphique 1 : Evolution de la population carcérale depuis 1980, au 1er janvier de chaque année, p.18 : http://www.justice.gouv.fr/art_pix/PPSMJ_2020_v5.pdf (en ligne le 21/01/21).

68 V. les Statistiques pénitentiaires mensuelles pour le mois de janvier 2019 :
http://www.justice.gouv.fr/art_pix/Mesure_mensuelle_incarceration_janvier2019.pdf (en ligne le 21/01/2021).

69 V. E. Bonis, « La loi pénitentiaire, 10 ans après », *art. cit.*, étude 23.

de détention – non seulement parce qu'il ne s'attaque pas aux origines du problème[70] mais aussi parce qu'il n'implique aucune maîtrise du flux carcéral[71]. En effet, s'emparer de la question des flux carcéraux est nécessaire afin de résorber le surpeuplement carcéral. La loi pénitentiaire va donc en ce sens, mettant en place une stratégie permettant de faire concorder les flux des personnes entrant (A) et sortant (B) de détention, à savoir accroître les alternatives à l'incarcération et favoriser les dispositifs des aménagements de peine[72].

A. La maîtrise du flux des personnes entrant en détention

Politique d'évitement de l'enfermement. Certaines dispositions de la loi pénitentiaire visent à maîtriser le flux des personnes entrant en détention. Autrement dit, le législateur de 2009 a entendu réduire le nombre d'entrées des personnes incarcérées – et ce, indépendamment de leur statut de prévenus ou de condamnés – en menant une véritable politique d'évitement de l'incarcération[73], afin de prévenir l'aggravation de la surpopulation déjà présente dans les établissements pénitentiaires.

Ainsi, plusieurs dispositions attirent notre attention, notamment celles consistant dans la promotion des alternatives à la détention provisoire, qui concerne les prévenus, et dans la promotion des aménagements de peines *ab initio*, qui concerne les personnes condamnées.

---

70 V. J.-P. Céré, *La prison*, *op. cit.*, p. 138.

71 V. F. Février, « Nécessité(s) de la loi pénitentiaire », *art. cit.*, p. 15.

72 *Ibid.*

73 V. Sur ce point : Y. Carpentier, *Essai d'une théorie générale des aménagements de peine*, thèse de doctorat en droit, Université de Bordeaux, 2016, p 86 et s.

Éviter l'incarcération avant jugement. La loi pénitentiaire, en introduisant l'assignation à résidence sous surveillance électronique (ARSE), a permis une gradation des mesures pouvant être prises dans le cadre de l'instruction à titre de mesure de sûreté. Rompant ainsi avec la logique binaire du tandem contrôle judiciaire/ détention provisoire, le législateur vient renforcer le caractère exceptionnel de cette dernière. L'objectif poursuivi par le législateur est alors clair : juguler le nombre trop élevé de détentions provisoires[74]. La mesure d'assignation à résidence sous surveillance électronique peut donc s'analyser comme une tentative du législateur de lutter contre la surpopulation carcérale. Un auteur propose d'ailleurs de renverser la perspective et de voir cette mesure non pas comme « *un échelon supplémentaire dans les mesures restrictives de liberté au stade de l'instruction mais plutôt comme une mesure de substitution de la détention provisoire* »[75]. Cette mesure, pour qu'elle soit réellement efficace, doit constituer une alternative crédible au placement en détention provisoire. Tout son intérêt réside dans sa capacité à prendre le pas sur le prononcé des placements en détention provisoire et non pas sur celui des contrôles judiciaires. Bien que cette nouvelle mesure restrictive de liberté présente un véritable potentiel[76], la réalité est tout autre. Les espoirs font rapidement place aux déceptions car les statistiques montrent que l'assignation à résidence sous surveillance électronique est peu prononcée[77]. Le rapport de la Commis-

---

[74] V. M. Giacopelli, « Le contenu de la loi pénitentiaire : des avancées encore insuffisantes », *art. cit.*, p. 25.

[75] V. Y. Carpentier, « Réponse à celui qui s'interrogeait sur le bracelet électronique : "boulet moderne" ou "outil de réinsertion" ? », *RSC* 2019, p. 585.

[76] V. J.-P. Céré, « Virage ou mirage pénitentiaire ? – A propos de la loi du 24 novembre 2009 », *art. cit.*, doctr. 552.

[77] V. sur ce point, Commission de suivi de la détention, Rapport, avril 2018, p. 10-11. Parmi les quelques explications avancées par certains magistrats entendus par la commission : certains *« estimeraient que cette*

sion de suivi de la détention provisoire de 2018 énonce d'ailleurs que « *la mesure d'ARSE ne s'est pas intercalée entre les deux [détention provisoire ou contrôle judiciaire] sur le plan quantitatif* »[78]. En effet, un bilan des rapports de 2013 et 2016 montre qu'environ trois à quatre cents ARSE sont prononcées par an contre environ 16 000 mandats de dépôt *« instruction »* et 20 000 mesures de contrôle judiciaire[79]. En ce qui concerne le placement en détention provisoire, les chiffres récents témoignent d'une hausse régulière du nombre de prévenus depuis 2015 et montrent même qu'au final « *le nombre total de détenus augmente uniquement du fait de la croissance des prévenus* »[80]. Par exemple, le nombre de prévenus passe de 16 549 en 2015 à 20 343 en 2019, augmentant leur proportion de 25 à 29%[81]. En définitive, on peut donc dire que sur le long terme, la loi pénitentiaire avec la création de l'assignation à résidence sous surveillance électronique comme alternative à la détention provisoire doit plutôt s'analyser comme un échec, ne permettant pas de réduire significativement la proportion du nombre de prévenus.

Éviter l'emprisonnement des personnes condamnées. Afin d'éviter l'emprisonnement des personnes condamnées, la loi a instauré deux mécanismes qui s'appliquent au stade du prononcé de la peine, cette phase devenant un rouage majeur de la politique d'évitement de

---

mesure intermédiaire entre la détention provisoire et le contrôle judiciaire ne répondrait pas à un véritable besoin : si la détention n'est plus nécessaire, un contrôle judiciaire est suffisant ». D'autres, éprouvent certaines réticences « *depuis que le temps passé sous assignation à résidence a été assimilé à une détention provisoire pour l'imputation de sa durée sur celle d'une peine privative de liberté* ».

78 V. sur ce point, Commission de suivi de la détention, Rapport, avril 2018, p. 37.

79 V. Commission de suivi de la détention, Rapport, avril 2018, p. 37.

80 V. A. Kensey, « La détention avant jugement : derniers éléments statistiques », *AJ Pénal* 2019, p. 406.

81 *Ibid.*

l'incarcération poursuivie par le législateur. Tout d'abord, la loi modifie l'article 132-24 du Code pénal, faisant de la peine d'emprisonnement ferme la peine de dernier recours. L'objectif est donc clair : réduire de manière significative le prononcé de ces peines. Si cela ne suffisait pas et que l'emprisonnement ferme devait malgré tout être prononcé par le juge, la loi a prévu, ensuite, un autre mécanisme, à savoir l'aménagement de peine *ab initio*. La procédure mise en place pour ces aménagements de peine a été pensée de manière à permettre la saisine du juge de l'application des peines, avant toute mise à exécution, afin de transformer la peine prononcée en une peine de milieu ouvert[82]. Cette procédure conduit ainsi à éviter l'incarcération de la personne – et ses effets désocialisants – puisque la peine est *« directement »* aménagée. Elle s'est donc vite imposée pour devenir « *un outil visant à éviter que des courtes peines de prison soient mises à exécution en milieu fermé, et ce, compte tenu de la surpopulation carcérale* »[83]. La procédure s'applique donc aux peines – ou reliquats de peines – inférieures ou égales à deux ans, sauf pour les cas de récidive où le seuil est resté d'un an, c'est-à-dire aux courtes peines d'emprisonnement qui représentent une part importante des peines d'emprisonnement prononcées. Il convient également de noter que ces courtes peines sont susceptibles de s'exécuter en maisons d'arrêt, ce qui participe à leur encombrement. Réduire leur nombre permet d'alléger la population des personnes détenues en maisons d'arrêt.

Quelques chiffres. Les statistiques montrent que le nombre de peines d'emprisonnement prononcées est resté stable entre 2013 et 2017. Cependant, parmi les peines d'emprisonnement prononcées, celles assorties du sursis

---

82 V. M. Herzog-Evans, « Peine : exécution », *Rép. pén. Dalloz*, 2016, § 118.

83 *Ibid.*

total reculent de 8% alors que celles, qui sont en tout ou partie fermes, progressent de 12%[84] sur la même période. Les courtes peines (6 mois ou moins) représentent en 2017 68% des peines d'emprisonnement ferme soit 93 891 dont 15 900 sont des peines dites « mixtes » (emprisonnement ferme et sursis)[85]. En ce qui concerne l'exécution des peines, parmi les 126 000 peines d'emprisonnement ferme prononcées chaque année, 92% sont susceptibles de faire l'objet d'un aménagement de peine avant toute incarcération[86]. Une autre donnée intéressante montre que 40% des courtes peines sont exécutées par incarcération du condamné après jugement. Pour ce qui est des peines supérieures à 6 mois, seulement un condamné sur cinq bénéficie d'un aménagement de peine par le JAP, lui évitant ainsi une incarcération[87]. Que conclure de ces chiffres ?

Bilan. Le bilan apparaît plutôt mitigé. Sur le plan législatif, après dix années d'application, les principaux jalons posés par la loi demeurent. Même si l'article 132-24 du CPP a été modifié après l'adoption de la loi pénitentiaire, le principe de la subsidiarité de l'emprisonnement initialement posé est toujours présent. Il a même été renforcé par la loi du 23 mars 2019 qui prévoit notamment l'interdiction du prononcé des peines d'emprisonnement ferme inférieures ou égales à un mois[88]. Sur le plan pratique, les chiffres montrent que l'objectif n'est pas toujours atteint et pourrait être amélioré.

---

84 V. P. Januel, « Surpopulation carcérale : voter de nouvelles lois sert-il à quoi que ce soit ? », *AJ Pénal* 2019, p. 165.

85 *Ibid.*

86 Comme le précise l'auteur, ce chiffre doit néanmoins être relativiser compte tenu du cumul des peines pouvant conduire a dépasser les seuils légaux et du fait que certaines peines peuvent avoir été couvertes par la détention provisoire. V. P. Januel, « Surpopulation carcérale : voter de nouvelles lois sert-il à quoi que ce soit ? », *art. cit.*, p. 165.

87 *Ibid.*

88 V. E. Bonis, « La loi pénitentiaire, 10 ans après », *art. cit.*, étude 23.

Il semblerait néanmoins qu'en 2009 et dix ans plus tard, la volonté de réguler les flux carcéraux des personnes entrant mais aussi sortant de détention est toujours d'actualité.

B. La régulation du flux des personnes sortant de détention

L'accélération du flux des personnes sortant de détention. D'autres dispositions de la loi visent à réguler le flux des personnes sortant de détention. La régulation de ce flux prend notamment la forme de l'accélération des processus permettant la sortie de détention des personnes condamnées. Le législateur entend donc, en sus de la réduction du flux « d'entrants », augmenter le flux de « sortants ». La simplification de la procédure d'aménagements de peine et les nouvelles procédures d'aménagements de peine introduites par la loi de 2009 évoquées *supra* vont ainsi en ce sens.

Le recours de plus en plus important aux aménagements de peine dans un contexte de surpopulation carcérale pose également la question de leur finalité[89]. *A priori*, dénués de toute logique gestionnaire, les aménagements de peine deviennent pourtant un enjeu de la lutte contre la surpopulation carcérale. Un auteur remarque très justement que « *l'évolution législative semble faire des mesures d'aménagements de peine non plus des outils tendant à amender le condamné, mais des outils permettant de gérer le flux carcéral, et par là même les condamnés* »[90].

Accélérer le flux « sortant », une fausse bonne idée ? L'accélération du flux des personnes sortant de détention peut être intéressante en terme de lutte contre la surpopulation carcérale, mais elle peut, en revanche, s'avérer moins

---

[89] V. Y. Carpentier, *Essai d'une théorie générale des aménagements de peine*, *op. cit.*, p. 69 et s.

[90] *Ibid.*, p. 40, § 37.

satisfaisante d'un point de vue de la réinsertion puisque, comme l'ont souligné certains commentateurs de la loi[91], la nouvelle procédure d'aménagements de peine et la simplification des aménagements de peine, pourraient tendre vers une *« industrialisation des aménagements de peine »*[92] faisant primer la quantité sur la qualité. De plus, la nouvelle procédure d'aménagement de peine et l'élargissement de l'automaticité du placement sous surveillance électronique de fin de peine confirment l'inquiétant processus de déjudiciarisation déjà engagé par la loi du 9 mars 2004. La rapidité s'avère donc être le maître mot, mais au fond quelle rapidité ? La rapidité dans la mise en œuvre des aménagements de peine ou l'urgence de la déflation carcérale ? Dix ans plus tard, de nombreuses dispositions évoquées ont disparu. C'est tout d'abord le cas de la nouvelle procédure d'aménagement de peine et de la surveillance électronique de fin de peine. La seule procédure qui reste est celle fixée à l'article 723-15 du CPP. Ainsi, comme le note le professeur Evelyne Bonis à l'occasion du bilan de l'application de la loi pénitentiaire, « *les craintes que l'on pouvait avoir d'une déjudiciarisation de l'application des peines à rebours de la juridictionnalisation instaurée par la loi du 15 juin 2000 n'ont plus lieu d'être* »[93], le législateur ayant « *clairement rebroussé chemin par rapport à 2009* »[94]. Dès lors, l'esprit de

---

91 Voir notamment : F. Février, « Nécessité(s) de la loi pénitentiaire », *art. cit.*, p. 15 ; M. Janas, « Les dispositions relatives au prononcé et à l'application des peines de la loi n° 2009-1436 du 24 novembre 2009 dite pénitentiaire. Entre aménagements de peine et libérations anticipées, de l'individualisation à l'industrialisation des aménagements de peines », *Dr. pén.*, n° 1, janvier 2010, étude 1.

92 Expression empruntée à Monsieur Janas. V. M. Janas, « Les dispositions relatives au prononcé et à l'application des peines de la loi n° 2009-1436 du 24 novembre 2009 dite pénitentiaire. Entre aménagements de peine et libérations anticipées, de l'individualisation à l'industrialisation des aménagements de peines », *art. cit.*, étude 1.

93 V. E. Bonis, « La loi pénitentiaire, 10 ans après », *art. cit.*, étude 23.

94 *Ibid.*

la loi demeure : éviter les sorties « sèches », favoriser les aménagements de peine et réduire la population carcérale.

2ème PARTIE

ÉVITER LA PRIVATION DE LIBERTÉ : ENTRE CONTINUITÉ ET MODERNITÉ

L'ARSE : une mesure efficace face à la détention provisoire ?

Pauline LE MONNIER DE GOUVILLE
Maître de conférences en droit privé,
Université Panthéon-Assas (Paris II)
Directrice des études de l'Institut d'études judiciaires
Pierre Raynaud

Faustin Hélie, évoquant l'ancien mandat d'arrestation, déclarait : « *C'est un jugement, provisoire que rend le juge, et ce jugement doit être fondé sur des présomptions sérieuses, puisqu'il place le prévenu en état de détention* »[1]. Si l'on ne peut aujourd'hui faire état de présomption, hormis celle d'innocence, la détention provisoire suppose l'existence de motifs particuliers, que le juge des libertés et de la détention doit faire figurer au sein de son ordonnance. À la question du contenu de l'exigence de motivation, la loi répond de façon précise : le magistrat doit se référer aux éléments de l'espèce, « *précis et circonstanciés* »[2], mais énoncer, en outre, les « *considérations de droit* [...] *sur le caractère insuffisant du contrôle judiciaire et le motif de la détention,*

---

[1] F. Hélie, *Traité de l'instruction criminelle, t. IV, De l'instruction écrite*, H. Plon, 2ème éd., 1866, p. 630, n° 1964.

[2] Art. 144 CPP

par référence aux seules dispositions des articles 143-1 et 144 » du Code de procédure pénale[3]. La référence au caractère insuffisant d'une mesure alternative à la détention provisoire, que constitue le contrôle judiciaire, se trouve désormais complétée par celle de la démonstration, désormais nécessaire, de ce qu'une autre mesure n'est pas de nature à satisfaire l'objectif poursuivi : l'assignation à résidence sous surveillance électronique (ARSE), créée par la loi pénitentiaire n° 2009-1436 du 24 novembre 2009[4].

Si la liberté n'est guère une invention juridique, il revient au législateur de chercher à la protéger, en l'encadrant dans des conditions qui permettent de rendre toute atteinte exceptionnelle. À ce titre, la loi dite pénitentiaire assure « *la prééminence de la liberté au regard de la présomption d'innocence* »[5]. Par exception, la personne mise en examen peut être soumise à un contrôle judiciaire. Ce n'est que si les obligations résultant de celui-ci s'avèrent insuffisantes, qu'alors l'individu sera assigné à résidence sous surveillance électronique. Cette mesure oblige, selon l'article 142-5 du Code de procédure pénale, « *la personne à demeurer à son domicile ou dans une résidence fixée par le juge d'instruction ou le juge des libertés et de la détention et de ne s'en absenter qu'aux conditions et pour les motifs déterminés par ce magistrat* ». Elle peut prendre la forme d'un placement sous surveillance électronique ou d'un placement sous surveillance électronique mobile à la condition, pour cette dernière hypothèse, que la personne mise en examen le soit sur la

---

[3] Art. 137-3 CPP

[4] L. n° 2009-1436 du 24 nov. 2009, pénitentiaire, *JO* 25 nov. 2009 ; F. Defferard, « L'assignation à résidence judiciaire », *Gaz. Pal.* 5 janv. 2010, p. 14 ; J.-O. Viout, « Vue d'ensemble sur la loi pénitentiaire », *Gaz. Pal.* 28 janv. 2010, p. 15 ; J.-P. Céré, « Le nouveau droit pénitentiaire et le respect du droit européen. Esquisse de comparaison », *AJ Pénal* 2009, p. 476 ; P. Poncela, « La loi pénitentiaire du 24 novembre 2009 », *RSC* 2010, p. 180.

[5] J.-P. Céré, *op. cit.* ; L. n° 2009-1436 du 24 nov. 2009, préc., art. 71.

base d'une infraction punie de sept ans ou plus d'emprisonnement et pour laquelle le suivi socio-judiciaire est encouru. Enfin, le législateur précise, qu'« *à titre exceptionnel* », si les obligations du contrôle judiciaire ou de l'assignation à résidence sous surveillance électronique ne permettent pas d'atteindre les objectifs fixés par la loi, le prévenu pourra être placé en détention provisoire. Précisément, ces trois mesures poursuivent un même objectif puisqu'elles peuvent être décidées soit en raison des nécessités de l'instruction, soit à titre de mesure de sûreté. Il n'est d'ailleurs pas inutile de rappeler que la section 7 du chapitre premier du titre III du Livre premier du Code de procédure pénale[6] regroupe ces trois mesures pouvant être décidées, à l'égard de la personne mise en examen, pendant l'instruction. Par ailleurs, la personne mise en cause dans le cadre d'une procédure de convocation par procès-verbal ou de comparution immédiate et à délai différé peut faire l'objet d'une telle mesure[7]. Il en est de même à l'occasion d'une procédure de comparution sur reconnaissance préalable de culpabilité[8].

Si l'assignation à résidence sous surveillance électronique se trouve désormais consacrée de manière autonome, une sous-section du Code de procédure pénale lui étant entièrement dédiée[9], l'objectif consiste, dans le même temps, à

---

[6] « Section 7 : Du contrôle judiciaire, de l'assignation à résidence et de la détention provisoire (art. 137 à 150) ».

[7] Art. 394 s. CPP

[8] Art. 495-10 CPP

[9] Art. 142-5 à 142-13 CPP. La loi pénitentiaire est complétée par le décret n° 2010-355 du 1er avr. 2010 relatif à l'assignation à résidence avec surveillance électronique et à la protection des victimes de violences au sein du couple (*JO*, 3 avr. 2010 ; art. D. 32-3 à D. 32-31 CPP) et par une circulaire d'application (Circ. DACG n° CRIM - 10-9/E8, 18 mai 2010, relative à la présentation des dispositions sur l'assignation à résidence avec surveillance électronique résultant de la loi pénitentiaire n° 2009-

l'ériger en voie alternative, intermédiaire entre le contrôle judiciaire et la détention provisoire, comme l'attestent les travaux préparatoires de la loi pénitentiaire[10]. Pour ce faire, ladite mesure s'intercale entre les deux autres mesures, l'une restrictive de liberté, l'autre privative de liberté avant jugement, déjà prévues par le législateur. Or, l'ambivalence de l'assignation à résidence sous surveillance électronique tient à sa nature, particulière et non définie : restrictive de liberté à certains égards, privative de liberté sous d'autres aspects, cette troisième voie souffre aujourd'hui du défaut de ses qualités et de ses ambitions, à savoir s'immiscer entre le contrôle judiciaire et la détention provisoire pour mieux se substituer à la privation de liberté avant jugement.

Cette nature, hybride, se traduit par un régime singulier de l'assignation à résidence sous surveillance électronique qui emprunte, tantôt au régime de la détention provisoire, tantôt à celui du contrôle judiciaire et ce, au détriment d'une cohérence d'ensemble. La proximité de l'ARSE avec le régime juridique de la détention provisoire se manifeste, à titre d'exemple, par le fait que la mesure ne peut s'envisager que pour une certaine catégorie d'infractions : le législateur exige en effet que la peine encourue soit d'au minimum deux ans d'emprisonnement[11] (tandis que le contrôle judiciaire peut être mis en œuvre dès lors qu'une peine d'emprisonnement est encourue quel que soit son quantum[12]). Aussi bien, dans

---

1436 du 24 novembre 2009 et du décret du 1er avril 2010, *B.O.M.J.L.* n° 2010-03, 31 mai 2010).

[10] Rapport n° 143 (2008-2009) de M. J.-R. Lecerf, fait au nom de la commission des lois, déposé le 17 déc. 2008, p. 150 : « *Ce nouveau dispositif constituerait une modalité de contrôle intermédiaire entre le contrôle judiciaire et la détention provisoire* ».

[11] La détention provisoire, quant à elle, peut être ordonnée si la personne mise en examen encourt une peine criminelle, ou une peine correctionnelle d'une durée égale ou supérieure à trois ans d'emprisonnement (art. 143-1 CPP).

[12] Art. 138 CPP.

une logique similaire à celle de la détention provisoire, la mesure est sujette à prolongations, séquencées par des délais - tandis que le contrôle judiciaire, parce qu'il s'analyse en une mesure restrictive et non privative de liberté[13], n'est pas limité dans sa durée. Pour autant, et à titre d'exemple, encore, le prononcé d'une mesure d'assignation à résidence sous surveillance électronique n'est assorti d'aucun écrou et en cela se distingue de la détention provisoire[14]. De même, la mesure se rapproche, à certains égards, du contrôle judiciaire puisque non seulement la personne demeure en liberté, mais en outre il est possible de cumuler les deux voies en astreignant la personne mise en examen à résidence tout en la soumettant aux obligations résultant d'un contrôle judiciaire[15].

Ces *« cousinages »*[16] entre l'ARSE et le contrôle judiciaire d'un côté, la détention provisoire, de l'autre, posent, en pratique, une série de difficultés relatives à l'articulation, sinon à l'intrication, de ces trois mesures, qui doivent conduire à nous interroger sur la nature mais aussi sur l'impact de l'assignation à résidence sous surveillance électronique. Sorte de *« restriction de liberté renforcée »*[17], voire de *« semi-liberté »*[18],

---

[13] J. Buisson et S. Guinchard, *Procédure pénale*, Lexisnexis, 11ème éd., 2018, n° 2032, p. 1081.

[14] V. sur ce sujet É. Camous, *J.-Cl Procédure pénale*, Art. 137 à 150, Fasc. 10, « Assignation à résidence sous surveillance électronique », n° 346.

[15] Art. 142-5 CPP.

[16] A. Maron et M. Haas, « Assignation à résidence avec surveillance électronique : deux voix à l'unisson », comm. sous Crim., 3 oct. 2012, n° 12-84863, *Dr. pén.* 2012, n° 11, comm. 150.

[17] F. Fourment, « Prolongation par le juge d'instruction de l'ARSE ordonnée par le JLD », note sous Crim., 3 oct. 2012, n° 12-84863, *Gaz. Pal.* 2013, 9 févr. 2013, n° 40.

[18] D. Boccon-Gibod, « Une mesure d'assignation à résidence sous surveillance électronique n'est pas une mesure privative de liberté », note sous Crim., 17 mars 2015, n° 14-88310, *RSC* 2015, p. 400.

l'assignation à résidence fait l'objet d'un régime d'autant plus délicat à décrypter que le législateur procède souvent par la technique du renvoi : renvoi aux dispositions relatives à la détention provisoire, donc, mais aussi à celles régissant le contrôle judiciaire. Dès lors que la nature de l'ARSE reste à définir, nous constaterons qu'il est parfois difficile de comprendre la logique de telle ou telle règle prévue en la matière. À ce point de vue, la jurisprudence du Conseil constitutionnel pourrait être propice à éclairer la réflexion, puisqu'à l'occasion de l'examen la conformité de l'assignation à résidence administrative, les Sages ont précisé les critères de nature à qualifier la mesure de privation de liberté : *rationae loci*, la personne doit pouvoir résider dans ou à proximité d'une agglomération sans avoir pour effet d'aboutir à la création de camps de détention des personnes[19] ; *rationae temporis*, « *la plage horaire maximale de l'astreinte à domicile dans le cadre de l'assignation à résidence, fixée à douze heures par jour, ne saurait être allongée sans que l'assignation à résidence soit alors regardée comme une mesure privative de liberté* »[20]. La Cour européenne des droits de l'homme, quant à elle, estime que l'assignation à résidence peut constituer une privation de liberté, en fonction d'indices tels que la durée de la mesure ou ses modalités d'exécution[21]. Aussi, toutes les hypothèses dans lesquelles la mise en œuvre de l'assignation à résidence sous surveillance électronique conduit à la qualifier de mesure privative de liberté supposeraient de pouvoir en tirer les conséquences juridiques nécessaires[22].

---

[19] Cons. const., 22 déc. 2015, n° 2015-527 QPC, *M. Cédric D*, consid. 5.

[20] *Ibid.*, consid. 6.

[21] En ce sens, v. CEDH, 6 nov. 1980, *Guzzardi c. Italie*, req. n° 7367/76. La Cour a ainsi qualifié de mesure privative de liberté une assignation d'une durée de neuf heures par jour, assortie d'une obligation d'autorisation pour téléphoner et d'un signalement biquotidien aux autorités, la mesure étant prononcée pour une durée de trois ans.

[22] En ce sens, v. Cl. Sourzat, « Conditions de cumul de l'ARSE et de la

Puisque l'heure est au bilan et fort du rappel de ces singularités, la mesure d'ARSE peut-elle aujourd'hui prétendre à une certaine efficacité, ou à une efficacité certaine face à la détention provisoire ? Le procédé créé par la loi pénitentiaire a-t-il permis d'en juguler le flux et de s'imposer comme une véritable alternative à l'incarcération ? Le défi était de taille et ce, d'autant plus que la mesure d'assignation à résidence sous surveillance électronique représente une voie à l'égard de laquelle les pouvoirs publics ont longtemps été réticents[23]. La Commission Justice pénale et Droits de l'homme, présidée par Madame la professeure Mireille Delmas-Marty, émettait, pour sa part, d'importantes réserves au sujet de la surveillance électronique et de la capacité de celle-ci à réduire le nombre de placements en détention provisoire[24].

Au regard du caractère médian de l'assignation à résidence sous surveillance électronique, et averti des difficultés que risque de générer l'articulation des trois mesures dont est susceptible de faire l'objet la personne mise en examen, l'on perçoit que l'étude de l'assignation à résidence sous surveillance électronique ne peut être réalisée qu'à travers celle de la corrélation que la mesure entretient avec la détention provisoire, mais également avec le contrôle judiciaire. Parce que l'assignation à résidence sous surveillance électronique est à l'origine envisagée, et conçue, comme une alternative à la détention provisoire, l'analyse de son effectivité doit être

---

détention provisoire : fin du suspense ? », comm. Sous Cass. Comm. nat. rép. dét., 9 févr. 2016, 15 CRD 036 : *JurisData* n° 2016-005325, *in JCP G*, 2 mai 2016, n° 18, 538. Il est singulier, d'ailleurs, de constater que le site servicepublic.fr qualifie la mesure de privative de liberté : https://www.service-public.fr/particuliers/vosdroits/F2001.

23 V. M. Peretti, « Le bracelet électronique, boulet moderne ou outil d'insertion », *AJ Pénal* 2007, p. 468.

24 Commission Justice pénale et Droits de l'homme, M. Delmas-Marty (prés.), *La mise en état des affaires pénales*, La Documentation française, 1991, p. 206 s.

réalisée à la lumière de cet objectif (I). Sans ménager davantage le suspense de la réflexion, le bilan, à cet égard, est décevant. Celui-ci doit toutefois être mis en perspective avec la concurrence dont souffre l'assignation à résidence sous surveillance électronique, mesure hybride, avec la détention provisoire et le contrôle judiciaire (II). Peinant à trouver sa place au sein du Code de procédure pénale, mais aussi en pratique, l'ARSE, en tant que troisième voie offerte par le législateur, parvient difficilement à atteindre les objectifs poursuivis.

I. L'ARSE, une alternative à la détention provisoire

L'assignation à résidence sous surveillance électronique se conçoit comme une alternative à la détention provisoire ; cet objectif ressort clairement des travaux parlementaires ayant conduit à la loi pénitentiaire : « *Le projet de loi pénitentiaire tend à favoriser le développement de ces mesures de surveillance électronique, notamment en créant l'assignation à résidence avec surveillance électronique, destinée à limiter le recours à la détention provisoire, et en posant le principe du placement sous surveillance électronique des personnes détenues condamnées à de courtes peines d'emprisonnement dont le reliquat de peine est inférieur ou égal à quatre mois* »[25]. La finalité poursuivie, à travers la création d'un tel dispositif, consiste ainsi à éviter que l'individu ne soit détenu ; reste alors à savoir si de ce point de vue, l'objectif est rempli (A). Le moyen pour y parvenir consiste à ériger la détention provisoire en *ultima ratio*, grâce à la subsidiarité de la mesure que le juge doit désormais démontrer avec davantage de précision puisque s'impose à lui la nécessité de démontrer en quoi une assignation à résidence apparaît insuffisante à satisfaire les objectifs poursuivis (B).

---

[25] Rapport n° 143 (2008-2009) de M. J.-R. Lecerf, fait au nom de la commission des lois, préc., p. 91.

A. La finalité : éviter l'incarcération

Lutter contre la surpopulation carcérale. La loi pénitentiaire s'inscrit dans un mouvement de défiance vis-à-vis du *« tout carcéral »* et poursuit comme objectif, entre autres, de réduire le recours à l'incarcération aux diverses phases de la procédure[26]. L'on sait en effet que pèse une certaine pression sur tous les acteurs de la procédure, allant du procureur de la République, aux juridictions de jugement et d'application des peines, en passant par celles d'instruction et le juge des libertés et de la détention mais aussi par les services pénitentiaires d'insertion et de probation[27]. Au 1er janvier 2009, ce sont 62 252 personnes qui se trouvaient détenues en France, dont 15 933 à titre provisoire - soit un pourcentage de 25,6 % correspondant au nombre de prévenus[28]. Il est certain que la surpopulation carcérale, qui ne cesse d'être dénoncée[29], invite à réfléchir à de nouvelles me-

---

[26] Dans le sens d'une volonté de réduire le recours à la détention provisoire, v. not. B. Cotte, *Pour une refonte du droit des peines*, rapport remis le 18 déc. 2015 à Madame Christiane Taubira, Garde des Sceaux : http://www.justice.gouv.fr/art_pix/rapport_refonte_droit_peines.pdf, spéc. p. 45 ; B. Cotte et J. Minkowski, *Sens et efficacité des peines*, rapport remis le 15 janv. 2018 à Madame Nicole Belloubet, Garde des Sceaux, http://www.justice.gouv.fr/publication/chantiers_justice/Chantiers_justice_Livret_05.pdf, p. 9.

[27] En ce sens, v. P. Poncela, *op. cit.*

[28] Direction de l'administration pénitentiaire, *Rapport d'activité 2009*, www.justice.gouv.fr : http://www.justice.gouv.fr/art_pix/Rapport_activite2_DAP_2009.pdf

[29] V. encore récemment : P. Spinosi, « Honte à nous », *JCP G* 2021, n° 8-9, 213. V. également CGLPL, *Rapport d'activité 2012*, Dalloz, 2013, p. 6 et du même auteur *Les droits fondamentaux à l'épreuve de la surpopulation carcérale*, Dalloz, 2018. V., encore, Comité européen pour la prévention de la torture et des peines ou traitements inhumains ou dégradants, *Rapport au Gouvernement de la République française relatif à la visite effectuée en France du 15 au 27 novembre 2015*, CPT/Inf (2017) 7, spéc. p. 23 ; Rapport n° 2521de MM. L. Mermaz et J. Floch, fait au nom de la commission d'enquête sur la situation dans les prisons françaises, enregistré à la Présidence de

sures, et c'est dans cette perspective d'alternative à l'incarcération qu'entend se situer l'assignation à résidence avec surveillance électronique. Cette nécessité s'impose avec d'autant plus de force que la situation des prisons françaises est régulièrement dénoncée par la Cour européenne des droits de l'homme, au regard de l'article 3 de la Convention européenne de sauvegarde des droits de l'homme et des libertés fondamentales, lequel prohibe l'exposition d'un individu à des traitements dégradants ou inhumains. La densité carcérale conduit en effet les administrations pénitentiaires à entasser les individus dans une même cellule, en dépassant le nombre de personnes prévu, quitte à installer un matelas au sol. Or le surpeuplement carcéral peut constituer à lui seul, aux yeux de la Cour européenne, un traitement inhumain et dégradant au sens de la Convention[30]. D'une manière générale, les juges européens estiment établi un tel traitement dès lors que l'espace au sol disponible pour chaque détenu dans une cellule collective est inférieur à 3 m2 : l'État défendeur devra ainsi démontrer que l'atteinte à l'article 3 de la Convention n'est pas établie[31]. Les conditions de détention peuvent également donner lieu à la caractérisation d'une violation de l'article 3, en dehors de cette dernière hypothèse, lorsqu'au contexte de surpopulation carcérale s'ajoutent des circonstances liées à la détention de nature à établir un traitement dégradant et inhumain, telles qu'un manque d'hygiène et d'intimité provoquant une promiscuité

---

l'Assemblée nationale le 28 juin 2000, spéc. p. 21 s. ; G. Delteil, *Prisons. Dossiers brûlants.*, Le Caroussel, 1986, p. 363 s. ; P.-V. Tournier, *La prison. Une nécessité pour la République*, Buchet et Chastel, 2013, p. 103 s.

[30] CEDH 15 déc. 2016, *Khlaifia et a. c./ Italie*, req. n° 16483/12.

[31] V. CEDH 22 oct. 2009, *Norbert Sikorski c. Pologne*, req n° 17599/05, §43 ; CEDH 25 avr. 2013, *Canali c. France*, n° 40119/09, §49, *D.* 2013, p. 1138, obs. M. Lena ; *AJ Pénal* 2013, p. 403, note J.-P. Céré. V. également A.-G. Robert, « Conditions de détention : lorsque les juges nationaux prennent le relais de la Cour européenne des droits de l'homme », *Dr. pén.* 2013, n° 10, ét. 15.

entre détenus[32]. Le Contrôleur général des lieux de privations de liberté, du reste, a dénoncé dans un rapport publié en 2018 les répercussions sur les droits fondamentaux que peut avoir la surpopulation carcérale[33]. Deux années plus tard, le droit pénitentiaire connaît une évolution majeure puisque la Cour européenne des droits de l'homme[34], confortée par les juridictions françaises - Cour de cassation et Conseil constitutionnel[35] -, non seulement constate une violation de l'article 3 de la Convention en raison des conditions de détention indignes et des conséquences de la surpopulation carcérale, mais exige désormais que soit prévu en droit positif français un recours juridictionnel effectif, conformément à l'article 13 de la Convention, permettant à la personne privée de sa liberté de contester les atteintes de sa détention lorsque celle-ci porte à sa dignité[36]. À ce point de vue, l'assignation à résidence, par le biais du bracelet électronique, permet d'éviter, au stade préparatoire du procès, d'exposer

---

32 CEDH, *Canali c. France*, préc. V. également, au sujet du cumul des conditions de détention, CEDH 12 mars 2015, *Mursic c. Croatie*, req. n° 7334/14 ; CEDH 3 mai 2018, *Meianu et a. c. Roumanie*, req. n° 67449/14.

33 CGLPL, *Les droits fondamentaux à l'épreuve de la surpopulation carcérale*, préc.

34 CEDH 30 janv. 2020, *J.M.B. et a. c. France*, req. n° 9671/15 et 31 autres.

35 Crim., 8 juill. 2020, n° 20-81739, *AJ Pénal* 2020 p. 404, note J. Frinchaboy ; *AJDA* 2020 p. 1383 obs. J.-M. Pastor ; *Gaz. Pal.* 29 sept. 2020, n° 33, p. 12, note J.-P. Céré ; *ibid.*, 17 nov. 2020, n° 40, p. 60, note F. Fourment ; Cons. const., 2 oct. 2020, déc. n° 2020-858/859 QPC, *D.* 2020, p. 2056, obs. J. Falxa ; *D.* 2021, p. 57, note J. Roux ; *AJ Pénal* 2020, p. 580, note J. Frinchaboy ; *Gaz. Pal.* 24 déc. 2020, n° 41, p. 22, note A. Simon ; *JCP G.*, n° 49, p. 2164, note V. Peltier ; *Procédures* 2020, n° 11, p. 24, obs. A.-S. Chavent-Leclère ; *Dr. pén.* 2020, n° 11, p. 36, note A. Maron, M. Haas.

36 V. L. n° 2021-403, 8 avr. 2021, tendant à garantir le droit au respect de la dignité en prison.

un détenu à un traitement inhumain ou dégradant[37]. En cela, il ne s'agit pas pour le législateur d'ajouter à la contrainte par le biais d'une mesure attentatoire aux libertés se greffant à celles existantes, mais bien de prévoir un *substitut* à la détention provisoire.

Un bilan contrasté. Un bilan contrasté, pour ne pas dire décevant, tel est pourtant le constat que l'on doit malheureusement dresser près de treize années après l'adoption de la loi pénitentiaire. D'un point de vue général, la France compte en effet parmi les États européens dont les prisons sont le plus encombrées, et dont la population pénale augmente. Dans l'ensemble de l'Europe, la population carcérale a chuté de 8 %, « *mais pas chez nous* », dénonce dans un éditorial remarqué Maître Spinozi[38]. Ainsi, selon les statistiques de la population détenue et écrouée[39], au 1er janvier 2020, l'on dénombrait 70 651 détenus pour 61 080 places opérationnelles. La densité globale s'élève à 115,7 %, et concerne surtout les maisons d'arrêt puisque la densité carcérale y atteint 138 %. Le nombre de détenus ne cesse d'augmenter, allant de 45 420 en 1990, à 70 651 en décembre 2019, le taux d'occupation des établissements pénitentiaires restant supérieur à 100 %[40]. Ce nombre a été multiplié par 2,4 ces 40 dernières années, passant de 29 482 en 1977 à plus de 62 000

---

[37] Pour une mise en perspective du bracelet électronique au regard des enjeux de la surpopulation carcérale, v. Y. Carpentier, « Réponse à celui qui s'interrogeait sur "le bracelet électronique : "boulet moderne" ou "outil de réinsertion" ? », *RSC* 2019, p. 585.

[38] P. Spinozi, *op. cit.*

[39] Direction de l'administration pénitentiaire, *Statistiques des établissements des personnes écrouées en France pour l'année 2020*, janv. 2020 : http://www.justice.gouv.fr/art_pix/Stat_etablissements_janvier_2020.pdf

[40] OIP, Section française, « Construction de prison : places et population carcérale toujours à la hausse », 30 mars 2020 : https://oip.org/infographie/constructions-de-prison-places-et-population-carcerale-a-la-hausse-depuis-15-ans/

en 2021 - hausse que l'on explique, non pas par celle de la délinquance, mais par un durcissement des politiques pénales[41]. Au 1er janvier 2021, 62 673 personnes étaient détenues - dont 17 856 à titre provisoire - dans les prisons françaises, pour 60 583 places opérationnelles[42] ; une telle baisse s'explique, en réalité, par la politique menée dans le cadre de la gestion de la crise sanitaire liée à la Covid-19, conduisant à une série de libérations anticipées en vue d'éviter la propagation du virus, mais aussi par la baisse de la délinquance, favorisée par les circonstances exceptionnelles de l'année 2020 (du reste, la population carcérale est en augmentation continue depuis le mois de juillet 2020, après cette chute historique du nombre de détenus). S'il faut se réjouir de cette baisse récente et inédite en France, depuis de nombreuses années, force est de reconnaître, d'abord, qu'elle n'est que de courte durée et que, relativement à l'objet de notre étude, la mesure d'assignation à résidence avec surveillance électronique ne joue par rapport à cette évolution qu'un rôle lointain. La mesure introduite en 2009 par la loi pénitentiaire rencontre en effet une efficacité très relative vis-à-vis des chiffres de la détention provisoire, litote que traduisent les statistiques élaborées par la Commission de suivi de la détention provisoire (CSDP) : selon le rapport de la Commission remis en 2018, au stade de l'instruction, 300 à 400 assignations à résidence avec surveillance électronique seraient prononcées chaque année, contre 16 000 mandats de dépôt et 20 000 placements sous contrôle judiciaire[43]. Les

---

41 OIP, Section française, « Combien y a-t-il de détenus en France ? », 3 févr. 2020 : https://oip.org/en-bref/combien-y-a-t-il-de-personnes-detenues-en-france/

42 Direction de l'administration pénitentiaire, Statistiques des établissements des personnes écrouées en France pour l'année 2021, janv. 2021 : http://www.justice.gouv.fr/art_pix/stat_etablissements_janvier_2021_corr3_v2.pdf

43 Commission de suivi de la détention provisoire, *Rapport 2017-2018*, avr. 2018, p. 37.

jugent recourent ainsi de manière très résiduelle à l'assignation à résidence avec surveillance électronique, tant *ab initio*, lors du choix d'une mesure de sûreté, qu'en cours d'instruction, comme mode possible d'achèvement de la détention provisoire[44]. Le constat d'un faible recours à cette mesure vient confirmer celui réalisé par ladite Commission dans ses rapports de 2013 et de 2016, ainsi que celui de 2015, recommandant alors de mener une « *véritable expertise de ce qui apparaît comme un échec de l'assignation à résidence* »[45]. Comment l'expliquer ? Si la suite de la réflexion permettra de s'interroger sur d'éventuelles raisons à cela, notons qu'il a pu être soutenu, devant la Commission de suivi de la détention provisoire, le fait que les magistrats estiment très contraignantes ces mesures, donnant lieu à de nombreux incidents rapportés « en temps réel » aux magistrats par les personnels de l'administration pénitentiaire et nuisant à la qualité de leur temps de travail, voire à leur vie privée - la Commission appelant toutefois à une certaine prudence vis-à-vis de ces informations et regrettant de ne pouvoir les vérifier[46].

(http://www.justice.gouv.fr/art_pix/rapport_csdp_2018.pdf). La Commission précise, à la page 35, la méthode d'évaluation : « *Le recours à l'assignation à résidence avec surveillance électronique (ARSE) est mesuré par une autre source. Il s'agit de comptages pénitentiaires (milieu ouvert) et l'on dispose même de deux sources, l'une dite "manuelle" établie à partir des informations fournies par les services pénitentiaires d'insertion et de probation (SPIP), l'autre venant des « pôles centralisateurs », centres techniques chargés de la gestion des bracelets électroniques. La première mesure des flux trimestriels de mesures reçues par les SPIP et des stocks de mesures prises en charge au début de chaque trimestre. La seconde donne une indication mensuelle de stock qui s'avère ne pas coïncider avec la série "manuelle"*».

[44] En ce sens, v. É. Bonis et V. Peltier, « La loi pénitentiaire, 10 ans après », *Dr. pén.* 2019, n° 11, étude 23.

[45] Commission de suivi de la détention provisoire, *Rapport 2015-2016*, déc. 2016, p. 54 (https://www.vie-publique.fr/sites/default/files/rapport/pdf/164000790.pdf).

[46] Commission de suivi de la détention provisoire, *Rapport 2017-2018*, préc., p. 11.

Partant de ce constat, il est encore possible de réfléchir à la façon de faire évoluer le recours à l'assignation sous surveillance électronique, mis en perspective avec cet objectif premier d'éviter l'incarcération. À l'occasion d'une contribution relative à la détention provisoire et à la surpopulation carcérale, une magistrate propose notamment d'adapter le dispositif pénitentiaire en fonction de la nature de certaines infractions, pour lesquelles une prise en charge hors du contexte carcéral apparaît nécessaire. Elle relève par exemple que les affaires de viols ou d'agressions sexuelles, ou encore celles liées aux affaires de stupéfiants, supposent une prise en charge médicale, y compris au stade de l'instruction, mise en œuvre pour les détenus provisoires au sein des unités sanitaires en milieu pénitentiaire (USMP) ou des services médico-psychologique régionaux (SMPR) installés dans les maisons d'arrêts[47]. L'auteure propose alors d'envisager cette prise en charge non plus au sein de la prison, mais directement au sein d'unités médicales dédiées en vue de regrouper le personnel compétent - médical et d'insertion et de probation - ; il s'agirait, également, de faciliter l'accès aux services administratifs locaux pour mieux développer des projets d'insertion. Or la mise en place de ces structures médico-sociales pourrait s'accompagner, précisément, de celle d'une mesure d'assignation à résidence avec surveillance électronique. Une telle évolution serait de nature à conférer à ce procédé un caractère davantage contraignant et à réifier la mesure en tant que véritable alternative à la détention provisoire.

Si la finalité de l'assignation à résidence est donc d'éviter l'incarcération, le législateur définit le moyen d'y parvenir : la détention provisoire doit être subsidiaire par rapport à cette mesure et s'imposer comme le procédé de dernier recours.

---

[47] D. Miranda, « Détention provisoire et surpopulation carcérale », *AJ Pénal* 2018, p. 34.

L'analyse de la technique juridique requise appelle cependant quelques réserves.

B. Le moyen : rendre subsidiaire la détention provisoire

Le principe de subsidiarité. La création, en 2009, de l'assignation à résidence avec surveillance électronique est assez caractéristique de l'évolution du droit pénitentiaire, laquelle vise à réduire la place de la privation de liberté au sein des mesures mise à disposition de l'autorité judiciaire : « *secondaire, d'ultime recours, telle est la place que cette loi voudrait qu'il fût donné à la privation de liberté* »[48]. L'assignation à résidence avec surveillance électronique a ainsi été conçue comme une alternative à la détention provisoire et cet objectif ressort de la circulaire d'application de la loi pénitentiaire : « *L'article 137 du Code de procédure pénale qui rappelle le caractère exceptionnel et subsidiaire de la détention provisoire par rapport au contrôle judiciaire, a été réécrit pour affirmer le caractère également subsidiaire de la détention provisoire par rapport à l'assignation à résidence* »[49]. Aussi, le législateur de 2009 a-t-il modifié ledit article 137 du Code de procédure pénale, créé par la loi n° 2000-516 du 15 juin 2000 renforçant la protection de la présomption d'innocence et les droits des victimes et proclamant le caractère exceptionnel de la détention provisoire, le principe étant celui de la liberté de toute personne présumée innocente. La rédaction issue de la loi pénitentiaire instaure, en effet, une nouvelle gradation des mesures attentatoires à la liberté. « *Toute personne mise en examen, présumée innocente, demeure libre* », est-il écrit ; « *toutefois, en raison des nécessités de l'instruction ou à titre de mesure de sûreté, elle peut être astreinte à une ou plusieurs obligations du contrôle judiciaire ou, si celles-ci se révèlent insuffisantes, être assignée à résidence avec surveil-*

[48] P. Poncela, *op. cit.*

[49] Circ. DACG n°CRIM - 10-9/E8, 18 mai 2010, préc.

lance électronique. À titre exceptionnel, si les obligations du contrôle judiciaire ou de l'assignation à résidence avec surveillance électronique ne permettent pas d'atteindre ces objectifs, elle peut être placée en détention provisoire »[50]. La loi n° 70-643 du 17 juillet 1970, tendant à renforcer la garantie des droits individuels des citoyens, marquait un premier pas vers une subsidiarité de la détention provisoire en créant la mesure de contrôle judiciaire, ayant vocation à se substituer à la privation de liberté. Celle n° 96-1235 du 30 décembre 1996 avait, quant à elle, introduit l'exigence de motivation de la détention sous l'angle de l'insuffisance du contrôle judiciaire[51]. Avec la loi pénitentiaire, la subsidiarité de la détention provisoire s'affirme davantage car à la nécessité de justifier de ce que le contrôle judiciaire ne permet pas de satisfaire les objectifs poursuivis, s'ajoute celle de raisonner de même par rapport à l'assignation à résidence avec surveillance électronique en démontrant que la mesure ne suffit pas, non plus, à atteindre les objectifs en jeu. Ce faisant, le magistrat se trouve contraint d'envisager la mesure de détention provisoire comme l'*ultima ratio* des mesures nécessaires. L'affirmation du caractère subsidiaire de la détention provisoire[52], que vient

---

[50] Sur ce point, v. Ch. Guéry, *Rép. pén. Dalloz*, v° « Détention provisoire », spéc. n° 35.

[51] Loi n° 96-1235, 30 déc. 1996, relative à la détention provisoire et aux perquisitions de nuit en matière de terrorisme, *JO* 1er janv. 1997, art. 5 : « *I. - La première phrase du premier alinéa de l'article 145 du même code est ainsi rédigée :" En toute matière, le placement en détention provisoire est prescrit par une ordonnance spécialement motivée qui doit comporter l'énoncé des considérations de droit et de fait sur le caractère insuffisant des obligations du contrôle judiciaire et le motif de la détention par référence aux seules dispositions de l'article 144* [...] ».

[52] V. C. Cardet, « Le principe de subsidiarité de la détention provisoire » *in Le champ pénal, Mélanges en l'honneur du Professeur Reynald Ottenhof*, Dalloz, 2006, p. 297 ; A-S. Chavent-Leclere, « Subsidiarité de la détention provisoire même en cas de délinquance organisée », *Procédures*, 2012, n° 12, p. 30 ; S. Detraz, « Subsidiarité de la détention provisoire par rapport au contrôle judiciaire », *JCP G.* 2008, act. 203. V. également, sur la notion et le principe de subsidiarité : A. Gouëzel, *La subsidiarité en droit privé*,

renforcer la loi pénitentiaire, se trouve en adéquation, du reste, avec les exigences de la Cour européenne des droits de l'homme, laquelle effectue non seulement un contrôle de proportionnalité du placement en détention provisoire de plus en plus rigoureux[53], mais aussi de la nécessité d'un tel placement, qui impose de ne retenir la détention provisoire qu'en dernier recours. Les juges européens concluent ainsi à une violation de l'article 5 de la Convention européenne si le juge national ne recherche pas d'alternatives à la détention provisoire[54].

L'influence de l'ARSE sur la motivation de la détention provisoire. Au regard de ce qui précède, la loi pénitentiaire emporte des conséquences directes sur l'obligation de *motivation* des décisions de recourir à la privation de liberté avant jugement. En plus des motifs juridiques de détention provisoire (c'est-à-dire les motifs tirés des nécessités de l'instruction énoncés à l'article 144 du Code de procédure pénale[55] ou de la violation des obligations résultant du con-

---

Droit privé, Paris 2, 2011, Economica 2013 ; L. Audouy, *Le principe de subsidiarité au sens du Droit de la Convention Européenne des Droits de l'Homme*, Montpellier, thèse, 2015, https://tel.archives-ouvertes.fr/tel-01369159, spéc. n° 74 s.

[53] V. not. CEDH, 12 mai 2009, *Tanase c. Roumanie*, req. n° 5269/02 (prise en compte de l'état de santé comme critère d'appréciation de la durée raisonnable de la détention provisoire) ; CEDH 19 mai 2009, *Kulikowski c. Pologne*, req. n° 18353/03 (prise en compte de la nature de l'infraction comme critère d'appréciation de la durée de la détention provisoire). Sur le sujet, v. J.-P. Céré, « Le nouveau droit pénitentiaire et le respect du droit européen. Esquisse de comparaison », préc.

[54] CEDH 18 mars 2008, *Ladent c. Pologne*, req. n° 11036/03.

[55] Art. 144 CPP : la détention provisoire doit constituer l'unique moyen de parvenir à l'un ou plusieurs des objectifs suivants :

« *1° Conserver les preuves ou les indices matériels qui sont nécessaires à la manifestation de la vérité ; 2° Empêcher une pression sur les témoins ou les victimes ainsi que sur leur famille ; 3° Empêcher une concertation frauduleuse entre la personne mise en examen et ses coauteurs ou complices ; 4° Protéger la personne mise en examen ; 5° Garantir le maintien de la personne mise en examen à la disposition de la justice ; 6°*

trôle judiciaire ou de l'ARSE[56]), le magistrat doit désormais justifier que l'objectif ne peut être atteint ni par la mise en oeuvre d'une mesure de contrôle judiciaire, ni par celle d'une assignation à résidence sous surveillance électronique. La loi pénitentiaire souffrait toutefois d'une imprécision car l'article 137-3 du Code de procédure pénale n'avait pas été modifié en vue de prendre en compte cette évolution. Aussi ce dernier se bornait à prévoir que lorsque le juge des libertés et de la détention ordonne ou prolonge une détention provisoire, ou bien rejette une demande de mise en liberté, son ordonnance doit notamment comporter « *l'énoncé des considérations de droit et de fait sur le caractère insuffisant des obligations du contrôle judiciaire* », sans que soit nullement mentionnée la nécessité de motiver le caractère insuffisant de l'assignation à résidence avec surveillance électronique. Or l'affirmation d'une nouvelle subsidiarité de la détention provisoire par rapport à l'assignation à résidence sous surveillance électronique emporte, pour les juridictions de l'instruction, le devoir de motiver en conséquence leurs décisions en matière de détention provisoire, ce qu'a reconnu rapidement - en 2010 - la Cour de cassation. Ce faisant, la Haute juridiction retient l'interprétation de la loi pénitentiaire la plus protectrice des intérêts du mis en examen[57]. Il faut cependant attendre la loi

---

Mettre fin à l'infraction ou prévenir son renouvellement ; 7° Mettre fin au trouble exceptionnel et persistant à l'ordre public provoqué par la gravité de l'infraction, les circonstances de sa commission ou l'importance du préjudice qu'elle a causé. Ce trouble ne peut résulter du seul retentissement médiatique de l'affaire. Toutefois, le présent alinéa n'est pas applicable en matière correctionnelle. ».

[56] Art. 141-2 et 142-8 CPP.

[57] Crim. 18 août 2010, n° 10-83.770 et n° 10-83.819, *AJ Pénal* 2011, p. 37, note L. Ascensi ; *Gaz. Pal.* 4 janv. 2011, n° 4, p. 18, comm. R. Mesa. V. également L. Ascensi, « L'influence de l'assignation à résidence avec surveillance électronique sur la motivation de la détention provisoire », note sous Crim. 7 avr. 2010, n° 10-80.785, *AJ Pénal*, p. 402 (l'arrêt en question retenait une solution inverse, mais en raison du fait que le décret d'application prévu par l'article 142-13 du Code de procédure pénale

n° 2019-222 du 23 mars 2019 pour que soit modifié ledit article, lequel précise désormais : *« Le juge des libertés et de la détention statue par ordonnance motivée. Lorsqu'il ordonne ou prolonge une détention provisoire ou qu'il rejette une demande de mise en liberté, l'ordonnance doit comporter l'énoncé des considérations de droit et de fait sur le caractère insuffisant des obligations du contrôle judiciaire ou de l'assignation à résidence avec surveillance électronique et le motif de la détention par référence aux seules dispositions des articles 143-1 et 144* ». En définitive, le législateur maintient une double exigence de motivation au sein de l'article 144 du Code de procédure pénale : le magistrat doit en effet s'assurer, d'une part, que la détention provisoire constitue l'« *unique moyen* » de parvenir à l'un des objectifs visés ; objectifs que ni le contrôle judiciaire, ni l'assignation à résidence avec surveillance électronique, d'autre part, ne permettent d'atteindre. Un tel rassemblement d'exigences au sein de cet article peut sembler redondant dans la mesure où le fait que la détention soit l'unique moyen envisageable démontre, en soi, l'insuffisance des autres mesures[58]. En réalité, un tel renfort de motivation doit conduire le magistrat à s'interroger de manière systématique sur la réalité de l'insuffisance, afin d'éviter de faire de l'affirmation du moyen unique de la détention provisoire une simple « *clause de style* »[59]. Le magistrat ne peut se contenter de reproduire les formules générales *in abstracto* prévues par la loi ; bien au contraire, il doit établir, par l'indication concrète des circonstances de fait d'une information déterminée, que la situation correspond bien à l'un des cas légalement prévus, tandis que le contrôle judiciaire ou l'assignation à résidence avec surveillance électronique apparaît insuffisant au regard

---

n'était pas entré en vigueur, de sorte que la mesure d'ARSE demeurait une simple modalité d'exécution du contrôle judiciaire).

[58] En ce sens, v. J. Buisson, « Réforme de la procédure pénale », *Procédures* 2007, n° 5, comm. 118.

[59] J. Buisson et S. Guinchard, *Procédure pénale*, Lexisnexis, 7ème éd., 2011, p. 1130, n° 1914.

du dossier de la procédure et des circonstances. À ces précisions, encore faut-il ajouter que malheureusement, en pratique et malgré ces précautions législatives, le juge use parfois de formules laconiques, affirmant que les obligations du contrôle judiciaire ou de l'assignation à résidence avec surveillance électronique « *sont insuffisantes au regard des fonctions définies à l'article 137 du Code de procédure pénale* ». La Cour de cassation sanctionne ainsi, régulièrement, l'imprécision de la motivation[60], et peut-être faut-il voir, à travers cette dernière, un argument de nature à expliquer que la détention provisoire ne soit pas moins préférée par le juge aux alternatives dont celui-ci dispose. Ainsi, après avoir rappelé les exigences de l'article 144 précité, la chambre criminelle a censuré un arrêt de la chambre de l'instruction pour ne pas avoir « *précisé expressément que les objectifs fixés ne pouvaient être atteints par un placement sous contrôle judiciaire ou par une assignation à résidence avec surveillance électronique* »[61]. De même, doit être censurée la chambre de l'instruction qui ne s'est pas expliquée « *par des considérations de droit et de fait sur le caractère insuffisant de l'assignation à résidence avec surveillance électronique* »[62]. Une telle motivation - la simple mention de l'insuffisance de la mesure - ne permet pas en effet d'apprécier de quelle façon l'assignation à résidence avec surveillance électronique n'est pas de nature à satisfaire l'objectif recherché.

Au-delà de la pratique des magistrats, une précision pourrait être recherchée, du côté de la lettre même du texte, dans l'exigence d'une motivation spécifique liée à l'insuffisance d'une mesure alternative (contrôle judiciaire ou

---

[60] Crim., 3 mai 2011, n° 11-80.879 et n° 11-80.889 ; Crim., 16 févr. 2010, n° 09-87.912, *AJ Pénal* 2010, p. 248, note L. Ascensi ; *D.* 2010, p. 711, obs. M. Lena. Pour une affirmation de la nécessité de justifier l'insuffisance de l'assignation à résidence avec surveillance électronique, v. not. Crim., 18 août 2010, 2 arrêts, préc.

[61] Crim., 13 oct. 2010, n° 10-85.552.

[62] Crim., 12 oct. 2010, n° 10-85.370.

assignation à résidence avec surveillance électronique). Cela pourrait se traduire par l'ajout, au sein de l'article 137-3 du Code de procédure pénale, de la mention d'« *éléments précis et circonstanciés résultant de la procédure* », en plus de « *l'énoncé des considérations de droit et de fait* » requis par le texte, en vue de vérifier l'insuffisance de la mesure. En l'état, seul l'article 144, relatif aux motifs de la détention provisoire et à la démonstration de ce que celle-ci doit constituer l'unique moyen de parvenir aux objectifs souhaités, fait référence à de tels éléments précis et circonstanciés[63]. Si l'article 137-3, certes, y renvoie, la proposition n'est pas très claire et il peut ne pas être inutile d'ajouter cette précision en son sein même pour mieux affirmer - clarifier -, d'une part, l'obligation, pour le juge, de démontrer en quoi la détention, *« positivement »*, représente-t-elle l'unique moyen de parvenir aux objectifs visés par l'article 144 du Code de procédure pénale, au regard d'éléments précis et circonstanciés ; de justifier, d'autre part, et *« négativement »* - ou subsidiairement - , en quoi le contrôle judiciaire ou l'assignation à résidence avec surveillance électronique paraissent insuffisants, là encore au regard d'éléments précis et circonstanciés que mentionnerait désormais l'article 137-3. Plus particulièrement, il pourrait s'agir de distinguer, et de renforcer, ce critère de l'insuffisance de la mesure grâce à la mention d'un critère d'*inefficacité* de l'assignation à résidence ou du contrôle judiciaire au sein de cet article, lequel viendrait en complément de l'article 144 précité. En d'autres termes, au critère d'efficacité de la mesure subsidiaire de détention provisoire, répondrait celui de l'inefficacité des autres mesures, contrôle judiciaire et assignation à résidence sous surveillance électronique[64]. Modification symbolique, dira-t-on ? Il s'agit en

---

[63] Cette mention résulte de la loi n° 2007-291 du 5 mars 2007 tendant à renforcer l'équilibre de la procédure pénale, faisant suite à l'erreur judiciaire commise dans le cadre de l'affaire dite d'Outreau.

[64] Sur la notion de subsidiarité au regard de l'inefficacité d'une mesure

réalité d'appuyer l'idée d'une motivation spéciale, voire de *« surmotivation »*[65] de la détention provisoire, que les réformes précédentes ont permis d'initier.

Plus encore, puisque la jurisprudence[66] mais aussi le législateur, depuis 2019, exigent formellement que le juge des libertés et de la détention justifie la mesure de détention provisoire au regard de l'insuffisance du contrôle judiciaire ou, désormais, de l'assignation à résidence avec surveillance électronique, la double motivation devrait en principe désormais conduire à distinguer deux niveaux de motivation, au regard de ces deux mesures, quitte pour cela à reformuler le texte législatif. En effet, le législateur lui-même établit une gradation entre les trois mesures, le contrôle judiciaire étant la moins contraignante d'entre elles. L'assignation à résidence avec surveillance électronique, en revanche, se trouve à mi-chemin entre le contrôle judiciaire et la détention provisoire et peut s'apparenter, à certains égards, à une privation de liberté. Or précisément, parce que la mesure est plus contraignante, elle est de nature à satisfaire certains objectifs prévus par l'article 144 du Code de procédure pénale que les obligations résultant du contrôle judiciaire ne sont, en revanche, pas à même d'atteindre. Ainsi, à l'examen du texte, l'objectif prévu de conservation des preuves, dès lors que l'infraction n'a pas eu lieu au domicile du prévenu, le souci d'éviter les pressions sur les témoins et les victimes, la nécessité de garantir le maintien à la disposition de la justice de la personne poursuivie, ou encore d'éviter le renouvellement de l'infraction, correspondent à des finalités que l'assignation à résidence avec surveillance électronique peut atteindre.

---

qui permet de retenir la mesure subsidiaire, v. L. Audouy, *op. cit.* spéc. n° 80.

65 L'expression est évoquée par la circulaire d'application de la loi n° 96-1235 du 30 décembre 1996 (Circ. DACG 1997-03-03-1997).

66 Crim., 18 août 2010, deux arrêts, préc., confirmés par Crim., 12 et 13 oct. 2010, préc.

L'on mesure dès lors que la rigueur de la motivation ne peut être la même lorsqu'il s'agit de démontrer l'insuffisance du contrôle judiciaire ou de l'assignation à résidence avec surveillance électronique. Aussi, la distinction selon les moyens, offerts par le contrôle judiciaire et l'assignation à résidence avec surveillance électronique, de parvenir aux objectifs visés par l'article 144 devrait conduire le législateur à renforcer l'exigence de motivation lorsqu'il s'agit de démontrer que la mesure d'assignation à résidence avec surveillance électronique ne suffit pas à les atteindre, quitte pour cela à scinder l'article 137-3 en deux paragraphes correspondant à la subsidiarité de la détention provisoire au regard, d'une part, du contrôle judiciaire, puis, d'autre part, de l'assignation à résidence avec surveillance électronique[67]. Dit autrement, ce n'est pas parce que les obligations du contrôle judiciaire sont insuffisantes à satisfaire l'un ou plusieurs des objectifs poursuivis que la détention provisoire peut être décidée : il faut encore vérifier, en surplus, que l'assignation à résidence avec surveillance électronique n'est pas davantage de nature à y parvenir. En ce sens, il est également permis de remplacer la conjonction de coordination « *ou* » par celle « *et* » : l'ordonnance du juge devrait ainsi comporter l'énoncé des considérations de droit et de fait sur le *« caractère insuffisant des obligations du contrôle judiciaire* et *de l'assignation à résidence avec surveillance électronique »*. Alors, parce que ces deux mesures sont insuffisantes au regard des éléments précis et circonstanciés, seule la détention provisoire pourrait s'envisager.

Si la mesure d'assignation à résidence sous surveillance électronique ne parvient pas à s'imposer en tant qu'alternative à l'incarcération et que des pistes liées à l'exigence de motivation et de la subsidiarité peuvent, à cet égard, s'envisager, le faible recours au procédé créé

---

[67] Dans le même sens, v. R. Mesa, comm. sous Crim. 18 août 2010, n° 10-83.819 et n° 10-83770, préc.

s'explique, au-delà, par une concurrence dont souffre la mesure par rapport aux autres procédés mis à la disposition du juge au nom des nécessités de l'instruction ou à titre de mesure de sûreté. L'examen du régime de la mesure d'ARSE et de son articulation avec ceux de la détention provisoire et du contrôle judiciaire permet de s'en assurer.

II. L'ARSE, une mesure hybride concurrencée par la détention provisoire et le contrôle judiciaire

L'assignation à résidence avec surveillance électronique a été conçue comme une alternative à l'incarcération, dont elle constitue une modalité d'application. À cet égard, plusieurs dispositions traduisent une assimilation de la mesure à la détention provisoire, sans hélas que soient toujours déduites les conséquences d'un tel emprunt de régime (A). Corrélativement, en tant qu'ancienne modalité d'exécution du contrôle judiciaire, l'ARSE trouve une certaine proximité avec ce dernier qui peut expliquer que l'on peine, en pratique, à cerner l'utilité de la nouvelle mesure : le contrôle judiciaire permet en effet de suivre une personne mise en examen par le biais d'obligations et d'interdictions, susceptibles de se recouper avec celles de l'assignation à résidence sous surveillance électronique. Partant, le recours très réduit à la mesure d'ARSE s'explique également par la concurrence que représente la mesure de contrôle judiciaire[68] (B).

A. L'assimilation de l'ARSE à la détention provisoire

L'emprunt au régime de la détention provisoire. Avant que ne soit adoptée la loi pénitentiaire, l'assignation à résidence avec surveillance électronique s'envisageait comme

---

[68] En ce sens, v. D. Miranda, *op. cit.*

une modalité du contrôle judiciaire. En rendant la mesure autonome, le législateur de 2009 opère un changement de qualification qui emporte plusieurs conséquences, et notamment celles qui témoignent de la volonté de d'assimiler l'ARSE à la détention provisoire, pour mieux se substituer à la privation de liberté[69]. Différentes dispositions attestent ainsi de cette assimilation. Tout d'abord, comme pour la détention provisoire, la personne ayant fait l'objet d'une mesure d'assignation à résidence peut obtenir une indemnisation dans l'hypothèse d'une ordonnance de non-lieu, d'une relaxe ou d'un acquittement[70]. L'assignation à résidence sous surveillance électronique est ainsi assimilée à une détention provisoire lorsque la personne mise en cause ou renvoyée devant la juridiction de jugement n'est pas reconnue coupable des faits qui lui étaient reprochés, et la procédure d'indemnisation est identique à celle en vigueur en matière de détention provisoire. Ensuite, comme pour la détention provisoire, le temps écoulé sous le régime de l'assignation à résidence sous surveillance électronique s'impute sur celui de la peine à exécuter en cas de condamnation de la personne au terme de la procédure[71]. La mesure, par ailleurs, fait également l'objet d'un débat contradictoire portant sur le bien-fondé de la mesure et imposant la présence de plusieurs intervenants : juge, greffier, procureur, personne concernée et son avocat, représentant du SPIP ; là encore, le régime emprunte à celui de la détention provisoire, puisque l'article 142-6 renvoie à l'article 145 du Code de procédure pénale. Or à cet égard, la lourdeur de ce dispositif

---

[69] P. Poncela, *op. cit.*

[70] Art. 142-10 CPP, qui renvoie aux articles 149 et 150 applicables en matière de détention provisoire. La loi n° 70-643 du 17 juill. 1970 a pour la première fois posé le principe d'un droit à réparation des personnes placées en détention provisoire de manière injuste ; sur le sujet v. É. Camous, *op. cit.*, n° 365.

[71] Art. 142-11 CPP et le renvoi réalisé à l'article 716-4 du même Code.

peut dissuader, lorsque l'on sait la saturation que connaît ce dernier service[72]. Depuis la loi précitée du 23 mars 2019, toutefois, le juge compétent peut désormais se prononcer au seul vu des réquisitions écrites du procureur de la République, dont il est donné lecture à la personne mise en examen, après avoir entendu ses observations et celles de son avocat[73]. En toute hypothèse, il doit faire vérifier la faisabilité de la technique de la mesure par le service pénitentiaire d'insertion et de probation saisi à cette fin[74]. Enfin, la même loi conforte le caractère contraignant de la mesure puisque celle-ci peut désormais être prononcée d'office par le juge, sans *« l'accord »* de l'intéressé[75]. Si le consentement de l'individu est en principe requis, il est en réalité obtenu sous la précision qu'un refus l'exposerait à un placement en détention provisoire[76]. Ces évolutions ont pour

[72] En ce sens, v. D. Miranda, *op. cit.*

[73] Art. 142-6 CPP.

[74] La saisine est obligatoire en matière correctionnelle si elle est demandée par la personne détenue ou son avocat un mois avant la date à laquelle la détention peut être prolongée ou encore avant la date à laquelle la détention peut être prolongée lorsque la personne encourt une peine d'emprisonnement inférieure ou égale à cinq ans (sauf, dans les deux cas, décision de refus spécialement motivée du juge). Au cas d'appel d'une ordonnance prolongeant la détention provisoire sans que ces dispositions aient été mises en œuvre, le service pénitentiaire d'insertion et de probation doit être saisi par le président de la chambre de l'instruction (Art. 142 6, al. 2 à 6 CPP, tel que modifié par la loi précitée du 23 mars 2019).

[75] Art. 142-5 CPP modifié en ce sens par la loi précitée du 23 mars 2019.

[76] *Ibid.* : la personne mise en examen est avisée de ce que l'installation du dispositif *ad hoc* ne peut se faire sans son consentement, mais que le fait de la refuse constitue une violation des obligations qui lui incombent et peut donner lieu à la révocation de l'assignation à résidence avec surveillance électronique et à son placement en détention provisoire. Au sujet de la loi précitée 23 mars 2019 modifiant ces dispositions, v. J. Buisson, « Les dispositions de la loi n° 2019-222 du 23 mars 2019 régissant l'instruction », *Procédures* 2019, n° 6, ét. 19.

objectif de favoriser le recours à la mesure d'assignation à résidence sous surveillance électronique.

Difficultés d'articulation entre l'ARSE et la détention provisoire. La logique d'assimilation de la mesure d'ARSE à la détention pose néanmoins, en pratique, certaines difficultés liées à la cohérence des deux dispositifs et à la nature ambivalente de la mesure d'assignation à résidence, mesure pouvant être perçue comme étant à la fois restrictive et privative de liberté. La première d'entre elle tient à l'articulation de la mesure avec les droits de la défense, dont l'enjeu a pu conduire à reconnaître que l'ARSE, à la différence de la détention provisoire, n'est pas privative de liberté. L'hypothèse s'est en effet présentée d'un individu, ayant fait l'objet d'une mesure d'ARSE, renvoyé devant le tribunal correctionnel dans un délai d'un, et non de trois, mois - comme cela est prévu en matière de détention provisoire par l'article 175 du Code de procédure pénale -, à compter de l'ordonnance de clôture de l'instruction[77]. La chambre de l'instruction justifiait la mise en œuvre de ce délai raccourci grâce aux différentes règles, évoquées précédemment, témoignant de l'assimilation du régime de l'ARSE à celui de la détention provisoire. Du reste, l'on aurait pu soutenir, en ce sens, que l'assignation à résidence revêt un caractère davantage privatif que restrictif de liberté, puisque la personne soumise à ce régime se trouve privée de toute possibilité de sortir de son domicile[78]. L'intéressé estimait, quant à lui, avoir été privé d'un délai de trois mois, en tant que personne libre, lui permettant de faire valoir ses observations avant le règlement définitif du dossier. Se posait donc la question, inédite, de savoir s'il fallait appliquer le délai raccourci tel que prévu par le Code de procédure pénale et

---

[77] Crim., 17 mars 2015, n° 14-88.2015, *AJ Pénal* 2015, p. 499, note J.-B. Perrier ; *RSC* 2015, p. 400, note D. Boccon-Gibod.

[78] En ce sens, D. Boccon-Gibod, *ibid.*

ce, afin d'éviter que la mesure d'ARSE perdure dans le temps, ou au contraire s'il convenait d'appliquer le délai allongé en vue de garantir les droits de la défense de l'intéressé, quitte à prolonger, corrélativement, la mesure en question. La Cour de cassation privilégie, *in fine*, une interprétation stricte de l'article 175 : le délai raccourci ne s'applique que lorsque la personne mise en examen est détenue provisoire et non lorsqu'elle fait l'objet d'une mesure d'assignation à résidence sous surveillance électronique, sauf à porter atteinte aux droits de la défense. Ce faisant, la chambre criminelle refuse formellement d'assimiler cette mesure à la détention provisoire, en vue de garantir l'équilibre de la procédure pénale : c'est dire que l'ARSE ne semble pas s'envisager, à ses yeux, comme une mesure privative de liberté. Bien plus, parce que la mesure est destinée à éviter la privation de liberté, elle ne peut être assimilée à la détention provisoire. L'on perçoit ainsi l'ambivalence de la mesure liée à sa nature, que la chambre criminelle refuse, en l'état, de qualifier de privative de liberté.

La deuxième difficulté liée à la coordination des deux mesures tient à leur articulation temporelle et à l'hypothèse de placements successifs d'une personne sous assignation à résidence sous surveillance électronique et en détention provisoire, ce qui interroge au regard de la durée cumulée de ces mesures. La durée maximale de l'ARSE est de six mois, renouvelable sans que la durée totale des placements puisse excéder deux ans[79]. La détention provisoire, quant à elle, fait

[79] Cette mesure est ordonnée pour une durée choisie par le juge compétent dans la limite maximale de six mois, renouvelable au cours de l'instruction, pour cette même durée dans la limite maximale de deux ans (art. 142-7 CPP). Selon l'alinéa 2 de ce même article, lorsque la personne renvoyée devant le tribunal correctionnel ou la cour d'assises a été maintenue ou demeure sous assignation à résidence (conformément aux articles 179 et 181), la durée totale ne peut dépasser deux ans (comprenant celle qui a été exécutée au cours de l'instruction).

l'objet de conditions strictes de durée, variables, notamment, en fonction de la peine encourue[80]. Or, il est regrettable que le législateur, malgré la logique d'assimilation précédemment soulignée, n'ait pas aligné les durées de l'assignation à résidence sous surveillance électronique sur celles de la détention provisoire, en vue d'ériger la mesure en véritable alternative, en tant que substitut, à la privation de liberté avant jugement[81]. Malgré les affinités que la mesure entretient avec les règles de la détention provisoire, l'ARSE « *conserve sa nature propre* »[82], si bien qu'aucun texte n'impose de tenir compte des délais au cours desquels la personne assignée a été préalablement détenue. Alors que la durée de l'assignation s'impute sur celle de la peine prononcée[83], les durées de détention provisoire et d'ARSE sont autonomes et n'ont pas à s'imputer l'une sur l'autre. Comme le relève un auteur, les temps « *sont donc spécifiques à chaque mesure et totalement hermétiques de sorte qu'il n'est pas possible de les additionner* »[84] ; cela peut engendrer des difficultés[85]. Ainsi, en l'état, l'on ne

---

[80] art. 145-1 et 145-2 CPP.

[81] V. également en ce sens R. Mesa, « Lacunes et incohérences du régime de l'assignation à résidence avec surveillance électronique des articles 142-5 et suivants du Code de procédure pénale », *Gaz. Pal.* 16 avr. 2013, n° 106, n° 106.

[82] É. Camous, *op. cit.*, n° 262.

[83] art. 142-11 CPP.

[84] É. Camous, *op. cit.*, n° 359.

[85] Sur le sujet, v. Cl. Sourzat, *op. cit.*, au sujet d'une décision de la Commission nationale de réparation de la détention provisoire en date du 8 mars 2016, n° 15CRD036 : JurisData n° 2016-005325. Les décisions de la Commission en la matière sont rares pour être soulignées. En l'espèce, les infractions pour lesquelles le demandeur avait été définitivement condamné autorisaient une détention provisoire maximale d'un an et une assignation à résidence sous surveillance électronique de deux ans. Le placement initial en détention provisoire ayant duré 11 mois et 25 jours, puis l'assignation à résidence avec surveillance électronique 11 mois et 23 jours, la durée cumulée de ces mesures n'a pas, selon la Commission,

peut exclure l'hypothèse d'une mesure de détention provisoire qui serait prononcée lorsque la durée maximale de l'assignation à résidence aurait été atteinte : la privation de liberté avant jugement peut-elle se justifier, en ce cas, par l'impossibilité légale, au regard des durées prévues et écoulées, de mettre en œuvre une mesure d'ARSE ? Allonger la durée de l'assignation à résidence avec surveillance électronique permettrait pourtant, légalement, de préférer cette mesure à celle de la détention provisoire. En réalité, tout dépend de la nature que l'on entend conférer à la mesure d'ARSE : les exigences constitutionnelles précédemment soulignées nous éclairent et il est possible de soutenir, avec un auteur, que toutes les fois où les critères dégagés par les Sages permettent de qualifier l'assignation de mesure privative de liberté, alors la durée de celle-ci devrait pouvoir s'imputer sur celle de la détention provisoire[86].

Enfin, une dernière difficulté tient à l'articulation de compétence entre le juge d'instruction et celui des libertés et de la détention. La jurisprudence a en effet pu approuver la compétence du premier pour prolonger une mesure d'assignation à résidence avec surveillance électronique pourtant ordonnée par le second[87]. Or, la nature contrai-

---

excédé la durée maximale de deux ans de sorte que la demande en réparation du préjudice subi au titre de l'assignation à résidence sous surveillance électronique n'est pas recevable.

[86] En ce sens : *ibid.*

[87] Crim., 3 oct. 2012, n° 12-84.863, *Dr. pén.* 2012, n° 11, comm. 150, note A. Maron et M. Haas ; *Gaz. Pal.* 9 févr. 2013, n° 40, note F. Fourment. Selon la Cour de cassation, en effet, les articles 142-5, 142-6 et 142-7 du Code de procédure pénale ne font pas obstacle à ce que le juge d'instruction prolonge l'assignation à résidence avec surveillance électronique ordonnée par le juge des libertés et de la détention. Les articles 142-5 et 142-6 du Code de procédure pénale prévoient en effet que l'ARSE peut être ordonnée par le juge d'instruction ou par le JLD, et il ressort de l'article 142-7 qu'elle peut être prolongée par l'un de ces deux juges.

gnante de la mesure et la logique d'assimilation mise en évidence peuvent légitimement conduire à s'interroger sur l'opportunité de confier ce pouvoir de prolongation au juge qui a lui-même ordonné la mesure, en l'occurrence celui des libertés et de la détention[88] - de la même façon que ce juge s'impose parallèlement comme étant le magistrat compétent pour prolonger la détention provisoire. Cette observation est de nature à souligner les incohérences d'une asymétrie procédurale, laquelle n'est peut-être - sait-on jamais - que le fruit d'un oubli du législateur. Plus encore, il convient de rappeler que le JLD qui décide de la mise en œuvre d'une mesure d'assignation à résidence sous surveillance électronique se trouve, à l'origine, saisi par le juge d'instruction aux fins de détention provisoire. C'est donc en désaccord avec ce dernier qu'il choisit de privilégier l'alternative de l'assignation à résidence avec surveillance électronique. Pourquoi, en pareille hypothèse, ne pas confier ce pouvoir de prolonger la mesure au juge des libertés et de la détention dès lors que le juge d'instruction, par définition, n'était pas favorable à sa mise en œuvre *ab initio*[89] ? En outre, si le juge d'instruction peut prolonger la mesure ordonnée décidée par celui des libertés et de la détention, l'inverse n'est pas possible et cette considération, ajoutée aux précédentes, nuit à la clarté du dispositif. Notons, enfin, qu'à la différence de l'exigence requise en matière de prolongation de la détention provisoire, nulle mention n'est faite du caractère exceptionnel de la prolongation de l'assignation à résidence sous surveillance électronique. La motivation de la mesure, au stade de la prolongation, repose donc sur les mêmes fondements que ceux de la décision initiale. La logique d'assimilation entre la détention provisoire et l'assignation à résidence sous

---

[88] En ce sens, v. F. Fourment, *op. cit.* ; P. Le Monnier de Gouville, *Le juge des libertés et de la détention. Entre présent et avenir*, Université Panthéon-Assas, thèse, 2011.

[89] F. Fourment, *op. cit.*

surveillance électronique pourrait toutefois conduire à renforcer les exigences de motivation dès lors qu'il s'agit de prolonger une mesure particulièrement contraignante.

Ces difficultés d'articulation se retrouvent, du reste, à l'examen des similitudes que revêt l'assignation à résidence avec la mesure de contrôle judiciaire.

B. Les similitudes de l'ARSE avec le contrôle judiciaire

Les corrélations entre assignation à résidence sous surveillance électronique et contrôle judiciaire. En instaurant l'assignation à résidence avec surveillance électronique, la loi pénitentiaire abroge dans le même temps les dispositions qui permettaient en réalité, déjà de recourir à une telle mesure dans le cadre du contrôle judiciaire : le placement sous surveillance électronique constituait en effet, auparavant, l'une des modalités d'exécution de l'interdiction pouvant être imposée à la personne mise en examen, dans le cadre d'un contrôle judiciaire, de s'absenter de son domicile ou de la résidence fixée par le juge d'instruction ou par le juge des libertés et de la détention, sachant que cette modalité supposait l'accord de l'intéressé recueilli en présence de son avocat[90]. La loi pénitentiaire rend désormais la mesure d'ARSE autonome en la déliant du contrôle judiciaire et la déplaçant dans une sous-section 2 de la section 7 du Code de procédure pénale. Au demeurant, l'emploi de cette mesure, introduite par la loi n° 2002-1138 du 9 septembre 2002, de-

---

[90] Anc. art. 138, 2° et 6° CPP : « *l'obligation prévue au 2° peut être exécutée avec l'accord de l'intéressé et recueilli en présence de son avocat sous le régime du placement sous surveillance électronique avec l'aide du procédé prévu par l'article 723-8. Les articles 723-9 et 723-12 sont applicables, le juge d'instruction exerçant les compétences attribuées au juge d'application des peines* ».

meurait très faible[91] et il s'agissait d'améliorer le dispositif existant. Notons toutefois que l'article 138, 2° du Code de procédure pénale n'a pas été supprimé et permet toujours, dans le cadre de l'exécution d'un contrôle judiciaire, d'ordonner une simple assignation à résidence sans recourir au dispositif de surveillance électronique. Le magistrat qui déciderait d'une assignation à résidence sous surveillance électronique devrait ainsi mentionner les raisons pour lesquelles la seule assignation à résidence susceptible d'être ordonnée dans le cadre d'un contrôle judiciaire est insuffisante au regard des nécessités de l'instruction ou des mesures de sûreté qu'il convient de prendre.

Cette émancipation et le rattachement originel de la mesure au contrôle judiciaire, ainsi que le rapprochement opéré avec la détention provisoire confèrent à l'ARSE un caractère médian, qui se vérifie à travers les conditions de placement sous ce régime. Or au regard des liens étroits qui existent entre l'assignation à résidence et le contrôle judiciaire, l'articulation prévue ne permet pas toujours de distinguer clairement l'emploi des trois mesures prévues par l'article 137 du Code de procédure pénale.

La corrélation entre le contrôle judiciaire et l'assignation à résidence avec surveillance électronique se manifeste, d'abord, à travers la possibilité de soumettre un individu dans le même temps à ces deux mesures : l'article 145-2 du Code de procédure pénale prévoit en effet que la personne assignée à résidence sous surveillance électronique peut être soumise, en outre, à certaines des obligations et interdictions du contrôle judiciaire. On sait aussi que l'ARSE ne peut être mise en œuvre que lorsque le contrôle judiciaire paraît insuffisant, la détention provisoire s'envisageant, enfin, comme

---

[91] Rapport n° 143 (2008-2009) de M. J.-R. Lecerf, fait au nom de la commission des lois, préc., p. 151 : le rapport mentionne 68 placés au 1er juin 2008.

l'*ultima ratio*. Or pourquoi ne pas préciser, au sein des textes, l'exigence de motivation de l'assignation à résidence sous surveillance électronique au regard de l'insuffisance du contrôle judiciaire ? Si la circulaire d'application de la loi pénitentiaire[92] énonce que l'article 137 a été réécrit pour affirmer le caractère subsidiaire de la détention par rapport à l'assignation à résidence, mais aussi « *le caractère subsidiaire de l'assignation par rapport au contrôle judiciaire* », elle reconnaît dans le même temps qu'il n'existe pas de contenu légal de l'ordonnance de motivation de la mesure d'ARSE[93]. Or, étant donné les liens étroits entre les deux mesures, les distinguer par le biais d'une motivation spécifique aurait le mérite de les identifier, de les graduer davantage et peut-être d'atténuer le phénomène de concurrence constaté en pratique. Cela rejoint l'idée précédemment évoquée selon laquelle le critère de l'insuffisance, et donc de la subsidiarité, doit s'appliquer à chaque échelon que distingue l'article 137 du Code de procédure pénale, en fonction des particularités de chacune des mesures et de leur degré d'efficacité - ou d'inefficacité.

Un autre argument peut être tiré de la règle selon laquelle la personne qui ne respecte pas les obligations résultant de l'assignation à résidence avec surveillance électronique peut faire l'objet d'un mandat d'arrêt ou d'amener et être placée en détention provisoire, tout comme peut l'être celle qui se soustrait volontairement aux obligations résultant du contrôle judiciaire[94]. Or pourquoi sanctionner la violation du contrôle judiciaire par le placement en détention provisoire, sans prendre en compte la mesure intermédiaire que représente désormais l'assignation à résidence avec surveillance

---

92 Circ. DACG n° CRIM - 10-9/E8, 18 mai 2010, préc.

93 La circulaire s'en remet à la motivation requise par l'article 144 du Code de procédure pénale.

94 Art. 142-8 CPP.

électronique ? L'article 137 du Code de procédure pénale établit pourtant une gradation des mesures en intercalant la mesure d'assignation à résidence avec surveillance électronique entre celle du contrôle judiciaire et de la détention provisoire. En toute logique, la transgression du contrôle judiciaire ne devrait-elle pas entraîner, avant tout, le placement de l'individu sous ARSE ? Une telle précision aurait le mérite de réduire le recours à la détention provisoire, dépourvu de cause à effet direct en pareille hypothèse puisque devrait pouvoir être décidé, à titre intermédiaire et de sanction de la transgression du contrôle judiciaire, le placement sous assignation à résidence avec surveillance électronique. Ce n'est alors, conformément à la *ratio legis*, que si cette dernière mesure apparaît insuffisante qu'il serait décidé de recourir à la détention provisoire. Dans un tel cadre, le magistrat compétent serait le juge des libertés et de la détention puisque c'est à lui que revient, en l'état, le pouvoir de décider de la conversion du contrôle judiciaire ou de l'assignation à résidence avec surveillance électronique en mesure de détention provisoire, lorsque l'une ou l'autre de ces mesures a été transgressée. Une telle suggestion invite à réfléchir, au-delà, à une possible extension du contrôle réalisé par ce magistrat.

Renforcer le contrôle du juge des libertés et de la détention. Au regard du dispositif actuel, le contrôle judiciaire et l'assignation à résidence avec surveillance électronique peuvent être ordonnés par le juge d'instruction et par celui des libertés et de la détention[95]. En réalité, la compétence de ce dernier n'est qu'indirecte puisqu'il ne peut décider l'une ou l'autre de ces mesures qu'à l'occasion d'une saisine aux fins d'un placement en détention provisoire. Le magistrat ne bénéficie pas, en effet, des dispositions de l'article 139, alinéa 1 du Code de procédure pénale[96], aux-

---

[95] Art. 137-2 et 142-5 CPP.

[96] « *La personne mise en examen est placée sous contrôle judiciaire par une ordonnance du juge d'instruction qui peut être prise en tout état de l'instruction.* ».

quelles renvoie l'article 142-8, en sorte qu'il ne peut, en tout état de la procédure, se saisir lui-même afin d'ordonner une assignation à résidence sous surveillance électronique. En outre, le contrôle du juge des libertés et de la détention s'avère limité car il ne peut suivre le déroulement de la mesure qu'il a pourtant lui-même ordonnée. Qu'il s'agisse du contrôle judiciaire ou de l'assignation à résidence avec surveillance électronique, le juge d'instruction conserve le pouvoir de modifier le contenu des obligations qui s'imposent à l'intéressé : en ajouter, en supprimer, les modifier, voire accorder une dispense occasionnelle ou temporaire d'observer certaines d'entre elles[97]. De même, c'est au magistrat instructeur qu'il revient d'ordonner la mainlevée du contrôle judiciaire mais aussi celle de l'assignation à résidence sous surveillance électronique - les dispositions relatives à l'ARSE procédant par renvoi, là encore, au régime du contrôle judiciaire[98]. Ces pouvoirs, applicables lorsque le juge d'instruction décide de l'une ou l'autre de ces mesures, ne sont pas offerts parallèlement au juge des libertés et de la détention qui serait amené, dans le cadre de son office, à placer un individu sous contrôle judiciaire ou sous assignation à résidence avec surveillance électronique. S'agit-il d'un oubli fortuit de la part du législateur ? Il est permis d'en douter. Notons en effet que la loi précitée du 15 juin 2000 n'avait pas pris le soin d'ajouter, au sein de l'article 138 du Code de procédure pénale relatif aux obligations résultant du contrôle judiciaire, la mention du juge des libertés et de la détention pourtant désormais doté du pouvoir de délimiter ces obligations. Il a fallu attendre celle n° 2004-204 du 9 mars 2004 pour que ledit article soit modifié, mentionnant, pour chaque obligation, l'institution

---

[97] Art. 142-8 CPP et le renvoi à l'article 139 du même Code applicable en matière de contrôle judiciaire.

[98] L'article 142-8 du Code de procédure pénale précise en effet que les dispositions de l'article 140 sont applicables.

du JLD et prenant acte de cette compétence (à titre d'exemple : « 1° Ne pas sortir des limites territoriales déterminées par le juge d'instruction *ou le juge des libertés et de la détention* »). Or le législateur n'a pas saisi l'occasion de ces ajustements pour prévoir, dans le même temps, la possibilité pour le JLD de modifier, d'ajouter, de retrancher ou de décider la mainlevée du contrôle judiciaire qu'il a lui-même ordonné. La circulaire d'application de la loi du 15 juin 2000 reconnaît d'ailleurs expressément que « *les prérogatives du juge des libertés et de la détention en matière de contrôle judiciaire ne sont nullement équivalentes à celle du juge d'instruction* [...]. *Il n'appartient pas au juge des libertés ou* [sic] *de la détention de contrôler le déroulement d'une mesure de contrôle judiciaire comme le fait le juge d'instruction* »[99]. Ce rôle limité du juge se retrouve désormais dans le cadre de l'assignation à résidence avec surveillance électronique, dont le régime se calque, à diverses reprises, sur celui du contrôle judiciaire. Pour quelle cohérence ? Non seulement le juge des libertés et de la détention ne peut prononcer l'une de ces deux mesures que lorsque la détention sollicitée ne lui paraît pas justifiée, mais en outre il se trouve privé d'un contrôle *a posteriori* de la mesure. La détention provisoire, d'un côté, le contrôle judiciaire et l'ARSE, de l'autre, font l'objet de régimes distincts malgré leur étroite corrélation au regard à la fois de l'atteinte à la liberté et de leur fondement juridique, à savoir : les nécessités de l'instruction ou l'exigence d'une mesure de sûreté. La possibilité, pour le JLD, de prononcer une mesure alternative lorsqu'il est saisi d'une demande aux fins d'un placement en détention provisoire atteste d'ailleurs du lien intrinsèque entre ces différentes mesures. Ce lien est tout autant mani-

---

[99] Circ. CRIM 2000-16 F1, 20 déc. 2000, présentant les dispositions de la loi n° 2000-516 du 15 juin 2000 renforçant la protection de la présomption d'innocence et les droits des victimes concernant l'instruction, la détention provisoire, le juge des libertés et de la détention et le jugement correctionnel, *B.O.M.J.* 2000, n° 80.

feste à travers la règle selon laquelle le juge des libertés et de la détention, saisi à la suite d'une transgression des obligations résultant du contrôle judiciaire ou de l'assignation à résidence, peut, dans ce cadre précis, décider d'un placement en détention mais également préférer placer l'individu sous contrôle judiciaire ou sous ARSE et ce, malgré l'échec de celui ordonné préalablement par le juge d'instruction.

Le dispositif actuel conduit en définitive à une interférence curieuse de pouvoirs : d'une part, celui du juge des libertés et de la détention de prononcer une mesure de contrôle judiciaire ou d'assignation à résidence avec surveillance électronique que le juge d'instruction a, par définition, estimé insuffisante ; d'autre part, le pouvoir pour le juge d'instruction de mettre d'office un terme à la mesure ordonnée par le juge des libertés et de la détention. Si l'on pousse la réflexion autour d'un schéma processuel qui doit, non pas s'accommoder, mais s'enrichir des institutions dont notre système judiciaire pénal se prévaut, deux approches paraissent pourtant possibles. Soit perpétuer une logique d'attachement à la juridiction d'instruction, dont la fonction implique de la laisser décider du contrôle judiciaire ou de l'assignation à résidence sous surveillance électronique. Une telle assertion revient en réalité à minimiser les répercussions de ces mesures : le contrôle judiciaire ou l'assignation à résidence sous surveillance électronique serait prononcé davantage en raison des nécessités de l'instruction qu'à titre de sûreté - dans ce dernier cas, seule la détention provisoire paraîtrait devoir s'envisager -, de sorte que l'aval juridictionnel systématique d'un autre magistrat ne serait pas, ou plus, nécessaire. Soit, à l'inverse, reconnaître la compétence, et par là même la cohérence, d'une seule institution compétente pour contrôler des mesures liées par le même objectif de sûreté ou du bon déroulement de l'instruction en permettant au juge des libertés et de la détention de décider lui-même la mise en œuvre de ces trois mesures. Dans une perspective d'évolution, il pourrait ainsi être proposé d'instaurer une symétrie de procédures entre le placement en détention provisoire, l'assignation à résidence avec surveillance électronique et le contrôle judiciaire *ab initio*. Saisi par le juge d'instruction, le JLD délivrerait une ordonnance motivée, comme c'est le cas actuellement dans le cadre de sa saisine aux fins de détention provisoire. L'on pourrait même envisager que le magistrat puisse être saisi directement par le procureur de la République aux fins d'assignation à résidence sous surveillance électronique, lorsque le juge d'instruction n'a pas fait droit à ses réquisitions, dans une perspective similaire et symétrique à celle existant en matière de détention provisoire[100]. Le juge des libertés et de la détention serait en outre désormais investi du pouvoir de contrôler *a posteriori* la mesure, retirant au juge d'instruction tout rôle en la matière : modifier à tout moment le contenu des obligations, en prescrire de nouvelles, en supprimer certaines, voire ordonner la mainlevée partielle ou totale de la mesure, d'office ou sur requête du ministère public, du juge d'instruction ou de l'intéressé. Reconnaître la compétence de l'institution du juge des libertés et de la détention pour trois mesures étroitement corrélées participe en définitive d'une cohésion d'ensemble et du postulat selon lequel la mise en œuvre d'un contrôle judiciaire ou, *a fortiori*, d'une mesure d'assignation à résidence avec surveillance électronique, peut parfois s'avérer aussi traumatisante qu'une mise en détention provisoire, lorsque bon nombre de droits et libertés se trouvent de la sorte entravés en raison des conséquences engendrées : perte d'un emploi, isolement, réprobation sociale, autant de répercussions qui justifient, en amont un regard juridictionnel tiers et indépendant sur le choix des restrictions de liberté. Le juge

[100] L'article 137-4 du Code de procédure pénale a prévu un dispositif tout à fait singulier de saisine directe du juge des libertés et de la détention aux fins d'incarcération provisoire dans l'hypothèse d'une personne mise en examen pour crime ou délit puni de dix ans d'emprisonnement.

des libertés et de la détention se placerait de la sorte en position d'arbitre, entre les intérêts du juge d'instruction et de ses investigations, ceux du ministère public et des attentes de la société, celui, enfin, de la personne mise en examen, soucieuse de voir son sort confié à un magistrat tiers et indépendant[101].

À tout le moins, la nature hybride de la mesure d'ARSE ne justifierait-elle pas un tel transfert de compétence ? Comme l'écrit un auteur, l'assignation à résidence sous surveillance électronique est une « *restriction de liberté renforcée de la personne mise en examen, entre le contrôle judiciaire - mesure restrictive de liberté - et la détention provisoire - mesure privative de liberté. Le contrôle judiciaire, « simple » restriction de liberté, est pour ainsi dire l'apanage du juge d'instruction, conçu dans le prolongement de sa fonction d'instruction.* »[102]. Toute la question est de savoir si l'assignation à résidence sous surveillance électronique relève encore, ou non, de la fonction d'instruction. À mi-chemin entre les mesures de contrôle judiciaire et de détention provisoire, ni tout à fait la même, ni tout à fait une autre, l'assignation à résidence peine à se démarquer. Une troisième voie, en somme, qui ne parvient pas à se distinguer comme telle, le législateur n'ayant pas offert aux praticiens les moyens juridiques de son ambition.

---

101 Pour aller plus loin, v. P. Le Monnier de Gouville, *Le juge des libertés et de la détention. Entre présent et avenir*, préc.

102 F. Fourment, *op. cit.*

Le dévoiement des mesures alternatives à l'emprisonnement

Evan RASCHEL
Professeur à l'Université Clermont Auvergne
Directeur adjoint du Centre Michel de l'Hospital (EA 4232)
Chargé de mission « Jeunes pénalistes » à l'Association française de droit pénal (AFDP)

Fondamentalement, l'objectif de la loi pénitentiaire du 24 novembre 2009 – son nom seul l'indique – fut d'envisager différentes perspectives liées au cadre et aux conditions de détention. Cette loi n'avait pas prioritairement pour objet les alternatives à l'emprisonnement.

Pour autant, les mesures alternatives intègrent tout à fait la logique de la loi pénitentiaire, puisqu'elle insistait déjà sur la nécessité de limiter autant que possible l'incarcération, a fortiori les courtes peines d'emprisonnement[1], contre lesquelles lutter est devenu une réelle préoccupation (l'incarcération fut parfois qualifiée, jusque dans les textes

---

[1] A. Kastelaniec de Laforcade, *Les condamnations à des courtes peines d'emprisonnement*, Thèse Paris 2, 2010. Les peines alternatives ont vocation à s'appliquer aux infractions peu graves, rappelons ici qu'il n'en existe aucune en matière criminelle.

réglementaires, de *« désocialisante »*[2]), ce dont témoignait plus récemment la loi du 23 mars 2019, qui interdisait notamment de prononcer une peine d'un mois ou moins[3].

Eviter l'incarcération… tout en proposant une réponse adaptée à la situation de l'intéressé, qu'il s'agisse d'une mesure de sûreté ou d'une sanction aménagée. Aussi la loi pénitentiaire a-t-elle étendu des mesures de contrôle en milieu ouvert - ainsi de l'assignation à résidence sous surveillance électronique[4] -, et les aménagements des peines[5]. Les moyens étaient variés et si bon nombre d'entre eux sont toujours, dix ans après, de droit positif, ils ont dû être remaniés car leur efficacité n'a pas toujours été à la hauteur des espérances[6].

Poursuivant le même objectif d'évitement de l'emprisonnement, la loi pénitentiaire encouragea par ailleurs – certes modestement – les peines alternatives[7]. Il s'agit là du cœur de notre sujet : les mesures alternatives seront principalement comprises comme des peines alternatives[8], bien que

---

[2] A. Blanc et I. Gorce, « Retour sur quarante ans de politique pénitentiaire », *AJ Pénal* 2019, p. 528.

[3] C. pén., art. 132-19, al. 1er.

[4] V. la contribution précédente de P. Le Monnier de Gouville, « L'ARSE : une mesure efficace face à la détention provisoire ? ».

[5] V. P. Poncela, « La loi pénitentiaire du 24 novembre 2009 », *RSC* 2010/1, p. 190 s.

[6] E. Bonis et V. Peltier, « La loi pénitentiaire, 10 ans après », *Dr. pén.* nov. 2019, étude n° 8.

[7] Pour des statistiques antérieures à la loi de 2009, lire P.-V. Tournier, « Condamnations au casier judiciaire : le poids des peines alternatives à la détention », *AJ Pénal* 2006, p. 321. Sur l'efficacité de ces peines, V. du même auteur : « Peines d'emprisonnement ou peines alternatives : quelle récidive ? », *AJ Pénal* 2006, p. 315.

[8] En tous les cas, les mesures alternatives ici étudiées seront celles pouvant être prononcées par la juridiction de jugement, à titre de sanction. Seront exclues les mesures pouvant être prononcées à titre d'alternatives au procès pénal (composition pénale ou transactions notamment).

l'expression permette de recouper certaines modalités de la peine, comme le sursis auquel il sera ici fait une rapide référence ; la largesse du terme permettrait même d'y inclure certains aménagements de peine – mais ceux-ci seront l'objet de la contribution suivante[9].

Sous cet aspect, un premier lien peut être effectué : en 2009 était créée l'assignation à résidence sous surveillance électronique comme alternative à la détention provisoire, en 2019 la détention à domicile sous surveillance électronique comme alternative à l'emprisonnement (donc au-delà des dispositifs d'aménagement), DDSE qui emporte pour le condamné l'obligation de demeurer à son domicile ou tout autre lieu désigné par la juridiction et du port d'un dispositif intégrant un émetteur, pour une durée comprise entre 15 jours et 6 mois (sans pouvoir excéder la durée de l'emprisonnement encouru). La DDSE, bien moins désocialisante, permet d'envisager le maintien de l'insertion de la personne dans la société, voire sa réinsertion… tout en diminuant considérablement le coût, pour l'Etat, de la peine. Son importance est rehaussée par la deuxième place qu'elle occupe dans la liste des peines correctionnelles de l'article 131-3 du Code pénal : après l'emprisonnement, mais avant le travail d'intérêt général et l'amende : ce sont donc deux peines alternatives qui, curieusement, figurent avant une peine principale… L'emprisonnement, lui, s'il demeure en première place, est traité comme une peine correctionnelle parmi d'autres[10].

La loi pénitentiaire de 2009 encore, modifia substantiellement la peine de travail d'intérêt général[11], qui fut

---

[9] Y. Carpentier, « Le déploiement des aménagements de peine », *infra*

[10] M. Giacopelli, « Renforcer l'efficacité et le sens de la peine », *JCP G* 2019, 386.

[11] M. Janas, « Les dispositions relatives au prononcé et à l'application des peines de la loi n° 2009-1436 du 24 novembre 2009 dite loi pénitentiaire.

longtemps le symbole de cette idée nouvelle qu'une sanction pénale effectuée dans la communauté pouvait se substituer aux courtes peines d'emprisonnement[12].

Les peines alternatives peuvent ainsi être présentées comme un progrès, et sont pour cela assez largement encouragées par le législateur : pensons à leur vaste domaine, la DDSE par exemple peut s'appliquer à tout délit puni d'emprisonnement (sans qu'il soit besoin que les textes d'incriminations précisent ou rappellent cette possibilité). Mais peut-être les peines alternatives sont-elles insuffisamment exploitées. Un double obstacle se dresse devant leur mise en œuvre : un déficit de culture chez les magistrats, pour lesquels l'emprisonnement reste la reine des sanctions et la peine de référence[13] ; un déficit… de moyens financiers et humains nécessaires à la réussite effective des différentes mesures alternatives. C'est pour ces deux raisons (outre la complexité du dispositif), que la peine alternative de contrainte pénale, a été abandonnée par la pratique[14] avant d'être abrogée par le législateur[15]. De même le TIG, bien que présentant d'incontestables avantages, représente moins de 3% de la totalité des peines prononcées[16].

- Entre aménagements de peine et libérations anticipées, de l'individualisation à l'industrialisation des aménagements de peines », *Dr. pén.* janv. 2010, étude n° 1, spéc. n° 9-11.

[12] B. Leroy et P. Kramer, « Le travail au profit de la communauté, substitut aux courtes peines d'emprisonnement », *RSC* 1983, p. 37 s. Le TIG a été créé par la loi n° 83-466 du 10 juin 1983.

[13] D. Dassat-Le Deist, « L'emprisonnement : peine de référence en droit pénal », *Gaz. Pal.* 26 avr. 2016, n° 16, p. 92.

[14] Deux ans après sa création, seules 2.503 contraintes pénales avaient été prononcées. Adde J. Ficara et P. Kuentz, « La peine de contrainte pénale, entre constat d'échec et perspectives d'évolution », *AJ Pénal* 2017, p. 172.

[15] La peine de contrainte pénale (C. pén., ancien art. 131-4-1) a été abrogée à l'occasion de la loi du 23 mars 2019.

[16] Ministère de la Justice, Les chiffres-clés de la Justice 2018, p. 18. Adde

Au-delà de cette inefficience, peut-on constater un dévoiement des mesures alternatives à l'emprisonnement ? Le terme est sévère, mais à bien y regarder, il n'est pas tout à fait injustifié. En premier lieu, le mécanisme même de l'alternative n'est pas toujours respecté (I) ; en second lieu, sa finalité - offrir un substitut à l'emprisonnement, moins nocif tout en restant efficace - ne l'est pas davantage (II).

I. Dévoiement dans le mécanisme de l'alternative à l'emprisonnement

Par définition, une *« alternative »* offre un choix, une option entre deux voies explorables, avec cette conséquence qu'une fois l'une retenue, l'autre est exclue. Or, parmi les peines présentées comme alternatives, certaines ne respectent pas cette logique. Certes, une règle est affirmée, en vertu de laquelle *« L'emprisonnement ne peut être prononcé cumulativement avec une des peines privatives ou restrictives de droits (...) de l'article 131-6 ni avec la peine de travail d'intérêt général. »*[17]. Mais cette règle doit immédiatement être précisée, sur deux points.

D'abord, le recours à une peine alternative, même excluant en son principe l'emprisonnement, peut finalement y aboutir... si les mesures ordonnées ne sont pas exécutées[18].

A. Thezee, « Le travail d'intérêt général de 1984 à 2018 », *AJ Pénal* 2020, p. 326.

[17] C. pén., art. 131-9, al. 1er. La DDSE est omise... Adde tout aussi clair, l'alinéa 1er de l'art. 131-6 C. pén. : *« Lorsqu'un délit est puni d'une peine d'emprisonnement, la juridiction peut prononcer, à la place de l'emprisonnement, une ou plusieurs des peines privatives ou restrictives de liberté suivantes ». En réalité, ces peines sont tout autant des peines alternatives à l'amende : « Les peines privatives ou restrictives de droits énumérées à l'article 131-6 peuvent également être prononcées, à la place de l'amende, pour les délits qui sont punis seulement d'une peine d'amende. »* (C. pén., art. 131-7).

[18] Sur cette idée, V. Ph. Salvage, « Les peines de peines », *Dr. pén.* 2008, étude 9.

L'alternative à l'emprisonnement est donc conditionnée (alors, est-ce véritablement une alternative ?), en l'occurrence au bon comportement du condamné. Rappelons dans cette logique que pour la DDSE comme pour le TIG, l'acceptation[19] du condamné au prononcé de la mesure et/ou à son exécution est requise.

Plus précisément, il est prévu que lorsqu'elle prononce les principales peines alternatives, *« la juridiction peut fixer la durée maximum de l'emprisonnement [le terme est employé] ou le montant maximum de l'amende dont le juge de l'application des peines pourra ordonner la mise à exécution en tout ou partie, dans des conditions prévues par l'article 712-6 du code de procédure pénale, si le condamné ne respecte pas les obligations ou interdictions résultant de la ou des peines prononcées. Le président de la juridiction en avertit le condamné après le prononcé de la décision. L'emprisonnement ou l'amende que fixe la juridiction ne peuvent excéder les peines encourues pour le délit pour lequel la condamnation est prononcée ni celles prévues par l'article 434-41 du présent code »*[20].

Sur cette base, un rapprochement pourrait être fait avec le sursis probatoire… le schéma général est en effet le même : choisir (pour la juridiction qui prononce la peine dans les deux cas) d'éviter l'emprisonnement (le sursis probatoire est restreint à cette peine[21]) tout en imposant au condamné différentes mesures, dont plusieurs ont le même contenu que les peines dites alternatives ou complémentaires (ainsi du travail d'intérêt général), avec un retour à l'emprisonnement si ces mesures venaient à ne pas être exécutées[22]… Sous cet aspect, le sursis probatoire qui est une modalité d'exécution de la peine, peut être présenté au même titre que les peines alternatives, comme une *« mesure »* alter-

---

19 Le terme de consentement, parfois utilisé, semble inapproprié.

20 C. pén., art. 131-9, al. 2.

21 C. pén., art. 132-40, al. 1er.

22 V. pour le sursis probatoire : C. pén., art. 132-47 s.

native à l'emprisonnement, pour reprendre l'intitulé de notre contribution.

Ensuite, et surtout, le mécanisme même de l'alternative est parfois directement contredit. Toutes les peines dites alternatives ne sont pas concernées par l'interdiction de cumul avec l'emprisonnement. Distinguons trois hypothèses.

Premièrement, le jour-amende fait l'objet d'un alinéa spécial de l'article 131-9 : *« La peine de jours-amende ne peut être prononcée cumulativement avec la peine d'amende. »*[23]. Chose curieuse, les textes relatifs au jour-amende ne respectent pas son esprit… mais la pratique judiciaire ne s'y trompe pas, qui semble bien considérer cette peine comme une alternative à l'emprisonnement[24].

Deuxièmement, depuis une loi n° 2020-936 du 30 juillet 2020, l'article 131-9, alinéa 1er dispose que *« L'emprisonnement ne peut être prononcé cumulativement avec une des peines privatives ou restrictives de droits prévues aux 1°, 2°, 3°, 4°, 5°, 5° bis, 8°, 9°, 11° et 15° de l'article 131-6 (…) »*. De la sorte, les autres peines visées à l'article 131-6 ne sont plus exclues - par exemple l'interdiction de détenir ou porter une arme[25].

---

[23] C. pén., art. 131-9, al. 3.

[24] Relevons en ce sens que la peine de jours-amende ne peut être prononcée que *« Lorsqu'un délit est puni d'une peine d'emprisonnement »* (C. pén., art. 131-5).

[25] Il s'agit des peines suivantes : L'interdiction de détenir ou de porter, pour une durée de cinq ans au plus, une arme soumise à autorisation (6°) ; La confiscation d'une ou de plusieurs armes dont le condamné est propriétaire ou dont il a la libre disposition (7°) ; La confiscation de la chose qui a servi ou était destinée à commettre l'infraction ou de la chose qui en est le produit. Toutefois, cette confiscation ne peut pas être prononcée en matière de délit de presse (10°) ; L'interdiction, pour une durée de trois ans au plus, de paraître dans certains lieux ou catégories de lieux déterminés par la juridiction et dans lesquels l'infraction a été commise (12°) ; L'interdiction, pour une durée de trois ans au plus, de fréquenter certains condamnés spécialement désignés par la juridiction,

Troisièmement, et plus clairement encore, la sanction-réparation peut être prononcée, d'après le texte même qui l'institue, *« à la place ou en même temps que la peine d'emprisonnement »*[26]. C'est exactement la même formule et donc la même solution qui est applicable aux stages[27]. Elles peuvent donc se substituer à l'emprisonnement, mais il n'y a rien d'obligatoire à cela. A proprement parler, elles ne sont donc pas des alternatives à l'emprisonnement. Ce sont des peines alternatives <u>ou</u> complémentaires… En tant que telles, elles ne devraient pas bénéficier du régime propre au peines alternatives stricto sensu, qui les considère notamment plus douces par nature, donc applicables dès leur entrée en vigueur, même aux infractions commises antérieurement : on se souvient là d'un important arrêt rendu concernant la (défunte) contrainte pénale[28], ou plus récemment d'un arrêt relevant *« que doivent être considérées comme moins sévères les dispositions législatives faisant encourir à titre alternatif et non plus cumulatif des peines complémentaires »*[29].

Cette hybridation des peines alternatives et complémentaires n'est pas si surprenante, si l'on constate que, par une sorte de parallélisme des logiques, les peines complémentaires applicables à un délit et entrant dans les prévisions générales de l'article 131-10 du Code pénal peuvent être prononcées *« à titre de peine principale »*[30], auquel cas elles ne

---

notamment les auteurs ou complices de l'infraction (13°) ; L'interdiction, pour une durée de trois ans au plus, d'entrer en relation avec certaines personnes spécialement désignées par la juridiction, notamment la victime de l'infraction (14°).

[26] C. pén., art. 131-8-1, al. 1er.

[27] C. pén., art. 131-5-1, al. 1er. Adde l'art. 131-6, 6°, 7°, 10°, 12°, 13° et 14° C. pén.

[28] Crim., 14 avr. 2015 (deux arrêts), 15-80858 et 14-84473.

[29] Crim., 15 oct. 2019, 17-86838 (affichage et diffusion de la condamnation).

[30] C. pén., art. 131-11, al. 1er. La situation est originale, celle d'un acces-

pourront être cumulées avec les peines principales classiques que sont l'emprisonnement et l'amende. Mais il ne s'agit que d'une possibilité, l'alternative n'est qu'envisageable – au demeurant les peines complémentaires (dites alors de substitution[31]) ont des effets et finalités qui ne permet pas de les considérer comme remplaçant les peines principales : elles restent subsidiaires.

C'est précisément cette question de la subsidiarité des peines qui nous amène vers un autre dévoiement que l'on peut reprocher à certaines peines alternatives : celui de leur finalité.

II. Dévoiement dans les finalités de l'alternative à l'emprisonnement

Le dévoiement de la finalité des peines alternatives pourrait sans doute trouver sa meilleure illustration avec la sanction-réparation : la conciliation paraît improbable[32], et la doctrine critique a pu parler d'*« oxymore »*[33] ou d' *« hybride disgracieux »*[34]. Nous ne reviendrons pas davantage sur cette

---

soire qui survit à l'absence de principal, d'où cette expression du législateur.

[31] E. Bonis-Garçon et V. Peltier, *Droit de la peine*, LexisNexis, coll. Manuel, 2015, 2ème éd., n° 235 s. La peine de suivi socio-judiciaire, prononcée en matière correctionnelle, *« peut être ordonnée comme peine principale »* (C. pén., art. 131-36-17), auquel cas elle peut également être présentée comme une peine de substitution (M. Giacopelli et A. Ponseille, *Droit de la peine*, LGDJ, coll. Cours, 2019, n° 82).

[32] Encore que d'après l'exposé des motifs de la loi du 5 mars 2007, *« Les efforts consentis dans ce cadre devront correspondre à la souffrance physique ou morale supportée par la victime »* (V. E. Fortis, « Janus et la responsabilité, variations sur la sanction-réparation », *in* Etudes offertes à Geneviève Viney, LGDJ, 2008, p. 449 et s.).

[33] M. Giacopelli, « Libres propos sur la sanction-réparation », *D.* 2007, p. 1551 et s.

[34] S. Fournier, « La peine de sanction-réparation : un hybride disgra-

peine (au demeurant largement ignorée par la pratique judiciaire) : nous avons vu en effet que la sanction-réparation n'était pas véritablement, du moins pas toujours, une peine alternative.

Même en prenant pour références d'autres peines, un certain dévoiement peut être constaté, par rapport à la logique et à la finalité initiales des alternatives à l'emprisonnement. Comme l'écrivait Stéphane Detraz dans un article précisément consacré à *« La notion de peine alternative à l'emprisonnement »*[35], *« Pour être une "alternative" à l'emprisonnement, la peine doit également servir à le remplacer, c'est-à-dire, d'un point de vue pénologique, tendre au même objectif punitif que lui, par l'emploi d'un moyen autre que la privation de liberté »*. Tel est le cas de la DDSE (qui a été d'ailleurs été qualifiée par le Conseil constitutionnel de *« peine privative de liberté »*[36]), et, dans une moindre mesure, du TIG. Plus encore depuis que sa durée maximale a été fixée à 400 heures (en 2019) : *« Il s'agit d'en alourdir la charge (…). Les magistrats ne doivent plus hésiter à opérer cette substitution par crainte que la réponse pénale ne soit pas à la hauteur de l'infraction »*[37]. S'agissant encore du TIG, relevons un autre dévoiement potentiel : à titre expérimental, un TIG pourra être effectué au profit d'une personne morale de droit privé, voire de certaines sociétés. De la sorte, des entreprises privées pourraient accueillir des condamnés dont elles profiteront du travail non-rémunéré – comme le relève le Professeur Dreyer, cela, *« sur le plan concurrentiel et syndical, risque d'être diversement apprécié »*[38].

---

cieux », *in* Mélanges J.H. Robert, LexisNexis, 2012, p. 285 et s.

[35] *Gaz. Pal.* 26 avr. 2016, n° 16, p. 88.

[36] Cons. const., 21 mars 2019, n° 2019-778 DC, § 325.

[37] E. Dreyer, « Premières observations sur les peines dans la loi du 23 mars 2019 », *Gaz. Pal.* 2019, n° 17, p. 45.

[38] *Ibid.*

Mais si – comme c'est le cas pour les peines autres que la DDSE et le TIG – la peine a des effets et une finalité très différente, il ne s'agit pas véritablement d'une alternative à l'emprisonnement. En effet, on ne peut pas dire qu'il y ait alors substitution. L'emprisonnement est radicalement écarté, ainsi que les autres peines qui auraient pu présenter un rôle similaire (punitif notamment), au profit de peines qui, quel que soit le nom que l'on retient, jouent le rôle de peines complémentaires à vocation notamment préventives ou réparatrices.

On se trouve dans la logique des dispenses de peines[39], à ceci près que les peines estimées non nécessaires par le juge sont les seules peines principales. Par exemple, on ne remplace pas l'emprisonnement par une suspension du permis de conduire, un retrait du permis de chasser ou une interdiction d'émettre des chèques – cela n'aurait guère de sens. On répond, on raisonne différemment, en mettant de côté l'emprisonnement, ses particularités… et ses finalités. Ce qui, soit dit en passant, n'est pas sans incidence sur l'appréciation de l'emprisonnement ferme et l'une de ses conditions : vérifier que « toute autre sanction est manifestement inadéquate »[40].

Les peines dites alternatives auraient donc dû être traitées – comme elles le sont d'ailleurs, mais de manière redondante – comme des peines complémentaires[41], ou comme des modalités du sursis probatoire.

Ceci à l'exception de la DDSE et du TIG, qui méritent bien d'être considérés comme des peines alternatives. Mais avec cette précision que la DDSE n'a certainement pas re-

---

[39] Comp. C. pén., art., 132-59.

[40] C. pén., art. 132-19, al. 2.

[41] Par exemple, la suspension du permis de conduire est à la fois une peine alternative et une peine complémentaire.

présenté de véritable évolution, puisqu'existe également une modalité d'aménagement de peine dont, outre l'homonymie, le contenu est identique, de sorte *« que des risques de confusion existent et que la question se pose de la plus-value que cette nouvelle peine est censée apporter par rapport aux dispositifs existants »*[42] - c'est principalement sur leur durée que ces mesures peuvent différer. Quant au TIG, il est l'une des modalités du sursis probatoire… L'intérêt principal résiderait dans leur indépendance vis-à-vis de l'emprisonnement, qui devrait (à lire l'exposé des motifs de la loi de 2019), favoriser son prononcé par les juridictions, et renforcer l'efficacité symbolique de la justice pénale, puisque la peine exécutée sera celle qui aura été prononcée… Ces arguments, pour n'être pas négligeables, sont certainement insuffisants pour espérer assister à un réel déploiement des mesures alternatives à l'emprisonnement.

---

[42] J. Frinchaboy, « La nouvelle peine de détention à domicile sous surveillance électronique : une véritable innovation ? », *Gaz. Pal.*, 19 nov. 2019, n° 40, p. 75.

Le déploiement des aménagements de peine

Yan CARPENTIER
Maître de conférences à Université de Corse,
Équipe méditerranéenne de recherche juridique UR 7311

Buts de la loi du 24 novembre 2009 dite pénitentiaire. Selon l'exposé des motifs, la France avec la loi pénitentiaire du 24 novembre 2009[1] se dotait d'une loi fondamentale sur le service public pénitentiaire afin de fournir un cadre juridique qui était en partie absent[2]. Cette loi était devenue nécessaire pour plusieurs raisons notamment pour intégrer certaines règles minimales imposées par le Parlement européen mais aussi pour améliorer l'intelligibilité du droit pénitentiaire. Au lendemain de cette loi, les commentateurs avouaient un sentiment ambivalent regrettant un parcours législatif *« poussif »* et certains oublis, tout en saluant la volonté du législateur d'investir *« l'aridité du désert pénitentiaire »*[3]. Pour la première fois, le législateur tentait d'encadrer

---

[1] Loi n°2006-1436 du 24 novembre 2009 dite pénitentiaire.

[2] V. exposé des motifs de la loi n°2009-1436 du 24 novembre 2009 : https://www.legifrance.gouv.fr/dossierlegislatif/JORFDOLE000019261095/?detailType=EXPOSE_MOTIFS&detailId=

[3] J.-P. Céré, « Virage ou mirage pénitentiaire ? A propos de la loi du 24

le champ pénitentiaire en adoptant des dispositions en faveur d'un Code de déontologie du service public pénitentiaire et en organisant, modestement, les droits et les devoirs des détenus[4]. Les apports de la loi relevaient pour une large partie du droit pénitentiaire avec l'idée de mieux encadrer la détention et d'en améliorer les conditions. Pour cela, le législateur a entendu lutter contre la surpopulation carcérale en instituant des mécanismes d'évitement de la privation de liberté[5] par une diversification des pénalités encourues et par la promotion des aménagements de peine.

Déploiement des aménagements de peine par la loi pénitentiaire. Si les dispositions de droit pénitentiaire ont laissé des doutes lors de l'adoption de la loi pénitentiaire, celles relatives aux aménagements de peine ont été analysées comme des changements considérables. Certains ont ainsi déclaré que *« pour la première fois, la promotion des aménagements de peine est affirmée avec tellement de force, que c'est toute l'économie des libertés surveillées qui pourrait s'en trouver transformée »*[6]. La promotion des aménagements de peine appelée des vœux d'une part de la doctrine[7] intervenait enfin avec une ampleur telle que l'on a pu parler du *« déploiement des aménagements de peine »*[8]. L'emploi du vocable *« déploiement »* n'est pas neutre, car s'il

---

novembre 2009 », *JCP G*, 2009, 552, § 19.

[4] Sur ces éléments, E. Bonis et V. Peltier, « La loi pénitentiaire, 10 ans après », *Dr. pén.*, 2019, étude 23.

[5] En ce sens, P. Poncela, « Le déploiement des aménagements de peine », *RPDP*, 2009, p. 95 et s.

[6] M. Janas, « Les dispositions relatives au prononcé et à l'application des peines de la loi n°2009-1436 du 24 novembre 2009 dite loi pénitentiaire. Entre aménagements de peine et libération anticipées, de l'individualisation à l'industrialisation des aménagements de peines », *Dr. pén.*, 2010, étude 1, § 1.

[7] M. Giacopelli, « La promotion du milieu ouvert par les aménagements de peine », *AJ. pénal*, 2005, p. 89.

[8] P. Poncela, « Le déploiement des aménagements de peine », *art.cit.*

traduit la volonté d'étendre le champ d'application de ces mesures[9], il évoque également une technique martiale relative au passage des bataillons de soldats de l'ordre en colonne à l'ordre de bataille[10], bref en ordre de combat. La stratégie adoptée à l'occasion de la loi du 24 novembre 2009 a été d'installer les courtes peines privatives de liberté en réponse de dernier recours[11] pour favoriser d'autres mesures comme les différentes formes de sursis à exécution et les aménagements de peine. Cela devait permettre de lutter contre la surpopulation carcérale et de prévenir la récidive. Pour permettre le déploiement des aménagements de peine, la loi du 24 novembre 2009 organisa deux principaux moyens. D'une part, la loi a multiplié les procédures et les temps de l'aménagement de peine. Ainsi, l'ancien article 132-24 du Code pénal accordait des prérogatives aux juridictions correctionnelles pour prononcer un aménagement de peine simultanément au prononcé de peine, permettant alors le recours aux aménagements de peine *ab initio*. De la même manière, elle institua de nouvelles procédures d'aménagement de peine[12] et permit un recours plus large à la procédure prévue à l'article 723-15 du Code de procédure pénale laquelle a pour objet le prononcé d'un aménagement de peine par le juge de l'application des peines avant la mise à exécution de ladite peine. D'autre part, la loi pénitentiaire a également revu les conditions de fond de certains aménagements de peine afin d'en faciliter le prononcé en cours d'exécution de la peine mais aussi *ab initio*. La loi du 24 no-

---

[9] V. Dictionnaire de langue française, Le Petit Robert, Deployer.

[10] V. Dictionnaire de langue française, Le Littré, Deployer.

[11] Sur cette technique, M. Giacopelli et A. Ponseille, *Droit de la peine*, Dalloz, coll. Cour, 2019, p. 351 et s. ; E. Bonis et V. Peltier, *Droit de la peine*, Lexisnexis, 3e éd., 2019, p. 153, § 311 et s.

[12] Que l'on qualifiait parfois de *« sas de sortie »*, v. M. Janas, « Les dispositions relatives au prononcé et à l'application des peines de la loi n°2009-1436 du 24 novembre 2009 dite pénitentiaire », *art. cit.*, spec § 28.

vembre 2009 a ainsi autorisé l'aménagement *ab initio* d'une peine d'emprisonnement d'une durée inférieure ou égale à deux ans ferme. Elle a également élargi les motifs d'octroi des aménagements de peine en se bornant à faire référence à « tout projet sérieux de réinsertion » et laissant au juge le soin d'apprécier la réalité d'un tel projet sans le définir. L'ensemble de ces éléments a permis une construction doctrinale selon laquelle la loi du 24 novembre 2009 a institué *« une fongibilité des peines »*[13]. Néanmoins, à côté de toutes ces innovations vertueuses, certaines critiques persistaient notamment car la loi maintenait des différences entre les auteurs d'infraction primaires et récidivistes. On regrettait également une loi incomplète en ce qu'elle n'avait pas investi la délicate question des longues peines privatives de liberté et ce malgré certaines préconisations du Comité d'organisation restreint de la loi en ce sens[14].

Que reste-t-il de la loi pénitentiaire ? La promulgation de cette loi a donc entraîné des réactions variées tantôt enthousiastes et optimistes et tantôt teintées de déception. Un peu plus de dix ans plus tard, on peut alors s'interroger sur ce qu'il reste de cette loi que l'on avait qualifié de *« fondamentale »* au temps de son adoption. Au terme des dix années d'existence, le bilan s'impose pour apprécier l'évolution des principes établis à l'occasion de la loi pénitentiaire. Le sentiment mitigé que laissait la loi au lendemain de son adoption est-il toujours de rigueur et si c'est le cas, les causes de ce sentiment sont-elles restées identiques ? Depuis la loi du 24 novembre 2009 d'autres lois majeures ont été adoptées et sont venues modifier le droit de la peine de sorte que cer-

---

[13] Pour une analyse de cette doctrine, A. Ponseille, « La fongibilité des peines, technique d'application des peines pour un juge alchimiste » *in* Les nouveaux problèmes actuels de sciences criminelles, PUAM, vol. XXVII, p. 127 et s.

[14] V. P. Poncela, « Le déploiement des aménagements de peine », *art. cit.*, spec p. 100.

taines critiques ont été entendues et corrigées. Néanmoins, les réformes ont-t-elles permis de régler l'ensemble des critiques et d'investir les champs délaissés par la loi pénitentiaire ? Autant d'interrogations qui imposent de procéder à un état des lieux du droit pour apprécier l'éventuelle persistance des principes de la loi du 24 novembre 2009.

Persistance des apports fondamentaux de la loi pénitentiaire. A l'heure du bilan, il faut dire que les principes institués à l'occasion de la loi du 24 novembre 2009 n'ont jamais été invalidés par les lois successives. La loi du 15 août 2014[15] a maintenu la possibilité des aménagements de peine *ab initio*, comme la loi du 23 mars 2019[16]. On peut même relever que ces deux lois ont également, dans une certaine mesure, poursuivi le déploiement des aménagements de peine. Ainsi, l'idée de lutte contre la surpopulation carcérale en évitant les courtes peines privatives de liberté est toujours perceptible. Toutefois, ces deux lois qui ont le plus réformé le droit de la peine, n'ont pas été l'occasion de repenser le système des longues peines ou de procéder à un nettoyage des dispositions des Codes. En conséquence, les carences de la loi du 24 novembre 2009 persistent également comme la critique relative à l'intelligibilité du droit relatif aux aménagements de peine. En d'autres termes, si l'on se concentre sur les aménagements de peine, on peut dire que les réformes adoptées à la suite de la loi pénitentiaire ont, de manière de générale, permis un déploiement constant (I) des aménagements de peine même s'il reste incomplet (II).

---

[15] Loi n°2014-896 du 15 août 2014 relative à l'individualisation des peines et renforçant l'efficacité des sanctions pénales.

[16] Loi n°2019-222 du 23 mars 2019 de programmation et de réforme pour la justice.

I. Un déploiement constant

Plan. La loi du 24 novembre 2009 a en effet, introduit l'idée selon laquelle il existe une fongibilité des courtes et moyennes peines d'emprisonnement[17]. Cette expression renvoie aux pouvoirs des juges, et plus particulièrement du juge de l'application des peines, pour modifier et remplacer la peine prononcée par la juridiction de jugement[18]. La définition proposée est assez radicale car elle permet de changer la nature d'une peine prononcée comme c'est le cas en matière de conversion de peine. Les aménagements de peine ne permettent pas de changer la nature de la peine mais ils modifient le régime d'exécution de la peine prononcée[19]. Néanmoins, au-delà de la terminologie employée, il faut bien admettre que le déploiement des aménagements de peine amorcé par la loi du 24 novembre 2009 n'a jamais cessé. En effet, les réformes survenues à la suite de la loi pénitentiaire ont renforcé la diversité des mesures d'aménagement de peine (A) et la loi du 23 mars 2019 a relativement amplifié l'aménagement des courtes peines d'emprisonnement (B).

A. La diversification des mesures d'aménagement de peine

Diversification constante des techniques d'aménagement de peine. Depuis la consécration de la libération conditionnelle en 1885[20], les mesures

---

[17] Cette expression est celle de Madame Poncela, P. Poncela, « Le déploiement des aménagements de peine », *art. cit.*, spec p. 95 *in fine*.

[18] Pour un travail définitoire, v. A. Ponseille, « La fongibilité des peines, technique d'application des peines pour une juge alchimiste », *art. cit.*, spec p. 127 et 128.

[19] V. notre thèse, *Essai d'une théorie générale des aménagements de peine*, Université de Bordeaux, 2016, dir. E. Bonis, p. 424 et s., § 602 et s.

[20] Loi Bérenger du 14 août 1885

d'aménagement de peine n'ont eu de cesse de se développer et sont devenues de plus en plus nombreuses[21]. Néanmoins depuis l'introduction du bracelet électronique comme aménagement de peine en 1997[22], la créativité se faisait plus timide. Néanmoins si depuis la fin du XXe siècle, la variété des mesures d'aménagement de peine restait inchangée, on a vu apparaître de nouvelles conditions d'octroi de certains mécanismes comme la libération conditionnelle ou encore des techniques nouvelles d'aménagement de la peine. A côté de la désormais ancienne libération conditionnelle de droit commun, des régimes spéciaux[23] sont apparus comme celui de la libération conditionnelle parentale[24], de la libération conditionnelle des personnes âgées[25] ou encore de la libération conditionnelle des étrangers[26]. La technique des aménagements de peine s'est également perfectionnée avec la possibilité pour les juridictions de l'application des peines de soumettre un condamné à des aménagements de peine à titre préparatoire ou à titre probatoire[27] lesquels servent à éprouver la capacité d'un condamné à respecter les conditions d'une mesure. Parfois, les juridictions de l'application

---

21 Pour une brève synthèse de l'émergence des aménagements de peine, *Essai d'une théorie générale des aménagements de peine*, *op.cit.*, p. 9 et s., § 4 et s.

22 De manière générale sur la technique du bracelet électronique, Y. Carpentier, « Réponse à celui qui s'interrogeait sur le bracelet électronique : 'boulet moderne' ou 'outil de réinsertion' ? », *RSC* 2019, p. 585 et s. Pour une analyse de la loi ayant institué le placement sous surveillance électronique, v. P. Couvrat, « Une première approche de la loi du 19 décembre 1997 relative au placement sous surveillance électronique », *RSC* 1998, p.374 et s.

23 E. Bonis et V. Peltier, *Droit de la peine*, *op.cit.*, p. 560 et s.

24 CPP. art. 729-3.

25 CPP. art. 729 al. 6.

26 CPP. art. 729-2.

27 Sur ces notions, *Essai d'une théorie générale des aménagements de peine*, *op.cit.*, p. 242 et s., § 328 et s. ; également E. Bonis et V. Peltier, *Droit de la peine*, *op.cit.*, p. 581, § 1320 et s.

des peines sont mêmes contraintes de recourir à ces techniques notamment pour les condamnés en matière terroriste[28]. Ainsi, en vue d'accorder une libération conditionnelle, le juge peut soumettre le condamné à une mesure d'aménagement de peine probatoire, par exemple une détention à domicile sous surveillance électronique, qui si elle est effectuée normalement se transformera en libération conditionnelle sans que le juge ait à intervenir pour accorder cette dernière mesure. Dans ce cas, la mesure probatoire à la libération conditionnelle ne peut pas durer plus d'une année[29] en principe[30]. Ces techniques de traitement pénal permettent un suivi du condamné qui apparaît comme la clé du succès d'une opération de réinsertion et de responsabilisation[31].

Diversification des mesures d'aménagement de peine. La volonté de mieux suivre les condamnés afin de les accompagner sur le chemin de l'apprentissage d'une vie respectueuse des normes pénales, a donné lieu à la création d'une mesure à l'occasion de la loi du 24 novembre 2009 pour soumettre le condamné à une mesure de surveillance électronique en fin de peine, que l'on désignait sous l'acronyme SEFIP[32]. Dans ce droit fil, la loi avait institué une procédure de sas de sortie laquelle devait permettre d'éviter les sorties sèches en systématisant l'octroi d'un aménage-

---

[28] Sur ce droit spécial applicable aux condamnés pour des infractions de nature terroriste, E. Bonis, « A propos de l'article 8 de la loi n°2016-987 du 21 juillet 2016 : vers la création d'un droit spécial des aménagements de peine pour le condamné pour terrorisme », *Dr. pén.*, 2016, étude n°26.

[29] CPP. 723-7 al.2.

[30] Lorsque cette technique est imposée, l'aménagement de peine probatoire peut s'étendre sur une durée plus longue. Par ex., CPP. art. 730-2, al. 3 pour une durée allant jusque trois ans.

[31] Dans le même sens, P. Bouzat et J. Pinatel, *Traité de droit pénal et de criminologie*, t.1, Dalloz, 2e éd. 1970, p.803 et s., §838 et s.

[32] M. Janas, « Les dispositions relatives au prononcé et à l'application des peines », *art. cit.*, § 29.

ment de peine. Cette procédure était originale en ce que la proposition d'aménagement de peine devait être effectuée par le directeur du service pénitentiaire d'insertion et de probation puis soumise au ministère public qui *in fine* pouvait saisir le juge de l'application des peines. Pour diverses raisons, ces mécanismes ont été abrogés[33] mais leur principe a persisté[34]. Ainsi, la loi du 15 août 2014 a institué une nouvelle procédure de libération conditionnelle à l'article 730-3 du Code de procédure pénale, laquelle interroge l'opportunité d'octroyer une libération conditionnelle « lorsque la durée de la peine accomplie est au moins égale au double de la durée de la peine restant à subir » pour les condamnés dont la peine n'excède pas cinq ans. De plus, un mécanisme appelé libération sous contrainte a été intégré dans le droit par loi du 15 août 2014. Cet oxymore juridique[35] a fait l'objet de discussions en doctrine en raison de l'indétermination de sa nature. Certains y voyaient une nouvelle procédure alors que d'autres l'analysaient comme une nouvelle mesure d'aménagement de peine[36]. Ces hésitations ont pris fin avec la loi du 23 mars 2019 laquelle a réformé l'article 720 du Code de procédure pénale relatif à la libération sous contrainte. Désormais, la libération sous contrainte doit être analysée comme une mesure renforçant alors le déploiement des aménagements de peine. Cette mesure est originale car son bien-fondé ne repose pas sur l'existence

[33] Pour une approche de ces mécanismes, v. E. Bonis et V. Peltier, *Droit de la peine*, Lexisnexis, coll. Manuel, 2e éd., 2015, pour la mesure de SEFIP, p. 350, § 791 et s., et pour la procédure de *« sas de sortie »*, p. 455, § 1047 et s. ; également M. Giacopelli et A. Ponseille, *Droit de la peine*, *op.cit.*, p. 388 et s., § 736 et s.

[34] Dans le même sens, E. Bonis et V. Peltier, « La loi pénitentiaire, 10 ans après », *art. cit.*, § 11.

[35] L. Griffon-Yarza, « La libération sous contrainte, nouvel oxymore juridique », *AJ Pénal*, 2015, p.80 et s.

[36] Pour une synthèse du débat, E. Bonis et V. Peltier, *Droit de la peine*, Lexisnexis, 3e éd., 2019, p. 589, § 1343 et s.

d'un projet d'insertion ou de réinsertion[37]. En cela, elle rompt avec la logique habituelle des aménagements de peine reposant sur l'idée de récompense et de préparation d'un projet de réinsertion[38]. De plus, cette mesure dispose d'un champ d'application plus étendu car elle concerne les condamnés à une peine, ou devant exécuter un cumul de peines, allant jusque cinq ans d'emprisonnement. Dès lors, cette mesure, comme la libération conditionnelle de l'article 730-3, s'adresse aussi aux condamnés à des peines de moyenne durée.

Transition. Ces deux nouvelles mesures ont donc permis d'élargir les possibilités d'aménagement de peine en s'intéressant aux peines plus longues. Cela est heureux car depuis l'adoption de la loi pénitentiaire, le déploiement des aménagements de peine était principalement[39] conçu pour éviter des courtes peines d'emprisonnement. Les règles relatives aux prononcés des peines correctionnelles ont également participé au déploiement des aménagements de peine en matière de courtes peines d'emprisonnement.

B. Une relative amplification de l'aménagement des courtes peines d'emprisonnement

Sens de la loi pénitentiaire. Avant même la loi du 24 novembre 2009, les courtes peines privatives de liberté étaient critiquées car elles semblaient plus subversives qu'éducatives[40]. Cette critique, encore d'actualité[41], traduit

---

[37] En ce sens également, E. Bonis et V. Peltier, *Droit de la peine*, *op.cit.*, § 1358 ; également M. Giacopelli et A. Ponseille, *Droit de la peine*, *op.cit.*, p. 393, spec 746.

[38] M. Giacopelli, « La promotion du milieu ouvert par l'aménagement de peines », *art. cit.*

[39] Voire exclusivement, v. *infra*.

[40] Y. Mayaud, *Droit pénal général*, PUF, coll. droit fondamental, 1re éd., 2004, p. 486, n° 526.

l'idée selon laquelle la courte peine privative de liberté peut avoir des effets néfastes[42] en entraînant une désocialisation[43]. Convaincu de ses effets non souhaitables, le législateur a introduit un nouvel article 132-24 au sein du Code pénal. La rédaction de l'alinéa 3 de cette disposition issue de la loi pénitentiaire énonçait : *« en matière correctionnelle, en dehors des condamnations en récidive légale prononcées en application de l'article 132-19-1, une peine d'emprisonnement sans sursis ne peut être prononcée qu'en dernier recours si la gravité de l'infraction et la personnalité de son auteur rendent cette peine nécessaire et si toute autre sanction est manifestement inadéquate ; dans ce cas, la peine d'emprisonnement doit, si la personnalité et la situation du condamné le permettent, et sauf impossibilité matérielle, faire l'objet d'une des mesures d'aménagement prévues aux articles 132-25 à 132-28 »*. Avec cette disposition, la loi pénitentiaire installa un principe toujours en vigueur : le principe de l'*ultima ratio*. Ce principe affirme que la peine d'emprisonnement est une peine de dernier recours imposant au juge une motivation spéciale pour expliquer les raisons et la nécessité d'une peine d'emprisonnement en démontrant l'inadéquation de toute autre mesure. L'article 132-24 de l'époque précisait ainsi que le juge devait en principe accordait un sursis et, si ce n'était pas le cas, il invitait le juge correctionnel à s'interroger sur l'opportunité d'octroyer un aménagement de peine dès lors que la personnalité et la situation du condamné le permettaient. Cet article incita dès lors à accorder une mesure d'aménagement de peine *ab initio*.

---

[41] V. not. M. Imbert-Quaretta, « Un regard sur le chantier de la Justice : sens et efficacité des peines », *AJ Pénal* 2018, p. 79.

[42] Par ex., V. Peltier « Le placement sous surveillance électronique et environnement du condamné », *in* Environnement et peine privative de liberté, colloque ss. dir. E. Bonis et A. Zabalza, *in* Travaux de l'Institut de Sciences criminelles et de la Justice de Bordeaux, Cujas, n°2, 2013, spec p.176, §18.

[43] Par exemple, elle peut entraîner une perte d'emploi laquelle peut avoir pour conséquence de plonger dans la précarité une cellule familiale entière.

On soulignera, qu'en cas de condamnation en état de récidive, l'exigence de motivation spéciale d'une peine d'emprisonnement ferme n'était plus requise ainsi que l'énonçait l'article 132-19 du Code pénal jusqu'à la loi du 15 août 2014.

Persistance du principe de l'*ultima ratio*. Malgré les alternances politiques, le principe selon lequel la peine d'emprisonnement doit être employée en dernier recours n'a jamais été remis en cause. On notera cependant que la loi du 15 août 2014 a déplacé cette exigence en l'installant à l'article 132-19 du Code pénal et que les exigences de la motivation spéciale ont connu certaines vicissitudes[44]. Depuis la loi pénitentiaire, le législateur n'a de cesse d'user de la technique de la motivation spéciale pour rendre difficile le prononcé d'une peine d'emprisonnement. Il a même élargi le champ d'application de la motivation spéciale de la courte peine d'emprisonnement en supprimant la distinction entre les délinquants primaires et les récidivistes à l'occasion de la loi du 15 août 2014.

Persistance de l'aménagement de peine *ab initio*. L'incitation à aménager les peines d'emprisonnement dès le prononcé de la peine a été maintenue, malgré la loi du 3 juin 2016 qui l'a affaiblie[45], et la loi du 23 mars 2019 est allé jusqu'à consacrer un principe d'aménagement de la très courte peine d'emprisonnement[46]. En effet, la loi du 23 mars 2019 est venue amplifier le recours aux aménagements de peine en réformant les dispositions de l'article 132-19 du

---

[44] V. E. Bonis, « La motivation de la peine d'emprisonnement ou les vicissitudes de l'article 132-19 », *in* La motivation de la peine, ss. dir. E. Letouzey, Lextenso, coll. Colloques, 2019, p. 153 et s.

[45] M. Giacopelli, « La motivation des aménagements de peine », *in* La motivation de la peine, *op.cit.*, p. 109 et s., spec p. 118.

[46] Y. Carpentier, « Loi n°2019-222, du 23 mars 2019, de programmation et de réforme pour la justice : aspects de droit de la peine », *Lexbase pénal*, n°16.

Code pénal. Cet article énonce désormais qu'en cas de condamnation à une peine d'emprisonnement ferme, la juridiction doit, « *si la peine est inférieure ou égale à six mois, […], sauf impossibilité résultant de la personnalité ou de la situation du condamné, faire l'objet d'une des mesures d'aménagement prévues à l'article 132-25. Dans les autres cas prévus au même article 132-25, elle doit également être aménagée si la personnalité et la situation du condamné le permettent, et sauf impossibilité matérielle* »[47].

Intensification discutée des aménagements de peine *ab initio*. Cette disposition contribue encore au déploiement des aménagements de peine même s'il faut déplorer une réduction du champ d'application des aménagements de peine *ab initio*. En effet, les précédentes versions de l'article 132-19 autorisaient les aménagements de peine *ab initio* pour les peines d'emprisonnement inférieures ou égales à deux ans ferme. Désormais, la possibilité d'aménager la peine immédiatement après le prononcé de peine et avant sa mise à exécution, est réduite aux peines inférieures ou égales à un an d'emprisonnement ferme. Cet abaissement du seuil d'aménagement de peine a été analysé par la chambre criminelle comme une mesure rendant plus sévère la peine de sorte que l'application de cette nouvelle disposition devait être réservée aux faits commis après l'entrée en vigueur de la nouvelle rédaction[48]. On pourrait donc penser que le dé-

---

[47] C. pén., art. 132-19 al. 3.

[48] Crim., 20 oct. 2020, n°19-84.754, X. Pin, « Application de la loi pénale dans le temps : l'aménagement des peines ab initio relève des lois de forme… ou de l'art de la contorsion », *Lexbase pénal*, n°33 ; Y. Carpentier, « Application pour l'avenir du nouvel article 132-19 du Code pénal issu de la loi du 23 mars 2019 : de la difficulté de dissocier le fond et la forme », *Gaz. Pal.*, 2020, n°43 ; M. Giacopelli, « L'art délicat de la qualification. A propos de l'entrée en vigueur des dispositions de la loi du 23 mars 2019 relatives aux aménagements de peine ab initio », *JCP G.*, 2021, 150 ; E. Bonis, « Application dans le temps des dispositions nouvelles relatives aux aménagements de peine ab initio », *Dr. pén.*, 2020, comm. 219.

ploiement des aménagements de peine a été freiné voire qu'un phénomène de repli s'annonce. Néanmoins, selon nous, ce repli s'explique par la difficile acceptation politique et sociale des aménagements de peine que certains peuvent analyser comme des faveurs et avantages – parfois indus – accordés aux condamnés. Le droit de la peine se construit et parfois, il faut savoir déconstruire pour rendre les fondations plus solides encore, ce qui pourrait être l'œuvre de la nouvelle rédaction de l'article 132-19 du Code pénal. En effet, malgré un champ d'application plus réduit, le législateur a bien renforcé l'intensité des aménagements de peine *ab initio* car il a rendu obligatoire l'octroi d'une telle mesure pour les très courtes peines d'emprisonnement. Ainsi, lorsque la peine prononcée est inférieure ou égale à six mois d'emprisonnement, le tribunal correctionnel n'a pas le choix : il doit accorder une mesure d'aménagement de la peine. Dans le cas où la juridiction ne prononcerait une telle mesure, elle devra alors motiver spécialement sa décision afin de démontrer en quoi l'aménagement de la peine était impossible. La motivation devra alors être particulièrement fournie. Lorsque la peine prononcée est comprise entre six mois et un an d'emprisonnement ferme, la juridiction correctionnelle est incitée à accorder un aménagement de peine dès lors que la situation et la personnalité du condamné le permettent[49]. Le législateur a donc pour les peines inférieures ou égales à six mois d'emprisonnement, institué un véritable principe d'aménagement de peine qui permet d'éviter les courtes privations de liberté. Ce principe s'installe a côté d'autres mécanismes, comme la conversion de peine, qui permettent d'éviter la privation de liberté alors même que la peine prononcée est un emprisonnement[50]. L'affirmation de

---

[49] Dans le même sens, V. Peltier, « Sens et efficacité des peines », *JCP G.* 2018, 310 ; M. Giacopelli, « Renforcer l'efficacité des peines », *JCP G.* 2019, 386.

[50] Pour s'en convaincre, L. Leturmy, « La (prétendue) réforme péniten-

ce principe, même s'il possède un champ d'application réduit, contribue au déploiement des aménagements de peine.

Bilan et transition. Au terme de ce premier temps de l'analyse, on peut constater qu'en matière d'aménagement de la peine, les principes posés par la loi pénitentiaire se sont maintenus voire se sont amplifiés au fil des réformes successives. Le déploiement des aménagements de peine n'a donc jamais cessé et ces mesures font désormais partie du quotidien de la justice pénale. Néanmoins, le déploiement des aménagements de peine s'opère souvent dans une même direction à savoir celles des courtes peines privatives de liberté afin de les éviter. Cependant, même s'ils représentent une part plus faible de la population pénale, la loi pénitentiaire n'avait que peu pris en compte le sort des condamnés à une longue peine. Lors des travaux relatifs à la loi pénitentiaire, des préconisations portant sur la prise en charge des détenus pour une durée plus importante n'ont pas été suivies de sorte que le déploiement des aménagements de peine est encore incomplet.

II. Un déploiement incomplet

Plan. La loi pénitentiaire a installé les bases d'une lutte contre la surpopulation carcérale en mettant en place des mécanismes qui rendent difficile le prononcé ou l'exécution d'une courte peine en milieu carcéral. La lutte contre la surpopulation carcérale est depuis lors une préoccupation constante des autorités publiques et sûrement encore davantage aujourd'hui[51]. Comme il a été possible de le démontrer,

---

tiaire », *in* Quelles mutations pour la justice pénale du XXIe siècle ?, dir. S. Pellé, Dalloz, coll. Thèmes et Commentaires, 2020, p. 263 et s.

[51] Compte tenu des différentes décisions rendues à propos des conditions de détention indignes. V. not. Cons. const., décis. QPC n°2020-858/859, M. Giacopelli, « Le raz de marée du principe de dignité », *Lexbase pénal*, n°32 ; V. Peltier, « Conditions de détention des détenus

les dispositions relatives aux aménagements de peine se sont essentiellement adressées aux condamnés à de courtes peines privatives de liberté mais finalement, très peu de dispositifs concernent les condamnés à une plus longue peine. De la même manière, si plusieurs réformes sont intervenues depuis la loi pénitentiaire, aucune loi n'a procédé à une réflexion d'ensemble dans le champ du droit de la peine. Or, toutes les préconisations ou idées relatives aux aménagements de peine supposent d'être intégrées dans un ensemble et notamment dans un système procédural intelligible et clair. De ce dernier point de vue, on peut observer que les procédures d'aménagement de peine sont nombreuses et techniques rendant difficile leur compréhension pour qui ne s'intéresse qu'occasionnellement à la phase de l'application des peines. Cela est d'autant plus complexe que certaines procédures doivent être articulées pour assurer la priorité d'une procédure sur l'autre[52]. En d'autres termes, le droit procédural de l'application des peines n'est pas toujours intelligible et mériterait d'être rendu plus clair. Aussi, pour assurer un déploiement exhaustif des aménagements de peine, il serait pertinent d'investir le champ des condamnés à de plus longues peines (A) et d'amorcer une réflexion de clarification des procédures d'aménagement de peine (B).

A. Les longues peines

Longues peines et loi pénitentiaire. La loi pénitentiaire ne s'est pas entièrement détournée des condamnés à

---

prévenus : abrogation de l'article 144-1 alinéa 2 du Code de procédure pénale », *JCP G.* 2020, 1348.

52 Par ex., Crim., 16 oct. 2019, n°18-83.619, Y. Carpentier, « Procédures d'aménagement de peine : articulation entre procédure de droit commun et procédure spécialement applicable aux condamnés libres », *Lexbase pénal*, n°21 ; également Crim., 7 sept. 2016, n°15-81.679, E. Bonis, « Articulation entre libération conditionnelle de droit commun et libération conditionnelle des étrangers », *Dr. pén.* 2016, comm. 166.

une longue peine privative de liberté. Elle a ainsi institué plusieurs principes pour assurer un statut juridique du détenu en encadrant le droit de vote, la liberté de conscience ou encore la délicate question du travail en milieu carcéral[53]. Le succès de cet encadrement est fortement discuté et on peut s'accorder à dire que ces droits sont garantis *a minima*[54]. De plus, hormis ces avancées, il faut admettre que l'aménagement des longues peines n'a pas été abordé. Le sujet est difficile et nécessite assurément une volonté politique forte tant le sujet carcéral suscite des réactions vives. Néanmoins, la prévention de la récidive ne concerne pas seulement les condamnés à des peines relativement courtes et comme le soulignait déjà la doctrine lors de l'adoption de la loi pénitentiaire, il faudrait instituer un *« parcours de mobilisation »*[55] des condamnés.

Absence de parcours d'aménagement de peine. Dans cette perspective, on peut noter que la loi pénitentiaire a souhaité lutter contre l'oisiveté des détenus en érigeant une obligation d'activité. L'article 27 de la loi pénitentiaire énonçait ainsi que *« toute personne condamnée est tenue d'exercer au moins l'une des activités qui lui est proposée par le chef d'établissement et le directeur du service pénitentiaire d'insertion et de probation dès lors qu'elle a pour finalité la réinsertion de l'intéressé et est adaptée à son âge, à ses capacités, à son handicap et à sa personnalité »*. L'objectif est clair et consiste à maintenir les personnes détenues en activité pour éviter de subir la détention d'une part, mais aussi pour préparer le retour du condamné à la vie non-

[53] De manière générale sur les droits des personnes privées de liberté, v. *Les droits fondamentaux des personnes privées de liberté*, ss. dir. E. Putman et M. Giacopelli, Mare et Martin, 2105.

[54] Pour en savoir plus, E. Bonis et V. Peltier, « Loi pénitentiaire, 10 ans après », *art. cit.*, spec § 19 et s.

[55] L'expression est celle de Madame Poncela. P. Poncela, « Le déploiement des aménagements de peines », *art. cit.*, p. 99.

carcérale, d'autre part. Néanmoins, l'article 27 n'a jamais pu trouver une application satisfaisante pour plusieurs raisons relatives, en somme, aux moyens trop faibles des établissements carcéraux[56]. L'absence d'activités suffisantes et l'absence de dispositifs de prise en charge des condamnés à des longues peines sont particulièrement regrettables au regard de la prévention de la récidive. En effet, à la suite d'une détention imposée par l'infliction d'une peine, une recherche a démontrer que les condamnés pouvaient craindre le retour à une vie non carcérale en raison de l'inadaptation avec le milieu libre[57] à tel point que certains condamnés souhaitent rester en détention après l'exécution de leur peine quitte à commettre une nouvelle infraction. En l'état du droit, les condamnés à des peines plus longues sont souvent en état d'attente et pâtissent d'un temps mort dans la détention. Ce temps doit être mieux utilisé pour préparer la sortie du condamné. Plusieurs pistes peuvent alors être empruntées pour occuper le temps de détention et le rendre utile en vue du retour à une vie non carcérale.

Préparation des aménagements de peine. En premier lieu, il faudrait mieux préparer les aménagements de peine en donnant une importance plus forte au parcours d'exécution de la peine. Dans certains cas, le parcours d'exécution de la peine existe uniquement pour orienter le condamné mais sans fixer de buts. Or, sans but ou échéance, il est difficile de mobiliser le condamné dans une perspective de retour à une vie ordinaire. La doctrine appelle depuis plusieurs années à une forme de contractualisation de l'exécution des peines[58].

---

[56] Pour davantage de développements, v. E. Bonis et V. Peltier, « Loi pénitentiaire, 10 ans après », *art. cit.*, spec § 18.

[57] V. *Les longues peines*, ss. dir. E. Bonis et N. Derrasse, rapport remis au GIP, avril 2020, consultable : http://www.gip-recherche-justice.fr/wp-content/uploads/2020/10/17-33-Rapport-final.pdf, spec p. 348 et s., § 531 et s.

[58] V. P. Poncela, « Le déploiement des aménagements de peine », *art. cit.*,

Ainsi, un rapport de recherche[59] a suggéré qu'au terme de la réunion d'une commission pluridisciplinaire unique relative au suivi des parcours d'exécution de peine, il soit conclu de *« petits contrats »* pour responsabiliser le condamné. L'objet de ces contrats peut être multiple allant de l'engagement à indemniser davantage les victimes en passant par une meilleure hygiène ou encore assurer une démarche administrative. Cela permettrait de marquer certaines étapes dans la détention en faisant preuve d'une certaine pédagogie, pour avancer vers un retour à une vie non-carcérale. Une utilisation du parcours d'exécution de peine devrait permettre aux condamnés d'être finalement prêt lorsque le temps de l'aménagement de peine sera venu.

Progressivité des aménagements de peine. Face à une peine d'une durée plus longue, le déploiement des aménagements de peine doit passer en second lieu, par une progressivité des mesures d'aménagements de peine. En effet, en l'état du droit, hors les procédures de libération conditionnelle de l'article 730-2 du Code de procédure pénale, les mesures d'aménagement de peine interviennent souvent deux ans avant le terme de l'exécution de la peine car les mesures sont conçues avec des *maxima*. Ainsi, une mesure de placement à l'extérieur ou de semi-liberté prononcée en cours d'exécution de peine ne peut pas excéder une durée de deux ans comme le prévoit l'article 723-1 du Code de procédure pénale. Selon nous, la période d'aménagement de peine doit être augmentée pour permettre l'articulation de plusieurs aménagements de peine afin d'accompagner le condamné vers de plus en plus de liberté. Après plusieurs permissions de sortir selon le temps de la peine à exécuter, le condamné devrait pouvoir bénéficier

---

p. 99 et notre thèse, *Essai d'une théorie générale des aménagements de peine*, *op.cit.*, p. 134, § 171 et s.

59 *Longues peines*, *op.cit.* : http://www.gip-recherche-justice.fr/wp-content/uploads/2020/10/17-33-Rapport-final.pdf, p. 181.

d'un aménagement de peine aux conditions très contraignantes au début laissant de plus en plus de place à la liberté si la mesure se déroule sans incident. Dès lors que le probationnaire satisfait aux conditions imposées par la juridiction de l'application des peines, au terme d'un certain temps, le condamné devrait pouvoir obtenir une nouvelle mesure d'aménagement de peine moins contraignante pour terminer d'exécuter la peine, par exemple sous le régime d'une libération conditionnelle ou d'une détention à domicile sous surveillance électronique aux horaires d'assignation réduits. Cette idée n'est pas neuve car elle existe dans le droit à l'endroit de certains condamnés particuliers[60] mais elle mériterait d'être développée davantage afin de dynamiser l'exécution de la peine. Certes, le législateur a systématisé l'octroi d'une libération sous contrainte ou d'une libération conditionnelle selon l'article 730-3 du Code de procédure pénale, mais il serait plus heureux de placer le condamné au cœur du processus en élargissant la période pendant laquelle les aménagements de peine sont possibles pour tous les condamnés. Il serait pertinent de réfléchir à instituer un véritable « parcours d'aménagements de peine » pour se faire succéder diverses mesures sur une période pouvant aller de trois à quatre ans[61] avant le terme de la peine à exécuter. Cela pour-

---

[60] Par ex, CPP. art. 730-2. Une même logique était prévue pour les auteurs d'infraction terroriste, v. E. Bonis, *ibid.*

[61] La période de quatre ans permettrait de faire succéder deux mesures d'aménagement de peine selon le délai maximal prévu pour chaque mesure en l'état du droit. Ce délai est donc suggéré au regard du droit positif. On peut aussi penser que cette période est longue et qu'il faudrait privilégier une durée moindre. Sans doute que la difficulté à supporter les mécanismes de probation dépend de la rigueur de ces derniers et dès lors, on peut penser qu'achever une peine sous le régime de la libération conditionnelle autoriserait éventuellement un parcours d'aménagement de peine sur une période longue de quatre ans. Néanmoins, avec une autre mesure, la rigueur imposée au condamné pourrait être trop difficile et alors, l'effet de responsabilisation risque de ne pas être rempli de sorte qu'il faudrait privilégier un seuil d'aménagement de peine fixer à trois ans

rait contribuer au déploiement des aménagements de peine de manière plus large en instituant un suivi au long cours des condamnés, particulièrement nécessaire pour les peines de plus longue durée, et ainsi organiser un meilleur accompagnement de ces derniers dans leur apprentissage d'une vie respectueuse des normes pénales.

Transition. La réflexion relative aux parcours d'aménagements de peine invite également à s'intéresser aux juridictions de l'application des peines car elle suppose encore de clarifier le rôle et la place des acteurs des procédures d'aménagement de peine.

B. Une clarification des procédures d'aménagement de peine

Juridictionnalisation récente. La juridictionnalisation de la phase de l'application des peines est le produit des lois du 15 juin 2000 et 9 mars 2004. Ces lois ont permis de lever des doutes[62] quant à la nature judiciaire de la phase de l'application de peines et ont mis en place la nouvelle architecture de la procédure pénale avec ce nouveau temps procédural. Néanmoins et malgré les lois successives, dont la loi pénitentiaire, certaines incohérences demeurent[63] et les procédures en vue d'octroyer un aménagement de peine sont nombreuses et techniques. La multiplication des procédures d'aménagement de peine vise à faciliter le prononcé d'une mesure d'aménagement de peine et en cela, elles assurent le

---

avant le terme de la peine à exécuter.

[62] G. Gugliemi, « Le juge de l'application des peines est-il un chiroptère ? », *RSC* 1991, p. 622 et s.

[63] E. Bonis, « Les incohérences dans la juridictionnalisation au stade de l'exécution des sanctions pénales », *in* La réforme du code pénal et du code de procédure pénale, *opinio doctorum*, ss. dir. V. Malabat, B. De Lamy, M. Giacopelli, Dalloz, coll. Thèmes et commentaires, 2009, p. 313 et s.

déploiement de ces mesures. Cependant, pour améliorer le recours aux aménagements de peine, il faut espérer que le législateur procède à une réforme d'ampleur pour mettre à plat les procédures devant les juridictions de l'application des peines[64] et ainsi rendre plus compréhensible le droit applicable. En effet, les procédures d'aménagement de peine de peine et plus généralement, les procédures devant les juridictions de l'application de peine, sont lacunaires en raison du silence ou de l'approximation des textes.

Silence et approximation. La jurisprudence récente fournie deux exemples des lacunes textuelles. On peut ainsi convoquer en premier lieu, la décision rendue par le Conseil constitutionnel le 12 février 2021[65] qui est venue censurer les dispositions de l'article 712-6 du Code de procédure pénale au regard de l'absence de l'obligation d'aviser le tuteur ou le curateur d'une personne protégée en cas d'audience devant le juge de l'application des peines. Cette censure est loin d'être surprenante au regard des arrêts Labergère[66] et Vaudelle[67] de la Cour européenne des droits de l'homme qui avaient conduit à la création d'une procédure pénale spéciale[68] à l'occasion de l'adoption de la loi du 5 mars 2007 portant réforme de la protection juridique des majeurs[69]. Le législateur lui-même semblait déjà connaître l'issue de la

[64] Déjà en ce sens, Y. Carpentier, « La simplification de la phase de l'application des peines », *in* La simplification de la procédure pénale, ss dir. Y. Carpentier et A. Giudicelli, PUAM, 2019, p. 159 et s.

[65] Cons. const., décis. QPC n°2020-884, 12 fév. 2020.

[66] CEDH, 26 fév. 2006, *Labergère c. France*, req n°16846/02.

[67] CEDH, 30 janv. 2001, *Vaudelle c. France*, req n°35683/97.

[68] V. CPP. art. 706-112 et s.

[69] Loi n°2007-308 du 5 mars portant réforme de la protection juridique des majeurs, D. Guihal, « Le régime des poursuites pénales engagées contre un majeur protégé », *JCP G.* 2007, doctr. 146 ; N. Descot, « La participation effective du majeur protégé au procès pénal après la loi du 5 mars 2007 », *AJ Pénal* 2008, p. 21.

question prioritaire de constitutionnalité car à l'occasion de la loi du 24 décembre 2020[70], le législateur a réformé l'article 712-16-3 du Code de procédure pénale pour mettre en place cette obligation d'information du représentant du majeur protégé, avant même que la décision ne soit rendue. Il a comblé le vide législatif et mis fin à l'inconstitutionnalité avant que celle-ci ne soit déclarée par le Conseil constitutionnel. En second lieu, une décision récente rendue par la chambre criminelle de la Cour de cassation montre encore l'approximation des textes en matière de voie de recours cette fois. Dans une décision rendue le 18 novembre 2020[71], la Cour de cassation est venue préciser l'effet dévolutif en cas d'exercice d'un appel contre un jugement du juge de l'application des peines. Cependant, pour cerner correctement l'apport de cette décision, il est nécessaire au préalable de l'exposer plus en détails. En l'espèce, un individu avait été condamné à une peine d'un an d'emprisonnement laquelle a été amenée à exécution le 22 février 2019. A la suite de cette mise à exécution, le condamné présenta une requête aux fins d'aménagement de la peine devant le juge de l'application des peines. Le juge refusa de faire droit à cette demande car le condamné ne présentait pas les gages de réinsertion nécessaires à l'octroi d'une mesure d'aménagement de peine. Le condamné interjeta appel de cette décision le 18 juillet 2019 devant la Cour d'appel de Rouen. Durant l'attente de l'audience devant la Cour d'appel, d'autres peines concernant ce même condamné ont été mises à exécution. Le 22 juillet 2019, deux autres condamnations à des peines de deux et quatre mois d'emprisonnement ont ainsi été mises à exécution et une autre condamnation à une peine d'un an

[70] Loi n°2020-1672 du 24 décembre 2020 relative au Parquet européen, à la justice environnementale et à la justice pénale spécialisée, spéc. art. 27.

[71] Crim., 18 nov. 2020, n°20-81.162, E. Bonis, « Effet dévolutif de l'appel devant les juridictions de l'application des peines du second degré », *Dr. pén.*, 2021, comm. 18.

d'emprisonnement en date du 14 novembre 2019, a également été amenée à exécution. La date de libération du condamné a donc été reportée à deux reprises afin de tenir compte de l'exécution de ces nouvelles mises à exécution. L'affaire est finalement portée devant la Cour d'appel, le 27 janvier 2020, qui malgré l'ensemble de ces nouvelles peines à exécution, ne déclare pas l'appel sans objet. La Cour estime être saisie de la requête en aménagement de peine qu'elle doit trancher au regard de la situation globale du condamné. *In fine*, les juges d'appel confirment la décision de rejet. A la suite de cette décision, le procureur général près la Cour d'appel de Rouen forma un pourvoi en cassation reprochant en substance à la Cour d'appel d'avoir outrepasser ces pouvoirs en se prononçant au regard de la situation globale du condamné alors qu'elle aurait dû déclarer l'appel sans objet comme il l'avait précisé lors de ses réquisitions. Le procureur invitait dès lors la Cour de cassation à préciser l'étendue de l'effet dévolutif de l'appel. Derrière une apparente simplicité, la question est importante car elle fixe les limites de la compétence de la Cour d'appel et détermine ce sur quoi les juges doivent se prononcer dans le cadre d'un appel. Au visa des articles 509 et D. 49-44-1 du Code de procédure pénale, la Cour de cassation censure l'arrêt d'appel et déclare que l'affaire est dévolue à la Cour d'appel selon les limites fixées par l'acte d'appel et la qualité du requérant. Or, en se prononçant au regard de la situation pénale totale du condamné, les juges d'appel ont méconnu les dispositions du Code de procédure pénale. La décision est claire mais il faut dire que le raisonnement de la Cour d'appel était également valable. En effet, la Cour d'appel ne faisait qu'appliquer une vision de l'appel en tant que voie d'achèvement permettant de prendre en compte l'évolution de la cause et donc de la situation du plaideur. Cette fonction est mieux connue en procédure civile[72] mais elle pouvait s'appliquer au conten-

---

[72] V. L. Cadiet et E. Jeuland, *Droit judiciaire privé*, Lexisnexis, 11e éd., 2020,

tieux de l'application des peines notamment dans un souci de célérité de jugement, et plus encore en l'espèce si l'on avait admis un pouvoir d'évocation de la Cour d'appel. Néanmoins, avec cette décision, la Cour de cassation affirme la fonction de l'appel en tant que voie de réformation devant les juridictions de l'application des peines du second degré et limite leur compétence au regard des éléments portés dans l'acte d'appel.

Vœux d'une réforme. Ces deux exemples montrent déjà les lacunes des textes relatifs aux procédures d'aménagement de peine. Les dispositions relatives à ces procédures sont pensées de manière atypique puisqu'elles distinguent d'une part, la compétence et la procédure devant les juridictions du premier degré[73] et d'autre part, la procédure en cas d'appel[74]. Une telle organisation est à regretter car elle est marquée par l'absence de dispositions précises relatives à la compétence matérielle et à la compétence territoriale des juridictions de l'application des peine[75]. De ce point de vue, on ne peut pas dire que la loi pénitentiaire ait véritablement permis un déploiement des aménagements de peine tant les incertitudes quant aux procédures sont décriées à tel point que l'on a parlé du *« maquis du droit de l'exécution des peines »*[76]. En effet, malgré la loi du 23 mars 2019 qui est venue préciser la place et le rôle du juge de l'application des peines[77], la doctrine[78]

p. 778 et s., § 845 et s.

[73] CPP. art. 712-4 et s.

[74] CPP. art. 712-11 et s.

[75] Dans le même sens, E. Bonis et V. Peltier, *Droit de la peine*, *op.cit.*, p. 701, § 1626.

[76] P. Poncela, L'*aménagement des peines privatives de liberté : l'exécution de la peine autrement,* DAP, coll. Travaux et Documents, 2013, n° 79, p.28

[77] Pour une analyse prudente, E. Bonis, « Réflexions sur la place et le rôle du juge de l'application des peines », *in* Quelles mutations pour la justice pénale du XXIe siècle ?, *op.cit.*, p. 245 et s.

[78] Not. E. Bonis. et V. Peltier, *Droit de la peine*, *op.cit.*, p. 702, § 1628 ; M.

multiplie les appels à la réforme car la construction de de ce nouveau temps procédural impose désormais certains éclairages. On peut ainsi se demander s'il faut accorder une place à la victime devant les juridictions de l'application et laquelle, ou encore trancher la question de la nature de l'action exercée devant ces juridictions[79]. Un autre enjeu consiste à déterminer s'il faut appliquer l'ensemble des droits et garanties de l'article préliminaire du Code de procédure pénale à l'instance en application des peines, ou si des adaptations sont nécessaires ou possibles[80]. En outre, faut-il maintenir tous les moments de l'aménagement de la peine ? En effet, ne faut-il pas considérer l'aménagement de peine *ab initio* de l'article 132-19 du Code pénal et l'aménagement de peine avant la mise à exécution de la peine selon l'article 723-15 du Code de procédure pénale, comme des moments redondants dès lors qu'ils sont soumis aux mêmes conditions ? D'un certain point de vue, il peut être souhaitable d'abroger l'un de ces moments[81]. Autant de questions (sans prétention d'exhaustivité) qu'il faudrait résoudre pour poursuivre le déploiement des aménagements des peines.

Giacopelli, « La pénétration des règles du procès pénal devant les juridictions de l'application des peines », *RSC* 2015, p.799 et s. ; Y. Carpentier, « Les actions exercées devant les juridictions de l'application des peines : action à objet non-identifié », *RPDP*, 2018, p. 325 et s.

[79] Elle ne peut-être l'action publique ou l'action civile. En effet, cette nouvelle action s'exerce après l'extinction de l'action publique par la décision de condamnation et elle n'a pas pour objet de solliciter l'indemnisation d'un préjudice né de la commission d'une infraction.

[80] Sur cette question, v. M. Giacopelli, « La pénétration des règles du procès pénal devant les juridictions de l'application des peines », *art. cit.* ; Y. Carpentier, « La comparution personnelle du condamné devant les juridictions de l'application des peines », *Dr. pén.*, 2017, étude 8.

[81] Si cela devait être réalisé, nous suggérons de maintenir la procédure de l'article 723-15 du Code de procédure pénale au détriment de l'obligation et de l'incitation d'aménagement *ab initio* de l'article 132-19 du Code pénal, v. Y. Carpentier, « La simplification de la phase de l'application des peines », *art. cit.*, spéc. p. 175, § 25.

Comment favoriser le retour en société ?

Catherine TZUTZUIANO
Maître de conférences à l'Université de Toulon
Université de Toulon, Aix Marseille Université, Université de Pau et des Pays de l'Adour, CNRS, DICE, CDPC Jean-Claude Escarras, Toulon, France

Le retour en société, une préoccupation constante de la phase d'exécution des peines. « *Le service public pénitentiaire participe à l'exécution des décisions pénales. Il contribue à l'insertion ou à la réinsertion des personnes qui lui sont confiées par l'autorité judiciaire, à la prévention de la récidive et à la sécurité publique dans le respect des intérêts de la société, des droits des victimes et des droits des personnes détenues. Il est organisé de manière à assurer l'individualisation et l'aménagement des peines des personnes condamnées* ». Ainsi est rédigé l'article 2 de la loi n° 2009-1436 du 24 novembre 2009 pénitentiaire[1]. Le législateur y énonce les missions assignées au service public pénitentiaire et notamment, avant même l'exigence de sécurité, la mission d'insertion ou de réinsertion des personnes qui lui sont confiées par l'autorité judiciaire.

[1] Loi n° 2009-1436 du 24 novembre 2009 pénitentiaire, JO n° 0273 du 25 novembre 2009.

Cette mission assignée à l'administration pénitentiaire s'inscrit dans la continuité des fonctions reconnues par le législateur à la peine et dans la continuité de l'objectif poursuivi au cours de la phase d'exécution, lors de l'exécution des peines privatives et restrictives de liberté plus particulièrement[2]. Le législateur indique, en effet, à l'article 130-1 du Code pénal que la peine a pour fonctions : de sanctionner l'auteur de l'infraction, « *2° De favoriser son amendement, son insertion ou sa réinsertion* ». Il précise ensuite, au II de l'article 707 du code de procédure pénale que le « *régime d'exécution des peines privatives et restrictives de liberté vise à préparer l'insertion ou la réinsertion de la personne condamnée afin de lui permettre d'agir en personne responsable, respectueuse des règles et des intérêts de la société et d'éviter la commission de nouvelles infractions* ». Certes, le législateur n'exige pas d'atteindre ce résultat mais seulement d'essayer d'y parvenir, dans la mesure où il est énoncé dans les textes que la peine a pour fonction de « *favoriser* » l'insertion ou la réinsertion de l'auteur de l'infraction, que le « *régime d'exécution des peines privatives et restrictives de liberté* ***vise à*** *préparer l'insertion ou la réinsertion de la personne condamnée* »[3]. Il en va de même en ce qui concerne l'article 2 de la loi pénitentiaire puisque le législateur indique que le « *service public pénitentiaire* (…) **contribue** *à l'insertion ou à la réinsertion des personnes* »[4]. Cela étant, cet objectif d'insertion ou de réinsertion met à la charge des magistrats et de l'administration pénitentiaire notamment une obligation de moyens par au-

---

[2] Cons. const., 20 janvier 1994, n° 93-334 DC, *Loi instituant une peine incompressible et relative au nouveau code pénal et à certaines dispositions de procédure pénale* ; C. Tzutzuiano *L'effectivité de la sanction pénale*, Préface de S. Cimamonti, Paris, LGDJ, 2020, 511 p. ; V. également *supra*, la contribution de É. BARON, « Quel sens pour la peine privative de liberté ? ».

[3] Nous soulignons.

[4] Nous soulignons.

tant de moyens qui ont pour but de réadapter le condamné à la vie en société et de le réintégrer[5].

La privation de liberté, une rupture d'avec la société. Le sujet qui nous a été demandé de traiter porte sur la question de savoir comment favoriser le retour en société. Considérant que pour qu'il y ait un retour il faut qu'il y ait eu un départ, nous limiterons notre propos à l'étude de la peine privative de liberté dans la mesure où celle-ci conduit à mettre, pour un temps, le condamné à l'écart de la société, lequel a vocation, tôt ou tard, à réintégrer cette société[6].

Par la mise à l'écart qu'elle engendre, la peine privative de liberté crée une rupture, facteur de désocialisation, ce qui ne facilitera pas le retour en société. Ceci étant, il conviendra également de garder à l'esprit que le profil des personnes détenues est bien souvent celui d'une personne qui était, avant son entrée en prison, et même avant la commission d'une infraction, en rupture d'avec la société. La population carcérale est, pas toujours mais bien souvent, une population qui est déjà en rupture du fait de sa situation sociale, familiale, professionnelle, scolaire ou encore en raison d'une addiction[7]. D'ailleurs, on ne manquera pas de souligner que,

---

[5] É. Bonis et V. Peltier, *Droit de la peine*, 3ème édition, LexisNexis, 2019, p. 231.

[6] Pour cette raison, nous ne traiterons pas ici des alternatives à l'emprisonnement, du sursis ou encore des aménagements de peine *ab initio*, dans la mesure où ces peines ou ces modalités d'exécution de la peine privative de liberté n'impliquent pas un retour en société. Seront ici traités les aménagements de la peine privative de liberté prononcés à la suite d'une période d'incarcération.

[7] B. Monnery, « Milieu ouvert, milieu fermé : quels effets sur la récidive ? Une brève revue de la littérature empirique », *AJ Pénal*, 2016, n° 5, p. 253 ; V. Benazeth, « Désistance et institutions : le paradoxe d'un effet limité de l'intervention institutionnelle sur les processus de désistance », *in* A. Gaïa, X. de Larminat et V. Benazeth (dir.), *Comment sort-on de la délinquance ? Comprendre les processus de désistance*, Médecine & Hygiène, « Déviance et Société », 2019, p. 161.

parmi les objectifs visés par le législateur lors de la phase d'exécution des peines, celui-ci vise la *réinsertion* de la personne condamnée mais aussi l'*insertion* de celle-ci. Cela signifie qu'il a clairement conscience du fait que certaines personnes condamnées n'ont jamais été véritablement insérées dans la société. La justice se retrouve finalement face à des gens qui ont de graves difficultés, des problèmes de formation, d'éducation, d'intégration, de logement, de santé, voire qui *« cumulent souvent les handicaps sociaux »*[8]. Après la rupture d'avec les premières institutions (la famille, l'école, le travail), c'est la justice qui sera confrontée à la défiance qui s'est installée. Il faudrait que la justice réussisse là où les autres institutions ont *« échouées »*. *« Le défi s'avère dès lors considérable au regard des représentations négatives qui se sont sédimentées »*[9]. Il l'est plus encore lorsque la peine qui doit être exécutée est une peine privative de liberté. Par la mise à l'écart de la société qu'elle engendre, la peine privative de liberté est fortement susceptible d'aggraver cette désocialisation. Comment alors, dans ces conditions, favoriser le retour en société ?

Un retour en société susceptible de produire les effets visés par le législateur. La question de savoir comment favoriser le retour en société induit en réalité celle de savoir comment favoriser le retour en société en tentant de parvenir aux objectifs visés par le législateur, à savoir tendre vers « *l'insertion ou la réinsertion de la personne condamnée afin de lui permettre d'agir en personne responsable, respectueuse des*

---

[8] D. L'Hour, *in* « Table ronde Le "Punir dehors" et les partenariats de la justice », Entretien avec Dominique Raimbourg, entretien avec Olivier Rothé, Denis L'Hour, dirigé par Ch. Lazerges, V. Gautron, *Archives de politique criminelle*, 2013/1, n° 35, p. 173.

[9] Benazeth, *op. cit.*, p. 161 : *« Souvent le schéma familial est marqué par une déstructuration précoce (telle qu'un décès, un accident, un divorce, une incarcération…). (…) Pour un grand nombre, dès le collège la rupture est consommée »* (p. 160).

règles et des intérêts de la société et d'éviter la commission de nouvelles infractions »[10]. Pour parvenir à un retour susceptible de produire les effets visés par le législateur, un certain nombre de conditions doivent être réunies. Le retour en société doit être anticipé, préparé, encadré, suivi, accompagné, contrôlé. Le retour en société doit être envisagé dès le début de la privation de liberté et tout au long de celle-ci. Il doit ensuite être encadré lorsque les modalités d'exécution de la peine privative de liberté auront évolué de sorte à permettre la poursuite de l'exécution de la peine en milieu ouvert.

Aussi le retour en société ne sera-t-il susceptible de produire les effets visés par le législateur que s'il a été anticipé lors de l'exécution de la peine en milieu fermé (I) et s'il fait l'objet d'un suivi lors de l'exécution de la peine en milieu ouvert (II).

I. Anticiper le retour en société lors de l'exécution de la peine en milieu fermé

Penser à la fin de la privation de liberté dès le début de la privation de liberté. Le retour en société doit être anticipé dès le début et tout au long de l'exécution de la peine en milieu fermé. Concrètement, il s'agit de créer des conditions de détention favorables à ce retour, conditions qui permettent de limiter la rupture d'avec la société (A) et de préparer efficacement le retour en société (B).

---

[10] Si l'objectif d'insertion ou de réinsertion peut avoir pour effet de *« prévenir la commission d'infraction »*, il n'y a pas de corrélation automatique. On peut être réinséré et commettre de nouvelles infractions, comme on peut ne plus commettre de nouvelles infractions sans, pour autant, être réinséré. La désistance qui correspond à la sortie de la délinquance, n'est pas synonyme de réinsertion. M. Herzog-Evans, « Définir la désistance et en comprendre l'utilité pour la France », *AJ Pénal* 2010, n° 9, p. 366.

A. Limiter la rupture d'avec la société

Contrer les effets désocialisants de la privation de liberté. Faire de la prison « la privation de liberté et rien d'autre », selon la célèbre formule du Président Giscard d'Estaing, telle est l'ambition de la loi n° 2009-1436 du 24 novembre 2009. Plus précisément, il s'agit d'organiser la vie en prison de telle sorte que toutes les prestations et les droits, non remis en cause par les contraintes de sécurité ou la décision de justice, soient dispensés et garantis aux personnes détenues[11]. Partant donc du principe que le détenu ne perd que sa liberté en prison et dans un objectif de réinsertion, la loi pénitentiaire consacre tout un chapitre (le chapitre III) aux droits (1) et aux devoirs du détenu (2) dont l'effectivité tend à limiter les effets désocialisants de la privation de liberté.

1. Le respect des droits du détenu : un prérequis indispensable au retour en société

Le nécessaire respect des droits du détenu. Aux termes de l'article 22 de la loi du 24 novembre 2009 : « *l'administration pénitentiaire garantit à toute personne détenue le respect de sa dignité et de ses droits* ». Assurer le respect des droits du détenu est le prérequis indispensable pour répondre aux exigences posées par le législateur de respect de la dignité humaine, d'amélioration des conditions de détention et de réinsertion des personnes détenues. Outre le fait qu'elle réduit la liberté de mouvement, la privation de liberté dégrade également les contacts avec la famille, elle déconnecte de l'évolution sociétale, elle limite ou complexifie l'exercice de

---

[11] V. E. Gallardo et M. Giacopelli (sous la dir. de), *L'élaboration d'un droit de la privation de liberté, étude autour des Recommandations minimales du Contrôleur Général des Lieux de privation de Liberté*, Préface de Ch. Lazerges, Paris, LexisNexis, 2020, 476 p.

la plupart des droits. Le respect des droits du détenu, tels que ses droits civiques et sociaux, son droit au respect de la vie privée et familiale[12], son droit accès à l'information, son droit à la sécurité, à la santé[13], contribue, entre autres, à limiter les effets désocialisants de la privation de liberté. Partant, le respect de ces droits s'inscrit dans une démarche favorable au retour en société.

L'exercice de ces droits peut, certes, faire l'objet de restrictions. Le législateur indique, toutefois, à l'article 22 de la loi pénitentiaire, qu'il « *ne peut faire l'objet d'autres restrictions que celles résultant des contraintes inhérentes à la détention, du maintien de la sécurité et du bon ordre des établissements, de la prévention de la récidive et de la protection de l'intérêt des victimes* ». Or, force est de constater, à l'instar du contrôleur général des lieux de privation de liberté, que les restrictions à l'exercice des droits s'intensifient sous la pression du manque de moyens, qu'il s'agisse de moyens humains ou financiers, mais aussi en raison de la surpopulation carcérale[14]. Les objectifs de sécurité

---

[12] En ce sens, l'administration pénitentiaire doit faire en sorte de maintenir les liens familiaux du détenu, afin de ne pas obérer ses chances de réinsertion. Le maintien des liens familiaux trouve à s'exercer par la possibilité de téléphoner, un droit de visite ou par des permissions de sortir. À cette fin, les unités de vie familiale (UVF) doivent être développées, moins de 30 % des établissements en disposant actuellement alors qu'en application de l'article 36 de la loi pénitentiaire : « *Les unités de vie familiale ou les parloirs familiaux implantés au sein des établissements pénitentiaires peuvent accueillir toute personne détenue. Toute personne détenue peut bénéficier à sa demande d'au moins une visite trimestrielle dans une unité de vie familiale ou un parloir familial, dont la durée est fixée en tenant compte de l'éloignement du visiteur* ».

[13] La loi pénitentiaire en son article 46, al. 1et 2 prévoit que : « *La prise en charge de la santé des personnes détenues est assurée par le service public hospitalier dans les conditions prévues par le code de la santé publique. La qualité et la continuité des soins sont garanties aux personnes détenues dans des conditions équivalentes à celles dont bénéficie l'ensemble de la population* ». V. *supra*, la contribution d'A. Simon, « La détention à l'épreuve du droit de la santé ».

[14] Au 1er janvier 2021, le nombre de personnes écrouées détenues est de 62 673 alors qu'il était de 70 739 au 1er janvier 2020. Ministère de la jus-

et de gestion des flux prennent alors le pas sur l'objectif d'insertion ou de réinsertion.

Un respect des droits compromis du fait, notamment, de la surpopulation carcérale. La surpopulation carcérale est un facteur aggravant du caractère indigne des conditions de détention[15] et affecte l'exercice des droits des détenus. C'est pourquoi, il s'agit d'une des premières problématiques qu'il faut résoudre[16]. Le CGLPL a pu mesurer

---

tice, « Statistiques de la population détenue et écrouée pour l'année 2021 », *Les chiffres clés de l'administration pénitentiaire,* 1er février 2021, http://www.justice.gouv.fr/. Cette diminution de 11,4% s'explique notamment par la mise en place de mesures exceptionnelles prises pour lutter contre l'épidémie de Covid-19. Il reste à savoir si l'occasion va être saisie pour maintenir ce chiffre ou s'il va repartir à la hausse.

[15] A. Hazan, « Appréciation de l'effectivité des droits des personnes détenues », *AJ Pénal* 2019, n° 11, p. 532. V. également, CGLPL, *Les droits fondamentaux à l'épreuve de la surpopulation carcérale*, Dalloz, 2018.

[16] L'année 2020 aura été riche en décisions relatives à cette problématique. On renverra le lecteur à la décision des juges européens (CEDH, 30 janv. 2020, *J.M.B et a. c. France*, n° 9671/15 ; *AJDA*, 2020, p. 1064, note H. Avvenire ; *D.* 2020, p. 753, note J.-F. Renucci ; *Ibid.* p. 1195, obs. J.-P. Céré, J. Falxa et M. Herzog-Evans ; *Ibid.* p. 1643, obs. J. Pradel ; *JCP G*, 2020, p. 154, Aperçu rapide B. Pastre-Belda ; Y. Carpentier, « Mise en demeure de la CEDH à propos du surpeuplement carcéral en France », *Lexbase pénal*, mars 2020, N° Lexbase : N2631BY4), à celle des juges de la chambre criminelle de la Cour de cassation (Crim., 8 juill. 2020, n° 20-81.731 et n° 20-81.739 ; *AJ Pénal*, 2020, p. 404, note J. Frinchaboy ; *D.*, 2020, p. 1643, obs. J. Pradel ; *Ibid.*, p. 1774, note J. Falxa ; J.-P. Céré, « Des conditions de détention provisoire indignes peuvent justifier une remise en liberté », *Gaz. pal.*, 2020, n° 33, p. 12 ; Rédaction Lextenso, « Conditions de détention indignes et office du juge », *LPA* 2020, n° 51, p. 2), à celle du Conseil d'État (CE, 19 octobre 2020, n° 439372, *Garde des Sceaux min. Justice c. Section française de l'Observatoire internationale des* prisons ; M.-C. De Montecler, Conditions de détention indignes, le Conseil d'État répond à la CEDH, *D. actualité*, 22 octobre 2020 ; P. Parinet-Hodimont, « L'effectivité du référé-liberté : le Conseil d'État renvoie la balle au législateur ! », *JCP A*, 2020, n° 46, p. 2295 ; L. Erstein, « Le juge du référé-liberté ouvre la porte des prisons », *JCP G*, 2020, n° 45, p. 1227) ainsi qu'à la décision QPC rendue par les juges constitution-

précisément l'ampleur des difficultés liées à la surpopulation et ses conséquences dramatiques sur la vie quotidienne des personnes détenues. Il constate, lors de ses nombreuses visites d'établissements, que les droits fondamentaux, expressément reconnus par les textes aux détenus, ne peuvent plus être garantis compte tenu des conditions de détention[17], et que la prison ne parvient plus à jouer le rôle de réinsertion et de prévention de la récidive que lui assigne la loi dans la mesure où *« les atteintes à l'intimité et à l'hygiène des personnes détenues sont constantes, les sorties à l'air libre sont limitées ; l'accès à la santé est défaillant et les délais d'attente sont allongés (souvent plusieurs mois pour voir un spécialiste), les soins psychiatriques sont insuffisants alors même que la maladie mentale en prison est une préoccupation majeure ; les suicides, tensions et violences augmentent, le droit au maintien des liens familiaux n'est plus effectif*[18]*, l'accès aux*

---

nels (Cons. const., 2 octobre 2020, n° 2020-848/859 QPC, *M. Geoffrey F. et autre [Conditions d'incarcération des détenus]* ; J. Frinchaboy, « La dignité des détenus enfin respectée : l'inconstitutionnalité du régime de la détention provisoire », *AJ Pénal* 2020, n° 12, pp. 580-583). V. Cl. Margaine, « Conditions de détention et office des juges : dignité versus effectivité », *supra.*

[17] Est-ce utile de rappeler que l'encellulement individuel est un élément fondamental permettant de garantir le respect de la dignité humaine ? Or, cette règle, inscrite dans la loi depuis 1875, réaffirmée par l'article 87 de la loi pénitentiaire, a vu, d'emblée, son application repoussée au 24 novembre 2014, en vertu de l'article 100 de cette même loi. À la fin de l'année 2014, puis en 2019, de nouveaux moratoires ont été adoptés, permettant une fois de plus de déroger au principe de l'encellulement individuel jusqu'au 31 décembre 2022. Le législateur a prévu, dans la loi n° 2019-222 du 23 mars 2019 de programmation de 2018-2022 et de réforme pour la justice, la création de 7 000 places de prison supplémentaires pour 2022 et 15 000 pour 2027. Il reste à savoir si la création de ces places supplémentaires permettra une meilleure répartition des personnes actuellement détenues, contribuant ainsi à une amélioration des conditions de détention, ou si elle conduira, comme c'est le cas à chaque fois, à augmenter, encore un peu plus, la population carcérale.

[18] Le CGLPL observe en outre que, faute d'agents disponibles, des UVF qui ont été construites n'ont jamais été ouvertes (ou ne fonctionnent pas en service de nuit), que leur accès n'est pas toujours facilité en raison de

activités et au travail est réduit alors qu'il s'agit d'un support essentiel du parcours de peine[19] *etc.* »[20]. Cette surpopulation pèse également sur les conditions de travail du personnel, ce qui, inévitablement, se répercute sur la qualité de la prise en charge des personnes détenues.

Dans ces conditions, l'administration pénitentiaire ne parvient pas à remplir sa mission de réinsertion, alors que cette mission lui est assignée de manière prioritaire par la loi pénitentiaire du 24 novembre 2009 dans son article 2[21]. On le constate également s'agissant de l'obligation d'activité qui pèse, selon la loi, sur le détenu mais qui, dans les conditions actuelles de détention, pèse davantage sur l'administration pénitentiaire.

---

la lourdeur des procédures, que des restrictions de durée sont appliquées ou que des personnes en sont systématiquement exclues en raison de leur profil pénal ou pénitentiaire.

[19] L'article 717-3 du CPP, al. 1 et 2 prévoit : « *Les activités de travail et de formation professionnelle ou générale sont prises en compte pour l'appréciation des gages de réinsertion et de bonne conduite des condamnés.*

Au sein des établissements pénitentiaires, toutes dispositions sont prises pour assurer une activité professionnelle, une formation professionnelle ou générale aux personnes incarcérées qui en font la demande ».

[20] A. Hazan, « Appréciation de l'effectivité des droits des personnes détenues », *op. cit.*, p. 532.

[21] A. Hazan, « Repenser le système pénal et pénitentiaire », *Les Cahiers de la Justice*, 2020, n° 1, p. 8. Mme Adeline Hazan relève que, dix ans après la promulgation de la loi pénitentiaire, les prisons françaises n'ont jamais été aussi peuplées, les conditions de détention ne se sont pas améliorées et l'administration pénitentiaire ne remplit plus sa mission de réinsertion. V. dans cet ouvrage *supra*, la contribution de S. Gallut, « La loi pénitentiaire, quel impact sur la surpopulation carcérale ? ».

2. L'obligation d'activité du détenu : une action de préparation à la réinsertion

Une obligation destinée à préparer un terrain propice à la réinsertion. Aux termes de l'article 27 de la loi pénitentiaire, le détenu se trouve soumis à une obligation d'activité. Il s'agit là du principal devoir de toute personne condamnée, outre le respect des impératifs liés à la vie en détention. Le condamné est tenu d'exercer au moins l'une des activités qui lui est proposée (adaptée à son âge, à ses capacités, à son handicap et à sa personnalité), dès lors qu'elle a pour finalité sa réinsertion[22]. Ceci est essentiel dans une perspective de retour dans la société. Plus précisément, aux termes de l'article R. 57-9-1 du CPP : « *La personne détenue condamnée remplit l'obligation qui lui incombe en vertu de l'article 27 de la loi n° 2009-1436 du 24 novembre 2009 lorsqu'elle exerce au moins l'une des activités relevant de l'un des domaines suivants : travail, formation professionnelle insertion par l'activité économique, enseignement, activités éducatives, culturelles, socioculturelles, sportives et physiques* ».

Mais là encore, la faiblesse des moyens consacrés aux activités, les contraintes logistiques et organisationnelles et la dégradation des conditions de détention précédemment évoquées pèsent lourdement sur l'effectivité de cette obligation d'activité au point d'en affecter la logique et la finalité.

Une obligation détournée de sa logique et de sa finalité. À titre d'exemple, la valorisation du travail en détention, pourtant présentée comme un axe prioritaire de la loi pénitentiaire pour favoriser la réinsertion des personnes

---

[22] Selon l'alinéa 2 de l'article 27, lorsque la personne condamnée ne maîtrise pas les enseignements fondamentaux, l'activité consiste par priorité en l'apprentissage de la lecture, de l'écriture et du calcul. Lorsqu'elle ne maîtrise pas la langue française, l'activité consiste en priorité par son apprentissage. L'article 60 de la loi rappelle l'obligation scolaire imposée en vertu du droit commun aux mineurs de moins de seize ans.

détenues[23], reste à concrétiser[24]. Les difficultés sont actuellement nombreuses : manque de locaux, emplois peu qualifiés, insuffisance du nombre de postes proposés[25], organisation peu propice au travail, faiblesse et inégalité des rémunérations[26], opacité des procédures d'accès et de déclassement, conditions de travail irrégulières, etc. La même remarque pourrait être formulée en ce qui concerne les autres activités[27]. Dans ces conditions, c'est finalement l'administration

---

[23] V. art. 33 de la loi pénitentiaire du 24 novembre 2009. Sur la conformité des dispositions de cet article aux droits et libertés que la Constitution garantit, v. Cons. const., 14 juin 2013, n° 2013-320/321 QPC ; *M. Yacine T. et autre [Absence de contrat de travail pour les relations de travail des personnes incarcérées]* ; entre autres : Ph. Auvergnon, « Droit du travail et prison : le changement maintenant ? », *RDT* 2013, n° 5, p. 309 ; É. BONIS-GARÇON, « Le travail des détenus », *RPDP* 2013, n° 4, pp. 991-995 ; J.-P. Céré, « L'exclusion du code du travail en prison est constitutionnelle », *AJ Pénal* 2013, n° 10, pp. 556-557 ; et Cons. const., 25 septembre 2015, n° 2015-485 QPC, *M. Johny M. [Acte d'engagement des personnes détenues participant aux activités professionnelles dans les établissements pénitentiaires]* ; J.-P. Céré, « Le Conseil constitutionnel et le travail en prison : une occasion manquée ? », *D.* 2015, n° 36, pp. 2083-2084 ; J. Falxa, « Constitutionnalité de l'absence de cadre légal pour le travail pénitentiaire », *AJ Pénal* 2016, n°2, pp. 100-101 ; C. Tzutzuiano, « Le travail pénitentiaire conforté dans le "non-droit" », *RFDC*, 2016, n° 105, pp. 177-181.

[24] A. HAZAN, « Appréciation de l'effectivité des droits des personnes détenues », *op. cit.*, p. 532.

[25] L'offre d'activités est naturellement dépendante de l'état de l'économie, du marché du travail et de la volonté des entreprises. D'après les chiffres fournis par l'administration pénitentiaire, seules 28,4 % des personnes détenues ont eu accès à un travail en 2017.

[26] Le seuil minimum de rémunération créé par l'article 32 de la loi pénitentiaire reste faible (de 20 à 45 % du SMIC) et les salaires effectivement versés sont en outre souvent inférieurs à ce seuil minimal, particulièrement dans les ateliers de production.

[27] L'enseignement et la formation professionnelle favorisent également la réinsertion dans la vie sociale et professionnelle. Les associations socio-judiciaires ont ici un rôle important. Elles peuvent construire du capital social et humain en proposant aux détenus une offre de formation plus

pénitentiaire qui se trouve débitrice d'une obligation de moyens envers le détenu afin qu'il puisse remplir son obligation d'activité. Comme le soulignent les Professeurs Bonis et Peltier, *« l'obligation censée peser sur les condamnés se présente, en définitive, davantage comme une obligation de moyens mise à la charge des établissements face à laquelle les détenus devraient avoir un droit, qui viendrait par conséquent s'ajouter à ceux que la loi pénitentiaire leur garantit »*[28].

Plus encore, il s'avère que ces activités sont utilisées comme des outils de gestion de la détention plutôt que comme des solutions de préparation au retour en société. Ici l'obligation d'activité est détournée de sa finalité, ce qui, en tout état de cause, ne permet pas de créer les conditions propices à la préparation du retour en société.

B. Préparer le retour en société

L'importance d'un retour préparé. Anticiper le retour en société signifie que le détenu se prépare à ce retour. Cette préparation est essentielle dans la mesure où elle permettrait de produire davantage d'effets positifs qu'une libération anticipée soudaine, donc non préparée[29]. Or, la préparation du

---

large et en luttant contre les faibles taux d'alphabétisation de cette population. Outre, l'enseignement, la formation professionnelle et le travail, les activités socioculturelles (art. D. 440 du CPP) et sportives (art. D. 459-1 du CPP) s'inscrivent également dans les *« actions de préparation à la réinsertion des détenus »*.

[28] É. Bonis et V. Peltier, « La loi pénitentiaire, 10 ans après », *Droit pén.* 2019, étude 23.

[29] M. Benjamin Monnery relève en ce sens, *in* B. Monnery, *op. cit.*, pp. 253 et s., que diverses études démontrent que lorsque les durées d'incarcération sont brutalement réduites au cours de la détention, de façon difficilement anticipable, celles-ci provoquent une augmentation du risque de récidive pour les détenus affectés. À l'inverse, quand les durées effectives d'incarcération sont connues longtemps avant la libération et que les détenus peuvent facilement s'y préparer, le taux de récidive est moins haut quand bien même la durée d'incarcération est

retour en société ne peut pas être uniforme. Elle doit être individualisée, c'est à dire adaptée à la situation et la personnalité du condamné. Cette préparation implique de respecter une logique d'individualisation qui s'impose tant à l'administration pénitentiaire (1) qu'à l'autorité judiciaire (2).

1. L'individualisation administrative du régime de détention

La recherche d'une meilleure personnalisation de la prise en charge du détenu. La préparation du retour en société passe par une adaptation du régime de détention[30]. Tel est l'objet de l'article 89 de la loi pénitentiaire, modifiant l'article 717-1 du CPP, qui généralise le parcours d'exécution des peines à tous les condamnés[31] et légalise les régimes différenciés de détention[32]. Cet ensemble s'inscrit dans la recherche d'une meilleure personnalisation de la prise en charge du détenu et une logique de progressivité[33]. La voca-

plus longue.

[30] V. dans cet ouvrage *supra*, la contribution de C. Margaine, « Conditions de détention et office des juges : dignité versus effectivité ».

[31] L'article 717-1 du CPP est modifié en ce sens : « *Dès leur accueil dans l'établissement pénitentiaire et à l'issue d'une période d'observation pluridisciplinaire, les personnes détenues font l'objet d'un bilan de personnalité. Un parcours d'exécution de la peine est élaboré par le chef d'établissement et le directeur du service pénitentiaire d'insertion et de probation pour les condamnés, en concertation avec ces derniers, dès que leur condamnation est devenue définitive. Le projet initial et ses modifications ultérieures sont portés à la connaissance du juge de l'application des peines* » (alinéa 1er).

[32] L'article 717-1 du CPP prévoit, en son alinéa 2, que : « *La répartition des condamnés dans les prisons établies pour peines s'effectue compte tenu de leur catégorie pénale, de leur âge, de leur état de santé et de leur personnalité. Leur régime de détention est déterminé en prenant en compte leur personnalité, leur santé, leur dangerosité et leurs efforts en matière de réinsertion sociale. Le placement d'une personne détenue sous un régime de détention plus sévère ne saurait porter atteinte aux droits visés à l'article 22 de la loi n° 2009-1436 du 24 novembre 2009 pénitentiaire* ».

[33] J.-P. Céré, « La loi du 24 novembre 2009 : aspects de procédure pénale

tion est précisément de préparer le détenu à réintégrer la société en l'impliquant dans la gestion de son temps en détention afin qu'il prépare lui-même sa sortie.

Les insuffisances de l'individualisation pénitentiaire. Si le principe d'une individualisation du parcours de détention est important et intéressant[34], il apparait, d'une part, que le PEP est un moyen de préparation au retour en société insuffisamment mis en avant[35] et, d'autre part, que, dans nombre d'établissements, les régimes différenciés ne constituent pas *« un vecteur de l'individualisation de la peine [impliquant] le détenu dans l'évolution de son parcours de détention et dans un processus de socialisation »*[36] mais sont principalement utilisés comme un mode de gestion de la détention[37].

---

et de droit pénitentiaire », *Droit pén.* 2010, étude 2.

[34] Dans un avis du 12 décembre 2017 publié au *Journal officiel* le 14 mars 2018, le CGLPL voit dans le dispositif du *« module respect »*, mis en place depuis 2015 dans certains établissement pénitentiaires, l'occasion de repenser la philosophie de l'incarcération. Le module *« promeut l'autonomie des personnes et allège les contraintes sécuritaires. Le climat en détention est apaisé, les violences ont diminué. Les surveillants exercent leur métier de manière différente et plus valorisante, ce qui génère une plus grande satisfaction au travail »*. Les aspects positifs de cette approche carcérale doivent, de l'avis du CGLPL, aujourd'hui conduire l'administration à repenser ses régimes de détention, notamment en maison d'arrêt où les détenus sont en principe soumis en principe à un *« régime fermé »*, et à considérer que les régimes les plus respectueux des droits fondamentaux peuvent devenir la règle, et le régime fermé l'exception. T. Coustet, « Prison : le contrôleur général invite à repenser l'incarcération grâce au "module respect" », CGLPL, avis, 12 déc. 2017, JO 14 mars 2018, *D. actualité*, 16 mars 2018.

[35] É. Bonis et V. Peltier, *Droit de la peine, op. cit.*, p. 231.

[36] Note de la direction de l'administration pénitentiaire du 3 août 2009 relative aux modalités de mise en œuvre des régimes différenciés au sein des établissements pénitentiaires.

[37] Le CGLPL constate des inégalités de traitement, l'absence d'évaluation et de projet individualisés, le flou des critères d'affectation, les difficultés pour passer d'un régime à l'autre, le délaissement d'une partie de la population pénale et le sentiment d'arbitraire que cela génère chez une

Pourtant le PEP, en ce qu'il permet de suivre régulièrement les détenus pendant leur parcours carcéral[38] afin de les aider au mieux à investir ce temps de détention, par exemple dans le travail[39], et dans la mesure où il a vocation à évoluer puisque des bilans réguliers sont effectués avec le détenu, constitue un outil intéressant de préparation à la sortie. Pour les autorités judiciaires, il constitue un outil pertinent d'aide à la décision s'agissant de l'octroi éventuel d'un aménagement de peine. En ce sens, le PEP répond à un souci de cohérence entre l'individualisation administrative et l'individualisation judiciaire du régime d'exécution de la peine[40].

---

bonne partie d'entre elle. *« Des personnes sont ainsi placées ou maintenues en régime fermé à titre punitif, en raison de leur vulnérabilité ou des craintes pour leur sécurité, parfois pour "observation" ou simplement parce qu'il n'y a pas de places en régime ouvert »* : V. A. HAZAN, « Appréciation de l'effectivité des droits des personnes détenues », *op. cit.*, p. 532.

[38] Dès leur accueil dans l'établissement pénitentiaire, les détenus doivent recevoir une information sur le parcours d'exécution de peine tandis qu'une équipe pluridisciplinaire de professionnels étudie leur situation. À l'issue de cette période d'observation, elle dresse un bilan de personnalité. Un parcours d'exécution de la peine est alors élaboré par le chef d'établissement et le directeur du SPIP en concertation avec le condamné dès que la condamnation est devenue définitive.

[39] S'inscrivant dans une démarche d'individualisation, le PEP peut se traduire par une participation à des activités de lutte contre l'illettrisme, à des activités socio-éducatives, culturelles et sportives, par une participation à des actions en vue de la préparation à la sortie, par le maintien ou rétablissement de relations avec les proches, par une indemnisation volontaire des parties civiles, un règlement des frais de justice, des amendes, une démarche de soins, la clarification d'une situation au regard de la législation des étrangers.

[40] Le PEP apporte, notamment au travers du livret individuel, une information enrichie, concrète et objective sur le condamné et favorise une perception plus globale de celui-ci en permettant surtout de retracer son évolution en détention. Plus précisément, les informations récoltées par la commission pluridisciplinaire unique sont classées dans un dossier le « livret PEP » qui suit le détenu à l'occasion d'un transfert vers un autre établissement, s'il y a lieu, ou d'une libération conditionnelle.

2. L'individualisation judiciaire du régime d'exécution de la peine

Des procédures d'octroi des aménagements de peine devant s'inscrire dans une logique d'individualisation. Les aménagements de la peine privative liberté, prononcés par les juridictions de l'application des peines, en ce qu'ils permettent un retour progressif et encadré du condamné dans la société, se trouvent au cœur de la transition entre le milieu fermé et le milieu ouvert[41]. En permettant d'adapter les modalités d'exécution de la peine à la situation et à la personnalité du condamné[42], les aménagements de peine favorisent un retour en société qui tende vers la réinsertion du condamné et la prévention de la commission de nouvelles infractions. Toutefois, pour apporter une réponse adaptée à la situation et à la personnalité du condamné, les procédures d'aménagement des peines doivent être garantes du respect d'une logique d'individualisation. À

---

[41] L'aménagement de la peine en cours d'exécution était, jusqu'à l'adoption de la loi pénitentiaire, une possibilité. Il prend, avec la loi pénitentiaire, la forme d'une obligation ; le verbe pouvoir, figurant au troisième alinéa de l'article 707 du CPP, étant désormais remplacé par le verbe être au présent de l'indicatif. L'aménagement de peine en cours d'exécution d'une peine privative de liberté est donc devenu un principe. Nous n'examinerons pas ici tous les aménagements de peine possibles, nous renvoyons le lecteur à la contribution de Y. Carpentier, « Le déploiement des aménagements de peine », *supra*.

[42] X. DE Larminat, « Les configurations du désengagement délinquant au carrefour des dispositions, des interactions et des institutions », *in* A. Gaïa, X. de Larminat et V. Benazeth (dir.), *Comment sort-on de la délinquance ? Comprendre les processus de désistance*, Médecine & Hygiène, « Déviance et Société », 2019, p. 25 : *« Si l'on veut travailler de manière efficace avec des délinquants, il convient de traiter des problèmes et des besoins qui sont liés à leurs passages à l'acte (...) mais qu'il est possible de modifier, tels que l'emploi, les relations familiales, la consommation de drogue, les associations de groupes de pairs, le logement, les finances, les attitudes pro-criminelles. Il est dès lors indispensable d'individualiser les modalités d'exécution de la mesure ».*

défaut, les aménagements de peine s'apparentent davantage à des variables d'ajustement de la population carcérale[43].

C'est pourquoi, en principe, à l'occasion d'une procédure d'aménagement de la peine, il est demandé au condamné de présenter des *« solutions d'insertion »*[44] comme la possibilité d'être logé[45], d'être employé, ou encore le maintien de liens

[43] On précisera que la surpopulation carcérale n'est pas un motif suffisant pour justifier l'octroi d'un aménagement de peine. Néanmoins, depuis la loi du 15 août 2014, les juges sont formellement invités à prendre en compte la surpopulation carcérale en vue d'apprécier l'opportunité d'octroyer une mesure d'aménagement de la peine. En effet, l'article 707 du CPP énonce, au paragraphe III, que tout détenu doit pouvoir bénéficier « *d'un retour progressif à la liberté en tenant compte des conditions matérielles de détention et du taux d'occupation de l'établissement pénitentiaire* ». À ce titre, on ne manquera de souligner la décision des juges du Conseil d'État, du 27 janvier 2021, de renvoyer aux juges constitutionnels, à la suite de la décision Cons. const., 2 octobre 2020, n°2020-848/859 QPC précitée, la question de savoir si les dispositions des articles 707, 720-1, 720-1-1, 723-1, 723-7 et 729 du CPP, relatives aux différentes modalités d'aménagement des peines, portent atteinte au principe à valeur constitutionnelle de dignité de la personne humaine et au droit à un recours juridictionnel effectif, faute de prévoir la possibilité pour le JAP de tirer les conséquences de conditions de détention contraires à la dignité de la personne humaine afin qu'il y soit mis fin par un aménagement de la peine. V. CE, 27 janv. 2021, n° 445873, *Section française de l'observatoire international des prisons*.

[44] C'est le cas aux fins d'octroi d'une mesure de semi-liberté ou de placement à l'extérieur en application de l'article 723-1 du CPP lorsqu'il reste à subir par le condamné une ou plusieurs peines privatives de liberté dont la durée totale n'excède pas deux ans ou encore en matière de libération conditionnelle (art. 729 du CPP). L'octroi de telles modalités d'exécution de la peine privative de liberté requiert l'existence d'efforts sérieux de réadaptation sociale.

[45] Par exemple, pour permettre au condamné d'exécuter la sanction prononcée à son encontre dans la communauté, au titre d'un aménagement de peine, il est indispensable qu'il puisse élire un domicile. A cette fin, le législateur indique à l'article 30 de la loi pénitentiaire du 24 novembre 2009 : « *Pour faciliter leurs démarches de préparation à la sortie, les personnes détenues peuvent également procéder à l'élection de domicile mentionnée à l'article L. 264-1 du même code soit auprès du centre communal ou intercommunal*

sociaux et affectifs. A défaut, un aménagement de peine ne pourra pas être obtenu.

Une logique d'individualisation parfois mise à mal. Toutefois, cette logique d'individualisation est, parfois, mise à mal[46]. Tel est le cas, nous semble-t-il, en matière de libération sous contrainte. En la matière, non seulement l'examen de la situation d'une personne susceptible de bénéficier de cet aménagement de peine est obligatoire[47] (la procédure est donc déclenchée même en l'absence de mobilisation du condamné) mais de plus, depuis le 1er juin 2019[48], l'octroi de cet aménagement de peine présente un caractère quasi

---

d'action sociale, soit auprès de l'organisme agréé à cet effet, le plus proche du lieu où elles recherchent une activité en vue de leur insertion ou réinsertion ou le plus proche du lieu d'implantation d'un établissement de santé ou médico-social susceptible de les accueillir ».

[46] La logique d'individualisation est affectée, et cela dès la loi du 9 mars 2004, notamment par le recul du rôle du condamné dans l'initiative d'une demande d'aménagement de peine mais aussi par le caractère automatique de l'octroi de certaines mesures. Cette tendance sera suivie par la loi pénitentiaire avec l'extension de la procédure simplifiée des aménagements de peine aux personnes incarcérées ou encore avec le dispositif de la surveillance électronique de fin de peine, institué par cette même loi, pour éviter les sorties sèches. Ce dispositif, permettant une sortie automatique sous surveillance électronique au bénéfice des condamnés n'ayant plus que quelques mois à purger d'une peine non aménagée, a été abrogée par la loi du 15 août 2014. *« Si le texte n'existe plus, l'esprit de la loi perdure encore avec la volonté d'éviter les sorties sans aucune forme d'accompagnement ce qui s'est traduit par la création puis par la loi du 23 mars 2019, par la réforme, de la libération sous contrainte »* : V. É. Bonis et V. Peltier, « La loi pénitentiaire, 10 ans après », *op. cit.*

[47] L'article 720 du CPP, dans sa rédaction issue de la loi n° 2019-222 du 23 mars 2019, précise que la situation de toute personne condamnée exécutant une ou plusieurs peines privatives de liberté d'une durée totale inférieure ou égale à cinq ans « *est* ***obligatoirement*** *examinée* » (souligné par nous) par le JAP dès lors que « *la durée de la peine accomplie est au moins égale au double de la durée de la peine restant à subir* ».

[48] Les dispositions relatives à la liberté sous contrainte, issues de la loi n° 2019-222 du 23 mars 2019, sont entrées en vigueur le 1er juin 2019.

automatique puisqu'il ne peut être refusé que si le juge de l'application des peines constate, par ordonnance spécialement motivée, qu'il est impossible de mettre en œuvre l'une des mesures visées au deuxième alinéa de l'article 720 du CPP (la libération conditionnelle, une détention à domicile sous surveillance électronique, un placement à l'extérieur ou encore une semi-liberté) au regard des exigences de l'article 707 du CPP. En d'autres termes, la libération sous contrainte, dans sa version issue de la loi n° 2019-222 du 23 mars 2019, octroie, comme le qualifie le Professeur Giacopelli, un véritable *« bon de sortie »*, une *« libération de droit »*[49], à la personne condamnée pour l'exécution du reliquat de sa peine[50].

Dans ces conditions, à la différence de ce qui vaut en matière de libération conditionnelle[51] par exemple, la libération sous contrainte s'adresse indifféremment aux personnes investies dans un projet de réinsertion comme à celles n'en ayant pas particulièrement. Il y a un risque de forçage des aménagements de peine qui laisse perplexe quant à la viabili-

---

[49] M. Giacopelli, « Renforcer l'efficacité et le sens de la peine », *JCP G* n° 15, 386, p. 695.

[50] Il nous semble, à l'instar de Mme Jenny Frinchaboy, que cette procédure *« est sans doute davantage guidée par une volonté de désengorger les prisons en systématisant les sorties anticipées de détention que par une réelle politique de réinsertion des détenus » in*, J. Frinchaboy, « Le sens et l'efficacité des peines dans la loi de programmation 2018-2022 et de réforme pour la justice », *AJ Pénal* 2019, n° 4, p. 200.

[51] Aux termes de l'article 729 du CPP, pour pouvoir bénéficier d'une libération conditionnelle, le condamné doit manifester des efforts sérieux de réadaptation sociale et en plus justifier de différents éléments qui étayent l'idée d'une réinsertion avérée ou à venir comme l'exercice d'une activité professionnelle, d'un stage ou d'un emploi temporaire ou de son assiduité à un enseignement ou à une formation professionnelle ; ou de sa participation essentielle à la vie de sa famille ; ou de la nécessité de suivre un traitement médical ; ou de ses efforts en vue d'indemniser la ou les victime(s) ; ou encore de son implication dans tout autre projet sérieux d'insertion ou de réinsertion.

té de la mesure de probation puisque les condamnés sont parfaitement capables de se soumettre à la mesure sans jamais y adhérer. On parle alors de soumission instrumentale[52]. Autrement dit, le probationnaire se soumettra à cette mesure sans que les effets attendus puissent être obtenus puisque, en réalité, le condamné n'adhère pas à la mesure de probation. Or, cette adhésion est essentielle d'autant que le retour en société sous la forme d'un aménagement de peine n'est pas sans contraintes.

L'individualisation du contenu des aménagements de peine. En effet, dans une logique d'individualisation et afin d'agir sur les problèmes et les besoins du condamné qui sont liés à son passage à l'acte, les juridictions de l'application des peines vont affiner les modalités d'exécution de la peine en milieu ouvert par l'imposition d'obligations et d'interdictions diverses[53]. Il est important que le condamné adhère à la mesure et aux obligations et interdictions qui la composent[54], car à défaut, le risque de

---

52 M. Herzog-Evans, *Le juge de l'application des peines : Monsieur Jourdain de la désistance*, Paris, l'Harmattan, 2013, pp. 51 et s.

53 Prévues à l'article 132-45 du C. pén., la juridiction de l'application des peines peut imposer au probationnaire une ou plusieurs obligations ou interdictions dès lors qu'il les juge adaptées à la situation et la personnalité de celui-ci (telles l'obligation de suivre des soins, de conserver ou de chercher activement du travail, ou encore de dédommager les victimes éventuelles mais on trouve aussi l'obligation de s'inscrire et de se présenter aux épreuves du permis de conduire, ou encore l'interdiction de fréquenter les débits de boissons ou de prendre part à des jeux d'argent et de hasard notamment sur des sites de jeux en ligne). Si la juridiction ne peut pas créer de nouvelles obligations, en revanche, elle n'est pas limitée par le nombre d'obligations auxquelles elle peut soumettre le condamné. Le juge doit toutefois faire preuve de réalisme.

54 Outre l'imposition d'obligations et d'interdictions, toujours dans une démarche d'individualisation aux fins de retour dans la société, il peut être pertinent de lever un frein, voire un obstacle, à un projet de réinsertion. En ce sens, l'article 712-22 du CPP, créé par la loi pénitentiaire, dispose que les juridictions de l'application des peines peuvent, par le

violation de ces obligations s'accroit et, partant, le retour dans la société se soldera par un retour en détention, à l'inverse de l'objectif poursuivi.

II. Suivre le retour en société lors de l'exécution de la peine en milieu ouvert

Un suivi essentiel au retour en société. Les conditions concrètes du suivi à l'extérieur comptent autant que les conditions de détention à l'intérieur si l'on veut inscrire le retour en société dans une démarche de réinsertion et de prévention de la commission de nouvelles infractions. Pour ce faire, « *le suivi ne doit pas être considéré comme un simple contrôle, mais aussi comme un moyen de conseiller, d'aider et d'accompagner les auteurs d'infraction* »[55]. L'exécution de la peine en milieu ouvert nécessite donc un suivi, lequel s'entend d'un accompagnement du probationnaire (A) et du contrôle de la bonne exécution de la mesure de probation (B).

---

jugement octroyant un aménagement de peine, relever le condamné en tout ou partie d'une interdiction professionnelle ou sociale, ainsi que d'une interdiction « *d'exercer une profession commerciale ou industrielle, de diriger, d'administrer, de gérer ou de contrôler à un titre quelconque, directement ou indirectement, pour son propre compte ou pour le compte d'autrui, une entreprise commerciale ou industrielle ou une société commerciale* », que celle-ci soit l'effet accessoire d'une peine ou une peine complémentaire ou encore exclure du bulletin n° 2 du casier judiciaire les condamnations qui feraient obstacle au projet d'aménagement de peines. Ce relèvement et cette exclusion du bulletin n° 2 du casier judiciaire des condamnations faisant obstacle à un projet d'aménagement de peine peuvent aussi être accordés par le JAP, préalablement à l'octroi d'une mesure d'aménagement de peine, afin de permettre ultérieurement son prononcé (art. 712-22, al. 2 du CPP).

[55] Conseil de l'Europe, article 55 de la recommandation du Conseil de l'Europe concernant les règles européennes relatives à la probation, recommandation CM/Rec (2010) 1, adoptée par le Comité des Ministres le 20 janvier 2010.

A. Accompagner le retour en société

Un accompagnement tendant à favoriser le retour en société. À l'heure où le suivi en milieu ouvert semble se resserrer sur la vérification formelle du respect des obligations et sur l'évaluation prospective des risques de récidive, il convient de rappeler l'importance d'un véritable accompagnement du condamné[56], c'est-à-dire un accompagnement qui se manifeste par la mise en place de mesures d'aide et d'assistance mais qui permette aussi de maintenir l'adaptation de la mesure de probation à l'évolution de la situation et de la personnalité du probationnaire (2). Toutefois, pour que cet accompagnement revête ces qualités, il convient d'y accorder les moyens nécessaires (1).

1. Un accompagnement nécessitant la mobilisation de moyens adéquats

Faire face aux difficultés du retour au *« monde libre »*. Le retour « au monde libre » comporte son lot de difficultés. Les sortants de prison sont confrontés à une série d'obstacles et de difficultés qui compromettent encore leurs chances de réinsertion, tels l'isolement social et familial, les difficultés d'accès à un logement, un endettement (amendes pénales, dommages et intérêts), l'éloignement du marché de l'emploi ou encore un casier judiciaire chargé.

Aux difficultés liées à la situation du probationnaire s'ajoute la réalité économique et sociale de la société[57]. Lors-

---

[56] X. DE Larminat, Prison et "peines alternatives" : du clivage politique au mirage empirique, *La Découverte*, « Regards croisés sur l'économie », 2017/1, n° 20, p. 157.

[57] En ce sens M. Ph. Robert, explique *in* « Les recherches sur les sorties de délinquance : quelques remarques de sociologie des sciences », *in* A. Gaïa, X. de Larminat et V. Benazeth (dir.), *Comment sort-on de la délinquance ? Comprendre les processus de désistance*, Médecine & Hygiène, « Déviance et Société », 2019, p. 13 : *« Quand je menais mes recherches sur les*

qu'une partie des membres de la société éprouve les plus grandes difficultés à trouver un emploi, il est plus difficile de permettre au condamné de se réinsérer notamment par le travail, alors qu'il s'agit là d'*« un bon instrument de "réhabilitation" »*[58]. En raison de la précarité bien connue des détenus et d'un niveau de qualification souvent très bas, dans un contexte économique et social difficile, la concurrence avec le reste de la société est rude. La même analyse pourrait être réalisée avec les problématiques liées à l'accès au logement. Cette réalité ne peut pas être ignorée. C'est pourquoi, l'accompagnement, qui implique conseil, aide et assistance, doit être effectif.

Un accompagnement effectif. Cet accompagnement se matérialise par la mise en place de mesures d'aide et

---

bandes de "blousons noirs" au cours des années 1960, la situation pouvait se résumer assez simplement : une partie de la jeunesse prolétaire était assez tentée de prendre des chemins de traverse pour accéder plus vite aux joies de la (nouvelle) société de consommation de masse qui commençait à s'établir. Mais ce défi n'effrayait guère, on savait comment y faire face (...). Il suffisait de les amener, plus ou moins rapidement, plus ou moins aisément, à la porte de l'usine toujours à la recherche d'une main-d'œuvre même sans grandes qualifications professionnelles (…) et sociales. On leur offrait sans beaucoup rechigner un emploi stable, une rémunération médiocre mais assurée... de quoi accéder à un logement social, acheter à crédit une voiture et fonder une famille. Tout a changé à partir de la décennie 1970 (…) ».

[58] D. Melossi, « Une criminologie critique modernisatrice ? Développements sociaux et question criminologique », *Déviance et Société*, 2007, n° 4, p. 409. Comme le souligne S. Liwerant, « Paroles de détenus », *Archives de politique criminelle*, 2000, n° 22, pp. 183-185, pour les détenus, eux-mêmes, la réinsertion *« passe »* par l'obtention d'un emploi. Bien évidemment, la *« dimension personnelle »* de la réinsertion (c'est à dire la reconstruction des liens familiaux) est primordiale mais, lorsque l'on interroge les détenus sur la réinsertion, c'est la *« dimension sociale »* qui est particulièrement soulignée. La dimension sociale est celle qui consiste à retrouver une place dans la société, notamment par le travail (et/ou une formation). Elle est très importante car elle permet à la personne de retrouver son indépendance (une autonomie financière, la possibilité de pouvoir se loger, de pouvoir acquérir un statut social). Dans cette étude, certains détenus présentent le travail comme synonyme de réinsertion.

d'assistance, qui vont pouvoir prendre la forme « *d'une aide à caractère social et, s'il y a lieu, d'une aide matérielle* »[59], destinées à faciliter, à seconder le reclassement du probationnaire, par exemple au moyen d'une aide à la recherche d'un logement, d'un emploi ou à la constitution d'un dossier. Plus largement, « travailler efficacement dans la probation requiert d'adopter une approche collaborative avec l'intéressé qui nécessite un accompagnement qui passe par des choses simples mais qui requièrent du temps »[60]. Aussi les effectifs des services pénitentiaires d'insertion et de probation doivent-ils être suffisants afin de pouvoir assurer pleinement leurs missions. Or, si le nombre de dossiers par conseiller pénitentiaire d'insertion et de probation diminue ces dernières années[61], il reste encore important au regard de l'objectif poursuivi, à savoir offrir un suivi sérieux.

En outre, la pleine concrétisation de cette aide et de cette assistance nécessite la mobilisation des familles, de la société civile, des collectivités territoriales ou de divers organismes publics ou privés[62], des services de l'Etat (pôle emploi, Maisons de l'emploi et de la formation), de l'État lui-même mais

---

[59] C. pén., art. 132-46, al. 2.

[60] Ainsi qu'*« une formation et au-delà certaines qualités », comme la capacité d'une personne de l'institution de parvenir à « désinstitutionnaliser le cadre afin d'investir la relation tout en restant dans la légalité »* : V. Bénazeth, *op. cit.*, p. 166.

[61] Ce nombre moyen était de 120 dossiers par agent de probation en 2013. Il est passé à 85 dossiers par CPIP en 2017. Au 1er juillet 2019, ce *ratio* était revenu à 67,1 ; l'objectif étant de le ramener à 60 en 2022. SENAT, « Projet de loi de finances pour 2020 : Administration pénitentiaire », 2019 ; www.senat.fr.

[62] Visés par l'article 132-46 du C. pén., les organismes publics et privés ont trait principalement à des milieux associatifs ou caritatifs. V. le dossier consacré à *« la place des associations dans le suivi des condamnés »*, *AJ Pénal*, 2013, n° 4, pp. 185-198 ; P. Tomczak, « Associations socio-judiciaires et sorties de délinquance », *in* A. Gaïa, X. de Larminat et V. Benazeth (dir.), *Comment sort-on de la délinquance ? Comprendre les processus de désistance*, Médecine & Hygiène, « Deéviance et Société », 2019, p. 153.

aussi des médecins ou des centres de soins. Cette assistance apportée par l'ensemble du corps social doit s'inscrire dans une démarche de *« travail en partenariat »*[63] afin d'assurer un accompagnement effectif[64] et de permettre de maintenir une mesure de probation adaptée à la situation et à la personnalité du probationnaire, soit une mesure de probation viable.

2. Un accompagnement permettant le maintien d'une mesure de probation adaptée à la situation et à la personnalité du probationnaire

La possible réadaptation des modalités d'exécution de la peine. Pour que la phase d'exécution de la peine en milieu ouvert soit la plus efficace possible, c'est-à-dire qu'elle permette la réalisation des objectifs poursuivis, à savoir favoriser la réinsertion du probationnaire et prévenir la commission de nouvelles infractions, il faut que la mesure de probation reste adaptée à la situation et la personnalité du probationnaire[65]. Cela signifie que, à l'instar des modalités d'exécution de la peine en milieu fermé, les modalités d'exécution de la peine en milieu ouvert doivent pouvoir évoluer si cela est nécessaire. Les obligations pesant sur le

---

[63] M. Herzog-Evans, « All hands on deck : (re)mettre le travail en partenariat au centre de la probation », *AJ Pénal* 2013, n° 3, p. 140.

[64] V. par exemple, I. Derveaux, « La "probation renforcée" en France : l'expérience de Cambrai », *in* M. Herzog-Evans (sous la direction de), *L'efficacité de l'exécution des peines*, Paris, Mare et Martin, 2014, pp. 39-43.

[65] Si cette prise en compte de l'évolution de la situation du condamné au cours de l'exécution de la peine semble indispensable, sa mise en œuvre pratique suscite quelques inquiétudes dans la mesure où, aux fins d'individualisation de la mesure de probation, il est nécessaire de multiplier, par rapport à ce qui se fait en pratique, le nombre d'entretiens individuels avec le probationnaire. Or, lorsque l'on sait que sont régulièrement pointés du doigt le nombre de dossiers par conseillers et leur charge déjà considérable de travail, cet objectif semble aujourd'hui difficile à réaliser.

probationnaire doivent donc pouvoir être modifiées, complétées ou supprimées en fonction de l'évolution de sa situation. Il serait, par exemple, incohérent de maintenir le condamné dans des obligations qui ne seraient plus adaptées à sa personnalité ou à sa situation, voire qui constitueraient des freins à l'objectif poursuivi de réinsertion.

La levée de certaines obligations ou interdictions. En ce sens, il peut être pertinent de lever certaines obligations ou interdictions imposées par la juridiction de l'application des peines qui, bien que justifiées lors de l'octroi de l'aménagement de la peine, peuvent se révéler être des freins au cours de l'exécution de la peine en milieu ouvert et obérer la démarche de réinsertion du probationnaire. En ce sens, M. Valerian Benazeth relève plusieurs exemples tirés du vécu de probationnaires[66] pour lesquels la levée de certaines interdictions ou obligations a contribué à leur démarche de réinsertion, par exemple la levée d'une interdiction qui empêchait le probationnaire de pratiquer la boxe, à un niveau professionnel, à l'étranger ou encore la levée d'une interdiction de séjour du probationnaire, dans sa ville d'origine, qui le privait de l'appui de sa famille. Cela étant, la réadaptation des modalités d'exécution de la mesure de probation ne signifie pas nécessaire un allègement ou une levée des obligations et interdictions. Dans un certain nombre de cas, la réadaptation des modalités d'exécution de la peine en milieu ouvert conduit à davantage de contraintes.

La modification ou l'ajout de certaines obligations ou interdictions. Le JAP peut, en effet, décider, s'il le juge nécessaire compte tenu de l'évolution de la situation du probationnaire, d'ajouter une obligation ou une interdiction. Il peut, par exemple, décider de soumettre le probationnaire à une obligation de soins ou à une nouvelle interdiction, telle

66 V. Benazeth, *op. cit.*, p. 169.

celle de fréquenter certains lieux ou certaines personnes. Il peut également décider de prolonger l'une des obligations ou interdictions. La réadaptation des modalités d'exécution de la peine n'est donc pas nécessairement favorable au condamné[67]. Cette réadaptation peut conduire à rendre les modalités d'exécution de la mesure de probation plus contraignantes qu'elles ne l'étaient au départ. Aussi convient-il, pour s'assurer de leur respect, de contrôler leur exécution.

B. Contrôler le retour en société

Des mesures de contrôle contribuant à favoriser le retour en société. Aux interdictions et obligations de l'article 132-45 du Code pénal s'ajoutent des mesures de contrôle, prévues à l'article 132-44 du même code, lesquelles s'imposent toutes au condamné sans distinction. Ces mesures ont vocation à vérifier que le condamné respecte les modalités d'exécution de la peine ainsi que les interdictions et les obligations auxquelles il est astreint[68]. Elles sont alors d'une grande utilité d'une part, parce qu'elles participent de la crédibilité du suivi (1) et, d'autre part, parce qu'elles permettent de détecter rapidement toute exécution défaillante et d'y faire face en y apportant une réponse adéquate (2).

---

[67] V. notre thèse, C. Tzutzuiano, *L'effectivité de la sanction pénale*, *op. cit.*, pp. 317-322.

[68] La loi n° 2014-896 du 15 août 2014 est venue intensifier le contrôle des condamnés en renforçant le rôle d'acteurs davantage habitués à intervenir lors de l'enquête et étend ce contrôle après la libération des personnes condamnées à une peine privative de liberté. En ce sens, l'article 34 de la loi du 15 août 2014 étend le champ des personnes susceptibles d'être inscrites au fichier des personnes recherchées aux individus condamnés à certaines obligations prévues aux articles 132-44 et 132-45 du Code pénal, qu'elles accompagnent, comme auparavant, une peine assortie d'un sursis ou un suivi socio-judiciaire, ou bien, à partir du 1er octobre 2014, un aménagement de peine. Pour ce faire, la police a davantage été associée à la phase du post-sentenciel.

1. Des mesures de contrôle indispensables à la crédibilité du suivi

Les mesures de contrôle. En exigeant du probationnaire, au titre des mesures de contrôle qui s'imposent à lui, qu'il réponde aux convocations du JAP ou du SPIP[69], ces derniers vont pouvoir non seulement vérifier que l'exécution de la sanction dans la communauté se déroule correctement mais également constater si les interdictions et obligations auxquelles le condamné est astreint sont toujours adaptées. Cela vaut également pour les visites du SPIP au domicile[70] ou sur le lieu de travail[71] du probationnaire qui s'inscrivent dans la même démarche, ou encore de l'obligation pour le probationnaire de communiquer au SPIP les renseignements ou documents de nature à permettre le contrôle de ses moyens d'existence ou le respect de ses obligations. En ce sens, pourront être demandés le contrat de travail, le contrat de bail ou autre. Dans tous les cas, le SPIP n'est pas tenu d'avertir le probationnaire de sa venue et, plus largement, de l'avertir du fait qu'il va recourir à une mesure de contrôle, ce qui semble contribuer à la crédibilité du suivi.

L'utilité des mesures de contrôle. Plusieurs études montrent le rôle clé des contrôles aléatoires, de la certitude des sanctions et de leur célérité. Le programme de probation HOPE, mis en place en 2004 à Hawaï, est devenu un exemple de cette stratégie[72]. Ces expériences montrent que

---

[69] Le probationnaire est tenu d'y répondre conformément aux dispositions des articles 741 du CPP et 132-44, 1° du C. pén.

[70] Il n'y a pas lieu pour le SPIP de recueillir l'accord du probationnaire afin de pouvoir pénétrer dans son domicile.

[71] L'alinéa 2 de l'article D. 533-2 du CPP précise que les visites ne doivent pas « *gêner ou perturber l'accomplissement* » du travail et « *les relations professionnelles du condamné* ».

[72] B. Monnery, *op. cit.*, pp. 253 et s.

d'importants progrès peuvent être obtenus en rendant les contrôles plus visibles et moins prévisibles, et les sanctions plus rapides. À l'inverse, lorsque le contrôle semble fictif et les sanctions incertaines et lointaines, les mesures à l'extérieur perdent en crédibilité et donc en efficacité[73].

En outre, grâce à ces contrôles, le SPIP pourra, si cela lui semble nécessaire, indiquer au JAP qu'il conviendrait de réadapter les obligations du condamné en le tenant informé[74] des difficultés rencontrées, lesquelles pourraient, à défaut de réponse rapide et adaptée, compromettre la qualité du retour en société.

2. Des mesures de contrôle permettant de répondre à une situation risquant de compromettre le retour en société

La nécessité de répondre à une défaillance. En cas de défaillance du probationnaire, c'est-à-dire s'il ne respecte pas les modalités d'exécution de la sanction, les interdictions, obligations ou encore les mesures de contrôle qui lui ont été imposées, les autorités ayant en charge le suivi du probationnaire doivent réagir. La défaillance du probationnaire est alors la marque d'une possible inadaptation qu'il convient de ne pas ignorer au risque de compromettre le retour en société. Dans un souci d'individualisation du suivi, chaque défaillance doit faire l'objet d'une attention particulière et d'une réponse adaptée et, en ce sens, le fait de prévoir une graduation de la réponse susceptible d'être apportée à cette exécution défaillante est intéressante.

---

[73] *Ibid.*

[74] D'une manière générale, afin de coordonner les actions des SPIP et du JAP, des rapports relatifs au déroulement de la mesure sont établis et remis au JAP (rapport initial, intermédiaire, de fin de mesure, ponctuel, d'incident), v. art. D. 575 du CPP.

La possibilité d'apporter une réponse graduée et individualisée à une défaillance. Une graduation de la réponse susceptible d'être apportée est nécessaire afin de pouvoir envisager une réponse adaptée à la gravité de la faute commise et à l'évolution de la situation du condamné. La réincarcération du probationnaire n'est pas toujours la réponse plus adaptée. Il peut arriver que le probationnaire commette une inobservation ou une violation d'une obligation ou d'une interdiction sans pour autant qu'il soit nécessaire de remettre intégralement en cause l'exécution de la sanction dans la communauté. Aussi une nouvelle adaptation de la sanction peut-elle intervenir pour permettre la poursuite de l'exécution de la sanction dans la communauté, si l'objectif de réinsertion semble toujours pouvoir être atteint. Tel est le cas d'un probationnaire, engagé dans une lutte contre une addiction, qui est soumis à l'interdiction de fréquenter les débits de boissons et qui ne respecterait pas cette interdiction. Cette violation ne peut pas être ignorée. Pour autant, suivant la gravité de la faute, les circonstances de l'espèce et la situation et la personnalité du probationnaire, le JAP peut estimer qu'un « simple recadrage », c'est-à-dire un rappel des interdictions et obligations auxquelles il est astreint et des conséquences de leur violation, à l'image du rappel à la loi, est suffisant. Bien évidemment, en raison des mêmes critères d'appréciation, il peut également estimer qu'il y a là la manifestation d'un signe plus grave d'inadaptation des interdictions et obligations. Pouvant craindre, par exemple, à un risque de défaillances répétées de l'exécution de la sanction, il peut décider de soumettre le probationnaire à un contrôle plus intensif[75], à de nouvelles

[75] Ce qui se traduit par une multiplication des convocations ou des visites Il ne faut pas s'y tromper, le renforcement de l'intensité du contrôle induit une charge de travail supplémentaire pour les SPIP, ce qui renvoie toujours à la question de savoir si ces services disposent de suffisamment de moyens financiers, matériels et humains en vue d'assurer ce contrôle renforcé sans que cela se réalise au détriment du suivi des autres mesures

obligations ou interdictions[76] ou encore à une prolongation du suivi[77]. Ce mécanisme que le Professeur Giacopelli qualifie de mécanisme sanctionnateur à *« plusieurs détentes »*[78] est essentiel. Pour le parfaire toutefois, il conviendrait, nous semble-t-il, d'en renforcer la solennité en accordant une place au débat contradictoire au cours de la procédure.

L'intérêt d'apporter une réponse solennelle à une défaillance. Qu'il s'agisse de procéder à un rappel de mesures, obligations et interdictions, de modifier ou d'ajouter des obligations ou interdictions, ou encore de renforcer l'intensité du suivi, toutes ces décisions sont prises suivant la procédure prévue à l'article 712-8 du CPP. Autrement dit, le JAP statue par ordonnance motivée[79], sans débat contradic-

---

et probationnaires. Cette intensification du contrôle se réalise également *via* le placement du probationnaire sous surveillance électronique mobile : art. R. 61-34 du CPP en matière de libération conditionnelle, art. R. 61-33, dernier al. du CPP en matière de suivi socio-judiciaire, art. R. 61-35 du CPP en matière de SJPD ou art. R. 53-8-52 et R. 53-8-48 du CPP s'agissant d'une surveillance de sûreté.

[76] Dans certains cas, c'est un allègement des obligations qui pourrait être préconisé notamment lorsque leur rigidité a été à l'origine de la violation.

[77] Lorsque les modifications apportées aux modalités d'exécution de la mesure consistent en une prolongation des obligations, on se heurte alors au problème de la viabilité de l'exécution de la sanction dans la communauté sur le long terme. Plus l'exécution de la mesure est étalée dans le temps, plus le risque de défaillance de la part du probationnaire est important. Or, la sanction du non-respect des obligations et interdictions est susceptible d'entraîner une réincarcération susceptible d'interrompre un processus individuel de désistance.

[78] M. Giacopelli, « La loi du 15 août 2014 relative à l'individualisation des peines et renforçant l'efficacité des sanctions pénales : un rendez-vous manqué », *AJ Pénal* 2014, n° 10, p. 451.

[79] Lorsque le JAP rend une décision par voie de jugement, il se prononce, en application de l'article 712-6 du CPP, à l'issue d'un débat contradictoire au cours duquel il entend les réquisitions du ministère public et les observations du condamné ainsi que, le cas échéant, celles de son avocat. Tel n'est pas le cas s'agissant des décisions rendues par voie d'ordonnance. Certes, les décisions prises par le JAP, par voie

toire[80]. Le condamné n'a pas la possibilité de présenter ses observations[81], hormis dans le cas où le JAP se saisit d'office[82]. Or, ces décisions sont prises à la suite de la commission d'une faute et entraînent bien souvent une aggravation de la situation du probationnaire. Seule la décision conduisant au placement ou au retour du condamné en détention, compte tenu de l'atteinte portée à la liberté individuelle, doit faire l'objet d'un débat contradictoire. Pourtant, quand bien même la juridiction déciderait d'ajouter une obligation par exemple, les libertés du condamné et les intérêts de la société commandent d'être préservés. Même dans le

---

d'ordonnance, ne sont pas susceptibles de conduire, à la différence des décisions rendues par voie de jugement, au retour du condamné en détention, dans la mesure où ces décisions ont pour objet de modifier les modalités d'exécution de la sanction sans revenir sur son exécution dans la communauté, pour autant, elles ne lui sont pas nécessairement favorables.

[80] Le procureur peut demander que la décision fasse l'objet d'un jugement pris après débat contradictoire mais le condamné ne dispose pas de cette faculté.

[81] La seule possibilité pour le condamné de pouvoir présenter ses observations est d'interjeter appel de la décision rendue devant le président de la chambre de l'application des peines (dans un délai de vingt-quatre heures à compter de la notification de la décision) qui statuera par ordonnance motivée au vu des observations écrites du ministère public et de celles du condamné ou de son avocat. V. art. 712-11 et 712-12 du CPP.

[82] Sans aller jusqu'à imposer l'organisation d'un débat contradictoire, les juges constitutionnels ont, dans leur décision QPC du 10 novembre 2017, précisé que lorsque le JAP se saisit d'office et rend une décision par voie d'ordonnance, le respect du contradictoire impose, *a minima*, que le condamné puisse formuler des observations. Si cette réserve d'interprétation nous semble aller dans le bon sens, sa portée reste toutefois limitée aux cas de saisine d'office du JAP. V. Cons. const., 10 nov. 2017, n° 2017-671 QPC, *M. Antoine L. [Saisine d'office du juge de l'application des peines]* ; C. Tzutzuiano, « Saisine d'office du juge de l'application des peines et respect du contradictoire », note sous Cons. const., 10 nov. 2017, n° 2017-671 QPC, *D.* 2017, n° 43, pp. 2523-2527.

cadre d'un *« simple recadrage »*, la solennité du débat contradictoire est essentielle car elle permet de renforcer la légitimité et la crédibilité de la décision prise[83] que ce soit à l'égard du condamné ou à l'égard de la société.

Comment favoriser le retour en société. Favoriser le retour en société du détenu suppose de préparer ce retour dès l'entrée en détention. La charge qui pèse sur les services pénitentiaires est lourde. Elle nécessite que les moyens humains, financiers, matériels soient affectés à la préparation de ce retour. Il s'agit d'assurer une transition de qualité entre le milieu fermé et le milieu ouvert[84]. Les aménagements de la peine prononcés par l'autorité judiciaire, lorsqu'ils permettent une réelle adaptation des modalités d'exécution de la peine privative de liberté aux problématiques propres au condamné, sont au cœur de cette transition entre le milieu fermé et le milieu ouvert.

Prenant le relais du milieu fermé, le milieu ouvert doit également disposer des moyens adéquats pour pouvoir assurer un suivi, sérieux et le plus efficace possible, du probationnaire. Il en va de la crédibilité de l'exécution de la peine en milieu ouvert et de son efficacité. Certes, les effets de ce suivi ne sont pas toujours saillants à court terme mais il reste important *« d'instiller des changements dans les représentations des probationnaires qui vont se répercuter dans leur comportement à plus long terme »*[85] et qui montrent que la *« probation fonctionne **malgré tout** »*[86].

---

[83] M. Herzog-Evans, *Le juge de l'application des peines : Monsieur Jourdain de la désistance*, *op. cit.*, p. 212.

[84] P. Delattre (entretien avec), La prison, lieu de justice, *Les Cahiers de la Justice*, Dalloz, 2020/1, n° 1, p. 43.

[85] V. Benazeth, *op. cit.*, p. 172.

[86] L. Robiliard, « Les mesures de probation vues par les probationnaires », *AJ Pénal* 2019, n° 10, p. 472 ; V. également, O. Razac ; F. Gouriou et J. Ferrand (sous la dir. de), *Éprouver le sens de la peine. Les proba-*

tionnaires face à l'éclectisme pénal, mission réalisée avec le soutien du GIP Mission de recherche Droit et Justice (convention n° 217.02.08.32), Université Grenoble-Alpes, septembre 2019.

Une loi pénitentiaire pourquoi ? Une codification pour qui ?

Jean-Baptiste PERRIER
Professeur à Aix-Marseille Université (LDPSC - UR 4690)
Directeur de l'Institut de sciences pénales et de criminologie

Présentée comme la *« loi fondamentale sur le service public pénitentiaire »*[1], la loi pénitentiaire du 24 novembre 2009 n'a sans doute pas tenu toutes ses promesses. Dès son adoption, si certains louaient les mérites du texte[2], d'autres remarquaient que les avancées permises étaient *« encore insuffisantes »*[3]. Plus de dix années après son adoption, le bilan de la loi pénitentiaire ne doit pas être trop sévère, tant il convient de se rappeler le progrès qu'a constitué cette loi, même s'il était possible d'aller plus loin. Ici comme ailleurs, la logique des

---

[1] Communiqué de presse du Garde des sceaux du 28 juillet 2008 ; les termes font écho à ceux de la résolution du Parlement européen du 17 décembre 1998.

[2] F. Février, « Nécessité(s) de la loi pénitentiaire », *RFDA* 2010, p. 15.

[3] M. Giacopelli, « Le contenu de la loi pénitentiaire : des avancées encore insuffisantes », *RFDA* 2010, p. 25 ; *v.* également J.-P. Céré, « Virage ou mirage pénitentiaire ? À propos de la loi du 24 novembre 2009 », *JCP G* 2009, II. 552 ; M. Herzog-Evans, « Loi pénitentiaire n° 2009-1436 du 24 novembre 2009 : changement de paradigme pénologique et toute puissance administrative », *D.* 2010, p. 31.

petits pas était à l'œuvre : des premières avancées ont pu être réalisées lors de l'adoption de la loi pénitentiaire et d'autres auraient dû suivre. Là est sans doute le principal point négatif que l'on peut faire en dressant le bilan de la loi du 24 novembre 2009 : elle n'a pas su initier un véritable mouvement d'amélioration de la condition pénitentiaire, pas plus qu'elle n'a su initier une véritable réflexion, au niveau politique, sur le sens et la place de la peine d'emprisonnement. Il ne s'agit pas de dire que cette condition ne s'est pas améliorée, ni qu'aucune réflexion n'a été menée, mais simplement de remarquer que les lois votées au cours de la dernière décennie constituent autant de nouvelles avancées que de reculs.

Quelques semaines après l'adoption de la loi pénitentiaire, la loi du 10 mars 2010 renforçait déjà les règles relatives à la lutte contre la récidive, en écartant la possibilité de suspendre la peine pour raison médicale face à un risque grave de renouvellement de l'infraction[4] ; or comment l'apprécier ? Quelques mois plus tard, la loi du 27 mars 2012 renforçait l'exécution des peines, de confiscation notamment, mais aussi des peines privatives de liberté, qui ne semblaient déjà plus être cet *ultima ratio*[5]. En instaurant la contrainte pénale, tout en restant en-deçà des propositions de la conférence de consensus, la loi du 15 août 2014 semblait vouloir aller plus loin dans la déconnexion entre la peine et la prison[6], mais les reculs opérés par la loi du 23

---

[4] Art. 720-1-1 CPP, modifié par la loi n° 2010-242 du 10 mars 2010 tendant à amoindrir le risque de récidive criminelle et portant diverses dispositions de procédure pénale.

[5] A titre d'exemple, le rapport définissant les objectifs de la politique d'exécution des peines, annexé à la loi ° 2012-409 du 27 mars 2012 de programmation relative à l'exécution des peines, indiquait qu'il est important *« de disposer rapidement et en nombre suffisant d'établissements spécialement conçus pour accueillir des personnes condamnées à de courtes peines »*.

[6] Loi n° 2014-896 du 15 août 2014 relative à l'individualisation des peines et renforçant l'efficacité des sanctions pénales.

mars 2019 semblent révéler l'impuissance de la précédente à atteindre ce but. La loi du 23 mars 2019 vient encore contraster ce bilan : elle exclut les courtes peines d'emprisonnement tout en abaissant le seuil à partir duquel une peine d'emprisonnement peut être aménagée, passant de deux années à une seule[7]. Face à ce rapide constat, on peut alors se demander si la loi pénitentiaire ne constituait un point de départ (I), pour ouvrir une réflexion sur le sens de la détention et sur la situation détenus, réflexion qui a ensuite marqué un temps d'arrêt et qui pourrait trouver un nouvel élan (II), particulièrement après la volonté affichée de créer un code pénitentiaire par voie d'ordonnance.

I. Une loi pénitentiaire pour point de départ

Lors de l'adoption de la loi pénitentiaire, nul ne pouvait nier le fait que le texte constituait une avancée majeure pour le droit pénitentiaire (A), même si les progrès auraient pu être plus importants. Cela étant, cette avancée est restée sans suite, tant les droits qui ont été reconnus et consacrés ne semblent pas avoir profité de cette dynamique (B).

A. Le développement du droit pénitentiaire

Sans revenir sur la genèse du texte, fort bien rappelée[8], ni sur son contenu, fort bien détaillé tout au long de cet ouvrage, il convient tout de même de rappeler que le droit pénitentiaire a longtemps échappé au domaine de la loi. Seuls quelques articles du code de procédure pénale instituaient les dispositions communes[9], avant de préciser les

[7] Sur ces aspects de la loi du 23 mars 2019, M. Giacopelli, « Renforcer l'efficacité et le sens de la peine », *JCP G* 2019, 386 ; notre étude, « La réforme du droit de la peine : tout changer pour que rien ne change », *RSC* 2019, p. 449.

[8] V. dans cet ouvrage l'avant-propos, J.-P. Céré et L. Grégoire, *supra*.

[9] Art. 724 à 728 CPP, dans leur version antérieure à la loi du 24 no-

règles relatives aux valeurs pécuniaires des détenus[10] et celles concernant le transfèrement des personnes condamnées[11]. Pour le reste, l'essentiel des normes applicables et appliquées étaient issues de décrets, voire de circulaires produites par l'administration pénitentiaire elle-même[12].

La loi pénitentiaire a donc remédié à ce curieux paradoxe, tout en répondant aux exigences et injonctions nationales et européennes. On peut ici mentionner la juridictionnalisation du droit disciplinaire[13], les préoccupations du Parlement quant à la situation des prisons[14], ou encore l'adoption des règles pénitentiaires européennes[15] ; toutes ont participé à ce mouvement conduisant à l'adoption d'une loi pénitentiaire. Le « pourquoi » semble trouver sa réponse et même si on peut regretter que de telles évolutions soient plus imposées que spontanées, le progrès mérite d'être apprécié.

---

vembre 2009.

[10] Art. 728-1 CPP.

[11] Art. 728-2 à 728-9 CPP.

[12] *V.* sur ce point F. Février, « Nécessité(s) de la loi pénitentiaire », préc., qui souligne que *« le service chargé d'attenter, au nom de l'État, au plus précieux des droits consacrés dans notre bloc de constitutionnalité, fondait son action, non bien sûr contre ou en dehors de la loi, mais proprement sans encadrement législatif ».*

[13] CE 17 févr. 1995, *Marie*, n° 97754 ; CE 30 juill. 2003, *Garde des Sceaux, ministre de la Justice c. Remli*, n° 252712 ; CE, 14 déc. 2007, *Boussouar*, n° 290730.

[14] *V.* not. le rapport fait au nom de la commission d'enquête sur la situation dans les prisons françaises, Ass. nat., 28 juin 2000.

[15] *V.* not. la recommandation Rec(2006)2 du Comité des Ministres aux Etats membres sur les Règles pénitentiaires européennes, adoptée par le Comité des Ministres le 11 janvier 2006, qui considérait que la recommandation R (87) 3 du Comité des Ministres sur les Règles pénitentiaires européennes devait être *« révisée et mise à jour de façon approfondie pour pouvoir refléter les développements qui sont survenus dans le domaine de la politique pénale ».*

En sortant le droit pénitentiaire du domaine du règlement, la loi du 24 novembre 2009 a consolidé cette matière, tout en reconnaissant son importance : elle consacre ainsi *« les évolutions d'un droit qui s'est progressivement construit sous les actions conjuguées des divers acteurs et praticiens de l'exécution des peines »*[16]. Depuis lors, se trouvent réunies en un seul texte diverses dispositions relatives *« aux missions et à l'organisation du service public pénitentiaire »*[17], notamment pour prévoir le concours qui doit exister entre l'administration pénitentiaire, qui dépend du ministère de la Justice, et les autres ministères (santé, éducation) ou encore avec certaines personnes publiques ou privées, mais aussi l'existence des partenaires extérieurs de l'administration pénitentiaire ainsi que des autorités chargées d'en contrôler l'activité. Plus encore, et cela a été remarqué, la loi comporte de nombreuses dispositions qui visent à éviter l'incarcération et à améliorer les conditions de vie en prison. S'agissant des mécanismes relatifs aux alternatives à l'emprisonnement et aux aménagements de peine, ceux-ci ont été maintes fois remaniés, au gré des circonvolutions de la politique pénale[18]. S'agissant des conditions de vie en prison, cette évolutivité n'aurait pas dû se retrouver tant elles ne semblent pas liées à des enjeux politiques. Pourtant, force est de constater que les progrès attendus n'ont pas été atteints.

---

[16] P. Poncela, « La loi pénitentiaire du 24 novembre 2009 », *RSC* 2010, p. 190.

[17] Sur ce point, *v.* D. Turpin, « La loi pénitentiaire du 24 novembre 2009 », *JCP A* 2010, 2111, qui relève qu'*« aux trois missions définies par l'article 1er de la loi du 22 juin 1987 (participer à l'exécution des décisions pénales et au maintien de la sécurité publique, favoriser la réinsertion sociale, assurer l'individualisation des peines), la loi du 24 novembre 2009 ajoute celle de contribuer à la prévention de la récidive »*.

[18] V. par exemple dans cet ouvrage, E. Raschel, « Le dévoiement des alternatives à l'emprisonnement », *supra* ; Y. Carpentier, « Le déploiement des aménagements de peines », *supra*.

B. La proclamation des droits du détenu

Au-delà de son article 1er, qui tente de définir le sens de la peine de privation de liberté[19], la loi pénitentiaire consacre les droits et devoirs des personnes détenues ; les premiers sont rappelés dans l'article 22 de la loi du 24 novembre 2009 qui indique en ce sens que *« l'administration pénitentiaire garantit à toute personne détenue le respect de sa dignité et de ses droits »*. La dignité et les droits du détenu sont ainsi consacrés, mais le texte semble avant tout poser une proclamation de principe et moins des droits effectifs et concrets, ne serait-ce que si on songe à l'encellulement individuel.

S'agissant de ces droits, le texte poursuit en précisant que leur exercice *« ne peut faire l'objet d'autres restrictions que celles résultant des contraintes inhérentes à la détention, du maintien de la sécurité et du bon ordre des établissements, de la prévention de la récidive et de la protection de l'intérêt des victimes »*. La liste semble exhaustive, mais il faudrait encore y ajouter la bonne administration de la justice. En effet, dans une décision du 21 janvier 2021, le Conseil constitutionnel a considéré que les garanties offertes à la personne placée en détention provisoire pour assurer le respect de son droit de mener une vie familiale normale sont suffisantes, alors même que celle-ci peut être détenue dans un lieu très éloigné de son domicile familial et que cet éloignement semble méconnaître ce droit. Pourtant, et après avoir observé qu'aucune disposition législative n'impose de tenir compte du domicile de la personne ou des membres de sa famille pour déterminer le lieu d'exécution de cette détention, le Conseil constitutionnel écarte les griefs formulés contre la loi pénitentiaire en observant notamment que la proximité du lieu d'incarcération avec la

---

19 *« Le régime d'exécution de la peine de privation de liberté concilie la protection de la société, la sanction du condamné et les intérêts de la victime avec la nécessité de préparer l'insertion ou la réinsertion de la personne détenue afin de lui permettre de mener une vie responsable et de prévenir la commission de nouvelles infractions ».*

juridiction d'instruction est justifiée par les besoins de l'instruction et la nécessité de faciliter l'extraction des droits des détenus[20]. A l'évidence, les restrictions apportées aux droits des détenus ne se limitent pas aux seules contraintes proclamées par la loi pénitentiaire. De même, et plus encore, l'inapplication des règles de droit du travail et des mécanismes de protection sociale au travail en détention semble trouver sa justification hors de ces contraintes inhérentes à la détention. Le Conseil constitutionnel, encore, a considéré sur ce point, en s'appuyant notamment sur l'article 22 de la loi pénitentiaire, que l'article 717-3 du Code de procédure pénale ne méconnaissait pas les droits et libertés que la Constitution garantit, s'agissant de l'absence de contrat de travail[21] et s'agissant de la délimitation des droits sociaux des détenus par un « *acte d'engagement* » relevant de la seule compétence du chef d'établissement[22]. Pourtant, ces droits sociaux semblent moins limités par les contraintes inhérentes à la détention que par des contraintes budgétaires qui ne permettent pas de rémunérer les personnes détenues comme les personnes libres. A nouveau, les droits semblent être plus proclamés que reconnus effectivement.

S'agissant de la dignité, la situation semble encore plus paradoxale tant celle-ci ne semble pas connaître de restriction, comme en atteste d'ailleurs la rédaction de l'article 22 de la loi pénitentiaire. Pourtant, depuis quelques années, le Contrôleur général des lieux de privation de liberté ne cesse

---

[20] Cons. const. 21 janv. 2021, n° 2020-874/875/876/877 QPC, § 10. Le Conseil observe également que certains mécanismes sont prévus pour assurer le maintien des liens familiaux.

[21] Cons. const. 14 juin 2013, n° 2013-320/321 QPC ; *RPDP* 2013, p. 991, obs. E. Bonis-Garçon ; *AJ Pénal* 2013, p. 556, obs. J.-P. Céré ; *Constitutions* 2013, p. 408, obs. M. Ghevontian.

[22] Cons. const. 25 sept. 2015, n° 2015-485 QPC ; *RFDA* 2015, p. 1200, obs. A. Roblot-Troizier ; *D.* 2015, p. 2083, obs. J.-P. Céré ; *Constitutions* 2015, p. 564, obs. M. Ghevontian ; *AJ Pénal* 2016, p. 100, obs. J. Falxa.

d'alerter sur la situation des prisons et les conditions indignes liées notamment à la vétusté des lieux et à la surpopulation carcérale[23]. La Cour européenne des droits de l'Homme et le Conseil d'État ont d'ailleurs été saisis de cette question, la première reconnaissant dès 2013 une violation de l'article 3 de la Convention en raison des conditions de détention indignes[24], tandis que le second octroyait une réparation ou ordonnait des mesures urgentes pour y remédier[25]. Ces décisions méritaient d'être saluées, mais elles témoignaient du fait que, malgré la proclamation de l'article 22 de la loi pénitentiaire, la situation perdurait et que les conditions de détention continuaient à porter atteinte à la dignité des personnes détenues. Un tel constat est intolérable car aucune contrainte inhérente à la détention, aucune mesure sécuritaire ni aucune logique répressive ne saurait justifier d'imposer à un détenu de dormir au sol sur un matelas rongés par la moisissure, dans des cellules où le chauffage est défectueux, quand ce ne sont pas les sanitaires. Face à ces situations inadmissibles, on comprend que la loi pénitentiaire n'a pas atteint son but, si tant est que le législateur de 2009 souhaitait vraiment améliorer les conditions de détention ; un nouvel élan est dès lors nécessaire.

---

[23] *V.* not les recommandations en urgence du CGLPL sur le centre pénitentiaire des Baumettes à Marseille pointant l'état matériel très dégradé et l'état de vétusté avancé du bâtiment où *« l'insalubrité et l'absence d'hygiène sont consubstantielles à la plus grande partie de l'établissement »* (*JO* du 6 déc. 2012), et concernant la maison d'arrêt de Strasbourg qui pointent pour cette dernière l'état de saleté déplorable des sanitaires, l'eau des douches glaciale, les matelas dévorés par les moisissures et le froid dans les cellules, ces conditions portant *« gravement atteinte à la dignité des personnes »* (*JO* du 13 mai 2015).

[24] CEDH, 25 avr. 2013, *Canali c. France*, n° 40119/09, concernant la maison d'arrêt de Nancy. *V.* déjà concernant l'Italie, CEDH, 8 janv. 2013, *Torregiani c. Italie*, n° 43517/09, puis la Belgique, CEDH, 25 nov. 2014 *Vasilescu c. Belgique*, n° 64682/12.

[25] *V.* not. concernant le Centre pénitentiaire de Marseille, CE, ord. réf., 22 déc. 2012, n° 364584.

II. Une codification pour un nouvel élan

L'idée d'une codification du droit pénitentiaire - voire de l'exécution des peines - n'est pas nouvelle, elle avait d'ailleurs été portée avec conviction par le Président Cotte lors de la remise du rapport sur la refonte du droit des peines en 2015[26]. L'idée est loin d'être incongrue, elle correspondrait d'ailleurs au triptyque qui existe en matière civile : aux codes civil, de procédure civile et des procédures civiles d'exécution, répondraient les codes pénal, de procédure pénale et de l'exécution des peines, ou pénitentiaire selon la terminologie qui semble retenue. Au-delà du parallélisme cher aux juristes, la création d'un code pénitentiaire semble surtout nécessaire pour redonner un élan à cette matière et surtout à ces droits qui semblent subir des restrictions supérieures à celles que les contraintes de la détention l'imposent. Cette création, annoncée dans le cadre du projet de loi pour la confiance dans l'institution judiciaire[27], permettrait alors de redonner toute leur place aux droits fondamentaux de la personne détenue, en profitant de l'acquis jurisprudentiel depuis l'adoption de la loi pénitentiaire (A). Cette codification pourrait également être l'occasion de réfléchir à nouveau au fonctionnement du système pénal, pour essayer de l'améliorer (B).

A. La protection des droits fondamentaux

Le triste constat des conditions actuelles de détention dans certains établissements et le rappel de la situation de

---

[26] *Pour une refonte du droit des peines*, Rapport remis à Madame la Garde des Sceaux, déc. 2015, spéc. p. 17 et s., qui invite à la création d'un code pénitentiaire, tout en proposant un sommaire et un plan détaillé.

[27] Art. 15 du projet de loi pour la confiance dans l'institution judiciaire, Ass. Nat. 14 avr. 2021 (seule version disponible lors de la remise de cette contribution).

certains détenus, éloignés de leur famille ou privés de toute protection sociale alors qu'ils occupent pourtant un emploi, pourraient conduire à vouloir lutter contre ces conditions et situations en adoptant un nouveau code. Plutôt que d'ajuster à la marge - et donc de façon insuffisante - les règles actuelles, une codification pourrait en effet être l'occasion d'enrichir l'acquis existant, pour renforcer les droits proclamés dans la loi pénitentiaire. Plus qu'un prétexte, le constat d'une violation des droits fondamentaux des personnes détenues rend selon nous nécessaire l'adoption d'un nouveau texte pour en assurer la protection.

L'exemple de la dignité est à cet égard éloquent. Après la décision rendue par la Cour européenne des droits de l'homme dans l'affaire *JMB et autres c/ France* le 30 janvier 2020[28], par laquelle les juges européens ont reconnu que les conditions de détention imposées au requérant étaient contraires à l'article 3 de la Convention et qu'il ne disposait pas d'un recours préventif pour y mettre fin, la Cour de cassation a donné son plein effet au principe de dignité. Dans un arrêt du 8 juillet 2020[29], elle consacre le principe selon lequel une éventuelle atteinte à la dignité de la personne en raison des conditions de détention constitue un obstacle légal au placement ou au maintien en détention provisoire. Le Conseil constitutionnel lui a emboité le pas dans une décision du 2 octobre 2020 et il aligne ses exigences sur celles du juge européen et du juge de cassation en considérant qu'*« il incombe au législateur de garantir aux personnes placées en détention provisoire la possibilité de saisir le juge de conditions de détention con-*

---

[28] CEDH, 30 janv. 2020, *JMB et a. c. France*, req. n° 9671/15 et a. ; *D.* 2020. 753, note J.-F. Renucci, p. 1195, obs. J.-P. Céré et p. 1643, obs. J. Pradel ; *AJDA* 2020. 1064, note H. Avvenire ; *RFDA* 2020, p. 496, note J. Portier

[29] Crim. 8 juill. 2020, n° 20-81.739 ; v. not. J. Frinchaboy, « Vers l'effectivité du recours juridictionnel préventif en cas de conditions indignes de détention », *AJ Pénal* 2020, p. 404.

traires à la dignité de la personne humaine, afin qu'il y soit mis fin »[30]. Les mêmes causes produisant les mêmes effets, la dignité des personnes condamnées doit tout autant être respectée et lorsque tel n'est pas le cas, la personne doit disposer d'un recours pour faire valoir son droit ; la position du Conseil constitutionnel était sur ce point attendue, la décision du 16 avril 2021 n'a pas déçu[31]. Le législateur n'a toutefois pas attendu cette seconde décision et, face à cette nécessité, la loi du 8 avril 2021 introduit un nouvel article 803-8 dans le code de procédure pénale pour introduire un recours devant le juge judiciaire lorsque la personne subit des conditions de détention contraires à la dignité humaine[32]. Après ces différentes décisions et cette loi, qui visait à remédier à cette inconstitutionnalité qui avait pris effet le 1er mars 2021[33], l'évolution des considération relatives à la dignité des per-

---

[30] Cons. const., 2 oct. 2020, n° 2020-858/859 QPC, § 14 ; *v.* not. J. Frinchaboy, « La dignité des détenus enfin respectée : l'inconstitutionnalité du régime de la détention provisoire », *AJ Pénal* 2020, p. 580 ; M. Giacopelli, « Le raz de marée du principe de dignité », *Lexbase pénal* 2020, n° N5183BYM ; v. également A. Morineau, « Huit ans de bataille pour la dignité des personnes détenues, de la CEDH au Conseil constitutionnel », *Lexbase pénal* 2020, n° N5309BYB.

[31] Cons. const., 16 avr. 2021, n° 2021-898 QPC.

[32] Loi n° 2021-403 du 8 avril 2021 tendant à garantir le droit au respect de la dignité en détention ; A. Léon, « Conditions indignes de détention : la loi du 8 avril 2021 crée un recours devant le juge judiciaire », *La lettre juridiqe Lexbase*, 14 avr. 2021, n° N7158BYR.

[33] Le législateur a sans doute manqué l'occasion offerte par cette loi relative au parquet européen : des amendements avaient été déposés devant la Commission des lois de l'Assemblée nationale (Amendement n° CL20, déposé par M. Paris et Mme Abadie le 20 nov. 2020, et amendement n° CL118, déposé par Mme Moutchou le 23 nov. 2020), mais ils ont été retirés à la demande du gouvernement qui annonçait un amendement en discussion publique qui n'a toutefois pas été déposé. La correction sera apportée à la suite de l'adoption de la proposition de loi tendant à garantir le droit au respect de la dignité en détention, adoptée par le Sénat le 8 mars 2021 en 1re lecture, seule version disponible lors de la remise de cette contribution.

sonnes détenues doit conduire à repenser la place des droits fondamentaux en détention.

Ainsi, à la question posée de savoir *« une codification pour qui ? »*, la réponse semble s'orienter vers les personnes détenues. L'enjeu est en effet moins de réécrire ou d'améliorer les règles relatives à l'organisation des établissements, aux liens entre l'administration pénitentiaire et les autres administrations, que de rendre concrets les droits des personnes détenues. Il s'agirait pour cela de dépasser les déclarations de principe pour reconnaître des droits substantiels et procéduraux effectifs, au sein d'un titre dédié prévoyant des mécanismes de recours et de contrôle. Il s'agirait aussi de pouvoir enfin reconnaître un statut au détenu qui travaille et l'on se réjouit de l'annonce faite dans le cadre du projet de loi pour la confiance dans l'institution judiciaire. On retrouverait ici l'un des avantages reconnus par la commission de refonte du droit de la peine, qui considérait que la création d'un tel code aurait *« aussi le mérite - et ce n'est pas le moindre – de consacrer les droits des personnes détenues dans un document à valeur législative, ce qui n'est pas toujours le cas aujourd'hui en raison de leur éparpillement dans des textes fort divers »* et constituerait également, *« dans une large mesure, un code propre au condamné, en sa qualité "d'usager", même si le terme peut surprendre, d'un service public et non pas le code d'un justiciable »*[34]. Pour autant, et même si les enjeux en termes de protection des droits fondamentaux semblent devoir être l'objectif premier de la codification, une telle œuvre législative peut également être l'occasion d'une réflexion sur les missions et le fonctionnement du service pénitentiaire.

---

[34] *Pour une refonte du droit des peines*, préc., p. 21.

B. L'évolution du système pénitentiaire

Il serait excessif et caricatural de prétendre que le système pénitentiaire français n'a pas évolué : pour ne citer qu'un seul exemple, la création des services pénitentiaires d'insertion et de probation a permis de replacer ces questions au cœur du parcours d'exécution de la peine, notamment de la peine privative de liberté[35]. Leurs outils n'ont cessé d'évoluer, avec l'expérimentation du diagnostic à visée criminologique, l'accompagnement renforcé des personnes en situation de multirécidive, le développement de missions nouvelles, tout ceci témoignant à la fois des potentialités offertes et des hésitations face à un phénomène fort complexe. Pour autant, en l'état des moyens de la justice et du nombre insuffisant de conseillers et de directeurs, malgré les efforts faits, il n'est pas certain que ces missions et outils puissent être mis en œuvre efficacement. Pire encore, avec des moyens insuffisants, les personnels sont souvent conduits à opérer des choix, ne pouvant suivre à niveau égal les dizaines voire la centaine de personnes qui leur sont confiées, et le choix est souvent fait de concentrer les moyens sur les détenus qui ont le plus de chance de se réinsérer. Il s'agit ici d'un risque connu : lorsque les moyens manquent, ils se concentrent là où les chances de succès sont les plus grandes. Or il conviendrait de recentrer les missions et les actions là où elles sont le plus nécessaires, en consacrant un droit à la réinsertion, un droit à être accompagné vers sa réinsertion.

La réponse à cette difficulté ne paraît pas nécessiter une codification : il s'agit avant tout de moyens humains et budgétaires. Pour autant, puisque le chantier de la codification est annoncé, il doit permettre de replacer ces questions au

---

[35] Lors de l'adoption de la loi pénitentiaire, nous fêtions à peine le dixième anniversaire des *« SPIP »*, créés par le décret n° 99-276 du 13 avril 1999.

cœur du débat pour justifier politiquement l'octroi de moyens supplémentaires pour ces missions souvent mal connues ou mal comprises du grand public[36]. En d'autres termes, une réflexion sur la codification, et non seulement un ajustement technique des règles en vigueur, permettrait de discuter de la peine et de la prison et de rappeler le manque de moyens, pour espérer en obtenir. Il n'est toutefois pas certain que le recours au mécanisme des ordonnances de l'article 38 de la Constitution soit le meilleur moyen de provoquer cette réflexion.

L'intérêt d'une telle discussion ne doit pas être réduit à ses retombées financières : si le système pénitentiaire a évolué, il n'est pas certain que la perception de la prison et de son rôle ait évolué. La peine d'emprisonnement est encore perçue comme une mesure de punition et de neutralisation et nul ne saurait nier ses effets délétères sur la situation des personnes condamnées, comme en témoigne la volonté des gouvernements successifs de l'éviter lorsque cela est possible. Peut-elle être autre chose que cela ? La prison peut-elle être une institution qui ne se contente pas d'enfermer les corps mais qui permet aussi de réorienter des parcours de vie, avant qu'il ne soit définitivement trop tard ? La codification devrait conduire à poser ces questions, non pas pour établir la liste des principes directeurs ou pour définir le sens et les missions, mais bien pour définir une logique de l'exécution des peines. Or, entre l'ajournement et l'exécution immédiate, entre l'aménagement recherché et les seuils, entre les courtes peines et le fonctionnement de la justice pénale, on relève de nombreuses contradictions qui révèlent un manque de lignes directrices. Celles-ci pourraient dès lors être définies à l'occasion d'une codification, qui devra non seulement répondre à la question du sens de la peine, mais

[36] On peut ici rappeler que les débats qui avaient entouré l'adoption de la loi du 15 août 2014 avaient mis en évidence la nécessité des recrutements, qui s'étaient concrétisés par la suite.

aussi à la question du sens de la prison. Cela étant, au regard de l'outil choisi, à savoir une codification par ordonnance, il est à craindre que le résultat soit une codification essentiellement à droit constant, même si certaines avancées sont d'ores et déjà annoncées. Il est pourtant indispensable de pouvoir élargir la réflexion sur le sens de la prison, car le recours à l'enfermement est souvent à défaut d'autres solutions, qu'il faut encore et toujours définir et repenser.

Heurs et Malheurs de la loi pénitentiaire. Quel bilan pour la loi pénitentiaire dix ans après ?

Propos conclusifs

Muriel GIACOPELLI
Professeur à Aix-Marseille Université
Directrice du master 2 « Droit de l'exécution des peines »

Après de multiples tergiversations, la loi pénitentiaire a été adoptée le 24 novembre 2009. La loi, vivement attendue, a cependant fait l'objet d'une gestation difficile[1]. Fréquemment annoncée comme imminente dès les années 2000 sous l'impulsion des préconisations du rapport Canivet[2] ainsi que des rapports d'enquêtes parlementaires[3], ses géniteurs puta-

---

[1] J-O Viout, « La loi pénitentiaire du 24 novembre 2009… un long enfantement », *RFDA* n°1, 2010, p. 23.

[2] Rapport au Garde des Sceaux, Amélioration du contrôle extérieur des établissements pénitentiaires, Commission présidée par Guy Canivet, premier président de la Cour de cassation, Mars 2000, rapport officiel, la documentation française, Paris 2000, 263pp.

[3] G. P Cabanel, « Prisons : une humiliation pour la République », Rapport n° 449 fait au nom de la commission d'enquête, 29 juin 2000.

tifs ont été nombreux et plusieurs maîtres d'œuvre se sont succédé[4]. Le chantier *« d'une grande loi pénitentiaire »* ouvert en mars 2001 par l'installation du Comité d'orientation stratégique (COS), interrompu la même année par la survenance de la menace terroriste, fut repris en 2007 à la faveur de la révision, en 2006, des règles pénitentiaires européennes (RPE) et l'installation, cette fois-ci, d'un Comité d'orientation restreint (COR). Aux termes de ses travaux, 122 préconisations ont été émises ayant servi de support à la discussion parlementaire sur un texte proposé par le gouvernement.

L'un des principaux objectifs de la loi pénitentiaire était en effet de traduire dans le droit positif les règles pénitentiaires européennes. *Nécessité faisant loi*[5], la promulgation de la loi pénitentiaire était devenue une exigence pour combler les carences démocratiques d'un droit pénitentiaire privé de reconnaissance législative et dont l'essentiel des sources était de nature infra-législative[6]. Sans un véritable socle de référence, personnels et personnes détenues souffraient d'un déficit identitaire, tant la prison nourrit les phantasmes et les réquisitoires les plus extrêmes dans l'opinion publique. Nul doute que la promulgation d'une loi était devenue nécessaire même si son adoption s'est inscrite dans un contexte de surpopulation carcérale rendant plus complexe les arbitrages dont elle a pu faire l'objet dans le sillage de la loi n° 2000-516 du 15 juin 2000 qui a juridictionnalisé l'exécution des peines. Le Conseil d'État avait antérieurement à sa promulgation fait évoluer sa propre jurisprudence conformément aux pressions conventionnelles en amorçant un recul de la

---

[4] V. L. Leturmy, « Pour quelques idées plus précises sur la genèse de la loi pénitentiaire du 24 nov. 2009 », *RPDP* n°1, janv-mars 2010, p. 67.

[5] J-P Céré, « Quand nécessité fait Loi… pénitentiaire », *RPDP*, n°1, 2010, p. 57.

[6] F. Février, « Nécessité(s) de la loi pénitentiaire », *RFDA* 2010 n°1, p. 15.

mesure d'ordre intérieur ouvrant aux personnes détenues la voie du recours pour excès de pouvoir. Sous l'influence croissante du droit conventionnel, la loi a dû accompagner la reconnaissance de droits fondamentaux aux personnes détenues que le législateur a anticipée avec la création d'un contrôleur général des lieux de privation de liberté issue de la loi n° 2007-1545 du 30 octobre 2007. De ce bouillonnement des idées, tant sur le plan de la législation interne que sous l'influence internationale et plus particulièrement européenne, est née la loi pénitentiaire du 24 novembre 2009[7].

Le contexte réformateur de son avènement, avec pour toile de fond le mouvement d'ouverture irréversible de l'institution pénitentiaire vers la société civile et la normalisation de ses rapports aux conséquences sur la culture de l'institution elle-même[8], explique que le champ d'application de la loi pénitentiaire ait largement dépassé son intitulé carcéral. C'est pourquoi, tant dans la forme que sur le fond, la loi pénitentiaire a retracé toutes les influences qui l'ont nourries.

Dès 2012, un premier bilan de la mise en œuvre de la loi pénitentiaire était dressé à la demande de la commission des lois et la commission sénatoriale, comme « *n'étant pas à la mesure des espoirs soulevés* »[9]. En raison de ce constat déceptif, la loi pénitentiaire a déjà fait l'objet de modifications de plus ou moins grande ampleur[10], dont, sans prétendre à l'exhaustivité, les lois du 15 août 2014 relative à

---

[7] L. n° 2009-1436 du 24 nov. 2009 pénitentiaire, JO n° 0273 du 25 nov 2009, texte n°1.

[8] A. Blanc, « Retour sur quarante ans de politique pénitentiaire », *AJ Pénal* 2019, p. 528.

[9] E. Alain, « Le bilan d'application de la loi pénitentiaire », *D. actualité* 16 juill. 2012.

[10] E. Bonis, « La loi pénitentiaire, 10 ans après », *Dr pén.* n°11, 2019, étude 23.

l'individualisation de la peine et l'efficacité de la sanction pénale[11], du 28 février 2017 relative à la sécurité publique[12] et tout récemment du 23 mars 2019 de programmation 2018/2022 et de réforme pour la justice[13].

Comme de bien entendu, nul ne pouvait tout attendre de la loi pénitentiaire, *a fortiori* s'agissant de la réforme d'une institution, dont les transformations, au-delà des prescriptions, reposent sur le management des ressources humaines et l'abondement en moyens logistiques et financiers. Qu'en est-il plus de dix ans après ? La loi a-t-elle tenu toutes ses promesses ?

La loi pénitentiaire a indéniablement fait office de symbole en offrant pour la première fois un encadrement légal à l'exécution de la peine privative de liberté (I), mais force est de constater que la réforme pénitentiaire n'a pas toujours obtenu les résultats espérés et a parfois même généré des résultats paradoxaux. Les Heurs et Malheurs de la loi pénitentiaire interrogent inéluctablement, quelque onze années après sa promulgation, sa portée normative (II).

I. La force symbolique de la loi pénitentiaire

Si la loi pénitentiaire peut être considérée dans son ensemble comme une avancée incontestable (A), certaines faiblesses congénitales ont limité sa force symbolique (B).

---

[11] L. n° 2014-896 du 15 août 2014 relative à l'individualisation des peines et renforçant l'efficacité des sanctions pénales, JO n° 0189 du 17 août 2014, texte n° 1.

[12] L. n° 2017-258 du 28 février 2017 relative à la sécurité publique, JO n° 0051 du 1er mars 2017, texte n°3.

[13] L. n° 2019-222 du 23 mars 2019 de programmation 2018-2022 et de réforme pour la justice, JO n° 0071, du 24 mars 2019, texte n° 2.

A. Les avancées incontestables de la loi pénitentiaire

La loi pénitentiaire n'a pas été qu'une loi en trompe-l'œil, tant dans sa forme (a) que dans son contenu (b).

1. La forme de la loi pénitentiaire

S'il n'est point question de se livrer à l'exégèse du texte, exercice qui pourrait se montrer fastidieux et peu adapté à l'évocation de quelques propos conclusifs, la présence d'un titre préliminaire dédié au *« sens de la peine privative de liberté »* suivi d'un article 1er rédigé à la manière de l'article préliminaire du Code de procédure pénale sont le symbole des *« grandes lois »*[14]. L'article 1er de la loi appliqué à la prison faisait écho au très remarqué article 707 introduit par la loi du 9 mars 2004 dans le Code de procédure pénale fixant les principes directeurs de l'exécution des peines[15]. Or, la forme est loin d'être anecdotique. L'inscription d'un article préliminaire ou assimilé dans un texte n'est *« jamais simple révérence ou simple esthétisme*[16] *»* en ce qu'il fournit les fondements même aux règles subséquentes et la manière dont elles doivent être lues. La loi pénitentiaire a assurément fixé un cap à l'exécution de la peine privative de liberté, en luttant déjà contre le systématisme des courtes peines d'emprisonnement. La loi pénitentiaire complétait à cet effet les dispositions de l'article 132-24 ancien du Code pénal par l'affirmation selon laquelle la peine d'emprisonnement ferme

---

[14] V. la contribution d'Elisa Baron, « Quel sens pour la peine privative de liberté ? », *supra*.

[15] P. Couvrat, *RSC* 2004, chron. 682. Cette partie de la loi a été définitivement intégrée par la loi du 15 août 2014 à l'article 707 du Code de procédure pénale, avec l'abrogation de l'article 1er de la loi pénitentiaire.

[16] P. Couvrat et G. Giudicelli-Delage, « Une nouvelle procédure pénale ? », *RSC* 2001, p. 139.

devait être considérée comme *ultima ratio,* qu'elle couplait le cas échéant à l'aménagement des peines *ab initio*. La partie de la loi consacrée aux aménagements de peine saluée de manière quasi-unanime[17] comme étant la *« bonne partie de la loi »* n'a pour cette raison fait l'objet que de peu de débats. Ce cap n'a jamais été démenti depuis comme en atteste le titre V de la loi n° 2019-222 du 23 mars 2019 dédié au sens et au renforcement de l'efficacité de la peine. Mais cette constance dans le débat montre également l'échec des différentes politiques pénales qui se sont succédé, de la loi pénitentiaire en passant par la loi du 15 août 2014, jusqu'à la loi de programmation 2018-2022 et de réforme pour la justice, proposant pour chacune d'entre elle un nouveau dispositif d'aménagement *ab initio* des courtes peines privatives de liberté.

L'adoption d'un Code de déontologie des personnels de l'administration pénitentiaire[18] a été l'autre symbole fort de la loi pénitentiaire. Il y est encore question de cap en fixant une éthique au cadre d'action pour le service public pénitentiaire que le la loi pénitentiaire a modernisé en lui donnant une cohérence d'ensemble et en réactualisant la définition des missions de l'administration pénitentiaire en les complétant par l'association des personnels à la prévention de la récidive. Le législateur a imaginé par la suite la création d'une série d'instances permettant de s'assurer de l'effectivité des nouvelles missions. L'instauration d'un conseil d'évaluation auprès de chaque établissement en remplacement de l'ancienne commission de surveillance était complétée au niveau national par la création d'un Observatoire de la récidive et de la desistance[19]. Le scepticisme est cependant de

---

[17] *Contra.* M. Herzog-Evans, « Application des peines : la prétendue "bonne partie " de la loi pénitentiaire », *AJ Pénal* 2009, p. 483.

[18] Décr. n° 2010-1711 du 30 déc. 2010 portant code de déontologie du service public pénitentiaire, JO n°0303 du 31 déc. 2010, texte n°44.

[19] Créé par Décr. n° 2014-883 du 1er août 2014.

mise au vu du seul rapport rendu public à ce jour datant de 2017 ne permettant pas une évaluation satisfaisante des missions, alors que la loi préconisait un rapport annuel chiffré[20].

Enfin, pour répondre aux velléités des personnels de l'administration pénitentiaire d'un rapprochement avec les personnels de sécurité que la loi pénitentiaire avait amorcé en créant la réserve civile pénitentiaire, la loi n° 2017-258 du 28 février 2017 relative à la sécurité publique a modifié l'article 12 de la loi pénitentiaire relatif à l'usage des armes par le personnel de l'administration pénitentiaire en des termes comparables à ceux prévus par le Code de la sécurité intérieure[21]. Mais c'est surtout la consécration du renseignement pénitentiaire en réponse à la dangerosité des personnes détenues[22] qui parachève ce mouvement en faisant des personnels de l'administration pénitentiaire, selon l'expression de François Dieu, la troisième « force de sécurité[23] ».

Toutefois, la partie symboliquement la plus ostensible de la loi pénitentiaire a très certainement été la proclamation des droits des personnes détenues, dont il convient d'apprécier le contenu.

---

[20] Rapport annuel de l'observatoire de la délinquance et de la désistance, 2017 http://www.justice.gouv.fr/art_pix/rapport_ord_def_2017.pdf

[21] CSI art. L. 435-1

[22] V. la contribution d'Aurélie Cappello, « Quelles réponses à la dangerosité en prison ? », *supra.*

[23] F. Dieu, « L'administration pénitentiaire : une force de sécurité intérieure ? », *in* Dieu F. et Mbanzoulou p. (dir), Administration pénitentiaire et justice. Un siècle de rattachement, L'Harmattan, 2013, pp. 143-166.

2. Le contenu de la loi pénitentiaire

La loi pénitentiaire a consacré selon l'expression de Pierette Poncela, des *« droits créances*[24] *»* aux personnes détenues. Celle-ci a en effet pour la première fois ébauché le statut juridique des personnes détenues composé de droits et d'obligations. C'est ainsi que la loi pénitentiaire, hormis le respect des nombreux impératifs liés à la vie en détention, a consacré la mal dénommée obligation d'activité imposant à la personne détenue de suivre l'une au moins des activités proposées par le chef d'établissement. La traduction juridique de cette obligation inscrite comme un axe innovant de la loi pénitentiaire s'analyse davantage en une obligation de moyens pour le chef d'établissement. Se satisfaisant de toute activité quelle qu'elle soit, l'obligation d'activité insérée dans la loi pénitentiaire n'a *in fine* rien changé au désœuvrement des personnes détenues qui ne bénéficient en moyenne que de 3h40 d'activités par semaine[25]. Ce chiffre est très éloigné des préconisations du CPT qui en 2017 recommandait que les personnes détenues puissent passer au moins huit heures hors de leurs cellules, occupées à des activités motivantes. Quant à la possibilité de consultation offerte par la loi pénitentiaire aux personnes détenues sur les activités proposées ou l'expérimentation de la mixité, leur mise en œuvre demeure encore trop ponctuelle laissée au bon vouloir des chefs d'établissement.

La loi pénitentiaire, rétrospectivement, peut être considérée comme *« un camp de base »* en autorisant la progression des droits des personnes détenues par la reconnaissance des qualités citoyenne, de travailleur, d'usager ou de malade ainsi que l'affirmation de la préservation de l'intimité privée du

---

[24] P. Poncela, « Droits des détenus et mesures de détention », *Gaz. Pal.* Merc. 27 et jeudi 28 janv. 2010, p. 20.

[25] Sources OIP : https://oip.org/en-bref/quelles-activites-sont-proposees-aux-personnes-detenues/

détenu et du rapprochement de ses liens familiaux. La perfectibilité des droits énoncés était par conséquent intrinsèquement liée à leur affirmation.

La loi a ainsi permis aux personnes détenues de faire élection de domicile auprès de l'établissement pénitentiaire afin de faciliter les démarches administratives, dont l'exercice du droit de vote. Le décret n° 2019-223 du 23 mars 2019 portant application de l'article 87 de la loi n°2019-222 du 23 mars 2019 de programmation 2018-2022 et de réforme pour la justice a instauré un droit de vote par correspondance sous pli fermé pour les personnes détenues à l'élection des représentants au Parlement européen[26]. En vue de préparer les élections présidentielles de 2022, certains aspects concrets de cette mise en œuvre expérimentale du vote des détenus ont été reconduits avec succès dans le code électoral[27].

Bien que la loi pénitentiaire ait pour la première fois consacré un embryon de statut de la personne détenue « travailleur » par la signature d'un acte d'engagement[28], la progression dudit statut vers celui de salarié a été au cœur d'importantes polémiques. Le Conseil constitutionnel amené à contrôler sa conformité, a par deux fois, validé le dispositif spécifique reconnaissant la qualité de « travailleur pénitentiaire » à la personne détenue[29]. Le contrôleur général des lieux de privation de liberté a réagi sévèrement au renvoi par les sages au législateur mettant à sa charge l'évolution statutaire du détenu travailleur. Sans véritablement répondre à la question de l'amélioration du statut de travailleur de la per-

---

[26] *RPDP* n° 3, juill-sept 2019, chronique de législation, obs. M. Giacopelli, p. 785.

[27] Loi n° 2019-1461 du 27 déc. 2019 relative à l'engagement dans la vie locale et à la proximité de l'action publique, art. 112.

[28] Loi pénit. Art. 33.

[29] Cons. const., 14 juin 2013, n° 2013-320/321 QPC et Cons. const., 25 sept. 2015, 2015-485 QPC.

sonne détenue, le gouvernement a proposé d'intégrer à la stratégie globale immobilière du plan pénitentiaire soutenu par la loi du 23 mars 2019 la construction de prisons expérimentales centrées autour du travail. La question du statut de la personne détenue travaillant en prison a intégré le débat démocratique à la suite de l'annonce du Garde des Sceaux Eric Dupont-Moretti promettant au détenu un véritable contrat de travail.

Si à travers ces quelques illustrations, la loi pénitentiaire a amorcé le point de départ d'un changement qu'il appartenait de consolider en termes de politique pénitentiaire, force est de constater qu'elle était également porteuse d'une faiblesse congénitale, véritable talon d'Achille de la loi pénitentiaire.

B. La faiblesse congénitale de la loi pénitentiaire : l'encellulement individuel le talon d'Achille de la loi pénitentiaire

En différant sans cesse la mise en œuvre du principe d'encellulement individuel (a), principe affirmé dès 1875 et consacré par la loi pénitentiaire, la loi pénitentiaire n'a pas permis d'endiguer le phénomène de surpopulation carcérale (b).

1. De moratoire en moratoires

Alors que la loi pénitentiaire consacrait dans un article 87 le principe de l'encellulement individuel pour les personnes mise en examen, prévenues et accusées soumises à la détention provisoire, elle le vidait de toute substance en prévoyant dans le corps du texte un article 100 fixant un moratoire pour une durée de cinq ans. Peine perdue, l'espoir de maîtriser le phénomène de la surpopulation carcérale s'est évanoui au fil des réformes qui ont reconduit ledit moratoire. C'est ainsi que le législateur, conscient de son incapacité à satisfaire l'encellulement individuel, a voté à l'identique la teneur de l'article 100 de la loi pénitentiaire, d'abord par la loi du 15 août 2014 puis celle du 23 mars 2019 qui a repoussé *in fine* au 31 décembre 2022 son application. La loi pénitentiaire, dans son volet pénitentiaire, n'a donc eu qu'un impact limité sur la régulation de la population carcérale[30]. Malgré l'obligation pour le gouvernement de présenter un rapport sur l'encellulement individuel[31], l'effectivité de l'encellulement individuel n'est guère encore qu'une chimère se nourrissant de l'illusion selon laquelle l'augmentation du parc pénitentiaire pourrait être un remède à la sur-occupation des établissements[32]. A l'échéance d'une année, il est à craindre que rien ne change tant les politiques publiques se sont obstinément refusées à imaginer qu'il puisse exister une corrélation entre le principe de l'encellulement individuel et le principe de dignité des conditions matérielles de détention pour lutter contre le phénomène de surpopulation carcérale, dont l'épisode de la gestion de crise sanitaire a néanmoins souligné qu'il s'agissait d'un phénomène maîtrisable[33].

2. La surpopulation carcérale un phénomène maîtrisable ?

Ce n'est pas un hasard si le contrôleur général des lieux de privation de liberté, après avoir alerté à plusieurs reprises sur les conséquences dramatiques de la surpopulation carcérale sur l'effectivité des droits fondamentaux[34], a choisi

---

[30] V. la contribution de S. Gallut, « La loi pénitentiaire, quel impact sur la surpopulation carcérale ? », *supra.*

[31] Lequel n'a pas été déposé en 2019, le prochain étant prévu au dernier trimestre 2022.

[32] L. Leturmy, « La (prétendue) réforme pénitentiaire », *in* quelles mutations pour la justice pénale du XXIème siècle ? dir. S. Pellé, Dalloz actes et commentaires, 2020, p. 263.

[33] M. Giacopelli, « Le sort des personnes détenues à l'épreuve de la crise sanitaire », *JCP G* 2020, n°23, pp. 1044-1047.

[34] V. CGLPL, Rapport thématique, *« Les droits fondamentaux à l'épreuve de la*

comme fil rouge à l'énoncé de ses recommandations minimales[35] le principe de la dignité des personnes détenues. Comme le rappelait à juste titre, l'ancienne Présidente de la CNCDH, Christine Lazerges, la dignité ne se superpose pas aux droits fondamentaux, en ce que les seconds ne sont que la déclinaison du premier[36]. Les décisions les plus récentes, à compter de l'arrêt quasi-pilote *JMB c/ France*, véritable accélérateur d'une politique globale et cohérente de lutte contre le surpeuplement carcéral, témoignent de la consécration de ce principe[37]. Au fondement de l'universalisme et de l'indivisibilité des droits de l'homme, la dignité est le support matriciel de tous les autres droits et plus particulièrement des droits processuels visant à assurer l'effectivité des voies de recours.

---

surpopulation carcérale », Dalloz.

35 Recommandations minimales pour le respect de la dignité et des droits fondamentaux des personnes privées de liberté, 9. Décr. 2019, (JO 4 juin 2020, texte n° 88) ; V. Vers l'élaboration d'un droit de la privation de liberté, Étude autour des recommandations minimales du CGLPL, dir. M. Giacopelli et E. Gallardo, LexisNexis, 2020, Spec. Titre préliminaire, chap. 1, La dignité, M. Ghévontian, p. 141.

36 C. Lazerges, « Avant-propos relatif aux recommandations minimales du Contrôleur général des lieux de privation de liberté (CGLPL) pour le respect de la dignité et des droits fondamentaux des personnes privées de liberté » *RSC* 2020, p. 227.

37 CEDH 30 janv. 2020, *J.M.B. et autres c. France*, Req. 9671/15, J.-F. Renucci, « J.M.B et autres c. France : une condamnation retentissante », *D.* 2020, p. 753 ; H. Avvenire, « Prisons indignes et référés inefficaces : la France sommée de revoir ses règles », *AJDA* 2020, p. 1064 ; J. Portier, « L'effectivité du référé-liberté en matière carcérale - L'arrêt de la CEDH du 30 janvier 2020, J.M.B. c. France », *RFDA* 2020, p. 496 ; C. Margaine, « Le droit interne est-il soluble dans l'article 13 de la Convention consacrant le droit à un recours juridictionnel effectif ? », *RPDP* 2020 n°1, p.179 ; J. Frinchaboy, « Vers l'effectivité du recours juridictionnel préventif en cas de conditions indignes de détention », *AJ Pénal* 2020, p. 404.

Dans son importante décision du 2 octobre 2020 QPC[38], le Conseil constitutionnel a tiré les conséquences ensemble, de la condamnation de la France par la CEDH à raison de l'état structurel de la surpopulation carcérale et du revirement de jurisprudence opéré par la Cour de cassation le 8 juillet 2020[39] et a enjoint au législateur sur le fondement du principe de dignité, en l'absence de recours effectif, de créer un recours juridictionnel pour qu'il soit mis fin aux conditions de détention indignes des prévenus devant le juge judiciaire. Le texte de mise en conformité a pour origine une proposition de loi qui reprenait le contenu de l'amendement n° 165, présenté à l'occasion de la discussion du projet de loi relatif au parquet européen et déclaré irrecevable. La loi tendant à garantir le droit au respect de la dignité en détention a été promulguée le 8 avril 2021[40].

Aux termes du nouvel article 803-8 du Code de procédure pénale, toute personne détenue dans un établissement pénitentiaire pourra saisir le juge des libertés et de la détention, selon qu'il est détenu à titre provisoire, ou le juge d'application des peines, s'il est condamné et incarcéré, aux fins de voir garanti le respect de sa dignité. La loi a déjà été qualifiée « d'avancée en trompe-l'œil »[41]. Il s'agit moins en effet, de mettre fin à la détention de la personne détenue,

---

[38] Cons. const. 2 oct. 2020, n° 2020-58/59 QPC, M. Giacopelli, « Le raz de marée du principe de dignité-Commentaire de la décision n° 2020-858/859 QPC, du 2 oct. 2020, *Lexbase éd. Pénal*, n° Lexbase A49423WX.

[39] Crim. 8 juill. 2020, n° 20-81.731 et 20-81.739 ; J. Faxla, « Indignité des conditions de détention et office du juge judiciaire : place aux droits fondamentaux », *D.* 2020, p. 1774.

[40] Texte n° 387 (2020-2021) de M. Jean-Pierre SUEUR et plusieurs de ses collègues, déposé au Sénat le 25 février 2021 — Loi n° 2021-403 du 8 avril 2021, JORF 9 avril 2021, Texte 3.

[41] A propos de la proposition de loi : A. Ponseille et M. Afroukh, « La proposition de loi tendant à garantir le droit au respect de la dignité en détention : une avancée en trompe-l'œil ?, D. 2021 p. 736.

vérifications faites par le juge de l'allégation de l'indignité de ses conditions personnelles, concrètes et actuelles de détention, que de mettre fin à l'exécution des conditions matérielles de détention par différents moyens, parmi lesquels la (re)mise en liberté ne sera que l'ultima ratio[42] mais au rang desquels le transfèrement est privilégié.

La loi rate son effet, du moins au regard des attentes conventionnelles, puisqu'il est à craindre qu'elle ne soit qu'un cataplasme et ne saurait en tout état de cause remédier au caractère systémique des conditions carcérales en France.

Si malgré certaines faiblesses la loi pénitentiaire reste encore dans les esprits un symbole fort, il n'en est plus de même quant à sa portée normative.

II. La portée normative de la loi pénitentiaire

Après dix ans d'existence, il ne reste toujours, que la loi. Non codifiée[43], celle-ci se présente comme un appendice : une excroissance qui a été soumise à variations (I) ou à dévoiements (II).

A. Les variations de la loi pénitentiaire

La loi pénitentiaire a connu, à l'image des phases syncopées de développement allant de l'enfance à la phase adulte, des phases de stagnation (a), voire de régression (b).

---

42 V. la contribution de C. Margaine pour une approche critique : « Conditions de détention et office des juges : dignité versus effectivité »,, *Supra*

43 V. contribution de Jean-Baptiste Perrier, « Une loi pénitentiaire pourquoi ? Une codification pour qui ? », *supra.* Depuis la rédaction de cet article le Garde des Sceaux a affirmé sa volonté de rédiger un code pénitentiaire.

1. Stagnation

Comme le soulignait Adeline Hazan, dans le communiqué accompagnant la publication des recommandations minimales, *« les droits fondamentaux n'ont de réalité que si leur effectivité est assurée »*[44]. Il ne s'agit pas seulement de reconnaître la titularité d'un droit reconnu aux personnes privées de liberté, encore faut-il que l'administration permette leur mise en œuvre.

Force est de constater que de nombreuses difficultés ont été pointées du doigt par le CGLPL comme la prise en charge des personnes handicapées ou dépendantes[45], y compris s'agissant de l'égal accès aux activités proposées par l'établissement qui selon l'article 27 de la loi pénitentiaire doivent être adaptées à leur âge ou à leur handicap. Il en est de même du droit à l'intimité de la vie privée du détenu composé notamment du droit à l'image, de sa liberté sexuelle, de la confidentialité des informations le concernant qui connaît bien des intrusions[46]. Alors que la loi pénitentiaire avait limité le recours à la vidéosurveillance dans les espaces collectifs présentant un risque d'atteinte à l'intégrité physique des personnes, la loi du 21 juillet 2016[47] a ajouté un article 58-1[48] permettant le traitement de données à caractère personnel des images de vidéosurveillance pour surveiller

---

[44]https://www.cglpl.fr/2020/recommandations-minimales-pour-le-respect-de-la-dignite-et-des-droits-fondamentaux-des-personnes-privees-de-liberte/

[45] V. Recomm. Relatives à la maison d'arrêt de Mulhouse (Haut-Rhin) (NOR : CPLX1005437X), 23 fev. 2010 ; Rapport annuel 2008 p. 121.

[46] V. en ce sens : J. Souhami, L'exercice des droits de la personne privée de liberté, Les droits civils, I. Le respect de la vie privée, *in* L'élaboration d'un droit de la privation de liberté, dir. M. Giacopelli et E. Gallardo, Lexisnexis 2020, p. 307 et ss.

[47] L. n° 2016-987, 21 juill. 2016, art.9, JO 22 juill. 2016, texte n°2.

[48] Modifié par Ordonnance n°2018-1125 du 12 décembre 2018 - art. 27

plus étroitement des auteurs d'infractions, y compris dans leur cellule, dont l'évasion ou le suicide heurterait l'opinion publique, comme dans le cas du terroriste S. Abdeslam

Il en va également de l'égal accès aux soins, qui malgré l'affirmation par la loi pénitentiaire du droit aux soins des personnes détenues, se heurte aux contraintes carcérales qui en limite la portée. A tel point que l'on peut se demander si le droit aux soins n'est pas à l'épreuve de la prison et non inversement[49]. La prison est en effet devenue un lieu d'enfermement des personnes vulnérables de plus en plus perturbées, posant la question de la psychiatrisation de la prison et de la prise en charge problématique d'une partie grandissante de la population pénale.

L'impression globale est celle de stagnation dans l'exercice des droits proclamés par la loi pénitentiaire. L'on peut même y voir, à l'aune de ces quelques exemples le renouvellement du Panoptique au fondement de la société de surveillance, comme signe régressif d'un repli sécuritaire de la prison.

2. Régressions : le repli sécuritaire

Les idéaux pénitentiaires de 2009 se sont dilués au contact du retour des préoccupations sécuritaires de l'administration pénitentiaire confrontée à la montée de la violence en prison et la radicalisation[50], mais dont certaines d'entre elles pourraient bien apparaître comme un archaïsme voire un retour à *« un droit antique[51] »* pour ce qu'elles repré-

---

[49] V. Contribution A. Simon « La détention à l'épreuve du droit à la santé. La prison comme lieu de soins. Ambitions théoriques et difficultés pratiques », *supra.*

[50] M. Giacopelli, « La dangerosité pénitentiaire », *in* Les criminels dangereux, dir. J-P Céré et P. Stepniak, L'Harmattan 2020, p. 83.

[51] V. la contribution de J. Falxa, « Nouveau droit disciplinaire pénitentiaire ou droit disciplinaire antique ? », *supra.*

sentent d'obéissance à un réflexe corporatiste. Il est en ainsi des revendications des personnels pénitentiaires qui se sont cristallisées autour du régime des fouilles et du droit disciplinaire[52].

L'encadrement des fouilles par la loi pénitentiaire en lien immédiat avec les préconisations de la jurisprudence européenne avait été un des signal fort s'agissant des mesures mises en place pour préserver l'intimité et l'intégrité des personnes détenues, notamment quant à la condamnation unanime de la pratique des fouilles systématiques intégrales considérées comme humiliantes et dégradantes. Cette pratique pourtant prohibée par la loi, s'est maintenue dans les établissements pénitentiaires après son adoption[53] avec l'aval du ministère de la justice[54], jusqu'à une première modification de l'article 57 par la loi n° 2016-731 du 3 juin 2016[55] puis une seconde par la loi du 23 mars 2019. Dans sa dernière version, l'alinéa 1er de l'article 57 de la loi pénitentiaire élargit les possibilités de recourir à la fouille pénitentiaire dans tous les cas où la personne échappe à la surveillance constante de l'administration pénitentiaire, tandis que son

---

[52] B. David, « Le contentieux des droits des détenus depuis la loi pénitentiaire », *AJ Pénal* 2019, p. 535.

[53] Cf. CGLPL rapport d'activité 2011, p. 231-256, Défenseur des droits, rapport d'activité 2011, p. 131 ; Débats parlementaires V. spec. M. Blondin, Question orale sans débat n° 1396S, JO Sénat du 22/09/2011.

[54] Note du 15 nov. 2013 relative aux moyens de contrôle des personnes détenues, NOR / JUSK1340043N. Tout en rappelant la prohibition des fouilles systématiques, la note prévoit la possibilité de recourir à un régime exorbitant de fouilles intégrales systématiques à l'encontre des personnes identifiées comme présentant des risques, Cf. 2.2.4.

[55] Dans sa nouvelle rédaction l'article 57 permettait au chef d'établissement, lorsqu'il existe des raisons sérieuses de soupçonner l'introduction au sein de l'établissement pénitentiaire d'objets ou de substances interdits constituant une menace pour la sécurité des personnes ou des biens, d'ordonner des fouilles en des lieux et pour une période de temps déterminés.

alinéa 2 dispose que *« lorsqu'il existe des raisons sérieuses de soupçonner l'introduction au sein de l'établissement pénitentiaire d'objets ou de substances interdits ou constituant une menace pour la sécurité des personnes ou des biens, le chef d'établissement peut également ordonner des fouilles de personnes détenues dans des lieux et pour une période de temps déterminés, indépendamment de leur personnalité. Ces fouilles doivent être strictement nécessaires et proportionnées (…) »*.

Il est vrai, que cette impression de recul était déjà palpable à la suite du raidissement du droit disciplinaire dans sa partie réglementaire par le décret n° 2019-98 du 13 février 2019[56]. En retravaillant notamment à la hausse la qualification de certaines fautes disciplinaires et en augmentant la durée de certaines sanctions disciplinaires, ce droit disciplinaire n'a de nouveau que sa date de publication en revenant pour partie sur certains des acquis de la loi pénitentiaire, parfois même au mépris des règles internationales protectrices de la condition juridique de la personne détenue[57]. Si la régression peut être définie comme une évolution en sens inverse, un retour en arrière, il en va différemment d'un changement de direction, caractéristique d'un dévoiement.

B. Les dévoiements

Outre le dévoiement des mesures alternatives à l'emprisonnement[58], l'on peut voir dans la mise en œuvre des régimes différenciés, souhaitée par l'administration pénitentiaire, le dévoiement du principe d'individualisation quant à son objet. Le Professeur Danti-Juan, au lendemain de la

[56] M. Herzog-Evans, « Décret du 13 fév. 2019 sur la discipline pénitentiaire : un raidissement institutionnel et une occasion manquée », *AJ Pénal* 2019 p. 139.

[57] V. en ce sens à propos des Mandela's rules, M. Herzog-Evans, *Droit pénitentiaire*, 3ème éd. Dalloz, 2020, p. 932.

[58] V. la contribution d'Evan Raschel, « Le dévoiement des mesures alternatives à l'emprisonnement », *supra*.

promulgation de la loi pénitentiaire, doutait déjà d'une transplantation réussie du principe d'individualisation aux problématiques pénitentiaires comme celles des restrictions apportées aux droits des personnes détenues[59]. Le principe a néanmoins été acté par l'article 22 de la loi pénitentiaire qui dispose que les droits des personnes détenues peuvent faire l'objet de restrictions en raison *« des contraintes inhérentes à la détention, du maintien de la sécurité et du bon ordre des établissements, de la prévention de la récidive et de la protection de l'intérêt des victimes » « tenant compte de l'âge, de l'état de santé, du handicap et de la personnalité de la personne détenue »*. L'individualisation *« administrative »* appliquée aux régimes de détention a eu pour effet pervers de catégoriser des individus en fonction de leur degré de dangerosité afin de leur appliquer un régime plus ou moins sévère. Un tel placement ne saurait toutefois porter atteinte aux droits visés à l'article 22. En ce sens, le Conseil d'État a confirmé que le régime différencié pouvait faire l'objet d'un recours, tout en écartant dans le même temps toute obligation de motivation des décisions prises par l'administration pénitentiaire[60]. Il est regrettable de constater une dilution du principe d'individualisation dans le mouvement de spécialisation des établissements amorcé par la loi pénitentiaire et que le législateur du 23 mars 2019 a poursuivi tambour battant. L'on assiste ainsi au déploiement des quartiers de confiance, héritiers de l'expérience satisfaisante des modules respect mais dont le CGLPL a pu souligner qu'ils opéraient comme de véritables régimes restrictifs de droits lorsqu'ils s'appliquaient en centre de

---

[59] En ce sens : M. Danti-Juan, « Analyse critique du contenu de la loi dite "pénitentiaire "(Loi N° 2009-1436 du 24 novembre 2009) », *RPDP* n°1, 2010, p. 79.

[60] CE 28 mars 2011, n° 316977, *AJ Pénal* 2011, p. 408, note Cliquenois et M. Herzog-Evans, *RPDP* 2011, obs. J-P Céré ; CE 6 déc. 2012, n° 344995, *RPDP* 2012, p. 942, obs. E. Péchillon.

détention[61], côtoyant ceux de la défiance pour les détenus violents ou radicalisés respectivement placés en UDV ou QER[62].

Même le déploiement des aménagements de peine[63], que l'on pensait être sur une pente ascendante depuis la loi pénitentiaire a été écorné par la loi du 23 mars 2019 qui a abaissé de 2 ans à 1 an le seuil des aménagements de peine *ab initio*, ne permettant plus au-delà d'un an que les peines soient transmutées en des peines de milieu ouvert.

La récente intervention faite par le Garde des Sceaux pour annoncer une prochaine et énième réforme de la justice[64], comprenant dans son volet pénitentiaire, la suppression des crédits de réduction de peine et la poursuite du programme de construction immobilière, est en totale rupture avec la philosophie de la loi pénitentiaire. Sous couvert de restaurer la confiance de l'opinion publique en la justice, le ministre de la justice poursuit avec une rationalité punitive de la peine, avec laquelle le législateur du 23 mars 2019 avait renoué au motif spécieux de l'existence d'un trop grand décalage entre le prononcé et l'exécution des peines[65]. Or n'est-ce justement pas là, l'objet même des aménagements de peine fondés sur le principe d'individualisation de l'exécution des peines ? Une telle mesure risque d'être contre-productive et engendrer un allongement de la durée d'exécution des peines contribuant ainsi à l'augmentation de

61 CGLPL, Avis du 12 déc. 2017 relatif aux modules de respect dans les établissements pénitentiaires, NOR : *CPLX1806771V*, (JO 14 mars 2018, texte 114).

62 *RPDP* n°1 janv-mars 2020, droit pénitentiaire, C. Margaine, p. 186.

63 V. la contribution de Y. Carpentier, « Le déploiement des aménagements de peine », *supra*.

64 D. actualité, « Les grandes lignes du projet de loi Dupond-Moretti », 3 mars 2021.

65 V. P. Poncela, « Errements et sauts dans le vide », *RSC* 2020, p. 137.

la population pénale en totale contradiction avec les engagements pris par la France.

Table des matières

Structures éditoriales du groupe L'Harmattan

L'Harmattan Italie
Via degli Artisti, 15
10124 Torino
harmattan.italia@gmail.com

L'Harmattan Hongrie
Kossuth l. u. 14-16.
1053 Budapest
harmattan@harmattan.hu

L'Harmattan Sénégal
10 VDN en face Mermoz
BP 45034 Dakar-Fann
senharmattan@gmail.com

L'Harmattan Cameroun
TSINGA/FECAFOOT
BP 11486 Yaoundé
inkoukam@gmail.com

L'Harmattan Burkina Faso
Achille Somé – tengnule@hotmail.fr

L'Harmattan Guinée
Almamya, rue KA 028 OKB Agency
BP 3470 Conakry
harmattanguinee@yahoo.fr

L'Harmattan RDC
185, avenue Nyangwe
Commune de Lingwala – Kinshasa
matangilamusadila@yahoo.fr

L'Harmattan Congo
67, boulevard Denis-Sassou-N'Guesso
BP 2874 Brazzaville
harmattan.congo@yahoo.fr

L'Harmattan Mali
ACI 2000 - Immeuble Mgr Jean Marie Cisse
Bureau 10
BP 145 Bamako-Mali
mali@harmattan.fr

L'Harmattan Togo
Djidjole – Lomé
Maison Amela
face EPP BATOME
ddamela@aol.com

L'Harmattan Côte d'Ivoire
Résidence Karl – Cité des Arts
Abidjan-Cocody
03 BP 1588 Abidjan
espace_harmattan.ci@hotmail.fr

Nos librairies en France

Librairie internationale
16, rue des Écoles
75005 Paris
librairie.internationale@harmattan.fr
01 40 46 79 11
www.librairieharmattan.com

Librairie des savoirs
21, rue des Écoles
75005 Paris
librairie.sh@harmattan.fr
01 46 34 13 71
www.librairieharmattansh.com

Librairie Le Lucernaire
53, rue Notre-Dame-des-Champs
75006 Paris
librairie@lucernaire.fr
01 42 22 67 13

www.ingramcontent.com/pod-product-compliance
Lightning Source LLC
LaVergne TN
LVHW011440061026
849535LV00004BA/890
* 9 7 8 2 3 4 3 2 3 3 1 0 9 *

En fait, pour lutter contre la maladie et repousser la mort, la médecine conventionnelle a réduit l'homme en ses différentes spécialités. De fait, si la Médecine conserve une détermination mécanique oublieuse de la dimension spirituelle de l'homme, on sait que ses progrès ne s'arrêteront pas ; mais remplirait-elle totalement sa fonction qui est d'être au service de la santé, étant entendu qu'elle conçoit la santé comme étant « un état de bien-être complet », mieux, « une ressource pour la vie » (OMS) au quotidien et à l'infini ?

Ainsi, on ne devrait plus parler de la médecine moderne comme une Médecine, mais plutôt en termes de « médecines ». Elle devient une médecine des maux et non de l'homme : stomatologie, embryologie, ostéopathie, gynécologie, etc. Aucune de ces différentes disciplines médicales n'envisage véritablement l'homme dans ce qu'il est dans sa globalité : une personne, un microcosme dans un macrocosme. Par souci des résultats, elle cherche la précision, mais cette quête minutieuse de la précision, qui l'amène à disséquer un être vivant en fragments inertes, dépourvus de vie, le fait, chemin faisant, dérouter de sa finalité qui doit être de remettre l'homme debout en le considérant dans ce qu'il est en totalité : un être vivant, pris dans la toile de ses connexions biophysiques, biomagnétiques, biopsychiques, biocosmiques

Or, parler de la médecine traditionnelle, c'est revenir à une interrogation qui tente de donner des réponses à la souffrance humaine, quelle que soit la manière avec laquelle celle-ci se présente dans la communauté de ceux qui se posent la question du sens de la vie et de la mort. En ce sens, la question de la guérison et de la santé dans le « monde de la médecine traditionnelle » est intrinsèquement liée à la question du salut, alors même que la problématique liée à la religion, donc, à la finitude, n'entre plus dans le processus de développement de la médecine conventionnelle.

Par rapport aux patients et compte tenu de leur culture, la maladie dont se charge le médecin est-elle l'expression d'un dysfonctionnement organique ou le signal d'une présence troublante dans le rapport entre le Visible et l'Invisible ? Si oui, comment la médecine traditionnelle se présente-t-elle dans la société africaine ? Pour répondre à cette interrogation, il serait nécessaire de revenir à la société précoloniale africaine afin de voir ses modes d'intervention dans la vie publique.

On sait que la vocation de la médecine traditionnelle a toujours été le rétablissement de la santé étant entendu que toute situation existentielle susceptible de désorganiser le corps social était aussi considérée comme une maladie. Dans ce contexte, l'on comprend que toute situation existentielle inquiétante requérait, dans la société africaine, l'intervention des tradipraticiens : il fallait recourir au pouvoir des Anciens et des Ancêtres pour faire face à n'importe quelle circonstance de la vie grâce aux techniques divinatoires et aux connaissances magico-phytothérapeutiques des tradipraticiens.

Il est par conséquent, juste de s'interroger sur le pouvoir même des tradipraticiens quant à son importance apparemment ambiguë dans la société africaine[3] en général et au Gabon en particulier.

Notre contribution consiste à nous interroger sur les modes d'intervention de la médecine traditionnelle (approche diagnostic, pratique thérapeutique) et à

[3] L'ambiguïté vient du fait que, dans la société africaine, on ne se rend pas forcément sans inquiétude auprès d'un tradipraticien : c'est un personnage qui fait peur à cause de son présupposé pouvoir qui lui permet d'accéder, à tout moment, aux mystères de l'existence. Parmi les *Nganga,* on trouve de vrais manipulateurs. Ceux qui sont perfides peuvent toujours manipuler les faibles afin d'en tirer profit.

comprendre l'importance de ses pratiques dans la structuration sociale en Afrique. Ce n'est qu'ainsi que nous donnerons une orientation qui permettra de préciser, si possible, les conditions d'une politique de santé publique qui intègre la médecine traditionnelle. Pour cela, il importe de définir et de fixer les limites de la médecine traditionnelle, afin de clarifier le sens de ses pratiques et entrevoir son intégration dans les programmes de santé publique.

Analyser le cheminement et le cadre d'interprétation de la maladie à travers les pratiques de la médecine traditionnelle africaine, c'est montrer que la médecine comporte en elle-même un enjeu philosophique et anthropologique.

Nous prendrons comme champ d'études les rites initiatiques gabonais, parce que leur philosophie implicite nous renvoie à celle de Platon[4]. C'est l'importance de l'arrière-monde dans les représentations de la maladie et de la trajectoire thérapeutique du patient qui nous le fait dire.

On note par ailleurs pour d'autres pratiques une méthodologique proche de la psychanalyse[5] et à partir de laquelle nous pouvons nommer la psychogénéalogie par la découverte de l'importance de la généalogie. D'une manière générale, deux rites nous intéressent, le Bwiti et le *Mboumba éyano*.

S'agissant du *Bwiti*, André Raponda Walker atteste qu'il « n'existe en effet, nulle part en dehors du Gabon, hormis en Guinée espagnole où les Fañ qui le pratiquent le

---

[4] Nous pensons particulièrement à l'allégorie de la caverne dans la *République livre VII,* à la distinction entre le monde des essences et le monde sensible.

[5] Il s'agit de voir la psychanalyse comme une méthode d'interprétation des rêves.

tiennent des Fañ du Gabon qui l'ont adopté des *Mitsogo.* »[6] Cette originalité du Bwiti limite notre analyse à l'univers de la pratique de ce rite initiatique qui délivre un enseignement ésotérique comportant une théorie de la connaissance et une weltanschauung que ses adeptes diffusent depuis quelques années, peut-être un siècle, dans les pays d'Afrique centrale. Son enseignement porte sur la santé du corps et de l'âme, selon un cheminement initiatique qui a pour but d'ouvrir à l'initié les portes de la connaissance, d'explorer le monde invisible ainsi que le temps passé et à venir et de hausser l'âme vers la perfection la plus absolue.

Pour André Raponda Walker : « Les adeptes du Bwiti se vantent d'avoir une connaissance du Monde et des choses, plus grande, voire même infiniment plus grande, que celle des autres hommes »[7]. Aussi, dans le film *Iboga*, un maître bwitiste atteste que l'initiation à *l'Iboga* est simple, mais celle au *Bwiti* est plus complexe parce qu'elle requiert une connaissance approfondie de l'homme et de la Nature. « Il faut connaître l'homme depuis les orteils jusqu'aux cheveux et connaître la nature », disait Malendi.

A. Raponda Walker a reconnu le caractère ésotérique de cette médecine au point d'affirmer que « le *Bwiti* est à peu près sûrement la seule société secrète gabonaise relevant, initialement, d'un ésotérisme indiscutable »[8]. C'est d'abord cette caractéristique qui constitue un enjeu particulièrement déterminant pour la reconnaissance problématique de cette médecine par les pouvoirs publics.

---

[6] RAPONDA WALKER (A) et SILLANS (R) : *Rites et croyances des peuples du Gabon*, Paris, Présence Africaine, 1995, p. 284
[7] *Ibid.*, p. 192
[8] *Ibid.*, p.286

Ceci justifie tout aussi la caractéristique spirituelle que comporte notre recherche : faut-il évacuer l'ésotérisme en considérant qu'elle n'est qu'une mystification qu'il convient d'éliminer afin d'envisager la médecine traditionnelle d'un point de vue scientifique ? Que gagne l'humanité ou alors que perd-elle lorsque toute représentation du monde est soumise à la *calculabilité* rationnelle, obligeant ainsi les hommes à ne penser leurs soucis d'existence qu'à partir des catégories de la science et du numérique ?

I
La collaboration entre médecines

Du rapport médecine tradipraticiens et médecins

Depuis une dizaine d'années, mes travaux sur le terrain – en ce qu'ils visent la recherche d'un système de santé où chacun aura la possibilité d'accéder aux soins de santé les plus adaptés – à penser une collaboration entre médecins et tradipraticiens. La présente réflexion envisage cette possibilité en proposant une démarche conforme à mon expérience.

La démarche en vue de la collaboration

En effet, au plan pratique, la première étape de la collaboration consisterait dans la promulgation des textes d'accompagnement de la médecine traditionnelle. Il faut des textes qui légalisent de manière claire la médecine traditionnelle sur toute l'étendue du territoire national. En deuxième lieu, il faudrait que les ministères de la Santé publique arrêtent de se comporter comme si les problèmes de santé ne concernaient que la seule médecine occidentale.

Il faudrait donc instituer une direction générale de la médecine traditionnelle au sein du ministère de la Santé publique. Aujourd'hui, il n'existe qu'un service de la médecine traditionnelle qui n'a d'ailleurs aucun budget de fonctionnement. En troisième lieu, il faudrait que nos facultés de pharmacie et de médecine intègrent l'enseignement de la pharmacopée et de la médecine traditionnelle dans leurs programmes d'enseignement. Car le Gabon est dernier sur ce plan par rapport à d'autres pays membres du système CAMES. C'est un travail qui incombe aux universitaires qui ne jugent pas l'opportunité de ces enseignements, alors même que le gouvernement le leur a demandé.

Il est nécessaire que le gouvernement donne des moyens aux chercheurs qui travaillent sur ces questions, au ministère de la Santé publique, au ministère de la Recherche, pour entamer le recensement des tradipraticiens ; le gouvernement devrait ouvrir dans les hôpitaux, des villages de médecine traditionnelle, c'est-à-dire des centres de médecine traditionnelle qui existent déjà ailleurs, notamment au Sénégal à Fatick, au Bénin, au Kenya, à Madagascar, au Mali, au Rwanda.

Lorsque la médecine moderne sera confrontée à un cas dont la solution se trouverait en médecine traditionnelle, on le confiera directement aux acteurs de cette médecine qui exercent au sein de l'hôpital. Les acteurs de la médecine traditionnelle organiseraient de plus en plus de rencontres pour assurer leur formation à la rationalité scientifique. Pendant ces séminaires de formation, les scientifiques formeront les tradipraticiens à la fabrication des phytomédicaments.

Car, à présent, leurs médicaments ne tiennent pas compte de la durée, ils sont juste utilisables dans l'instant bien que quelques décoctions sont conservables plusieurs mois durant. Les séminaires de formation consisteraient à éveiller leur conscience aux exigences de la modernité. Il existe des enseignements qu'on peut leur donner pour la fabrication des pommades, des sirops, à condition d'organiser des rencontres entre eux et les scientifiques. Cela implique une sensibilisation au niveau universitaire afin de faire prendre conscience à la société des avantages de l'utilisation de la médecine traditionnelle.

La différence épistémologique

Il faut alors comprendre qu'elle est « une médecine totale qui considère l'homme, corps et âme, comme un tout lié au monde visible et invisible par l'ensemble de participations qui s'englobent sans distinction ». Le plus important de cette définition consiste dans l'importance de l'âme dans la connaissance de l'homme, comme s'il était impossible de faire plus de progrès en médecine si cette donne n'était pas prise en considération.

Sur la base de ce principe, qui pose l'imaginaire comme fondement de la médecine traditionnelle, il est évident qu'au plan épistémologique, il y a incompatibilité entre les deux médecines. Les deux médecines ne peuvent pas, au regard de leurs principes fondamentaux – le religieux et la rationalité –, s'entendre sur leurs conclusions les plus abouties. **Médecins et tradipraticiens s'excluent habituellement. Les uns vont jusqu'à demander à leurs patients de ne plus prendre les remèdes des autres médecines.** En fait, la rationalité technoscientifique réductionniste qui caractérise la diffusion-expansion, à l'échelle planétaire, de la rationalité médicale occidentale, ne peut envisager, sans conséquence, l'intégration de la rationalité organiciste dans ses processus de soins. Car, en ne prenant pas, comme point de départ indépassable, la globalité d'une situation thérapeutique, mais en se donnant comme point de départ l'élémentaire, le simple, la réduction de la cause de la maladie à l'identification de l'organe malade, du virus responsable de la maladie ou du bacille incriminé, on exclut la dimension spirituelle.

Efficace, la rationalité technoscientifique est un réductionnisme qui amènerait à penser qu'il faut laisser chaque médecine évoluer dans sa trajectoire, indépendamment de l'autre prendre en compte, individuellement, de la spécificité, du point de vue épistémologique, des différentes composantes de la médecine traditionnelle ce, sachant que la pharmacopée traditionnelle ne respecte pas les mêmes principes que la médecine initiatique.

La spécificité de la médecine traditionnelle

En fait, la médecine traditionnelle compte plusieurs spécialités et deux grandes divisions : la pharmacopée et la phytothérapie, d'une part et la médecine initiatique, d'autre part. Si la première partie peut soutenir la recherche biomédicale en fournissant aux chercheurs une connaissance des plantes utiles pour la formation d'une industrie pharmaceutique africaine, on ne peut dire de même de la médecine initiatique. La recherche scientifique, notamment en ce qui concerne la médecine traditionnelle, donne à constater que la collaboration entre la médecine traditionnelle et la médecine moderne n'est pas une simple vue de l'esprit. Il suffit de rappeler qu'au regard de l'intérêt thérapeutique grandissant des populations pour les pratiques de la médecine populaire (soins par les plantes, recettes de grand-mère, etc.), la recherche en sciences expérimentales se développe avec la publication d'articles et de thèses de doctorat qui valorisent la pharmacopée africaine.

Il y a encore le travail sur l'identification des plantes utiles du Gabon qu'il convient de compléter, cette fois-ci avec des données plus scientifiques ce, dans la mesure où l'on considère la plante comme étant un réservoir de principes actifs.

Mais les deux parties de cette médecine ont pour point commun, non seulement la mise en perspective des facteurs culturels, mais aussi la divination, comme fondement de l'évaluation de la démarche de guérison. Les deux parties permettent de déterminer le caractère complexe de la médecine négro-africaine : cette médecine tient donc de la psychologie, de l'ethnologie, des sciences naturelles et même de la médecine occidentale. Toutes ces dimensions de la médecine négro-africaine constituent, chacune, un domaine de la connaissance que les sciences humaines et sociales doivent développer.

Parlant concrètement de valorisation des plantes médicinales africaines, on peut évoquer le fait que les pharmaciens africains et occidentaux, les chimistes africains, Japonais ou Américains, travaillent efficacement sur les plantes à partir desquelles la médecine traditionnelle soigne les maladies. Parmi ces plantes, on peut tout indiquer que les travaux, au niveau international, se développent sur le phénomène médico-social qu'est la plante psychédélique Iboga. Les chercheurs travaillent à minimiser les inconvénients relatifs à la non-maîtrise de la manducation de cette plante et recherchent les avantages qu'elle recèle.

C'est ainsi que l'Américain a mis au point quatre brevets de désintoxication radicale concernant l'alcool, le tabac, la cocaïne et d'autres drogues, grâce à l'injection d'une dose d'ibogaïne, un extrait d'iboga, dont l'action qui dure vingt heures a été comparée à vingt ans de psychanalyse. Voilà un exemple de collaboration avec la pharmacopée gabonaise ; c'est bien dans une plantation de la vaste plaine *d'Iguéla*, à *Omboué*, au Gabon, qu'a extrait des racines d'Iboga et les a emmenées aux États-Unis d'Amérique.

La convergence des trajectoires

Cette conciliation entre tradition et modernité, à travers l'ensemble des problèmes qui se posent sur le plan de la médecine, est un axe fondamental pour la recherche-développement. Cette double trajectoire, médecine négro-africaine et médecine moderne, doit être analysée. Comment, au regard de ce qu'elles drainent comme possibilités et comme valeurs, pourraient-elles se rapprocher et observer, finalement, une trajectoire commune ou des trajectoires convergentes, parce que les deux médecines visent les mêmes objectifs ?

Voilà un axe de recherche qui s'ouvre devant nous, il consiste dans l'analyse de chacune des trajectoires pour ressortir ce qu'elles ont de commun, au-delà de leurs différences. Il s'agit bien d'une étude des trajectoires, car, lorsqu'on lit Claude Bernard, qui décrivait l'histoire de la médecine jusqu'au 19e siècle, c'est bel et bien d'une véritable trajectoire qui va du mysticisme qui croyait tout expliquer par la magie, pour constater finalement que les sciences expérimentales ont plus de compétence dans les domaines indiqués. On est passé du mysticisme total, c'est-à-dire de la magie, à la rationalité.

Il n'y a donc aucune raison que cette trajectoire ait été suivie par d'autres communautés humaines et que l'Afrique résiste à cette démarche. En Orient, la démarche a été la même, à la lisière de la tradition et de la science moderne. S'agissant un peu de l'apport de l'Orient, que ce soit de la Chine ou de l'Inde et du Japon, les pratiques qui font usage de l'énergie nous interpellent. Le cas du *Réiki*[9] situe cette problématique où les hommes disposent de

---

[9] Une spiritualité asiatique ayant plusieurs degrés d'élévation spirituelle comme dans la franc-maçonnerie. On y traite, entre autres, des questions de santé, à partir de l'énergie.

connaissances ancestrales que la science moderne ne découvre que progressivement. L'objet du *Réiki*, c'est l'utilisation de l'énergie à des fins thérapeutiques.

Mais, l'énergie, c'est ce qui met en mouvement. Les rayonnements ne sont que des manifestations et des transformations de cette énergie. Les Japonais ont-ils eu besoin de M. Albert Einstein pour avoir cette connaissance, ne serait-ce qu'au plan thérapeutique si tant est bien qu'ils utilisent de l'énergie dans la prise en charge des pathologies, depuis des millénaires ? Le *Réiki* est millénaire et sa philosophie postule une énergie universelle qui alimente tout l'univers. Avec cette énergie, on arrive à soigner de nombreuses pathologies parce qu'elle a des propriétés thérapeutiques que la science moderne vient de découvrir. Au 21e siècle, on applique l'énergie pour traiter les pathologies comme le cancer avec l'utilisation des rayons X, la radiologie ou la cobaltothérapie.

Ce que nous disons de l'énergie est aussi valable dans nos cultures africaines pour ce qui est de la sorcellerie de l'*Evou*. Nous sommes obligés, dans le cadre de la tradition, d'utiliser des formulations métaphoriques. On dit que l'homme vivait en bonne intelligence avec la forêt et qu'il a fallu la transgression de la femme pour que surgisse la grande première perturbation qui est venue modifier fondamentalement l'équilibre à la fois naturel et cosmique. *Evou* apparaît comme une véritable science de l'environnement puisque l'homme, par lui, accède à un niveau de connaissance très élevé, pour une plus grande maîtrise de la nature. *Evou*, c'est aussi la même manipulation de la même énergie vitale, c'est toute une transmutation qui semble irrationnelle du point de vue de la science moderne. Mais en réalité il y a une rationalité dans *l'Evou*.

Quand on compare la trajectoire de la médecine à partir de ses racines occidentales et qui, par paliers, a évolué, nous sommes convaincus qu'en ce qui concerne l'Afrique, nous sommes capables de suivre une évolution équivalente.

Le télescopage des civilisations et des cultures a ceci de mauvais qu'il peut retarder une composante. C'est notre composante qui a été retardée ; mais, si nous avons un peu plus de personnalité et une maîtrise de nous-mêmes, nous pourrons plutôt obtenir un raccourci dans le temps, dans l'espace et dans l'histoire, pour que le rendez-vous avec la rationalité dite visible par tous, tienne de notre propre médecine pour propulser la médecine moderne qui, de plus en plus, éprouve des difficultés par rapport à certaines pathologies. Il suffit d'en citer deux : le cancer et le sida. Le professeur Owono Nguéma dit encore que :

> *Nous n'avons pas encore eu une réponse définitive, malgré de nombreuses recherches de par le monde, au problème du cancer. On s'en rapproche avec la composante énergétique signalée plus haut. Quant au sida, c'est encore la grande nébuleuse quant à la science occidentale. Or nous savons aujourd'hui, et ce n'est pas une fanfaronnade, que la médecine traditionnelle accède à certains aspects du sida. Nous avons des cas patents de personne qui, dans notre milieu, faisaient déjà la maladie, souvent même en phase finale, mais qui ont retrouvé leur équilibre initial. On ne s'est pas trompé de diagnostic : la documentation médicale est là.*

La méthodologie de l'intégration

Concrètement, comment envisager cette collaboration entre la médecine traditionnelle et la médecine moderne, en sachant que nous sommes effectivement en présence de deux modes de rationalité ?

Notre préoccupation générale colle parfaitement à l'actualité, tant notre investigation ambitionne d'établir les conditions pratiques d'une collaboration entre la médecine occidentale moderne et la médecine traditionnelle : comment médecins et chercheurs envisagent-ils de s'approprier les apports des deux civilisations pour construire un système de santé qui allie les apports de l'imaginaire et de la rationalité ? Ce système de santé qui coaliserait simultanément une méthodologie technoscientifique procédant de manière analytique à l'élaboration de ses pratiques thérapeutiques et par une méthodologique holistique, organiciste soucieuse de penser les interactions et les phénomènes de rétroaction, a pour dénomination **la médecine interculturelle.** Le fondement de cette préoccupation consiste dans la volonté de produire une médecine bien campée sur les deux piliers fondamentaux de l'homme : sa tradition et la modernité, l'imaginaire et la rationalité. Cette médecine qui profiterait des acquis scientifiques et technologiques de la modernité, des apports multiformes d'autres civilisations en matière de recherche dans la lutte contre la maladie ne négligera pas les très nombreux avantages multiformes que recèle la tradition africaine.

Notons que des progrès ont été réalisés en termes de terminologie : quand, en Afrique, on parle de médecine traditionnelle, dans les pays de haute technicité on parle de médecine verte. Elle existe, effectivement, au cœur des pays où fut élaborée la médecine technoscientifique réductionniste. En effet, rebouteux, radiesthésistes, et les Bretons continuent, de nos jours, à aller embrasser longuement un arbre pour y puiser de l'énergie lorsqu'ils en manquent. Il faut dire que la chimie a fait des progrès énormes, mais aujourd'hui on constate néanmoins qu'elle a ses limites.

L'avantage que nous avons, avec la médecine verte, celle que l'on qualifie de traditionnelle est essentiellement basée sur des molécules naturelles qui ne sont pas bioaccumulables, c'est-à-dire qu'elles ne gênent pas l'organisme. Ces méthodes traditionnelles d'indications thérapeutiques permettent d'éliminer les incompatibilités qui constituent une des causes d'échec de la chimiothérapie. Or, la médecine synthétique, la médecine des chimies, comporte malheureusement beaucoup d'effets secondaires. La communauté internationale s'oriente mieux aujourd'hui vers la médecine verte, c'est-à-dire vers la consommation des produits qui ne sont pas bioaccumulables.

Il est question de produits qui se métabolisent normalement et qui ont des vertus thérapeutiques qui ne gênent pas l'organisme. Nous tendons donc, actuellement, vers la fabrication des produits à base de molécules vertes, à partir des plantes bien connues dans nos sociétés. On peut alors penser qu'au 21e siècle, avec la médecine génomique, une médecine qui corrige les erreurs génétiques et cette volonté de recourir à la médecine traditionnelle, nous tendons vers un progrès qui fera en sorte que, demain, lorsque le médicament sera disponible, nous serons loin des effets secondaires. Le médicament chimique augmente la durée de vie, mais on lui reconnaît cette faiblesse qui consiste en l'augmentation des effets secondaires qui peuvent induire d'autres pathologies pouvant rendre les hommes plus malades et même les faire mourir. La tendance qui consiste à revenir à la médecine verte répond aux préoccupations qui sont les vôtres.

Dialogue entre les médecines

La médecine occidentale est, de fait, la médecine d'un monde dominé par les avancées considérables de la science et de la technologie : elle ne peut donc, du point de vue de son évolution, soutenir une médecine négro-africaine dont le statut de la vérité est celui de l'image, sans se saborder profondément. On comprend mieux, dans cette perspective, la raison du manque d'intérêt que les médecins modernistes portent aux activités thérapeutiques empiriques.

Les tradithérapeutes sont conscients de cette réalité. Ils affirment même qu'ils sont comme chosifiés par les docteurs en médecine qui les considèrent comme des curiosités du monde scientifique. C'est la raison pour laquelle les détenteurs des savoirs endogènes attestent que le fait colonial a tout simplement été brutal ; ils ne savent pas comment collaborer aujourd'hui avec les complices de ceux qui les ont spoliés hier.

Dans tous les cas, les missions scientifiques des temps présents apparaissent aux yeux des anciens comme la suite d'une volonté d'assassinat de la tradition ; ils sont conscients que les modernes méprisent leurs pratiques. Que, comme le colonisateur, la médecine officielle participe, non pas à la valorisation de la médecine traditionnelle, plutôt à la destruction systématique des cultures traditionnelles. Quel que fût le degré d'aliénation des victimes, ils ne consentent toujours pas à se laisser dépouiller des quelques connaissances qu'ils détiennent encore si jalousement. La difficulté que les modernes (universitaires) éprouvent dans leurs enquêtes ethnobotaniques et qui fait que la collaboration entre la médecine traditionnelle et la biomédecine soit difficile, est relative à l'engrenage de la violence qui s'était établie à cette époque entre la société occidentale et la société africaine.

Dans cette mission, l'Occident, par l'expansion de sa médecine dite moderne, apporte de bon cœur son raffinement culturel et son progrès spirituel et technologique à un continent qui « peu à peu sort de la sauvagerie ». La particularité de cette médecine, pour les Africains, c'est qu'elle enseigne aux praticiens, même locaux, l'anatomie, la physiologie, la pathologie et la pharmacologie.

Les professionnels de cette médecine travaillent à plein temps contrairement aux praticiens de la médecine négro-africaine qui, en temps normal, sont des personnes ordinaires. Une autre particularité, c'est que ces professionnels perçoivent des émoluments en contrepartie des services qu'ils rendent aux patients. Ce corps de professionnels de la santé luttait contre ces « ignorants » qui étaient un obstacle au suivi de leurs activités. Aucun programme de santé publique de la médecine coloniale n'a pu associer les praticiens de la médecine traditionnelle, au contraire : par le canal de la religion, les médecins décourageaient les convertis au christianisme de ce monde de fétiches.

Donc, revenir voir les charlatans en moins de quarante années pour leur demander de vivre conformément aux exigences de leurs ancêtres paraît délicat. Pendant ce temps, la rencontre a été vécue comme une période de conflits susceptibles de justifier le choc des civilisations qui empêche encore aujourd'hui le partage des connaissances entre le médecin et le tradithérapeute. Cette aventure a enregistré des drames. Le pillage démographique de l'Afrique est souvent interprété par les Africains eux-mêmes, non pas seulement comme le plus grand génocide de l'humanité, mais surtout comme une perte incommensurable pour ce qui est du partage des savoirs.

Les tradithérapeutes, qui incarnent cette Afrique ancestrale, refusent de collaborer avec les chercheurs pour ne plus participer à l'enrichissement d'une Europe des industries et des firmes pharmaceutiques qui, dans la collaboration, ne cherchent que ses avantages en perpétrant son système d'exploitation capitaliste.

Pourtant, le développement de la médecine négro-africaine devrait nécessairement passer par son ouverture au monde rationalisé de la médecine moderne. Mais de quelle manière ? Est-ce en intégrant la rationalité technoscientifique dans le processus de ses pratiques thérapeutiques ? Qu'est-ce que cette dimension épistémologique implique dans l'évolution de la médecine négro-africaine ?

La nécessité de l'ouverture

Il existe une autre dynamique intercommunautaire qui va obliger l'Afrique à penser la santé à partir d'une dimension multiculturelle de la médecine. Cette dynamique est de portée historique et invite à penser les rapports intercommunautaires. Il convient de penser objectivement le développement de la santé en Afrique autour de la question des ethnies, des rencontres entre les pratiques soignantes relatives aux nationalités différentes.

La médecine négro-africaine ne peut échapper au multiculturalisme, en raison de l'exode rural et de la migration des populations dans toute l'Afrique. La connaissance des plantes pour un tradipraticien qui vient d'un autre pays constitue une véritable difficulté ; beaucoup effectuent de longs voyages pour entamer une collecte des plantes en vue de la réalisation des remèdes.

Certaines plantes utiles reconnues par certains tradipraticiens n'existent pas dans l'environnement où ils sont installés pour exercer leurs fonctions. On note même que, pour être plus efficaces, certains voyagent avec un patient, lorsque c'est nécessaire, pour aller terminer un traitement dans leur lieu d'origine. En fait, cela peut s'expliquer par le fait que l'homme étant un animal écologique, il a besoin de se replonger dans un environnement qui le construit pour qu'il se régénère.

Les associations des praticiens de la médecine traditionnelle au Gabon marquent cette nécessité de l'élargissement du champ des connaissances de chaque tradithérapeute qui le désire. On a des associations qui sont dirigées par des étrangers et le nombre d'expatriés dans ces associations est souvent plus important que celui des nationaux. Mais alors, quel est leur niveau de reconnaissance de la faune et de la flore gabonaises et en quoi cela pose-t-il problème ?

Chaque associé manifeste une forme de médecine conforme à sa propre culture : d'où la nécessité d'étudier chaque manifestation culturelle en elle-même. Il y a comme une nécessité urgente de procéder à une étude systématique des différents groupes ethniques représentés dans les associations syndicales de la médecine traditionnelle au Gabon. Une telle étude nous permettra de dépasser une histoire africaine que l'on ne conçoit exclusivement que du seul point de vue des sources archivistes, qui sont par ailleurs trop hétérogènes dans le temps et dans l'espace.

Il apparaît urgent de faire un nouvel état des lieux des connaissances sur les cultures africaines en examinant les pratiques de la médecine traditionnelle encore en usage. Il se trouve être, de ce point de point de vue, nécessaire de réexaminer en étudiant le travail déjà accompli en ethnobotanique par André Raponda Walker et

René Sillans. Il faut un approfondissement de leurs travaux qu'il importe de remettre à jour pour établir un nouvel état des lieux des connaissances. C'est là le travail, en tant qu'étude approfondie et dans la perspective de la recherche-développement, que doivent accomplir les laboratoires et centres de recherches en sciences humaines et sociales des universités et instituts de recherches africains. Un tel travail est indispensable : c'est en lisant le livre de l'ACCT sur les plantes médicinales d'Afrique centrale qu'un médecin allopathe a découvert la recette qu'un médecin gabonais a acquis de sa maman originaire de Lambaréné. Cette recette dissout les calculs urinaires, épargnant au patient une intervention chirurgicale : il s'agit de la tisane des racines de *scoparia dulci,* ogandaga èvoyè, en *miènè*.

Cela dit, si l'on s'accorde à reconnaître à la connaissance orale une valeur documentaire indiscutable, il serait plus prudent d'envisager une réflexion sur chaque pratique soignante en vue de la préservation de quelques-unes des plus pertinentes. C'est dans cette perspective que la médecine multiculturelle – ce que nous voulons atteindre – va se constituer sur la base d'un ensemble de pratiques que l'on retiendra comme des documents pertinents susceptibles de se prêter à la mise en forme scientifique. Un travail anthropologique et épistémologique, qui montre le caractère multiculturel de la médecine traditionnelle, consiste dans la démarche même de ses représentants d'origines diverses et qui, pourtant, se regroupent en association, luttant ainsi pour les mêmes intérêts. Constituer la médecine interculturelle amènerait donc à être attentif et à l'écoute de chaque praticien de la médecine traditionnelle, afin de recueillir, avec fidélité, son témoignage (ses connaissances sur la maladie et le médicament). Les connaissances recueillies seront immédiatement analysées, améliorées avec des procédés scientifiques, et conservées pour être utilisées dans le système de santé national, notamment au niveau des soins de santé primaire.

Le fait qu'il existe des associations permet d'éviter plusieurs intermédiaires entre la source d'informations et les utilisateurs de celle-ci : désormais, les acteurs de la médecine traditionnelle participent directement à la transformation de leurs connaissances à différents niveaux. Le premier niveau consistant en l'enrichissement de sa propre culture au contact de celle des autres ; le deuxième niveau consiste au fait qu'en travaillant avec les autres acteurs de la santé, chacun améliore ses capacités et son potentiel.

Aspects théoriques de la collaboration

Tous les pays du monde, que l'on qualifie d'émergents – Chine, Japon, Corée du Nord et du Sud, Inde, etc., – n'ont pu émerger que parce qu'ils ont maîtrisé tous les éléments de leur patrimoine culturel. Ce qui leur a permis de promouvoir leurs médecines traditionnelles, au point que chacun peut choisir, à sa convenance, la qualité de soins qui lui convient – médecine traditionnelle ou médecine moderne. D'ailleurs, au Japon et en Chine, on préfère actuellement administrer aux enfants des produits à base de plantes plutôt que des médicaments chimiques. Si le Gabon veut émerger, dans le domaine médical, il revient aux responsables du pays, conscients de l'enjeu, de sortir la médecine traditionnelle de la clandestinité, de lui tracer un cadre juridique et de lui donner les mêmes chances de développement (les mêmes moyens) que ceux que l'on accorde à la médecine moderne. Il faut inciter les médecins modernes à la collaboration fructueuse avec les tradipraticiens : mettre leur scientificité au service de la connaissance et de la maîtrise de la médecine traditionnelle.

Concrètement, il s'agit de mettre au point un *modus vivendi* qui permette aux tradipraticiens et aux médecins modernes de coexister en collaborant de façon fructueuse. Le gros effort sera demandé aux médecins modernes qui, s'ils veulent maîtriser la partie *médicale* de leur Culture traditionnelle, devront s'initier à la médecine traditionnelle pour maîtriser ce volet médical de notre patrimoine culturel : c'est déjà de l'inculturation. Et, c'est à partir de cette inculturation initiale, qu'ils pourront, en toute objectivité, contribuer, au coude-à-coude fraternel avec les tradipraticiens, à la véritable formation d'une MT gabonaise qui pourra, ainsi, émerger en une *médecine gabonaise interculturelle.* Si ces conditions préalables sont remplies, il se produira, immanquablement, une accélération dans le processus de rééquilibration entre les deux médecines, comme ce qui s'est passé au Rwanda, et, plus près du Gabon, à Fatick au Sénégal (Dr Erick Gbodossou) et au Mali (Pr Koumaré).

Mais, parler de l'inculturation, c'est indiquer le rôle que l'Église du Christ qui est en Afrique doit jouer pour favoriser cette ouverture nécessaire au dialogue des cultures et des rationalités, entre médecine traditionnelle et médecine moderne. Le principe de l'inculturation, en tant qu'intégration des valeurs traditionnelles dans les manifestations religieuses, est un enjeu déterminant pour le développement d'une médecine interculturelle en Afrique.

On note par exemple que dans certaines paroisses catholiques du Gabon, l'Église a des structures sanitaires et éducatives, elle participe à la protection de la santé des populations par l'activité de ses dispensaires et à la formation des consciences par ses écoles. L'action des prêtres, religieux et religieuses, avec le professionnalisme des laïcs, est d'ailleurs d'un intérêt majeur pour la médecine préventive avec les campagnes de vaccination et l'encadrement multiforme des jeunes.

C'est ainsi qu'elle joue déjà un rôle déterminant dans le cadre des soins de santé primaires, en agissant, à la base, à travers ses dispensaires et centres de santé. Cette action devrait se poursuivre pour articuler ce rapport foi et développement duquel dépend la construction des communautés africaines. Il n'est donc que de rappeler que la santé est un facteur déterminant pour l'évaluation de la qualité de l'évangélisation d'un pays. Pour s'en convaincre, il suffit seulement de rappeler que Jésus-Christ apparaît dans les évangiles, non seulement comme le médecin des âmes, mais surtout comme un guérisseur. Il est, selon le témoignage des apôtres, le plus grand guérisseur de tous les temps. On se souviendra de l'épisode où viennent à lui les disciples de Jean le baptiste, pour lui poser la question suivante : « c'est toi le Messie ou devrions-nous en attendre un autre ? ». Il est surprenant de constater que c'est par la santé que se manifeste, selon le Christ, le royaume de Dieu.

Les miracles qu'il accomplit, et tous les miracles, relèvent des problèmes de santé physique et spirituelle. Ils sont signes de la présence et du pouvoir du Royaume imminent de Dieu et font partie, selon J-L. Segundo, du message prophétique de Jésus. C'est dans cette perspective qu'il répondit aux disciples de Jean en disant : « Allez dire à Jean que les aveugles voient, les sourds entendent et les boiteux marchent ». Les miracles n'ont de sens que si nous les considérons comme signes du projet éternel de Dieu (Ep3, 11). Si l'Église veut, à la suite du Christ, annoncer l'avènement du Royaume de Dieu, la valorisation des cultures apparaît comme la condition nécessaire de l'introduction de ce royaume dans la vie des hommes (M^{t}, 5, 17).

Or, l'Église du Christ qui est au Gabon a pu constater, en 1994, lors des festivités des 150 ans d'évangélisation de l'Afrique qu'« il n'y a pas eu de contact réel et profond entre leurs cultures et l'Évangile ; en tant qu'Africains, ils s'aperçoivent qu'ils n'ont pas rencontré de façon personnelle et radicale Jésus-Christ ». Ce constat continuera à se vérifier tant que l'Église ne s'occupera pas des problèmes de vie réelle des populations. Si l'Église organise la santé en s'appuyant sur les valeurs de la tradition africaine, alors elle permettra de réaliser que : « le Royaume de Dieu n'entre dans le monde que quand il entre chez l'homme. La vérité est que Dieu ne règne dans le monde que quand il règne réellement en l'homme ».

Pour régner en l'homme, Jésus apporte la paix à l'homme en rendant la vie, en rendant la joie et non pas en le condamnant. C'est la raison pour laquelle une Église, qui veut être « le sel de la terre et la lumière du monde », doit rejoindre l'homme dans ce qu'il est (M^{t}. 5, 13-16). Tant que les pasteurs ne changeront pas de méthodologie d'évangélisation et continueront à ignorer les manifestations socioculturelles de leurs fidèles, le contact direct entre les Gabonais et l'Évangile ne se réalisera pas. Étant entendu que les pasteurs avaient, par la même occasion, constaté que les initiés sont aussi les fidèles les plus assidus de leurs paroisses, il est important qu'ils encadrent la médecine traditionnelle dans les paroisses.

Timidement, certaines paroisses de Libreville avaient accueilli un tradipraticien de la santé pour qu'il soulage ses frères au sein de la paroisse. Celui-ci exerce avec l'aide des médecins du dispensaire de la même paroisse. On s'est ainsi aperçu qu'il pratique une médecine globale qui prend en compte tous les aspects curatif, préventif, et éducatif de l'homme qui va à la rencontre de l'évangile. L'Église, par la pratique de l'écoute, a le devoir d'écouter et d'expliquer, de dialoguer avec les praticiens des deux médecines pour s'assurer que les chrétiens ont une foi intacte, au lieu de continuer à condamner injustement, tous azimuts, les pratiques de la médecine traditionnelle. Telle est la leçon que nous recevons du jésuite, Éric de Rosny, un prêtre qui s'est initié aux pratiques de guérison des Douala au Cameroun.

Stratégie originale de la collaboration

L'enjeu consiste en une utilisation combinée de la rationalité avec une ferme utilisation des sciences modernes et des valeurs de la médecine négro-africaine, en vue d'améliorer la santé des populations et de minimiser les décès liés aux différentes affections que les deux médecines ne parviennent pas encore à éliminer individuellement, chacune par ses propres techniques.

La médecine interculturelle est avant tout un cadre d'émulation scientifique qui jette les bases des fondements rigoureux d'une politique de collaboration franche entre les deux médecines, traditionnelle et moderne, pour le développement de la santé dans les pays subsahariens. Cette médecine, qui naît de la conjonction des valeurs de l'imaginaire et de la connaissance scientifique, luttera contre la persistance des maladies transmissibles infectieuses et parasitaires, mais aussi des maladies non transmissibles et des maladies émergentes et réémergentes, à partir d'une utilisation rationnelle de l'environnement et des résultats de la recherche biomédicale. Sur ce plan, notons que le profil environnemental gabonais est marqué par une richesse de la faune et de la flore avec environ 300 espèces de mammifères et entre 10 000 et 11 000 espèces de végétaux, ce qui représente 30 à 40 % de la flore du bassin du Congo.

On notera que les tradipraticiens seraient d'une grande utilité pour la médecine scientifique quant à l'utilisation de cet environnement ; ils sont généralement connus pour être compétents à dispenser des soins de santé grâce à une utilisation pertinente de substances végétales, animales et minérales, à partir des méthodes basées sur les fondements socioculturels et religieux. Ils sont reconnus dans leurs communautés en raison de leurs connaissances, de leurs compétences et de leurs croyances liées au bien-être physique, mental et social ainsi qu'à l'étiologie des maladies.

La mise en place d'un cadre d'échanges entre les chercheurs en biologie végétale, en pharmacologie et dans tant d'autres domaines ayant la santé pour objet, s'avère nécessaire pour constituer les fondements de la médecine interculturelle. Il importera d'intéresser la multitude des tradipraticiens disséminés sur le territoire national, ainsi que certaines personnes qui, tout en n'étant pas tradipraticiens, connaissent parfaitement l'usage d'une ou de plusieurs plantes pour soigner des maladies. Il faudrait aussi identifier les accoucheuses traditionnelles, dont les prestations jouent encore un rôle bénéfique dans la protection maternelle et infantile, notamment dans les régions les plus reculées et non desservies par les services de santé de type occidental. Il serait même utile de concevoir des formations complémentaires qu'il conviendrait de donner à toutes ces accoucheuses traditionnelles, à qui il faudrait par ailleurs donner un équipement de base qu'elles pourraient utiliser pour améliorer leurs performances.

Ainsi, par des séminaires, ateliers de formation, des conférences et des causeries éducatives animées à la demande des autorités administratives par les spécialistes des médecines (moderne et traditionnelle) l'on ira progressivement vers un changement de mentalité qui favorise la synthèse des cultures. On trouve ici tout l'enjeu relatif au développement de la santé communautaire : comment faire en sorte que les collectivités locales participent à la sensibilisation sur les problèmes de santé de telle sorte que les tradipraticiens seraient des éclaireurs vigilants sur lesquelles les médecins puissent s'appuyer ? Il s'agit bien d'une collaboration et non pas d'une sorte de transformation du tradipraticien en aide-esclave du médecin ou de simples informateurs.

C'est une entreprise de longue haleine qui prendra du temps et qui requiert de la persévérance ; mais elle se justifie à l'aune des incertitudes des évolutions des cultures qui culminent vers cette mondialisation tant attendue. L'Afrique n'a pas d'autre choix que d'accélérer la mise en valeur de ses ressources en développant ses projets prioritaires, notamment celui de la santé. La santé n'est-elle pas la grande problématique relative au développement de l'Afrique et surtout la condition de la construction d'une société démocratique ?

En tenant compte de la double culture africaine, tradition et modernité, le problème de la médecine interculturelle n'est-il pas de savoir comment : écouter, examiner, soigner et conseiller les malades suivant leurs origines, leurs mœurs, leurs situations familiales, leur appartenance ethnique, leur non-appartenance à une famille politique, à une ethnie, à une religion ou à une nation déterminée ?

Méthodologie de la collaboration

Comment saisir les multiples moyens dont dispose la société en matière culturelle et de soins thérapeutiques, pour détecter et réparer les distorsions internes à la rationalité médicale ? Nous avons la conviction que la mise en dialogue des rationalités et des imaginaires s'impose comme condition de la construction de l'évolution des trajectoires de la médecine universitaire et de la traditionnelle vers la consolidation d'une médecine interculturelle. Cette perspective ouvre un boulevard important pour la recherche scientifique et biotechnologique dans le domaine concerné, ce qui est une chance extraordinaire pour la médecine traditionnelle.

Le travail va, de ce fait, consister à aider cette médecine des simples à la sauvegarde de ses acquis, à la promotion de ses valeurs durables, grâce à une plus grande ouverture sur la modernité. La médecine interculturelle passe par un dialogue fécondant au cœur duquel se réalise, à travers les espaces de savoirs qui vont servir de cadre d'échanges entre les deux médecines, la combinaison des avantages deux médecines devenant progressivement complémentaires.

La recherche-développement trouvera, à plusieurs niveaux, un terrain particulièrement intéressant pour la mise au point de médicaments et même de techniques thérapeutiques, qui seront d'un apport important pour le renforcement des capacités de la médecine scientifique. Tout devrait, à cet effet, être mis en œuvre pour exploiter les thèses, les articles, tous ces travaux sur la médecine traditionnelle qui n'ont pas encore été mis à la disposition d'un public plus large. Le développement des espaces de connaissances et d'échanges des savoirs est une stratégie grâce à laquelle le savoir de la médecine traditionnelle sera mis à la disposition des Facultés de médecine, de pharmacie, de sciences expérimentales, des Sciences humaines et sociales, sans oublier les écoles de biologie appliquée.

Sans opposer la rationalité des pratiques de la médecine scientifique à l'irrationalité de celles des médecines traditionnelles, puisque chaque médecine possède son côté rationnel et son côté irrationnel, les chercheurs devraient tout faire pour tirer avantage, à travers le travail des thèses sur la phytothérapie qui devrait finalement aboutir à l'élaboration de médicaments traditionnels améliorés (MTA). Le problème est d'ailleurs clair au regard de celui bien connu de la nocivité des médicaments chimiques qui trouvent, fort heureusement, une réponse dans la médecine traditionnelle.

Car, les médicaments naturels sont de loin moins toxiques, puisque l'organisme humain s'y reconnaît, alors que le médicament chimique n'est pas systématiquement toléré par l'organisme. Aussi, les médicaments naturels doivent être utilisés de prime abord par les allopathes qui auront appris à s'en servir. **Il y a plus de 50 ans que les étudiants en médecine, en Éthiopie, sont tenus de maîtriser toutes les plantes médicinales que l'on peut trouver dans les provinces du pays.**

Le système de santé disposerait ainsi, grâce au travail de la médecine interculturelle, d'une alternative nécessaire que la phytothérapie rendrait possible, chaque fois que le médicament chimique peut être remplacé par son équivalent naturel, pour le bien-être du patient. La solution réside dans la formation des futurs praticiens en soins de santé modernes en ethnomédecine ; le futur médecin doit acquérir des connaissances englobant la dimension ésotérique de la pharmacopée et de la médecine traditionnelle. **Cette formation complémentaire serait conforme à la conception locale de la maladie, du corps et du médicament traditionnel avec une orientation qui prenne en compte des recherches sur toutes les pratiques médicales du pays.** Nous avons, à cet effet, l'expérience de la formation des médecins en Éthiopie : chaque étudiant en médecine est obligé d'apprendre, au cours de ses études médicales, à maîtriser les plantes médicinales que l'on trouve dans chacune des régions ou provinces du pays. Ainsi, aucun médecin n'est pris de court pour traiter ses patients où qu'il se trouve en Éthiopie : dans la capitale Addis-Abeba ou à l'intérieur du pays.

Dans le cas du Gabon, il est nécessaire de prendre conscience que la tâche est immense : ce qui implique la nécessité de se saisir des divers moyens techniques existant aussi bien dans les laboratoires, chez les partenaires extérieurs, pour tirer profit de ce patrimoine immensément riche que constituent la phytothérapie, la pharmacopée et la médecine traditionnelle. Pour cela, les praticiens de la médecine interculturelle devraient s'approprier la science moderne et la tradition africaine, mais en s'appuyant sur des référentiels objectifs.

C'est une réappropriation qui passe nécessairement par l'adoption et l'application des référentiels de l'OAPI et de l'OMS ; car les acteurs de la médecine interculturelle auront surtout à cœur de concilier le progrès scientifique avec le respect de la personne humaine. Il ne s'agit pas là seulement d'humaniser la médecine scientifique devenue très techniciste et extrêmement spécialisée – ce qui comporte d'ailleurs de très nombreux avantages **et de très nombreux inconvénients parmi lesquels ses coûts exorbitants –, mais aussi de revenir sur les égarements d'un nombre important de tradipraticiens qui écument leurs clients.** La véritable collaboration avec les guérisseurs, qui mettra en place des structures visant l'intégration des deux médecines, exige que l'on débarrasse la médecine traditionnelle des pathologies morales. Car tout se passe aujourd'hui comme si la paupérisation de la société, avec l'immigration et avec l'exode **rural, fait que la société se retrouve globalement avec une médecine traditionnelle extrêmement galvaudée et réduite à un ensemble de recettes à cause des individus en mal de reconnaissance.**

L'ouverture

Notre méthodologie a l'avantage d'éviter que personne ne travaille plus en vase clos, mais qu'il s'ouvre à ses pairs pour exposer son savoir et ses actes à la critique constructive. C'est dans ce sens que le Gabon s'inscrira dans une tradition scientifique qui pose les problèmes de santé en termes juridiques, anthropologiques, sociologiques, géographiques, historiques.

L'exposition des résultats de la recherche nationale deviendra un enjeu éminemment politique ; car l'homme des sciences ne travaillera plus en tournant le dos à sa société, mais en lui faisant face. Ce sont les résultats de sa recherche qui constitueront le ciment avec lequel les décideurs malaxeront le béton pour des projets d'intérêt public.

La sortie des vases clos qui, en même temps qu'elle situe le Gabon dans la perspective d'une volonté de sortir de la fracture scientifique, nous interpelle et se présente comme une démarche complexe et exigeante. Cette interrogation pluridisciplinaire vise en premier lieu la constitution d'une expertise scientifique indépendante, capable d'attirer l'attention et d'anticiper sur les grands problèmes actuels de la santé, en faisant régulièrement des recommandations aux décideurs. Cela passe par un dialogue tripartite où la population est sollicitée pour permettre aux différentes médecines de confronter leurs expériences sur des cas précis. Dans cette dynamique, les producteurs du médicament pharmaceutique et leurs utilisateurs travailleront de concert avec les chercheurs de différentes disciplines ayant la santé pour objet, afin de permettre aux tradipraticiens de mieux s'ouvrir à la modernité.

Sortir la médecine traditionnelle de la clandestinité

Il est évident que cet objectif est impensable tant que les conditions inhérentes au développement et à la visibilité de la médecine traditionnelle ne sont pas établies par l'État gabonais. La société moderne est rationalisée et le législateur avait prévu des conditions légales pour l'exercice de n'importe quelle activité humaine dans la cité. Il va donc de soi que l'exercice de la médecine obéit à des règles précises objectivement déterminées et un individu qui exercerait la médecine sans observer la loi sera passible d'amende voire d'emprisonnement. Il sera accusé d'exercice illégal de la médecine. On note dans le cas du Gabon qu'il n'y a pas d'avancement pour l'intégration de la médecine traditionnelle dans le système de santé officiel. La médecine traditionnelle, au Gabon, ne dispose pas d'un cadre légal, elle fait partie des pratiques illégales de la médecine.

Le contexte sociologique de l'évolution de la médecine traditionnelle au Gabon est celui que connaît l'ensemble des pratiques informelles où la transgression des règles éthiques est souvent de mise. Ce domaine est marqué par une absence criante de cadre juridique, ce qui rend difficile son intégration dans le système de santé formel. La prolifération des charlatans et l'impunité au regard d'un ensemble de pratiques peu recommandables dans une société civilisée, est la conséquence de cette absence de réglementation juridique dans le secteur de la médecine traditionnelle. Les journaux signalent pourtant des cas de décès qui sont la conséquence d'un manque de maîtrise des techniques de la démarche de guérison traditionnelle. Les services d'urgence des hôpitaux de Libreville enregistrent régulièrement les cas de mort qui décède des suites d'une overdose à l'iboga.

Cela jette un discrédit sur l'ensemble de ses pratiques, car ni le patient, ni le tradipraticien, personne n'est protégé par la loi. On ne sait généralement pas qui est autorisé à effectuer tel acte médical et quelle est la limite entre le niveau magico-religieux et le rationnel. C'est surtout la démarche initiatique thérapeutique qui nous interpelle dans ce domaine, au regard des nombreux décès sur la natte. Beaucoup d'apprentis sorciers s'autorisent à initier des patients sans prendre toutes les précautions nécessaires. Les imposteurs initient clandestinement et l'on est incapable de contrôler leurs activités, en raison même du fait de la clandestinité de leurs actions.

Il s'ensuit un manque d'harmonisation et de planification des actes de soins, en raison même de l'incapacité du Ministère de la Santé publique, de l'hygiène publique et de la Population à encadrer, à contrôler et surtout à réglementer ce secteur important de la santé. C'est une situation qui autorise toutes les suspicions en raison de son statut illégal, ce qui ne lui assure aucune légitimité.

Malgré cette illégalité, les populations gabonaises accèdent pourtant aux soins de santé pratiqués par des tradipraticiens de la santé qui, nonobstant cela, tentent de rationaliser leur secteur. On trouve ça et là des cabinets de soins traditionnels généralement tenus par des ressortissants étrangers ; des temples faisant référence aux rites initiatiques et thérapeutiques gabonais. On note même la présence, dans certains coins reculés de nos villes et villages, de ce qu'il convient d'appeler des *villages thérapeutiques*. Il s'agit d'établissements de soins traditionnels de santé qui sont constitués d'une maison ou d'une dépendance. Ces établissements sont souvent tenus par un nganga, nom qui désigne le médecin traditionnel. Par ailleurs, faisant concurrence aux officines de pharmacie et aux cliniques, nous trouvons, dans les quartiers populaires de la capitale, des unités de vente de médicaments traditionnels dont on ne connaît pas la qualité ni le degré de toxicité.

D'autre part, au-delà du fait de l'existence de plusieurs associations des tradipraticiens, on note un déficit de coordination des activités dans le domaine concerné. Il est toujours difficile d'avoir une vue générale et globale de l'action sanitaire de leurs activités et, ainsi, de mesurer l'impact de la médecine traditionnelle dans la société. On en vient même à nous interroger sur la capacité des tradipraticiens à collaborer entre eux, tant il existe une absence de référence des cas à un confrère, lorsque ses propres connaissances sont insuffisantes pour venir à bout d'une pathologie.

C'est un secteur particulièrement cloisonné : la plupart des tradipraticiens veulent garder jalousement leurs patients qui sont parfois abusés lorsqu'ils sont en présence de nganga véreux. Il n'est que lamentable d'enregistrer que leurs prescriptions ne sont pas connues par la plus grande part de leurs adeptes. Ainsi va-t-il de soi que la médecine traditionnelle est un défi que les chercheurs doivent relever sur la base d'une volonté politique en vue d'établir les fondements d'une rencontre des rationalités entre médecine moderne et médecine traditionnelle.

La conciliation des rationalités

Si l'Afrique prend enfin la décision aujourd'hui de concilier médecine moderne et médecine traditionnelle, le monde rationnel et le monde d'apparence irrationnelle, imaginaire et rationalité, ce ne serait pas une simple rêverie que de dire que le 21e siècle sera africain ou ne sera pas. L'Afrique aura enfin l'occasion de présenter au monde entier la complexité de sa métaphysique toute féconde à travers la vie concrète et son incarnation dans les activités humaines et les institutions. Les Africains prendraient, à partir de leur propre génie culturel, le train de l'évolution scientifique et cela aura un sens plus grand, dans la mesure où la médecine interculturelle est une double intégration des deux médecines.

Le fait est que l'évolution de la médecine négro-africaine ne doit pas forcément suivre les longues étapes lentes et pénibles, voire compliquées, du développement scientifique de la médecine expérimentale. En réalité, le dynamisme culturel de nos sociétés modernes nous conduit inéluctablement vers la construction d'une médecine grâce à laquelle le Négro-africain pourra saisir, à fond, les valeurs indépendantes des deux civilisations qui le constituent désormais. Par la médecine interculturelle, il trouvera enfin, sur un plan pratique, un grand bénéfice de la modernité tout en demeurant essentiellement africain. Par cette médecine de la synthèse culturelle, le brassage des deux cultures envisagera un enrichissement et non pas une abdication face à l'agressivité de la culture occidentale.

C'est d'ailleurs dans cette perspective que l'africaniste allemand, Janheinz Jahn envisageait la néoculture africaine par rapport à la difficulté de concilier concrètement la tradition culturelle occidentale avec les survivances de la tradition africaine. Pour ce philosophe allemand, la néoculture africaine conduirait la société africaine postcoloniale vers la réalisation d'une synthèse entre la culture traditionnelle africaine et la culture occidentale introduite par la colonisation. Pour cet auteur, la néoculture africaine ne devait être ni traditionnelle ni occidentale, mais une synthèse des deux. Nous épousons cette vision parce que nous estimons que la médecine est en soi un pan de la culture. Par conséquent, la médecine interculturelle constitue la parfaite image de cette nouvelle culture africaine qu'il faut désormais bien présenter au monde. Il est certain que nous partageons ici la même conviction que Nkrumah qui croyait bien que les Africains étaient aussi capables de maîtriser la science. Il affirmait dans son allocution intitulée « Le glorieux passé de l'Afrique », discours qu'il prononça à l'ouverture du premier Congrès international des panafricanistes, le 12 décembre 1962, à l'université du Ghana :

> *L'Afrique n'est pas un prolétaire dans l'univers des sciences et des arts. Il peut se glorifier d'inestimables créations de son propre génie, créations d'ivoire, de cuivre et d'art, de grande beauté, de création de bois finement sculptés, d'armes forgées dans un style esthétique remarquable*

Il n'est pas question, dans notre réflexion, de défendre tout simplement le génie africain, mais de montrer comment il pourrait être utilisé dans la lutte contre la maladie, en sachant que la médecine traditionnelle fait partie de l'ensemble de toutes ces réalisations humaines inestimables dont l'Afrique peut se glorifier. Et, si l'on suit bien Léopold Sédar Senghor, on trouvera que cette médecine constitue le champ par excellence du déploiement du génie culturel africain. Mais qu'est-ce donc que ce génie ? Léopold Sédar Senghor affirme :

> *Par génie africain, j'entends quelque chose de positif, notre conception sociale de la société, l'efficacité et la validité de notre science politique traditionnelle (...) de notre hospitalité et de notre énergie bien orientée.*

Cette définition trouve tout son sens dans le présent travail, dans la mesure où nous avons précisé plus haut que le travail des tradipraticiens, dans le Conseil des sages, consistait, depuis les origines, à organiser la société traditionnelle. Le poème de Gontran Maka, *l'arbre à palabres,* vient justifier le mode de fonctionnement de la société traditionnelle.

La vraie Démocratie à l'Africaine,
Mais, c'est l'Arbre à Palabre des Anciens,
Qui rassemble tous ceux qui travaillent
À l'épanouissement intégral de tous !
Le grand Arbre à Palabres n'exclut personne :
Et chacun exprime à fond tout son point de vue,
Car chacun reconnaît sa faute et la répare ;
Toute action positive est reconnue pour telle...
La synthèse de tous devient l'action commune.

Point d'ostracisme, de racisme :
Le groupe a toujours les bras grands ouverts
Pour intégrer tous ceux qui le fécondent
Et rejeter tout ce qui peut lui nuire !

Le combat pour la vie se gagne ensemble ;
Patience, Tolérance, Amour, Justice et Paix
sont les racines du grand Arbre à Palabres :
La vraie Démocratie africaine.

(Gontran MAKA)

Il faut partir du génie africain pour penser le développement de la société africaine ; c'est donc le moment de prendre conscience, comme le disait Nkrumah, que *« l'avenir appartient aux nations qui adoptent un développement fondé sur les études scientifiques et technologiques »,* sans pour autant oublier la double dimension qui caractérise l'activité humaine dans la société africaine, une société où le visible et l'invisible se réclament mutuellement comme un diptyque dans une œuvre. C'est d'ailleurs ce que témoigne Camara Laye dans son ouvrage, *Dramouss,* en montrant, en effet, que les œuvres réalisées par l'homme de l'Afrique traditionnelle sont rythmées et pleines de spiritualité. La médecine traditionnelle demeure un lieu d'expression de l'activité humaine où pouvoir et mystère constituent les fondements de toute action.

Cette conjonction du visible et de l'invisible a fait dire au professeur Owono Nguema que **l'Afrique est une citadelle des lumières** ; ce qui justifie l'intime conviction que le monde comprendrait, une fois pour toutes, que la science moderne a des problèmes et des limites qui seront graduellement évacués à mesure que le centre de gravité des connaissances va s'élargir.

Le monde entier est aujourd'hui redevable à l'Occident en raison de sa contribution scientifique, technologique et culturelle pour l'avènement d'un monde civilisé dans la marche des peuples vers la mondialisation. Cette mondialisation est souvent perçue comme une sorte d'occidentalisation du monde au plan économique, politique, social et culturel. La contribution de l'Afrique est encore insignifiante. Il n'y a pas de contrepartie suffisante dans le lot des connaissances utilisables par tous : l'Occident impose son imaginaire et sa rationalité au monde entier. Les connaissances que l'humanité pilote aujourd'hui, notamment dans le domaine de la médecine au 21e siècle, sont occidentales. Or, le succès des médecines traditionnelles témoigne de la volonté de trouver un complément à ce que l'Occident a déjà apporté dans le domaine de la santé.

Cela dit, conciliant tradition et modernité, imaginaire et rationalité précisément dans le domaine de la médecine, nous sommes certains que l'on fera faire des bonds prodigieux en avant, si les deux trajectoires des médecines (traditionnelle et moderne) arrivent à *coïncider*, à se concilier. Cette conciliation prometteuse correspond à l'évolution des peuples en direction du grand rendez-vous du donner et du recevoir. L'exigence de l'exposition des compétences et des connaissances implique, dès lors, un approfondissement des pratiques et des savoirs des différentes médecines. Pour ce qui concerne l'Afrique, il va de soi que ce travail incombe très honnêtement aux Africains eux-mêmes, en raison de leur double culture. Cela dit, quels sont les limites de la médecine traditionnelle et comment les dépasser ?

Le problème de l'énergie en médecine

Nous avons beaucoup à apporter dans la manière d'appréhender l'homme en tant qu'objet, l'homme en tant que sujet, s'agissant particulièrement de la maladie et les voies et moyens permettant de l'éradiquer. Nous pouvons nous convaincre de l'idée que la conjonction entre les sciences modernes et les apports des médecines traditionnelles participe des grands avancements pour le développement de la santé et des savoirs.

Au Gabon comme en Chine, en Orient et en Extrême-Orient, on utilise l'énergie pour soigner les pathologies. Quand on parle de cette énergie que l'on ne voit pas, mais dont nous réalisons les effets et les différentes manifestations, nous convoquons une réalité qui est aux confins de la science et de la philosophie…

L'Orient proclame l'existence d'une énergie universelle qui circule à travers l'univers et qui sert à rétablir les équilibres, là où elles ont été interrompues, par la volonté de l'homme qui la maîtrise dans certains aspects. Nous avons déjà là des approches qui nous montrent clairement que l'énergie est au fondement des pratiques thérapeutiques. Il y a des maîtres qui soignent beaucoup de maladies par la manipulation de l'énergie.

L'énergie, elle est dans l'immatériel. On sent l'énergie, on la quantifie, mais comment y accéder ? N'est-ce pas le rôle de la médecine de tenter d'y accéder afin de réaliser les équilibres qui définissent l'état de santé ?

On peut se permettre de prophétiser : les pratiques de santé du quatrième millénaire reposeront sur les principes énergétiques. Aujourd'hui, nous avons besoin de comprimés, nous avons besoin de traiter la matière ; mais le quatrième millénaire ne reposera plus sur ces ingrédients physiques. C'est sur des théories fondamentalement énergétiques et la capacité de l'homme à les maîtriser aux fins d'éradiquer les pathologies que se construira la médecine du quatrième millénaire.

Donc, ce qui est en perspective, s'agissant de la médecine, c'est la maîtrise des énergies qui sont multiples : depuis les infrarouges jusqu'aux ultraviolets. Toute la médecine est basée sur les énergies : la radiologie, ce sont les énergies et non point des particules. Les rayons X, ce sont bel et bien les protons d'énergie, c'est-à-dire des petits corpuscules d'énergie qui ont des propriétés thérapeutiques. Le quatrième millénaire rentrera de plein fouet dans la thérapeutique énergétique. Or, nous pouvons interroger l'attitude fondamentale du Négro-africain attaché à une mentalité magique.

Est-ce que l'énergie n'est pas finalement la caractéristique du fonctionnement du Négro-Africain, notamment lorsqu'on parle de la sorcellerie ou ce que nous désignons souvent par Evou, c'est-à-dire cette capacité de manipuler le souffle vital ?

C'est un sujet important que nous récusons, souvent par effet de mode, parce que les pays industrialisés estiment que l'irrationnel est absolument un imaginaire inacceptable. Pourtant, au 15e siècle, ce que nous considérons de banal aujourd'hui était relégué au rang de l'irrationnel dans ces pays actuellement industrialisés. Il a fallu la démarche et l'intelligence de quelques hommes, pour aboutir à des règles de rationalisation. Prenons un peu l'histoire de la gravitation : qu'est-ce qui fait que la pomme tombe ? Pourquoi un objet tombe-t-il ? On a dit : c'est de la magie. C'était reléguer au rang de la magie une réalité puissamment scientifique.

Isaac Newton donne la preuve qu'aucune découverte remarquable, dans l'histoire de l'humanité, n'a jamais été l'histoire d'une déduction rationnelle. **Les découvertes sont souvent le fait d'une forte intuition qui donne à réfléchir.** On parvient à trouver une loi scientifique qui explique la gravitation universelle, par exemple. Newton nous a ainsi permis de mettre de l'ordre dans ce qui n'était considéré que comme le monde irrationnel de l'astrologie et non pas de l'astronomie par rapport à tout ce qui concernait le mouvement des planètes en rapport avec l'homme. Mais, grâce à cette loi de la gravitation universelle, on est arrivé à passer de l'astrologie à l'astronomie.

Parlant d'autres grandes découvertes : Einstein, Schrödinger, pour ne citer que des exemples qui sont en rapport avec la physique nucléaire : ce sont toujours de fortes intuitions qui sont à l'origine de ces grandes découvertes.

Ainsi, le monde des énergies que nous désignons comme monde *primitif* est habité par des forces qui sont maîtrisées au cours des initiations qui réalisent cette jonction entre le monde rationnel et le monde irrationnel, pour découvrir finalement que telle plante a telles propriétés thérapeutiques pouvant guérir tel malade.

Pour répondre vraiment à cette question, par rapport à notre monde des énergies, dans le contexte de l'avancement des progrès que doit connaître l'humanité, nous avons le sentiment, si ce n'est la conviction que nous détenons encore beaucoup de choses inexploitées et que, si nous *croisons nos regards*, nous réaliserons de véritables exploits dans la connaissance. Peut-être que lorsque nous serons de plus en plus habitués à nous accepter et à donner un regard convergent avec l'autre, **l'autre se définissant comme un autre homme, une autre société, une autre vision du monde tel qu'il se présente aujourd'hui, nous serons à la veille de grands exploits pour avancer.** Et c'est dans cet exploit que l'Afrique, et le Gabon en particulier, aura sûrement de grandes choses à apporter au rendez-vous du donner et du recevoir.

Finalement, au fondement de toute grande science, se trouve une intuition fondamentale qui, elle-même, n'est pas scientifique. Donc, c'est l'imaginaire qui est à la base de toute science. Ce qui confère à la médecine traditionnelle toute sa scientificité, toute sa cohérence !

Sans parler de cette scientificité de la médecine traditionnelle, nous pouvons parler de son efficacité. Il y a des certifications venant de la médecine traditionnelle où tel sujet était porteur du VIH-Sida. Mais la médecine moderne qui, malgré ses multiples exploits dans la lutte contre la maladie, n'arrive pas encore à guérir le Sida arrive, avec l'appui de la médecine traditionnelle, à obtenir des résultats probants. Le cas que nous connaissons est frappant. Ayant été à l'hôpital, sans résultats, il s'est rendu auprès des tradipraticiens qui ont fait ce qu'il fallait. Nous avons le résultat et ces personnes vivent désormais normalement sans la moindre rémanence. On aurait pu croire que cela a été fait à un moment donné et l'on n'a pas eu la possibilité de détecter le virus ; mais, jusqu'aujourd'hui, il n'y a pas de rémanence.

L'intuition, dans la médecine traditionnelle, est quelque chose de fabuleux. Comment cela se passe-t-il ? Vous êtes tout simplement assis. Le tradipraticien authentique, sans que vous n'ayez dit mot, vous donne les résultats du diagnostic. Vous croyez que c'est parce qu'il vous voit ou qu'il a entendu parler de votre histoire. Mais, c'est par d'autres mécanismes ultrasensoriels qu'il est capable de vous dire : *vous avez ceci et cela.* Quand on aura définitivement abattu les murs qui, soi-disant, séparent la médecine moderne, dite rationnelle et la médecine traditionnelle, dite irrationnelle et empirique – , avec tout ce que ces vocables d'empirisme et d'irrationnel signifient, – la vraie science intégrera, demain, cette dimension aujourd'hui rejetée. La médecine traditionnelle authentique est porteuse de grandes intuitions qui ne sont pas que de simples intuitions, mais de grandes révélations intuitives.

Il est indispensable que les uns et les autres se remplissent d'une véritable humilité scientifique. Car, lorsqu'on est un véritable scientifique, on ne s'encombre pas de comportements qui empêchent d'évoluer, en prétendant tout savoir, alors que, sur un corpus de 100, on n'en connaît peut-être que 10. Qu'on reconnaisse que dans les 90 qui restent, on n'a aucune connaissance et qu'on se fasse l'obligation de se mettre à l'école de l'autre pour apprendre. Vous constaterez qu'ils sont très nombreux, les grands scientifiques, dans l'histoire de l'humanité, qui n'ont jamais été si loin de la philosophie et, finalement, de l'homme. Il est frappant de voir que ce que l'on relègue au rang de l'abstraction formelle est, en définitive, plus proche de l'homme. C'est dire que la connaissance est totale, elle est globale, elle est de tout le monde, malgré nos diversités apparentes de texture, soit morale, soit spirituelle : l'être humain est à l'image de Dieu.

Première partie
Fondements de la collaboration

Appropriation de l'identité originelle

L'herméneutique, c'est une investigation de l'intelligence, de la conscience pour la compréhension de notre culture ; une relecture des acquis, en vue d'une meilleure utilisation des valeurs fécondantes, riches pour le processus dynamique que nous appelons l'inculturation. C'est un chemin qui engage notre responsabilité d'homme d'esprit et qui nous ouvre à notre monde et au monde en tirant avantage des bénéfices de la tradition en vue de prendre le train de la modernité. Qu'est-ce qui fait sens ? À quoi renvoie ce *sens* ? L'esprit de la recherche s'ouvre alors sur toute une méthode qui consiste – symboliquement – à retourner les tas afin de retrouver ce qui s'y dissimule. C'est en cela que notre personnalité se construira. C'est une méthode d'appropriation d'un patrimoine culturel qu'il faut réinterpréter à partir des techniques nouvelles et de nouveaux outils d'interprétation, en vue d'améliorer nos acquis.

Avec les Lumières de l'Évangile, appliquée à la médecine traditionnelle, cette méthode fait savoir que la tradition n'est pas statique, immuable, comme certains voudraient nous le faire accepter. La tradition peut s'appauvrir ou s'enrichir : toute société évolue avec le temps qui passe. Il s'agit d'un processus global au cours duquel, à un moment de son histoire, toute société humaine connaît des limites à ses connaissances.

L'Afrique a simplement accentué la limitation de son côté, du fait de ce télescopage des civilisations qui a marqué un coup d'arrêt par rapport à une évolution normale de sa société. Son évolution a été étouffée par plusieurs siècles d'esclavage. Bâillonnée, aliénée et morcelée par le colonialisme et l'impérialisme, cette

Afrique qui, hier, « s'est repliée sur elle-même pour garder inviolé ce que ni les armes ni l'argent ne pourraient lui ravir : sa culture », veut maintenant livrer ses secrets à ses fils.

Qui sont effectivement ceux qui entendent cet appel maternel, si ce n'est cette classe sociale qui s'est pénétrée de la culture occidentale et qui est maintenant à cheval entre les exigences de la rationalité scientifique et l'expérience concrète de la tradition ? Il s'agit désormais de se construire en se libérant du joug colonial, en combattant le néocolonialisme, la France-Afrique, en s'efforçant de ne pas être un continent d'intellectuels déracinés.

C'est un défi. Car, il est arrivé une remise en cause extraordinaire de la propre personnalité africaine en raison du phénomène d'assimilation par lequel les nègres ont abandonné leurs langues pour épouser des langues à vocation universelle. Ils ne peuvent désormais apporter au monde leurs ressources culturelles sans passer par les canons de la culture occidentale. La colonisation étant pensée comme la manifestation de la supériorité de la civilisation occidentale sur la civilisation négro-africaine, l'assimilation signifie, dans la psychologie de l'homme noir, ressembler au colonisateur, ce qu'il fallait en principe éviter par tous les moyens. Dans le cas du Gabon, il nous est même arrivé, à un moment donné de notre histoire, d'avoir du mépris pour nous-mêmes et de ne prendre comme référentiel que ce que l'Occident présente. C'est ainsi qu'une honorable dame déclarait à un ami médecin, convaincue de son assertion, que : « ne touche mon corps qu'un médecin qui a fait ses études en Occident » !

Le problème de toutes les manifestations culturelles africaines s'inscrit dans une crise culturelle venant de l'importance que les puissances étrangères accordent à l'élite occidentalisée. Ces occidentalisés déracinés sont les formateurs de la conscience d'une élite administrative, politique et sociale trop fragile pour repenser les fondements d'une société africaine assise sur sa tradition et ouverte à la modernité.

La volonté d'occidentaliser l'Afrique avait pour ambition de permettre aux Africains d'oublier leur riche patrimoine culturel. Mais cette dépersonnalisation est malheureusement passée par un enseignement dans les écoles et les universités occidentales, au compte-gouttes. La formation offerte, pour la majorité des élèves et étudiants jusqu'en maîtrise, pénètre l'esprit du scolarisé par l'éthique du monde occidental, sous sa forme la plus rudimentaire, la plus dégradée et sous une apparence la moins attractive. Au cours de cette formation qu'il subit dans son pays, il n'a de la civilisation occidentale proprement dite, qu'une représentation relative aux aspects superficiels les plus frelatés et même les plus odieux. Ce jeune Africain est donc très mal informé sur l'Europe, à tel point qu'il ne peut véritablement pas être un assimilé ; mais le drame que cette formation implique est si grave qu'il a abandonné, par mimétisme, ce qu'il a fondamentalement acquis par sa naissance : les valeurs africaines, donc sa médecine traditionnelle.

Ce Nouveau Monde, ce nouveau mirage qui est venu par des voies multiples et multiformes et qui s'est présenté à nous par force, ne répond malheureusement pas aux préoccupations existentielles du nègre. Il y a finalement l'appel intérieur : ceux qui se sont imprégnés de cultures importées réalisent qu'ils sont forcés de « retourner à la source » pour répondre aux problèmes auxquels ils sont confrontés dans leur existence concrète. Les problèmes de santé constituent un facteur privilégié pour ce retour aux sources ; les modernes interpellent « cette Afrique restée intacte », pour qu'elle livre au monde les secrets de la forêt, de la savane et de la plaine.

Tout le problème de l'Africain consiste dans la reconquête de sa propre personnalité, afin d'assurer la promotion de sa riche culture.

Le problème réside dans la mutation de cette personnalité par des intellectuels imprégnés de cultures occidentales et pleinement assassinées dans leur tradition ancestrale. Ces intellectuels réussiront la mutation seulement parce qu'ils seraient repartis à la source, en se prêtant aux différents rites d'initiation, mais aussi aux exercices de la tradition orale. C'est cela, le dépassement que l'Afrique doit nécessairement opérer. Il s'agit des mouvements dialectiques qui passent par son occidentalisation, c'est-à-dire que l'Africain doit s'imprégner des diverses modalités de compréhension du monde à vocation universelle et revenir en lui-même pour faire la synthèse. C'est dans cette perspective que Paulin-J. Hountondji dit que l'Afrique doit se dépasser :

> *La prétendue acculturation, la prétendue « rencontre » de la civilisation africaine avec celle de l'Europe, n'est en fait qu'une mutation supplémentaire opérée par la civilisation elle-même, mutation postérieure à beaucoup d'autres que nous ne connaissons sans doute qu'imparfaitement, mutation aussi, qui en annonce beaucoup d'autres, plus radicales peut-être.*

Le véritable problème de l'Afrique et de sa médecine, c'est **de réaliser ces mutations** aux confins de la rencontre avec les valeurs occidentales, **sans perdre son identité originelle.** C'est tout un cheminement initiatique qu'il importe d'entreprendre pour élaborer une médecine interculturelle. Les acteurs de cette médecine sont des personnes qui sont, non pas des non-initiés à la rationalité médicale occidentale ni des non-initiés à la médecine traditionnelle africaine. **Ils sont débarrassés de l'obscurité (l'ignorance) liée à l'utilisation d'un seul mode de connaissance (la raison ou l'imaginaire). Ils ne peuvent plus adhérer fanatiquement à une seule explication, un seul raisonnement médical sans le**

soumettre à la critique de l'autre. Car, ils sont débarrassés de tous les préjugés négatifs que chacune des médecines projette sur l'autre.

Faire de la médecine, dans ce contexte, comporte un enjeu philosophique : l'acheminement vers une méthode efficace en empruntant un itinéraire initiatique par lequel le médecin s'approprie les valeurs des deux médecines pour les soins de santé les plus humanisés.

Et c'est justement pour éviter de dissoudre son identité originelle que la médecine traditionnelle africaine soumet chaque consultant à un triple questionnement identitaire, préalable incontournable à sa prise en charge dans le processus de reconstruction, de son équilibre rompu, de reconquête de sa personnalité : ***Qui suis-je ? D'où viens-je ? Où vais-je ?***

Chaque fois qu'un être humain n'arrivera pas à répondre à ces trois questions fondamentales, il y aura toujours des problèmes de la nature de ceux que nous sommes en train d'examiner. La médecine traditionnelle pose ces trois questions comme un préalable à toute possibilité de prise en charge du malade dans son processus de reconstruction. On ne soigne pas quelqu'un si on ne le connaît pas ; et il faut qu'il se connaisse lui-même personnellement pour commencer son traitement, en médecine traditionnelle africaine. Ces questions, qui conditionnent le traitement de la maladie chez le tradipraticien, sont : Qui suis-je ? ***D'où viens-je ? Où vais-je ?***

Dès que vous êtes devant un tradipraticien qui connaît son travail, cette question globale de l'identité s'impose à vous comme un préalable : qui êtes-vous ? Quel est le nom de votre père et celui de votre mère ? Nous sommes dans la dimension biologique et le but du questionnement consiste à localiser l'intéressé de manière à examiner s'il est en accord avec ses propres fondements, c'est-à-dire les principes de sa culture.

Le « d'où viens-je ? » renvoie au clan ou à l'ensemble de clans desquels généalogiquement l'individu tire la substance vitale qui anime et vivifie son existence. Le fait est que la nature des problèmes qui perturbent un individu est relative à l'histoire de ses origines traditionnelles, d'où faudrait-il examiner la problématique de la maladie en fonction des difficultés que celui-ci rencontre. Fort de cette question, la démarche thérapeutique met en évidence les lignes de force qui guident le thérapeute dans l'élaboration de son diagnostic. L'identité du patient permet d'atteindre des faits empiriques, causes fondamentales de la perturbation de l'histoire individuelle de ce patient selon l'ordonnancement du monde qui donne sens à la vie de cet homme déséquilibré. Le caractère diptyque du monde de la médecine traditionnelle met ainsi un accent particulier dans la dimension intemporelle de l'être, entrant, ainsi, en relation avec les ancêtres du patient, les créatures fantastiques qui manifestent le monde *sacré* dans lequel la vie prend racine pour éclairer l'existence du patient.

La deuxième question engage la responsabilité du patient dans l'utilisation de son patrimoine génétique, culturel et spirituel pour éclairer l'existence et transmettre la vie. La troisième trouve sa réponse dans celles des deux premières. Les trois questions déterminent ainsi une conception holistique et globalisante de la santé, puisque la démarche de guérison concerne aussi bien le corps que l'âme, le naturel et le surnaturel. La médecine devient alors un fait social total, parce que la maladie est, par elle-même, un phénomène social total qui convoque la vigilance du praticien.

La pratique thérapeutique implique dès lors une dimension pratique multiforme qui, elle-même, sollicite des connaissances de l'anthropologie médicale, de l'anthropologie spirituelle et religieuse et même de l'organisation sociale et économique, de laquelle dépend la qualité de vie de cet individu. Cela donne raison à Stanislas Swiderski qui ayant étudié certains rites initiatiques gabonais avait affirmé : « *comme la médecine populaire africaine, celle d'Ombouiri guérit l'homme total, dans son intégrité psychosomatique. Elle a pour devise que l'homme ne retrouve ses forces physiques que par sa régénération spirituelle et par sa conversion* ». Stanislas Swiderski, à travers cette affirmation, démontre l'importance et la primauté de la démarche de guérison spirituelle sur la dimension physique de la thérapeutique.

En fait, chaque rite initiatique, précisément dans la tradition des peuples du Gabon, utilise les plantes médicinales, la communication divine, des bains purificatoires qui font intervenir le monde surnaturel, pour répondre à ces trois questions fondamentales citées plus haut.

Chez les Fang, allons tenter de comprendre les niveaux des différentes questions et la spécificité des rites initiatiques qui nous intéressent. Le premier rite auquel l'enfant est initié répond à deux questions : « qui suis-je ? » et « d'où viens-je ? ». Le néophyte est amené à prendre conscience de sa position en tant qu'homme au sein de l'ordonnancement du monde. Ce rite d'enfance s'appelle *Ngbwè* et sa finalité consiste à délivrer aux néophytes l'ensemble des connaissances lui permettant de découvrir la nature. Une fois initié, il accède à un ensemble de connaissances lui permettant de dire avec plus de précision qui il est. Mais la même initiation lui indique aussi ses origines. Une fois initié, il sait d'où il vient et qui il est. Il commence déjà à entrevoir là où il va. Il devient un adolescent, c'est-à-dire totalement intégré dans les forces de la nature qu'il devra dominer.

Ensuite, il doit subir l'initiation à *Andè nkol ngou,* le deuxième grand rite d'initiation obligatoire chez les Fang des temps anciens. Là, le sujet était interpellé par rapport aux forces de la nature. Il faut absolument qu'il arrive à les affronter afin d'assurer sa propre survie par les moyens de son intelligence. C'est un objectif d'affirmation de la personnalité aussi bien dans la nature que dans la société humaine. Nous sommes ici au cœur de la métaphysique africaine, cette volonté d'*Andè nkol ngou,* qui consiste en la maîtrise des forces, nous éclaire sur le dynamisme de l'être.

Dans l'initiation au *melan*, on passe du monde visible au monde invisible avec la nécessité de revisiter ses origines afin d'avoir un œil sur sa vie future pour une plus grande maîtrise de son existence terrestre. C'est le culte des ancêtres, cette religion familiale qui interpelle l'individu prenant conscience qu'il est un maillon de la chaîne de la vie (*nköl-enying)*. Le melan est la forme la plus élevée des initiations : le mort n'est jamais mort, il n'y a que des formes de vie auxquelles on accède ; on ne fait que se transporter d'un village à un autre village. On part de son village pour aller visiter ceux du grand village avec qui on discute…

Mais, à chaque fois, les trois questions sont toujours posées et les réponses, en les dévoilant, sont en réalité les armes que l'on vous donne pour affirmer votre personnalité ; c'est bien ce que recommandait Socrate : *connais-toi, toi-même.*

La médecine de l'autre, mon défi

La véritable manière de se libérer du joug colonial et de combattre le néo-colonialisme, c'est pour l'Afrique de se saisir de la modernité en s'appropriant et en apprivoisant la culture occidentale. Car, il convient aujourd'hui d'exorciser l'attitude de suffisance par laquelle chaque praticien de la santé (médecin ou tradipraticien) manifeste du mépris à l'égard de la médecine de l'autre. Ce mépris est, en fait, le reflet de notre ignorance de ce qu'entreprend l'autre. Mieux, le gonflement de notre ego tend à nous amener vers la mésestime de l'autre médecine ; nous pensons plutôt à l'opportunité de s'ouvrir à l'autre. Chaque médecine s'approprierait avec profit les pratiques de l'autre médecine afin d'améliorer ses résultats. Tout praticien adopterait donc la nouvelle attitude consistant à combler ses lacunes en se mettant à l'école de l'autre. Refuser cette réalité voudrait valider l'idée selon laquelle, en Afrique, il n'aurait existé aucun système médical efficace pour résorber les problèmes de santé rencontrés par les populations gabonaises et africaines avant l'intrusion de la médecine française et occidentale. En conséquence, si nous voulons améliorer la santé en Afrique, les praticiens des deux médecines devraient prendre conscience que la *modestie* est une vertu cardinale et s'il faut en croire R. Bastide, elle n'est pas innée.

Ce qui est donc en cause, c'est une mentalité qui, non seulement hiérarchise les peuples, mais aussi situe une médecine au-dessus de l'autre en oubliant qu'on ne devrait pas questionner la maladie indépendamment de la culture du patient. Le médecin qui méprise la médecine traditionnelle sans l'avoir expérimentée ne devrait-il pas nécessairement avoir en conscience que le rapport entre science et société dépend à la fois de particularités individuelles et des représentations culturelles ?

Le contexte d'émergence d'une médecine et celui de son évolution sont fonction des réalités climatiques, sociologiques, anthropologiques, du peuple qui la pratique. Et, ces réalités sont différentes d'un peuple à un autre, d'un continent à un autre. Ainsi, la médecine traditionnelle africaine a pour compétence de soigner les maladies reconnues et répertoriées dans le système social traditionnel et rituel de la tribu (fétichisme, vampirisme), un ensemble de réalités que la société occidentale n'expérimente plus, officiellement.

Dès lors, en assistant et en participant à l'occidentalisation du monde par la pratique de la science occidentale, nous pouvons nous interroger sur l'utilisation de la mentalité magique, le savoir et les croyances ancestrales africaines. Nous devons nous interroger sur la possibilité de leur contribution à la prise en charge globale de l'individu, dans sa démarche de guérison, en rapport avec la médecine moderne. On s'interrogerait donc sur la possibilité de l'utilisation et de l'actualisation des techniques de guérison des tradipraticiens en vue de la résolution des questions liées à la problématique de la souffrance humaine dans le contexte africain. Cela n'est possible qu'à condition d'admettre que chaque peuple a, pendant des siècles, élaboré un système de valeurs ayant produit des pratiques de soins en fonction des pathologies rencontrées.

On devrait, ainsi, admettre que toute médecine est le résultat d'une élaboration complexe des valeurs et des pratiques propres à chaque civilisation. L'évolution de la médecine résulte alors de l'adoption des conventions morales, esthétiques, et sociales, des servitudes de toutes sortes. Mais, toutes ces médecines, au regard du brassage des peuples, doivent s'ouvrir à d'autres pratiques médicales, c'est la condition de leur propre survie. On s'interdirait ainsi de blinder sa pratique médicale sous prétexte que l'on s'estime supérieur à un autre peuple que l'on considère comme inférieur.

Bastide exorcisait cette mentalité rétrograde en précisant que : « nous (les Français) avons tendance à nous considérer comme supérieurs aux autres peuples ; on s'aperçoit que les Français, quand ils voyagent à l'étranger, donnent toujours l'impression d'être des gens prétentieux. Je ne pense pas que nous soyons plus prétentieux que beaucoup d'autres ; mais nous croyons que notre civilisation et notre culture sont supérieures aux autres civilisations et aux autres cultures ». Ce qui entraîne nécessairement que la médecine française et occidentale soit supérieure à la médecine traditionnelle gabonaise et africaine.

Or, pour la construction de la médecine interculturelle, il convient de retenir qu'à chaque praticien des deux médecines, il faut un engagement scientifique lisible, manifestation d'une volonté de faire science, grâce à un dépassement de soi, de ses valeurs intrinsèques. Cette contribution n'est possible qu'avec ceux des médecins qui croient dans le génie culturel africain. Elle est une invite à se plonger dans le fleuve – j'allais dire la fournaise – puisqu'on ne peut savoir que ce qu'on a vu, on ne peut cô-naître qu'avec ce qu'on a touché, vu, « expérimenté »

Cela implique, pour l'Africain, qu'il plonge en premier lieu dans ses propres racines, véritable immersion, afin de bien maîtriser sa propre culture en vue de mieux s'ouvrir à la culture de l'autre.

C'est ainsi qu'il mènera un dialogue fructueux avec la médecine occidentale. La responsabilité des intellectuels africains réside à ce niveau : ils doivent maîtriser la médecine traditionnelle africaine pour répondre aux besoins de leurs peuples. C'est pourquoi il appartient aux médecins de la médecine moderne de s'initier à la médecine traditionnelle et non pas le contraire ; cette démarche est pédagogiquement plus facile que de demander aux tradipraticiens de s'inscrire à la faculté de médecine. Le mode de transmission des connaissances académiques est discriminatoire, si bien qu'il est plus facile à chacun de subir la formation selon les modalités traditionnelles. C'est la raison pour laquelle il serait plus avantageux que les médecins se mettent à l'école de leurs confrères de la médecine traditionnelle. Par contre, on doit juger les tradipraticiens « à la tâche » et leur donner un titre équivalent à leur efficacité thérapeutique.

Car, quoi qu'on dise, nous sommes à cheval entre deux mondes : les pays africains ont besoin de s'emparer de la culture occidentale à vocation universelle pour apporter au monde entier leurs ressources culturelles. Il est nécessaire de sortir de cette schizophrénie qui amène l'Afrique à faire la part des choses, c'est-à-dire à faire le tri entre le noir, le blanc et le gris, entre maladies médicales et maladies mystiques, entre remèdes médicaux et remèdes mystiques. Le chemin qui mène au développement du continent africain consiste dans une démarche de la double intégration des imaginaires, africains et occidentaux. C'est une exigence consistant à travailler la conscience de l'homme noir de manière à cultiver en lui la volonté de réaliser une parfaite synthèse des rationalités et des imaginaires. Dans cette perspective, l'Afrique devrait s'approprier les sciences et techniques du monde civilisé et cesser de considérer la médecine moderne comme une réalité exogène et donc occidentale.

Dès lors, le concept même de médecine occidentale devient impropre dans la mesure où les Africains bénéficient, peut-être pas au même titre que les habitants des pays riches, des mêmes avantages du développement scientifique et technologique dans le domaine concerné. La difficulté se trouve au niveau de la volonté politique des décideurs qui devraient acquérir tous les moyens pour mettre leurs techniciens au même niveau que celui de leurs confrères occidentaux. Les Africains qui bénéficieront, alors, d'une double formation, auront un plus sur leurs confrères occidentaux, à condition de s'imprégner des connaissances de la médecine traditionnelle.

Ainsi, plus qu'auparavant, « les Noirs qui se sont imprégnés de culture importée sont forcés de "retourner à la source", s'ils veulent livrer au monde les secrets de la forêt, de la savane et de la plaine ». Mais ils doivent retourner à la source pour mieux profiter « des secrets de la forêt » en vue d'une parfaite reconstruction de leur personnalité pour le bien de tout homme.

Cette dialectique culturelle, qui consiste en l'acquisition des connaissances des cultures importées et en l'enracinement dans sa propre culture grâce à un examen des exercices et des pratiques de sa tradition orale, constitue le socle culturel et scientifique de la médecine interculturelle. Il va alors de soi que la médecine traditionnelle conserve ce qui la caractérise culturellement (les croyances des patients et guérisseurs), mais, en expliquant mieux ses procédés thérapeutiques, elle change le regard rationnel qu'on peut avoir sur ses pratiques.

On aura, ainsi, noté qu'elle est experte dans la maîtrise des représentations sociales de la maladie, de telle sorte que ses approches psychosociales, voire herméneutiques morales (maladie comme sanction d'une faute) peuvent contribuer au développement de la psychiatrie dans nos centres de soins. La connaissance des capacités de l'autre médecine permet ainsi de résoudre des problèmes que le système de santé ne peut résoudre avec les seules ressources de la médecine conventionnelle. Pour ce qui est de la maladie mentale, on sait que les tradipraticiens se montrent souvent très efficaces : ils arrivent, en l'espace d'une veillée, en une nuit, à résoudre les problèmes des malades atteints de troubles mentaux. Ce n'est d'ailleurs pas étonnant si la psychiatrie apparaît comme un point important dans la démarche thérapeutique du docteur Albert Schweitzer.

Les enjeux d'une médecine interculturelle

La médecine interculturelle se présente comme une médecine qui devra contribuer à la recomposition des peuples et à la restructuration des mentalités. Nous devons créer les conditions permettant aux magiciens de nous révéler les secrets et la puissance des plantes utiles, afin de concrétiser notre projet portant sur les soins de santé primaires. Sans la générosité des autochtones, il nous sera difficile d'avoir une information pertinente sur les plantes et les recettes servant à soigner les maladies les plus courantes.

Il est sans doute question de s'allier à la philosophie de l'Organisation mondiale de la santé, une philosophie qui ouvre sur une vision globale de la santé et de l'être humain. Une telle vision ne peut, en effet, pas s'accommoder d'un refus de collaboration entre deux médecines qui, prenant en charge les malades de la même communauté, ne travaillent pourtant pas ensemble pour mener la même lutte contre la maladie et la mort.

Lorsque le médecin scientifique tend la main à un tradipraticien de la santé pour réfléchir ensemble sur les problèmes multiples de la santé, c'est ensemble que les deux médecines s'engagent à résoudre des problèmes éthiques, juridiques, techniques et culturels, qui concernent la gestion de la santé de toute la population. Parce que la sorcellerie apparaît comme une forme de technique de lutte de l'homme pour la vie, grâce à une activité mythifiante qui se développe à partir de l'expérience concrète du mal et du bien, la médecine traditionnelle peut s'associer à la médecine scientifique pour renforcer les capacités du système de santé moderne.

Le fait que l'attitude de l'homme de la tradition vis-à-vis de la nature n'est pas avant tout une attitude cartésienne n'empêche pas que la médecine traditionnelle ne s'ouvre à la science médicale. Car, même si l'attitude du tradithérapeute n'est pas scientifique au sens cartésien, elle ne va tout de même pas à l'encontre de la science ; elle ne viole pas les lois de la science, donc, elle n'est pas antiscientifique. L'effort conjoint des deux médecines va donc participer à donner à la population un meilleur état de santé que la communauté est capable d'atteindre.

Dès lors, si la globale de la santé implique le travail de collaboration des deux médecines, cette définition est, par elle-même, une invitation à définir le sens du bonheur. On note que la définition onusienne de la santé prend en considération le caractère multidimensionnel de la santé et de l'être humain : *« la santé est un état de complet bien-être physique, mental et social, et ne consiste pas en une absence de maladie ou d'infirmité »*. Fort de cette représentation de la santé, la maladie n'est plus l'unique objet de la médecine moderne : la médecine interculturelle devient une méthode de compréhension de l'existence.

La question de la signification en médecine, en tant qu'elle implique, comme le démontre Jean-Philippe Pierron, une nouvelle définition du bonheur, nous met en présence d'une utopie. Cette utopie vise une conception universelle de la santé et que tous les peuples de la terre partagent. Dans ce cas, l'utopie est prise au sens où l'entendait saint Thomas More : l'utopie est un « lieu bon », toujours devant nous, un idéal mobilisateur vers lequel on ne peut que tendre continuellement. La convergence des valeurs de la médecine constitue cette utopie qui vise à donner à tous les peuples de nos communautés humaines, traquées qu'elles sont par la précarité, un meilleur état de santé.

Comment la société gabonaise envisage-t-elle son bonheur, en raison du caractère pluriel de sa culture, quand on sait que chaque communauté humaine envisage son bien-être en fonction de sa propre vision du monde et de ses aspirations ?

Chaque pratique de la médecine est invitée à amplifier son champ d'action, à élargir les capacités de la rationalité qui fonde ses actions et justifie son geste soignant. C'est en ce sens que nous envisagions, dans notre thèse, *« l'hypothèse d'intégration de la médecine traditionnelle à la biomédecine ou d'une autonomisation complète de la première par rapport à la seconde ; nous sommes arrivés à la conclusion théorique de l'intégration de la biomédecine à la médecine traditionnelle. Plus précisément, la double polarisation (que constitue la rationalité d'une part et la spiritualité d'autre part) reflète un mouvement inversé et simultané d'une médecine à l'autre, l'une gagnant en rationalité, et l'autre en spiritualité ».* La constitution, pour l'Afrique, d'une médecine interculturelle tient philosophiquement du fait que la fonction de toute médecine est de protéger l'individu des différentes agressions qui menacent son « bien-être complet ».

La condition du bonheur, dans la société moderne, a été de s'engager sur la voie de la rationalité en travaillant pour devenir « comme maîtres et possesseurs de la nature », selon le vœu de Descartes. Le travail scientifique qui sous-tend l'activité biomédicale suppose une connaissance rigoureuse et une maîtrise technique de l'action humaine sur la nature. L'auteur du *Discours de la méthode,* inspirateur d'une philosophie pratique qui confère à la médecine son efficacité, se prononce pour une rationalité qui promeut des connaissances rigoureuses et systématiques de la matière, pouvant ainsi permettre à l'homme d'user efficacement des propriétés des corps naturels. Cette orientation fonde une médecine dont les connaissances permettent une action pertinente sur la nature corporelle de l'homme.

C'est ainsi qu'il abandonne la philosophie théorique pour une philosophie pratique qui a permis à l'homme de faire des prouesses dans les sciences et les techniques. Désormais, les découvertes en sciences et techniques de la santé donnent à l'homme moderne le sentiment qu'il réalise, par la raison, sa vocation dans la création : dominer la terre.

Il y a de nombreuses avancées dans la lutte contre la mort par des victoires enregistrées grâce à la mise au point de nombreuses vaccinations, des antibiotiques, de la radiothérapie, de la chirurgie, etc., ce qui est loin d'être le cas de la médecine traditionnelle africaine. Le recul de la maladie n'est plus un simple rêve ; la médecine moderne améliore même la vie des patients par la création des prothèses.

Pourtant, le recours des populations du monde entier aux médecines parallèles semble montrer que la rationalité scientifique, à l'épreuve dans le développement de la médecine occidentale, ne cesse de faire appel à d'autres modèles de rationalité. Il est clair que, malgré ses formidables performances, la médecine scientifique est porteuse d'une contradiction liée à son développement spectaculaire, laquelle bouleverse sa base historique fondamentale : ce réductionnisme qui ne tient pas compte de toutes les composantes du dualisme métaphysique occidental.

En fait, malgré les multiples innovations biotechnologiques dans ce secteur, la biomédecine ne guérit pas encore une catégorie importante de maladies, alors qu'elle véhicule le rêve d'une « santé parfaite ». Cette contradiction semble autoriser l'intervention des médecines traditionnelles comme une alternative, ce qui permet de l'identifier comme une médecine alternative dans la société africaine. Mais, alors, comment penser cette complémentarité sans trahir l'évolution de la société africaine ?

Comment l'utilisation des compétences respectives des médecines et des thérapies traditionnelles pourrait-elle permettre d'améliorer les programmes de prévention et de lutte contre la maladie en Afrique au point d'assurer à chacun l'accès aux soins de santé de qualité sans que le système de santé national ne se détériore ? Tel est le véritable enjeu de nos recherches.

Le fait est que la médecine moderne semble se développer contradictoirement aux principes de la médecine traditionnelle, ce, en marge des préoccupations profondes de l'homme souffrant. La biomédecine ne prend pas toujours en considération les valeurs anthropologiques fondées dans un imaginaire fait de règles de vie et qui induisent un comportement déterminant la psychologie de l'homme africain. Dans leur pratique de la médecine, la recherche d'efficacité fait oublier au médecin qu'une approche objectivante de la biomédecine à l'instar de la médecine traditionnelle a également donné lieu à la production de représentations littéraires, théologiques et philosophiques.

Ces représentations sont d'ailleurs accompagnées d'un imaginaire, mais aussi d'une imagerie de la santé et de la maladie dont, comme le souligne Jean-Philippe Pierron, l'art et les arts ne sont que la partie la plus visible. Toute médecine n'est, avant tout, **qu'un fait social total, c'est-à-dire un fait de culture**. La biomédecine, comme la médecine traditionnelle, chacune d'entre elles coordonne singulièrement des outillages, des institutions et des valeurs qu'il importe de mettre en valeur.

Il est logique que l'on s'interroge sur la place de la médecine traditionnelle à côté d'une médecine « fondée sur la preuve » et les statistiques. Quelle est sa place à côté d'une médecine soumise à la biologie et à l'imagerie médicale dans un contexte où les progrès scientifiques permettent de vacciner les rats « toxicomanes » et où les chercheurs pensent avoir identifié le gène de la fidélité conjugale chez le campagnol des prairies ?

À un moment où le positivisme retrouve ses marques et où le scientisme est triomphant, il apparaît particulièrement difficile d'envisager l'action de la médecine traditionnelle dans un cadre hospitalier moderne. Mais c'est précisément l'objet de notre recherche scientifique qui tend à montrer que la rationalité technoscientifique n'est pas suffisante pour comprendre l'homme. La vie humaine ne peut être mise en équation dans la mesure où celui-ci est *un et multiple* : l'homme est à la fois un sujet métaphysique et un sujet scientifique, car le composé humain est complexe.

Les supports scientifiques de la médecine moderne, à savoir la biologie et les statistiques, ne peuvent rendre compte des trajectoires humaines ; ces supports sont insuffisants pour satisfaire l'exigence du sens de l'existence chez l'homme. La médecine traditionnelle pourrait ainsi jouer un rôle déterminant en se constituant comme une référence, en se positionnant comme un ensemble de repères nécessaires à la pratique de la médecine scientifique dans des sociétés multiculturelles.

Ce qui oppose les deux médecines, c'est que la médecine scientifique est seulement efficace tant qu'elle opère dans un territoire occupé par l'objet maladie, organisme, organe. Or, le champ d'exercice de la médecine traditionnelle, c'est le sujet et cette médecine n'a aucun autre cadre théorique sur lequel elle peut s'appuyer comme c'est le cas pour la biologie en biomédecine. Bien que l'objet de la biomédecine consiste à faire disparaître ou, à tout le moins, d'atténuer les symptômes en vue d'améliorer la qualité de vie, elle se heurte à la difficulté consistant à résoudre les problèmes de maladies non organiques. C'est en mettant en synergie les points forts des deux médecines que l'on pourra atteindre les enjeux d'une médecine interculturelle : la santé physique et métaphysique. Et ceci suppose une franche collaboration entre les deux médecines.

Un domaine de collaboration

La problématique des maladies neurologiques, contrairement aux maladies infectieuses (paludisme, sida, méningite, tuberculose, fièvre typhoïde), se présente comme une invite à envisager la complémentarité entre la médecine moderne et la médecine traditionnelle. Le concept de maladie, pour ce qui est des deux médecines, n'est souvent compréhensible qu'en référence à une cause, puisqu'aucun traitement n'est réellement possible si l'on n'a aucune connaissance de la cause.

Le concept de cause pose, par lui-même, problème, dès lors que nous convoquons les deux médecines dans l'esprit d'un patient : de quelle cause s'agit-il ? Et à quel niveau de cause la maladie est-elle fondée ? Il y a des cas où la cause indiquée n'est que la conséquence d'autres causes qui, objectivement, sont à l'origine de la maladie. La démonstration d'une lésion tissulaire d'un syndrome clinique a eu, pendant longtemps, valeur de cause, alors que ce type de lésions ne sont que la conséquence d'autres causes connues ou non.

La perte de neurones dopaminergiques n'a-t-elle pas été considérée comme la cause principale de la maladie de Parkinson ? Aujourd'hui, la recherche génétique a permis d'identifier différents gènes, dont ceux de la parkine et de l'alpha synucléine comme gènes pouvant être identifiés comme responsables d'une « authentique » maladie de Parkinson. Bref, on note aujourd'hui que, pour une seule maladie, l'on peut identifier plusieurs causes profondes : tel est l'exemple de la maladie de Parkinson.

La difficulté consiste, cependant, à indiquer et à préciser les limites d'intervention de chaque médecine dans des systèmes publics de santé. Il est certain que l'intégration de la médecine traditionnelle dans le système de santé public ne consiste pas en un retour de l'irrationnel dans la médecine académique. Au contraire, l'intérêt de la démarche consiste à montrer le caractère complexe de l'être humain. Il s'agit, alors, d'enrichir le champ des connaissances des chercheurs et des praticiens de la biomédecine.

Cette orientation est pertinente, notamment, dans le contexte des maladies neurologiques telles que l'épilepsie, par exemple. Il est certain que l'épilepsie, selon les spécialistes, est une des maladies neurologiques les plus répandues dans le monde. Les praticiens de la biomédecine attestent même qu'elle serait la seconde cause des consultations dans les services de neurologie après les céphalées. Or, les tradithérapeutes affirment prendre en charge certains cas d'épilepsie, ce qui pourrait fonder la base d'une collaboration entre la médecine traditionnelle et la médecine moderne.

Indiscutablement, la perception de l'épilepsie s'est améliorée avec l'accélération des connaissances scientifiques ces dernières années. Cependant, on ne pourrait pas continuer à faire fi de l'action de la médecine traditionnelle grâce au suivi des patients. Les connaissances scientifiques en matière de médecine, notamment des maladies neurologiques, connaissent un certain succès dans la prise en charge des malades, mais elles ne sont pas suffisantes pour empêcher que la plupart des patients optent pour la médecine traditionnelle. D'autres cas de maladie nous interpellent pour envisager la collaboration entre la biomédecine et la médecine traditionnelle, si l'on intègre à la fois le caractère humaniste des pratiques de soins de santé et le facteur temps pour la résolution des difficultés.

La collaboration entre les chercheurs et praticiens de la biomédecine s'avère donc nécessaire pour envisager une médecine multiculturelle par l'utilisation de différentes rationalités dans la résolution des problèmes de santé. Mieux, la recherche-développement, dans ce contexte, consistera à vérifier la pertinence des soins du tradithérapeute (en comparant l'état biomédical du patient avant et après les soins traditionnels) tout en incitant les thérapeutes modernes à s'efforcer d'accéder à la compréhension des processus de guérison des soins traditionnels.

Nous apprendrons, alors, que la médecine est précisément le lieu où l'homme se sert de ses deux modes de connaissance qui sont la raison et le symbolisme, pour résoudre ses problèmes de santé. Ici, nous apprendrons que, même les domaines les plus mécaniques, comme la traumatologie, requièrent le symbolisme et que la technique peut recourir au symbolisme. Est-ce que toute collaboration est possible et entre quelles spécialités médicales et quelles pratiques de la médecine traditionnelle ?

Considérons, à titre d'exemple, la traumatologie où, plus précisément nous pouvons vérifier le niveau de compétence des deux médecines pour ce qui est de la remise en place des fractures. Il existe encore de nos jours des savoirs endogènes qui, au niveau de cette spécialité, devraient intéresser les chercheurs et les spécialistes de la médecine technoscientifique, les chirurgiens traumatologues. On note l'existence de pratiques de remise en place des fractures par des techniques thérapeutiques qui échappent à la rationalité scientifique chez les tradithérapeutes du Gabon et du sud Cameroun.

Suite à une double fracture du fémur qui pouvait occasionner l'amputation de sa jambe, un accidenté de la route a été conduit chez un tradithérapeute spécialiste des os et qui habite le quartier *Derrière la prison,* à Libreville.

Celui-ci est un ressortissant de la province septentrionale du Gabon et affirme avoir reçu gratuitement son savoir des mains d'un pygmée, grand maître en phytothérapie traditionnelle. Après avoir immobilisé la jambe douloureuse de l'accidenté, il a procédé à une technique étonnante, en brisant, sans vergogne la patte d'une poule. Le traitement de la jambe passait par les soins qu'il portait à la poule devenue malade et immobilisée des suites de cette technique originale de guérison.

Ayant immobilisé les deux patients, notre spécialiste, un tant soit peu original, se rendit en forêt et, à un endroit où se trouvait une termitière, il s'arrêta. En s'arrêtant, il commença à détruire l'édifice construit par le génie de ces termites paisibles. Il y jette ensuite quelques feuilles à la place où se trouvait la termitière. Il y versa un peu de vin de palme et prononça quelques paroles incantatoires en terminant par la prière suivante : De même que tu as été accidentellement brisé par mes actes,

un homme s'est retrouvé avec une jambe brisée au village,

Je t'ai soigné avec de l'herbe :

Je veux que tu guérisses vite.

En même temps que se reconstruit cette termitière,

La jambe de mon patient doit se réparer !

Puis, après avoir parlé, le guérisseur emprunta le sentier sans plus regarder en arrière jusqu'à son arrivée dans la case de ses patients. Une fois dans la case, il soigna particulièrement la poule, sans toucher le patient. Cependant, une chose curieuse, pendant qu'il s'intéressait à la poule, le patient gémissait comme s'il subissait directement le traitement.

Quel rapport immédiat existe-t-il entre la poule et le malade ? Cette relation échappe à l'objectivation, mais peut effectivement trouver une explication dans le mode de connaissance symbolique. À titre d'explication, les villageois parlent des mains invisibles qui viennent « rebouter » la facture. Ce qui est encore plus surprenant, c'est le résultat le lendemain matin : de même que la termitière est reconstruite globalement, de même on constata que la poule commençait à marcher et, visiblement, la jambe de notre patient s'améliorait. Et, dès que la poule put courir et sortir de la maison, le patient fut guéri.

La question est simple : la transmission de ce savoir est-elle possible et à quelles conditions ? En répondant à cette double question, on notera le degré de collaboration que nous pouvons entrevoir entre les deux médecines au niveau de chaque spécialité. Nous supposons donc qu'il soit nécessaire d'engager des enquêtes anthropologiques à partir desquelles l'on réalisera une collecte exhaustive de toutes les pratiques de soins dont il faudra par la suite étudier les démarches, mais aussi les degrés d'efficacité.

Une ferme connaissance du savoir-faire des guérisseurs établira les conditions nécessaires pour la collaboration entre leurs pratiques et les besoins du monde hospitalier moderne. Dès lors que les études en sciences humaines et sociales auront atteint un niveau important dans le domaine concerné, l'université enseignerait ces savoirs, notamment à ceux qui se préparent aux sciences infirmières et médicales. La recherche consistera à identifier les obstacles et les procédés de chacune des médecines à mettre en rapport avec les valeurs de la médecine dominante.

C'est ainsi que la vulgarisation des connaissances à partir du développement des sciences humaines ayant la santé pour objet permettra de contourner l'obstacle épistémologique fondamental qui empêche l'accès au savoir chez les tradipraticiens de la santé : le secret. Le secret qui ne constitue, en réalité, une difficulté majeure en médecine traditionnelle que parce qu'il est question d'une médecine familiale et ethnique ; mais, à partir du moment où l'on a à l'esprit de constituer une médecine traditionnelle nationale, la notion de secret changera de paradigme. C'est d'ailleurs la tâche réservée aux différents instituts de recherches que l'on trouve en Afrique ; ces centres de recherche en médecine et pharmacopée traditionnelle doivent promouvoir la médecine traditionnelle en proposant des médicaments traditionnels améliorés.

Nous attendons toujours que chaque État ait à sa disposition un volume de sa pharmacopée, à l'instar de celui qui a été publié par l'OUA en 1985 et qui comporte 95 monographies, avec des formules et des recettes pour la préparation des remèdes à base de plantes médicinales. Ces plantes sont d'ailleurs bien connues et sont utilisables partout dans le monde ; il est malheureux de constater, cependant, le caractère invisible pendant plus d'une trentaine d'années de la recherche dans ce domaine au Gabon. Quelle serait alors notre politique du développement de la recherche scientifique en médecine traditionnelle au Gabon ?

Toute médecine est fonction de l'orientation du développement de l'esprit général du peuple ; elle constitue un pan important de la culture. Chaque médecine, nous l'avons dit plus haut, développe un imaginaire et des représentations conformes à la vision du monde du peuple qu'elle incarne. On oublie souvent que la médecine occidentale est une médecine d'expansion et que son importance est fonction de l'histoire du monde occidental dans ses rapports historiques avec les autres cultures du monde. La biomédecine prend racine dans une tradition orale de croyances et de pratiques qui forment le *Corpus hippocratique* et qui énonce certaines vérités éternelles dont l'ensemble est uni par une théologie qui constitue le fondement « hippocratique » de cette médecine. L'objet de la collection hippocratique est la relation de l'homme à une puissance extérieure à lui et celle-ci est la nature en non pas Dieu et d'autres forces surnaturelles.

La grande contribution de l'école hippocratique à la science moderne, c'est effectivement le fait d'avoir écarté résolument toute éventualité d'une influence divine ou mystique sur les causes et le traitement de la maladie. On ne trouve donc nulle part, dans le *Corpus hippocratique,* la moindre allusion à des causes qui dépasseraient l'entendement humain. Le traitement de la maladie tend à corriger les circonstances de leur apparition et non seulement les effets de leur présence.

Chez Hippocrate, les circonstances ayant occasionné la maladie sont un facteur aussi important que la manifestation même de la maladie. L'évolution de la médecine est ainsi identique à celle de la culture qui la produit. La médecine moderne prend racine dans un imaginaire fondé en la croyance que la vie de l'univers obéit à des règles rationnelles et raisonnables. Telle fut la naissance du concept de causalité qui jeta les bases de la science : le *Corpus* fut le reliquaire des traités scientifiques les plus anciens qui nous soient parvenus.

Contrairement à la biomédecine qui suit l'évolution de la rationalité dans le monde occidental, la médecine négro-africaine évolue en répondant à un impératif : la nécessité pour l'homme d'évoquer avec autant de force que d'exactitude la nature essentielle de certaines réalités que la description rationaliste et critique ne peut rendre objectivement. Cela ne veut pas dire que le symbolisme soit l'apanage de la civilisation négro-africaine : la consommation des symboles est une affaire de degré pour ce qui est de l'emploi des images symboliques.

Cependant, les images symboliques utilisées dans le cadre de la médecine traditionnelle sont précisément celles relatives à une recherche d'élucidation de l'énigme de la vie. Et le langage qui construit le corps de connaissances de cette médecine n'est pas celui de la raison, mais le langage suggestif de la **poésie primitive**. Dans cette médecine, qui traite de l'énigme de la vie, presque chaque élément est plus ou moins symbolique en tant que contribution à l'effort de l'ensemble pour élucider les mystères universels. Mais c'est précisément ce sens écrasant du mystère qui aiguise les facultés perspectives du médecin traditionnel et lui insuffle un intérêt vif pour la scène physique.

Si ce qui s'est passé chez les Grecs ne s'est pas produit en même temps chez les Juifs, il est certain que tous les peuples n'ont pas la même utilisation des symboles. Certain que la connaissance humaine constitue un phénomène symbolique et que dans l'univers humain la culture est l'un des aspects fondamentaux, il faut cependant rappeler que le phénomène culturel n'est pas unique. Dans aucun continent on ne trouverait *une* culture ni *une* civilisation humaine : au caractère essentiellement humain correspond une multiplicité des cultures et de civilisations, même s'il existe des caractères communs entre toutes ces cultures.

De même que l'on ne peut pas parler de l'Occident comme s'il n'existait pas de particularisme entre les peuples germaniques et slaves, ainsi il est impossible de parler de l'Afrique comme s'il s'agissait d'habitants d'un même village. Notons effectivement que le Fang est une réalité culturelle africaine tout à fait différente du Lingala et qu'il est évident qu'au sein d'une même culture l'on trouve une expression multiforme, voire une vision des choses pouvant connaître des mutations diverses relatives à des facteurs divers.

Par conséquent, c'est un abus de langage que de parler de la médecine traditionnelle africaine comme s'il était question d'une culture monocolore spécifiquement africaine. À chaque peuple, dans la société africaine, correspondent ses pratiques des soins de santé, donc sa forme de médecine traditionnelle. Dans cette perspective, la tendance générale qui considère l'évolution comme une intégration de la rationalité dans les mentalités permet d'envisager la démarche médicale comme expression des normes d'un savoir scientifique.

Toutefois, cette évolution inscrit les pratiques thérapeutiques et les rituels dans une rencontre interpersonnelle fondatrice d'éthique : le colloque singulier. Souvent de cultures différentes et de niveaux de connaissances différents, deux sujets sont mis en dialogue dans une situation asymétrique et fondatrice d'éthique médicale.

La collecte en vue d'une autre médecine

Les plus grands guérisseurs, et ceux qui ont des connaissances permettant de maîtriser l'avenir sont actuellement peu nombreux, ce, à un moment où l'invasion, sur tous les fronts, est manifeste. Pour le peu de connaissances dont nous disposons actuellement, notamment dans le domaine du traitement de la maladie, il est urgent de les sauvegarder en les préservant de toute déviation. Au lieu de déviation, on parlerait mieux de dépravation des valeurs au contact des contraintes et des exigences de la modernité. La corruption des valeurs a atteint son paroxysme puisque « chercher à gagner en accomplissant très peu d'effort » devient l'état d'esprit des villageois.

Ils attendent au corps de garde en attendant un colis en provenance de la ville : certains n'ont même plus de plantations. Même les pygmées qui vivaient essentiellement de la chasse et de la cueillette sont contaminés par la crise des valeurs. Ils passent, en longueur des journées, leur temps à fanfaronner, à grappiller des restes de boisson dans les débits d'alcool et à fumer de la cigarette et autres drogues. C'est là qu'ils aguichent les naïfs qui viennent, dans leurs villages, se soigner ou se confectionner des fétiches.

Les Pygmées, considérés comme les derniers garants de cette médecine, tendent à rendre la collaboration entre les deux médecines improbables. Pourtant, bien connu pour être des détenteurs de connaissances exceptionnelles sur la forêt et d'un pouvoir mysticospirituel pour la guérison des maladies, on ne les consulte désormais que pour des cas de promotion sociale, de l'envoûtement et de fétichisme politique.

Fort est donc de constater que, dans les villages de la région de Minvoul, cette population autochtone est menacée par une profonde crise des valeurs. Notre discussion avec les autorités départementales révèle que la médecine traditionnelle pygmée, à Minvoul, tend à se corrompre. Au contact de la modernité, ces Pygmées, qui avaient pourtant pour réputation d'être de grands guérisseurs, ont perdu la confiance des populations locales dans le domaine de la guérison traditionnelle. Au village

Ako-ntang, une secrétaire du Conseil Départemental nous a confié ce qui suit :

> *Les Pygmées de mon village connaissent désormais l'argent. Ils en connaissent même mieux que les Fang. Ceux qui soignaient sont déjà morts, il ne reste que les plus jeunes qui ne sont compétents que pour des questions suivantes : le lavement du corps en vue d'obtenir une promotion dans son travail ou une élection. Ils ont le pouvoir de bloquer une affaire criminelle ou de régler en votre faveur une affaire de couple menacé. Mais, pour ce qui concerne la santé, on peut vous montrer une ou deux personnes compétentes pour des questions gynécologiques, notamment pour une femme qui a des problèmes d'accouchement. En dehors de ces cas, je n'ai jamais vu une personne qui serait venue malade au village et qui serait reparti en bonne santé. Je ne vous recommande pas les Pygmées pour des questions de santé, mais pour d'autres problèmes : les fétiches, là, c'est leur domaine de compétence.*

On note que le contact avec la modernité aura amené ces Pygmées à délaisser la médecine traditionnelle et, désœuvrés qu'ils sont, ils passent leur temps à boire de la bière en longueur de journée dans la ville de Minvoul. Il arrive même qu'un pygmée vous propose ses services en échange de la boisson monnayant ainsi ses connaissances. La nouvelle génération pygmée ne s'intéresse donc pas trop à la médecine traditionnelle, mais aux activités à caractère fétichiste servant à résoudre des problèmes existentiels. Un vieux pygmée se plaignait de la crise des valeurs qui menace son peuple :

> *Nos enfants ne sont plus différents des enfants des Fang, ils relèguent le Grand Dieu* Edjengui *au second plan et privilégient leurs intérêts égoïstes. Ils ne peuvent plus soigner, car ils se sont détournés de notre enseignement. Depuis que les hommes politiques viennent nous voir, beaucoup d'entre eux délaissent même la chasse et la médecine. En fait, pratiquer la médecine traditionnelle impose des interdits à respecter alors que le développement du fétichisme entraîne la transgression des interdits ». La jeunesse a choisi la facilité et refuse notre morale.*

Combien grande est donc notre déception si tant est que l'on ne puisse plus accéder à la connaissance originaire pygmée. Nous savons pourtant que les Pygmées de la forêt équatoriale constituent, pour la recherche scientifique gabonaise, un réservoir incommensurable des savoirs sur l'homme, la faune et la flore. Sur la problématique de la santé, chacun se dit qu'en Afrique, la recherche scientifique peut naturellement compter avec la collaboration des Pygmées afin de promouvoir toutes les médecines. Cet espoir conduit certain à s'accorder avec Isabelle Stengers pour affirmer que : « Si les techniques de guérisseurs sont notre seul accès fiable à la question de la maladie et de la guérison, il y a obligation de ne pas renvoyer à la superstition (ou toute autre explication tout-terrain qu'est l'efficacité symbolique) le pouvoir des êtres (ou des choses) et la puissance des objets fabriqués par les guérisseurs ».

Cela dit, les Pygmées constituent un moyen d'accès à un certain accès au savoir empirique des guérisseurs et la possibilité de développer la collaboration entre les scientifiques et les praticiens de la médecine traditionnelle. Telle était la mission assignée aux chercheurs gabonais avec la création, en 1976, de l'Institut de Recherche en Pharmacopée et Médecine Traditionnelle (IPHAMETRA) et qui s'est soldée par un échec à ce jour. N'est-ce pas un tord que de réduire le savoir des pygmées au pouvoir de la sorcellerie ?

En insistant sur le fait que le tradipraticien, notamment le Pygmée, officie moins sur le mode exceptionnel que sur le mode du quotidien, cela nous conduit à ne plus envisager la pratique des guérisseurs essentiellement comme celles « d'hommes aux recettes magiques ». Ce serait limiter les possibilités de la collaboration que de restreindre sa capacité à la pratique de la contresorcellerie. On est donc en face d'un obstacle épistémologique qu'il faudra vaincre : la sorcellerie en tant que mode d'explication de tout phénomène complexe, comporte des exigences scientifiques qu'il importe de découvrir.

La promotion d'un esprit d'analyse va soumettre à exorcisme cette psychologie de l'Africain qui le place sous tutelle d'une peur exagérée de la sorcellerie et d'autres croyances. Les populations sont souvent abusées par les tradipraticiens parce qu'elles ne les envisagent que comme de puissants sorciers dans un contexte où le sorcier n'est perçu uniquement que comme un faiseur de miracles sinon de nuisances. On ne pense pas que le succès de sa pratique est le fait d'une plus grande maîtrise de ses connaissances et de ses techniques, mais de la puissance que l'on attribue à son Evou. L'enjeu épistémologique consiste donc à reconnaître les limites d'Evou et à amener les tradipraticiens à cesser d'interpeller tous les phénomènes sous l'angle métaphysique.

Circonscrire la dimension métaphysique des actes de soins implique donc la nécessité pour le guérisseur de reconnaître les limites de son art thérapeutique. On peut alors se féliciter de l'attitude de certains tradithérapeutes qui accompagnent, eux-mêmes, les patients chez un médecin. Dans la clinique du docteur Maka, il est fréquent d'assister à ce type de rencontre : le tradipraticien vient consulter le médecin avec son patient et aide celui-ci à suivre les recommandations du médecin. Ils sont différents de ces charlatans qui demandent à leurs patients de ne plus se rendre à l'hôpital et qui se débinent lorsque la maladie se complique.

Un feed-back entre l'irrationnel et le rationnel

En conséquence, le guérisseur saura référer ses patients auprès des confrères plus compétents que lui dans certains cas de pathologie. Dès qu'un traitement ne fonctionne pas, il devra faire une analyse en reconnaissant que ses pratiques de soins comportent des limites. Il n'est pas important qu'il multiplie des pratiques à cause desquelles il gardera indéfiniment le patient au risque d'aggraver son état. Il y a donc nécessité de reconnaître que son *Evou*, c'est-à-dire sa sorcellerie, comporte des limites et ne peut donc pas guérir toutes les maladies.

Il s'en suit, alors, la nécessité d'un feed-back entre les tradipraticiens et les médecins occidentaux pour permettre au système de santé national de tirer le meilleur des deux médecines. De cette façon la thérapie deviendrait plus efficace et les diagnostics plus pertinents dans le contexte d'une société interculturelle. Chaque médecine doit connaître ses bornes et ses limites et s'ouvrir à l'autre.

Car, en réalité, tout savant sait que le monde irrationnel n'a d'existence qu'au regard des bornes provisoires de l'étendue de nos connaissances. Ce que nous n'interprétons pas avec succès aujourd'hui en raison de la qualité de nos supports, notre habileté future l'éclairera avec plus de lumière et nous découvrirons les mécanismes qui le composent plus tard. Cet irrationnel, derrière lequel se cache la méconnaissance des réalités qui constituent le pouvoir que le tradipraticien détient pour la confection des remèdes, des amulettes porteuses des forces occultes qui font de lui un guérisseur, doit devenir un objet d'études scientifiques plus poussées.

C'est possible, en raison de la formation scientifique des Africains dans les plus prestigieuses universités, laboratoires et centres de recherches du monde occidental et la nécessité d'un enracinement dans leurs cultures africaines. Il importe aujourd'hui de rependre les études ethnologiques sur nos cultures en vue de recueillir plus de données.

Nous avons la conviction profonde que, fort de cette ambivalence scientifique et au regard de l'évolution de l'humanité dans la constitution de la science universelle, la contribution africaine sera de grande notoriété. Cette contribution est très attendue ; car le grand rendez-vous entre la science rationnelle et la médecine irrationnelle est irrévocable. Nous sommes, à cet effet, certains que les Africains ne se sont pas encore mis suffisamment au travail… l'Afrique n'a pas encore délivré le millionième de son potentiel pour que l'on puisse mesurer ce que sera sa contribution à ce grand rendez-vous des savoirs.

En expérimentant les différentes initiations africaines, notamment gabonaises, on constate que beaucoup de choses réputées irrationnelles sont parfaitement explicables et méritent un approfondissement scientifique. C'est le cas de l'analyse des rêves dans le Mboumba éyano qui délivre une méthode singulière pouvant compléter la psychanalyse. Il s'agit là d'une véritable psychologie des profondeurs où le sujet entreprend un voyage intérieur pour y déceler l'origine de ses troubles.

La contribution africaine est encore modeste alors même que certains actes de la médecine négro-africaine attestent parfaitement que la tradition recèle un potentiel utile pour les développements, non seulement de la médecine dite moderne, mais aussi des sciences humaines et sociales.

L'attente d'une contribution africaine

La médecine traditionnelle africaine détient d'énormes potentialités, du fait de l'extraordinaire qualité de la nature dans laquelle nous baignons : nos arbres, nos herbes, nos animaux et bien d'autres choses qui sont pratiquement encore inexploitées et en sont encore à la phase exploratoire. Peut-être que nous aurons sur ce plan bien précis, demain, des contributions d'une rare qualité et qui font déjà réfléchir certains cercles en Europe, en Amérique, qui pensent notamment qu'il est grand temps qu'on tienne compte de l'apport de l'Afrique. Non pas parce que c'est l'Afrique qui le revendique**, mais parce que c'est le sort du monde entier qui le réclame.**

Chacun doit bénéficier de tous les apports extraordinairement féconds des civilisations, des cultures et partant de toutes les médecines, qu'il s'agisse de celle de l'Orient, de l'Amérique, et du Septentrion austral, de l'Occident. **C'est toute l'humanité qui devrait contribuer à l'élaboration de cette médecine interculturelle.**

Tous les peuples dits autochtones du monde entier ont les mêmes problèmes, qu'il s'agisse de ceux d'Amérique du Nord ou du Sud, ou d'Afrique et de l'Océanie. On prendra le cas par exemple des Esquimaux et des pays d'Amérique du Nord, les États-Unis d'Amérique et le Canada : ils connaissent certains apports qu'ils ont obtenus de ces peuples qui ont réussi à vaincre le froid dans des conditions extraordinairement particulières du Pôle Nord et du Pôle Sud. Ils ont développé les attitudes de survie tout à fait différentes de celles que les populations de la forêt et ceux du désert connaissent.

Le plus important, c'est de pouvoir reconnaître que chaque peuple a développé des connaissances qui sont utiles au développement de sa santé. Aujourd'hui, on attend une mise en commun de toutes ces contributions de tous les peuples de la terre, afin de mieux maîtriser le réel. C'est donc une erreur fondamentale que de s'enfermer dans une rationalité, en raison de la fixation et de la hiérarchisation qui nous ont habitués à opposer les cultures.

La notion de trajectoire, encore une fois, est une perspective qui est ainsi destinée à regrouper les chercheurs africains, ouverts qu'ils sont au monde. Ils ne doivent pas se déraciner de leurs bases fondamentales, c'est-à-dire la tradition, à l'aune d'une science qui, malgré son extraordinaire évolution, est encore très limitée, ne serait-ce que pour ce qui est des maladies cardiovasculaires ou des maladies neurologiques, ou dégénératives. Si nous arrivons à concilier tous les apports, l'Afrique aura des contributions importantes pour ce qui est de la lutte contre certaines pathologies transmissibles et non transmissibles. Nous ne postulons pas une hiérarchie des races, nous envisageons la complémentarité entre les peuples, dans la lutte contre la maladie. Nous tendons vers la perspective de Pierre Teilhard de Chardin qui parle du 4e millénaire comme du *temps des convergences*. La mondialisation des valeurs est bien cet acheminement du monde vers ce « temps des convergences ».

Les acteurs de la médecine interculturelle africaine

Mais, alors, qui doit travailler pour cette convergence entre les peuples, si tant est que les Africains aient tout abandonné et vivent aujourd'hui comme les Occidentaux ? Sur certains points, nous sommes au même niveau de connaissances qu'un Français de Lyon au sujet de notre ignorance des réalités profondes de l'Afrique traditionnelle. Sachant qu'il convient maintenant d'envisager une recherche-développement qui établisse des liens d'échange entre les sciences fondamentales et les praticiens des deux médecines, on peut s'interroger sur le type de personnes habilitées à mieux concevoir cette démarche.

La tâche incombe à l'Afrique et il convient de mesurer l'importance des différentes tentatives enregistrées depuis une quarantaine d'années dans toute l'Afrique. C'est le cas de l'œuvre réalisée par le professeur Owono Nguéma pour la mise en place d'un système de recherche susceptible, s'il était appliqué comme il le faut, de nous aider à parvenir à de meilleurs résultats dans le domaine concerné.

En fait, pendant plus de 10 ans qu'il était président du Conseil scientifique africain de l'Organisation Africaine de l'Unité Africaine, il a tenté de regrouper tous les scientifiques africains de différentes spécialités. On n'avait pas la certitude que des échanges entre Africains pouvaient permettre de mieux capitaliser les efforts de chaque pays dans les différents axes de recherches menées à travers les laboratoires et centres de recherches. Dans la même période, ce physicien nucléaire fonde l'Université Nationale du Gabon (UNG), qui est devenu aujourd'hui l'Université Omar Bongo, qui venait de se démembrer en : Université des Sciences de la Santé d'Owendo (USS), l'Université des Sciences et Techniques de Masukou (UTM). Le Gabon devait, dans le même temps, mettre en place le corollaire de ce système universitaire : le Centre National de la Recherche Scientifique et Technologie (CENAREST).

Pour répondre à la préoccupation qui est la nôtre, c'est-à-dire une meilleure utilisation de nos ressources afin d'améliorer notre système de santé, il fallait créer les quatre instituts de recherches qui composent le CENAREST. Et l'Institut de Pharmacopée et de Médecine Traditionnelle (IPHAMETRA) s'imposait, mais il devait être soutenu par la recherche menée dans les trois autres instituts de recherche : Institut de Recherche Technologique (IRT), l'Institut de Recherche

Agronomique et Forestières (IRAF) et l'Institut de Recherche en Sciences Humaines (IRSH).

Ce système de recherche scientifique et technologique faisait la jonction entre la médecine et la pharmacopée traditionnelle. Les concepteurs du présent système de recherches étaient convaincus que le salut de la société africaine, notamment gabonaise, ne viendrait pas d'autres peuples. Les Gabonais devaient ainsi s'assumer, entendu qu'ils ont la capacité de suivre la formation scientifique nécessaire en Europe, en Amérique et ailleurs, par rapport au référentiel moderne : médecine moderne, pharmacopée moderne, et de mettre ce savoir au service de leur pays et du monde entier.

À cette époque, nous avions encore l'extraordinaire richesse exceptionnelle de ceux-là mêmes qui détiennent encore nos traditions et la pharmacopée traditionnelle : l'histoire gabonaise retient de grands noms dans ce domaine. À cette époque, les mœurs n'étaient pas aussi corrompues avec tous ces charlatans que l'évolution négative de la société, avec la pauvreté et le chômage, rend possible. L'initiative était louable : malheureusement le manque d'intérêts pour la recherche scientifique, donc le manque d'une masse critique conséquente, n'a pas permis d'organiser cette riposte. Il fallait cette riposte à nos propres civilisations, à nos propres sociétés qui connaissent parfaitement, pour ne citer que la médecine, les pathologies récurrentes depuis des siècles et que les anciens savaient traiter. Ce n'est pas à cause du télescopage des civilisations et des cultures que nous avons connues, que nous devions reléguer au rang des archives inexploitables, nos connaissances les plus fondamentales.

Le Gabon confiait une mission importante à l'IPHAMETRA : celle d'être le point où les trajectoires des deux médecines se rencontraient, grâce à une parfaite organisation et exploitation des ressources ancestrales. L'IPHAMETRA devait fournir aux hôpitaux des tradipraticiens qui bénéficieraient d'un apport exceptionnel en personnel qualifié à l'école moderne et disposant des connaissances de guérisseurs confirmés. Car, l'IPHAMETRA devait mettre en place les conditions méthodologiques d'un dialogue et d'échanges fructueux entre savants d'hier et savants d'aujourd'hui, sur la base des mêmes pathologies. Pour parvenir à un tel résultat, il eut fallu promouvoir une recherche-développement.

Or, au regard des travaux de recherches menées par nos compatriotes et à cause du faible intérêt pour la science dans nos programmes pédagogiques, cette démarche a du mal à être acceptée. L'Afrique est victime du mirage des civilisations : nous n'aimons que ce qui vient de l'Occident, consommateurs que nous sommes.

La valorisation de la culture

Nous avons quelquefois, nous-mêmes, un profond mépris de nos propres valeurs. Or, il est impossible de tirer profit de quelqu'un qui sait que vous ne le respectez pas. Nous avons déjà indiqué les différentes attitudes qu'il faut observer pour mener à bien cette collaboration dans notre ouvrage, *Médecine et recherche publique au Gabon.*

Nous avons invité nos collègues à se comporter à l'égard des tradipraticiens de la santé comme des fils respectueux, sans mettre en avant leurs titres universitaires et sans brandir leur niveau de vie. Il est nécessaire qu'ils trouvent un intérêt direct à la collaboration et qu'ils n'aient plus l'impression qu'ils sont arnaqués par les chercheurs. Dans ces conditions, les tradithérapeutes, les herboristes viendraient eux-mêmes proposer leurs compétences aux chercheurs parce qu'ils se sentiraient en confiance, donc, en sécurité.

Il est nécessaire qu'ils manifestent eux-mêmes la volonté de sortir du cloisonnement et de l'ombre, non pas en entrant dans des associations pour revendiquer une reconnaissance sociale, mais pour exposer leurs connaissances à la critique. Cette exigence implique la nécessité de relever le niveau d'étude des tradipraticiens ; car tout tradithérapeute est assez mûr pour un dialogue fructueux, sauf exception. Les instituts qui utiliseront les tradithérapeutes s'engageront à les former progressivement en vue d'une meilleure collaboration, en sachant qu'ils ont déjà une formation dans leur domaine. Mais, comme il faut des interlocuteurs qui parlent le même langage, alors il est nécessaire d'utiliser les concepts qui ont le même sens pour les uns et les autres. À charge aux médecins modernes de se familiariser avec le langage des tradithérapeutes, ce qui nécessite l'initiation.

Il appartient aux chercheurs d'initier les tradithérapeutes à leur pratique par une formation adaptée à leur niveau d'instruction académique pour faciliter le dialogue. Le fait est que la majorité des praticiens de la médecine traditionnelle ne savent pas expliquer rationnellement ce qu'ils font. Ils n'ont souvent pas la maîtrise permettant de présenter objectivement les enjeux de leurs démarches. C'est cet état d'ignorance du point de vue de la méthodologie qui explique que beaucoup d'entre eux se cachent derrière un pseudo mysticisme qui voile mal l'illettrisme.

Le fait est qu'il est possible de vaincre cet ensemble d'obstacles en les contournant sans avoir à s'adresser directement aux intéressés, surtout si l'on soupçonne qu'ils sont des personnes de mauvaise volonté. Comment y arriver si les tradipraticiens, au-delà de la problématique du secret relevant de l'initiation, refusent systématiquement de présenter leurs compositions aux chercheurs afin qu'ils les étudient pour les approfondir ? Un fait est certain, la notion de partage des connaissances n'est pas leur préoccupation : les plus grands meurent sans dévoiler leur savoir à leurs progénitures.

Est-ce que les chercheurs, calfeutrés dans leurs laboratoires, doivent croiser les bras en attendant que les tradipraticiens acceptent un jour de venir leur livrer les noms des plantes qu'ils utilisent pour soigner les maladies ? C'est malheureusement cette conduite paresseuse qui a été observée par les chercheurs de l'Institut de Recherche en Pharmacopée et Médecine Traditionnelle (IPHAMETRA) depuis sa création. Si ces chercheurs veulent vraiment réaliser des travaux, ils doivent se rendre dans la forêt et suivre les traces des tradipraticiens. En fait, les arbres dont les tradithérapeutes utilisent les écorces ne sont la propriété de personne : les chercheurs peuvent les prélever afin de commencer un vrai travail en laboratoire.

La première étape consistera en la récolte des plantes, puis, l'on commencera tout un travail en pharmacognosie et dans d'autres sciences expérimentales. L'objectif consistera à déterminer les molécules qui soignent et de poursuivre des travaux qui permettront de réaliser des phytomédicaments. Si l'on en arrive ainsi, c'est justement parce que la phytothérapie, en Afrique, notamment, comporte des enjeux multiples. En pratiquant le terrain, grâce à un plateau technique qui favorise la compétitivité, le prélèvement des plantes que l'on étudiera à différents niveaux dans les laboratoires permettra aux chercheurs de sortir la médecine traditionnelle de sa phase mythique. Cette phase est un moment où l'homme retrouve dans son environnement immédiat les plantes de tout genre et les éléments capables de lui redonner la santé.

Si, effectivement, le gouvernement gabonais portait un intérêt déterminant à la promotion de cette médecine, il y a longtemps qu'un travail rigoureux de collecte des plantes utiles aurait été réalisé depuis les travaux d'André Raponda Walker. On aurait, tout simplement, identifié les plantes utiles ; on les aurait analysés pour fabriquer des phytomédicaments et domestiquer la plupart d'entre elles. Le Gabon développe l'hévéa culture depuis belle lurette. Cette plante, de même que le cacao, n'est pas directement utile à la population ; et combien les Gabonais cultiveraient-ils des plantes à usage de médicaments, si le gouvernement les encourageait ?

Le gouvernement réaliserait lui-même des plantations où il entretiendrait ces plantes-là, pour permettre à ses scientifiques de mener des recherches en matière de pharmacie, pour alimenter son industrie pharmaceutique. La solution pour la promotion de la médecine traditionnelle consisterait donc, pour le gouvernement, dans l'identification des plantes et la valorisation de leurs principes par des études approfondies en biologie végétale, en pharmacologie, pharmacognosie, et dans d'autres sciences expérimentales. C'est ainsi qu'on fera un travail systématique qui permettra de retrouver les principes actifs qui existent dans ces plantes identifiées et cultivées.

À la phase mythique de la médecine, les représentations symboliques jouent un rôle essentiel. La construction du médicament et des remèdes est articulée de rationalité et de symbole, mais l'expérimentation permettra d'identifier les molécules efficaces. Ce n'est que de cette manière que l'on peut mettre à l'épreuve les déclarations, parfois tapageuses des tradipraticeiens : « Les adeptes du Bwiti se vantent d'avoir une connaissance du Monde et des choses, plus grande, voire même infiniment plus grande que celle des autres hommes ». Et, pourtant, ils n'apportent aucune preuve objective permettant la vérification de leurs affirmations.

Il appartient, à cet effet, aux chercheurs des sciences humaines et des sciences exactes, d'apporter les preuves en vue d'affirmer ou d'infirmer les dires des tradipraticiens. Le fait est qu'il faut soumettre, à l'épreuve du test, les connaissances de la médecine traditionnelle.

Aspects pratiques de la collaboration

La collaboration au quotidien

1. Niveau académique

La Faculté de médecine du Sénégal a intégré le savoir-faire des tradipraticiens. Pour que les choses évoluent, il faut une volonté politique. Un individu ne peut pas se lever un bon matin et décider qu'il va encourager les tradipraticiens à promouvoir leurs pratiques. S'il s'agit d'une décision gouvernementale, alors, on peut regrouper les forces en place pour que le travail s'organise. Concrètement, les acteurs vont travailler ensemble et l'on examinera les résultats au bout de trois, quatre ou cinq ans de collaboration.

Il appartient donc au gouvernement, c'est-à-dire aux décideurs, de prendre des initiatives pour la promotion de la médecine traditionnelle. Les chercheurs peuvent initier les idées, mais il faut que celles-ci soient entérinées par le gouvernement, afin que nous puissions tous travailler pour la construction de notre médecine. La Chine a sa médecine et, en termes de pharmacopée, la pharmacopée française n'est pas la pharmacopée américaine ; et la pharmacopée américaine n'est pas non plus la pharmacopée anglaise.

Pour docteur Maka, le grand succès des pays qui se sont basés sur leurs acquis traditionnels pour réaliser les médicaments – l'Inde, la Chine, le Mali ou le Cameroun –, donne assez d'exemples qui montrent ce qu'il faut faire. L'orientation lui semble pratique : « prenez un tradipraticien et un médecin allopathe formé à l'occidentale. Mettez-les ensemble et, au bout de deux ou trois années de collaboration, vous vérifiez les résultats de leurs réalisations communes.

Telle est mon expérience », nous disait-il. Comme exemple, il s'est lui-même fait l'élève d'une religieuse d'une congrégation de la place. Celle-ci est médecin naturopathe originaire du Brésil où elle a été formée. Pour obtenir les résultats et mieux développer ce mode de collaboration, il est juste de dire que la véritable solution relève de la volonté politique. La promotion de la médecine traditionnelle serait donc un problème qui incombe à l'État et non pas à quelques individualités : sans cette volonté politique bien manifestée concrètement par des actes, cette collaboration entre médecins allopathes et tradipraticiens est impossible. Voici un extrait de notre entretien avec le docteur Maka qui répond à nos questions le 27 janvier 2012.

Nous avons la volonté politique d'une part, la volonté des chercheurs et celle des tradipraticiens, d'autre part. Dans la collaboration entre chercheurs et praticiens de la médecine verte, qu'est-ce qui est susceptible de gêner notre objectif ?

> *Je voudrais préciser une chose. Je me considère comme médecin interniste non seulement pour ce qui est de ma solide formation à la Faculté de médecine de Lyon, à Saint-Étienne et à l'Hôpital Saint Joseph à Lyon, mais surtout*

pour ma conscience chrétienne. Sur ce plan, j'ai le droit d'utiliser ce que je veux pour tirer d'affaire mon patient, j'en suis responsable dès lors que je suis convaincu que je ne lui fais courir aucun risque. Tout est donc une question de mentalité et de formation. Si je sais que tel produit est avantageux dans tel cas, eh bien, je l'utilise en respectant la procédure qu'il impose. Un exemple. Je recevais en consultation une femme qui avait des kystes depuis des années et malgré les prescriptions médicales, elle n'obtenait pas de satisfaction. Un jour, sa compatriote béninoise lui donne des bouteilles. Elle me demande si elle pouvait les prendre, je lui dis que je ne voyais pas d'inconvénient ; elle entreprit donc de consommer sa décoction. Au bout de ses deux bouteilles d'un litre chacune, la voilà qui prend du poids. Sa souffrance avait disparu. Après vingt jours, je lui ai demandé d'aller contrôler à l'échographie et voir ce que cela a donné. Il n'y a pas d'autres méthodes pratiques, c'est ainsi qu'il faut procéder.

Le fait est qu'il faut respecter toute connaissance et toute intelligence. Quelqu'un qui sait que telle plante soigne telle pathologie et qui dispose des recettes qu'il peut mettre à ma disposition est une personne précieuse. Je vais essayer sa plante et ses recettes et je le remercierai vivement.

Il faut remarquer que notre santé tient premièrement à notre alimentation : quand vous ne mangez pas comme vous devez manger, il est normal que vous soyez malades. L'homme a été conçu herbivore, il n'a pas été conçu carnivore, et vous ne faites que colmater votre colon avec des morceaux de viande. Un jour, vous attrapez le cancer du côlon, parce que le colon sera de plus en plus irrité. Regardez autour de vous, combien y a-t-il de cancer de côlon actuellement ? Il faut donc faire comme nos aïeux le faisaient. Dès que quelqu'un se rendait chez un tradipraticien, on lui faisait systématiquement un lavement pour nettoyer toutes les saletés du ventre. Qui respecte encore cette façon de faire ? Les gens n'ont plus le réflexe de pratiquer le lavement.

Je ne vois donc pas ce qui pourrait interdire cette collaboration et la rendre infructueuse. Dans tous les cas, tout dépend toujours de l'affirmation d'une volonté politique.

Mon souci, c'est que votre attitude à l'égard de la médecine traditionnelle n'est pas celle d'autres médecins formés à l'Occidentale, et qui n'ont aucune considération pour cette médecine empirique.

– C'est une question de formation ; quand on a été bien formé, on n'a pas de complexe. On utilise tout ce qu'il faut pour aboutir au bien-être de son patient ; on n'a pas d'œillères. On patiente jusqu'au moment où l'on nous permettra d'avoir une collaboration sans être obligés de nous cacher. On a mis à la porte de mon cabinet la personne avec qui je travaillais conformément aux recommandations de l'Organisation mondiale de la santé. Je me suis basé sur ce que l'OMS recommandait : fait de la collaboration entre les médecins naturels et vous-même. Malheureusement, j'ai été sanctionné par les services du ministère de la Santé publique alors que le Gabon est membre de l'Organisation mondiale de la Santé. Quand la volonté politique n'y est pas, il est impossible d'avancer...

Une mutation culturelle

La véritable question aujourd'hui consiste dans le glissement d'une médecine de transmission orale et dont le système pédagogique repose systématiquement sur l'observation des valeurs de la tradition, vers une évolution qui fait d'elle une médecine qui profite des bouleversements scientifiques et technologiques tout en conservant son identité. Ce glissement pose, en premier lieu, des problèmes relatifs à son rapport à l'écriture et, par conséquent, sur un nouveau mode de transmission pédagogique qui intéresse la recherche scientifique et sa mission régalienne pour le développement de la santé en Afrique.

Est-ce que les fondamentaux de la médecine négro-africaine peuvent se transmettre sans que cela ne porte à conséquence négative sur la tradition africaine ? Pour répondre à cette question, il convient de poser deux premières questions et d'en donner les réponses. Est-ce que le refus d'introduction de l'écriture dans le mode de transmission des valeurs africaines, notamment de la médecine traditionnelle, ne correspond pas surtout à un protectionnisme, c'est-à-dire une résistance contre une modernité qui brade la tradition ? Au regard de la qualité des personnes qui exercent désormais cette fonction, est-ce qu'au-delà de la question morale, la problématique de l'écriture n'est pas intrinsèquement liée à la nature même des fondements épistémologiques de cette médecine : le symbolisme ?

L'écriture est muette, sourde et insensible, mais la parole est vivante ; l'écriture pose les valeurs descriptives du monde de la matière, tandis que la parole est l'élément de la manifestation des choses invisibles qui transmettent, restaurent et protègent la vie. En se fixant en écriture, le secret sort du domaine des mystères pour se laisser saisir par le profane ; la médecine arrête à cet effet d'être une philosophie pratique (une métaphysique), pour devenir un ensemble de techniques qu'il suffit d'assimiler pour être médecin. De fait, on a le sentiment que la mise en écriture de la médecine traditionnelle ne comporte pas un avantage direct pour ce domaine de connaissance : la communication, par voie d'écriture, des secrets, revient à exposer la médecine traditionnelle. Seulement, ce n'est pas le fait d'écrire la tradition qui la dénature, car, écrite, la parole peut être parlée ou chantée ou psalmodiée. Il suffit donc de vouloir le faire en respectant le cadre, ou de se sentir obligé de faire vibrer cette parole, cette incantation.

Cela relativise la crainte des gardiens des secrets de cette médecine qui pensent qu'écrire la médecine traditionnelle, c'est participer à une action iconoclaste, susceptible de brader cette médecine pour quelques pièces d'argent. Il s'agit de protéger les valeurs qui se cultivent dans des écoles initiatiques chargées de sauvegarder et de perpétuer les savoirs et savoir-faire endogènes, ces secrets vitaux de la médecine traditionnelle. Il serait alors prématuré de penser, dans des conditions actuelles où l'esprit créatif de la médecine traditionnelle n'est pas encore protégé, de mettre en écriture ces valeurs.

Fort de cet enjeu, on comprend la quête des pays africains pour la mise en place d'une politique législative qui protège la médecine traditionnelle et ses praticiens. C'est ainsi qu'au Gabon, l'heure est à la recherche d'une politique efficiente qui fixe les grandes orientations de la politique nationale en matière de médecine et de pharmacopée traditionnelles dans un contexte juridique qui protège les tradipraticiens et la médecine traditionnelle elle-même. La problématique de l'écriture est ainsi l'une des questions prioritaires, notamment pour ce qui est de l'exposition des bases et axes stratégiques de la mise en œuvre d'une pédagogie qui préserve mieux les fondamentaux de la médecine traditionnelle.

L'écriture sort le savoir de la médecine traditionnelle de son mode de connaissance ésotérique, exposant ainsi le secret aux non-initiés, alors même que la connaissance est considérée par les anciens comme quelque chose de dangereux dès lors que l'on peut en faire un très mauvais usage. L'écriture qui ouvre sur une connaissance rationalisée fera perdre à la médecine traditionnelle l'importance du sens, fondement même de sa culture. Cette dimension de la connaissance va donc réduire ses possibilités et ne deviendra qu'un ensemble de techniques non pourvoyeuses de sens, perdant ainsi sa vocation : comprendre le sens de la vie et de l'existence.

Cl. Brelet disait que la biomédecine ne pourrait satisfaire les aspirations de la médecine traditionnelle. Pour elle, « jamais donc elle ne pourra satisfaire l'aspiration fondamentale à découvrir les causes, l'interrogation essentielle sur la vie, la maladie, la mort ». Le chercheur est sans cesse confronté à un obstacle culturel : le secret qui, en effet, est une donnée fondamentale dans tout cheminement initiatique et qu'il voudrait supprimer. Mais c'est impossible. Car, en effet, le secret constitue le socle des convictions les plus profondes, qui ne peuvent être mises en cause par les adeptes de la religion rationnelle qui inspire les pratiques du système thérapeutique traditionnel.

Cette caractéristique n'est pas propre au savoir endogène ; elle caractérise toute découverte importante : le secret comporte une dimension essentielle dans toute quête de sagesse. Le Coca-Cola est la boisson la plus bue dans le monde entier, et, pourtant, le secret de sa fabrication est jalousement conservé par les sociétaires de *The Coca-Cola Compagnie.* Pour accéder au secret, il faut se mettre à l'école : les universités, également, gardent jalousement leurs secrets dans les écrits bien colligés – seuls sont admis aux secrets ceux qui s'inscrivent à la faculté et qui adhèrent à cette formation universitaire. Ce qui est certain, c'est que le médecin qui s'initie à la médecine traditionnelle finit par comprendre un certain nombre de choses relatives à sa propre discipline. C'est d'ailleurs ce qu'un médecin psychiatre allemand avait fini par découvrir, en comprenant que la musique rituelle des temples initiatiques du Bwiti servait à provoquer des altérations de la fonction cérébrale.

Pour ce médecin anonyme, *« certains aspects du rituel ont des parallèles qui ont été bien étudiés dans la médecine scientifique. Le premier, c'est la situation de mort imminente. Plus la médecine scientifique se développe, plus on rencontre des cas de malades qui étaient cliniquement morts, comme on dit, pendant quelques minutes, par exemple au cours d'un arrêt cardiaque pendant une opération, mais qui ont regagné la vie après »*. Pour les adeptes du Bwiti, la manducation de l'iboga a pour finalité de permettre à celui qui s'initie d'entreprendre une expérience psychologique, un voyage dans le monde invisible.

C'est une expérience au cours de laquelle il devra expérimenter sa propre mort, en pénétrant l'univers invisible. Il devra franchir consciemment un état de conscience proche de la mort. Nous décrivions, dans notre thèse de doctorat en philosophie, cette expérience, en qualifiant la cérémonie initiatique de *cérémonie de la petite mort*. C'est une expérience, qui correspond à une approche médicale qui vise l'âme avant les soins du corps : « soigner l'âme pour guérir le corps », tel est l'enjeu de la thérapeutique traditionnelle.

En fait, « pour guérir, il convient de remonter à l'âme elle-même ; car c'est sur elle que la maladie s'inscrit à un moment donné de l'histoire. En conséquence, la médecine traditionnelle africaine prend d'abord l'âme en charge, afin de déceler en elle des lésions qui constituent l'origine d'une pathologie. Pour ce faire, les bwitistes procèdent par l'initiation encore appelée : "cérémonie de la petite mort". Parce que l'âme est antérieure au corps et qu'elle connaît les Idées, elle est immortelle et peut se souvenir de la disposition normale de la masse corporelle afin de procéder à sa réparation. Afin d'envisager cette réparation, il est nécessaire que l'âme se sépare du corps, qu'elle s'élève au-dessus de ce dernier, d'où la sensation de dédoublement qui s'opère après la consommation, la manducation du bois sacré (Iboga) ».

Imprégné de cette connaissance, le médecin allemand, qui a vécu à Lambaréné, constate que le comportement des malades ayant fait l'expérience de la mort brève est identique à celui des initiés : « ils ressentent plus d'empathie et de responsabilité envers les autres, mais en même temps se sentent moins dépendants des autres », écrit-il. Pour lui, ce sont ces changements que l'on attend d'un initié au Gabon et dans toutes les cultures traditionnelles. Il donne alors une approche de la définition de l'initiation : « alors on pourrait dire qu'initier un candidat, c'est le conduire consciemment vers un état proche de la mort, pour obtenir une évolution de sa personnalité ».

En Afrique, il est établi que la connaissance est une force ; celui qui connaît est un homme de bien ou de mal. Pour cela, les anciens font attention pour ce qui est de la diffusion du savoir : on met à l'épreuve le néophyte en le soumettant à un examen pour vérifier ses connaissances. Il doit mériter la confiance des anciens ou il périra ; il est donc difficile d'entrer en profondeur pour ce qui est des questions relatives à la vie des Africains traditionalistes, notamment celles des populations acquises aux rites et pratiques initiatiques traditionnels.

Ces populations tiennent pour ennemis les représentants de la culture occidentale : elles ont en souvenir le traitement que les missionnaires ont fait aux gardiens de la tradition, au cours de la période coloniale. La perte radicale de certains rites traditionnels qui faisaient du bien à la communauté est le fait des missionnaires catholiques ignorants qui avaient pillé nos ancêtres pour enrichir les musées en Occident.

Il est, par conséquent, difficile, aujourd'hui, de concevoir que les mêmes missionnaires catholiques reviennent dire aux villageois que la tradition porte en elle quelque chose de bien. Si les prêtres ne cherchent donc pas à valoriser la culture gabonaise, c'est pour maintenir leur discours au même niveau et pour ne pas être en contradiction avec eux-mêmes : c'est une question d'humilité.

Les villageois sont méfiants et peuvent exercer de la brutalité sur certains aventuriers qui tenteraient de les dépouiller à nouveau ; beaucoup nourrissent de la rancune envers les religieux. On peut garder le souvenir d'un jeune gabonais de race tsogo, devenu prêtre catholique, qui, malheureusement, de retour chez lui, trouva la mort d'une manière affreuse. L'opposition entre pratiques traditionnelles et baptême s'est radicalisée au fur et à mesure que les promesses de la modernité se sont avérées infructueuses. Dans tous les cas, les nganga, personnages polyvalents, dont la plus visible des fonctions est de soigner les malades (on les désigne sous le vocable de « médecins traditionnels » ou, pour les distinguer de leurs collègues des hôpitaux, on utilise celui de « tradipraticiens ») demeurent nos interlocuteurs privilégiés.

Ils nous intéressent à cause de leur approche de la maladie, approche qui concerne l'annonce de l'Évangile. En fait, la maladie de leurs patients n'atteint pas seulement leur corps : elle affecte le réseau de leurs relations familiales et professionnelles, au point d'engendrer des conflits. Ils doivent se faire juges : d'où le besoin d'éclairer leur conscience par la vérité évangélique.

Ce qui nécessite que l'on s'intéresse à eux, c'est effectivement le fait que, dans leur démarche de guérison, les Esprits et les Ancêtres sont en jeu. Si les prêtres ne considèrent avant tout et principalement que la santé spirituelle, les nganga, eux, ont une approche plutôt totalisante de la guérison : ils prennent en compte tout l'homme. Leur fonction sociale recouvre les domaines aussi différents que celui de la santé publique, la justice et la religion.

Au-delà des relations défectueuses entre les initiés et les non-initiés, il faut relever la difficulté relative à l'enjeu initiatique elle-même. Elle ouvre sur un univers vaste et enivrant dont l'objet n'est pas que thérapeutique : au-delà de sa souffrance physique et psychologique, l'initié est invité à se découvrir lui-même et à connaître l'univers. En soumettant un patient à l'initiation, on estime que l'Iboga aura pour effet de lui révéler le remède au mal ou aux maux dont il souffre. Pour les tradipraticiens, l'initiation est l'ultime voie de la guérison en ce sens qu'elle serait bénéfique au plan physique, mais également au plan psychologique. Ce qui, pourtant, est embarrassant, c'est que cette thérapie exige de la patience et de la maîtrise des quantités d'iboga et d'autres plantes que l'on consomme.

Ce n'est donc pas le caractère sacré du rite qui inquiète et encore moins les maquillages, les gestes et la chorégraphie, mais la consommation de l'Iboga ou *tabernante ibogade*. Les études montrent que cette plante sacrée possède de multiples vertus dans plusieurs domaines : botanique, agronomique, chimique, pharmacologique, médical. Seulement, elle a un côté dangereux et n'est pas suffisamment codifiée pour que ses utilisateurs maîtrisent les effets des plantes psychédéliques.

Beaucoup d'initiés souffrent de maladies qui les fragilisent psychologiquement après l'absorption de l'iboga. On a par exemple le cas des consommateurs de chanvre indien et qui vont dans les temples initiatiques où ils absorbent de l'iboga. Alors les effets conjugués de ces deux produits occasionnent souvent des réactions démentielles, « un tri psychédélique ».

Dans les envieront, une population de plus en plus nombreuse de jeunes se livre à la consommation du chanvre et de l'iboga. Ces jeunes sont désœuvrés et vont de temple en temple. De nombreux cas de décès des suites d'une overdose montrent que l'iboga est un moyen d'accès à la guérison qui, en fait, devient un véritable problème de santé publique. Il y a trop de décès sur la natte initiatique et le candidat à l'initiation est toujours conscient **qu'il va faire face à sa propre mort en entrant, dans l'espace de son dernier soupire, le cri des initiés : « Bokayé ». Ce qui est vu par l'initié guidera toute sa vie future.**

On ne peut rien savoir si l'on n'est pas initié ; l'initiation semble être le moyen le plus pertinent d'accessibilité à la connaissance : mais le mot d'ordre est que celui qui veut savoir ce qui se vit dans l'initiation doit s'initier lui-même. L'initié est donc conduit nécessairement au silence. Il est conduit au mutisme : il ne peut parler des choses sérieuses qu'aux seuls initiés au même rite que lui. Ce qui signifie qu'on ne peut connaître fondamentalement les rites initiatiques gabonais que si l'on est soi-même un initié. Pour éviter tous les risques liés à l'initiation, il ne faut recourir qu'aux tradipraticiens les plus expérimentés.

Par ailleurs, il faut savoir qu'un grand initié est aussi un maître et, en tant que tel, il ne peut livrer son savoir qu'à quelques-uns de ses élèves les plus méritants. Il va donc de soi qu'aucune de nos questions relatives aux fondements des rites initiatiques ne peut trouver des réponses pertinentes si nous ne faisons pas l'effort d'aller à la rencontre du secret initiatique. D'où la nécessité d'encourager les médecins à avoir une double formation, en s'initiant à la médecine traditionnelle. Ils doivent se mettre à l'école de la tradition afin de s'approprier ces savoirs ancestraux.

La nécessité d'être en route pour s'ouvrir à la connaissance, aux fins d'entrer dans l'univers des mystères, est la condition *sine qua non* qu'il convient de remplir pour parler avec science des rites initiatiques tels que le *Bwiti, le Bumba éyano*[10]*, le Djembè, le Melan, le Mwiri, les Bilombo, etc.*

Il ne faut pas se leurrer : notre compréhension de ces différents rites sera forcément superficielle ; car, pour en savoir plus, il faudrait être initié soi-même. Néanmoins, le peu de réalité auquel il nous sera donné d'accéder grâce à l'initié permettra une approche différente du phénomène de l'initiation et une pastorale conséquente.

---

[10] Nous continuons notre étude des rites initiatiques dans le genre notre texte *Bwiti et Christianisme* ou de *Melan et christianisme.* Nos différents voyages entre l'Europe et l'Afrique et nos problèmes de santé font que quelques recherches ne sont pas encore transcrites et, surtout, il nous faut encore rencontrer les Anciens afin de mesurer…

DEUXIÈME PARTIE
La rencontre d'une autre rationalite

II

La médecine gabonaise

Les praticiens de la médecine traditionnelle, ceux que l'on désigne souvent par le mot *nganga* connaissent les plantes dont les substances agissent sur les facultés cognitives et qui développent la sensibilité. Parmi ces plantes, il y a l'iboga, la plante sacrée du Gabon. Pour eux, la nature est l'instance de la connaissance, et l'art thérapeutique ne peut que trouver en elle sa résonance méthodologique. La mise en train de toute thérapeutique, en médecine traditionnelle, débute par une activation de l'émotion. Ainsi par la manducation d'éléments de la nature, le tradithérapeute saisit ce que Paul Niger appelle « le rythme profond de l'homme dépouillé des oripeaux du matérialisme mécaniste, le rythme interne de la vie ». La constante religieuse de la médecine traditionnelle gabonaise, notamment, met en valeur non seulement l'activité créatrice de ce mode de connaissance (l'émotion), mais aussi la nature en tant qu'elle suggère les émotions et ébranle les canaux sensibles du sujet interpellé par ce qui, au fond de toute chose manifeste la vie.

Puisque la forêt, l'environnement, n'est pas un vide, mais un domaine plein de génies, ces dieux qui sont les premiers habitants de la terre, il est aisé de comprendre la raison pour laquelle les ngangas ont absolument besoin de la forêt profonde pour l'exécution des rites et des rituels les plus complexes. On va admettre que la nature fait vivre l'homme en provoquant en lui des émotions afin qu'il puisse agir de telle ou telle autre manière. Senghor disait à cet effet que :

> L'émotion naît du contact du monde factuel et de la nature. Par un mouvement centrifuge, le Nègre retourne à la

nature et la transcende pour créer un monde moral : société et religion. L'art n'est qu'une technique d'intégration par la société au monde moral : monde surréel de la religion[11].

Étant entendu que la médecine traditionnelle est un art qui fonctionne selon les schèmes de la tradition de ceux qui la pratiquent, elle est un art traditionnel au même titre que les autres arts négro-africains. La médecine traditionnelle doit s'entendre, à cet effet, comme la sculpture ou la poésie, « un tissu d'images analogiques, informées par le rythme. Car seul le rythme permet à l'art d'atteindre son but qui est de communion, jusqu'à l'identification »[12].

L'initiation, au Gabon, se fait par absorption de plantes médicinales ; elle ouvre le sujet sur une méditation intérieure qui aboutit à un voyage mysticospirituel. Elle pose la problématique du temps ; il y a quelque chose de paradoxal : on ne sait pas si le sujet est dans le temps de la conscience ou si c'est le temps objectif qui est dans le temps de sa conscience. Dans tous les cas, « la scénographie rituelle prend acte du franchissement qui s'opère. La présence concrète, les sons, les paroles, prononcées et adressées à autrui, tout cela est propice à prendre une distance et reprendre pied dans la vie »[13]. Le lieu du rite participe lui-même de la mise en scène qui prend en compte la symbolique et toutes choses qui font sens.

---

[11] SENGHOR (L.S), *« L'esthétique négro-africaine »* In Diogène, octobre 1956, art. Cit. p.71

[12] *Ibidem.*

[13] FELLOUS (M) a *la recherche de nouveaux rites. Rites de passage et modernité avancée,* Paris, l'Harmattan, 2001, p.12.

Le monde de l'initié

L'objectif est de maîtriser les forces ou les énergies naturelles afin d'entrer au théâtre du partage des forces entre l'homme et la Transcendance. On ne saurait trop dire si l'initié est dans notre temps, car il est dans notre temps parce qu'il communique avec les membres de l'assemblée, mais en même temps il lui arrive d'évoquer des réalités non perceptibles par tous. Il est dans plusieurs lieux communs qui se croisent en termes de surfaces superposées. Son monde est composé de plusieurs genres : animal, végétal, humain et spirituel. Dès lors, on constate à travers l'initié que l'homme communie à plusieurs réalités hiérarchiquement bien disposées, tel est sans doute le sens de la participation dont parle Senghor. La participation est en ce sens le mot clé de la négritude puisque l'homme participe par son énergie aux énergies qui composent la nature c'est-à-dire l'Être dans sa totalité.

Pour notre poète, l'être est énergie, force et rythme. Or le rythme, la force, l'énergie vitale sont cachés dans la nature par le jeu de voilement et de dévoilement de ce même principe. Il y a comme une sorte de divinisation de la nature chez les Négro-africains. On note par exemple, chez Mbiti, qu'il y a une participation14 sur le terrain de la nature qui lie les vivants aux morts.

C'est dans cette même lancée que Senghor est très soucieux de la vitalité de l'espace, puisque la force vitale s'y manifeste. Cette spatialisation de la force vitale se comprend en termes de mise en commun des étants. Les végétaux et les autres éléments qui composent la nature constituent en ce sens, pour les sages, un symbolisme

[14] MBITI (J.), *Religion et philosophie africaine,* Yaoundé, Clé, 1972, p.40.

pouvant à tout moment servir pour la médecine, les rites et l'alimentation.

Médecine initiatique

La médecine de tradition initiatique et religieuse telle que le Bwiti échappe au contrôle de la rationalité scientifique moderne que propose celle-ci. La rationalité cartésienne induit une mentalité scientifique qui pousse le médecin, déjà par son accoutrement professionnel à nier la nature. Il se revêt de gants, met une blouse, utilise régulièrement de l'alcool pour lutter contre les microbes. La construction de l'hôpital suit d'une certaine manière la structure de cette conscience cartésienne qui se construit contre le monde. Il y a du goudron partout, la nature y est dominée telle que l'a souhaité Descartes. Le paysage est culturel et rien n'est naturel. On arrive ainsi à la pratique froide de la technicité médicale moderne qui maintient la nature au respect. Celle-ci s'oppose à la chaleur musicale et poétique des rites initiatiques traditionnels qui introduisent la communauté dans la nature.

Ainsi, dans sa relation à la nature, le tradithérapeute a d'abord une mentalité du soupçon. Nous entendons par mentalité du soupçon, la mentalité dite fétichiste parce qu'elle suppose toujours un au-delà du savoir immédiat. Le fétichisme nous renvoie à l'univers de la croyance aux divinités tandis que la science exhibe la croyance en la raison. Contrairement au médecin et à son hôpital, le tradithérapeute africain, ce maître de la parole, reste en contact permanent avec le sol : la nature. Il reste pieds nus, parfois torse nu. D'ailleurs l'entrée dans un temple initiatique exige que l'on retire ses chaussures avant d'y pénétrer.

Si dans un hôpital moderne le malade est seul avec le personnel médical ne recevant que rationnellement de la visite, le tradithérapeute, lui, estime que toute visite est nécessaire à n'importe quelle heure. Aussi le malade lui-même se dépouille de ses vêtements et autres objets qui mettent une distance entre lui et la nature pour se mettre en permanence au contact de celle-ci. Il est couché au milieu des plantes, parfois dans l'eau ; à certains moments il va auprès du feu, toutes ses réalités qui disent la nature. Le médecin, par la raison, coupe, écorche vif l'organisme pour extirper la pathologie.

De son côté le tradithérapeute, parce qu'il estime que la maladie est le fruit d'un dérèglement des forces de l'organisme doit, par son art, laisser la nature dévoiler le mal. La connaissance du tradithérapeute échappe à la rationalité mathématique parce qu'elle est symbolique. La maladie devient elle-même un symbole dont il faut décrypter le sens.

Reconnaissons que « nous ne sommes pas seuls au monde » (Tobie Nathan) 15 et osons affirmer notre credo chrétien, lequel admet la création d'un univers visible et invisible : le monde est fait de réalités visibles, mais aussi invisibles ; c'est tout cela qui compose la nature.

C'est la forêt qui indique essentiellement au tradithérapeute que l'homme n'est pas seul au monde, que chaque chose, dans la nature, contient un secret que la nature doit révéler à l'homme. On comprend dès lors pourquoi les grandes cérémonies initiatiques se réalisent dans la forêt : c'est pour découvrir les secrets de la forêt. Voilà pourquoi, au Gabon, l'initiation thérapeutique la plus importante se déroule dans la forêt. Et voilà aussi pourquoi, au Gabon, le culte des ancêtres, la relation aux

---

[15]NATHAN (T), *nous ne sommes pas seuls au monde,* Paris, Seuil, 2001

esprits, toutes ces choses ont gardé leur place dans la forêt. Cette réalité détermine notre intelligence à interroger le rapport entre l'homme et la nature.

Pour les bwitistes, l'homme et la nature sont un tout correspondant. Il a en lui-même toutes les dimensions de la nature. L'homme est comme une guitare qu'il faut souvent régler pour avoir de beaux sons. Tant que ça joue bien, la correspondance avec la nature est juste et l'homme est en bonne santé. Dès lors que les cordes de cette guitare s'usent et que ça joue mal, la maladie s'installe et le processus de déstructuration de la nature en l'homme commence jusqu'à ce que mort s'ensuive.

Maître Atome Ribinga qui pratique le Bwiti fang atteste qu'il existe entre l'homme et la nature certains éléments qui favorisent leur mise en relation. Pour lui, l'homme, c'est la nature.

Cette position est diamétralement opposée à celle de Descartes. Ce n'est pas l'homme, mais la nature qui maintient l'homme en respect. Toute destruction de l'environnement aura des conséquences particulières sur la vie de l'homme. La santé devient synonyme d'harmonie entre l'homme et la nature. Et la connaissance se pose maintenant telle une révélation, une production consécutive à l'harmonie relevant du rapport l'homme-nature. Aussi le Bwiti est-il à la recherche de l'harmonie dans le corps des individus, dans la société et dans le cosmos tout entier.

La connaissance de la nature nous est ainsi accessible parce que nous connaissons la signification du langage symbolique à travers lequel la nature nous parle symboliquement.

La santé comme mouvement harmonique de la vie est comprise à partir du chiffre 12. Pour les bwitistes, cette harmonie qui se déploie dans la symbolique du chiffre 12 est le Grand esprit de Ribinga. Ribenga, c'est le nom de Dieu chez les initiés au Bwiti. Pour les maîtres en initiation du Bwiti, la nature est une composition musicale destinée à célébrer Dieu, Ribinga. Cette division musicale est tissée des données mineures et données majeures. C'est cela qui constitue le mystère de la connaissance de l'âme par elle-même. Donc, l'on aurait 7 chiffres majeurs et 5 chiffres mineurs.

Parler des douze chiffres en question revient alors à poser la question de la nature et de la Création. Voilà pourquoi le Temple initiatique est une propédeutique à toute connaissance de la nature et de ses éléments. Ainsi la connaissance de la nature par l'homme passerait stricto sensu par notre entrée dans la dynamique de la symbolique des 12.

En effet, si l'on déchiffre la nature, on trouverait alors ontologiquement ceci :

12 plans divins. Dont : 7 plans divins majeurs et 5 plans divins mineurs.

12 notes de musique. Dont : 7 notes majeures et 5 notes mineures.

12 couleurs qui composent le spectre universel de couleur blanche. Dont : 12 couleurs majeures et 5 couleurs mineures.

12 glandes endocrines. Dont 12 glandes majeures et 5 glandes mineures. On précise que les glandes qui sont sous le contrôle de l'hypothalamus et de l'hypophyse, c'est-à-dire la thyroïde, les surrénales et les gonades (testicules ou ovaires) sont des glandes majeures. Mais, les médecins, selon Atome Ribinga, ne connaissent que les fonctions physiologiques de ces différentes glandes endocrines alors qu'elles ont tout aussi des fonctions mysticospirituelles.

La harpe sacrée, instrument de prédilection pour tout acte religieux à connotation initiatique à elle-même aussi 12 cordes, lesquelles sont les douze paroles sacrées de

« Kombo Na Rissosso Mwana Nzambé », le Verbe de Dieu au sens chrétien du terme.

Il importe de comprendre par ailleurs l'importance de la parole dans le Bwiti. La nature, comprise comme cimetière, Dieu, principe de vie, fait descendre son verbe, Kombo Na Rissosso (traduit littéralement par envoyé au cimetière) pour qu'il réinstaure la correspondance entre le matériel et le spirituel. Tel est le sens de l'initiation thérapeutique au Bwiti.

Nous faisons tout aussi remarquer que, même hors du Bwiti, il est répandu que chaque plante de la nature soigne réellement douze (12) maladies. Donc, dans chaque chose de la nature on retrouverait la nature elle-même dans sa totalité. Dès lors, la rationalité de type cartésienne se trouve disqualifiée pour pénétrer les mystères de l'arbre. Il faut se mettre à l'écoute des Anciens pour décoder les signes des temps et aller plus en avant à la rencontre de l'arbre qui brûle sans se consumer.

III

La place de la médecine traditionnelle

Du système de santé gabonais

De nos jours, le système de santé gabonais utilise deux rationalités inhérentes à deux systèmes de valeurs : moderne et traditionnelle. La biomédecine est, en effet, la pratique médicale juridiquement autorisée dans tout le pays alors que la médecine traditionnelle est tout simplement tolérée puisqu'elle n'occupe pas encore la place qui lui convient tant dans les institutions de formation du personnel médical que dans les centres de soins de santé de l'État.

Pourtant, le comportement du Gabonais, dès lors qu'il est malade, est plutôt motivé par le système de codification des valeurs traditionnelles. Celles-ci lui permettent de distinguer le normal du pathologique grâce à ses « permis et interdits sociaux ». D'emblée, la pathologie est abordée soit selon des valeurs occidentales, soit en fonction de la représentation de l'être humain dans la culture locale.

Regard sur la Santé en 1997[16]

Au regard des indicateurs économiques, le Gabon est un pays riche ; ce qui contraste nettement avec le sous-développement de sa société. Pays à revenu intermédiaire, avec le PIB par habitant par an le plus élevé d'Afrique, soit 3700 US $ (*2001*), 20 % de la population urbaine vit sous le seuil absolu de pauvreté avec moins de 1 US $ par personne par jour : (IDH = 0,653 en *2001* plaçant le Gabon au 118 /175 et ISDH = 0,546 en *1997* plaçant le Gabon au 102/175). Le « Pays de la forêt » compte soixante pour cent de pauvres avec une baisse légère depuis 1960 : entre 82 % et 62 % de la population totale qui vivrait en dessous du seuil de pauvreté. Ces chiffres montrent à suffisance qu'une véritable réflexion sur la santé visant à l'amélioration du bien-être global des Gabonais n'a pas encore eu lieu. Un effort de justice sociale doit se faire en ce sens. Mais, les « politiques » se contentent de tenir des discours *gueule de bois* visant à endormir le peuple grâce aux slogans du type : « école cadeau, hôpital cadeau, voter Bongo, c'est voter la paix ». On oublie que la paix ne peut résulter des seules stratégies politiques des alliances nocturnes entre leaders de partis politiques de la Majorité présidentielle et de l'« opposition politique alimentaire ».

---

[16] Ces données sont très anciennes, mais cela ne change véritablement rien pour ce qui est de l'allure de la problématique de la santé ou de la médecine au Gabon. Le problème, c'est effectivement que l'homme n'est pas encore au centre des véritables préoccupations des gouvernements. Il suffit de constater que lors des grèves de la santé, lorsque le personnel médical est en attente des primes qui ne sont pas versées, il n'y a même pas un personnel d'astreint pour assurer la permanence à l'hôpital. Alors les patients meurent comme…, mais les médias d'État n'en parlent pas.

L'enjeu du Préambule de la Constitution de l'OMS est sans équivoque pour tout processus de démocratisation : « la possession du meilleur état de santé qu'il est capable d'atteindre constitue l'un des droits fondamentaux de tout être humain ».

L'état sanitaire du pays est sans cesse préoccupant[17]

Dans l'arrière-pays, les populations doivent faire de vrais voyages pour aller chercher des soins dans un centre hospitalier, loin de leur lieu de résidence. L'État gabonais ne déploie pas suffisamment de moyens pour la réalisation d'une politique de santé efficace. Cette efficacité résulterait d'une volonté politique visant à mettre en place un système de santé qui tire toute sa valeur de l'articulation rationalité-imaginaire, c'est-à-dire un système de santé qui ne fait l'économie ni de la rationalité ni de la spiritualité.

Le Programme des Soins de Santé primaire, recommandé par l'OMS à Alma Ata en 1978, pour assurer aux populations défavorisées la proximité des soins, n'a

[17] Les dépenses totales de santé, par rapport au PIB stable, s'élèvent à 3,6 % (2001), soit 6,6 % du budget de l'État pour la période recouvrant la Santé publique entre 1995 et 1998. Ces dépenses totales de santé s'élèvent à : 200 US $/personne/an, soit *85 US $ pour le secteur public et 115 US $* pour les *secteurs privés et para public.* La politique de santé est d'une façon générale décevante : 95 % du budget alloué à la santé est dépensé pour les soins curatifs et seulement 5 % pour la prévention. D'où la faiblesse des résultats d'une telle politique de santé qui contrairement à ce qu'elle devrait faire, n'accorde pas la priorité absolue à la prévention. Les statistiques font ressortir : un taux brut de mortalité de 12 ‰ (*2002*), un taux brut de natalité de 32 ‰ (*2002*), une espérance de vie à la naissance de 57 ans (*2004*), un indice synthétique de fécondité de 2,6 % (*1990 – 2002*) ; un taux de mortalité infantile (0 – 1 an) de 60 ‰ (*2002*) ; un taux de mortalité infant – juvénile de 91 ‰ (*2002*) ; un taux de mortalité maternelle de 520/100 000 naissances vivantes (*2002*).

pas, jusqu'ici, connu de réalisation déterminante, à cause de la priorité accordée aux structures hospitalières dans le système de santé (64 % du budget de 2003 est accordé aux soins tertiaires, 26 % aux soins secondaires et seulement 10 % aux Soins de Santé Primaires). Le système de santé gabonais est victime de son « hospitalo-centrisme », c'est-à-dire le fait que tout parte et aboutisse à la structure hospitalière chargée de la santé, sans conférer à la périphérie (Centres de Soins de Santé primaire, Dispensaires et Centres de Soins) toute l'autonomie nécessaire pour effectuer un système filtre, avec référence ; ce qui permettrait de résoudre localement tous les problèmes de santé relevant de la compétence des agents de santé affectés.

On peut donc parler d'échec du système de santé gabonais. Car, contrairement à l'article3 de l'Ordonnance n° 0001/95 portant orientation de la politique de santé en République gabonaise, l'État n'arrive pas à garantir à tous, notamment à l'enfant, à la mère, aux handicapés... la protection de la santé. Les populations les plus démunies ne pouvant se soigner convenablement, le paludisme[18], la diarrhée aiguë, les infections respiratoires aiguës sont les premières causes de mortalité.

Malheureusement le système de santé gabonais ne dispose pas d'une politique de santé qui favoriserait l'accessibilité aux soins de santé à cette population qui vit entre la misère et la commisération. Le salut des pauvres viendrait d'une volonté politique visant à améliorer les

---

[18] Une enquête menée par *Recherche-action en Santé publique urbaine* montre les difficultés des ménages à supporter les coûts de soins de santé modernes : « 52 % des ménages reconnaissent ne pas avoir la capacité à supporter les frais générés par les soins de santé. Approximativement la moitié des ménages dans cette situation (24 %) sont incapables de s'acquitter des frais de consultation dans un Centre de Santé publique ».

offres de soins et l'organisation de tout le système de santé en rendant interagissant toutes les ressources permettant d'améliorer le niveau de bien-être des habitants des villes et des villages. Seule une philosophie efficiente mettrait en place des dispositifs adéquats de concertation, mais aussi de capitalisation impliquant, dans le domaine de la santé, les médecins et les tradithérapeutes qui, entraînés par un élan concentrique et convergeant, développeraient des politiques de santé publique viables, fiables et respectueuses de l'homme tenu prisonnier par le capitalisme économique qui génère des structures éthiquement déviantes. Les pratiques soignantes doivent s'inscrire dans la perception éthique de la vie en tant que ce qui maintient l'homme dans le monde et lui donne d'exister.

De cette façon, ce qui est vie, c'est l'être et celui-ci est la vie, c'est-à-dire ce qui existe tout simplement parce qu'il n'est pas emporté par la mort. C'est pour cette raison que l'hôpital, qu'il soit moderne ou traditionnel, est le domaine où les enseignements de l'éthique interpellent toute la communauté. Les centres hospitaliers, notamment modernes sont alors un domaine qu'il convient de mettre en valeur afin d'y voir apparaître des communautés humaines au sein desquelles se développe la vie au prix de l'effort des praticiens attelés au travail des soins, dans l'abnégation et la solidarité.

Il s'agit donc d'amener les soignants à ne s'occuper que de leur travail de soignants au lieu de leur demander de subordonner leur activité de soignant aux problèmes de gestion et de comptabilité de la structure hospitalière. Le rôle du médecin ou de l'infirmier n'est pas de regarder la capacité du patient à payer ses soins, mais de lui administrer les soins nécessaires pour l'aider à se tirer d'affaire. Pourtant, à cause de cette confusion qui règne dans les structures de santé, le personnel hospitalier en vient souvent à manquer de charité aux patients.

Quelqu'un venu pour une urgence, mais qui n'a pas d'argent pour payer sa consultation (variant entre 3000 FCFA dans certains dispensaires et 15 000 FCFA dans les cliniques privées), ne recevra même pas les premiers soins. Le Dr Walter Munz, ancien de l'hôpital Schweitzer de Lambaréné rapporte cette anecdote : « Récemment, un Gabonais du Sud, sans ressources financières, est monté exprès de Libreville pour faire soigner ses yeux. L'infirmier gabonais qui l'a accueilli à l'Hôpital lui a d'abord demandé 3000 CFA. Le malade répondit qu'il n'avait pas d'argent. Il fut renvoyé »[19]. Ainsi, au Gabon, qui n'a pas d'argent ne peut accéder aux soins de santé les plus élémentaires.

Du coup, les populations se demandent pourquoi elles devraient se rendre à l'hôpital alors qu'elles n'ont pas d'argent. Le Gabon est ainsi loin d'atteindre l'objectif fixé par l'Organisation mondiale de la Santé qui est de permettre à chaque individu de jouir de son droit inné à la santé et à la longévité à cause de l'inégalité d'accès aux soins de santé. On note alors que la majorité des Gabonais ne peut bénéficier des pratiques médicales modernes pour prolonger l'existence ou détecter des maladies génétiques graves par l'intermédiaire des tests génétiques.

Une enquête auprès de la population gabonaise montrera qu'une forte proportion des citoyens des grandes villes, notamment Libreville et Port-Gentil, ne se rend pas à l'hôpital sans hésitation. La raison peut être financière puisque l'assurance maladie est réservée aux travailleurs qui sont couverts par des compagnies d'assurance privée : Axa, Orgar-vie… ; l'assurance maladie la moins élevée

---

[19]MUNZ (W.) : *Albert Schweitzer dans la mémoire des Africains,* Études Schweitzeriennes, n° 5, p.110.

coûte 700 000 FCFA (700 000 FCFA) par an, soit mille soixante-sept euros et sept centimes (1067,07). À ce prix, le Gabonais moyen ne peut se permettre de contracter une assurance maladie alors que le coût des médicaments, en pharmacie, est un des plus élevés du monde.

Pour être assuré et bénéficier d'une *carte d'assuré*, il est nécessaire de travailler pour le compte de la Caisse nationale de Sécurité sociale ou dans une entreprise qui peut assurer ses travailleurs soit auprès de la CNSS, soit auprès d'une compagnie privée. Les structures hospitalières modernes n'utilisent pas une pédagogie propre à faire comprendre le bien fondé de leurs décisions □u bien, on peut aussi le penser, ceux qui gèrent ces structures ne tiennent pas souvent compte de la situation économique des ménages. Dans l'état actuel de la paupérisation galopante des économies des pays du Sud, la possibilité pour chaque citoyen de se soigner est considérablement réduite. Alors que les pays du nord, la France par exemple, travaillent sans cesse leurs systèmes de santé pour donner à toutes les possibilités d'accéder aux soins, la possibilité pour chaque Africain de se soigner correctement est infime.

Il paraît, pour le cas des pays comme le Gabon où la manne pétrolière s'épuise considérablement, que les gouvernants manquent de volonté politique pour aider les populations à accéder aux soins les plus élémentaires, notamment en ce qui concerne les pathologies les plus récurrentes, le paludisme par exemple.

D'une façon générale, à notre connaissance, la santé est un luxe pour les Bantous surtout, parce que, des indépendances jusqu'à nos jours, aucun pays n'a développé un système de sécurité sociale cohérent, à même de prendre en charge, de manière responsable, la santé des citoyens. Celui qui n'a pas d'argent ne peut bénéficier de soins de santé de qualité ! Or, le plus souvent, pour alourdir la facture, dans une société où la sécurité sociale est inexistante et les assurances et mutuelles de santé sont un luxe, il y a des médecins qui ont des cliniques et qui écument les patients par les prix qu'ils pratiquent sans tenir compte de leurs limites.

On constate malheureusement que les médecins se servent de la souffrance humaine comme un moyen pour s'enrichir. Au regard de la leçon kantienne, on est plutôt invité à moduler le comportement non plus dans une perspective économique de l'action, mais dans une orientation morale du geste. C'est pourquoi le soignant doit agir en fonction de l'idée de Bien. Ainsi, pour que l'action de l'infirmière soit empreinte d'humanité, on entendra dans l'expression encourageante : c'est bien, le fait de lui dire en d'autres termes : – tu as été attentive dans ta volonté de bien soigner –, car ce qui rend humaine l'action de soigner, ce ne sont pas des connaissances scientifiques, mais la volonté de faire du bien. Il convient, à cet effet de souligner que la volonté de bien faire se détermine comme un acte dépassant les frontières d'un paradigme épistémologique que l'on voudrait absolument défendre.

Il importe donc de promouvoir une démocratie de la santé, autrement dit, les politiques devraient envisager une conception égalitaire, solidaire ou démocratique qui donne lieu à un système de santé qui prendrait en compte le coût des médicaments en fonction du pouvoir d'achat des citoyens.

L'autre raison qui éloigne les populations de l'hôpital concerne la conception architecturale des hôpitaux et des Centres de Santé, et met directement en cause la politique hospitalo-centriste : ceux qui se rendent, de premières intentions, chez des tradithérapeutes, pensent que leur maladie ne peut pas trouver de solution à l'hôpital et qu'il y a un risque pour eux de s'y rendre. De fait, ces patients ne peuvent pas accepter de se laisser placer une perfusion et encore moins de subir une intervention chirurgicale s'ils sont atteints de jaunisse ou d'hépatite, deux maladies bien connues de la médecine conventionnelle moderne.

Ils considèrent qu'une piqûre ou une perfusion, à l'occasion de ces maux, entraîne inéluctablement la mort du patient, alors que la médecine traditionnelle guérit très rapidement ces deux maladies. En fait, les Gabonais ont tout un répertoire de maladies qui ne concernent pas l'hôpital moderne : tout thérapeute africain formé à l'école moderne n'hésite pas à conseiller tout patient atteint de ces maladies de se rendre auprès d'un tradithérapeute.

La médecine occidentale est déterminée par la caractéristique existentielle de la culture européenne ; c'est pourquoi le médecin est en face de « l'objet-maladie », de l'Autre, comme un guerrier devant un ennemi. Le médecin se comporte comme un « homme de volonté, guerrier, oiseau de proie, pur regard, le Blanc européen se distingue de l'objet. Il le tient à distance, il l'immobilise, il le fixe : muni d'instruments de précision, il le dissèque dans une analyse impitoyable »[20]. Avec une telle attitude, la maladie est un problème mécanique qu'il convient de résoudre.

Or, la médecine traditionnelle bantoue est au service d'un sujet qui est tout à fait différent de la culture rationalisante, elle envisage l'ego comme un élément du tout dans le tout, un sujet vivant entre les lois du Visible et de l'Invisible.

Par conséquent, le Bantou manifestera son sentiment d'insatisfaction par rapport à la médecine

---

[20] SENGHOR (L S) : *Liberté1*, Négritude et humanisme, Paris, Seuil. 1964, pp 258-259

moderne parce que cette dernière ne considère pas les problèmes de l'esprit dans son domaine d'investigation.

Enfin, ce qui rebute les populations d'Afrique centrale, dans l'hôpital moderne, ce sont des pratiques d'une autre culture, notamment celles qui violent l'intimité et la pudeur du patient : le toucher vaginal, le toucher rectal, la coloscopie, le palper des seins ou le simple fait d'être obligé de se mettre tout nu devant un « étranger ». Ce sont des pratiques qui bouleversent les habitudes et l'imaginaire du milieu : elles nécessitent donc l'éducation des populations pour les intégrer dans la culture du pays.

Par rapport à l'accueil dans la médecine conventionnelle moderne en Afrique, on peut constater que l'approche scientifique de la maladie n'est pas toujours suffisante aux yeux des patients : le VIH-Sida, la variole et la fièvre hémorragique à virus Ebola, entre autres, sont des maladies qui s'entourent d'une nébuleuse de croyances et de coutumes. Les soignants savent bien que les explications scientifiques ne sont pas totalement comprises par les patients. Il serait donc souhaitable que l'on prenne en compte le domaine spirituel, dans certains Programmes de lutte pour l'éradication de certaines épidémies, comme Ebola ou la pandémie VIH-SIDA.

Tout en recourant à la médecine conventionnelle moderne, le Bantou ne cesse pas de baigner dans un univers culturel qui ne supprime pas les préoccupations d'ordre spirituel. Le fait spirituel a donc pour conséquence, depuis l'époque coloniale, de développer des comportements de résistance face à la médecine moderne, à cause de sa vision scientifique des choses. Cette précision de « scientifique » est importante parce que la médecine traditionnelle à laquelle recourt habituellement le patient engage systématiquement un recours à des procédés magiques ou simplement religieux. Ceci entraîne une fracture importante entre la médecine moderne et conventionnelle et le patient qui réclame la guérison.

On constate alors que les populations n'intègrent vraiment la médecine conventionnelle dans leur vie quotidienne que par nécessité. Si les Bantous font appel aux lumières de la médecine conventionnelle, il s'agit généralement d'un « dernier recours » après avoir épuisé l'arsenal traditionnel : les médecins modernes n'acceptent pas cette situation à tel point qu'ils refoulent certains patients qui viennent dans leurs cabinets quand leur situation de santé est déjà complexe.

À cause de leur perception des problèmes de l'existence, les populations locales continuent de se méfier des pratiques de la médecine conventionnelle moderne qui ne correspondent pas à leur perception de la réalité et de l'homme[21]. Cela n'est pas nouveau, Sœur Marie Andrée avait déjà souligné cet état de fait :

> *Les Africains ont longtemps dédaigné ou boudé la médecine européenne ; ce n'est que peu à peu que celle-ci s'était imposée grâce à la contribution des Missionnaires. Ceux-ci ont eu une influence décisive dans le remplacement momentané de la médecine africaine par l'Européenne, au moyen de l'interdit jeté sur le fétichisme africain, lequel englobait : rites d'initiation, soins médicaux, pratiques magiques, etc. (...) Instinctivement, on ne pouvait pas être chrétien et aller se faire soigner chez le guérisseur*[22].

Dans le cas des vaccins, par exemple, il a souvent été difficile d'intéresser les populations, notamment dans la lutte contre certaines maladies infectieuses, mais aussi des cas de maladie infantile comme la poliomyélite.

---

[21] cf. Chapitre 7, *le « vampire » et scientificité de la Médecine traditionnelle* », notamment le cas clinique du patient de Sokodè.

[22] ANDRÉE (M) : *La condition humaine en Afrique noire,* Paris, Grasset, 1954, pp. 189-196.

Et l'on n'a souvent réussi que grâce au concours des chefs de villages avec qui le colonisateur tissait des alliances provisoires. Il fallait user d'un argument d'autorité pour que les paysans, qui se désintéressaient de l'hôpital moderne, s'y rendent sans avoir à recourir à la médecine traditionnelle. En conséquence, c'est par une habileté à manier la chicotte et à instrumentaliser l'Évangile que prêtres et commandants, tous européens, avaient aidé la médecine moderne occidentale à s'imposer face à la médecine traditionnelle africaine.

Toujours est-il que, par rapport à leur psychologie, beaucoup d'Africains se méfient de l'hôpital et considèrent que médecins et personnel hospitalier ne les comprennent pas ; ils ne les comprennent pas. N'est-ce pas là, l'une des choses que le docteur Albert Schweitzer avait voulu éviter en construisant le village indigène dans son hôpital de Lambaréné ? C'est possible, même si, pour certains, la construction de ce village participait à la politique impérialiste que pouvait incarner « le Grand Blanc de Lambaréné ». Ils arguent que cette infrastructure, comme tant d'autres infrastructures sanitaires françaises de la colonisation, visait un seul but : promouvoir la santé des indigènes afin de fournir à l'Administration coloniale une main d'œuvre efficace.

D'où la critique de l'historien congolais Elikia Mbokolo : « la politique sanitaire des pouvoirs coloniaux qui est souvent étudiée dans une perspective triomphaliste et hagiographique, semble obéir à la logique d'un système de domination globale, plutôt qu'aux initiatives dispersées et désintéressées des médecins soucieux de promotion humaine »[23]. Avec de tels arguments, toute tentative d'interprétation humaniste de l'action de Schweitzer est

---

[23] MBOKOLO (E.) : *Histoire des maladies, histoires et maladies,* AUGE (M.) et HERZLICH (C) : *Le sens du mal,* Paris, Puf, 1983, p. 182.

ébranlée dans ses fondements. Car Schweitzer pensait que la logique de l'infirmière était de « remettre sur pieds », de garantir et de rétablir (lorsque besoin se faisait sentir) l'équilibre de la chaîne de production et, par conséquent, d'empêcher l'immobilisation du travailleur par la maladie[24].

Il convient, toutefois, de nuancer ce propos en disant que l'effort de construction de l'œuvre de Schweitzer participait à une perspective de la médecine philanthropique pratiquée en Europe au XXe siècle en construisant des asiles pour les aliénés. Ne disposant pas de remèdes efficaces, l'on a développé une politique sanitaire qui permettait de retenir les aliénés dans des asiles afin de les protéger contre eux-mêmes et protéger la société. Les mêmes asiles accueillaient aussi des personnes qui avaient perdu leurs racines sociales. Mais, cette deuxième raison ne correspond pas, dans les faits, à la réalité traditionnelle africaine où la solidarité était un principe fondamental.

Pour la construction de son hôpital, Schweitzer avait choisi, pour son implantation, l'emplacement d'un village indigène et l'hôpital allait ainsi occuper la place du village avant d'en prendre la dimension actuelle : « *Il a fallu construire des cases pour les malades et des cases pour le personnel, les infirmiers et leur grande famille africaine...* »[25] Les malades africains ne se sentent culturellement pas en sécurité dans les hôpitaux modernes, car ils s'y trouvent dans un univers étranger renvoyant souvent à un imaginaire douloureux, celui de l'esclavage et de la colonisation. Par cette résistance, ils veulent

---

24 OBIANG (C.L.) : *Les missions catholiques sur les côtes de l'estuaire du Gabon de 1844 à 1894*, Libreville, U.O.B., Mémoire de maîtrise d'histoire, 1986, p.73.

25Dr OTHON PRINTZ : « L'idée de village thérapeutique dans le monde moderne », in *Études Schweitzeriennes,* Automne 1995 n° 7.

renoncer à l'impérialisme des pratiques exogènes qui ne tiennent pas compte de leur environnement.

Au regard de cette politique coloniale qui n'a pas intégré la culture du pays, on a l'habitude, en milieu hospitalier gabonais, d'entendre des malades demander à leur médecin : docteur est-ce que je peux rentrer « chez moi » et revenir vous voir de temps en temps ? Cette question est sous-tendue par une angoisse due à « l'expatriation » d'un sujet qui ne se reconnaît ni dans les pratiques de soins ni dans l'environnement hospitalier. Les malades préfèrent souvent aller suivre leur traitement chez eux auprès des leurs, au village. On peut évoquer le cas d'une femme hémorroïdaire qui arrive à l'Hôpital à un moment critique et qui pense qu'elle allait certainement subir une intervention chirurgicale. Elle avait si peur qu'elle se souvenait de sa tante décédée dans les mêmes conditions de maladie, mais heureusement pour elle, le médecin estimant qu'une telle opération n'est pas conseillée pour son cas, elle devait suivre un traitement sous surveillance médicale. Cette dernière a tout fait pour partir dans son village dès qu'elle avait reçu des médicaments.

C'est ainsi que certains malades fuient les centres hospitaliers après avoir déclaré au médecin traitant : « Docteur, je ne veux pas rester ici, je préfère aller mourir chez moi ». Il convient donc que nous nous interrogions sur le sens de cette expression, le « chez-moi » : toute médecine est fonction de la représentation que les personnes à qui elle se destine se font de l'existence. Or, il se trouve que ce « chez moi » est une invite à respecter l'imaginaire des patients, un imaginaire qui renvoie, en Afrique centrale, à une représentation spirituelle de l'existence. Nous tentons de pénétrer cet imaginaire pour comprendre ce qui manque, pédagogiquement, à la médecine conventionnelle moderne pour correspondre à l'identité bantoue.

La connaissance de ce « chez moi » ne peut qu'être d'un très grand intérêt pour les défis des pratiques des soins hospitaliers modernes en Afrique centrale, notamment au Gabon. Cette démarche est fondamentale parce qu'elle nous permet de saisir l'importance que revêt le village pour le Bantou. Pourquoi le village est-il une préoccupation fondamentale dans le monde traditionnel gabonais, au point que la vie et la mort de l'individu y semblent liées ? Pourquoi est-il important que le malade africain se reconnaisse chez lui, même en milieu hospitalier ?

Au-delà de ce qu'on peut dire, cette question touche le cœur de ce qu'il convient d'appeler « le principe de base du style du Dr Albert Schweitzer et des missionnaires » : il s'agit de conserver au malade son écosystème de vie. Cela explique-t-il la raison pour laquelle certains malades quittent Libreville et d'autres grandes villes du Gabon, pour aller se faire soigner à l'hôpital Schweitzer de Lambaréné ? C'est en fait, la première raisonne, car l'atmosphère générale de cet hôpital est bien celle d'un village.

Alors que les malades hésitent à aller dans les hôpitaux de Libreville où l'homme de la tradition est souvent mal à l'aise à cause de la modernité des structures hospitalières, c'est avec espérance qu'il se prépare à aller à Lambaréné, à l'Hôpital Albert Schweitzer. Leur appréhension est souvent liée non seulement à des problèmes pécuniaires, mais aussi, et surtout à l'environnement étranger à leurs mœurs, à leur histoire, à leur imaginaire. Le malade est, par définition, quelqu'un qui est fragilisé par la maladie. Il a besoin d'assurance, de confiance et c'est seulement dans une atmosphère familiale qu'il trouve cette assurance. Que veut donc dire

« chez moi », lorsqu'il déclare à son médecin : docteur, je veux rentrer chez moi ?

« Chez moi » ne signifie pas « ma maison » ou « ma chambre » : il renvoie à un tout qui englobe tout ce qui construit son existence, à savoir sa famille, ses amis, mais aussi le commerce avec ses défunts et même la croyance à la sorcellerie. Ainsi le « chez-moi » rassemble plusieurs lieux communs entre le sujet et la communauté, y compris ce qu'il a comme biens et comme croyances (fétiches, reliques).

Dans la culture gabonaise, l'expression « être chez soi » signifie que la personne se retrouve dans son environnement culturel. Cet environnement est composé d'éléments visibles et invisibles. Hommes, femmes, forêt, mais aussi les *bewu* (les défunts), composent ce « chez-moi » que le malade voudrait retrouver. C'est dans ce système que le Gabonais donne sens à ses problèmes d'existence, y compris la maladie. Lorsqu'il se fait hospitaliser, il voudrait se sentir en confiance dans ce même milieu. Car ici, il a des repères qui lui permettent de savoir s'il va ou non se relever de sa maladie. Un exemple rapporté par une infirmière nous permet de comprendre l'importance de ce symbolisme que le malade voudrait retrouver à l'hôpital, symbolisme que les modernes ne connaissent pas forcément :

« Un malade, que nous appellerons Manfoumbi, est du groupe ethnique Ipunu. Il est arrivé accompagné de sa plus jeune épouse, Bernadette, parce qu'il n'acceptait pas de rester seul dans une chambre d'hôpital. Cette dernière se cachait, le soir, sous le lit du patient pour ne pas se faire chasser par les infirmières. Après une semaine d'hospitalisation, il déclare à son médecin : « docteur, je vois que je vais mourir parce que depuis que je suis arrivé ici, vous vous occupez bien de moi et pourtant le coq ne chante pas ».

Le médecin n'était pas surpris, car au beau milieu d'une ville moderne, il n'est pas facile de trouver un coq. Personne ne tint compte de son propos, alors même qu'il pleurait comme celui qui voyait venir sa mort prochaine. Une semaine plus tard, le patient de nouveau dit au personnel soignant : « je vais mourir, car malgré la présence de Bernadette, le coq ne chante pas ». Au bout de trois jours, le malade mourut. C'est alors que le médecin voulut connaître cette histoire de coq[26]. Qu'était-ce donc ce coq qui ne chantait pas ? L'infirmière dit que le coq, c'est la verge du patient.

Les Gabonais, ceux qui côtoient les Anciens, ont des repères culturels à travers lesquels ils se situent : un homme viril doit être en érection entre 5 h et 6 h du matin, entre 11 h et 12, entre 17 h et 18 h et entre 23 h et 24 h. Si le sexe ne se met plus en érection entre ces horaires, cela traduit un drame et si cela se produit au cours d'une maladie, c'est un signe annonciateur de la mort. Il existe d'autres signes.

Dans certaines cultures, si un malade fait un rêve où il est très_chaleureusement accueilli par ses Ancêtres, à son réveil, il doit réunir les siens pour dicter ses dernières volontés. Or dans le cadre hospitalier moderne, le personnel soignant est étranger à ces « délires » irrationnels. Pourtant, le cadre hospitalier doit être sensible à l'imaginaire du patient pour mieux l'aider à remonter au lieu d'entretenir ce divorce entre modernité et tradition.

[26] Témoignage de Mme la Secrétaire générale de l'ANGIDE à l'École Nationale d'Action sociale à une réunion de travail. Propos recueilli par nous, décembre 2002. Nous avions été invités à nous entretenir avec les infirmiers sur une nouvelle approche des pratiques des soins en fonction des us et coutumes gabonais et, pendant que nous étions en train de montrer l'innadaptabilité des structures hospitalières d'une part et, d'autre part, l'inadéquation de la formation des infirmières, elle nous a fait ce témoignage.

La médecine est d'abord un art qui s'exerce au sein d'un système de valeurs et de représentations. Elle devrait utiliser des éléments qui provoquent de l'émotion chez le patient, de sorte que ce dernier se rassure et fasse confiance en la médecine conventionnelle moderne. S'il reste froid par rapport aux pratiques médicales, il jugera cette médecine inefficace, voire dangereuse.

Ainsi, la culture bantoue, sans être hostile à la modernité, lui est antagoniste tant dans sa vision du monde que dans l'architecture de ses villages. Le villageois fait usage d'un symbolisme à partir duquel il sonde les mystères et, dès qu'il sort de ce cadre, il se sent étranger.

Il en résulte donc que le milieu hospitalier moderne est un domaine étranger aux malades qui ne s'y sentent pas en harmonie avec leur environnement. Psychologiquement, ce milieu moderne n'est pas sécurisant, car ni l'architecture ni les pratiques des soins infirmiers ne correspondent à la culture du pays. Or, dans les centres traditionnels de soins, en médecine africaine, autant que dans les villages, il y a une correspondance entre l'habitation, la cosmogonie, la nature et l'homme.

On ne peut envisager la démarche de guérison et la santé d'un patient, dans la société traditionnelle où les médecins sont appelés à exercer leur métier, sans respecter le tissu relationnel de l'homme. Les populations voudraient retrouver, dans la sphère des soins de santé moderne, quelque chose qui relève de leur imaginaire. Selon cet imaginaire, toute thérapeutique doit intégrer le patient :

DANS UNE RELATION TRIBALE : Juridiquement, il appartient à la tribu de son père ou à celle de sa mère. Pour toute thérapeutique, on a besoin des représentants des deux tribus : celle dont sa mère est originaire et celle de son père.

DANS UNE RELATION VILLAGEOISE : Tout homme est reconnu comme fils de son village, puisque c'est là qu'il grandit au milieu de ses frères et sœurs et reçoit son éducation sociale.

DANS UNE RELATION FAMILIALE : Quand on est malade, et qu'on veut se rendre chez un tradithérapeute, la présence d'un des membres de la famille est indispensable. Le diagnostic s'organisera en un examen des relations entre le patient et ses parents, entre lui et ses frères et sœurs.

DANS UNE RELATION INITIATIQUE : c'est par rapport à sa société initiatique qu'il est possible de connaître la personne avec qui on parle.

Malheureusement, les jeunes médecins n'ont pas une formation en sciences humaines et sociales qui leur permette de prendre en considération les quatre éléments qui structurent socialement, psychologiquement, économiquement et politiquement la vie du Bantou dans sa tradition. À l'Université des sciences de la santé à Owendo, on ne fait pas une place importante aux Sciences Humaines et Sociales pour étudier les problèmes concrets relatifs aux différentes orientations de la thérapie traditionnelle.

Cela dit, deux problèmes minent l'univers hospitalier, à savoir : son caractère étrange à la culture autochtone, d'une part, et le manque de communication dans le rapport soignant/soigné, d'autre part. À propos du caractère étrange : imaginez un habitant d'un quartier sous intégré de Libreville (que l'on nomme *Matiti*), admis dans un service du Centre hospitalier Universitaire (CHU) de Libreville : celui-ci qui sans transition, quitte un milieu sous-développé, où l'individu n'a que la nature pour satisfaire ses besoins naturels, pour une structure relativement moderne, où il n'a aucun repère, et dont les tenants (le personnel de santé) vont le contraindre, sans aménité, à se soumettre aux règles qui régissent cette structure…

Du rapport praticiens/patients

L'une des questions de l'éthique dans les centres hospitaliers africains, notamment gabonais, c'est la problématique du rapport entre le patient et le personnel hospitalier. Alors que la tradition africaine est généralement connue pour son principe de solidarité et d'empathie, valeurs qui sont, elles-mêmes, liées à la notion de famille élargie, il se trouve que, dans le monde hospitalier moderne, la solidarité avec le malade est presque absente. Le rapport entre praticiens et patients est manifestement tendu ; il n'est pas possible d'envisager « un discours au cœur du soin » entre un praticien qui refuse d'écouter les plaintes d'un patient jugé ignorant et un patient qui s'enferme dans sa douleur physique et morale. C'est ainsi que les centres médicaux et hospitaliers gabonais finissent par prendre les allures d'un univers carcéral.

Lorsqu'on entre dans le service des Urgences du Centre Hospitalier de Libreville (CHL), l'on est choqué par le manque de chaleur dans l'accueil, et surtout, par l'atmosphère de tension voire d'hostilité qui règne, du fait du manque de place, du manque de matériel médical et du manque de médicaments, ce qui rend pénible le travail du personnel de santé dont la situation socio-économique est aussi précaire et instable que celle des patients dont il doit s'occuper. En conséquence, la question de la redéfinition de l'éthique de la profession d'infirmier ou de médecin, au Gabon, se pose avec une telle acuité qu'il est aujourd'hui nécessaire de s'interroger non seulement sur la pratique et l'évolution des soins infirmiers que sur le rapport que le

Bantou entretient quotidiennement avec la structure hospitalière moderne.

En fait, l'univers hospitalier gabonais cristallise un certain nombre de conflits qui font que le dispensaire puisse devenir, en lui-même, le lieu de l'émergence des pathologies. Au regard du rapport entre le personnel hospitalier et le patient, l'hôpital devient un foyer de tensions, une source de stress. Le mot *stress,* qui signifie en anglais *force, poids,* est une force abstraite, agissant, vraisemblablement sur le physique autant que n'importe quelle force pouvant mettre tout individu en état de tension. De ce fait, affirmer que les centres hospitaliers sont des lieux de la culture du stress, c'est montrer combien de fois les gens qui s'y rendent, même pour accompagner un parent malade, dépensent de leur énergie en permanence. On devrait par conséquent, croire que ces lieux peuvent être nocifs pour la santé.

En effet, si l'on admet que s'exposer longuement à des tensions permanentes épuise l'organisme parce qu'il le pousse à l'inertie et si, en plus, la pulsion énergétique correspond à une pulsion de vie, alors nous dirons que le seul fait de se présenter à l'hôpital est susceptible de vous exposer à la mort. Richard Sünder disait à cet effet que : « Le stress, qui est une expression de la pulsion de vie, qui met l'individu en état de tension énergétique pour se défendre, s'inverse en pulsion de mort, dès l'instant où il épuise les ressources énergétiques du sujet, soudain en proie à l'inertie, et il peut tuer »[27]. Comment, dans des pays où il fait chaud, les tensions peuvent-elles ne pas être des facteurs aggravants pour la tension artérielle, nouveau

---

[27] SÛNDER (R.) : *Médecine du mal Médecine des mots. Causes psychologiques sent et syntaxe des « maladies »*, La Penne sur Huveaune, éd. Quintessence, 2002, p. 41.

fléau qui frappe si durement ceux qui sont exposés à la violence ?

En montrant comment l'hôpital, par le mauvais accueil qui est fait aux malades, est effectivement source de l'émergence des pathologies, nous emprunterons la conclusion de Richard Sünder : « le conflit est donc la cause centrale de tout ce qui nous affecte psychologiquement et biologiquement et retentit aussi bien dans notre esprit que dans notre corps »[28].

À la question relative à l'accueil que nous avons exposé plus haut, il importe de poser celle relative à la conscience professionnelle et au respect de la chose de l'État. C'est encore là une autre dimension du défi à relever ; beaucoup d'infirmiers et de médecins brillent par l'absentéisme parce qu'ils passent leur temps ailleurs. Ils consacrent ce temps « passé ailleurs » à améliorer, dans le privé, leurs conditions précaires de fonctionnaires d'État. On peut, à ce propos, parler de mauvaise volonté ; la plupart d'entre eux n'ont pas le sens du devoir.

Ce ne serait donc pas exagéré si l'on disait que le premier problème de la médecine conventionnelle moderne en Afrique, ce sont ses agents : que les agents de la santé publique puissent exercer correctement leur travail en gérant avec honnêteté, respect de la chose publique et de l'homme, voilà un défi que tout médecin ou infirmier doit relever. Certains médecins et infirmiers des services d'urgence soit arrivent en retard, soit fait autre chose que ce pour quoi ils sont payés. Ces derniers discréditent les hôpitaux africains qui, en fait, deviennent des « structures du péché », des « autoroutes du mal ».

Il se pose donc, au titre des défis, celui de la conscience professionnelle du médecin et de l'infirmier. Entre les infirmières qui passent leur temps à tricoter au

---

[28] *Ibidem.*

lieu de s'occuper des patients qui attendent dès le lever du jour et les médecins qui gèrent leurs cliniques, les centres hospitaliers publics ne peuvent devenir que des lieux de tension. Pourtant, une morale inspirée de la pensée kantienne pourrait éclairer les praticiens et leur enseigner de ne jamais traiter les malades *seulement comme un moyen* permettant de gagner de l'argent, mais avant tout *comme des personnes douées d'une dignité*. On est en droit de condamner la « maxime » suivante utilisée par des travailleurs de la santé : je vais répondre à l'appel pour justifier mon salaire. À cette maxime d'intérêt, on peut opposer l'impératif catégorique kantien : ***« Agis de telle sorte que tu traites l'humanité aussi bien dans ta personne que dans la personne de tout autre toujours en même temps comme une fin, et jamais simplement comme moyen »***[29]. Cet impératif pratique se pose comme une exigence qui impose le respect de la personne humaine, notamment celui des malades.

Il est question de respecter la Personne en sachant que, contrairement aux objets qui sont des moyens, les personnes sont des fins en soi ; elles sont des fins objectives et ont une valeur absolue. L'homme doit être traité comme personne parce qu'il est raisonnable : cette caractéristique vient du fait que l'homme participe aux lois de la nature raisonnable. Pour Kant, cette caractéristique entraîne une conséquence, c'est qu'on ne peut pas agir sur la personne « comme bon nous semble ». La morale kantienne, appliquée à la médecine africaine, est, de ce fait, une exigence radicale qui somme le praticien de devenir bienfaisant.

Mais la bienfaisance, au sens proprement kantien, est une attitude qui permet de définir, d'une certaine

[29] KANT (E) : *Fondements de la métaphysique des mœurs*, Paris, Ladrange, 1999, p. 76.

façon, l'authenticité d'un acte moral. Or un acte qui se détermine comme fruit d'une inclination purement sensible n'est pas considéré par Kant comme moral ; car pour qu'une action mérite cette caractéristique morale, il faut nécessairement qu'elle soit posée par « devoir et non pas par inclination »[30].

Kant invite l'homme à dépasser ses désirs personnels pour se laisser élever à une morale d'obligation qui transcende ses aspirations égocentriques. C'est à cela que, pour nous, tous ceux qui se préoccupent de la vie doivent aspirer. Kant dira à cet effet :

> *Supposons qu'un de ces hommes bienfaisants soit accablé par un chagrin personnel qui éteigne en son cœur toute compassion pour le malheur d'autrui et, qu'ayant toujours le pouvoir de soulager les malheureux sans être touché par leur malheur, tout absorbé qu'il est par le sien, il s'arrache à cette morne sensibilité pour venir à leur secours, quoiqu'il n'y soit poussé par aucune inclination, mais parce que cela est un devoir, sa conduite alors a une véritable valeur morale*[31]

Ce propos de Kant traduit la volonté de se dépasser continuellement pour agir conformément à une morale du désintéressement. C'est à un exercice de ce genre que les agents de la santé, qu'ils soient partisans de la médecine conventionnelle ou traditionnelle, doivent se livrer. Il ne leur faut qu'une volonté, celle de faire leur devoir. Aucun infirmier ne devra se rendre à l'hôpital pour faire plaisir à qui que ce soit dans l'ordre hiérarchique, mais il doit le faire avec la volonté manifeste d'accomplir son devoir. Or ce n'est pas encore le cas dans nos hôpitaux d'Afrique où les malades sont souvent des laissés pour compte alors que

---

[30]KANT (E) : *Fondements de la métaphysique des mœurs,* Paris, Delagrave, 1999, p. 20.
[31] *Ibidem.*

le personnel médical est présent. Certaines infirmières se contentent, aux heures de travail de parler de leurs affaires avec des petits copains au téléphone et, lorsqu'un malade devient exigeant, parce qu'il souffre, il est copieusement grondé.

L'infirmier ne doit pas venir à l'hôpital pour émarger ; il vient pour accomplir un devoir et c'est dans cet acte d'obligation qu'il s'efforce de trouver sa propre satisfaction. Ainsi pour Kant, *« De tout ce qu'il est possible de concevoir dans le monde et même en général hors du monde il n'est rien qui puisse sans restriction être tenu pour bon, si ce n'est seulement une Bonne volonté »*[32]. Ceci signifie que l'action d'un infirmier n'aura de valeur morale que si cette dernière est accomplie par devoir.

On peut très bien analyser les mœurs, les comportements des médecins, infirmiers et sages-femmes dans des salles d'urgences (service d'axiologie) de l'hôpital de Libreville à l'égard des malades à partir d'une critique de certains décrets ou arrêtés. Prenons, à titre d'exemple, la règle suivante : une femme enceinte qui n'a pas suivi toutes ses visites dans un centre de santé et qui ne dispose pas d'un carnet de santé ne peut accoucher à l'hôpital. Si cette règle a un sens dans les milieux hospitaliers parce qu'elle permet aux agents hospitaliers de mieux suivre les femmes en grossesse et de prévenir les éventuelles complications liées à celle-ci, elle comporte néanmoins des limites, surtout parce que toute la population ne peut accéder aux soins. D'autres limites sont inhérentes à la situation culturelle, économique et sociale du pays : une jeune femme en grossesse doit faire le choix

[32] KANT (E) : *Fondements de la métaphysique des mœurs*, Paris, Delagrave, 1999, p. 13.

entre l'échographie et sa subsistance[33]. Il se trouve que, face aux difficultés financières, certaines femmes ne peuvent pas se rendre chez un médecin ou dans un centre médico-social.

Or, lorsque la règle est appliquée dans toute sa rigueur, on arrive à des situations qui se trouvent à la limite de l'éthique. Ainsi, des femmes en phase d'accouchement sont souvent refoulées de la Maternité sous le prétexte qu'elles n'avaient pas suivi toutes les visites. Certaines femmes qui ont dû accoucher par terre, sans l'assistance des sages-femmes, doivent elles-mêmes déclarer la naissance de leurs enfants. Ces comportements d'autres temps se voient encore dans nos pays africains, au vingt et unième siècle ! N'est-on pas en droit de parler, dans de tels cas, de manque d'assistance à personne en danger ?

Seul un programme rationnel de lutte contre toutes les formes de pauvreté, de précarité, pourrait venir à bout de toutes ces situations si l'on agit en amont et non pas en aval. Quelles peuvent être les convictions profondes des praticiens et autres agents de santé quant à leur responsabilité concernant l'accueil fait aux malades en milieu hospitalier ? D'ailleurs, le sens premier de la structure hospitalière, ce n'est pas la thérapie, mais, plutôt quelque chose de relatif à l'éthique : l'hospitalité.

---

[33] Remarque : La critique des comportements ici dénoncés porte sur un manquement interne, car ces comportements ne sont pas conformes à l'éthique du système médical moderne. En fait, ce qu'il faut déplorer, au premier chef, c'est le fait que le système de santé gabonais incite le plus grand nombre à fréquenter l'« hôpital ». Car en réalité, théoriquement, le plus grand nombre de la population devrait fréquenter les Centres de Soins de Santé Primaires, les Dispensaires et les Centres de Santé, plutôt que les hôpitaux.

Les hôpitaux sont des lieux qui, à l'origine, avaient été organisés pour manifester de l'hospitalité envers les souffrants. D'où les noms des premiers hôpitaux français : Hôpital de la charité (Lyon), Hôpital de la Pitié (La Pitié Salpetrière – Paris). C'est à cette fin que certaines congrégations religieuses avaient été organisées pour assister les malades qui n'avaient pas de moyens pour payer quelqu'un pour les surveiller. Il est regrettable de constater que les centres hospitaliers en viennent à déroger à ce principe éthique, car l'hôpital n'avait pas, à première vue, la volonté de faire de l'argent.

La culture du patient

Face à un patient, le médecin est en présence d'un monde : le monde des préjugés du patient, celui de ses croyances, de ses rapports sociaux, familiaux, etc. On est donc malade par rapport à son système de valeurs socioculturelles. Un malade est un monde à découvrir, il demande à être approché dans une attitude qui tienne compte de son tissu relationnel, de ses schémas de références, ses clichés et représentations mentales : son imaginaire.

En rencontrant un médecin, le malade espère trouver une aide pour s'orienter dans sa nouvelle situation ; il a autant besoin d'un cadre scientifique que spirituel. Il ne faut pas perdre de vue que beaucoup d'hommes voudraient rencontrer un médecin pour connaître ce qu'est la vie, son sens. Or, à cette question du sens de la vie, la réponse ne peut être technique, puisqu'elle nous porte dans le champ du philosophique ou du religieux. Il s'agit là, en fait, de ce que l'on pourrait définir, dans le domaine du religieux, comme un état de grâce ; la nature invite deux hommes (le patient et son médecin) à décoller du monde immédiatement perceptibles pour pénétrer le monde non perceptible, celui des réponses aux questions fondamentales de la vie. Si les deux protagonistes acceptent cette invitation, alors, la vie de chacun d'eux s'illumine, se conforte et se vivifie au contact de la source des énergies vitales et les guérisons s'opèrent.

Par contre, si l'un des deux protagonistes n'accepte pas l'invite (en l'occurrence, le médecin rationaliste, ou, à l'inverse, le colonisé accroché à sa néoformation rationaliste), alors, rien de fondamental ne se passe : la guérison vitale ne s'opère pas.

Or, il se trouve que les médecins ne sont plus des prêtres et que les prêtres ne jouent plus leur rôle social d'antan, dans cette société moderne dominée par le langage de la technologie et de l'informatique. Seules les médecines traditionnelles ou parallèles continuent à combiner, matérialité et spiritualité. Comment la médecine conventionnelle moderne peut-elle prendre en charge ces patients dont les maladies conduisent à un questionnement philosophique ? Les malades ne présentent pas seulement des souffrances d'ordre organique, leurs maladies deviennent complexes parce qu'elles intègrent toute la problématique de l'humanité souffrante. Malheureusement, une médecine dont la technicité est sans cesse grandissante a tendance, hélas, à oublier la finitude et le modèle hospitalo-centriste qu'il génère reste dominant comme si le monde de l'hôpital répondait à tous les besoins humains.

Voilà qui justifie l'engouement contemporain pour une approche holistique de la santé, car la maladie est souvent vécue, dans l'intimité de chaque individu, en fonction de son tissu relationnel. À cause de la différence de leurs histoires personnelles, deux patients présentant les mêmes symptômes (le mal de tête, par exemple) ne souffrent pas forcément (au plan psychique) de la même maladie, alors que sur le plan organique, ils expriment la même plainte, puisqu'ils présentent le même symptôme. Il ne faudrait donc pas, dans un cas, que le médecin limite ses investigations au champ des manipulations symptomatiques, n'étant pas averti que la société est façonnée par une culture et que sa médecine ne peut véritablement servir les hommes de cette culture que si elle tient compte des représentations imaginaires des populations souffrantes.

C'est pourquoi Bernard Ugeux nous invite à être attentifs à une approche globale de la guérison et de la santé, en indiquant qu'une pratique médicale désincarnée, coupée de la réalité culturelle de ses patients, ne peut, en effet, produire des fruits en Afrique et au Tibet. Il affirme, à cet effet, dans son ouvrage, *guérir à tout prix ?*[34], que la médecine occidentale devrait prendre en compte la dimension spirituelle Bantoue. Car dans les cultures traditionnelles africaines, notamment, chez les Bantous, la médecine relève du domaine du Sacré. Pourtant, la médecine enseignée dans les universités a, depuis longtemps, évacué toute préoccupation philosophique et religieuse dans la démarche de la guérison et de la santé.

L'incorporation des techniques et des sciences dans le discours médical occidental a, paradoxalement, déshumanisé cette médecine qui, désormais, ignore la finitude dans le cas notamment de l'acharnement thérapeutique. Les patients, confrontés à la complexité technologique des préalables quasi automatiques de la médecine conventionnelle moderne (examens de laboratoire, radiographies, échographies, scanners, etc. ...) n'arrivent pas à trouver, chez les médecins, des données qui permettent d'envisager, au cœur de la médecine conventionnelle moderne, des valeurs sécuritaires de leurs

[34] UGEUX (B.) : *Guérir à tout prix ?* Paris, les éditions de l'atelier, 2000.

traditions. Pourtant, la présence des médecines complémentaires, même dans nos villes françaises, est signe que notre société mondialiste réclame et cherche à trouver, au sein de la médecine, des pratiques de soins qui permettent d'envisager, dans le rapport médecin/patient, une prise en compte de la *question du sens* de la vie pour une plus grande humanité dans la pratique de la médecine.

Il devient donc urgent de restaurer les valeurs humaines pour empêcher que ne se creuse un vide éthique au sein de la médecine, puisque l'absence d'une démarche philosophique en médecine pourrait conduire à des impasses. Autrement dit, il ne faut pas que le médecin se contente d'un savoir livresque, d'un dispositif technique et technologique qui tend à poser le malade objectivement en le réduisant à un amas d'organes dont il suffirait de connaître le fonctionnement mécanique. L'homme n'est pas une chose, un amas de fragments mécaniquement rassemblés, cela est à redécouvrir ! Et Bernard Ugeux de rappeler aux médecins occidentalisés qu'« une médecine sans sagesse est déshumanisante »[35]. Par conséquent, en Afrique centrale, surtout au Gabon, un médecin qui se contente des connaissances scientifiques ne peut répondre aux questions fondamentales que lui pose toute maladie, même si le malade qui souffre de cette maladie ne songe pas, ou n'arrive pas à exprimer de lui-même et de sa bouche ces questions fondamentales. En effet, le malade pose souvent des questions qui relèvent, non pas de la maladie, mais de la problématique de la souffrance humaine en général. Par exemple, docteur, est-ce que je vais mourir ?

C'est une question dont la réponse satisfaisante, de la part du malade, ne relève pas de l'objectivité

---

[35] UGEUX (B.) : *guérir à tout prix ?* Paris, les éditions de l'atelier, 2000, p. 85.

scientifique ou de la calculabilité. Car si le médecin répondait par l'affirmative : oui, vous allez mourir ! Une autre question peut advenir : docteur, qu'y a-t-il après la mort ? À cette question, une fois de plus, le médecin ne pourra donner une réponse satisfaisante. Or, justement, la médecine traditionnelle a la prétention de dire aux malades ce qui les attend après la mort et le tradithérapeute pratique des rites qui préparent, à cet effet, le mourant à rencontrer ses Ancêtres.

Cela dit, parce que la médecine est le lieu où l'homme vient à la vie, de par sa naissance et où il meurt, la société traditionnelle pense que le médecin dispose du secret de la vie. On peut donc le désigner par le terme de « maître des secrets de la vie » ou « conservateur de la genèse cosmique »[36]. C'est lui qui peut répondre à toutes les questions qui relèvent de la souffrance humaine. Du coup, alors qu'elle paraît utopique pour les modernes, la définition de la santé comme « état de bien-être complet » trouve une justification dans la médecine traditionnelle. Voilà pourquoi les tradithérapeutes sont si souvent consultés dans les pays africains : ils sont les conseillers de tous, les guides vers la vie et c'est justement ce que l'on attend du médecin en Afrique.

Finalement, celui qui pratique l'art médical, en Afrique en général et, au Gabon, en particulier, doit saisir les piliers fondamentaux qui animent, vivifient la vie de l'homme : la Tradition ancestrale, la Modernité, la *Quête* du *Divin*. Car voilà des éléments qui structurent, de nos jours, l'existence du Bantou, voire celle de tout homme. En effet, c'est la Tradition qui fixe à jamais son être social dans le rapport entre le sujet et les anciens, le monde moderne s'exprimant comme une exigence parfois

---

[36]BRELET (C.) : *Médecines du Monde, histoires et pratiques des médecines traditionnelles, Paris*, Robert Laffont, 2002, p.10.

contradictoire par rapport à la société des pères. Mais la *Quête* du *Divin* est intrinsèquement enfouie dans sa structure psychologique, de telle sorte qu'aucune démarche thérapeutique ne peut la supprimer, au contraire, toute maladie cache un questionnement ontologique.

Des limites de la médecine conventionnelle

Plusieurs témoignages d'anciens malades font écho aux maux dont la médecine conventionnelle moderne et la nouvelle technologie médicale n'ont pu déterminer les causes. Après avoir fait divers examens en Afrique et en Europe, ces anciens malades avaient bu des « décoctions pour se rendre compte que l'on ne vit pas de la même manière en Europe qu'en Afrique »[37]. Lors de notre enquête[38] de terrain, un médecin spécialiste en neurologie nous a confié le cas d'une maladie que l'on appelle le *fusil nocturne*, une sorte de *fusil mystique* que le sorcier prépare et pose comme un piège mystique contre un individu. Le neurologue expliquait que, physiquement, on constate la présence de trous, lésions semblables à celles occasionnées par une balle. Or le malade ne reconnaît pas que quelqu'un avait tiré sur lui.

Pour le docteur Jean-Claude Huck, ancien médecin à l'hôpital Albert Schweitzer de Lambaréné, le « coup de fusil nocturne » est l'une des sources d'anxiété de l'homme gabonais : « La croyance en un sortilège maléfique appelé, dans un langage imagé cher aux peuples du Gabon, "coup de fusil nocturne", est une action maléfique opérée à distance par une personne souvent

---

[37] Propos du Dr OULABOU dans le film, *Secret de femmes* : un film de Jean-Claude Cheyssial, VHS Pal, durée : 48' 30 Coproductions : RFO/Dominique RICHARD, Joëlle GUILLEMANT RTG1/ LATITUDE 16/35 avec le concours du Centre National du Cinéma.

[38] C'était au Centre Hospitalier de Libreville, novembre 2002

quelconque (…) ; c'est précisément parce que tout un chacun peut être suspecté d'être l'auteur d'un maléfice que le danger est diffus et imprévisible. (…) il est appelé "coup de fusil nocturne", car il est occulte et surprend la victime dans l'obscurité de son ignorance totale de ce qui va advenir d'elle »[39]. Le terme est traduit en fang par, *éluma* (qui est balancé, envoyé), il s'agit d'un acte de sorcellerie consistant à provoquer des maladies conçues par le vampire. Si un tradithérapeute n'enlève pas des substances mystiques qui permettent de retrouver des plombs localisés dans la chair du malade. Dès lors, la maladie n'est pas qu'un phénomène physique. Le recueil de certains témoignages que les médecins ne consignent presque jamais dans un livre, montre que les médecins, au Gabon, arrivent à reconnaître les limites de leur savoir en envoyant leurs malades vers certains tradithérapeutes.

Comme il est de coutume, au Gabon, les médecins demandent à la famille du patient de libérer le lit s'ils constatent qu'ils ont, en vain, tout tenté pour le guérir. Souvent, lorsqu'un malade sort de l'hôpital pour aller attendre la mort au milieu des siens, il arrive qu'au bout d'un moment, ses médecins le rencontrent, en bonne santé, six mois plus tard. Interrogé, l'ex-patient avoue s'être initié chez un tradithérapeute. L'on rapporte que, vers la fin de sa vie, le docteur Albert Schweitzer avait, malgré lui, fini par envoyer certains malades vers des tradithérapeutes lorsqu'il n'avait pas trouvé la solution, après insistance des parents. S'il est vrai que Schweitzer a fait ce pas pour rencontrer les tradithérapeutes, il se pourrait, à notre avis, qu'il l'ait fait sous l'instigation du Dr Jean-Claude Huck qui, lui, était animé d'une sérieuse curiosité scientifique. Ce dernier avait lié une profonde amitié avec la défunte mère de Monsieur Ovan Lin Pierre,

---

39 Dr HUCK (J.-Cl.) : *La psychiatrie à Lambaréné du temps d'Albert Schweitzer à nos jours »* in Études Schweitzeriennes, Automne 1995, n ° 7, p.100.

frère de notre vénéré père et maître Noël Aimé NGWA : « nous avons eu l'occasion de découvrir certaines particularités des troubles psychiques au Gabon et celles de leur prise en charge traditionnelle. Nous ont guidés dans cette découverte les témoignages de nos patients et du personnel de l'hôpital A. Schweitzer, ainsi que notre visite à une guérisseuse, Marcelline Nyndoung » (Dr Huck)[40]. Mais le docteur Huck a-t-il consigné par écrit le fruit de ses échanges avec les tradithérapeutes ?

Implicitement, il y a là une feinte reconnaissance des compétences de la médecine traditionnelle et des limites de la science médicale moderne. Bien que les deux domaines de la médecine soient radicalement opposés de par leurs différentes méthodes et approches de la maladie, il existe des médecins qui travaillent en collaboration implicite avec certains tradithérapeutes.

Ce qui heurte la rationalité du "civilisé » » : c'est le choc des cultures dans le domaine de la médecine. Évidemment, la médecine moderne d'expression culturelle occidentale participe activement au maintien de la santé physique des Africains, mais elle ne manque pas de se heurter aux atavismes culturels, ce, parce que les professionnels de la médecine conventionnelle n'intègrent pas leurs pratiques de la médecine à la culture du pays. Les médecins africains formés dans les pays du nord et même d'Afrique ne sont pas mieux préparés, à cause de leur formation scolaire et universitaire, à comprendre les réalités africaines. Ils n'intègrent pas les principes traditionnels enseignés par la grande institution de formation et de régulation des comportements. C'est une erreur du colonisateur qui a tenté d'assimiler le Bantou, estimant qu'il était nécessaire de faire table rase des

---

[40] HUCK (J. Cl) : *La psychiatrie à Lambaréné du temps d'Albert Schweitzer à nos jours »*, op. Cit. p. 97.

cultures traditionnelles, conformément à sa mission civilisatrice.

Les scientifiques n'ont pas toujours l'humilité nécessaire pour se mettre à l'écoute des tradithérapeutes afin de permettre à l'Afrique de développer la santé grâce à l'apport de sa médecine traditionnelle.

Les Européens n'avaient pas tenu compte de la représentation de l'homme à qui les soins ont été destinés. De fait, il est un impératif, en ce qui concerne la santé, celui de tenir nécessairement compte des bénéficiaires des soins, d'autant plus que tout processus de soins adaptés se doit de découler de la conception que l'on a de l'homme, de la santé et de la maladie. Et la représentation ou la conception de la maladie et de la santé est nécessairement fonction de chaque société. On peut, ainsi, établir une conséquence : le modèle de soin, qu'il soit traditionnel ou moderne, repose sur des principes évidents qui sont des valeurs pratiques, des modalités spécifiques qu'il conviendrait nécessairement d'interroger.

Le système de santé, quelle que soit sa valeur, ne peut être efficace sans répondre à cette exigence.

Ainsi, seuls les principes et les valeurs propres d'une culture permettent de connaître l'élaboration d'un système de santé opérant permettant de mieux lutter contre les formes de maladie qui se présentent aux praticiens. Malheureusement, l'intellectuel africain, européanisé (par mimétisme) jusqu'au fondement de sa structure spirituelle, conserve de la distance entre sa tradition et lui. Pour l'intellectuel, le tradithérapeute est un primitif. Surtout, il ne fait rien pour comprendre la réaction et les pratiques du monde du tradithérapeute. Le médecin veut garder une attitude de supériorité envers lui et l'invite par moments à quitter son irrationalité pour entrer dans la civilisation.

De nos jours, dans toute l'Afrique, on ne s'étonne pas de constater que le niveau de formation des médecins africains est pratiquement le même que celui de leurs collègues occidentaux quant à leur connaissance du milieu de vie de leurs patients et de certaines pathologies récurrentes en milieu traditionnel africain. Ceci est la conséquence des préjugés relatifs à la mentalité de l'époque coloniale, une mentalité qui a laminé l'homme africain en le niant, annihilant tout son côté mystique et spirituel. Les médecins de l'école de Lévis Brühl n'ont fait aucun effort pour mettre en évidence le rapport entre vision du monde, conception de l'existence et état pathologique chez le Bantou. Mais nous ne comprenons pas pourquoi le « Grand Blanc de Lambaréné » qui a pourtant travaillé à Strasbourg comme enseignant au même moment que Charles Blondel, médecin comme lui et qui trouvait un intérêt à étudier la mentalité des indigènes n'a pas trouvé juste de nous laisser un texte pertinent sur la vision du monde et la pharmacopée gabonaise.

Au contraire, pour lui apporter « le supplément d'âme », le colonisateur a tout fait pour extraire l'homme noir de son milieu et de son imaginaire. La raison fondamentale de cette méconnaissance était la linéarité du développement de la connaissance humaine d'alors. Pensant le développement de la connaissance de façon linéaire, l'esprit humain ne pouvait que se penser en une assertion multiple situant en son stade premier le primitif. Tel est le fondement de la thèse même de Lucien Lévis Brühl. Sans ce fondement, le savoir est impossible puisque le caractère multiple de l'esprit ou sa diversité à travers d'autres surfaces porte un coup fatal à l'esprit, rendant ainsi illusoire tout esprit : « Il n'est pas aisé de savoir si l'esprit fonctionne de la même manière ici et là, et si les primitifs pensent au fond *comme nous* »[41]. Dans une telle optique, nous comprenons qu'il est naturellement impensable que les primitifs, même s'ils sont engagés sur la voie du développement, donnent des leçons à ceux qui sont avancés économiquement.

Comment concevoir un seul instant que des femmes africaines disent aux femmes occidentales comment entretenir leurs époux et élever leurs enfants ?

Une telle idée est à taire dans sa propre genèse ; et, pourtant, c'est ce qui se passe depuis la colonisation jusqu'à maintenant, lorsque tous les manuels de santé sont conçus en fonction de la vision de cultures autres qu'africaines. Fustiger tout esprit de négation qui impose une rationalité extérieure comme solution à des problèmes internes d'une société, sans tenir compte de la demande des acteurs sociaux semble nécessaires[42]. C'est pourquoi, déjà en 1963, un prêtre Jésuite camerounais, M. M. Hebga, écrivait, dans un article intitulé *Un malaise grave,* ces propos qui restent d'actualité : « Aujourd'hui comme hier les Bantous se sentent aliénés : ils ont abandonné leur sagesse, leurs rites, leurs coutumes, leurs noms, leur culture enfin, pour les troquer contre les apports étrangers. Les religions ancestrales (…) sont traitées avec un mépris aujourd'hui indulgent, hier encore iconoclaste, sous l'appellation confuse de paganisme. A-t-on pris la peine de définir théologiquement le paganisme »[43] ?

---

[41] KARSENTI (B) : *Présentation, Lévy Bruhl Lucien, Carnet*, Paris, Puf, 3e édition, p.VII,

[42] Les projets pour le développement de la santé communautaire sont à encourager : ils bâtissent des projets de développement à partir des préoccupations des populations en demande de soins de santé.

[43] HEBGA (M) : *Un malaise grave*, In *Personnalité Africaine et Catholicisme,* Paris, Présence Africaine, 1963, cité par TRINCAZ (J) : *Colonisations et religions en Afrique noire,* Paris, éd. L'Harmattan, 1981, p. 144.

G. Canguilhem dans, *Le normal et le pathologique*, interpelle le médecin en ce sens que sa réflexion indique que l'idée même de pathologie ne peut être conçue qu'en fonction des normes de chaque société. Étant donné que dans la vie, l'existence de l'homme se déroule dans un milieu social régi par des règles, la pathologie devient un indicateur social et, en ce sens, elle est par elle-même une norme. Pour Canguilhem : « Si l'on reconnaît que la maladie reste une sorte de norme biologique, cela entraîne que l'état pathologique ne peut être dit anormal absolument, mais anormal dans la relation à une situation déterminée. Réciproquement, être sain et être normal ne sont pas tout à fait équivalents, puisque le pathologique est une sorte de normal. »[44] Sur ces propos, il apparaît que les questions du rapport entre la santé et l'état morbide ne sont pas objectivement définissables hors du milieu ; la question de la santé ne serait alors qu'une certaine domination de l'homme sur son milieu de vie. Actuellement, conformément à la rationalité bantoue, il convient de concevoir la médecine africaine sur les bases qui permettent de penser la santé comme une certaine réconciliation entre l'homme et la nature[45].

Cette réconciliation doit être envisagée en terme d'adaptation. La préoccupation dans cette nouvelle perspective n'est pas : comment vaincre tel agent pathogène pour ne plus faire de maladie ? La question devient : comment vivre, dans ce milieu avec ses composantes (même les bactéries et les virus), sans pourtant faire de maladies ? Cette deuxième question n'est pas innocente : elle implique que l'homme est susceptible, selon certains milieux, de vivre avec les déterminants de la

---

[44] CANGUILHEM (G) : *Le normal et le pathologique*, Paris, Presses universitaires de France, 1966, p.30.

[45] D'où l'importance de notre dernier chapitre portant sur *l'écologie sanitaire* en Afrique.

maladie sans tomber malade, selon les normes de la maladie fixées par le milieu.

Il est donc dangereux, surtout en Afrique, notamment au Gabon, d'envisager des pratiques thérapeutiques susceptibles de faire abstraction de ce que les malades pensent, de ce qu'ils ressentent ou croient, dans la plénitude même de leur intelligence cognitive, morale et émotionnelle.

Lorsque leur formation ne tient pas compte de la culture du milieu, les praticiens se heurtent à des résistances culturelles qui ne facilitent pas particulièrement l'exercice de leur métier. D'ailleurs, dans certains centres hospitaliers, un certain nombre de patients s'accommodant mal des principes hospitaliers, arrive à fuir le lit d'hospitalisation, préférant ainsi aller mourir chez eux. Lorsqu'ils n'ont pas la chance de tomber sur un bon tradithérapeute qui malgré la gravité du cas, va les guérir. Un médecin gabonais nous a affirmé que les tradithérapeutes ont des traitements qu'ils n'utilisent que dans des situations extrêmes.

Il apparaît particulièrement nécessaire, pour ce qui concerne la médecine, en Afrique, d'étudier les us et coutumes des gens à qui l'on offre des soins. Car entre les modernes et les traditionalistes, les méprises et les malentendus sont de tous les instants, à cause même de la différence de leurs rationalités tant au point de vue théorique que pratique. L'idée que les tenants de la tradition se font de la médecine est différente de celle du monde moderne, héritage de leur rencontre avec l'Occident. Il y a une nécessité hautement élevée qui doit emmener les modernes à la connaissance de l'autre, celle-ci consiste à étudier la mentalité des peuples bantous. Rappelons que la médecine technologique occidentale n'est qu'une déviation « rationaliste » de la médecine antique occidentale, laquelle est une fille de l'antique médecine égyptienne, elle-même fille de la médecine bantoue, venue depuis le cœur de l'Afrique centrale (où est né l'homme) vers l'Égypte, porte de l'Occident, tout le long du Nil.

Sans cette démarche, tout effort pédagogique de la médecine conventionnelle moderne, notamment en ce qui concerne la prévention, peut s'avérer nul. L'action de la médecine doit donc s'accompagner de pédagogie. Selon Charles Blondel : « Pour agir utilement sur les populations, pour en obtenir ce qu'on en désire, pour leur faire accepter les avantages qu'on leur apporte, il est indispensable de les comprendre et de savoir se faire comprendre d'elles »[46].

D'ailleurs, il est plus qu'évident qu'une meilleure connaissance des mœurs traditionnelles africaines puisse enrichir, en Afrique, le savoir médical moderne. En effet, dans la médecine traditionnelle, au Gabon, on retrouve des éléments pouvant enrichir notre savoir anatomique humain. Bien sûr que les tradithérapeutes gabonais ne font pas de l'homme un sujet fondamentalement scientifique : ils ont pratiqué des autopsies post-mortem, pour déceler les fonctions spirituelles des organes. Cette pratique avait pour objectif principal d'interroger le principe de vie et d'intelligence présent en chaque être humain afin de déterminer les causes profondes de la mort d'un individu. À l'instar des scientifiques et des techniciens interrogeant la boîte noire d'un appareil pour déterminer les causes d'une catastrophe aérienne[47], les tradithérapeutes de la forêt équatoriale avaient coutume d'ouvrir leurs morts

---

[46] BLONDEL (Ch) : *La mentalité primitive,* Paris, Librairie Stock, 1926, p.122.

[47] Tel est, précisément, le fondement de la Biothérapie énergétique, une méthode thérapeutique mise en place par le Dr YOSHIKA Omura, définissant le Thymus cette qui se pose comme une sorte de centrale du circuit énergétique de l'homme, véritable « boîte noire » des humains.

pour analyser leur *Evus*, une entité supposée représenter et matérialiser la force vitale d'une personne. Nous développerons cette croyance ultérieurement.

Cette analyse comportait une intention morale. Il s'agissait de comprendre non seulement la nature de l'origine de la mort de l'individu, mais aussi de comprendre son vécu : était-il un saint ou quelqu'un qui faisait du mal à la communauté ? Le problème des pratiques médicales africaines, est qu'elles véhiculent un savoir ésotérique, sinon, on pourrait presque dire que les connaissances des tradithérapeutes, à propos de cette fameuse « boîte noire », sont susceptibles de nous renseigner sur ce qu'est l'intelligence, son mode de fonctionnement et ses catégories perceptibles. Nous soupçonnons qu'une étude minutieuse du « vampire », en Afrique, nous renseignera énormément sur les possibilités de l'intelligence humaine.

Théodore Monod pensait, lui aussi, que la pénétration du savoir de la médecine rituelle du Gabon pouvait enrichir certains travaux des chercheurs occidentaux modernes. Dans sa préface à l'œuvre de Raponda Walker, *rites et croyances des peuples du Gabon*, le scientifique français nous invite à la connaissance de « l'étrange coutume de l'autopsie rituelle, bien connue dans une vaste région de l'Afrique » : « Ne serait-il pas important, si tant est qu'il en soit temps encore, de chercher à découvrir dans quelle mesure une telle pratique a pu s'accompagner de connaissances anatomiques proprement dites ? Un récent travail du Dr P. Decouflé ([48]pose la question de la « notion d'"entrailles"

---

[48] Traité d'anatomie viscérale archaïque, 452p.113 fig (inédits cf. de même introduction à l'étude des mannequins anatomiques : l'incision du corps humain dans la plastique anale archaïque, la semaine des hôpitaux, 37, n° 7178, 20/12/61, P.3608-1620, 10fig », cité par lui-même en note de bas de page.

sous l'angle de l'haruspicine et sous celui de l'anatomie » : et qui sait si les autopsies post-mortem de la grande forêt gabonaise n'ont pas quelques éléments nouveaux à verser à un dossier jusqu'ici largement méditerranéen ? » [49]

Il s'agit des choses que l'on rencontre dans le quotidien, ce qui fait la différence entre le monde moderne et le monde traditionnel, c'est justement cette croyance à une dimension métaphysique du corps humain. Du coup, la problématique de la connaissance du milieu et des normes de fonctionnement de la vie dans une cité en vue d'envisager des politiques de santé plus adaptées est premièrement une question philosophique. La question philosophique liée au rapport médecine-société africaine peut être formulée de la manière suivante : pour quelle raison la médecine traditionnelle attire-t-elle autant le Bantou, alors que la médecine conventionnelle moderne offre le plus de certitudes scientifiques ?

La raison de cette aptitude réside dans la confiance que le Bantou témoigne au tradithérapeute. Mais cette confiance elle-même est fonction de la connaissance que les tradithérapeutes ont du milieu de vie des patients. Dès lors, la confiance que le malade voue à son tradithérapeute d'une part et d'autre part, l'Evus du tradithérapeute, sont un ensemble d'actions qui a pour fondement l'esprit ancestral qui est complètement absent des les structures modernes. On dira alors, sans aucun risque de choquer, que c'est l'esprit des ancêtres qui pour le Bantou, se pose comme source de scientificité et fondement du savoir médical de tout guérisseur. Cet esprit est le « Référentiel » du milieu social africain, qui n'est que le fruit de l'initiale (l'antique) mise en forme (formatage) – qui fut

[49] RAPONDA WALKER (A) : *Rites et croyances des peuples du Gabon*, Paris, Présence Africaine, 1995, p. XVI

entièrement dicté aux ancêtres par l'Esprit (le Créateur) : Dieu.

L'omniprésence des ancêtres dans toute l'Afrique noire fait que l'on peut vérifier, dans le quotidien des gens, des comportements ambigus, non seulement en ce qui concerne la perception de leurs pathologies, mais aussi dans le rapport qu'ils entretiennent psychologiquement avec la chose médicale. D'un point de vue culturel, chez les Bantous, la cause efficiente d'une maladie n'est pas organique, elle consiste dans la volonté et l'œuvre d'un malin génie.

Ce qui les intéresse, face à une pathologie quelconque, ce n'est pas le microbe ou le virus, mais la provenance de ce dernier. Le Bantou s'intéresse donc à la raison de cette pathologie et non pas aux causes instrumentales. Dans la mesure où la pathologie est une problématique liée à la vie et à l'existence, elle ne peut dépendre que de la croyance aux principes spirituels, qui sont : Evus, Dieu ou les ancêtres. Cela étant, la question de la pathologie et toute question existentielle pouvant solliciter un acte médical laisse jaillir la question du sens : sens de la souffrance, sens des soins appliqués à la pathologie, sens de la guérison et sens de la vie, sens de la mort.

Cette question du sens surgit dès lors que la souffrance se déclare et c'est elle qui en réalité, détermine le patient à choisir de s'orienter soit vers l'hôpital moderne soit vers la médecine traditionnelle, soit d'aller vers des prêtres ou les groupes de prière charismatique de toutes sortes. Parfois, le même patient s'oriente vers plusieurs sources de guérison en même temps, ce qui dans le cas des épidémies et de certaines pandémies comme le Sida, ne rend pas aisé le suivi médical.

De toutes les façons, il paraît logique de penser que la maladie est une question qui concerne l'humain dans sa totalité et que la spécificité de la médecine conventionnelle moderne ne semble pas respecter la complexité globale de l'humain. La spécialisation de la médecine réduit l'homme en une sorte d'assemblage de pièces et les médecins sont autant de spécialistes qu'il existe d'organes. Il devient ainsi possible de parler de la médecine au pluriel, plutôt que d'une médecine scientifique.

Le médecin ne s'occupe plus de l'homme, mais de la fonctionnalité des organes vitaux. D'où l'importance de l'extrême spécialisation du médecin et de la médecine, de telle sorte qu'il est nécessaire d'être précis lorsqu'on parle de médecin, puisqu'il en existe différents genres. On a, entre autres, le gastroentérologue, le cardiologue, le stomatologue, le gynécologue, l'ophtalmologue, etc. Cette extrême spécialisation de la médecine a certes produit des résultats extraordinaires dans la mesure où elle a changé le rapport que l'homme moderne entretient avec lui-même, avec la maladie, la souffrance et la mort. La perception des effets révolutionnaires de la médecine, notamment en ce qui concerne l'espérance de vie dans les pays développés de l'Europe et d'Amérique du nord, prouve de façon incontestable que l'instrumentalisation de la technique dans le domaine médical a contribué à l'augmentation du nombre d'hommes sur la planète : la population terrestre a presque décuplé au cours des deux cents dernières années. Pour Ulrich Beck, *« Le phénomène est à rapporter avant tout à la diminution de la mortalité infantile et à l'augmentation de l'espérance de vie. En Europe centrale, les personnes relevant de différentes situations sociales inégales peuvent espérer (si les conditions de vie ne se détériorent pas de façon drastique dans les années à venir) atteindre l'âge de soixante-dix ans, qui au siècle dernier était encore considéré comme un âge « canonique »*[50].

Il est possible de s'interroger sur la qualité de la vie que cette évolution de la médecine a rendue possible. Suffit-il à l'homme de vivre longtemps pour parler de l'importance d'une médecine ? C'est à chaque culture, au regard de sa perception de l'existence, de répondre à cette question. Toutefois, il apparaît opportun de notifier que l'Afrique ne bénéficie pas encore de cette évolution. Mieux, soulignons que cette médecine ne correspond véritablement pas à une approche du malade. La philosophie de l'approche du malade consiste en un ensemble de pratiques qui font que, dans la médecine bantoue, chaque patient est unique et est en relation permanente avec sa communauté avec son environnement et avec son Créateur. Il s'agit, ici, de replacer le malade lui-même au centre de sa démarche de guérison de telle sorte que le processus de guérison prenne l'envergure d'une démarche initiatique au sein de laquelle l'acteur principal est le malade, assisté par un personnel soignant. L'amorce possible des pratiques de soins commence à partir du moment où l'individu fait un retour sur lui-même, par la redécouverte des valeurs fondamentales de son existence individuelle et communautaire telles que la famille, son rapport avec l'Autre, le monde visible et invisible.

La médecine dans le champ africain

Une société est un système de valeurs et d'intérêts contradictoires, aussi, les enjeux d'un système de représentation ne sont pas toujours susceptibles

---

[50] BECK (U.) : *La société du risque,* trad. Laure Bernardi, Paris, coll. Alto, Aubier, p. 436.

d'explications objectives ; donc, si l'on n'intègre pas l'esprit de la culture du patient, on risque de l'aborder avec des prénotions. Un champ, tel que celui de la médecine, renvoie à un jeu de forces où, parmi les joueurs, les maîtres sont ceux qui maîtrisent les enjeux et les intérêts ; dans notre cas, ce sont, effectivement, les tradithérapeutes, les « maîtres du secret ». Appliquer la notion de champ à la médecine, c'est envisager différents ordres d'intérêts dans la démarche de guérison, lesquels intérêts confèrent un sens à la guérison. Or ce sens dépend des sources de la connaissance qui l'ont rendue possible, et celle-ci peut relever soit de la spiritualité (le religieux), soit de l'objectivité scientifique (la rationalité), donc, de la simple prise en compte du principe

actif des plantes dans le cadre d'une phytothérapie ou des adjuvants spirituels, dans le cas de la médecine initiatique.

Quels sont, dans une thérapeutique, les intérêts des acteurs ? Pour répondre à cette question, nous dirons, avec Pierre Bourdieu, que les réponses aux questions de santé n'auront pas la même explication selon que le patient ira consulter un médecin de formation universitaire ou qu'il se rendra chez un tradithérapeute. De fait, la maladie, dans la société africaine, est un champ dans lequel interviennent plusieurs types de médecine, en fonction des intérêts du patient. Si, comme on l'a vu, un champ est le lieu de la définition des enjeux et des intérêts, il importe que la médecine définisse les siens en fonction des préoccupations des populations. Ceci est nécessaire en Afrique où la majorité de la population n'a pas une culture qui permet d'intégrer la rationalité en cours dans les pratiques des thérapeutiques de la médecine d'inspiration occidentale.

Cela dit, il appartient à la médecine d'adapter son discours aux populations africaines si elle veut promouvoir leur santé. Car comme le dit, une fois de plus, Pierre Bourdieu, « pour qu'un champ marche, il faut qu'il y ait des enjeux et des gens prêts à jouer le jeu, dotés de l'habitus impliquant la connaissance et la reconnaissance des lois immanentes du jeu, des enjeux, etc. »[51]. De fait, définir la guérison comme champ suppose, en premier lieu, que ceux qui s'engagent dans une démarche de guérison et de santé savent pourquoi ils s'orientent vers telle ou telle structure médicale capable de satisfaire leurs intérêts. Et le fait de rencontrer des malades qui fréquentent, pour une même maladie, les hôpitaux modernes, alors qu'ils se rendent, de nuit, chez les guérisseurs, est signe que la maladie n'est pas qu'un problème organique.

Parler de champ de la guérison, c'est tenter de dépasser, comme le dit Joseph Tonda, la considération selon laquelle, la guérison est « suppression d'un mal, physique ou moral » ; cette détermination conduit à distinguer radicalement deux espèces de guérison. La première s'appréhende comme *restauration du corps souffrant* (dictionnaire), alors que la seconde est envisageable « comme [un] objet construit sociologiquement, et qui est constitué par l'ensemble des pratiques, des représentations relatives au corps, à la maladie et aux acteurs qui se livrent à leurs manipulations matérielles et symboliques dans un contexte de rapports de force donné » (Joseph Tonda)[52]. Il ne faut pas considérer les deux conceptions de la guérison en termes d'opposition, bien au contraire, dans la mesure où la conception du dictionnaire ne trouve sa réalisation qu'en tant « qu'elle s'inscrit dans un champ ».

---

[51] TONDA (J.) : *La religion dans le champ de la guérison,* In Recherches Africaines N° 2, *Les religions africaines,* Paris, L'Harmattan, 1999, p.114.

[52] *Ibidem*, p. 18.

D'un autre côté, il est question de considérer la médecine traditionnelle comme le lieu de l'objectivation des savoirs de guérison mettant en scène les intérêts et les enjeux de la guérison. Cette démarche permet de dégager les rationalités qui permettent de rendre efficace la prise en charge de la maladie et du malade. Cela dit, puisqu'un champ renferme plusieurs genres d'acteurs, il convient de signaler que tous n'ont pas la même connaissance des données et ne sont pas capables (à moins d'être adeptes à un même degré hiérarchique), d'expliquer et de comprendre les mécanismes de ce même champ avec la même pertinence. Mais parler du champ de la guérison, c'est convoquer du même coup tous les domaines de la santé en sachant bien que tous les acteurs, dans un même champ, ne se comportent pas de la même manière.

Le discours des tradithérapeutes rend compte du fait que le champ dans lequel ils se situent comporte des enjeux qualifiables « d'irréductibles à d'autres champs ». Les tradithérapeutes assignent une finalité spirituelle à leurs pratiques thérapeutiques. Beaucoup ne manquent pas de déclarer publiquement qu'ils sont au service d'une divinité, d'un Ancêtre ou des esprits qui veulent faire du bien à la communauté.

Ainsi, leur mode de vie, en raison de leur observation de certaines règles strictes (interdits alimentaires, interdits comportementaux, abstinence et jeûne avant les soins, etc.), fait d'eux des hommes à part. Leur discours dans le champ de la guérison est spécifique et fait écho à un imaginaire religieux ; ici, c'est le divin qui confère la guérison, le médicament n'est parfois qu'un artifice. Il la confère au patient par l'entremise du tradithérapeute, comme don de la vie donnée aux Ancêtres, un don fragile que la communauté doit entretenir. Par son attitude au sein du champ de la guérison, le tradithérapeute justifie l'efficacité du remède au regard des faits observables tels que la *transe, la possession* par son contact avec le spirituel. À la place du terme spirituel, il est peut-être opportun de parler plutôt du monde invisible ou de l'invisible.

C'est sa relation à l'invisible qui lui permet de délivrer un discours dont l'efficacité symbolique met en scène différents types de joueurs : les malades, les thérapeutes, les ancêtres, Dieu et les familles paternelle et maternelle. Par conséquent, il apparaît bien souvent que, ce qui constitue probablement le fondement de l'efficacité de la médecine traditionnelle en Afrique, n'est pas seulement l'utilisation des plantes (leurs différents principes actifs), mais ses acteurs : les bons génies, les ancêtres, la communauté entourant le patient et le praticien dont l'empathie[53] et l'éloquence sont déterminantes. Il est clair que l'initiation du thérapeute joue un rôle dans cette empathie.

En l'occurrence, dans la culture traditionnelle locale, les génies constituent-ils un artifice ou une réalité ? Bien malin qui peut le dire avec exactitude, s'il ne fait lui-même l'expérience d'une initiation thérapeutique. Pour le patient, ce qui compte dans cette pratique c'est la solution à son problème, le rétablissement de la santé et cette croyance joue un rôle fondamental, car elle montre l'efficacité de la démarche spirituelle de cette médecine.

Dans leur démarche de guérison, les personnes qui se rendent auprès des tradithérapeutes ont réellement conscience de poser un véritable acte de foi dont dépend leur sort. La perspective de la guérison traditionnelle repose sur des fondements spirituels dans lesquels les ancêtres et les génies sont les piliers incontournables. Ce

[53] « Comportement relationnel basé sur la connaissance et la compréhension des sentiments d'autrui par l'intuition et l'identification affective. » Hachette Multimédia /Hachette Livre 2004.

qui guide généralement les malades, ce n'est pas la personnalité du praticien dans le sens philosophique du terme[54], mais un ensemble « plus ou moins humain » comprenant les *Bewu* (les Morts) et les Esprits avec lesquels ce tradithérapeute travaille, notamment pour établir son diagnostic, car ces entités constituent les garants non seulement du diagnostic lui-même, mais encore de l'efficacité de la thérapeutique.

Un tradithérapeute disait à ce sujet : « Je me nomme Mountsombo-ver de terre. Je suis N'ganga, l'émule des dieux. Le mystère n'existe pas pour moi ». C'est sa relation aux dieux qui conférait toute sa pertinence à son diagnostic.

En ce cas, dans la société traditionnelle gabonaise, la confiance que voue le malade à son thérapeute a pour fondement principal le fait que ce dernier est assisté dans son travail par un génie choisi et vénéré par les ancêtres et chargé par ces derniers de veiller sur leur descendance. C'est pourquoi, selon la croyance populaire, les médecins sont des sorciers parce qu'il est impossible de s'occuper de la santé avec une certaine efficacité si l'on n'utilise pas les esprits. Cela se justifie par la croyance selon laquelle les défunts volent souvent au secours de leur progéniture et rien de ce qui se fait dans le monde terrestre ne peut leur être indifférent. Les ancêtres ont la science infuse et connaissent tout, en particulier ce qui touche à l'humain. Ils sont, par conséquent, doués d'une capacité surnaturelle à défaire ce qui a été lié, à l'insu même de la victime.

Nous pouvons alors supposer que, si les psychiatres rencontrent de graves résistances pour traiter les malades issus de la culture bantoue, la raison se trouve dans l'absence, fréquente chez les psychiatres, de l'appui

---

[54] « Être autonome, conscient de lui-même, maître et responsable de ses actions », Hachette Multimédia/Hachette Livres, 2004.

de cet arrière-plan ancestral. Il est inutile de chercher à savoir si l'esprit des ancêtres ou le monde invisible, en tant qu'il constitue la source de science des guérisseurs, mais aussi le fondement de leur puissance, est un phénomène réel ou un simple artifice thérapeutique. Ce qui compte, c'est de savoir que, sans la donnée spirituelle, la thérapie ne peut prendre tout son sens dans la vie d'un authentique Bantou.

Par conséquent, prendre en considération le pouvoir spirituel dans le champ de la guérison, permet d'établir une hiérarchie des intérêts des acteurs qui mettent en scène l'acte de guérison, et nous invite à dépasser une approche de la guérison limitée au corps. Le fondement spirituel de la médecine traditionnelle ne peut donc se satisfaire de la définition de la maladie comme étant simplement « un état affectant le corps d'un individu et que la médecine a pour fonction de décrire en termes objectifs pour tenter de la traiter » (Philippe ADAM et Claudine HERZLICH)[55]. Cette définition est limitative et n'intègre que la dimension rationaliste de la maladie.

De la culpabilité à la logique d'ouverture

La médecine négro-africaine doit faire beaucoup d'efforts dans l'étude des causes des pathologies si elle veut effectivement conquérir sa place dans une société qui s'affirme, se singularise par l'utilisation des sciences et des technologies nouvelles dans la résolution des problèmes qu'elle affronte. Elle ne peut pas se contenter de distinguer deux types de maladies ou les domaines de compétence entre la médecine occidentale et la médecine traditionnelle. Elle ne peut pas non plus continuer à

[55] ADAM (P) et coll. : *Sociologie de la maladie et de la médecine*, Paris, Nathan, 2003. p.5.

résister à la modernité sous le prétexte que beaucoup de ses pratiques ne peuvent s'effectuer que dans un environnement incompatible avec les conditions d'assainissement, d'hygiène et d'asepsie que respecte la médecine moderne. Un médecin interniste nous a confié ceci : « notre expérience personnelle de collaboration avec un chirurgien-ophtalmologue traditionnel du Mali, Sidibé, a prouvé qu'il a accepté nos conseils d'asepsie, ce qui lui a valu un succès plus grand dans ses opérations de cataracte » (Dr Maka).

L'étiologie de la médecine traditionnelle présente une autre limite du point de vue de la détermination des causes de la maladie puisque le guérisseur ne peut approfondir son diagnostic et sa méthode par des supports qui offrent plus de précision. Il convient cependant de relativiser, car cette difficulté est surtout pertinente lorsqu'on la regarde du dehors : la précision est si étonnante que, dès qu'on a mis la main sur la véritable cause et pris des dispositions pour y mettre fin, l'état clinique change sur-le-champ.

Mais cette difficulté est renforcée par le refus, de la part de certains tradipraticiens, d'exposer les secrets de leurs méthodes au risque de se soumettre à la critique de leurs pairs. Mais, si l'on donne un cadre juridique et une reconnaissance officielle à la médecine traditionnelle, ce jeu de cachotterie s'arrête immédiatement. En conséquence, on est obligé de faire face à une absence de diagnostic étiologique documenté, chose qui rend une fois de plus difficile la possibilité d'établir des statistiques sanitaires. La première conséquence de la réglementation de la médecine traditionnelle, c'est l'exigence d'un fichier en vue de la tenue des statistiques. D'ailleurs, certains tradipraticiens tiennent des fichiers et leurs statistiques.

Au niveau du patient, l'on est aussi confronté à un problème de dosage des médicaments avec les risques d'overdose à l'origine de nombreux troubles qui sont souvent les causes de mort dans ces milieux. Heureusement, certains tradipraticiens avertis connaissent les doses ; ces défauts pourraient donc être corrigés par une formation complémentaire en techniques biomédicales, mais aussi en administration hospitalière. Mais, en plus de ce qu'ils savent, on devrait leur proposer un cours de pharmacodynamie et un cours de physiologie, ce qui aura pour effet d'améliorer leur connaissance de l'activité du médicament dans l'organisme et de mieux comprendre les réactions de leurs patients.

Car, le manque de connaissances en matière de gestion administrative constitue un frein à plusieurs niveaux : la tenue de leur comptabilité, la production des rapports d'activité, la tenue d'un fichier pour la prise en charge de chaque malade consulté, etc.

Cestes, ils ont un savoir indéniable en matière de phytothérapie et de pharmacopée, cependant, une formation en sciences expérimentales leur permettrait de mieux identifier les plantes toxiques et d'améliorer leur diagnostic et méthode de dosage des remèdes. Cette rigueur n'enlève rien au caractère symbolique et secret de leurs opérations, elle a plutôt l'avantage de mieux définir le champ d'action de la médecine traditionnelle.

Il paraît particulièrement nécessaire de contrôler l'exercice de la médecine traditionnelle par l'élaboration d'un code de déontologie qui prendrait en compte les us et coutumes, les droits des malades et les obligations des tradipraticiens vis-à-vis des patients qui sont souvent spoliés. C'est une démarche sans laquelle la protection aussi bien des malades que des tradipraticiens ne sera pas garantie dans la société gabonaise. Cela est possible à condition qu'un cadre juridique soit établi, grâce auquel nous pourrons lutter contre le charlatanisme. Dès lors, le tri s'imposera par le développement des compétences grâce à une plus grande spécialisation dans la prise en charge des patients. Ce qui n'est pas encore le cas aujourd'hui.

Beaucoup prétendent soigner « toutes les maladies » et étendent leurs compétences à toutes sortes de maladies : organiques, mentales, en passant par les maladies psychosomatiques qu'ils appellent « des maladies mystiques ». Ils ne sont, en réalité, chevronnés que sur une, deux ou trois thérapies efficaces et sont capables d'obtenir des résultats probants que sur une, deux ou trois maladies bien connues. Ces connaissances empiriques méritent d'être revisitées pour améliorer les différents domaines de compétence des phytothérapeutes : les fractures ; les maladies gynécologiques ; la malformation du tronc ; les maladies infantiles ; les MST avec l'exemple de la gonococcie chronique ; le paludisme dans ses différentes variétés ; les maladies cutanées ; certaines maladies neurologiques ; les maladies psychologiques relatives à un traumatisme ; les maladies mentales, tous ces domaines d'intervention de la médecine traditionnelle demandent à être accompagnés par les sciences et les technologies nouvelles.

Une autre limite concerne la médecine traditionnelle elle-même : **est-ce que, avec la paupérisation de la société, avec l'immigration, avec l'exode rural, nous ne courons pas le risque de voir finalement ce que nous entendons par médecine traditionnelle être galvaudé et finalement se réduire à un ensemble de recettes, parce que les individus sont en mal de reconnaissance ?**

Depuis un certain temps, à Libreville, on trouve des affiches publicitaires sans oublier les émissions télévisées que financent certains tradipraticiens qui écument les patients. Ils louent avec exagération leurs mérites et leur pouvoir de guérison. Ils donnent leurs adresses, mais l'on s'aperçoit souvent que s'ils ne guérissent pas les maux dont ils font la publicité, ils ne les soulagent même pas. Mieux, une fois rendu chez eux, le patient se rendra compte qu'il dépense parfois plus qu'il ne le ferait chez un spécialiste de la médecine occidentale tant en terme d'hospitalisation qu'en terme de coût du traitement. Il recevra une très longue liste d'effets à acheter (mouton, pagnes, boisson, parfums, etc.) et il lui sera immédiatement demandé les frais du traitement fixés à la tête du client. Le traitement ne commence que si tous les ingrédients sont réunis.

En réalité, ces tradipraticiens véreux qui jouent sur le psychologique du patient pour vider son portefeuille ne respectent pas les principes de la tradition. Car, traditionnellement, le tradipraticien est un homme normal, c'est-à-dire quelqu'un qui ne vit pas de cette activité. Il pratique les soins en marge de son métier et la médecine traditionnelle est un service qu'il rend à la communauté. S'il en fait son métier, alors il devient un vulgaire commerçant et le principe traditionnel de la gratuité du soin, relatif à la pensée selon laquelle la vie est un don, disparaît.

Nous pouvons dès lors identifier la pauvreté, le chômage et surtout l'exode rural comme premier facteur de charlatanisme dans le cadre de la médecine traditionnelle en Afrique. Le fait est que la société traditionnelle africaine repose sur un fondement éthique qui invite l'homme à accueillir la vie et à se donner pour la défendre. Chacun doit lutter pour l'accroissement de la communauté. Il s'en suit donc que le savoir de la guérison est en lui-même un don. Et, si l'on a reçu gratuitement, il va de soi que l'on ne doit pas réclamer davantage. C'est la raison pour laquelle il n'existe pas d'école de formation de médecins traditionnels en Afrique. C'est toute autre chose aujourd'hui. Si l'on veut avoir des gens qui ont la médecine traditionnelle pour activité principale, il faut réformer la tradition. Pour l'instant, la tradition considère que tous ceux qui font de la médecine traditionnelle leur principale activité sont des charlatans ou des désœuvrés.

Ces charlatans participent du développement de la violence symbolique en développant la culture du fétichisme, moyen par lequel ils tuent avec les « fusils nocturnes ». Le charme du gain constitue la mamelle de ce charlatanisme parce que, dans l'imaginaire populaire, socialement, il n'y a pas de frontière entre le champ de l'économie et celui du politique. Dans ces champs, les acteurs ont quotidiennement recours à des figures mythiques comme celle de Mami Wata et de Mademoiselle, des esprits qui dispenseraient des faveurs à leurs collaborateurs. Les charlatans disent à leurs clients qu'ils peuvent utiliser ces esprits pour la destruction d'un ennemi politique ou pour défavoriser un concurrent. Il s'agit d'un legs colonial que les tradipraticiens véreux entretiennent dans une société marquée par des inégalités sociales. Le rapport que le politique entretient avec le fétichisme et cette violence symbolique conduit l'homme politique à solliciter en permanence les services de toute personne capable d'influencer son destin.

À Libreville, les charlatans ont alors des lieux de prédilection, c'est le cas du bord de mer qui abrite le palais présidentiel, mais représente aussi le lieu de tous les périls. On vient de nuit y sacrifier des poules ou jeter de l'argent dans le cadre de l'exécution des rites magiques en faveur des hommes de pouvoir. Le bord de mer de Libreville n'est pas éclairé, ce qui lui donne, la nuit, une allure lugubre et sinistre à certains endroits qui sont porteurs d'un imaginaire fondé sur la croyance et la foi en des êtres invisibles.

Le fait de penser à l'existence des personnalités mysticospirituelles qui entrent en contact avec des entités invisibles comme les génies, les ancêtres et qui peuvent se transformer en panthères, en serpent ou en oiseau pour exercer de la violence sur les adversaires, voilà qui justifie le charlatanisme. Cela donne l'impression que le tradipraticien est un personnage fantastique, capable de dérégler ou de régler, au moyen de ses fétiches, la vie quotidienne.

Limite de l'éthologie

La durée de la maladie détermine le caractère naturel ou surnaturel d'une maladie en médecine négro-africaine, même si le malade semble vraisemblablement mal se soigner. Dès lors que le traitement ne se révèle pas efficace pour de multiples raisons, on suppute en cherchant un bouc émissaire : l'envouteur, le jeteur de sorts. On déclare que l'hôpital moderne n'est pas compétent pour prendre en charge cette maladie, elle est une maladie des Noirs, c'est-à-dire une pathologie provoquée par un esprit malveillant. On ira donc de tradipraticien en tradipraticien, à la recherche d'« un nganga très fort » qui utilise les procédés magiques les plus astucieux pour déterminer la cause et le coupable. Le plus décevant dans l'étiologie sacrée, c'est qu'elle conduit généralement à pousser le patient à une initiation thérapeutique par manducation de plantes psychédéliques. Mais cette démarche, en réalité, cache plutôt l'ignorance de beaucoup de charlatans qui ne peuvent donner avec pertinence les raisons de la maladie et en trouver les remèdes.

Il importe aujourd'hui de travailler pour une mutation de la médecine négro-africaine. Il est nécessaire de l'amener vers une ascension progressive à la conscience de soi rationnelle. Il s'agit d'assurer sa métamorphose, même si elle est toujours en lien permanent avec le monde des esprits et des forces surnaturelles. Le problème consiste dans l'utilisation rationnelle de son savoir : privilégier les causes rationnelles en exigeant la démonstration vérifiable aux fins d'aboutir à la constitution d'un savoir partageable et transmissible.

Pour un tel résultat, la trajectoire des pratiques de la médecine négro-africaine doit partir du terrain mythologique pour un terrain scientifique en passant par une médiation cosmologique. L'étape cosmologique, c'est un moment pendant lequel la conscience humaine est en phase avec les lois de l'ordre de la nature. À cette étape, il y a nécessité d'un glissement psychologique allant de la mentalité magique à la mentalité scientifique.

Cette mutation est fondamentale pour permettre à une société d'élaborer un système de soins avec des procédés scientifiques et technologiques permettant de parvenir à une compréhension rationnelle des choses. Ce passage de la mythologie à la cosmologie est déterminant pour le développement de la médecine négro-africaine : chacun pourra étudier le monde ordonné avec des lois qui se prêtent à l'étude, au logos. Cela voudrait dire plus exactement que les tradipraticiens devraient rendre intelligibles leurs activités de manière à partir d'une vision magique transversale aux cultures traditionnelles pour tenir ainsi compte des exigences du monde moderne. Cela suppose aussi que nous quitterons l'oralité pour une exposition des connaissances par l'écriture. Attention, il n'est pas question d'abandonner l'oralité – qui est primordiale, étant à la base de tout –, mais de compléter l'oralité par l'apprentissage en informatique. On partirait de l'oralité archaïque à une oralité qui s'appuie sur la modernité par l'utilisation des NTIC.

Cette trajectoire rendra possible une histoire de la médecine négro-africaine ; en identifiant ainsi, à travers l'histoire, l'évolution des représentations de la maladie et des thérapies traditionnelles.

La perception archaïque de la maladie dispose la conscience collective à résister au développement socioculturel, politique et économique des pays africains en voie d'émergence. Nous mettons ici le doigt dans ce qu'il convient de considérer comme la plaie de la médecine négro-africaine, une médecine qui culpabilise et fragilise les liens sociaux. Le malade est souvent coupable de sa maladie. Cet état malheureux de la conscience contamine toute la famille, le lieu de travail, au point d'empoisonner toute la vie relationnelle de la victime.

L'engagement, c'est-à-dire cette mutation, cette métamorphose qui mènera les pratiques de la médecine négro-africaine du terrain mythologique au terrain cosmologique et de celui-ci à l'autonomisation de la raison, éliminera la culpabilité. Car, il importe aujourd'hui de déculpabiliser l'homme affaibli par la maladie afin de forger sa conscience pour une nouvelle espérance. En conscience, la rupture avec la mythologie ne pourra pas effacer totalement la problématique de la maladie archaïque, elle pourra néanmoins atténuer les conséquences. Parce que le personnage du tradipraticien est symbolique, il devrait agir avec plus de rationalité en sachant que son objet et son étiologie sont exclusifs de sa référence.

Troisème partie
L'EXERCICE DE LA MÉDECINE TRADITIONNELLE AU GABON

IV

Interrogation du système santé

Nous aurons pour objectif de montrer la voie pour la construction d'un système de santé accessible à l'homme moderne ainsi qu'à celui qui demeure enraciné dans sa culture traditionnelle. C'était l'ambition de notre article paru aux très célèbres Éditions du CENAREST il y a quelques années[56]. Le but consistait en l'étudie la rationalité médicale en son déploiement dans un contexte de multiculturalisme : celui d'une Afrique moderne et traditionnelle. Il a pour objectif de montrer la voie pour la construction d'un système de santé accessible à l'homme moderne ainsi qu'à celui qui demeure enraciné dans sa culture traditionnelle.

En fait, le texte analyse la rationalité médicale et ses enjeux épistémologiques, éthiques et politiques. La question principielle de ce texte serait : qui est l'homme que la médecine prend en charge en Afrique et cette représentation est-elle suffisante pour la construction d'un système de santé efficient ?

Le texte pose alors la problématique de l'accès aux soins dans le système de santé gabonais en interrogeant la rationalité médicale. Faisant le constat de deux rationalités qui s'affrontent et s'excluent dans le champ de la médecine en Afrique ce, depuis les temps de la

56 MVONE-NDONG (S.-P.E) : « *Traiter « ce dont on souffre » ou soigner « celui qui souffre » ? Penser la crise du système médical gabonais,* in ScienceSud, revue en ligne du CENAREST, Cahiers et documents en ligne du CENAREST, www.editions.cenarestgabon.org/revues/nd

colonisation, cette réflexion s'ouvre sur un pluralisme épistémologique et éthique en médecine.

Cette réflexion fonde l'épistémologie médicale, non pas dans le maintien du parallélisme entre une rationalité technoscientifique caractérisant la médecine occidentale et une rationalité organiciste déterminant la médecine traditionnelle, mais dans leurs croisements. L'épistémologie médicale multiculturaliste africaine est un moment de rencontre entre une logique technicienne et un spiritualisme éthique au sein duquel rationalité technoscientifique et rationalité organiciste s'informent et se féconde mutuellement.

Cela dit, le gage de l'accessibilité aux soins consiste dans cette rencontre des cultures qui caractérise désormais l'homme africain partagé entre la culture occidentale et ses racines ancestrales. La prise en charge de l'homme malade, en Afrique, est donc fonction d'une stratégie intelligente qui permettrait au Gabon de tirer avantage de la pluralité des mondes.

Ainsi, le système de santé gabonais ne devrait plus privilégier la médecine occidentale en s'enfermant dans l'hospitalo-centrisme, mais intégrer la médecine traditionnelle dans une politique commune liant modernité et tradition. Ce croisement des rationalités situe le système de santé dans la perspective du multiculturalisme qu'il importe de considérer comme une richesse. Le lieu de la manifestation de ce pluralisme consistera, en fait, dans l'engagement du Gabon pour le développement des soins de santé primaires, fondement de la politique de santé de l'Organisation mondiale de la santé depuis Alma Ata en 1978.

La philosophie

Nous poursuivons cette même réflexion dans un autre article « *Pensée philosophique et enjeu éthique de la rationalité médicale en Afrique*[57] ». Là encore nous défendons l'idée que chaque médecine repose sur un socle philosophique duquel dépend la nature des soins de santé. Or, l'utilisation de deux médecines, la médecine occidentale et la médecine traditionnelle, dans un même système de santé explique que les populations utilisent simultanément deux rationalités : la rationalité technoscientifique et la rationalité organiciste.

On accepte donc que les connaissances de la médecine relèvent à la fois de la rationalité et de l'imaginaire si tant est qu'elle soit l'ensemble spécialisé des savoirs et savoir-faire nécessaires aux soins du corps humain ; soins commençant par le souci de bien se porter chaque jour et s'achevant par les intensions les plus sophistiquées pour maintenir en vie un corps souffrant et menacé.

Le développement des biotechnologies ainsi que de l'imagerie médicale ne doit pas laisser de côté le fait que la médecine soit avant et après tout, qu'un art utilisant des méthodes scientifiques.

La médecine traditionnelle, une science

Pourtant, dans la guerre d'intérêts entre la médecine moderniste et la médecine traditionnelle, les

57 MVONE NDONG (S. P.E) : « *Pensée philosophique et enjeu éthique de la rationalité médicale en Afrique* », Plus, n ° 7, Itinéris, Cahiers et Documents en ligne du CENAREST, ww.editions.cenarestgabon.org/revues/ip

médecins reprochent à la seconde de ne pas user des canons de la science, en particulier la mesure, le dosage.

Ce reproche laisse penser que les médecins sont dans l'ignorance que l'idée de norme reste fonction de la culture : à chaque culture ses normes. Ainsi, faut-il montrer que la médecine traditionnelle n'a pas vocation à être une science et la rendre absolument scientifique reviendrait à la dévoyer. En s'en tenant à la pensée de Thomas Kuhn, notamment dans son texte de 1977, la *tension essentielle,* on observe que le contenu des connaissances de la médecine traditionnelle n'a pas une prétention scientifique et ne repose pas sur les cinq « attributs permanents de la science ».

Pour être une science, en effet, dans la perspective de Kuhn, les pratiques de soins doivent s'en tenir scrupuleusement au respect des cinq critères suivants : la précision, la cohérence, l'envergure, la simplicité et la fécondité. Or, en prenant en compte la notion de « bien-être physique et mental » qui caractérise la définition de la santé donnée selon l'OMS, la médecine s'enracine dans le domaine de l'art même si elle se nourrit des biotechnologies. Il va de soi que le développement des sciences de la santé, en ce qu'il induit l'extrême spécialisation en médecine donne l'illusion que la médecine est une science au sens moderne, c'est-à-dire, au sens mathématique de la nature. La conséquence est que cette extrême spécialisation produit une pratique des soins médicaux qui laisse oublier que la médecine est essentiellement un fait social total et que l'homme dont il se préoccupe est une construction sociale. Dans cette perspective, on observe que le développement de la santé en Afrique dépendra d'une conception de la santé qui repose sur les deux piliers que sont : modernité et tradition.

Par contre, il convient d'admettre que le développement de la médecine traditionnelle requiert qu'elle incorpore désormais, pour ce qui est de la phytothérapie et non pas de la médecine initiatique, l'apprentissage de la méthode expérimentale. Les tradithérapeute ne peuvent plus se contenter d'une utilisation béate de la culture, ils doivent s'ouvrir à la formation scientifique en vue d'amorcer une révolution dans le domaine concerné.

C'est seulement si les détenteurs des savoirs endogènes ont, par ailleurs, une connaissance expérimentale des plantes qu'ils peuvent, eux-mêmes, tirer avantage du dialogue entre médecine traditionnelle et médecine moderne. Le ministère de la Santé doit donc former les utilisateurs des plantes sous la forme de cataplasme ou de décoction pour qu'ils puissent, par eux-mêmes, améliorer les médicaments qu'ils produisent.

Perspective de réflexion

Ces articles ouvrent sur une réflexion philosophique et anthropologique qui invite à méditer sur la rationalité du soin de santé pour l'avènement d'un système de santé plus humain. Cette philosophie du soin implique *sollicitude* et *délicatesse* dans la mesure où la notion de soin est fondatrice de l'acte médical et qu'elle implique une philosophie de l'action dont la médecine constitue le fondement. Ici, l'effort du soignant implique, comme l'indique Georges Canguilhem dans le *Normal et le pathologique,* de faire *du malade* et de *sa souffrance* le *fondement* même de la médecine des corps et des âmes : la médecine scientifique et la philosophie sont les deux domaines de la connaissance.

Nous arrivons à la conclusion que travailler sur la rationalité médicale, ses développements, ses crises intellectuelles et ses bouleversements socioculturels sur le thème *La chaleur du soin. Esquisse d'une philosophie du soin : médecine, culture, éthique et société* impliquent une réflexion sur l'existence des malades, leurs attentes et leurs vécus de la maladie en fonction de leurs imaginaires. Il s'agit, en fait, de manifester la philosophie qui sous-tend la rationalité médicale et qui s'incarne dans la constitution des institutions hospitalières, les pratiques de soin et les consciences du soignant.

La question fondamentale à laquelle nous avons à répondre serait la suivante : *au regard du fait que la finalité de la médecine est de s'occuper des malades, de quelles façons celle-ci prendrait-elle soin des patients en contexte de multiculturalisme en Afrique ?* Cette question paraît simple si l'on pense qu'il suffit de profiter des développements scientifiques et technologiques dans le domaine concerné et parier sur l'efficacité de la médecine sans se soucier des manières de prendre soin.

La possibilité de prendre soin

Même en réfléchissant ainsi, on ne saurait éviter le débat qui tourne autour du soin selon qu'on exige souvent du soignant qu'« il mette le malade au centre du dispositif ». La question serait finalement la suivante : comment, dans un contexte de multiculturalisme, la rationalité médicale amènera les soignants à placer le malade au cœur de son action, selon l'expression d'Alain Cordier : « le malade doit être au cœur de notre action » ?

La question serait plus pertinente si l'on la formulait de la manière suivante : quelle attitude doit caractériser le soignant pour qu'il se montre plus apte à entrer dans l'univers de perception de son malade afin de mieux le traiter ?

Ce qui se passe chez le tradithérapeute, c'est que le diagnostic n'amène pas celui-ci à s'attaquer à directement à la maladie dont on souffre ; il oriente le traitement en fonction des circonstances qui avaient occasionné la maladie. Le témoignage de papa Moubamba Alfonse est éloquent en ce sens qu'il précise les choses en nous indiquant l'importante de la rationalité organiciste :

> *Je suis comme un garagiste américain. Si vous vous rendez chez moi pour un problème de vice platine, je passe un coup de fouet au système duquel dépend la vise platine, car il se pourrait que la cause qui occasionne la panne provienne d'une autre cause. Le fait est que les choses sont liées les unes les autres à tel point que le bon fonctionnement de chaque élément du système dépend naturellement de l'état de fonctionnement des autres éléments du même système. Si vous ne vérifiez pas tout le système pour le mettre en état de bon fonctionnement, vous travaillez pour rien. Il y a trois traitements : curatif, préventif et systématique. Au niveau du traitement systématique, l'on cherche le miracle, la magie parce qu'on veut prouver sa capacité à maîtriser les forces. Par contre, lorsqu'on veut suivre naturellement son malade afin de l'amener à la guérison totale, le travail du soignant consiste à fouiller les profondeurs de son être en auscultant sa vie sociale, psychologique, familiale de manière à trouver la racine de la fragilité. Une fois que la maladie est identifiée, la cause trouvée et supprimée, alors on procède à la prévention (donc à la protection) afin que la même maladie ne resurgisse plus*[58] *».*

---

58 Entretien du 6 mars 2011 dans la forêt d'Okolassi alors qu'il s'occupait de malade atteint de troubles psychosomatiques. Ce jour-là toute la famille était présente pour le sacrifice du mouton.

En d'autres termes, par quelle conscience des soins le praticien manifeste le mieux, en contexte multiculturel africain, plus de respect pour la personne de son malade à travers son *geste soignant* ? L'enjeu de ce questionnement consiste dans la volonté de l'instauration d'une philosophie qui restaure la confiance en une médecine hypertechnicisée qui a tendance à oublier la clinique ? Dès lors, la présente contribution est une réflexion sur l'homme en tant que sujet de la médecine moderne d'origine culturelle occidentale et développée dans un contexte socioculturel non occidental.

Cet acte philosophique réexaminera à nouveau frais les résultats de nos publications postdoctorales en vue d'interroger les différentes dimensions qui participent de l'action médicale en Afrique et à la construction des systèmes nationaux de santé.

Les analyses tournant autour de la *notion de soin* devraient donc permettre aux chercheurs d'élaborer, avec plus d'intelligence, des données de niveau de preuve de plus en plus élevé. Au législateur de fixer les limites des interdits, au philosophe d'éclairer le sens des pratiques, à l'administrateur d'adapter les ressources. Au psychologue de dévoiler les processus cognitifs qui conditionnent la demande de soin, au théologien de contribuer à mieux adapter les croyances. À l'économiste de construire des modèles de rationalisation plus cohérents et aux politiques de mettre en œuvre les moyens indispensables.

La notion de soin est large, elle est écologique et c'est en ce sens qu'elle paraît rendre compte le mieux du monde de l'humanité de chaque personne. Il suffit d'interroger autour de soi et d'observer les animaux de la basse-cour pour s'apercevoir que la conscience du soin demeure la chose du monde la mieux partagée. Chacun sait prendre soin de lui-même et de l'autre et il y a diversité de manière de prendre soin de soi et d'autrui. Et pourtant, cette diversité produit, par elle-même, des difficultés majeures qui marquent la pratique médicale : le soin est une réponse à une demande, elle-même relative à l'importance de l'asymétrie entre deux consciences d'inégal pouvoir.

Dès lors, si la philosophie en général est d'une réflexion sur l'homme c'est-à-dire sur les conditions de son bonheur, la notion de souffrance, en tant qu'elle s'associe à celle du soin, mérite effectivement que nous rassemblions toutes recherches en vue de déterminer les fondements de l'éthique en médecine. Penser la médecine traditionnelle en rapport avec la médecine moderne et occidentale ne peut dès lors constituer qu'une activité scientifique relevant de l'anthropologie et de la sociologie de la santé. Il s'agit plutôt d'une méditation sur la souffrance.

L'on est en présence d'une orientation philosophique qui rappelle alors qu'il doit être vigilant à chaque fois qu'il parle de santé ; c'est d'ailleurs ce que Hippocrate (vers -460 – 377 av. J.-C.) a fait étant les bases déontologiques de toute pratique médicale. D'ailleurs, avant lui, le code d'Hammourabi est déjà une invitation philosophique poussant l'homme à être vigilant au sujet de ceux qui ont pour vocation de soigner.

Si l'on en croit Alfred de Musset tout en suivant les leçons des stoïciens, notamment pour ce qui est de la quête du bonheur, la notion de soin deviendra capitale pour la philosophie : « l'homme est un apprenti, la douleur est son maître, et il ne se connaît tant qu'il n'a pas souffert ». Cette thèse de Musset (1810-1857) conduit à penser que la connaissance passe par une certaine méditation philosophique sur la notion de soins.

Dans la mesure où la souffrance de vie est le maître de l'homme, cette souffrance physique ou morale confronte l'homme à son être, la société à son idéal démocratique. Du point de vue de la métaphysique, la souffrance humaine en devenant sous mon regard le moyen de la connaissance de notre être et de l'être de l'autre, devient un facteur de prise de conscience de notre finitude et, essentiellement de ce qui constitue la vulnérabilité de l'homme, la sollicitude.

Méditer la façon *de prendre soin* dans un contexte de bouleversements socioculturels idéologiques où l'on assiste aux différents rejets des asymétries de pouvoir et où l'on est oppressé par des pressions multiculturelles, elles-mêmes, favorisées par des crises ethniques et politiques, c'est s'engager dans une réflexion philosophique dont la médecine est l'objet.

La médecine comme objet

Elle en est l'objet par ce qu'elle n'a pas échappé aux différents bouleversements intellectuels qui remettaient en cause les valeurs traditionnelles en raison des grands chambardements scientifiques et techniques du XXe siècle. En devenant efficace, ce qui a permis à l'homme d'acquérir de nouvelles possibilités lui permettant d'interroger le sens de son action, la médecine a pris place dans le champ de la philosophie. La question de l'efficacité *des gestes soignants* finit par s'ouvrir sur des choix de convenance pour la satisfaction des désirs au point qu'il est désormais possible de s'interroger sur le sens à donner aux différentes pratiques médicales modernes et traditionnelles.

Sachant que l'éthique médicale interculturelle est d'abord une réflexion multidisciplinaire, il sera nécessaire d'établir que la notion de soins implique une éthique responsabilité. Que l'éthique responsabilité impose une étude comparée de la nature entre différentes civilisations (occidentale, africaine, asiatique, amérindienne, etc.) dans l'intérêt philosophique du développement d'une éthique de la préservation de la vie. Avec Albert Schweizer et en nous appuyant sur les travaux de penser Hans Jonas, mais aussi en recourant à Heidegger, nous tenterons de démontrer à travers le présent texte que la notion de soins est fondamentale en métaphysique.

L'éthique

La recherche fondamentale en éthique médicale se confond avec la recherche fondamentale en *éthique du respect de la vie* exprimée par Albert Schweitzer à travers son village thérapeutique de Lambaréné. La finalité d'une telle réflexion permettra de déterminer les fondements d'une médecine humaniste enracinée dans la tradition culturelle gabonaise ou africaine en général, la modernité grâce à une rencontre des rationalités et des imaginaires.

Dans cette perspective, Hans Jonas a le mérite d'avoir montré, à travers le *Principe responsabilité* que la vraie maîtrise de la nature consiste dans la préservation de celle-ci c'est-à-dire dans la capacité humaine à *prendre soin* de la nature comme de *l'autre*. En fait, le soin n'est pas la chose qui caractérise seulement l'homme, il est ce que tous les êtres vivants ont en partage. Pour lutter contre la souffrance et préserver la vie de l'être, chaque espèce vivante prend soin de ses semblables en spécifiant sa maîtrise du *soin par des techniques propres à son espèce ou à sa civilisation.* Dès lors, le soin devient un objet philosophique sur lequel nos réflexions sur la prise en charge du patient trouvent leur fondement anthropologique.

Deux rationalités

En effet, partant d'une réflexion comparée entre deux médecines – la médecine occidentale avec sa rationalité analytique et fonctionnant sur les modalités d'un imaginaire marqué par la civilisation chrétienne d'une part, et une médecine traditionnelle initiatique fortifiée par une phytothérapie, mais aussi par une pharmacopée qui repose sur un imaginaire caractérisé par la rationalité holistique ou bien organiciste, d'autre part –, la présente réflexion et justifier philosophiquement par la complexité de la valeur que prend le soin dans la pratique de la médecine. En fait, philosopher sur le soin en général et particulièrement dans l'intention de comprendre le raisonnement médical en vue de promouvoir une éthique médicale interculturelle, c'est reconnaître la profondeur des bouleversements intellectuels qui ont mis en cause les valeurs traditionnelles au XXe siècle.

Il ne s'agit donc pas tout simplement de mettre côte à côte des pratiques de soins d'origines diverses, mais de considérer – au-delà des bouleversements scientifiques et techniques, mais aussi des avancées remarquables de la biologie, des techniques de l'information et de la communication –, l'importance des bouleversements socioculturels et idéologiques au cœur de la relation de soins.

C'est la considération de la fragilité qui construit la philosophie humaniste que développe Hans Jonas en nous proposant *L'éthique de la nature* comme une invite à *prendre soin* de l'environnement. Prendre soin de quelqu'un ou de quelque chose, c'est manifester une façon spécifique d'exister à travers sa relation au monde. Et si la notion d'être-au-monde est tant fondamentale chez les philosophes de l'existence et de l'être, c'est aussi parce que la manière d'être-au-monde dévoile l'univers de l'accomplissement de son pouvoir-être au monde. En prenant soin, ce sujet manifeste sa manière d'être-au-monde avec les autres.

L'altérité

En observant, on pourrait penser que l'élément qui constitue, solidifie les rapports entre les êtres, c'est la capacité à prendre soin de l'autre en tant qu'activité visant à reconnaître l'altérité. Pourtant, l'évolution des mentalités, notamment si l'on observe les pratiques de la médecine scientifique, laisse comprendre contradictoirement que la *rationalité analytique* travaille à dévaluer le soin. Les présents travaux ont pour enjeu de montrer que la lutte contre les excès d'un technicisme souvent jugé d'inhumain dans les pays développés passe par l'ouverture de nouvelles pistes de recherche qui ouvrent sur une éthique qui s'alimente des exigences de la rationalité et des nécessités de l'imaginaire. Loin de demeurer dans un comparatisme qui sépare radicalement la *rationalité technoscientifique ou analytique* de la *rationalité holistique ou organiciste,* il apparaît non contradictoire de penser le soin comme exigence d'une éthique multi ou interculturel et fondée dans la nature.

La thèse initiale pour notre éthique responsabilité de la nature, celle que nous entendons présenter à travers la notion du soin, est que *le soin est la chose du monde la mieux partagée ; tous les êtres, même les plus frustes, revendiquent ce caractère métaphysique fondateur de la sympathie et d'empathie.* Nous défendrons cette thèse en réexaminant nos travaux antérieurs, notamment en revisitant le concept de *finitude dans ses rapports avec la connaissance* afin saisir les fondements d'une métaphysique de la relation au soin et en vue de dégager la sagesse pratique médicale dans la médecine occidentale et dans la médecine traditionnelle africaine.

Cette contribution qui déborde le champ de la philosophie de la médecine a pour ambition d'accompagner la réflexion éthique et épistémologique pour le développement et l'humanisation à travers les pratiques de soin : l'acte de soin se positionne – ce que nous allons démontrer – comme socle de toute construction d'un rapport humain.

Nous avons à montrer que l'éthique doit s'entendre comme l'expression de la manifestation d'un humanisme dont le fondement métaphysique est la finitude, socle de tout geste humaniste. Cette réflexion sur le concept de soins en général repose sur un double encrage à la fois métaphysique et anthropologique et a pour visée de s'inscrire dans la perspective du rapport Cordier intitulé « *éthique et professions de santé* » dans un contexte culturel non occidental.

Dis-moi comment tu prends soin de ton environnement et je te dirai quelle est ta philosophie de la vie et de l'existence. Car, la manière de prendre soin détermine la manière dont un individu se situe dans le monde.

Connaissant la profondeur de la crise des valeurs qui bouleverse la société africaine, la mise en lumières des fondements épistémologiques des médecines, leur rapport aux cultures serait un moyen permettant l'élaboration d'une philosophie humaniste des soins. Il est certain que la clarification des principes qui amenèrent Albert Schweitzer à mettre au point son modèle de prise en charge de la maladie pourrait permettre de mieux préparer le monde médical à des mutations sociales majeures.

En convoquant le docteur Albert Schweitzer dans ces travaux, l'enjeu n'est pas d'opposer la médecine traditionnelle à la médecine occidentale, mais de montrer la nécessiter d'aboutir à une *rupture des frontières* entre les rationalités qui participent de la *prise du soin.*

Le champ de recherche dans lequel j'inscris la présente thèse d'habilitation à diriger les recherches pourrait se résumer par la question suivante :

> *La médecine traditionnelle africaine peut-elle se nourrir de l'apport de la rationalité occidentale pour s'adapter aux conditions d'existences actuelles et fournir aux peuples autochtones la base d'une politique de la santé en phase avec leur environnement et leur vision originelle du monde et du soin de santé ?*

La justification de ce champ de recherche paraît trouver son fondement, au moins à deux titres, corollaires l'un de l'autre et qui lui confèrent son originalité : d'abord une éthique en médecine multiculturelle. Ensuite elle obéit aux principes d'une philosophie pratique qui apporte la preuve que la philosophie est aussi une entreprise de réflexion concrète qui ne se fait pas exclusivement en chambre, dans une tour d'ivoire.

V

Méthode : Entre pratique et écriture

Certains de nos travaux font suite à l'organisation de séminaires, d'ateliers ou de colloques. C'est le cas du texte : Réflexions sur la philosophie du médicament et du soin, publié chez L'Harmattan en février 2011. Le contexte d'écriture de cet ouvrage est relatif aux travaux du deuxième colloque international organisé par le Centre Gabonais de Recherche en Éthique et Santé (CEGARES) sur le thème La philosophie du médicament et du fétiche. Celui-ci s'est tenu à Libreville du 10 au 13 avril 2007.

C'était au collège Supérieur Jean Moulin en présence du Doyen JJ. Wunenburger de l'Université Jean Moulin Lyon 3, de Jean-Philippe Pierron (Lyon3), du Pr Dominique Folscheid de l'Université de Marne-la-Vallée, des présidents du Conseil National de l'Ordre des Médecins et de l'Ordre des Pharmaciens. Plusieurs spécialistes de la philosophie, de la sociologie ou de l'anthropologie de la santé avaient pris part à cette rencontre importante. Il était question de penser le médicament et l'éthique du soin en tenant compte de la problématique de la culture et de la spécificité des sociétés africaines.

La méthodologie retenue pour le développement des échanges entre les spécialistes de la pharmacopée traditionnelle et les chercheurs du domaine concerné est celle de l'ethnopharmacologie. L'ouvrage retrace les grandes étapes de cet échange entre les praticiens des deux médecines. Il est, de ce fait important de souligner que ce qui a été dit lors de ces assises fournit de précieuses informations à la constitution de l'élaboration d'une méthode de travail efficace pour des ethnopharmacologues. Celle-ci consiste à :

> *Aller à la rencontre des détenteurs des savoirs thérapeutiques endogènes : herboristes et tradithérapeutes. Le chercheur va à leur rencontre en espérant visiter leurs sites en vue d'identifier, grâce à leur concours, des plantes médicinales, leurs propriétés et leurs différents usages*[59].

Cela signifie que les scientifiques reconnaissent que les tradithérapeutes soignent effectivement des affections à partir des plantes dont ils ont le secret et qui leur ont été transmises. Mais pour améliorer ce savoir qui n'est pas exempt d'erreurs, l'application des connaissances scientifiques devient nécessaire.

Autour du médicament

La réflexion philosophique autour du médicament aura révélé que le médicament est avant tout une réalité complexe. Celui-ci n'est pas réductible à une dimension marchande : il n'est pas qu'une molécule, mais un objet à l'intersection entre science, économie et société.

Pour cette raison, une pensée du médicament n'est pas séparable d'enjeux globaux et locaux, allant du général et du particulier, sur fond d'une théorie de la justice. En rapport avec la problématique de l'automédication, les experts s'interrogeaient sur le circuit de distribution du médicament et du médicament distribué par les vendeurs à la sauvette. L'accent a été mis sur la

---

59 MVONE-NDONG (S. – P) : *Réflexions sur la philosophie du médicament et du soin. La rationalité des remèdes traditionnels*, L'Harmattan, Paris, 2011, p. 27.

construction d'une politique pertinente du médicament en contexte de précarité :

Certains estiment que si l'on trouve une bonne façon de distribuer le médicament en tenant compte de la problématique de la pauvreté, les populations se feront fortes d'aller en pharmacie. C'est une question de pouvoir d'achat et de marketing. La destruction des médicaments de la rue ne suffit pas pour supprimer l'automédication. L'automédication est un problème international ; ce comportement n'est pas spécifique aux Gabonais et encore moins relatif au phénomène du médicament de la rue[60].

Mais les difficultés d'accessibilité au médicament de qualité sont relatives à la crise des valeurs fondamentales de la société africaine traditionnelle ; le plus grand mal du circuit, c'est la corruption qui gangrène l'administration gabonaise. Les responsables administratifs sont souvent incriminés dans le développement des « circuits mafieux qui rendent disponible le médicament dans la rue », les malfrats agissent avec la complicité des responsables de la très « haute administration : la douane, le ministère de la Santé publique et de la population, le ministère des Finances, la police ». La lutte contre le médicament illicite ne serait alors efficace que si l'on agissait pour débusquer « les agents indélicats qui tapissent dans l'ombre ». Il est alors besoin de coordonner les activités des différentes structures du domaine concerné » par la lutte contre le médicament illicite.

Il est alors évident que la problématique de l'accessibilité aux soins implique la relation entre éthique et santé cependant, cette relation elle-même renvoie sans

---

[60] ***Ibid.*, p. 43.**

polémique, à une politique de la santé. Car, l'accès au médicament, licite, prescrit ou contrefait est référé à une réflexion générale sur la répartition des richesses (accès au soin et au médicament n'est pas indépendant de sa dimension économique) et sur le rôle que peuvent jouer les médiations culturelles, les représentations sociales. Cette hypothèse est de fait, justifié par le fait qu'il est établi que la conception d'une éthique de l'accès au médicament en Afrique reste inséparable « d'une interprétation objective des fondements du système ontologique bantou ».

Dans ce sens, il faut rappeler que la représentation du médicament ne peut se répartir d'une philosophie du médicament qui, elle-même, trouve les fondements de son éthique dans un système de principes ou conception de la vie. Pour la société africaine, Tempels nous dit qu'il est :

> *Un ensemble d'idées, un système logique, une philosophie positive complète de l'univers, de l'homme et des choses qui l'environnent, de l'existence, de la vie, de la mort et de la survie », bref, une « ontologie logiquement cohérente*[61].

La philosophie du médicament traditionnelle envisage alors une production des normes éthiques dont le système ontologique reste fonction des fondements qui trouvent leur justification la perception villageoise du monde[62]. L'ouvrage présente plusieurs enjeux qui sont généraux, épistémologiques et pédagogiques, mais il s'ouvre surtout sur des propositions concrètes.

---

61 TEMPELS (P.) : *La philosophie bantoue*, Présence Africaine, p. 14.
62 MVONE-NDONG (S. – P. E.) : Ibid. p. 89.

Enjeux généraux

Penser le médicament, c'est interroger le type d'anthropologie qui sous-tend sa conception, sa représentation sa chez les populations qui le consomment. La conception anthropologique de l'homme dans société africaine n'amène le médicament pharmaceutique soit évidemment un remède : l'aspirine et la quinine sont sûrement des médicaments. Mais, un médicament doit pouvoir soigner un ensemble de maux qui, parfois, n'ont rien en commun.

Or, « dans le registre de la médecine traditionnelle, le médicament est ce que vous proposent les tradithérapeutes et que l'on achète dans des bouteilles faites dans un coin de la rue[63] ». Pourtant si l'on accepte de prendre le médicament proposé, c'est parce qu'il existe en réalité une relation entre notre représentation due et celle du médicament, entre celle du médicament et celle de la maladie.

Trois questions permettent de présenter la philosophie du médicament : « qu'est-ce qu'un médicament ? » « Qu'est-ce qu'un corps malade ? » et « qu'est-ce que la maladie ? ». Ces trois questions n'en font plus qu'une seule et nous nous accordons avec Pascal Haegel pour affirmer que « c'est l'expérience que l'homme fait lui-même de son corps qui s'impose »[64]. La différence entre la médecine traditionnelle et la médecine moderniste dépend de la représentation du corps dans chaque paradigme : « Chaque conception du médicament se rapportera, à cet effet, à une certaine représentation du corps. [...]Du coup, le corps de l'homme devient le centre

63 MVONE-NDONG (S. – P. E.) : Ibid. p. 36.

64 HAEGEL (P.) : *Le corps quel défit pour la personne ?* Altheia/Fayard, Paris, p. 27.

des enjeux éthiques, esthétiques, médicaux, politiques et culturels ».

Dialectique homme et nature

Rappelons, dans cet élan « que toute conception du corps est finalement une manière propre de dialectiser les relations de la nature et de la culture. Cette idée prendrait toute sa force dans le fait que le corps s'expérimente au sein des activités d'un individu[65] ». Dès lors, une conception unidimensionnelle de l'homme, le texte tente d'éclaircir et d'élaborer les prolégomènes d'une anthropologie de l'homme complexe (corps, psychique, mental), et d'expliciter quelle idée de l'homme et de sa souffrance anime les pratiques de soin. Il s'agit ici d'enrichir et de confronter les différentes conceptions du corps présentes dans les pratiques de soin. À cela s'ajoute également une manière d'articuler santé et religions autour de la dimension spirituelle de la maladie. Une grande partie du travail devrait consister à réintégrer une dimension religieuse de la maladie sans pour autant être fétichiste.

Cette réflexion sur le médicament est aussi une manière de regarder nos cultures, sans narcissisme, comme en un miroir, en ce sens que le médicament est un objet culturel construit. C'est la raison pour laquelle nous avons affirmé que :

Chaque cas de maladie a son traitement, son mode de soin en fonction de la classification traditionnelle. Dans la société traditionnelle punu, il y a deux types de traitement. Dans le traitement de la maladie, on distingue l'avant la maladie, pendant la maladie et après la

65 MVONE-NDONG (S. – P. E.) : Ibid. p. 27.

maladie ; ces périodes impliquent des formes de médicalisation différentes[66].

Il apparaît en ce sens que notre pensée du médicament met en travail les identités individuelles (se comprendre comme malade devant le médicament) et les identités collectives.

Sous ce dernier point de vue, le médicament donne à la société gabonaise l'occasion de repenser les relations entre sa modernité et ses traditions, entre son présent et son histoire complexe. L'articulation et la complémentarité, – et non pas l'opposition – entre médicament pharmaceutique et remède traditionnel – interroge la façon que nous avons de raconter nos identités.

En effet, parler du médicament c'est aussi interroger comment, nos sociétés se comprennent face à l'expérience de la souffrance humaine et de la maladie. Redisons-le : penser le médicament est un enjeu local et global et non uniquement gabonais. On ne peut séparer notre réflexion sur le médicament de la dimension interculturelle de nos sociétés (le médicament comme objet métis lorsque coexistent médicament de la rue, remède traditionnel, médicament pharmaceutique et médecine chinoise). Penser le médicament c'est expliciter comment nous racontons l'homme malade, sans exalter dans un ethnocentrisme des pratiques jugées meilleures, ni humilier dans un déficit d'efficacité l'une ou l'autre médecine. Une partie importante du travail à venir doit éviter, dans le débat entre médecine dite traditionnelle et médecine conventionnelle, les caricatures mutuelles, afin d'accepter d'entendre l'altérité des autres pratiques sans développer une conception molle de l'hospitalité.

---

66 Ibid. p. 124.

Enjeux épistémologiques

Travailler à expliciter la nature du médicament et du remède force à préciser les critères déterminants médicament, remède et charlatanisme, sachant que ce denier est parfois présent dans l'une ou l'autre médecine.

> *S'agissant des enjeux épistémologiques, travailler à expliciter la nature du médicament et du remède force à préciser les critères déterminants médicament, remède et charlatanisme, sachant que ce dernier est parfois présent dans l'une ou l'autre médecine. La question consiste moins à dire « qu'est-ce qu'un médicament en soi » que d'expliciter les conditions grâce auxquelles et par lesquelles le médicament est efficace ?*

La question est donc moins de dire « qu'est-ce qu'un médicament en soi » que d'expliciter les conditions grâce auxquelles et par lesquelles le médicament est efficace ? Qu'est-ce qui fonde la fiabilité du médicament et de son usage ? Travailler à clarifier le vocabulaire pour expliciter s'il vaut mieux parler de médecine traditionnelle (équivoque du mot traditionnel qui signifie soit contre médecine, soit mode de transmission de savoirs ancestraux, soit un art ancien du soin), de médecine alternative ou de médecine parallèle.

L'enjeu serait de voir comment donner une reconnaissance officielle à cette rationalité médicale. Dans cet esprit il s'agirait aussi à la fois de chercher à construire des standards permettant d'évaluer et de socialiser les plantes des pharmacopées et de protéger juridiquement les remèdes des traditionnels.

Enjeux pédagogiques

Il s'agit de faire face à tous ces défis, de mettre en place des structures – réseaux et formations universitaires – grâce auxquelles coordonner les savoirs et les compétences entre culture et société. Travailler dans l'avenir à établir des liens durables et explicites entre ministère de la Recherche, ministère de la Santé, université et le Centre Gabonais de Recherche en Éthique et Santé (CEGARES).

Coordonner l'ensemble des travaux des chercheurs en inventant un espace où l'ensemble des travaux consacrés aux questions de santé dans les différents savoirs, des sciences humaines (psychologue, linguiste, sociologue, géographe, philosophe, économiste) et médecin-pharmacienne puissent se rencontrer.

Santé et précarité

Cet essai[67] pose la problématique de la santé en relation avec l'environnement et le coût de la vie du Gabonais dans un contexte d'augmentation des périls. Il montre qu'en l'absence d'un véritable engagement pour la bonne gouvernance, le Gabon ne saurait se doter d'un système de santé crédible, démocratique et accessible à tous. L'ouvrage expose les conditions dans lesquelles les « ouvriers de la santé » travaillent, les problèmes éthiques rencontrés. En pensant qu'il faut éduquer les populations, il invite les usagers à plus de tolérance lorsqu'ils se rendent à l'hôpital.

---

1. [67] MVONE NDONG (S.P) : *Santé et précarité au Gabon*, L'Harmattan, Paris, 2011, 164 pages

Car, les praticiens sont victimes d'un contexte social où l'intérêt politique ne correspond ni aux exigences de la pratique médicale dans un pays moderne ni à la demande des populations pour les cas de maladie nécessitant plus de technicité. On a, par exemple, des enfants qui meurent à la naissance parce qu'il manque une couveuse. Comment expliquer l'absence d'un bloque opératoire dans un hôpital de référence comme le Centre Hospitalier de Libreville ?

L'auteur dénonce le risque d'une prédation et d'un pillage qui participent à décrédibiliser médecins, infirmiers, sages-femmes et autres personnels de santé. Le philosophe s'interroge sur la possibilité d'un système de santé où seuls les plus nantis ne pourront pas se soigner. Car, précise-t-il, devant la question des routes qui sont impraticables en toutes saisons, celle du logement et des salaires incompatibles avec le niveau de vie des Gabonais, il faut une transformation radicale des mentalités en matière de gestion des biens publics.

Parce que le Gabon aspire à la modernité, il doit examiner sa démocratie en construisant un système de santé cohérent, performant, adapté à sa population et accessible à tous. Dans cette perspective, cet essai est la manifestation d'une volonté à faire des propositions.

La nature

Dans la même dynamique de recherche, nous nous intéressons à la nature. D'où notre ouvrage : La *nature. Entre rationalité et spiritualité.* Le simple fait de se balader dans la nature est thérapeutique ; car l'âme est apaisée.

Le concept de nature est fondamental dans ma thèse de doctorat, on le trouve dès la première phrase :

Parler de médecine traditionnelle en Afrique, c'est immédiatement évoquer le monde de la spiritualité et s'interroger sur la manière dont, dans la société traditionnelle, les tradithérapeutes se servent de la nature pour invoquer le surnature.

Lors de la soutenance, cette notion déterminante de la philosophie a occupé un temps important : les membres du jury voulaient saisir l'approche africaine de la nature (cf. Rapport final de soutenance de thèse). Cet ouvrage décrypte donc les différentes conceptions de la nature afin de poser la problématique de l'environnement en rapport avec le développement. Il distingue deux manières d'être en relation avec le monde. L'une, occidentale et cartésienne, est d'opposition ou d'affirmation contre le monde, c'est la rationalité technoscientifique qui consacre un homme devenu « maître et destructeur de l'environnement ». L'autre, en revanche, consiste dans la participation au monde en présentant une éthique où l'homme est « maître et protecteur de la nature ». Quelle serait donc la perception de l'éthique environnementale en Afrique si tant est que l'éthique implique le comportement des hommes dans une communauté ? (cf. 21).

De ces deux attitudes, il existe, selon Heidegger, deux approches de la nature, donc deux langages ou manière d'être en relation avec l'étant : « le système de la langue de technique et le système de la langue de tradition ». Les hommes choisissent l'un des systèmes pour déterminer leur modalité d'être-au-monde. Si l'ouvrage débute par une étude esthétique et métaphysique de la nature (chapitre I), il présente la perception de la nature en Afrique comme relevant d'une conception mécaniste en comparant la physique grecque et la physique du Mvett (cf. Chapitre II). Ces deux chapitres préparatoires permettent d'envisager la nature comme un environnement au chapitre III, la suite du texte affronte la problématique de la technique tout en donnant à penser que la perception africaine de l'homme récuse la domination aveugle de l'étant.

D'une façon générale, l'ouvrage dénonce un développement fondé unilatéralement sur les principes du « système de la langue de technique ». Le fait est que, comme le souligne Heidegger la technique développe une illusion, celle qui amène l'homme à oublier la finitude qui le caractérise fondamentalement. Or, la raison qui s'oppose à l'imaginaire dans la perspective de la rationalité occidentale en fondant le progrès et la modernité entretient chez l'homme l'oubli des limites de cette raison. Heidegger avait, à cet effet affirmé dans *Kant et le problème de la métaphysique* que la finitude de la raison « réside dans la structure essentielle de la connaissance elle-même » (Heidegger).

Le texte est une invite à se détourner de la domination technologique en raison du fait que celle-ci conduit à la marchandisation de l'étant. Du point de vue de la philosophie générale, cette sommation calculable accentue l'oubli métaphysique dénoncé par Heidegger dans *Être et Temps.* Ainsi, au lieu de magnifier la raison ratiocinante, cette contribution fonde l'éthique de la nature sur la base des principes du « système de la langue de tradition ». Il épouse, de ce point de vue, l'orientation philosophique proposée par Hans Jonas aussi bien dans le *Principe responsabilité* que dans *une éthique pour la nature.* Dans cette perspective les analyses se fondent sur le concept d'« âme noire » et de « psychologie négro-africaine » comme source de la manifestation de l'éthique observée chez tous les Noirs. Il va alors de soi que le développement de l'Afrique doit se conformer à cette éthique de l'homme noir.

En fait, qu'il s'agisse du style ou de la manière d'être au monde, il y a chez l'homme noir une même insistance sur des éléments d'une portée psychologique et psychique significative du respect de la vie. Cet ouvrage présente donc la structuration de la philosophie de la vie dans la conscience africaine et rappelle que l'avenir de l'Afrique et du monde entier dépend de cette manière de penser et d'exister.

Par contre, il remet en cause la relation empreinte de spiritualité entretenue entre l'Africain subsaharien, plus particulièrement le Bantu, et la nature pour penser le développement si tant est que le concept de « développement signifie », en premier lieu, « transformation du donné naturel » et « progrès ». Ainsi, la Philosophie de la vie de l'homme africain constitue un handicap pour le développement de l'Afrique et justifie ainsi la persistance du sous-développement.

Toutefois, l'engagement philosophique en faveur de la nature dans ce texte l'emporte sur les conquêtes scientifiques de l'étant puisqu'il invite l'homme à concilier rationalité et spiritualité sans les opposer ou les exclure réciproquement. C'est ici que l'ouvrage entre dans la droite ligne de mes travaux antérieurs et postérieurs ; il rappelle que la rationalité a montré ses limites en quatre siècles de domination de la nature, il importe maintenant de protéger la nature.

Ainsi, sur les bases d'une philosophie de la science environnementale, le texte invite l'Afrique à se détourner d'une pensée cartésienne pour fonder son développement ; car la maîtrise la nature souhaitée par Descartes met l'avenir de la terre en danger. Nous estimons, ici, qu'une possession bien comprise exige la protection de ce patrimoine naturel que nous avons aveuglément dilapidé au nom de la raison.

C'est dans cette perspective que l'ouvrage salue l'engagement de l'État gabonais pour la promotion des parcs nationaux. En créant 13 parcs nationaux au Gabon, dont 12 % du territoire national, le Gabon montre qu'il est temps de réintroduire l'homme moderne pour le protéger contre lui-même. Ce qui est en cause, c'est donc l'impérialisme de la technique qui occupe désormais toute activité humaine au point de pénétrer l'intimité de l'homme. On note, par exemple la scientificité du geste technique dans la médecine scientifique. Il dénonce le fait qu'il existe aujourd'hui des médecins qui ne peuvent pas poser de diagnostic sans un support technologique coûteux. L'homme prisonnier de la technique a du mal à devenir naturel parce que les machines, l'artificiel c'est ce qui le caractérise. Dès lors, cet ouvrage invite l'homme à ne pas chercher tant à devenir « maître » de l'être, mais à se définir comme « le berger de l'être », selon la formule de Heidegger (cf. *Lettre sur l'humanisme)*.

La thèse conclusive de cet ouvrage se résume en ces thermes : tout problème surgissant au cœur de la nature engage la destinée humaine. Il convient donc à chaque peuple de considérer que la connaissance de l'environnement est d'une impérieuse nécessité tant pour ce qui est des problèmes de santé que pour ce qui est des questions politicoéconomiques.

Médecine et recherche publique au Gabon

Ce travail s'inscrit délibérément dans une ouverture prospective : quelle recherche pour le Gabon et avec quel type de collaboration entre les détenteurs des savoirs endogènes et les chercheurs pour le développement de la santé au Gabon ? Cet écrit partage avec notre thèse de doctorat un point commun, il pose la problématique de la médecine et sa rationalité au Gabon.

Mais il développe et dépasse la proposition conclusive de la thèse qui consistait en l'hypothèse d'une intégration de la médecine traditionnelle à la biomédecine ou d'une autonomisation complète de la première par rapport à la seconde.

Il y a un approfondissement de la thèse parce que cet ouvrage décline la méthode qui permettrait d'atteindre les objectifs d'une collaboration entre la médecine occidentale et la médecine moderne. Il attire l'attention des tradithérapeutes qui estiment que les plantes ne présentent aucun risque en raison du fait qu'ils utilisent des produits naturels directement prélevés dans la nature afin qu'ils abandonnent des considérations naïves de leur production et s'ouvre à la rationalité en demandant les services des pharmacologues ou des biologistes. En démontrant que chaque composition médicamenteuse présente un degré particulier de toxicité qui, à une certaine dose de consommation, comporterait de dangers pour l'organisme, ce texte invite ces derniers à collaborer avec des toxicologues, des pharmacologues, des biologistes.

Par ailleurs, il présente une analyse qui justifie le manque de visibilité de la recherche scientifique au Gabon en pointant du doigt certaines causes comme : l'absence de programmation ou d'orientation claire de la recherche, mais aussi l'insuffisance des ressources humaines compétentes et matérielles. Aussi, l'ouvrage montre que le manque de performance du système de santé gabonais serait, entre autres, relatif à la problématique de la bonne gouvernance dans la haute administration et le manque de respect de la chose publique.

Le texte revient sur l'importance de la psychologie pour un médecin qui s'engage à prendre en charge un patient en contexte socioculturel gabonais. Il affirme et développe une proposition fondamentale affirmée dans notre thèse de doctorat : en Afrique, soigner le corps d'un homme, c'est s'intéresser à toutes les dimensions de son existence.

Dès le premier chapitre, sur les neuf qui le composent, l'ouvrage commence par une analyse de la problématique de la santé qu'il ne faut pas traiter en dehors de la question de la pauvreté. Il montre que le niveau de vie du Gabonais est au-delà de ce qu'il gagne comme salaire. Il pose à cet effet la question relative aux médicaments de la rue en montrant qu'elle trouve son fondement dans le coût élevé de la vie et qu'il est nécessaire de penser aux moyens les plus efficaces qui tendraient, non pas à réduire la pauvreté, mais à la supprimer afin de permettre à tous d'exercer leur droit à la santé.

Le texte montre que le pourcentage d'Africains, 80 %, selon l'Organisation mondiale de la santé, qui fréquentent la médecine traditionnelle ne prouvent pas que cette médecine est efficace, selon certaines thèses, il s'agit plutôt d'une médecine de second recours et ouverte à des personnes économiquement faibles. Ce pourcentage correspond donc à celui de la population pauvre, celle qui ne peut accéder avec plus de facilité aux soins de santé qui requièrent une prise en charge lourde.

Le texte milite pour la clarification épistémologique de toutes les pratiques soignantes utilisées dans la médecine traditionnelle pour prendre en charge la santé des Gabonais. Nous ne renonçons pas à une expérience intellectuelle qui consiste à intégrer la médecine traditionnelle dans le système de santé publique, mais nous indiquons les conditions pour éviter d'avaliser l'irrationalité sur le terrain exigeant de la rationalité. Nous fondons donc notre préoccupation dans l'importance de l'éducation de base comme condition du déploiement de la rationalité médicale en Afrique.

Nous montrons qu'il est d'une importance capitale d'élever le niveau culturel d'une fraction considérable de praticiens de la santé, encore illettrée ou insuffisamment instruite, pour lui permettre de jouer le rôle qui lui revient dans l'espace scientifique afin de permettre un véritable partage de connaissances entre la tradition et la modernité.

L'ouvrage critique l'école et les programmes scolaires montrant ainsi que les limites et le manque de visibilité de notre recherche publique trouvent leur fondement dans la formation de la conscience de l'homme moderne. Celui-ci est plus porté, dès la maternelle vers les sciences littéraires que les mathématiques, l'informatique, raison pour laquelle l'Afrique ne peut sortir de la fracture scientifique si l'on ne réforme pas l'éducation nationale. L'une des thèses de ce texte consiste dans la nécessaire réforme de l'enseignement en vue de promouvoir les matières scientifiques dans l'école gabonaise et d'envisager une véritable recherche-développement.

Imaginaire de la maladie au Gabon.

L'ouvrage constitue le prolongement, l'approfondissement de certaines préoccupations formulées dans notre thèse de doctorat ; il rappelle que la dynamisation du système de santé doit s'accompagner utilement de prudence vigilante. Composé de huit chapitres qui comportent, chacun, différents niveaux de « recours à la thèse de doctorat » en vue de les approfondir, ce texte montre que la problématique de la maladie est si complexe qu'elle requière les compétences de deux systèmes de rationalité : celui de la vie avec la biomédecine et celui de l'existence avec la médecine traditionnelle. Telle est, en résumé, la formule conclusive de cet ouvrage.

Le contexte de publication d'*Imaginaire de la maladie au Gabon* est relatif à un projet d'élaboration des textes par le ministère de la Santé depuis 2006. Nous avons été associé au titre de directeur du Centre Gabonais de Recherche en Éthique et Santé (CEGARES). Certains tradipraticiens qui bénéficient d'une posture de pouvoir tant à l'université qu'au ministère de la Santé voulaient en profiter pour créer l'Ordre des Tradipraticiens de la Santé et introduire purement et simplement la médecine traditionnelle dans le système public de la santé. Le texte dénonce en filigrane cette démarche et montre l'impérieuse nécessité de relever le niveau de formation des tradithérapeutes, d'une part, et de créer une véritable collaboration scientifique et culturelle entre eux et les médecins, d'autre part.

Pour nous, la promotion de la médecine traditionnelle passerait par un travail de recherche scientifique qui s'inscrit dans une dynamique de science en action. C'est surtout sur le plan de la culture qu'il importe de développer la collaboration entre la médecine traditionnelle et la médecine moderne, l'enjeu étant de construire un système de santé qui respecte l'humanité en chaque homme.

L'ouvrage insiste alors sur l'importance des représentations de la maladie ; l'idée qu'un individu se fait de sa maladie commande sa démarche de guérison est fonction du système de référence auquel se rapportent le médecin et le patient.

Or si le dialogue médecin-patient est déterminant pour la démarche de guérison et pour le respect de la personne malade, il faut que le développement de la médecine réponde aux attentes des populations tant du point de vue de la santé physique que de la santé spirituelle.

Afin de répondre à cette préoccupation, l'ouvrage est une étude qui décrypte les différentes conceptions de la maladie dans l'imaginaire chez les Gabonais il montre les différents axes de recherche (psychologique, écologique, sociologique, communautaire, économique, croyance, etc.) dont il faut tenir compte pour prendre en charge la santé d'un patient se présentant chez un médecin.

Il s'agit donc d'une étude qui propose d'interroger, dans leur pluralité, les pratiques thérapeutiques qu'il importe de confronter aux méthodes scientifiques à l'œuvre en vue d'une élaboration profonde des politiques de santé publique cohérentes avant d'avaliser la médecine traditionnelle.

Bwiti et christianisme.

Ce travail initié dans la thèse a l'avantage de reposer sur des fondements théologiques, anthropologiques, psychanalytiques et philosophiques et son intérêt est de répondre à une ardente préoccupation, celle contenue dans la question posée par un prêtre catholique : *« Que voit l'initié ? »* quand il se soigne chez le Nganga ? Cette question est pertinente dans un contexte où la modernisation a consisté en une diabolisation des rites initiatiques traditionnels. Or, on constate que les chrétiens continuent de fréquenter leurs rites initiatiques malgré les mises en garde par les pasteurs. L'occasion d'une maladie est souvent une raison pour se prêter à cet exercice qui parfois coûte la vie à certains patients qui meurent d'overdose pour avoir consommé de grande quantité d'iboga.

Le livre nous situe au cœur d'un dialogue fécond et exigeant entre la foi catholique et les affirmations des Bwitistes qui montrent avec trop de rapidité que le Dieu qui soigne dans le Bwiti est le même qui guérit dans le christianisme.

Le texte s'inscrit dès lors dans une démarche philosophique, anthropologique constructrice d'une théologie qui favorise l'incarnation de Jésus-Christ dans la culture de ceux à qui il est proposé afin qu'il ne leur apparaisse plus comme un étranger.

Bwiti et christianisme est certes un texte qui porte sur l'inculturation, mais ils se présentent plus précisément comme un approfondissement des recherches contenues dans notre thèse de doctorat, *« Médecine traditionnelle entre rationalité et spiritualité » :* on ne peut ni évangéliser ni prendre en charge la santé du Gabonais sans prendre en compte sa culture. L'exigence de la connaissance de l'anthropologie culturelle africaine est un facteur déterminant dans toute démarche de guérison ou d'évangélisation en Afrique. Dans tous les cas, il faut éviter tout concordisme religieux hâtif, mais il faut interroger les cultures africaines dans une posture de double écoute de manière à se mettre en route pour une véritable intelligence de la foi.

On notera par exemple que bwiti et christianisme ont une même approche de la connaissance : l'initiation donne accès au monde spirituel. Pour ce qui est des principes moraux généraux, ils ne s'opposent point. On note une idée prononcée pour la pureté, la confession, la fidélité à Dieu (voire p.75), la relation aux Morts (pp. 138-148).

Seulement, la présence de points communs entre le Bwiti et le Christianisme ne doit pas nous permettre de conclure hâtivement à leur identité, nous devons, au contraire, trouver là un indice qui nous permet de fonder une véritable réflexion sur l'inculturation. Ainsi, la tradition constituerait pour nous un recours pour aller plus en avant sur la voie de la modernité et du développement de l'homme dans toutes ses dimensions.

La médecine traditionnelle.

Ce texte est une version de ma thèse de doctorat, publiée aux éditions l'Harmattan pour les étudiants en anthropologie, philosophie médecine et les médecins qui le désiraient. Cette publication était nécessaire parce que la publication en l'état s'avérait dispendieuse au regard de la bourse du public intéressé. Il existe donc de profondes reformulations, remaniement de la thèse initiale en raison de l'intérêt de la discussion. Ainsi, l'ouvrage est composé en cinq (5) chapitres alors que la thèse en comprenait précisément huit (8).

Du point de vue de la philosophie africaine, ce texte intègre le courant herméneutique si tant est que la méthodologie utilisée pour l'écrire s'appuie sur une collecte d'informations (récits de vie, mythes) qu'il fallait interpréter pour trouver les fondements d'une philosophie de la médecine africaine. À cet effet, parce que la philosophie, au sens fort, est une discipline qui analyse les jugements d'existence, c'est-à-dire l'affirmation de la réalité en terme de : *ceci est, nous nous étions appuyés sur l'*anthropologique en vue d'interroger l'homme dans la représentation gabonaise.

La méthode d'enquête est participative, c'est le résultat d'une réflexion qui émane de la réalité vécue d'un patient gabonais tiraillé entre ses racines ancestrales et sa situation d'homme moderne et christianisé. Il a donc fallu collecter des données chez les tradipraticiens en séjournant dans la plupart du temps dans les villages thérapeutiques et les temples initiatiques, on pouvait alors réaliser un sarclage minutieux du terreau gabonais.

Il fallait donc examiner les différents domaines de la médecine traditionnelle pour en découvrir les liens logiques et les fondements. Le texte passe donc en revu la *phytothérapie traditionnelle, la psychothérapie,* il étudie les principes fondamentaux de *l'initiation* en étudiant rites initiatiques importants de la société gabonaise :

> *Le Bwiti et le Boumba éyano. La méthode herméneutique reposant sur l'interprétation des mythes, nous avons collecté et étudié deux mythes qui sous-tendent la spiritualité de la médecine traditionnelle. L'étude de la phytothérapie et de l'initiation nous permet d'affirmer qu'il existe deux traditions de médecine dans la société précoloniale, une médecine traditionnelle initiatique et la phytothérapie traditionnelle avec sa pharmacopée.*

L'étude de deux mythes, Evu et Akom, qui retinrent notre attention porte déterminer la conception gabonaise de la de la médecine en rapport avec les différents interdits.

On aura alors compris que dans la société traditionnelle la santé résulte d'un rapport dialectique entre l'acte de transgression qui entraîne la maladie et l'acte de réparation qui porte l'individu à la guérison.

C'est ce qui justifie la pratique religieuse de la confession des fautes dès l'entame du travail de la guérison. Si le mythe de l'Evu permet de comprendre la cause de la maladie en terme d'acte de transgression, il importe de saisir la santé ou la guérison celui d'Akom explique la comment la santé se construit, se préserve. L'interprétation des mythes constitue alors le moyen le plus fondé pour comprendre les bases de la démarche du tradithérapeutes gabonais ; la première dimension (le diagnostic étiologique) soulève la problématique du mal dans la société (Evu) tandis que la seconde partie consiste dans la réparation et la prévention (Akom). La santé ne serait donc qu'un système de prévention des conflits qui peuvent somatiser en l'homme.

C'est une médecine écologique en ce sens que l'essentiel de ses pratiques repose sur l'utilisation des éléments naturels que sont : la Lune, le Soleil, l'Eau, le Vent, le Feu, le Végétal.

Le texte propose une orientation épistémologique en vue de la promotion de la médecine traditionnelle au Gabon. Au lieu d'envisager une médecine traditionnelle qui suit l'évolution de la rationalité en s'écartant du mythe, il importe de maintenir le mythe en médecine parce qu'il est constructeur. Donc, ce n'est pas en tant que science qu'on arrivera à valoriser la médecine traditionnelle africaine, mais en présentant sa spécificité artistique à l'homme moderne qui a autant besoin de rationalité scientifique que de la représentation artistique. C'est en tant qu'art que l'on peut envisager la médecine traditionnelle, selon la suggestion de Jean-Paul Lebœuf, comme un phénomène social total, en interaction permanente avec l'environnement socioculturel.

La dimension culturelle est essentielle dans la démarche thérapeutique africaine ; il s'agit d'une médecine de l'homme et non pas une médecine des maladies. Ce qui est en jeu, c'est l'histoire de cet homme devenu malade, c'est la raison pour laquelle le diagnostic étiologique est un interrogatoire qui passe en revue l'histoire de la maladie, celle de ses antécédents, de ses collatéraux avant de passer à l'examen physique. Parler de la médecine traditionnelle, c'est parler d'une médecine du corps et de l'esprit à la fois. Ici, on s'intéresse aux interactions qui unissent le physique au spirituel et l'on insiste sur le dévoilement du sens de l'existence d'un individu par rapport au monde des Vivants et des Morts.

Cette approche permet d'avoir plus de succès par rapport aux maladies dites psychosomatiques ou incurables. Ce qui est en cause ce ne sont pas des facteurs étiologiques des pathologies matériellement discernables (microbes, parasites, virus…), mais la volonté d'affirmer que l'origine des déficiences des défenses naturelles réside dans une mauvaise hygiène de vie.

Allant du fait que le Gabonais est considéré comme le produit d'une culture qui le façonne dès son jeune âge et que la médecine traditionnelle est une constituante majeure de cette culture, le texte propose de restaurer le Conseil des Sages. C'est par le canal de cette institution que le Gabon pourra promouvoir la médecine traditionnelle et s'en servant pour que les collectivités locales puissent effectivement participer aux différents programmes nationaux de santé publique.

L'originalité de ce texte, par rapport à la thèse de doctorat, tient essentiellement au fait qu'il donne le cadre à la réalisation de l'orientation philosophique de celle-ci. La création d'un Comité national pour la Promotion de la Médecine traditionnelle au niveau du ministère de la Santé (cf. p. 178). Le comité participe dans la diffusion de l'information sanitaire, notamment en période de crise épidémiologique pour la diffusion des informations.

C'est aussi le cadre matériel pour la rencontre des rationalités entre la médecine traditionnelle et la médecine moderne. Ici, les médecins peuvent effectivement « à aller vers la médecine traditionnelle bantoue en prenant progressivement en compte la spiritualité des peuples » qu'ils prennent en charge, d'une part et dans le même temps, le tradipraticien peut intégrer progressivement la rationalité afin de rejoindre la synergie opératoire de la biomédecine.

Perspective de recherche

Généralités

Il n'y a pas de rupture radicale entre l'orientation générale de nos premières recherches et les travaux avenirs, nous poursuivrons des études sur la rationalité et les imaginaires dans une orientation prospectrice : le développement de la société africaine. Si le développement est perçu, d'une manière générale, comme un processus de transformation qualitative du donné naturel en vue de la promotion du mieux-être de tous, alors il est opportun que notre recherche s'intéresse à la culture, c'est-à-dire à la littérature et à l'art africain. Nous sommes face à un défi : la situation de l'Afrique dans la fracture scientifique et les conditions de la mise en route de la recherche mettent l'homme de science en demeure de fournir les instruments objectifs capables de mettre l'esprit en éveil afin qu'il puisse « porter des jugements solides et vrais sur tout ce qui se présente à lui »[68]. Cela nous amène à mettre en valeur le patrimoine africain afin de sortir de l'oralité et de rendre lisible la présence de la rationalité dans l'élaboration des connaissances au niveau des différents domaines de l'activité humaine en Afrique.

Il sera nécessaire de recueillir des données auprès des détenteurs des connaissances endogènes dans le champ de la culture et de l'art, mais nous savons que les tradithérapeutes sont une source incontournable et intarissable pour une telle recherche. Nous en aurons alors un regard comparatif et crique ce qui nous permettra d'inscrire nos travaux dans une orientation pratique

---

68 DESCARTES (R) : *Règles pour la direction de l'esprit,* In *Descartes. Œuvres et lettres,* Règle I, Pléiade-Gallimard, 1953, p.37.

permettant à la philosophie de participer utilement à la transformation de la société africaine.

Notre pratique de la philosophie (en homme de terrain) travaillera contre l'aliénation culturelle au sens où chaque élément culturel sera analysé dans le contexte de la mondialisation des valeurs. Cette activité va promouvoir un comportement qui envisage la nécessité d'éviter les ratures dans le vécu culturel africain, une attitude qui obligerait l'Africain à voir une référence d'identification unique, celle de la rationalité occidentale.

Cette démarche exigeante envisage l'exploitation des diverses formes de rationalité, notamment médicale, la pluralité des techniques, la relation médecin-malade en contexte de multiculturalisme. L'intelligence philosophique exercera ainsi la pression sur d'autres champs disciplinaires pour que nous puissions mieux expliquer, comprendre, interpréter, pronostiquer la problématique de la santé et de la souffrance.

Cette manière de philosopher nous conduit à promouvoir un renouveau culturel, c'est un moyen qui se pose comme une valeur permanente parce qu'il nous conduit à saisir l'être profond de l'homme africain et sa vocation dans le monde. Comme dans la Négritude, cette philosophie devrait nous permettre de refaire des Africains des producteurs et non pas de simples consommateurs de la civilisation.

Bref, notre méthode oblige la philosophie, en son expression africaine, à reconsidérer « l'ensemble des valeurs culturelles, du monde noir, telles qu'elles s'expriment dans la vie, les institutions : les œuvres des Noirs[69] ».

---

69 SENGHOR (L.S.) : *Liberté 1, Négritude et Humanisme,* Le Seuil, 1964.

Nous avons le souci de proposer une stratégie qui, au-delà de sa dimension épistémologique, politique et éthique, prendrait en compte la diversité des imaginaires et des relations en interaction dans la société africaine. La confrontation des visions spécifiques de l'être humain devrait nous amener à mieux saisir cette dimension culturelle qui n'est pas encore suffisamment prise en considération dans les politiques de santé publique. Celle-ci n'a pas reçu toute l'attention qu'elle mérite dans la recherche des solutions à apporter aux problèmes qui se posent à l'homme moderne encore et auxquels la rationalité n'apporte pas encore des réponses efficientes.

Cette réflexion s'appuiera sur la science anthropologique afin d'alimenter une réflexion philosophique ouverte sur les projets de santé publique qui valorisent le patrimoine socioculturel africain. Ce travail (en anthropologie philosophique) essentiel pour la connaissance de la conception de l'homme envisage l'analyse les différentes approches de l'homme, allant de la vision optimiste en rapport avec les philosophes comme Platon, Dante, Scheler, Jaspers ou Merleau-Ponty à une vision pessimiste comme chez Freud, Janet, Proust, Sartre et Nietzsche en rapport avec la vision du monde de l'Africain.

Cette recherche devra promouvoir l'ensemble synthétique des représentations de l'homme en vue de rendre compte de la situation du sujet par rapport à lui-même, à ses perspectives existentielles et spirituelles et par rapport au monde. C'est donc un travail qui est en continuité avec le travail de la Négritude pour l'avènement de la Renaissance africaine.

Entre rationalité et obscurantisme

Pour nos prochaines années, nous poursuivrons notre étude de la rationalité médicale sur le thème *phytothérapie entre rationalité et obscurantisme : vers une approche philosophique africaine de la médecine ».* Cette étude aura pour visée de dégager la place du malade dans le rapport « pratique soignante et malade ». Dans cet élan, nous aurons à cœur de montrer que toute réflexion éthique et épistémologique concernant la santé a pour cadre d'émergence le rapport de l'homme à son environnement. L'enjeu est de montrer que « l'amélioration de l'environnement humain est le fondement du développement de la santé dans un pays ». De ce fait, toute politique du développement en Afrique doit s'occuper du problème de l'environnement en rapport avec la santé des populations.

Et si, comme le dit l'OMS, chacun prend conscience que « la procession du meilleur état de santé qu'il est capable d'atteindre constitue l'un des droits fondamentaux de tout être humain[70] », alors notre engagement scientifique est humaniste parce qu'il vise la rationalisation des systèmes santé africains. Il est question de rechercher les solutions pour que des personnes malades qui vivent dans des zones enclavées de l'arrière-pays loin de la capitale accèdent, elles aussi, plus facilement aux meilleurs soins.

En d'autres termes, nous présenterons à la communauté scientifique la nécessité d'évoquer le rapport entre pratique soignante et culture, car, « la santé concerne toutes les dimensions de la vie humaine » au point qu'il

---

70 MVONE-NDONG (S.-P) : *Santé et précarité au Gabon. Le système de santé comme un texte,* L'Harmattan, Paris, 2011, p. 106

« est nécessaire que l'on s'intéresse donc à l'homme et à son environnement[71] ».

En prônant un dialogue des rationalités, le sens de nos recherches consistera à montrer que toutes nos analyses et toutes nos compréhensions des phénomènes relèvent de notre saisie du rapport nature et culture.

C'est pour cette raison qu'il est possible d'affirmer, du point de vue de l'anthropologie philosophique que toute approche de la médecine ou de son développement reste marqué, dans toutes ses pratiques, par la culture du peuple qui la produit. C'est dans ce sens qu'il convient de parler de la médecine en tant que sommes des pratiques permettant d'envisager rationnellement et/ou spirituellement – dans une société donnée –, la prise en charge globale de la santé comme une frange importante de la culture.

C'est la raison pour laquelle nous attestons que toute médecine reflète, en effet, la culture de ses praticiens : la médecine prend la trajectoire de l'évolution historique des imaginaires et pose, par conséquent, la question de l'identité. Or, il faut le noter, l'identité de la médecine africaine prend la caractéristique de l'art africain tel qu'il a été décrit par un chercheur camerounais, E. Mveng :

> *L'art africain, qu'il s'agisse des lignes, des couleurs, des formes, des gestes, de la parole, est soumis au rythme [...]. Il existe donc un rythme verbal ou mieux oratoire qui n'est pas essentiellement différent du rythme plastique[72] ». Notons simplement que toutes les pratiques de la médecine traditionnelle réclament le rythme et la parole en constitue l'élément moteur. Le tradithérapeute est en fait l'homme de la parole, c'est un poète. Senghor ne dit-il pas que « la parole du poète a une vertu démiurgique : elle est verbe, elle*

71 Ibid.

72 MVENG (E.) : « Structures fondamentales de l'art négro-africain. II. Le Rythme », 109.

est création, elle est poïèsis. Il lui suffit de nommer les choses pour les faire surgir du chaos primordial[73].

Pour ce qui est du Gabon cette identité est méconnue dans le cadre de la médecine conventionnelle moderne. C'est pourquoi la nécessité de poser la problématique de la médecine traditionnelle sur un plan philosophique est une invite à découvrir la manière dont chaque groupe humain ressent et interprète, en fonction de sa propre vision du monde, son vécu. Or, le vécu d'un homme détermine, de façon dynamique, les différents aspects de sa culture en tant que manifestation de l'Esprit général d'un peuple.

Dès lors, on ne peut poser la question de la santé et de la maladie que dans une réflexion qui maintient la liaison entre Médecine et Culture. Cette affirmation est pertinente si tous les praticiens de la santé prennent conscience qu'il est nécessaire d'avoir en conscience que le rapport entre science et société dépend à la fois de particularités individuelles et de représentations culturelles, en particulier en matière de sciences de la santé et de la vie. Tel est l'axe nodal pour toute réflexion concernant la philosophie de la santé et de la vie dans ses dimensions épistémologiques et éthiques, notamment en Afrique et au Gabon.

Cette thèse qui nous oblige à promouvoir le multiculturalisme dans l'acte soignant résulte d'une réalité : la santé n'est pas une idée désincarnée. Toute conception de soin dépend à la fois des catégories anthropologiques, philosophiques et métaphysiques qui sont, elles-mêmes, fonction d'une vision déterminée de l'homme et du monde a un moment donné de l'histoire de culturelle, économique et sociale d'une communauté humaine.

---

73 SENGHOR (L. S) : *Liberté 1*, Seuil, Paris, 1954, p. 167.

Cela justifie le type de pratiques que nous rencontrons dans la médecine traditionnelle africaine tant qu'elle prend en charge des maladies reconnues et répertoriées dans le système social traditionnel et rituel du clan. Du point de vue épistémologique, on note que ces connaissances qui sont transmises ont un niveau de complexité remarquable, mais elles reposent sur un corps de croyances ancestrales qui peut contribuer à la prise en charge globale de l'individu dans sa démarche de guérison même dans la société moderne.

Le travail des anthropologues va donc consister à valoriser ce patrimoine important de l'humanité en commençant par identifier les techniques spécifiquement thérapeutiques qui pourraient nous aider à résoudre les questions liées à la problématique de la souffrance et de la maladie. En suite les épistémologues devraient étudier la démarche des tradithérapeutes en matière de phytothérapie et de pharmacopée en vue d'établir les conditions d'intégration de certains remèdes dans les Soins de Santé Primaire.

Par ailleurs, on évitera de poser la médecine traditionnelle comme un prétexte pour la soit d'une originalité culturelle excessive qui encouragerait l'obscurantisme, soit de l'opposer à la médecine moderne dont elle est le complément nécessaire. Par cette orientation notre recherche restera cohérente avec la philosophie de la Conférence d'Alma Ata (U.R.S.S.) en 1978 : donner à tous les peuples du monde un niveau de santé qui leur permette de mener une vie socialement et économiquement productive. Une telle orientation épistémologique est encore justifiable aujourd'hui si tant est que cet objectif ne soit malheureusement pas atteint faute d'avoir intégré la médecine traditionnelle dans le système de santé au niveau des Unités de Soins de Santé Primaire, comme l'avait recommandé l'OMS.

Qui peut ignorer le regain d'intérêt pour les médecines traditionnelles dans le monde entier en ces temps où la médecine moderniste montre ses limites, notamment pour les maladies neurologiques et cardiovasculaires ? Nous ouvrons dès lors une nouvelle orientation pour la trajectoire de la philosophie en Africaine.

Perspective d'une philosophique africaine

Il y a une crise, celle de la civilisation qui est celle-ci met en danger l'espèce humaine et il me semble assez ambigu que l'on continue à tendre les mains uniquement vers l'Europe qui, elle-même, s'ouvre vers d'autres civilisations. La vraie question n'est-elle pas de savoir comment la philosophie peut-elle aider l'Afrique à inventer son modèle de système de santé ? En répondant à cette question par nos ouvrages, nous avons l'intention de montrer comment raison et émotion, loin de s'opposer, construisent ensemble les bases de la philosophie africaine.

Il s'agit d'une nouvelle orientation : elle doit être la philosophie de la santé et de la vie, c'est-à-dire une philosophie qui étudie des cadres conceptuels de l'existence, des systèmes de santé en vue de faire émerger un système de santé cohérent qui tienne compte du génie culturel des peuples africains. Certes ces deux modes de connaissance ne sont pas superposables : ils produisent une médecine rationaliste et une médecine dont le fondement épistémologique est l'imaginaire. Pourtant, c'est sur ces deux modes que l'Afrique devrait concevoir un système de santé qui ne marque pas les oppositions, mais qui privilégie la juxtaposition et non pas l'exclusion. Ainsi la médecine moderne pourrait s'enrichir par les acquis de la tradition, notamment au niveau de la médecine préventive.

La deuxième orientation de notre projet philosophique s'organise autour d'un projet portant sur la génétique à travers l'étude de l'imaginaire et de la rationalité dans la société africaine.

La problématique de l'hérédité

Nous penserons la problématique de l'hérédité dans la société africaine non pas seulement avec le rationalisme, puisqu'il procède par exclusion sur le mode de la logique aristotélicienne, mais aussi en nous inspirant des croyances africaines. Car la culture est la manifestation d'un ensemble de réponses que la communauté humaine apporte aux besoins essentiels des hommes.

L'interrogation de l'hérédité est une démarche à envisager si l'on veut absolument construire une société africaine stable socialement, politiquement et économiquement. L'hérédité joue un rôle essentiel dans les relations que les communautés entretiennent entre elles et particulièrement dans le *mode de transmission* des valeurs ou des connaissances. En lien avec la problématique du sang, il semble que la compréhension des comportements sociaux (les déviances et le pouvoir de soigner) relève de la *transmission du pouvoir de la sorcellerie.*

Cette étude participe de la recherche génomique qui s'intéresse un peu plus aux préoccupations éthiques des groupes ethniques ou des populations vivant dans les pays non occidentaux. Nous souhaitons que cette recherche évite les pièges suivants :

1- *Supposer que toutes les cultures fassent le même lien que les populations occidentales entre l'hérédité, les maladies génétiques et les facteurs de transmission de ces maladies.*
2- *Viser à protéger les patients et à tenir compte des systèmes de représentations, de préventions et de thérapies qu'ils privilégient pour contrer les maladies génétiques.*

Afin de saisir les représentations de l'hérédité, dans le contexte gabonais, nous estimons qu'il importe de mettre autant d'emphase sur le sens donné aux pathologies, que sur leurs causes héréditaires. Toutefois, parler de systèmes et de modèles explicatifs gabonais de la maladie comme lieu et cadre de la problématique de la transmission génétique des maladies et des comportements antisociaux exigent d'investir le domaine de la santé en tenant compte de plusieurs niveaux de rationalité susceptibles de féconder notre réflexion éthique médicale.

Par conséquent, ce projet s'intéresse, dans une approche multidisciplinaire, aux représentations inhérentes aux médecines traditionnelles gabonaises. Elle analysera la question de la transmission génétique de maladies comme : la drépanocytose, l'albinisme, mais elle permettra aussi de comprendre les facteurs de la crise culturelle si tant est qu'elle pose la problématique des fondements de la morale dans la société africaine. Une telle orientation de la recherche est prometteuse si tant est que l'intelligence philosophique aille désormais investir le domaine des maladies qui sont la cause de la débilité mentale.

Nos hypothèses

De ce contexte de recherche ont émergé les 2 hypothèses suivantes :

1- La rationalité » hérédité chez les Bantous du Gabon relève de deux modes de rationalité complexes et complémentaires : la foi et la raison.

2- La notion d'hérédité ne pouvant, en médecine traditionnelle et dans le système de santé gabonais, faire l'économie d'une seule rationalité, alors l'intégration des médecines traditionnelles aux pratiques biomédicales génétiques serait bénéfique à plusieurs niveaux.

Objectifs

Plusieurs objectifs devront être poursuivis pour réaliser cette recherche :

Identifier les représentations culturelles gabonaises de la transmission héréditaire des maladies. Il faudrait donc :

1- Répertorier les modèles explicatifs de maladies comme la drépanocytose, l'albinisme et certaines maladies causant la débilité mentale.

2- Identifier les approches représentationnelles et traditionnelles de l'hérédité et de la transmission génétique des maladies.

3- Interroger les principes éthiques traditionnels qui fondent, d'un point de vue rationnel et religieux, l'institution du mariage dans la société précoloniale et qui peuvent participer à la prévention des maladies génétiques.

4- Établir les rapports que la génétique, comprise à travers l'imaginaire des peuples du Gabon, entretient avec la généalogie (TREMBLAY).

5- Voir comment le mode de pensée magico-religieux des populations africaines, qui ne connaît pas de lutte agressive de l'homme avec la nature extérieure, peut contribuer au développement des connaissances et à la réflexion sur la transmission génétique des maladies.

6- *Élaborer des modèles de pratiques médicales qui, en contextes de ressources humaines et financières insuffisantes, permettraient d'offrir des programmes de soins, de dépistage et de prévention plus accessibles et efficaces, en utilisant au maximum les ressources thérapeutiques traditionnelles déjà en place. En d'autres termes, il faut :*
7- *Voir quelle lecture éthique et épistémologique la médecine traditionnelle fait des maladies génétiques étudiées dans ce projet de recherche.*
8- *Comprendre les liens entre les maladies génétiques et la transgression d'interdit comme l'inceste.*
9- *Vérifier si la sorcellerie comporte des éléments de prévention de la transmission de maladies génétiques et interroger les stratégies de prévention des maladies génétiques ou de comportements déviants liés à l'hérédité.*
10- *Intégrer les tradipraticiens aux programmes de santé.*
11- *Identifier les prescriptions et les interdits permettant d'éviter l'émergence des maladies génétiques.*
12- *Mettre en lumière les moyens traditionnels de prise en charge en vue de prévenir et de guérir les maladies génétiques.*

Résultats espérés

On espère fournir des données permettant de développer une politique de prévention des maladies génétiques en tenant compte de la rationalité et de la spiritualité des peuples bantous. Le travail philosophie consistera dans une herméneutique des mythes et de quelques comportements motivés, susceptibles de rendre lisible la problématique de la transmission génétique en Afrique. Au-delà de ses objectifs relatifs à la politique de santé publique, cette étude comporte un enjeu pédagogique consistant à réévaluer la culture traditionnelle africaine à partir des concepts scientifiques à l'épreuve de la mondialisation.

Une conclusion

L'étude de la rationalité médicale dans le système de santé gabonais nous fonde à penser que le rapport entre science et société rendrait raison, au regard des représentations culturelles de la santé, au sein de la rationalité, de la demande de « supplément d'âme » en résonance dans le monde médical. Il nous est apparu que la médecine comme objet philosophique est d'abord une réalité culturelle, c'est-à-dire la manière dont un peuple donne une réponse à ses préoccupations.

Sans faire offense à personne, nous dirons qu'étant entendu que chaque communauté se préoccupe du corps et qu'elle met en place des personnes spécialisées pour l'entretenir, la médecine n'est pas le fait de quelques individus. Elle est, comme le souligne Jean-Jacques Wunenburger, avant tout que « *l'ensemble spécialisé des savoirs et savoir-faire nécessaires aux soins du corps humain, qui commence par le souci de bien se porter chaque jour et s'achève par les intensions les plus sophistiquées pour maintenir en vie un corps souffrant et menacé* »[74]. Cette approche nous ouvre vers un multiculturalisme qui pose la médecine comme un objet de dialogue interculturel et d'échange.

---

74 WUNENBURGER (J.-J.) : *Imaginaires et rationalité des médecines alternatives*, Les Belles Lettres, Paris, 2006, p. 17.

Car, toute médecine est caractéristique de la vision du monde de la culture de ses acteurs ; elle véhicule des valeurs épistémologiques et éthiques que sa culture d'origine offre pour l'enrichissement d'un patrimoine de l'humanité. En ce sens, parce que la médecine est toujours un pan culture d'une société déterminée, on ne parlera pas d'une médecine universelle dont les pratiques feraient l'unanimité vu que chaque peuple a sa vision de l'homme et de la maladie.

Cela ne voudrait pourtant pas dire que celui qui appartient à une culture différente que celle des praticiens ne puisse accéder au soin dans un système culturel différent du sein. Nous précisons seulement que l'analyse des questions d'éthique, la construction de l'épistémologie médicale multiculturaliste imposent une professionnalisation des pratiques soignantes en rapport avec les cultures que l'on rencontre dans une même communauté.

Ainsi, sur un point de vue épistémologique, il est désormais nécessaire de maximiser les performances de la médecine traditionnelle en vue de produire une nouvelle génération de tradithérapeute qui auront à cœur d'appuyer certaines de leurs pratiques thérapeutiques par une méthode expérimentale qui a fait ses preuves en chimie, en biologie et dans la médecine scientifique.

Nous sommes de la sorte cohérant avec une philosophie qui nous évitera d'avoir un système de santé où les pratiques soignantes sont en guerre les unes et les autres. Nous n'aurons donc pas « *d'un côté une médecine scientifique se vantant d'incarner la rationalité, et de l'autre une médecine traditionnelle véhiculant les pires fictions ou illusions* »[75], mais une médecine constituée des valeurs de l'une et de l'autre.

---

75 *Ibidem.*

C'est dans cette perspective que l'Afrique sortira de la *fracture scientifique* en tirant avantage de la richesse de son environnement naturel (forêts, savane, etc.). Elle ira ainsi progressivement vers une dynamique opératoire permettant, entre autres, de former les utilisateurs des plantes sous la forme de cataplasme ou de décoction pour qu'ils puissent, par eux-mêmes, améliorer les médicaments qu'ils produisent. Sachant, par exemple, que la forêt gabonaise présente une étonnante variété de la flore (comprise entre 6.000 et 10.000 espèces répertoriées) et que les guérisseurs ou *nganga* en connaissent diverses utilisations, il est nécessaire de les mettre en situation de valorisation réciproque avec les chercheurs en pharmacognosie, en écologie, en biologie végétale.

L'Afrique n'a pas de choix, sa phytothérapie et sa pharmacopée traditionnelle réclament un fondement scientifique, point nodal d'échange ou de collaboration entre scientifiques et traditionalistes.

Au total, notons que cette recherche sur la rationalité depuis notre thèse jusqu'à nos récents travaux, aboutit à un résultat qui est de quatre ordres, à savoir : des avancées dans le système national de recherche scientifique, institutionnelle, éducative ou pédagogique et organisationnelle :

La première consiste dans la réalisation du projet d'un centre de recherche, Centre Gabonais de Recherche en Éthique et Santé (CEGARES). Celui-ci existe pour répondre aux différents défis que l'évolution actuelle de notre monde lance à la réflexion en général et particulièrement à la philosophie. Par les séminaires, les ateliers et les colloques qu'il organise, le système de recherche gabonais devient plus visible dans un contexte où l'université n'organise pas régulièrement des conférences publiques.

La deuxième est que, à partir de nos travaux, débats télévisés, colloques, le gouvernement de la République a fini par mettre en place, à la suite de notre deuxième colloque organisé en 2007, un Conseil National d'Éthique pour la Recherche au Gabon.

La troisième consiste dans l'introduction de l'éthique médicale et des sciences humaines et sociales dans le programme de formation des infirmiers à l'INFAS, des sages-femmes, des techniciens en biologie et des médecins, à l'Université des Sciences de la Santé. Notons aussi la demande de formation qui s'exprime actuellement en milieu professionnel : les pharmaciens s'organisent pour créer, à Libreville, un centre de perfectionnement et de formation pour les vendeurs en pharmacie. Dans leur programme, l'éthique et l'épistémologie occupent une place de choix.

S'agissant du quatrième point, nous nous accordons avec F. Dagognet pour affirmer que : « Toute la médecine réside selon nous dans cette volonté, écrit-il dans *Philosophie de l'image* : d'inventer les moyens qui permettent d'explorer, de repérer et de visualiser les profondeurs[76] ». Autrement dit, nous avons pris conscience que l'intervention en médecine implique désormais des techniques alternatives ou complémentaires les unes et les autres.

Dans ce cas, le contexte multiculturel requiert une prise en charge non seulement multidisciplinaire des affections dans le champ même de la médecine scientifique, mais aussi l'apport de la médecine traditionnelle pour soutenir l'action du médecin. C'est dans cette perspective que nous avons mis à contribution nos talents de communicateurs pour créer des liens entre les universités, les hôpitaux et laboratoires du Gabon avec

---

76 DAGOGNET (F.) : *Philosophie de l'image*, Vrin, Paris, 1984, p. 98.

d'autres universités et centre de recherches français, allemands et burkinabés pour que les chercheurs puissent échanger leurs expériences dans les sujets relevant de la santé et de l'éthique en Afrique.

Nous avons donc participé à la construction d'un réseau interétablissement, interuniversitaire, international mettant en relation des chercheurs en santé qui travaillent en synergie. Et, ces membres sont : des médecins de différentes structures hospitalières de Libreville, des pharmaciens, des infirmiers, des sages-femmes, des anthropologues, des théologiens, des sociologues, des philosophes et des tradipraticiens qui se mobilisent autour de nos activités de recherche. Ce réseau prend appui sur un autre réseau extérieur français partenaire : le Réseau Interdisciplinaire Santé, Éthique et Société (RISES), très actif sur le pôle universitaire lyonnais (France). Celui-ci est souvent associé aux programmes scientifiques nationaux (colloques, séminaires, ateliers) organisés par le CEGARES en partenariat avec le CENAREST.

Quatrième partie

Thérapeutique et l'éthique

VI

Représentation de la maladie

Le malade, l'hôpital et le temple

Les maladies de la rationalité et de l'imaginaire

On trouve, dans l'imaginaire des Gabonais la distinction entre les maladies des Blancs et les maladies des Noirs ; des maladies traitables rationnellement et celles qui impliquent l'intervention de la surnature. Indiquons qu'il existe bien des malades qui jugent que leur maladie ne peut pas trouver de solution à l'hôpital et qu'il est un risque pour eux de s'y rendre et, de ce fait, ces malades ne peuvent pas accepter de se laisser placer une perfusion et encore moins de subir une intervention chirurgicale.

La jaunisse, le cancer et la plupart des maladies de l'immunité sont considérés comme des maladies des Noirs : ce n'est donc pas la peine d'aller à l'hôpital lorsqu'on en souffre. Ce que récuse la majorité des patients, c'est une étiologie de la maladie qui laisse apercevoir que celle-ci n'est causée que par les microbes. Ainsi, le paludisme résulterait des piqûres dues à un moustique, l'anophèle femelle. Cette explication rationaliste ne satisfait pas toujours des patients qui vivent dans un environnement où le monde de l'esprit est si prégnant. La médecine traditionnelle ne nie pas que le moustique puisse être le vecteur du paludisme ou que des microbes ou des virus soient la cause de bien des maladies, mais elle met en avant le fait que de nombreux autres facteurs interviennent et nécessitent une plus grande prise en compte pour un rétablissement radical de l'état de santé du malade.

C'est, d'ailleurs, la non-prise en compte de tous les facteurs culturels qui rend difficiles, voire aléatoires, les grandes campagnes de prévention : le discours de sensibilisation trouverait une oreille attentive s'il contenait, en plus des explications pastoriennes, des réponses aux questions existentielles. Tel est la clef de la médecine préventive, branche importante de la santé publique.

C'est pourquoi, dès lors qu'une maladie se déclare, le Gabonais s'oriente, selon son appartenance religieuse, son niveau d'études et ses convictions profondes, soit vers un médecin, soit chez le *Nganga*, soit chez les « hommes de Dieu » qui animent les groupes de prières charismatiques et les églises dites éveillées.

Mais, le fait de penser qu'il existe des « maladies des Blancs » et des « maladies des Noirs » n'a rien d'anodin ; il a pour avantage de dégager trois dimensions dont se compose, objectivement et subjectivement, le système de la maladie au Gabon :

une dimension rationaliste

une dimension mystique et spirituelle

une dimension éthique

Selon ces trois dimensions, les tradithérapeutes classent les maladies en trois catégories :

Les maladies naturelles résultent de l'usure de l'organisme ou de toute autre cause,

Les maladies dont les origines sont liées aux mauvaises actions de l'individu lui-même, conséquence du choc en retour de ses maléfices

Les maladies qui proviennent des mauvais esprits au service des malfaiteurs.

Autrement dit, pour les deux dernières catégories, les *Beyem* sont largement responsables des maladies dont souffrent les Fang[77] : c'est-à-dire que la plupart des maladies proviennent du système de la sorcellerie. Cela dit, toute maladie qui n'a pas encore trouvé de remède chez les modernes doit relever impérativement du surnaturel.

Cette classification des maladies induit une attitude particulière permettant aux Africains de choisir de se rendre à l'hôpital, ou d'aller rencontrer un tradithérapeute. Les maladies qui sont considérées comme « maladies des Noirs », parce que leur cause principale, c'est la sorcellerie, ne peuvent être traitées que par un *Nganga*. Cela dit, dans les villages gabonais, on observe une attitude commune à tous les villageois, attitude qui contamine les citadins : dès qu'un membre de la famille tombe malade, les parents posent un diagnostic et jugent qu'il peut ou non se rendre à l'hôpital.

Lorsqu'ils constatent que la maladie se détermine par des signes qui laisseraient supposer un caractère surnaturel, alors, ils vont d'abord se rendre auprès d'un tradithérapeute. L'objectif de cette démarche consiste à déterminer la nature profonde de la maladie et à savoir si cette dernière peut se soigner à l'indigénat ou, dans certaines mesures, si elle mérite une hospitalisation dans un centre hospitalier moderne. On cherchera d'abord à connaître si c'est un microbe qui est responsable de la maladie et surtout, ce qui s'est passé pour que ce dernier s'introduise dans le corps de cet individu fragilisé par la souffrance. Ensuite le tradithérapeute dira si cette maladie relève de son domaine de compétence ou non. L'inconvénient de cette classification consiste dans le fait

[77] AUBAME (J.-M.) : *Les Beti du Gabon et d'ailleurs, tome 2, Croyances, us et coutumes*, Paris, L'Harmattan, 2002, p. 255.

que, si l'on se retrouve chez un *Nganga* apprenti sorcier, il peut dire qu'il est compétent alors qu'il ne l'est pas et, quand il autorisera son patient à se rendre à l'hôpital, il sera trop tard.

Toutefois cette classification montre la nécessité d'une complémentarité entre le travail des médecins et celui des tradithérapeutes, les *Nganga*. Mais, en général, tout *Nganga* bien formé ne manque jamais d'orienter vers l'hôpital moderne, tout patient dont le cas médical ne relève pas de la compétence de la médecine traditionnelle. Cela fait partie de l'éthique des tradithérapeutes.

D'ailleurs, même si le malade se rendait à l'hôpital, au bout de quelques moments, lorsque les médicaments scientifiques s'avèrent inefficaces, le recours aux tradithérapeutes s'impose. Le plus souvent, dès qu'ils sont convaincus que la maladie dont ils souffrent se développe de manière anormale, beaucoup de malades s'enfuient de l'hôpital pour aller chercher des solutions ailleurs. Ils vont de nuit, parfois guidés discrètement par le personnel de l'hôpital, pour aller se faire soigner chez un tradithérapeute dont le rôle consistera à rechercher la cause originelle de la maladie, aux fins de déterminer le type de thérapie à appliquer à ce malade. Dans certains cas, ce dernier trouvera que la maladie dont souffre ce patient mérite d'abord une intervention du médecin avant que le traitement se poursuive chez lui. C'est ainsi que certains médecins travaillent de concert avec les *Nganga*, c'est le cas du Dr M. qui est médecin et qui travaille avec M. I. I., un tradithérapeute de renom, dont il recommande et prescrit certaines préparations.

La conception surnaturelle de la maladie tiendrait donc du fait que, chez le Bantou, l'homme est lui-même un composé d'éléments relevant du monde visible, c'est-à-dire l'ensemble de ses organes corporels d'une part, et du monde invisible à savoir : l'âme, Evus, l'esprit, d'autre part. Les maladies dites naturelles ont pour cause, des êtres du monde physique (microbes, virus, poison...), alors que les maladies dites surnaturelles trouvent leur commencement dans les actions des éléments incorporels (l'esprit, le pouvoir d'Evus). Mais, puisque ces deux dimensions de l'homme sont interagissantes, le corps visible et tangible participe de la souffrance causée dans la dimension invisible et intangible. Or, si l'on s'obstine à ne soigner que le corps, alors que l'origine de la maladie se trouve dans la dimension non matérielle du patient, il est évident que la maladie va suivre son cours et se terminera par la mort. Le malade gabonais est donc conscient de l'efficacité de la médecine moderne ; mais il sait aussi que cette médecine ne s'occupe pas de l'esprit. Par exemple, dans les cas de *fusil nocturne* où, visiblement, la personne semble souffrir d'une infection : il arrive que, en passant le pied au scanner ou à la radio, on ne trouve rien. Mais, si le tradithérapeute applique quelques herbes sur la surface enflée, elle s'ouvre, au bout de quelques moments et il arrive à extraire, de la place enflée, des corps étrangers : plombs, morceaux métalliques, fibres d'origine végétale et animale.

Dans cet ordre idée, notons que les Gabonais atteints de jaunisse ou d'hépatite, des maladies bien connues de la médecine moderne, ne se rendent généralement pas à l'hôpital parce que ces maladies entraînent une certaine réaction d'Evus. Or Evus ne supporte pas les piqûres et, dès qu'il est blessé, c'est la mort qui s'en suit.

À notre avis, le *primum movens* de la maladie, dans la majorité des cas, vient d'une chute de l'immunité, à partir de laquelle peut se greffer n'importe quelle autre maladie « opportuniste » : Paludisme, Bronchite, Tuberculose, etc.

Dès lors, on peut expliquer scientifiquement la provenance des maladies spirituelles par une action qui fragilise l'immunité. Ceci explique que l'on puisse faire intervenir l'action d'un mauvais esprit (*nkinda,* en fang), lequel mauvais esprit induit la baisse d'immunité sur laquelle se greffe un authentique accès palustre grave, prenant la forme d'un neuropaludisme, au cours duquel l'enfant fait des convulsions et entre dans le coma.

L'acceptation des deux hypothèses (le *Nkinda,* comme facteur déterminant fondamental, l'hématozoaire Laveran comme déterminant symptomatique) amène à appliquer les deux traitements adéquats qui, bien synchronisés, amèneront un résultat supérieur à ce que l'on obtiendrait si l'on n'appliquait qu'une seule des deux thérapies (étiologique et symptomatique).

En conséquence, il importe de dire que, pour exercer la médecine en Afrique, la connaissance du médecin vient en deuxième lieu par rapport à la culture du patient. Il appartient au médecin d'aller à la rencontre de *l'Autre,* pour comprendre ses représentations, ses peurs, ses angoisses et le sens de sa souffrance. C'est à cette condition seulement que le médecin peut, avec sa rationalité scientifique, apporter une aide efficace comptant pour le soulagement de ceux qui sont en face de lui. Ce qui est demandé aux médecins qui exercent en Afrique, c'est un exercice personnel de synthèse, tant en ce qui concerne leur culture scientifique qu'en ce qui concerne leur être profond.

C'est une démarche de longue haleine : elle oblige les médecins à cet exercice personnel de synthèse qui a pour but de permettre à la culture occidentale de découvrir et de rencontrer *l'Autre*. Il ne s'agit pas de définir les différentes maladies qui assaillent le Bantou, mais d'aider l'Occident, par sa médecine, à aller à la rencontre de l'Afrique. Cet argument n'est pas anodin, il a même reçu l'assentiment de certains médecins avec qui nous avons eu l'occasion de discuter de leurs difficultés sur le terrain. Pour eux, cette démarche est absolument nécessaire : il s'agit d'aider le Bantou occidentalisé, par sa médecine, à aller à la rencontre de l'Afrique non encore occidentalisée.

La relation « médecin-malade » peut risquer d'être compromise si l'utilisation de la technologie médicale ne respecte pas les principes culturels de ceux à qui les médecins offrent leurs services. L'intention constituante de cette dynamique de synthèse culturelle a pour but de délivrer le médecin du piège de ceux qui pensent à la place du malade et qui prétendent avoir des solutions toutes faites aux problèmes de la souffrance humaine.

Des remèdes « médicomagiques »

Il est de bon ton de rappeler que chez les peuples bantous, la médecine est indissociable du sacré ; aussi, la représentation que l'on fait des plantes relève d'une appréciation religieuse. André Raponda Walker insiste sur la nature et la profondeur de la connaissance du *Nganga* en ce qui concerne son « arsenal de plantes dites magiques », pour indiquer que la connaissance magique de la plante est indissociable de ses facultés pharmacodynamiques[78]. Pour Raponda, on ne saurait trop insister sur la caractéristique magique des plantes dans la vision du monde du Gabonais : ils ne « font pas une distinction très nette entre le monde visible et le monde invisible (…), ils n'en font guère plus entre les plantes médicinales et les plantes "magiques". Une propriété médicinale ou toxique est très fréquemment associée à des propriétés "magiques" ou à des pratiques rituelles… »[79]

[78] RAPONDA WALKER (A) : *Rites et croyances des peuples du Gabon,* Paris, Présence Africaine, 1995, p.40.
[79] *Ibidem*, p.46

Pourtant, soulignons que cette utilisation des plantes n'est pas le fait des seuls peuples du Gabon. C'est le propre de toute médecine bantoue et on peut s'étonner de l'importance de cette représentation de la plante à Cuba.

Il convient de remarquer qu'à Cuba, le terme de « *Nganga* » ne se traduit pas par *celui qui donne les médicaments ou qui a le secret des relations entre le monde visible et invisible ;* « *nganga* », à Cuba, c'est le fétiche ou le médicament. À ce propos, Lydia Cabrera nous parle de l'utilisation des « plantes magiques », tel que : *Amyris balsamifera* ou *Palo Cambia Voz* ou *Cambia Camino,* (*c'est-à-dire* littéralement : arbre qui change la voie ou arbre qui change le chemin). « Ce nom lui vient du fait qu'il a le pouvoir d'amener quelqu'un à changer d'opinion ou de direction », on dit qu'« il détourne les gens de leur chemin »[80]. La particularité de cet arbre[81] est

---

[80] CABRERA (L.) : *la forêt et les Dieux, religions afro-cubaines et médecine sacrée à Cuba,* Paris, éd. Jean Michel Place, 2003, p.212.

[81] CABRERA (L.) : *la forêt et les Dieux, religions afro-cubaines et médecine sacrée à Cuba,* Paris, éd. Jean Michel Place, 2003, pp.212-213 : « Cet arbre n'est ni grand ni gros, mais il fait des prodiges, "aucun *Nganga* ne travaille bien sans un petit morceau de *cuaba"* Avec le *cuaba* noir on fait des maléfices, avec le blanc on fait le bien. La poudre de bois noir mélangée à la poudre de guêpe, d'os humain et de vrillettes a un très grand pouvoir destructeur (…)

"Une personne peut avoir une emprise totale sur une autre en mélangeant à sa nourriture de la poudre de bois de *cuaba* (Amyris basalmifera), d'*amansa guapo* (Capparis cynophalophora), de *bejuco verraco* (chiococca alba) et une goutte de son sang. Baro qui surestime les pouvoirs de cette plante dit : 'il suffit d'avoir un petit morceau de bois de *cuaba* (Amyris balsamifera) et un petit morceau de cannelle dans la bouche pour séduire n'importe quelle innocente colombe'. L'expérience prouve qu'une amulette faite avec des petits morceaux de bois de *cuaba* (Amyris balsamifera), de cannelier (Cinnamomum cassia), de *cainito* (chrysophyllum cainito), de cyprès (cupressus funebris), de *palo ramon* (Trophis racemosa), de *bejuco verraco* (chiocca alba) et de la poudre d'os provenant d'une bonne *Nganga*, est d'une efficacité à toute épreuve…

qu'il se cache et devient invisible à celui qui le cherche dans la forêt.

De fait, parce qu'il connaît ce genre d'arbre, le Bantou fait beaucoup plus confiance à un *Nganga* plutôt qu'à un psychologue ou un simple médecin qui ne lui délivrera pas de « bouclier protecteur » à la fin du traitement. C'est là un élément de différence majeure entre la médecine moderne et la médecine traditionnelle, entre la psychanalyse et la tradithérapie, entre la psychiatrie et la médecine traditionnelle. Il importe alors de noter le capital de confiance dont jouissent les guérisseurs dans la société africaine en raison des « protections » qu'ils fabriquent à l'intention de leurs patients.

Le support psychologique

Ce support psychologique qui peut développer une sorte de mentalité fétichiste ne conduit-il pas la médecine traditionnelle à se déterminer comme un placebo ? Autrement dit, le taux de guérison et d'amélioration de la santé qui s'obtient en médecine traditionnelle ne résulte-t-il pas de la confiance que placent en elle ceux qui y ont recours ?

Réduire le remède traditionnel à l'état de placebo, n'est-ce pas ignorer toute la complexité du degré de convenance, qui dans la détermination de l'efficacité médicamenteuse d'un remède, peut varier pour de multiples raisons ? D'ailleurs, même en réduisant la médecine traditionnelle au placebo, cela n'empêche pas de la prendre au sérieux en raison du fait que l'effet placebo peut être d'une ampleur variable. Dans cette optique François Dagognet et Philippe Pignarre se demandent si l'effet placebo ne mérite pas d'être appelé autrement, « d'être pris en considération avec des mots qui ne disqualifient pas ? »[82] La médecine d'inspiration européenne est déconnectée de la réalité sociale des Africains parce qu'elle a fait le choix de distinguer davantage la médecine physique, d'une part et la médecine mentale, d'autre part.

Or, chez le tradithérapeute, c'est effectivement l'une et l'autre tout à la fois. L'acte thérapeutique se définira, alors, comme une démarche consistant à « situer l'homme souffrant au cœur de sa vie relationnelle et éthique, en relation avec son mode de vie et de son environnement, au sein du cosmos et dans son rapport avec l'absolu »[83]. Ce qui est plus important, ce n'est pas seulement la guérison que l'on peut recouvrer ; ce qui compte encore plus, c'est de savoir si les soins que le médecin administre à son malade le « rendent effectivement invisible à l'ennemi ». Voilà ce qui explique la pratique du « blindage »[84] après chaque traitement chez les *Nganga.*

Le terme « guérir » a-t-il le même sens pour le villageois, pour l'intellectuel initié à l'existentialisme athée, pour un matérialiste et pour un religieux ? La réponse du tradithérapeute à ces différentes interrogations est pourtant simple : tout homme est unique autant que le traitement qu'il faut appliquer à sa maladie. C'est pourquoi, lors de la préparation des mets médicamenteux, on prononce sur les plantes le nom et les intentions du malade qui va s'en servir : à chaque malade son

---

82 DAGOGNET (F.) et PIGNARRE (P.) : *100 mots pour comprendre les médicaments. Comment on vous soigne,* Paris, Les Empêcheurs de penser en rond, 2005, p. 250.

83 UGEUX (B.) : *Guérir à tout prix ?* Paris, éditions de l'Atelier, 1999, p. 85.

84 Nous y reviendrons lorsque nous parlerons des pratiques de la médecine traditionnelle et de sa définition.

traitement, et il n'y a pas de fabrication en série des médicaments.

Voilà pourquoi, écrit encore Éric de Rosny, les « traitements cosmo — sociopsychothérapeutiques (…) consistent en une vérification systématique de tous les secteurs de la vie, ou, mieux, de toutes les couches concentriques d'influences qui enveloppent la victime, considérées comme le porte-maladie de son entourage »[85]. Le sujet malade n'est jamais un individu isolé : il est pris dans un tissu de relations qui le détermine comme membre d'une communauté de vivants et de morts.

[85] De ROSNY (E.) : *Ibidem.* p. 31.

VII

Médecine et vie publique

Le milieu et les coutumes pour de médecin

La mentalité

Dans sa préface au livre du Docteur Charles Blondel, *La mentalité primitive,* Lévis Brühl montre « qu'il y a un intérêt scientifique et un intérêt politique de la plus haute importance à entrer le plus intimement » possible dans la mentalité des primitifs. [86] Pour Blondel, cette entrée dans la mentalité des primitifs passe par une analyse des manières de penser et d'agir propre à leur groupe. Il faut admettre que, sans cette démarche, on ne peut pas, sérieusement, entrer en relation avec les primitifs afin de les comprendre.

Cela dit, le développement de l'homme étant fonction de son environnement, sa manière d'apprécier les rapports avec l'autre dépend singulièrement de sa culture d'où les incompréhensions que Blondel soulève dans la conclusion de son livre en ce qui concerne les rapports entre les médecins européens et des patients africains. Charles Blondel rapporte ce qui suit :

Un indigène de l'Afrique Australe, guéri par Mackenzie d'une affreuse blessure qu'un tigre lui avait faite à la figure, vient rendre visite à son sauveur et, sans le remercier le moins du monde, rappelle toute l'histoire de sa blessure et de soins qu'il a reçu. Il conclut : « ma bouche n'est pas tout à fait à la place où elle était

[86] BLONDEL (C.) : La *mentalité primitive,* Paris, Librairie stock, 1926, p.9

d'habitude… mais la blessure est entièrement guéri… tout le monde disait que je n'en reviendrais pas ; vos herbes m'ont sauvé. Vous êtes maintenant mon blanc. S'il vous plaît, donnez-moi un couteau ». Mackenzie n'en croit pas ses oreilles : « qu'est-ce que vous dites ? – – je n'ai pas de couteau : donnez-m'en un s'il vous plaît. Vous voyez…, vous êtes maintenant mon Blanc, est c'est à vous que je viendrais maintenant tout demander[87].

Ce témoignage scandalise un Occidental et pourtant il s'explique dans la tradition bantoue. Dans le Bwiti cela s'appelle le *Niwȍ*. En fait, le *Niwȍ* est une ancienne coutume de la tradition Bwiti dans laquelle, après la guérison de son patient, le tradipraticien devait raccompagner ce dernier dans son village en le remerciant de s'être confié à lui et d'avoir fait confiance en son savoir. Pour cela, le Nganga devait donner tous les biens nécessaires à la réintégration de son patient dans la communauté (poules, moutons, cabris, etc.). Il faut dire que le patient ne devait pas payer son sauveur, c'est ce dernier qui avait pour obligation, selon la coutume du *Niwȍ*, de veiller à son bien-être complet. Mais, c'est seulement au bout d'une année, lorsqu'il n'avait pas rechuté, que le malade devait aller à son tour remercier son bienfaiteur en lui apportant des présents. C'était le début d'une alliance entre les deux personnes qui, désormais, scellaient une amitié. Si le médecin est perçu comme un Nganga par son patient, nous comprenons fort aisément qu'il vienne lui demander un couteau.

Tout porte donc à croire que l'entrée des peuples africains dans la modernité a changé des structures de vie, mais l'homme garde encore sa vision du monde. C'est dans l'intimité de ses croyances que l'Africain vit son état de morbidité et explique ses réactions face à la maladie ou

[87]Ibid. p. 120

à la guérison, ce qui heurte la rationalité du ‘‘civilisé »’ : c’est le choc des cultures dans le domaine de la médecine. Pour Charles Blondel :

> Dans leurs rapports avec les primitifs, les Européens tombent souvent d’étonnement en étonnement, devant des procédés qu’ils n’ont appris ni à interpréter ni à comprendre. Rien de plus caractéristique à cet égard que la surprise, la colère, le découragement ou l’indignation amusée que, selon leurs tempéraments, provoque chez les blancs la manière dont les indigènes apprécient les soins médicaux dont ils sont l’objet[88].

Il faut néanmoins admettre que les médecins africains formés dans les pays du nord et même d’Afrique ne sont pas plus préparés à comprendre les réalités africaines de leurs collègues européens. Car, le colonisateur, confronté à ‘‘l’ingratitude »’ des indigènes, a cru bon de faire table rase des cultures traditionnelles conformément à sa mission civilisatrice. Cette mission civilisatrice, selon Tempels, justifiait l’occupation des terres africaines.

Aussi, si les progrès de la civilisation (notamment en médecine) se cantonnent dans l’amélioration des conditions matérielles d’existence, dans l’habileté professionnelle, dans l’intensification de la production et la consommation et de l’alimentation, dans l’hygiène et l’instruction, il faut tout de même dire que la civilisation doit se concevoir d’abord comme progrès de la personne humaine. Sur ce point, la rupture avec la tradition a-t-elle avantagé l’homme ? Ne convient-il pas que l’on s’accorde avec le docteur Alexis Carrel pour dire que le progrès économique, du moins en ce qui concerne l’Afrique, contribue à rendre l’homme moins heureux du fait que la

---

[88] Ibidem, p. 119

civilisation ne s'est pas préoccupée de l'homme à partir de son génie culturel ? La médecine conventionnelle, comme médecine des civilisés, tient-elle dans l'homme ou reste-t-elle attachée à ce qui se trouve hors de lui ?

En d'autres termes, si elle tient dans l'homme, alors son développement prendra racine dans la culture, dans l'esprit même de chaque peuple individuellement. Pourtant, alors que pour la Médecine Traditionnelle, la maladie est liée à un univers de croyance aux forces, la médecine conventionnelle, elle, aborde mécaniquement notre structure organique. Dès lors, si l'on tient compte des affirmations de Charles Blondel, on s'apercevra que cette médecine, de par son origine et de par sa rationalité, à travers son développement, ne s'accommode pas avec les cultures africaines. C'est pourquoi il met une distance culturelle entre la médecine qu'il pratique et les hommes à qui les soins seront destinés ; il dira donc :

Quelque affinité que soit notre sens historique, si disposés que nous soyons à enregistrer des diversités parmi les hommes suivant les temps et les lieux, notre bon sens, notre logique, notre expérience, notre morale se heurtent ici à des manifestations si déconcertantes, que nous avons peine à admettre que des êtres faits comme nous, puissent en venir à penser et à agir d'une façon si incompréhensible et si scandaleuse[89].

Quoiqu'on puisse dénoter un relent raciste dans ce propos, il faut reconnaître qu'il est une invite, encore plus pressante aujourd'hui à comprendre nos cultures afin de rendre plus pertinent l'engagement des savants dans nos sociétés modernes et traditionnelles. Ceux qui étudient, actuellement, la mentalité des populations africaines dans

---

[89] BLONDEL (Ch) : *La mentalité primitive*, Paris, Librairie stock, 1926, pp.16-17

de grandes villes comme Libreville, Brazzaville ou Kinshasa, se rendent compte que l'action conjuguée de l'éducation scolaire, du progrès technique, voire l'acheminement vers la mentalité moderne, n'a pas affaibli les croyances et la vision africaine du monde. La médecine moderne peut-elle toujours répondre, dans ce cas, à sa vocation qui est de rendre la santé à l'homme malade si tant est que la santé soit un état de bien-être complet, « une ressource pour la vie quotidienne », relative à la weltanschauung ?

En conséquence, devant la maladie, l'Africain se comporte presque toujours selon sa culture, alors que, paradoxalement, il se développe dans des infrastructures modernes. La croyance à la sorcellerie est encore prégnante ; les problèmes de santé physique et mentale trouvent toujours leurs explications dans une culture moyenâgeuse par rapport à un occidentalisé. À cet effet, le jésuite camerounais Meinrad Hebga montre que les intellectuels africains sont toujours empêtrés dans leur culture :

Vous les surprenez chez les guérisseurs, chez les marabouts ou devins pour retrouver la santé, la chance ou damer le pion à un adversaire qui peut être un collègue de l'Université ou de la haute administration. Il en est de même pour les pasteurs, les prêtres et les religieux, dont un grand nombre, sinon tous, croient à la sorcellerie et à la magie plus qu'ils ne l'avouent, quand ils n'y recourent pas eux-mêmes[90].

Le moins qu'on puisse dire, c'est que la problématique de la médecine se développe dans une

---

[90] HEBGA (M) : *Émancipation d'Église sous tutelle,* Paris, Présence Africaine, 1976, p.55

société culturellement en quête d'identité. L'Africain est un errant. Il erre entre deux civilisations. C'est un moderne pas sa scolarisation, mais il recourt à des pratiques héritées de sa tradition. Éminents scientifiques et docteurs d'État ès sciences, voire des médecins, recourent à des ''pratiques primitives »'. Certains enseignent la physique, les mathématiques, la biologie moléculaire, le droit et la philosophie dans les universités, mais, dans leurs vies quotidiennes, ils portent aussi des amulettes pour se protéger. Ce sont eux qui sont d'ailleurs les plus réguliers aux veillées, aux cérémonies des Nganga, les *Ngozé*.

Le choix entre médecine moderne et tradimédecine

Pourquoi la maladie et d'autres épreuves existentielles font-elles surgir presque spontanément, chez certains Africains, deux logiques contradictoires ? La première est scientifique et conduit le patient à se diriger vers les hôpitaux modernes. La deuxième relève d'une mentalité magique puisqu'elle présuppose un non-dit qui confère un sens mystique à la maladie. Ces deux logiques se vérifient également chez les intellectuels gabonais les plus occidentalisés qui vivent dans la peur des fétiches et découvrent, à leurs dépens, que la conception de la vie et de la santé n'est pas la même en Europe qu'en Afrique.

Nous avons deux éléments de réponse à cette problématique : le premier est moins important que le second. En effet, cette situation récurrente ne s'explique d'abord que par le fait que la médecine conventionnelle occidentale est une médecine de grands moyens et que les braves gens n'ont pas les moyes de se l'offrir. Par conséquent, ils se rendent chez le tradipraticien à cause de leur état de précarité, voire de paupérisation. Étant donné qu'au Gabon, comme dans la plupart des pays africains, la sécurité sociale couvrant toute la population est absente, il est évident que tout le monde n'a pas droit à la santé.

La discrimination inhérente au partage des richesses est donc responsable de ces départs vers les soins de la médecine traditionnelle. Pourtant, cette réponse comporte des limites, dans la mesure où cette médecine dite traditionnelle comporte, elle aussi, parfois, un prix tout aussi élevé (achat de vêtements, de seaux pour le traitement… que nous pouvons dire qu'elle devient parfois plus inaccessible financièrement que la première ! Nous pouvons rappeler que les frais de prise en charge d'une cérémonie de *Ngozé* ne sont pas toujours à la portée de toutes les bourses. Cependant, souvent, la solidarité de la famille africaine élargie vient au secours du membre de la famille malade et démuni.

Le deuxième élément de réponse, c'est la prise en compte par la médecine gabonaise de la logique symbolique inhérente à leur conception du monde. Pour paraphraser la définition de la santé de l'Organisation Mondiale de la Santé (OMS.), la médecine conventionnelle ne permet pas à un Africain traditionnel de se conforter, par ses principes, dans « un état de bien-être complet », « une ressource pour la vie de tous les jours ». Seule la médecine traditionnelle, parce qu'elle concerne l'homme, pris dans son biotope naturel, peut permettre d'atteindre cet objectif, à condition qu'elle allie modernité et tradition. Il faut donc amener les autorités de l'OMS à se rendre compte que la médecine conventionnelle ne peut pas remplir totalement sa fonction au niveau du Gabon : être au service de la santé. Il convient donc d'encourager une initiative permettant d'incorporer la médecine conventionnelle sur les bases valorisantes de la médecine traditionnelle.

En conclusion, dans cette contribution il est question de comprendre cette attitude récurrente des patients à se tourner vers les traditions et surtout d'en tirer profit en vue du développement d'une médecine plus adaptée en Afrique. Parce que la médecine traditionnelle est une variante de l'ontologie négro-africaine, elle correspond mieux que la médecine conventionnelle à la vision africaine du monde. La médecine, si elle entend définir la santé comme *un état de bien-être complet,* doit tenir compte de la psychologie du Négro-africain et de sa culture. En Afrique, ce serait une erreur monumentale que de vouloir développer une médecine qui ne perçoive l'homme que d'un point de vue organique et mécanique. Or, dans les cultures négro-africaines, la maladie s'appréhende presque toujours dans une dimension psychosomatique. Ainsi, dans la psychologie du Gabonais, la maladie n'est presque jamais un problème organique exclusivement.

Nous avons donc pour esprit de montrer que, si la médecine moderne ne collabore pas à divers degrés avec « le génie culturel » des populations autochtones, tous les programmes de santé de l'OMS et du Ministère de la Santé Publique, notamment au Gabon, seront voués à l'échec.

Notre hypothèse de base est que le Gabon pourrait ne pas avoir besoin d'une médecine « de gros moyens » à condition que sa médecine prenne en compte les acquis de la culture. En fait si un travail d'appropriation de sa culture ne se fait pas dans le but d'une rencontre fructueuse des deux rationalités, il est évident que la masse des gabonais aura de la peine à apprécier à leur juste valeur les retombées de la modernité en ce siècle des convergences[91]. Si cette interpénétration des rationalités ne s'effectue pas, malgré l'effort des scientifiques, les résultats escomptés par la science risque de ne pas être atteints. Aussi, on est en droit de se demander quelle est l'origine de la conception gabonaise de la maladie. Elle est dans sa conception du monde qui permet de comprendre le pourquoi de la maladie et le comment de la santé[92].

Les médecins face à leur culture

Dans les hôpitaux africains, il règne une ambiguïté à propos de la rationalité avec laquelle les médecins abordent la maladie : ou tenant compte des présupposés culturels ou n'en tenant pas compte. Par conséquent, il semble que l'articulation rationalité (science) et symbolisme (imaginaire) devient pertinente dès lors qu'est évoquée la question de la maladie dans ces centres hospitaliers, en particulier lorsqu'un médecin conventionnel, nanti de son expérience, se trouve face à un malade qui ne répond pas à toutes les questions qu'il lui pose. Sachant que la maladie s'énonce, dans le plan de la complétude imaginaire, par les catégories de « l'unité », du « plus » et du « plein », la maladie, pour la médecine conventionnelle, est cet ennemi qu'il convient absolument de combattre avec la dernière énergie, d'où la forte consommation de remèdes.

Même si certaines maladies, à l'exemple du diabète ou de l'hypertension artérielle, ne trouvent pas de solutions définitives dans cette médecine, ils suscitent

---

[91] cf. chapitre deuxième de la troisième partie : '*médecine au défi d'une plus grande humanité*' ; '*croisement des rationalités*'.

[92] cf. le chapitre premier de la deuxième partie : *Approche de l'homme, les catégories explicatives de la pathologie dans le système thérapeutique traditionnel gabonais : sorcellerie et médecine traditionnelle.*

néanmoins une forte consommation de remèdes ayant pour intention d'éviter les conséquences fâcheuses d'un taux constamment élevé de sucre dans le sans : comme vous le constatez, il s'agit d'un traitement symptomatique visant à maintenir le taux de la glycémie autour de la normale grâce à la prise constante à vie, des médicaments prescrits ; il ne s'agit nullement d'un traitement étiologique qui supprimerait de façon radicale la cause du diabète, amenant le malade, « guéri », à ne plus prendre de médicaments pour soigner son diabète. La maladie est donc réduite à un symptôme qu'il faille prendre en compte afin de le supprimer, ce, sans se préoccuper de ce que, à travers celle-ci, le corps souffrant veut exprimer comme message intime adressé à l'homme. Ce n'est pas le côté rationnel ou irrationnel du remède qui est le plus important, c'est surtout la demande que nous lui adressons. Or celle-ci diffère selon que l'on se situe sur le plan de l'imaginaire et/ou du symbolique.

Les docteurs S. et O., du Centre Hospitalier de Libreville, ont effectivement une grande expérience de la maladie dans sa configuration rationaliste et occidentale. Mais leur attitude, comme celle du docteur M. à l'égard de certains problèmes de santé, ne manqueront pas d'étonner leurs confrères occidentaux, à cause du fait du dépassement qu'ils opèrent dans leur regard du mal biologique en fonction de la culture gabonaise. Sans mépriser leur formation et tout en la consolidant, ces médecins considèrent que la maladie peut être énoncée autrement qu'à l'occidentale, notamment sur un plan symbolique. Ces médecins s'intéressent à la pensée symbolique inhérente à la médecine traditionnelle.

Cela n'est pas surprenant, car, depuis Mircea Eliade, nous savons que « la pensée symbolique n'est pas le domaine exclusif de l'enfant, du poète ou du déséquilibré : elle est consubstantielle à l'être humain ;

elle précède le langage et la raison discursive. Le symbole révèle certains aspects de la réalité – les plus profonds – qui défient tout autre moyen de connaissance »[93] Comment expliquer rationnellement l'efficacité symbolique des remèdes des tradithérapeutes, notamment en ce qui concerne les problèmes de fractures des os ?

Premier exemple

Pour soigner les fractures, certains tradipraticiens utilisent des pratiques qui échappent à la rationalité scientifique et montrent l'efficacité du symbolisme. Dans le *Bwiti*, par exemple, il nous a été donné de voir, dans un quartier de Libreville, un Nganga qui soigne les fractures. Le tradipraticien a examiné le malade qu'on lui avait amené. Puis, il a attrapé une poule à qui il avait cassé une patte correspondant au côté atteint de son malade. Ensuite, de retour de la brousse, il a posé des médicaments sur la patte de la poule. Il soignait sa poule et n'administrait aucun médicament à son patient. Pourtant, l'état de santé de ce dernier s'améliorait en fonction de l'évolution de la guérison de la patte de la poule. Quel rapport immédiat entre la poule et le malade ? Il est évident que cette relation échappe à notre rationalité cartésienne, elle est spirituelle et symbolique. Il en est exactement de même en Guinée, chez les Kognagui : on enferme le facturé dans une case, et, la nuit, des mains invisibles viennent « rebouter » la facture – ce qui déclenche des douleurs parfois intenses – d'où les cris. Le lendemain, tout est rentré dans l'ordre : le membre facturé est réparé.

Deuxième exemple.

Dans une tribu Fang, appelée *Ye Mveng*, certains guérisseurs sont spécialistes des soins de fracture d'os. Un jour qu'on avait amené à un Nganga un joueur de football qui s'était fracturé la jambe, le Nganga avait couché son

---

[93] ELIADE (M) : *Images et symboles,* Paris, Gallimard, 1980, p.13

malade dans sa case, puis il était parti en brousse, à la recherche d'une termitière. Une fois qu'il eut trouvé la termitière, le Nganga, s'était mis à la casser en brousse tandis que son patient gémissait au village. Mais, pendant que la termitière se reconstituait en brousse, sous l'action des termites, le malade recouvrait la santé dans son lit, sans qu'on ne lui applique aucun remède. Quelle relation entre la terre, la termitière que l'on brise et le patient ? Là encore nous n'avons pas d'explication logique de type analytique sinon symbolique et spirituelle.

Certains de nos médecins gabonais et africains estiment qu'il soit important de tenir compte de l'imaginaire des peuples gabonais et africain quant à la perception de leurs afflictions. Car l'imaginaire est justement la dimension à laquelle l'homme recourt dès lors qu'il sent qu'il est entrain de perdre son unité. L'étude des pratiques des tradipraticiens permet, en vérité, de connaître l'homme et cette étude répond à une nécessité, celle que M. Eliade avait précisé : « Mettre à nu les plus secrètes modalités de l'être »[94]. Le fait que les trois O., M. S. s'intéressent au domaine de la médecine traditionnelle constitue alors un enjeu de grande importance.

Malheureusement, il convient de dire qu'en dehors d'eux, d'autres encore exploitent tant bien que mal les deux rationalités qui fécondent la médecine gabonaise et à des niveaux différents. Ce fait est louable ! Mais, la plupart d'entre eux n'osent pas le reconnaître devant leurs confrères au risque d'être taxé de féticheur : ils ont alors honte de ce qu'ils font.

Toutefois, on finit toujours par les démasquer, car nos médecins gabonais se soignent eux-mêmes chez leurs homologues tradipraticiens, les Nganga. Certains sont,

---

[94] Ibidem, p.14

eux-mêmes, des Nganga, dans la mesure où ils fréquentent des temples initiatiques, des *Nzimba* ou *M'bandza* ou *Mbandja*[95]. Ils se caractérisent par ce qu'il convient d'appeler, le « comportement chauve-souris ». Pourquoi ne mèneraient-ils pas les deux pratiques médicales officiellement et en public, pour aider la population à se soulager de ses souffrances ? Une chose est évidente, c'est que le système « maladie et culture » est déterminant pour le développement de la médecine au Gabon, de telle sorte que, si les médecins vont vers des tradipraticiens, cela révèle que le savoir des tradipraticiens n'est pas une chimère. Aussi, les médecins, malgré eux, sont obligés de s'approprier ce savoir en vue de concevoir une médecine intermédiaire, celle de la troisième voie.

Dieu merci, il existe des médecins (comme le Professeur M. K.) et des non-médecins (comme le docteur B.B.) qui manifestent ouvertement leur engagement à avaliser le patrimoine culturel gabonais.

Par exemple, le docteur O.[96] nous conte sa démarche de guérison. Celle-ci est la démarche d'un médecin qui se rend compte que le système d'interprétation de la maladie n'est pas le même tant en Europe qu'en Afrique. Pour elle, l'Africain est un mystique et c'est en terme de mysticisme qu'il apostrophe cette réalité, mais aussi avec tous les moyens imaginables qui dépassent le domaine de l'expérience physique.

Malade comme elle l'était, il a fallu qu'elle « s'humilie » en se dépouillant de ce qu'elle savait de la pathologie en tant que médecin conventionnel et rationaliste. Du point de vue épistémologique, elle sort d'un système de type rationaliste exigeant des techniques

---

[95] Ce nom désigne le lieu sacré de l'initiation.

[96] Dr O. est médecin anesthésiste réanimateur au Centre Hospitalier de Libreville au Gabon.

appliquées au laboratoire avec ses critères d'objectivité pour en pénétrer un autre où les choses n'ont pas toujours le même sens. Le témoignage[97] du Dr O. interpelle les chercheurs et s'impose comme une méthode d'investigation thérapeutique.

Ce qui est premièrement important dans son témoignage, c'est qu'il y a un plus dans la conception même de la vie et de la maladie par un médecin gabonais exerçant au Gabon. Elle a désormais un double regard lorsqu'elle est devant un malade. Elle peut d'abord observer la maladie par ses symptômes afin de la supprimer, elle fera passer ses malades, s'il le faut, par un examen radiologique, biologique, etc. afin de poser son diagnostic ; mais il lui arrive, en plus maintenant de concevoir le mal biologique comme révélateur d'une souffrance d'un autre ordre. Pour avoir pénétré le langage du monde des initiés, elle peut dorénavant agir en

---

[97] Je suis allée en France à 20 ans, juste après mon baccalauréat. Lorsque je suis partie, j'étais complètement imprégnée de ma culture, sauf que je n'étais pas initiée. J'y ai fait 15 ans, le temps de terminer mes études de médecine et de faire ma spécialité d'anesthésiste-réanimation. Un problème particulier de santé s'est posé à moi. Je souffrais. J'ai consulté mes confrères. J'ai subi des interventions là-bas sans résultat. Arrivée au Gabon, le même problème me tracassait ; j'ai encore subi une intervention qui n'a rien donné. Mais, ici, je vis dans un milieu africain. Les uns et les autres m'ont demandé de consulter les tradipraticiens. J'ai été emmenée malgré moi. Et, je ne vous le cache pas (en martelant), je suis médecin : j'ai bu des décoctions, j'ai subi des traitements pour me rendre compte enfin qu'on ne vit pas de la même manière en France, aux États-Unis, comme on vit dans son pays. On vit dans son pays avec la société et c'est à nous de nous intégrer. L'Africain, c'est le mystique. Si je dis certaines choses (en tant que médecin spécialiste), je vais paraître ridicule aux yeux des européens parce qu'ils ne les perçoivent pas. Ils ne peuvent pas percevoir certaines choses que moi je perçois. Donc ce n'est pas la peine (d'en parler). Je connais mon milieu médical européen et notamment français. Si je dis certaines choses, ils vont dire : c'est une délurée…

connaissance de cause et avec conscience et avec plus de liberté dans le choix des possibilités qui s'offrent à elle pour une décision médicale.

Précisons à cet effet que chez le Négro-africain, la connaissance est d'abord symbolique : il revient au médecin de connaître tout le symbolisme de la culture négro-africaine. Cela est important d'autant plus que la culture traditionnelle africaine n'est pas encore arrivée à dissocier le Visible de l'Invisible. Dans son analyse de la réalité, tout élément, tout étant, doit être interprété, analysé, en vue de découvrir sa quintessence. Nous sommes ici en présence d'une culture de l'être, une culture qui ne privilégie pas le paraître, où l'essentiel, c'est ce qui doit apparaître, se dévoiler, se révéler (φανουμήν).

En se positionnant sous la détermination du symbolisme, le système de soins traditionnel gabonais se différencie du système de soins occidental. Cette différence clarifie, d'une manière toute particulière, le sujet sous-jacent à notre analyse : *« Médecine traditionnelle entre rationalité et spiritualité. Réflexion éthique et épistémologique sur l'approche africaine de la médecine : le cas du Gabon.* Autant dire à présent que la différence entre la médecine traditionnelle gabonaise et la médecine d'inspiration occidentale réside dans le rapport que l'homme entretient avec l'environnement. Le Négro-africain se comptabilise comme collaborateur et serviteur de la Nature, il est un agent de l'environnement ; alors que l'Occidental, depuis Descartes et Bacon, est le dominateur, l'utilisateur et l'exploiteur de la Nature. Cette opposition entre la vision africaine et la vision occidentale du monde est d'une importance capitale dans la logique de notre recherche ; puisqu'elle indique que l'on ne peut pas transposer la médecine occidentale au Gabon sans faire des adaptations : c'est un impératif pédagogique catégorique.

Univers unique et médecine

« L'homme est un et multiple », écrivait Pierre Erny, c'est-à-dire que l'homme change selon la culture dans laquelle il vit. Or, il y a des sociétés à univers unique et des sociétés à univers multiples. Dans les sociétés à univers unique, l'individu trouve en lui-même les explications qui justifient ses conduites face au monde. C'est par voie d'objectivation qu'il aborde le monde et ses réalités, au moyen de la négation du multiple. Il dénombre les choses, les analyses individuellement pour garder son indépendance par rapport aux objets de la connaissance.

C'est une attitude cartésienne, une détermination sécuritaire du sujet qui cherche la sécurité en se persuadant de l'inexistence du reste du monde pour se convaincre de la certitude de ses connaissances. Il fait table rase, « de sorte qu'après y avoir bien pensé, et avoir soigneusement examiné toutes choses, enfin il faut conclure, en ne tenant pour constant que cette proposition : *Je suis, j'existe,* est nécessairement vraie, toutes les fois que je la prononce, ou je la conçois en mon esprit » (Descartes)[98]. La conscience cartésienne saisit scientifiquement la vie, elle donne globalement une représentation scientifique du monde en tant que trait de culture occidentale. Celle-ci consiste en une attitude spécifique de l'esprit en marche depuis les penseurs grecs, et développée par les modernes depuis Bacon et Descartes.

Fort de cet esprit, la médecine devient un instrument de la technique moderne qui se développe, s'exécute, se dirige et s'établit avec certitude par l'homme et pour l'homme. Cette médecine a un caractère

---

[98] DESCARTES (R) : *Méditations,* in *Descartes Œuvres et Lettres*, textes présentés par André Bridoux, Paris, 1953, Pléiade-Gallimard, p.275

anthropologique et son sujet, en l'occurrence, le médecin ou le malade est pur et séparé de tout, selon les exigences qu'impose toute science mécaniste. Son diagnostic, pour ne pas être révoqué au doute et être confronté à l'incertitude, parce qu'il dépend des choses composées, est obligé, dans une société à univers unique, d'emprunter sa puissance à l'analyse géométrique pour rechercher la certitude indubitable des choses.

La physique moderne avait alors pour but, entre autres, de conférer à la médecine les possibilités déterminantes. C'est ainsi que Descartes pensait que l'acquisition des notions générales touchant la physique lui permettait de voir qu'il était « possible de parvenir à des connaissances qui soient fort utiles à la vie, et qu'au lieu de cette philosophie spéculative qu'on enseigne dans les écoles, on en peut trouver une pratique par laquelle, connaissant la force et les actions du feu, de l'eau, de l'air, des astres, des cieux et de tous les autres corps qui nous environnent (...) nous les pourrions employer en même façon à tous usages auxquels ils sont propres, et ainsi de nous rendre comme maîtres et possesseurs de la Nature »[99]. Ce projet cartésien n'est pas tout à fait exclusif : la médecine traditionnelle elle-même cherche tout simplement à faire bon usage de « la force et les actions du feu, de l'eau, de l'air, des astres », etc. Ce fondement scientifique de la médecine implique que la maladie doive absolument se déterminer dans un domaine d'objectivité. Seulement, la maîtrise des corps peut aussi signifier que nous aurons une meilleure connaissance (tant rationnelle que spirituelle) de tous les corps qui existent dans le cosmos et de toutes les âmes aux fins d'en user pour le soulagement des souffrances physiques et morales.

---

[99] DESCARTES (R) : *Discours de la méthode,* In *Descartes Œuvres et Lettres*, textes présentés par André Bridoux, Paris, 1953, Pléiade-Gallimard, p.168

En d'autres termes, si l'on connaît, rationnellement, la signification de chaque corps, de même que sa finalité, alors nous risquons bien de tomber dans une conception africaine de la vie. Il s'agit d'une vie au sein de laquelle toute vie est en communion, en connexion et en communication avec d'autres, en vue d'un plus grand épanouissement des êtres.

Dans la médecine conventionnelle, la maladie doit être projetée pour être saisie par la calculabilité au moyen d'une question qui pourrait être formulée de la manière suivante : comment le corps doit-il être projeté par avance en tant que domaine d'objectivité pour que les processus pathologiques soient a priori calculables ? C'est ce que nous montre P. Erny :

Une maladie s'observe, se décrit et se détermine à partir des symptômes, ce qui constitue la partie perceptible et observable du mal. Une fois qu'ils ont disparu, on a l'impression, subjectivement, d'être guéri. D'où la tentation de s'attaquer essentiellement au symptôme pour le gommer : on a de la fièvre ? On la fait baisser artificiellement ; on a mal à la tête ? On prend de l'aspirine ; une éruption apparaît ? on la fait avorter[100].

Ainsi, la médecine conventionnelle, cette médecine qui se limite à l'élimination des symptômes ne peut correspondre aux attentes d'un sujet engagé dans une quête spirituelle. Elle est celle d'une culture qui envisage l'homme comme une personne émancipée de tous les liens qui l'enserraient dans un cadre de puissantes hiérarchies sociales et le liaient à des codes moraux. Pour répondre au besoin d'intériorité, la médecine conventionnelle incorpore désormais, au sein de ses Unités de Soins, les

[100] ERNY (P.) : *L'homme divers et un. Proposition en anthropologie,* Paris, l'Harmattan, 2001, p.101

psychologues, les psychosociologues, notamment des Centres de Soins Palliatifs.

On peut conclure, sans aucun risque, que la médecine conventionnelle moderne n'est pas destinée à un sujet enlisé dans des croyances à un Au-delà. Pour Pierre Erny, ce n'est donc pas un hasard si cette médecine a pour origine le monde occidental en tant qu'une civilisation où « la maladie est perçue comme un non-sens ». Selon Erny, c'est d'abord en Occident qu'a été produit, pour la première fois dans le monde, « une médecine aux consonances intégralement matérialistes, aux yeux de laquelle, précisément, la recherche du sens n'a pas de sens »[101]. Or, la médecine traditionnelle ne peut se défaire de la question du sens de la souffrance dans la mesure où son fondement est religieux : Dieu est le fondement de la médecine traditionnelle.

C'est donc en Occident que la médecine doit normalement exhumer la question du sens de la maladie, puisqu'en Occident, depuis la Renaissance, le sujet est émancipé des pouvoirs Naturels.

En paraphrasant Max Planck, fondateur de la physique quantique, nous pouvons comprendre la détermination de la maladie au sein de la médecine conventionnelle : « le réel (*wirklich)* est ce qui peut être mesuré ». Autrement dit, si biologiquement, radiologiquement et avec le concours d'autres examens, le médecin conventionnel ne trouve rien, la souffrance du patient n'est pas médicale. Car, comme le dit Heidegger : « Seul ce qui est calculable d'avance, vaut comme étant »[102], donc, une souffrance qui n'est pas

---

[101] ERNY (P.) : *L'homme divers et un. Proposition en anthropologie*, Paris, l'Harmattan, 2001, p.107

[102] HEIDEGGER (M) : *Langue de tradition et langue technique (?)*, trad. Michel Haar, éd. Lebeer-Hossmann, 1990, p.26

« calculable » n'est pas maladie. Cela dit, la médecine conventionnelle en utilisant la physique théorique, puis la méthode en vue de la certitude dans ses analyses, s'identifie au projet mathématique de la Nature, qui caractérise la culture occidentale. Mais un projet qui ne tient pas forcément à prendre en compte les cultures non occidentales : d'où toute la difficulté de l'acceptation de l'intégration de la médecine traditionnelle les Programmes de Santé Publique.

En médecine conventionnelle, le médecin fonctionne selon une méthode de questionnement qui soumet le corps à fournir des réponses précises à propos de la pathologie. C'est pourquoi le corps est sommé de se manifester dans une objectivité calculable : d'où l'exigence des examens (biologique, échographique, radiographique), dont le but est de confirmer le diagnostic.

Si, au terme des analyses, une pathologie ne trouve pas d'explication objective, cela plonge l'homme moderne dans un désarroi et, au pire, le médecin peut conclure à l'inexistence de la maladie. La maladie n'existe-t-elle que parce que la médecine en a trouvé une explication physico-mathématique ?

L'approche de la maladie par la rationalité de l'image

La société à univers multiple, elle, lorsqu'une pathologie n'a pas une explication empirique, formelle, une explication objectivement démontrable, change de domaine d'investigation, ce, d'autant plus que son mode de rationalité est le symbolisme. Car, dans une société à univers multiple, les causes d'une pathologie ne sont pas toujours organiques. Mieux, il est évident que la notion de « maladie » n'est pas la même dans une société à univers unique que dans une société à univers multiple.

Dans cette dernière, « la "notion de maladie", au sens précis du terme, n'existe pas comme telle dans les langues envisagées et se trouve comme diluée dans les notions plus extensives et vagues comme "peine", "souffrance", "oppression", "attaque du dehors", etc. »[103](Pierre Erny). Chez les Fang, par exemple, on dit : *ma kone* (je suis malade), mais l'expression se ramène à quelque chose de lisse (je lisse) ; on peut encore dire : *ma wokh mintae (j'entends, je comprends la douleur) ;* les mots qui traduisent le fait d'être malade sont aussi vague que l'idée même de la maladie. Il y a une complexité linguistique de la notion de maladie dans des sociétés à univers multiple. Dans ces sociétés préindustrielles, il est admis que l'esprit a aussi le devoir d'utiliser le symbolisme pour embrasser le réel afin de le comprendre. La notion de « maladie » est imagée parce que l'image est riche et par sa structure même, elle est multivalente.

Selon M. Eliade, si « l'esprit utilise les Images pour saisir la réalité ultime des choses, c'est justement parce que cette réalité se manifeste d'une manière contradictoire, et par conséquent ne saurait être exprimée par des concepts. (…) c'est donc l'Image comme telle, qui, en tant que faisceau de significations, qui sont *vraies*, et non pas *une seule de ses significations ou un seul de ses nombreux plans de référence »*[104]. Or il se trouve que les sociétés primitives d'Afrique usent beaucoup plus de l'image que les sociétés modernes lorsqu'elles traduisent des réalités existentielles telles que la maladie et la souffrance. Par exemple, pour parler d'une contraction musculaire, d'une douleur pénétrante, le Bantou dira : ça mord, donc c'est un verre qui me fait souffrir.

---

[103] ERNY (P) : *Au fil de l'existence humaine*, Paris, L'Harmattan, 2001, p.119

[104] ELIADE (M) : *Image et symboles,* Paris, Gallimard, p.17

L'image semble être une force obscure, une réalité abstraite, venue de la nuit de l'inconscient humain et s'imposant à l'homme de façon presque titanique. En ce sens, elle interpelle la médecine traditionnelle qui se nourrit du rêve afin de résoudre les problèmes de l'homme. Le tradipraticien se saisit de l'Image pour découvrir le sens du langage chiffré et subtil « *par lequel la Nature nous parle symboliquement dans ses belles formes* »[105], comme le disait Kant.

Le sens de la présence des images, des objets artistiques, dans les centres de guérisons traditionnels[106], a une résonance philosophique qui frappe l'intimité de l'homme, notre être profond. Les objets artistiques sont investis par la *Présence*, une *Présence* qui s'adresse à l'homme par le langage artistique à travers les signes et les symboles qui, en frappant nos sens, nous arrachent un sentiment religieux. La *Présence* parle un langage universel, celui de l'art puisqu'il est le langage le plus significatif pour l'âme humaine. On ne voit donc pas pour quelle raison une médecine, qui a la prétention de guérir l'homme dans sa totalité en commençant par son âme, utiliserait un autre langage que celui le plus compréhensible par l'âme : le symbolisme, le rythme et la danse.

Pour poser un diagnostic, le principe consiste alors à s'adresser exclusivement à l'âme de tel individu souffrant afin de comprendre le sens des marques, sous la forme physique, des symptômes constatables sur le corps

---

[105]KANT (E) : *Critique de la faculté de juger,* Paris, Vrin, 1979, p. 133. Ou *Critique de la faculté de juger,* Paris, Gallimard, 1985, p. 253.

[106] On trouve souvent des objets de piété catholique dans les temples du Bwiti : les icônes de la sainte Vierge, de Jésus, de sainte Rita ou de Saint-Michel Archange. D'où parle-t-on du syncrétisme dans le Bwiti fang ?

souffrant du malade. Les marques sur le corps permettent de constater qu'il existe un trouble. L'âme doit alors dégager suffisamment de lumières afin que tous les passages de la douleur en soient perceptibles. Ainsi, la douleur ne peut être qu'un signe par lequel l'âme se saisit elle-même en touchant l'homme dans sa totalité afin de dire, doublement, la vie de cet individu maintenant, tant dans son corps que dans son être le plus profond, l'esprit.

Cette médecine qui utilise un tel langage, celui des images et de l'art, part d'un postulat dans l'espace. Autrement dit, le langage silencieux des images et des objets d'art n'a pas besoin de se formuler en parole articulée en une langue humaine précise, parce que toutes les âmes sont saisies par le langage symbolique de l'art. L'âme, en tant qu'elle est la manifestation de la vie, est vie et lumière. Elle a une vue transparente du corps, à tel point que, grâce à ses lumières divines, rien ne peut lui être caché. Il suffit, alors, de permettre à l'âme de se regarder elle-même pour qu'elle identifie les endroits, en elle, qui sont blessés : telle est la fonction de l'initiation. Le corps qui abrite l'âme ne fait donc que traduire les troubles internes de ce dernier.

Un parcours méthodologique visant à rechercher la clarification des faits par le dénombrement, la mesure quantitative, manque d'objet. Ce qu'on veut, c'est la manifestation de l'invisible, une sorte d'épiphanie de l'âme et de ses corollaires spirituels. Pour cela, la rigueur scientifique n'est simplement qu'un obstacle, dans la mesure où elle limite les élans d'un transport de l'esprit. L'image, l'objet d'art, au contraire, se présente comme un rapport matériel à travers lequel ce qui est visé, l'être de la chose, saisit notre être intérieur pour introduire l'homme dans un rythme qui est celui de l'être. La médecine traditionnelle est donc un art qui consiste à manifester les fondements de la maladie et de la thérapie, ici, rien n'est sans raison, toute chose a une cause et sa raison d'être. Dans ce cas, si le langage de la médecine traditionnelle est celui de l'image, il convient de dire qu'il y a un danger à vouloir faire de la médecine traditionnelle une médecine scientifique qui utilise des mesures quantitatives. Le Professeur Jean-Jacques Wunenburger disait à propos des images que : tout « recours éventuel à des mesures quantitatives (est une sorte d'agression de l'image »[107]. autrement dit, on tuerait la médecine traditionnelle en voulant, à tout prix, la rationaliser. L'image que nous trouvons chez le tradipraticien est d'abord un support d'un discours analogique volontairement polysémique parce qu'elle est dissimulation et dévoilement de ce qui se manifeste dans ce laboratoire qu'est le temple.

L'image est un discours qui s'adresse à la totalité de l'être, aussi, pousse-t-elle à la compréhension par la mise en relation des sens. Autrement dit, l'image s'adresse à la sensibilité humaine afin de tracer une trajectoire qui lui permette de commencer une alchimie de l'intelligible. Dans une thérapeutique traditionnelle au sein d'un temple, transporté et bercé par l'image, ce, à travers des rythmes endiablés de la Harpe sacrée, du xylophone, des chants et les tambourins, les yeux alourdis par l'effet de la plante sacrée Iboga, l'initié se sentira léger dès lors que son âme, comme l'hirondelle, transcendera, s'élèvera vers le monde des esprits. Là, il fera rencontre avec des entités spirituelles. Il se fera accompagner mystiquement, dans ce voyage initiatique, par un membre disparu[108] de sa famille,

---

[107]WUNENBURGER (J.-J.) : *Philosophie des images,* Paris, PUF, 1997, p. 233.

[108] Le malade est en confiance dans cette démarche parce qu'il sait qu'il est assisté par deux parrains tant dans le monde visible que dans le monde invisible. Dès le début de la thérapeutique, le maître initiateur lui donne un parrain ou une marraine initié(e) pour s'occuper de lui personnellement, celui-ci ou celle-ci restera à son écoute et à son service pendant la durée du traitement. Et dans le monde invisible,

jusqu'à la découverte des raisons de sa maladie, avant qu'on ne lui révèle, d'une part, la plante qui le guérira et sa vocation sociale, d'autre part.

Par le langage de l'image, il y a une valorisation, mieux, un primat de la sensation dans le monde de la médecine traditionnelle. Cette valorisation de l'émotivité n'a rien d'étonnant, car, même chez Aristote, le langage lui-même a pour origine la sensation : « Rien ne rentre en mon intelligence qui ne soit passé par mes sens ».

La profusion des images, dans les centres de guérison traditionnels, aura pour signification cette volonté qu'ont les tradithérapeutes de s'adresser à la totalité de la vie humaine pour comprendre l'origine d'une blessure. La maladie serait, alors, le moment de la rupture de la totalité harmonieuse. Le crédit que nous accordons à la *Philosophie des images* pour pénétrer le monde de la médecine traditionnelle a pour fondement le fait que la présence des images dans les temples, *Mbadja,* les représentations est la voie royale pour tout accès à la connaissance totale de la vie. Cela dit, la saisie scientifique de l'homme est incomplète : elle ne permet pas de prendre le sujet dans sa globalité. Par contre, saisir la réalité humaine (Dasein) à partir de l'image, offre la chance au malade de toucher son intimité.

Le professeur Jean-Jacques Wunenburger avait bien fait de montrer les limites du discours scientifique quant à l'existence humaine. Il écrivait à cet effet : « la réalité humaine, par exemple, ne se laisse pas épuiser lorsqu'elle est traitée comme un phénomène objectivable. Un fait humain, psychologique ou sociologique, est un composé de structures invariantes et exemplifications

---

il trouve un autre parrain qui le guide et lui prodigue de sages conseils utiles pour sa vie terrestre et dans l'Au-delà : il est donc doublement assisté et encouragé dans sa démarche de guérison.

individuelles de tendances stables et de variations rythmiques, de comportements et de sens »[109]. Si la médecine traditionnelle utilise autant les images et un discours métaphorique et non pas un langage scientifique objectivant, c'est parce que ce qui est en question, dès qu'on est malade, c'est l'existence humaine dans son entièreté, sa globalité.

Le tradipraticien met en ordre l'existence, mais ne soigne pas la maladie. Voilà pourquoi, chez les tradithérapeutes, pour une même maladie déterminée scientifiquement à partir de ses manifestations symptomatiques, le remède n'est pas toujours le même pour deux malades différentes. La démarche du tradipraticien consiste à déchiffrer l'existence du sujet afin de déceler les distorsions de manière à le rééquilibrer dans ces différentes dimensions (familiales, socioprofessionnelles, religieuses). On ne peut user d'une méthodologie qui se développe simplement par ratiocination lorsqu'on utilise les images pour dévoiler le sens de la vie ; la vie elle-même est Image, celle d'une réalité imperceptible, réalité à laquelle le sujet communie : l'Esprit.

En fait, il y a un désaccord entre les principes de la médecine conventionnelle et la médecine traditionnelle à propos de l'usage de la rationalité et de la spiritualité relative à l'image : en médecine traditionnelle, il y a prééminence du l'image sur le concept. La médecine conventionnelle fonctionne selon le mode de la raison et, comme le dit GRANGER, « la raison, fonction de la pensée correcte, s'oppose à la connaissance imparfaite et illusoire. Elle s'oppose en particulier à la connaissance immédiate par les sens, à l'opinion, à la simple routine,

---

109 WUNENBURGER (J.-J.) : *Philosophie des images,* Paris, PUF, 1997, p. 233.

parce qu'elle vise à l'universel et s'accompagne de justification. » [110]

Le mode d'explication de la médecine conventionnelle s'écarte donc du mythe, du symbolique, ses fondements de la médecine traditionnelle. Pourtant, ce vérificationnisme trouve ses limites dès lors qu'il est question de traiter de l'existence puisque, au cours d'une existence, c'est la fonction symbolique qui permet à l'homme de construire ses univers de perception et de discours. C'est pourquoi, parce que la médecine traditionnelle a pour vocation de remettre l'existence en ordre, elle fait usage de symboles et la signification des symboles de la médecine traditionnelle est fonction des cultures et des civilisations. Cette médecine qui se nourrit d'images est donc naturelle parce que, pour le tradipraticien, la Nature est un filet de symboles qu'il convient de déchiffrer : un véritable livre ouvert. Mais il faut s'initier pour en connaître le vocabulaire et la syntaxe.

Aussi, la médecine traditionnelle doit-elle chercher à entrer en communication avec les Puissances Invisibles en usant de l'invisible comme symbole ou comme signe représentatif de l'invisible. Pour ce faire, le « médecin-sorcier » s'appuie sur des associations visuelles ou émotives : sur des associations d'impressions. C'est dire que l'imagination négro-africaine est le prolongement de l'observation, « un emploi de celle-ci dépassant la constatation des choses courantes »[111] et non un succédané de la perception, comme c'est le cas chez les empiristes et les associationnistes.

---

[110] GRANGER (G – G) *La raison*, Que sais-je n°680, 11e édition, 1996, p. 10

[111] BOWRA (C. M.) : *Chant et poésie des peuples primitifs*, Paris, éd. Payot, 1960, p. 233

Il faut donc dire que l'homme qui se présente au médecin, en Afrique, n'est pas un rationaliste, un scientiste, au contraire : pour ce dernier, la pensée est symbolique. La pensée symbolique n'est pas pour lui une pensée secondaire, mais bien son mode privilégié de pensée. Que l'on ne s'étonne donc pas de la profusion des symboles dans les cultures du monde noir. Ceux-ci se manifestent en effet partout : dans les rites, dans les institutions, dans la peinture, la sculpture, la musique, la danse, naturellement dans la parole. On voit alors l'importance des rêves dans la médecine traditionnelle en Afrique.

Parler de médecine au Gabon, c'est effectivement avoir affaire avec une société de type traditionnel. Ceci entraîne une difficulté liée au registre de référence du médecin lorsqu'on parle de la maladie ou de la guérison, à cause du rapport médecine et culture. Ceci dit, si nous partons d'une médecine conventionnelle à une médecine traditionnelle, de la civilisation écrite à la civilisation orale, la manière d'approcher la pathologie change. La médecine conventionnelle est pourtant obligée de faire face à la difficulté inhérente à la diversité culturelle notamment dans les pays où l'oralité prime sur l'écriture.

Les gabonais peuvent avoir une ou deux manières d'aborder le mal biologique. Soit au moyen de la rationalité scientifique pour soumettre, par la raison, les symptômes à la critique, de manière à conserver une distance entre la réalité « maladie » et le sujet souffrant ; soit, la maladie est appréhendée sous une détermination spiritualiste et mystique.

Médecine traditionnelle et fétichisme

Il faut maintenant reconnaître que la médecine traditionnelle, notamment gabonaise, entretient une mentalité que nous qualifions de magique ou fétichiste. Le qualificatif de « mentalité fétichiste ou magique » nous renvoie à l'univers de la croyance aux divinités ou aux esprits, au sens où on le définirait comme une croyance aux fétiches, c'est-à-dire à un ensemble d'objets magiques, de substituts visibles d'un ou de plusieurs esprits auxquels l'on adresse un culte. Le fétichisme renvoie plus à l'imaginaire qu'à une sorte d'instrumentation de la raison critique.

La proximité entre la science empirique et la croyance, dans l'univers négro-africain, ne va pas sans compliquer l'efficacité de la médecine conventionnelle qui se trouve confrontée à une mentalité peu propice à la science. Cette mentalité ne pose pas seulement des problèmes d'ordre biologique, elle sollicite une réflexion concernant la totalité de l'existence.

Cette mentalité suppose toujours un au-delà du savoir immédiat, de sorte que le symptôme voile toujours un message qu'il faut savoir décrypter. C'est la croyance en l'existence réelle ou supposée des « esprits » et des génies qui crée, dans les cultures gabonaises, cette mentalité magique. Tous les Gabonais admettent que les forces du mal sont la cause de maladie. Chez les Punu [112], par exemple, on parle des « *ditengou* », sorte de zombi, des morts qui vivent réellement parmi nous en chair et en os. Les Fang quant à eux parlent des « *Minkinda* », les esprits des « morts malveillants », qui sont capables de prendre possession de notre organisme pour nous rendre malades. À Douala, au Cameroun, les histoires de Revenants défient chaque jour la chronique, on vous demandera de faire attention aux filles que vous rencontrerez au quartier Neuwbel en fin de journée, le soir. Car, certaines Revenantes, victime de l'Ekon,

[112] Un groupe ethnique d'origine bantoue du sud du Gabon.

viennent se mélanger avec les hommes à ces heures-là et en ces lieux publics.

En Afrique, la croyance aux génies, selon l'abbé Noël NGWA, fait que la maladie résulte de ce sentiment d'insécurité devant des dangers de toutes sortes, et le recours à la magie qui en découle invite à se prémunir contre les esprits malveillants ou à se concilier les forces occultes[113]. Ces opérations qui soit provoquent la maladie, soit la préviennent, se réalisent par l'intermédiaire de certains objets (plantes, amulettes, talismans...) ou de certaines personnes aux formules et aux gestes particulièrement efficaces, les Nganga. Ici, la maladie a des causes si complexes que la guérison physique ne suffit pas : il faut toujours s'en référer à des causes variées, comme le dit l'abbé Charles :

Chez nous, déclare-t-il, les maladies peuvent avoir des causes très différentes. Il y en a qui sont purement physiques (la cécité, la surdité, etc.). D'autres attrapent des maladies parce qu'ils ont acquis des fétiches et qu'ils n'ont pas bien observé les prescriptions du féticheur. D'autres sont capables d'utiliser un animal pour faire du mal aux autres[114].

Dans ce contexte, on comprend bien que la mentalité magique des riverains s'inquiète de tout, y compris du médecin.

Finalement, nous sommes en droit de nous demander si la maladie est une réalité spirituelle ou simplement organique. La réponse à cette question aura pour conséquence d'envisager le dépassement ou le renforcement des clivages entre ces deux médecines,

---

[113] cf. NGWA (N) : *Église du Gabon lève-toi et marche,* col. Nouvelle évangélisation, Kinshasa, 1995, pp 28-29

[114] Cité par LUNEAU (R), in Comprendre l'Afrique, Karthala, Paris, 2002, p.52

conventionnelle et traditionnelle, afin de permettre à l'Afrique de se développer grâce à sa médecine. L'image de la maladie que la tradition bwitiste, la religion *Iboga* ou le Mvett nous renvoie ne concorde pas avec celle de la médecine moderne conformément à sa rationalité occidentale ; mais les deux visions de la maladie sont complémentaires en ce sens qu'elles permettent de saisir le Gabonais dans sa totalité. C'est pour cette raison que la mise en connexion des différentes voies de la santé permettrait, sûrement, d'envisager une médecine qui repose autant sur les présupposés rationalistes que spirituels.

Avantages et limites de la médecine

Dans le *Bwiti*, la rationalité scientifique moderne se heurte aux contradictions, c'est-à-dire aux difficultés logiques sans issues. Pour mieux comprendre les principes de la médecine traditionnelle pratiquée dans les rites initiatiques, il convient d'abord de montrer l'avantage de la médecine conventionnelle. Elle repose sur une certaine vision du monde inaugurée par la physique cartésienne : la perception scientifique du monde. Cette physique moderne avait pour objectif « de nous rendre comme maîtres et possesseurs de la Nature »[115]. L'univers occidental moderne n'est pas dominé par des forces occultes. C'est un univers qui ne s'explique que par des lois physiques et matérielles. Dans cette conception physique et mathématique du monde, tous les hommes peuvent avoir accès, sans privilège, au surnaturel. Pour devenir médecin, il suffit d'apprendre les lois dont l'univers est pétri en sa détermination mathématique.

---

[115] DESCARTES (R.) : *Discours de la méthode,* 6e proposition.

La maladie, dans cette optique, a pour cause un agent matériel, physique, visible (par tous), un virus, par exemple. Par conséquent, compte tenu de la Nature de cet agent, on peut fabriquer des produits adéquats, capables de le détruire.

Cependant, la médecine occidentale n'a pas encore trouvé de champ d'application universelle. Elle n'a pas réussi à guérir toutes les maladies qui existent ou que l'on découvre aujourd'hui grâce à des moyens d'investigation plus précis. Une raison peut l'expliquer. D'abord, parce que la médecine est évolutive : elle progresse au fur et à mesure que les connaissances du monde physique avancent. Ce processus évolutif nous laisse alors l'espoir qu'un jour la science guérira le sida et le cancer. Mais si l'état actuel de nos connaissances ne nous permet encore de maîtriser les mécanismes du cerveau humain, il faut dire que toute la dimension spirituelle de l'homme reste à découvrir par la médecine.

En ce qui concerne l'Afrique, beaucoup de maladies ne trouvent pas de solutions dans cette médecine, parce que cette dernière est née sur un continent où les « maladies africaines » n'existent pas. Seule la médecine tropicale est la plus apte à guérir ces maladies. Ainsi s'explique le succès de la médecine traditionnelle là où la médecine occidentale échoue.

Le problème des médecins, voire de l'intellectuel africain, est qu'ils transposent les réalités occidentales en Afrique sans tenir compte de la vie concrète de leurs compatriotes. Les pathologies ne sont pas les mêmes selon qu'on vit dans une société industrialisée, préindustrielle ou à caractère villageois. Le développement de la médecine dans des milieux africains doit par conséquent tenir compte de la réalité et de la spécificité du sacré.

En ce sens, il s'agit de prendre à bras le corps la psychologie des autochtones pour améliorer les rapports entre modernité et tradition. L'importance de la médecine traditionnelle initiatique est un fait majeur à considérer. En effet, plus de 80 % de la population gabonaise a pratiqué un rite initiatique pour une raison ou une autre.

Toutefois, il faut reconnaître qu'au Gabon, l'initiation fait appel à un certain nombre d'interdits et de permissions qui, lorsqu'ils ne sont pas observés, ont des incidences sur le physique des adeptes aux rites initiatiques, créant ainsi des troubles pathologiques à connotation psychopathologique.

Dans cette perspective, il semble juste de dire que le médecin ne peut être efficace que s'il pénètre, à la racine, la culture des populations. Il faut impliquer, dans la recherche thérapeutique, aussi bien le traditionnel que le scientifique le plus élaboré. L'erreur des « cosmopolites scientistes modernisants », selon l'expression de Cheikh Anta Diop, est de vouloir ignorer les acquis de la tradition et les problèmes environnementaux de base des populations.

La considération des acquis d'un peuple peut être enrichissante dans nos centres médicaux. C'est pour cette raison qu'il faut renforcer, dans l'enseignement en faculté de médecine, le programme concernant les sciences humaines au Gabon (en prenant en compte la mise au point d'un concours dans la faculté de médecine, tant pour le passage en deuxième année qu'à la sortie). Et, pour ceux qui n'ont pas étudié leur médecine au Gabon, il faut mettre au point un concours pour permettre à ces derniers d'exercer en territoire gabonais.

Ce concours posera essentiellement des problèmes relevant de la philosophie, de la sociologie, de l'anthropologie et de l'éthique. Car la mise au point d'un bon diagnostic passe par la bonne compréhension des préoccupations du malade. Ce, parce qu'il y a toujours un non-dit de la souffrance chez les initiés et c'est justement le non-dit de la maladie qu'il faut chercher pour guérir et réintégrer le patient dans sa société.

En clair, le diagnostic d'un médecin se devra de tenir compte aussi bien de son dictionnaire médical, le Vidal, que des présupposés culturels de ses patients. La connaissance de la culture et de l'imaginaire d'un peuple est indispensable pour une pratique aussi sensible que celle de la médecine pour des raisons suivantes :

a) Toute culture est un système de valeurs et en tant que tel, tout système ne peut se comprendre que de l'intérieur : « Quand une personne se situe à l'intérieur d'un système de pensées, les méthodes et les pratiques qui relèvent d'un autre système ne peuvent guère avoir de sens pour elle »[116]. La maladie, vécue par un patient dans une culture engage le médecin à connaître le système de référence du patient. Car la connaissance est en difficulté là où la communication fait défaut.

Dans cette perspective, la principale difficulté dans la relation médecin-malade réside dans le fait que les adeptes des sociétés initiatiques ne parlent pas librement aux néophytes, fussent-ils des médecins. Le médecin se doit, semble-t-il, d'être un initié lui aussi pour qu'un patient, adepte des sociétés initiatiques, puisse lui parler clairement de son intimité. Dans ce cas, il est un impératif éthique et technique qui demande au médecin, comme nous l'avons suggéré plus haut, d'aller à la rencontre de *l'Autre*. Autrement dit, il devra parler leur langue et comprendre leur langage pour connaître leurs systèmes de références aux fins de les corriger de l'intérieur, en rendant conscientes les anomalies qui conduisent objectivement à la pathologie.

---

[116] ERNY (P) : *Au fil de l'existence humaine,* Paris, L'harmattan, 2001, p.132

b) La question du langage ou de la langue est aujourd'hui un problème sérieux en ce qui concerne la communication entre le soignant et le soigné. La question du langage comme instrument de la communication des valeurs dans une communauté doit aider les praticiens à entrer dans les « mondes » de leurs patients.

Du rôle social des tradipraticiens

La médecine comme instrument du politique

Nous allons tenter de montrer que la Palabre Africaine ou le Conseil des Anciens, en tant qu'organe principal pour la direction des affaires quotidiennes et extraordinaires de la société, s'appuie sur la médecine traditionnelle. Nous devons, à cet effet, montrer que toute volonté de promotion de la santé, dans les milieux les plus reculés des grandes villes, devrait prendre en compte les stratégies traditionnelles.

Comme on le verra avec la secte du *Mwiri* et celle du *Ngil*, la société africaine précoloniale avait des pratiques qui participaient véritablement à une action politique de santé publique s'appuyant sur des stratégies complexes.

Nous pourrions ainsi découvrir le rôle de la médecine dans la structuration sociale en Afrique traditionnelle. C'est elle qui structure, avec le Conseil des Anciens, le comportement des hommes dans la société.

La médecine traditionnelle génère donc un vocabulaire spécifique utilisé par les seuls initiés et ce vocabulaire octroie aux Migegan un pouvoir en termes d'accroissement de leurs savoirs thérapeutiques lors des incantations. Ainsi peut-on observer une ascension spirituelle constructrice d'une hiérarchie allant du degré le plus bas à celui le plus haut : on a d'abord les *étema* (ou néophytes), les *bandji* (ou ceux qui s'initient), les *gnimas* (ou les initiateurs médecins traditionnels) et les *Nkombo* (ou les maîtres initiateurs). Il serait donc juste d'affirmer que, parler de la médecine traditionnelle africaine, c'est, en d'autres termes, parler de la société africaine elle-même. Donc, ce qui est au premier plan, dans cette médecine, c'est la prise en charge des malades aux prises avec des problèmes sociaux. En définitive, il faut appréhender les tradipraticiens comme des intermédiaires entre le monde visible et le monde du « non visible ». L'efficacité de la médecine traditionnelle vient donc du fait des rapports que le Ngegan entretient avec ses adjuvants visibles et invisibles : ses assistants et les esprits. S'il reçoit des ordres de la part de la divinité pour l'exécution d'un traitement auprès d'un malade, lui, à son tour, commande aux patients et à leurs familles d'agir de telle ou telle autre manière. D'où son rôle de pont entre le Monde Visible et le Monde Invisible.

Médecine traditionnelle et société africaine

En tenant compte de la demande de la société en matière de santé, il importe de définir la médecine traditionnelle à partir de ses différents déterminants : quels sont ses modes d'intervention et comment ceux-ci travaillent-ils à la structuration sociale ? Une réponse pertinente à cette question permettra d'indiquer le sens de la possible intervention de la Médecine Traditionnelle dans une politique de santé publique. Il importe, à cet effet, de définir, c'est-à-dire, de fixer les limites de la médecine traditionnelle afin de clarifier le sens de ses pratiques et d'entrevoir son intégration dans les programmes de santé publique. Il s'agit, à cet effet, d'examiner ses modes d'intervention sociale en espérant en dégager son essence. Au final, il serait nécessaire, après un exposé des pratiques de cette médecine, de dégager son importance dans le domaine de la santé publique et de la société. Dès lors, comment la médecine traditionnelle se présente-t-elle dans la société africaine ?

Il serait nécessaire de revenir à la société africaine précoloniale pour définir le rôle et l'importance de la médecine traditionnelle en Afrique. On sait que sa vocation a toujours été le rétablissement de la santé, étant entendu que toute situation existentielle susceptible de désorganiser le corps social était aussi considérée comme une maladie. Il ne serait donc pas étonnant de montrer que toutes situations existentielles inquiétantes requéraient, dans la société africaine précoloniale, l'intervention des spécialistes du médicament. Il fallait recourir au pouvoir des Anciens et des ancêtres pour faire face à n'importe quelle circonstance de la vie, grâce aux techniques divinatoires des tradipraticiens. Il est, de ce fait, juste de s'interroger sur le pouvoir même du tradipraticien quant à son importance apparemment ambiguë dans la société traditionnelle africaine[117].

L'intérêt de cette réflexion contribuera à donner un nouveau regard à cette médecine, mais, aussi, à évaluer les sources de la crise du système de santé et à dégager de nouvelles orientations pour permettre à la médecine de s'enrichir de nouvelles possibilités d'intervention qui seront plus humaines, en Afrique et dans le monde.

---

[117] L'ambiguïté vient du fait que, dans la société africaine, on ne se rend pas forcément sans inquiétude auprès d'un tradipraticien : c'est un personnage qui fait peur à cause de son rapport aux mystères de l'existence. Parmi ces derniers, on trouve de vrais manipulateurs. Ceux qui sont perfides peuvent toujours manipuler les faibles afin d'en tirer profit. Mais ces quelques cas ne discréditent pas totalement le fondement de la médecine traditionnelle…

En d'autres termes, nous sommes invités à réfléchir sur les situations qui amènent la société à solliciter l'intervention des tradipraticiens. Pourquoi, même après la colonisation, et malgré le travail d'une colonisation qui dévasta nos cultures ancestrales, les familles sollicitent-elles toujours les connaissances des Nganga ? Aurions-nous l'audace d'oser dire que l'Afrique a profondément changé grâce aux infrastructures modernes et que les tradipraticiens, ces représentants d'une Afrique millénaire, ont cessé de nous enseigner ? Notre propos va surprendre plus d'un, si nous montrons, à juste titre, que les vrais décideurs, en Afrique, ce sont ces gens à qui nous confions notre santé : les tradithérapeutes.

D'ailleurs, les premiers qui ont recours à eux : ce sont les hommes politiques et les cadres. Car ils les rencontrent de nuit pour accéder aux rangs supérieurs, dans leur parti politique, ou pour éliminer un gêneur. Nous avons pour intention de montrer qu'il en était ainsi avant la colonisation et que le développement de l'Afrique ne peut véritablement se faire tant que l'on ne donne pas un statut **juridique aux tradipraticiens, afin de les réinsérer à leur véritable place dans la société, celle qu'ils ont toujours occupé.**

Utilité de la M.T. dans « Le Conseil des Anciens »

Le recours au tradipraticien n'est dû ni à une attitude puérile ni à un manque de médecins, mais au fait que ce dernier guérit[118] : c'est une question d'efficacité. Consulter les tradipraticiens et avoir un tradipraticien ou plusieurs dans sa famille ou dans la tribu, relève d'une vieille nécessité en regard de la vision négro-africaine du

[118] DE ROSNY (E.) : *l'Afrique des guérisons,* Paris, Karthala, 1992, p. 29

monde. Ces hommes qui se chargent de notre santé sont interpellés, à chaque moment important de l'histoire de l'individu et du groupe, tant à la naissance d'un enfant qu'à la mort d'un vieillard. Le groupe ne peut prendre de décision engageante sans se référer au tradipraticien – faut-il donner sa fille en mariage ? Cet enfant qui va naître sera-t-il porteur de chance ? La chasse sera-t-elle bonne ? – , chacune de ces questions nécessite l'avis du tradipraticien, cet homme du secret que l'on appelle encore Nyem Mam ou Ngegan, ou Nganga.

Nous attirons l'attention des lecteurs sur le fait que l'Afrique Ancestrale était un continent où la guerre constituait le jeu favori des hommes. Les Anciens pensaient que la société humaine était peuplée de méchants ; pour eux, de tous les êtres créés par la nature, l'homme est sans conteste le plus sanguinaire ; c'est donc bien à tort, disait Ndong Ndoutoume, qu'« on en veut à certains animaux tels que le lion, la panthère, le serpent, la fourmi rouge, la puce-chique... »[119]. Les Anciens pensaient que si l'on étudiait l'homme de plus près, on se rendrait tôt compte qu'« il excelle dans l'art de jalouser, de haïr, et de tuer son prochain (...) ; sa soif de destruction le pousse aux pires inventions dont la nature, depuis bien longtemps, s'était réservé le secret »[120]. Compte tenu de la nature belliqueuse de l'homme, les groupes ont toujours vécu « sous la hantise du mal, obsédés par l'égoïsme, par l'instinct de conservation » qui les pousse à attaquer sans être attaqués[121].

C'est pourquoi les Anciens conçurent le Conseil des Anciens en vue de conspirer contre un éventuel ennemi et gérer les tensions internes de la société. Or,

[119] NDONG NDOUTOUME (T.) : *le Mvett,* Paris, Présence Africaine, 1970, p.148

[120] Ibidem

[121] Ibidem

parce que le principe du méchant est d'agir lâchement dans le secret, loin de la lumière, les Anciens pensèrent qu'il appartenait aux puissants, c'est-à-dire, à ceux pour qui les mystères n'ont pas de secret, de présider aux destinées de la société afin d'assurer la sécurité des innocents. Les dirigeants doivent donc être les Beyem Mam, de vrais sorciers, des familiers du monde des choses du monde invisible pour ceux qui ne sont pas initiés.

Il est donc symptomatique de constater que ceux qui constituent le Conseil des Anciens sont tous des initiés, donc, des personnes qui possèdent une habile connaissance des plantes utilisées dans la médecine traditionnelle. Toute plante médicinale a une fonction médicale d'un point de vue phytothérapeutique, mais elle est aussi utilisée pour la représentation qu'on en fait dans une aire culturelle spécifique. La même plante peut servir de repas quotidien, pour une raison comme pour une autre[122]. Les épopées anciennes nous montrent que ces tradipraticiens, les Beyem Mam, étaient tous des « sorciers bénéfiques » pour les leurs. Ils se réunissaient pour répondre à tous les besoins de la communauté. Nous pensons que le Conseil des Anciens avait à sa tête des tradipraticiens de grande valeur. Ceux-ci avaient développé un ensemble de pratiques à finalité éthique qui permettaient non seulement d'assurer la sécurité de la communauté, mais, aussi, amenaient les chefs à répondre aux préoccupations relevant de la santé de leurs administrés.

Lorsqu'on avait, par exemple, localisé, dans une contrée, la fréquence régulière des morts suspectes, le Conseil des Anciens se réunissait secrètement et l'on demandait aux Beyem Mam, aux Migegan, d'utiliser leurs

---

[122] C'est le cas de la banane plantain qui sert de complément à tous les repas, qui est utilisée pour des cérémonies initiatiques du *Messoso*, qu'on utilise pour les naissances et pour les enterrements…

dispositifs magiques afin de démasquer les auteurs. Il y avait des cérémonies qui étaient organisés pour dépister les fétiches dont l'utilisation allait à l'encontre de l'intérêt général. Tel est le rôle du *Ndehdeh,* un magicien voyant. C'est aussi la fonction des *Bissim,* qui sont les esprits de l'eau et dont la fonction spécifique est la purification des villages. C'est au Cameroun que l'on trouve encore ce type de tradipraticiens qui vont de village en village pour déterrer les fétiches.

En fait, il se passait que le Conseil des Anciens devait examiner une situation jugée alarmante et, une fois que cela a été fait, tous les Anciens chargeaient l'un des conseillers pour qu'il exécute le désir du groupe. Il est vrai que, dans la société précoloniale, les hommes ont souvent fait face à des difficultés d'ordre individuel ou collectif qui engageaient l'avenir de la société. Il est encore plus vrai de rappeler que dans la prise de décision, qu'il s'agisse d'un problème qui concerne la vie d'un membre de la famille ou une question plus engageante au plan tribal, à aucun moment, le tradipraticien n'a été absent de la vie du Négro-africain. Car, pour toute question existentielle, la référence à un tradipraticien était impérative.

Pour Tsira Ndong Ndoutoume, « l'organe suprême qui prend des décisions irrévocables est le Conseil des Anciens ou la Palabre, qui se réunit en fonction des circonstances et sur convocation soit d'un chef de famille, de village ou de l'arbitre de tribu »[123]. En fait, la coutume veut que la décision de marier son fils ou sa fille puisse relever de l'autorité patrimoniale (et dans certains cas de l'autorité matrimoniale) ; de même que certaines questions

[123] NDONG NDOUTOUME (T) : *Le Mvett*, Paris, Présence Africaine, 1970, p.14

relatives à la santé individuelle ou collective nécessitent la décision du père de famille.

Or ce dernier ne peut prendre sa décision lorsqu'il arbitre un différent entre-deux membres qui réclament justice qu'après consultation du Conseil des Anciens. Cependant celui-ci lui-même a besoin de connaître l'avis des ancêtres dans des cas très graves. Ainsi, « si les circonstances l'exigent » le Conseil consultera les mânes des ancêtres par l'entremise du culte du *Byéri*[124]. Il s'en suit donc que cet organe de décision ne peut se passer du « maître des secrets », c'est-à-dire du tradipraticien (Ngegan) ; car c'est lui qui est habilité à dialoguer avec les ancêtres et à faire traduire en actes leurs recommandations.

Le tradipraticien est, à chaque moment, l'intermédiaire des vivants et des morts et, à ce titre, il prendra le souci des Vieux et des Sages, le présentera aux mânes et traduira aux Anciens la réponse que ces derniers (mânes) auraient donnée aux problèmes précis qu'ils ont portés à leur attention. Dans ce cas, il est évident que, la consultation de l'avis des techniciens de la médecine traditionnelle, était nécessaire, voire indispensable dans la société africaine.

[124] Il s'agit, chez les fangs, du culte des ancêtres. Au cœur de ce culte se trouvait le crâne d'un ancêtre de la tribu. Celui-ci servait d'intermédiaire entre la famille et les ancêtres. On organisait une cérémonie au cours de laquelle les initiés présentaient un sacrifice et présentaient la demande de la communauté aux anciens afin d'obtenir de leur part, quelques faveurs : 'le byer fang est le crâne de l'Ancêtre' (Nguema-Obam)

Conclusion

N'oublions pas que, dans une société où l'on pense que la réalité a plusieurs dimensions : l'une visible et l'autre invisible, il est impératif de recourir à ceux qui peuvent lire le phénomène au-delà de sa réalité physique. Aussi, pour connaître les tenants et les aboutissants d'un projet et afin de mieux le réfléchir, les Anciens recouraient aux devins. Ainsi, étant donné que les Fang avaient une conception de la vie qui permettait de concevoir un au-delà dans lequel le défunt entrait dans l'immortalité et qu'ils pensaient que les immortels s'intéressaient à la vie des mortels, les Anciens estimaient que les défunts avaient leur mot à dire quant à la prise d'une décision déterminante pour la vie du clan.

Mais, ceux qui sont à même d'entrer en relation directe avec les défunts de la tribu, ce sont les Nganga, que l'on appelle encore les *Beyem*, c'est-à-dire, ces hommes ou femmes qui possèdent en eux un *évus* à même d'être actif dans le monde mystique. À cet effet, chaque famille, chaque village, chaque clan ou tribu avaient ses sorciers, ses Nganga, ses *Beyem*. Et, pour faire face à une difficulté particulière, ces derniers étaient interpellés. Ils devaient répondre de l'avenir de la société en mettant leur science au service de cette dernière. De fait, on pouvait dire que la connaissance médicinale des Nganga ne servait pas seulement à la santé physique de l'individu, mais qu'elle avait une portée sociologique plus importante ; elle s'intéressait à l'harmonie globale du clan.

Ainsi, à la naissance d'un enfant, une cérémonie secrète pouvait se tenir au pied d'un grand arbre, dans la forêt, cérémonie au cours de laquelle le Conseil des Anciens avait à délibérer du rôle social que le nouveau-né aura à jouer. Ce rôle défini, les Nganga devaient mettre à contribution leur connaissance des essences naturelles, des éléments, et de la Nature toute entière, pour consolider et mener à réalisation le projet du groupe pour l'enfant à naître. Cette naissance, qui se déroulait en secret, lorsque c'était celle d'un enfant appelé à présider aux destinées du groupe, pouvait voir la présence de l'ensemble des tradipraticiens non seulement de la famille, mais aussi de la tribu tout entière. On verra alors, par cette nécessité, que la médecine traditionnelle, en sa détermination « pédiatrique », n'avait pas qu'un rôle médical, mais qu'en plus de celui-ci, elle travaillait à la prédestination de l'individu. Ceux qui présidaient à la naissance d'un enfant devaient aussi conférer un pouvoir à cet homme de demain et, au moyen d'une cérémonie au cours de laquelle son *évus* était préparé (orienté) pour réaliser un genre spécifique d'action. C'est ce qu'on appelait en Fang, *Akomga* (c'est-à-dire la fabrication, la prédestination).

Pour illustrer, recourons au *Mvett* de Tsira Ndong Ndoutoume, dans l'intention d'indiquer le rôle déterminant de la médecine traditionnelle, des Beyem Mam et du Nganga quant à l'orientation de la politique générale du groupe. Il s'agit, par cet exemple du *Mvett,* de montrer que le destin du groupe reposait essentiellement et pour beaucoup de choses sur les pratiques occultes des tradipraticiens. Ce, d'autant plus que, rien dans la vie de l'individu, n'était conçu sans une note mysticospirituelle.

Qu'il s'agisse d'une prise de parole en public ou d'un simple compliment à adresser à une femme dont on voudrait demander la main, l'utilisation des connaissances médicinales était d'un apport important[125]. Le recours aux

[125] Il nous a été montré quelques plantes, notamment les *sensitives,* et d'autres plantes dont on ne connaît pas les noms en français, mais qui sont utilisées pour rendre la parole mielleuse. Ce sont des plantes que les chefs mettent sous la langue afin de faire accepter tout ce qu'ils avancent à l'intention d'un public qui les écoute..., citons en exemple *la 'plante des sorciers' (Beyem élogh).* Celle-ci est utilisée, entre

tradipraticiens était encore plus important lorsqu'un chef voulait donner un successeur à son peuple. Selon le *Mvett* de Tsira Ndong Ndoutoume, le grand chef de la tribu des flammes (*Ye minkabe*), Obame Ndong, avait décidé de donner un successeur puissant à son peuple. Sachant que son fils Ndoumou-Obame attendait un fils, Obame Ndong fit venir ce dernier afin de savoir à quel moment son épouse serait en travail. Puisqu'elle était en travail depuis deux jours, il fit part de ses intentions à Ndoumou-Obame et lui demanda de sonner « le tam-tam magique afin de réunir tous les initiés de la tribu des flammes » pour que, à la naissance de l'enfant, ils procèdent « à un grand rite qui déterminera le genre d'homme que [sa] femme mettra au monde »[126].

Car, il voulait que cet enfant soit « puissant, gardien de la paix, protecteur des faibles, réputé pour sa bonté et sa richesse, connu de toutes les couches sociales... jusqu'aux forces les plus mystérieuses de la nature »[127]. On voit, ici, clairement se définir la volonté d'un individu sur sa progéniture. L'intention de ce chef était de doter son peuple d'une autorité puissante qui influencerait d'autres peuples de manière à hisser celui-ci sur un piédestal très élevé. Mais, comme la puissance est une donnée qui relève du mystère et de l'invisible, il est de bon ton que celui qui est en quête de pouvoir fasse connaître ses intentions aux Nganga et au Beyem Mam, les initiés par excellence.

Voilà pourquoi les Anciens procédaient à un rite auquel étaient conviés tous les initiés de la tribu. Lors de

---

autres, pour savoir si la maladie dont souffre tel individu ne provient pas des sorciers.

[126] NDONG NDOUTOUME (T) : *Le Mvett,* Paris, présence Africaine, 1970, p. (?)

[127] NDONG NDOUTOUME (T) : *Le Mvett*, Paris, Présence africaine, 1970, p.26

cette initiation, on ouvrait mystiquement le ventre du nouveau-né aux fins de loger dans ses entrailles les instruments de la puissance. On introduisait *évus,* cet animalcule à la forme d'un crabe sans carapace. Et, à l'aide de plantes spécifiques, on prononçait des paroles mystérieuses sur l'enfant au ventre ouvert. Cette opération magique était l'œuvre de spécialistes initiés. C'est ce qui arriva lors de la naissance du fils de Ndoumou-Obame.

Parce que le *Mvett* est *l'art de dire ce qu'il ne faut pas dire quand il faut le dire sans pour autant le dire*, ce récit nous intéresse parce qu'il indique réellement ce qui se produit dans les villages africains à la naissance de certains enfants. Le récit de la naissance du fils de Ndoumou-Obame, Oveng-Ndoumou-Obame-Ntome-Ondo-Milan, un homme puissant, montre le rôle combien important des tradipraticiens dans la société africaine.

Les chefs ont recours à eux pour donner une orientation précise à la société ; il appartient aux initiés de travailler à l'amélioration de l'image d'un peuple. Le concours de chaque initié est nécessaire pour décider de la destinée de la tribu, voire d'une nation. C'est pourquoi le chef suprême de la tribu des Flammes s'adresse aux initiés pour que chacun d'entre eux contribue à l'élection d'une nation forte, puissante :

C'est moi qui vous ai appelé, dit Obame-Ndong. Depuis que le monde est monde, la tribu des flammes possède des magiciens comme toutes les autres tribus. Mais nous n'avons jamais eu des chefs capables de commander, de diriger énergiquement notre tribu. Nous sommes la risée des autres peuples du globe. J'ai pensé qu'il fallait remédier à cet état de choses et, cela, sans tarder – Voilà – Tsame Ondo, la femme de mon fils Ndoumou Obame est en travail, elle va mettre au monde un garçon. Nous devons en faire un géant, un chef, un homme de caractère, de cran, une énergie[128].

Il est à noter, dans ce propos, que l'auteur parle en terme de « nous » alors même qu'il s'adresse aux initiés et que les initiés sont tous des magiciens tradipraticiens, les Nganga donc des gens qui, à des degrés divers, ont des connaissances utiles dans le domaine de la vie et de la santé.

Afin de préparer le futur chef, on utilisera des connaissances phytothérapeutiques pour concevoir ses « instruments du pouvoir » : « Objets Protecteurs ». Ici, devant eux, cet enfant est considéré comme un malade à traiter puisque la faiblesse du peuple est une maladie qu'il convient maintenant de guérir en le rendant puissant. Sur le nouveau-né on appliquera certaines plantes qui sont de véritables panacées dans la mesure où une même plante est utilisée de différentes manières selon les besoins des tradipraticiens. N'est-il pas vrai que la réalisation d'un travail aussi décisif que celui de la préparation initiatique d'un futur chef nécessite une conception de costumes faits d'écorces pour le rituel, de coffrets faits d'écorces pour contenir le crâne, d'amulettes pour ouvrir les portes de l'invisible ?

Ce qui compte, c'est de montrer que la contribution des maîtres du secret est déterminante dans la décision du Conseil des Anciens ; car ce que sera l'enfant qu'on « prépare » est fonction des plantes, des racines, des feuilles, des fibres, des poudres végétales[129] et sucs divers

---

[128] NDONG NDOUTOUME (T) : *Le Mvett*, Paris, Présence Africaine, 1970, p.28

[129] RAPONDA WALKER (A) : *Rites et croyances des peuples du Gabon*, Paris, Présence Africaine, 1995, p.39

que les Nganga utiliseront pour préparer les Objets Protecteurs.

Il y aura ici à lire, dans leur intention, la volonté de vacciner la société contre des maux susceptibles de la menacer. En ce sens, nous avons, dans le livre de Ndong Ndoutoumou un exemple d'action en direction de la santé publique organisée par les tradipraticiens. Parce qu'un chef est d'abord un tradipraticien, un « maître du secret », il lui revient de droit d'identifier le mal dans la société et d'en proposer des solutions. C'est pourquoi, dans le récit contenu dans le tome premier de son ouvrage, Ndong Ndoutoume nous montre un chef, Oveng Ndoutoumou Obame, de la tribu des Flammes (*Yemikaba)*, un homme puissant qui considère que la cause première de tous les maux qui accablent l'humanité, c'est le fer (sens de métal).

Autrement dit, il considère que l'usage qu'on en fait dans la société est susceptible de mettre la communauté en danger. Ce diagnostic posé, « il prend la décision de le détruire complètement de la surface de la Terre ». Pour lui, « la paix universelle est à ce prix »[130]. Il est évident qu'il lui faut aller de village en village et de tribu en tribu pour détecter les lieux de dépôt de fer afin de le détruire[131].

La maladie, ici, n'est pas physique : elle s'exprime en terme de manque ou de vulnérabilité d'un peuple. L'accent est mis sur le comportement général du peuple et, par conséquent, il s'agit là d'une maladie

---

[130] NDONG NDOUTOUMOU (T) : *le Mvett,* Paris, Présence Africaine, 1970, p. 19

[131] Il faut être attentif au fait suivant : l'idée que le fer serait à l'origine des malheurs des hommes dans la société correspond à l'histoire du peuple fang. Dans son histoire, le peuple fang a travaillé le fer et l'a utilisé pour mener la guerre aux peuples qu'il rencontrait dans son passage lors de son immigration.

comportementale. Il est donc question de donner une nouvelle orientation aux connaissances des initiés pour que ces derniers soient utiles à la politique intérieure et extérieure de la société. Notons au passage que nous devons lire, ici, de la part du chef, l'expression d'un objectif pouvant entrer dans un programme de santé publique. Son action consiste à améliorer la qualité de la vie en réduisant les inégalités entre les individus ; c'est donc une politique de démocratie sanitaire, dont la conséquence est d'éliminer la cause du mal. Cette action diligentée par un chef mythologique correspond effectivement à quelque chose de précis dans les sociétés africaines.

Au Gabon, on a rencontré des tradipraticiens, comme l'indique André Raponda Walker, qui « ont le pouvoir de dépister et de mettre en fuite les jeteurs de sorts et autres personnes qui cherchent à nous nuire »[132]. Ce qui est intéressant c'est de constater que dans la politique des Anciens, en Afrique, on utilise des tradipraticiens dans des stratégies qui améliorent le quotidien des individus. Voilà ce qui donne naissance à l'idée même de chef.

Le chef devant agir avec force pour défendre les intérêts de son peuple face à l'ennemi, comment concevoir un chef qui ignore tout de la magie ? D'ailleurs, sa puissance elle-même n'a-t-elle pas pour origine le « monde des mystères », monde des « maîtres de la nuit » ? Le chef est donc, lui-même, un tradipraticien, un Nyem Mam. Il dispose des connaissances mystiques, spirituelles, intellectuelles, mais aussi d'un arsenal de plantes qu'il manipule à son gré pour atteindre ses objectifs. C'est pourquoi, lorsqu'il s'adresse à ses pairs, Obame-Ndong utilise le pronom personnel « nous ». En

---

132 RAPONDA WALKER (A) : *Rites et croyances des peuples du Gabon,* Paris, Présence Africaine, 1995, p. 27

d'autres termes, les initiés se doivent de veiller à la bonne marche de la société.

Ainsi, dans la période précoloniale, la société africaine disposait de rites dont l'objet était de veiller à la marche harmonieuse de la société selon les orientations que le Conseil des Anciens voulait bien assigner à ses responsables. Un grand nombre de rites, pour la plupart aujourd'hui disparus, témoignent de l'importance de l'impact politique de l'intervention de la médecine traditionnelle à travers le Conseil des Anciens ou Palabres. Nous voulons citer, entre autres, le rite du Sô, du Melann avec le Byeri, pour montrer, par la suite, comment, lors de circonstances critiques, les tradipraticiens étaient interpellés pour apporter une réponse déterminante à des situations auxquelles la société était confrontée – qu'il se soit agi d'une épidémie, d'une famine, d'absence de nouveau-nés pendant une période déterminée ou d'une guerre imminente contre une tribu adverse –, le Conseil des Anciens procédait à des rites et avait besoin des tradipraticiens.

En retenant que le Byéri ou Byer est le « Culte des Ancêtres » par excellence chez le fang, il faut également dire que, s'il n'est pas une société secrète (dans la mesure où il ne comporte ni d'enseignement ni de séance secrète), il manifeste pourtant toute l'importance du Conseil des Anciens. Le Byéri est une pratique à travers laquelle l'on se souvient des règles édictées par les Anciens et au cours de laquelle on rend un culte aux mânes des ancêtres afin d'attirer leur bienveillance, d'honorer leur mémoire et de demander leur protection. De fait, il a une portée éthique qui appréhende les difficultés humaines comme résultant de l'immoralité des hommes.

En effet, on consulte les mânes des Ancêtres ou plutôt on demande au magicien[133] de s'adresser à ces derniers dans des cas où le désordre menace l'harmonie du groupe. Par exemple, si les plantations ne produisent plus suffisamment à manger, on peut demander l'intervention des Nganga afin de rendre fertiles les plantations. Ici, dans le cadre du Byéri, les tradipraticiens interviendront en utilisant des plantes, accessoires indispensables des rites, pour « soigner » le village et la forêt.

Un autre cas exprimant l'importance de la présence ou de la participation des Nganga quant à la prise de décision au sein du Conseil des Anciens, c'est le rite du Sô, pratiqué par la confrérie de l'Esis. Il s'agissait là, en effet, d'une initiation collective décidée par le Conseil des Anciens. Elle se présentait d'abord comme « une pratique rituelle consacrant le passage des jeunes gens à l'état d'hommes "faits". Dès qu'ils ont subi le rite de passage (...), ils ont le privilège de pouvoir consommer la viande d'antilope Sô, ou "biche-cochon" (*Cephalophus dorsalis castaneus Thomas*) réputée la meilleure des viandes »[134]. Ce qui est important, dans ce rite c'est sa détermination nationale ; il permettait aux tribus qui avaient mangé cette antilope de se reconnaître frères. C'est pourquoi tous les initiés au Sô étaient soumis aux mêmes interdits coutumiers et l'inobservance des Interdits initiatiques était censée entraîner certains maux que seuls les tradipraticiens de ce rite pouvaient guérir. Le sentiment d'appartenir à la même tribu obligeait les uns et les autres à avoir un droit de regard sur ce qui arrive de positif ou de négatif chez tout le monde.

---

[133]cf. *Le Mvet* de Tsira Ndong : c'est le rôle que joue Ayang Ngoume, le grand magicien d'Engong, à chaque fois que les descendants d'Ekang Nna doivent aller en guerre contre un autre peuple.

[134] RAPONDA WALKER (A) : *Rites et croyances des peuples du Gabon*, Paris, Présence Africaine, 1995, p.165

BIBLIOGRAPHIE

A. Ouvrages de philosophie, de sociologie et d'écologie

1. ADOTEVI *(S) : Négritude et négrologues,* Paris, Union Générale d'Éditions, Coll. 10/18, 1972.
2. ADAM (P) et al. : *Sociologie de la maladie et de la médecine,* Paris, Nathan,
3. BECK Ulrich, *La société du risque, Sur la voie d'une autre modernité*, préface de Bruno nature, Paris, Alto Aubier, 2001.
4. BELPOMME (D) : *Ces maladies créées par l'homme. Comment la dégradation de l'environnement met en péril notre santé ?* Paris, Albin Michel, 2004.
5. BIDIMA : *La philosophie bantoue,* « que sais-je », Paris, Puf, 1995.
6. BOURDIEU (P.) : *Question de sociologie,* Paris, éd. Minuit, 1980.
7. BLONDEL (Ch.) : *La mentalité primitive,* Paris, Librairie Stock, 1926.
8. CABRERA (L.) : *La forêt et les Dieux, Religions afro-cubaines et médecine sacrée à Cuba,* trad. Béatrice de Chavagnac, Paris, 2003.
9. DUMEZIL (G.) : *La religion romaine archaïque,* Paris, Payot, 1966.
10. De ROSNY (E.) : *Les yeux de ma chèvre,* Paris, Librairie Plon, 1981.
11. ELIADE (M.) : *Traité d'histoire des religions*, Payot, 1968.
12. ELIADE (M.) : *Le sacré et le profane, NRF, 1965*
13. ELIADE (M.) : *Mythe de l'éternel retour*
14. ELIADE (M) : *Mythe, rêve et mystères*, Gallimard, 1957
15. ESSONE ATOME (D) : *Les racines de l'intelligence*, Paris, CIREF, 2001.

16. GRIAULE (M) : *Dieu d'eau. Entretiens avec Ogotemmêli*, Paris, Fayard, 1966.
17. HAAR (M.) : *Heidegger et l'essence de l'homme,* Grenoble, éd. Jérôme Million, 2002.
18. HEBGA (M) : *Croyance et guérison,* Éd. CLE, Yaoundé, 1973.
19. HEBGA (M) : « *Efficacité symbolique et guérison* » in P. Hebga et al : *Croyance et guérison,* Éd. CLE, Yaoundé, 1973,
20. HEIDEGGER (M) : *Être et Temps,* Trad. François Vézin, Paris, éd. Gallimard, 1986.
21. HERZLICH (C.) et PIERRET (J.) : *Malades d'hier, malades d'aujourd'hui,* Paris, Payot, 1990.
22. HEIDEGGER (M) : *langue de tradition et langue technique*, Bruxelles, Lebeer Hossmann, 1990.
23. JAHN (J) : *Muntu, l'homme africain et culture bantoue,* Seuil, 1961.
24. JUILLERAT (B.) : *Penser l'imaginaire,* Paris, Payot Lausanne, 2001.
25. LATOUR (B) : *La science en action. Introduction à la sociologie des sciences,* trad. Michel Biezunski, Paris, La Découverte 2005.
26. LAHIRE (B.) : *L'homme pluriel. Les ressorts de l'action,* Paris, Nathan, 2003.
27. LENOBLE (R) : *Histoire de l'idée de nature*, Albin Michel, 1990.
28. LEPAGE (C) : *Santé et environnement. L'Abécédaire,* Paris, éd. Rozan-Laffont, Jean-Marie-Laffont éditeur, 2005.
29. MARITAIN (J) : *La philosophie de la nature. Essai critique sur ses frontières et son objet,* Paris, éd. Pierre TEQUI 1996.
30. MELONE (T.) : *De la Négritude dans la littérature bantoue,* Présence Africaine, 1962.

31. NGUEMA-OBAM (P.) : *Aspect de la religion fang,* Paris, Karthala-ACCT, 1983.
32. NGWA NGUEMA (N) : *Rites initiatiques gabonais à la rencontre de l'Évangile*, Baobab, Kinshasa, 2000.
33. MACE (A) : *La République de Platon,* Rony, Boréal, 2000.
34. RAPONDA WALKER (A) : Rites *et initiations gabonais,* Libreville, 1990
35. SENGHOR (L. S.) : *Liberté 1_ Négritude et humanisme,* Seuil, 1964
36. SENGHOR (*L. S.*) *: Liberté, Négritude et humanisme*, Paris, Seuil, 1966.
37. TEMPELS (P.) : *La philosophie bantoue,* Présence Africaine, 1947.
38. STENGERS (I) : *La Volonté de faire science,* Paris, Les Empêcheurs de Penser en Rond, 1992.
39. RETEL-LAURENTIN (A) : *Sorcellerie et Ordalies...,* Paris, éd. anthropos, 1974.
40. WUNENBURGER (J. J.) : *Questions d'éthique,* Paris, Puf, 1993.

B) Ouvrages sur la psychologie ou la psychogénéalogie

1. BRUNE (F), CHAUVIN (R) : *En direct de l'au-delà,* Paris, Robert LAFFONT 1993.
2. ELKAÏM (M) (sous la direction de) : *La thérapie familiale en changement,* Condé-sur-Noireau, Coll. Les Empêcheurs de pensée en rond, 1999.
3. ERNY (P.) : *L'homme divers et un : Positions en anthropologie*, L'Harmattan, 2001.
4. ILLICH (I) : *Némésis médicale — l'expropriation de la santé*, Paris, Seuil, 1975.
5. MEGGLE (D) : *Les thérapies brèves...,* Paris, Éd. Presses de la Renaissance, 2002.

6. MASSON (A) : *Le soleil, l'homme et la santé*, Fréjus (France), éd. Proresta, 1980.
7. LAPLANTINE (F) : *Anthropologie de la maladie*, Paris, Payot, 1993.
8. NATHAN (T) : *Manifeste pour une psychopathologie scientifique*, in *médecin et sorciers*, les Empêcheurs de penser en rond, éd. sanofi-synthélabo, 1999.
9. NATHAN (T) : *Nous ne sommes pas seuls au monde*, les Empêcheurs de penser en rond, Seuil, 2001.
10. NATHAN T. et HOUNKPATIN L., *La guérison Yoruba,* Paris, éd. Odile Jacob, 1998.
11. NGWA (N) : *Église du Gabon, lève-toi et marche,* col. Nouvelle évangélisation, Kinshasa, 1995.
12. RIALLAND (C.) : *Cette famille qui vit en nous,* Paris, éd. Robert Laffont, 1994.
13. SAN MARTIN (H.) : *Santé publique et médecine préventive,* Paris, Éd. Méloine, 1974.
14. WATSON (L) : *Histoire naturelle du surnaturel.* Paris, Albin Michel, 1974.

C. Ouvrages de littérature bantoue et étrangère

1. BIRAGO (D) : *Les contes d'Amadou Koumba,* Paris, Éd. Présence Africaine, 1961.
2. BOWRA (C.) : Chant et poésie des peuples primitifs, Payot, 1966.
3. CAMARA (L.) : *L'enfant noir,* Plon 1953.
4. CHEVRIER (J) : *Essai sur contes & récits traditionnels d'Afrique Noire*, Paris, Hatier, 1986.
5. COLIN (R) : *Littérature africaine d'hier et de demain,* coll. Afrique Univers, 1965.
6. ELIET (Éd.) : *Panorama de la littérature bantoue,* Paris, Présence Africaine, 1965.
7. HEBGA (M. P.) : *Afrique de la raison Afrique de la foi*, Paris, Karthala, 1995.

8. KOUROUMA (A) : *Les Soleils des indépendances*, Éditions du Seuil, 1970.
9. NGWA NGUEMA (N) : *L'image bantoue*, thèse de doctorat 3e cycle, Université de Strasbourg II, 1977.
10. NDONG NDOUTOUME, *Le naturel livre2*, Paris, Présence Africaine, 1975.
11. OWONDO (L) : *Au bout du silence,* Paris, Hatier, 1985.
12. SONY LABOU (T) : *La Vie et demie*, Éditions du Seuil, 1979, 192.
13. SONY LABOU (T) *: Le Commencement des douleurs*, Éditions du Seuil, 1995.
14. TORT (P), DESALMAND (P) : *Science humaine et philosophie en Afrique, la différence culturelle*, Paris, Hatier, 1978.

C) Ouvrages sur l'Afrique et le Gabon

1. AUBAME (J-M.) : *Les Beti du Gabon et d'ailleurs, t2, croyances us et coutumes,* Paris, l'Harmathan, 2002.
2. CHEIKH ANTA (D.) : *Antériorité des civilisations nègres, mythe ou vérité historique ?* col. Préhistoire/antiquité bantoue, Présence Africaine, 1993.
3. ERMAN (A) et RANKE (H.) : *La civilisation égyptienne,* Paris, Payot, 1997.
4. GUERNIER (E.) : *L'apport de l'Afrique à la pensée humaine,* Payot, 1952.
5. KESTELOOT (L.) : *Les écrivains noirs de langues française_ naissance d'une littérature*, U.L.B., 1963
6. LUNEAU (R.) : *Comprendre l'Afrique,* Paris, Karthala, 2002.
7. LASSERRE (G.) : *Libreville. La ville et sa région,* Paris, Armand Colin, 1958.

8. M'BENE-MAYER (B) : *Étude expérimentale d'une modalité gabonaise : implications anthropologiques de la maladie et de son traitement,* Mémoire, Université Paris 1, 1983.
9. OBIANG (C.L.) : *Les missions catholiques sur les côtes de l'estuaire du Gabon de 1844 à 1894,* Libreville, U.O.B., Mémoire de maîtrise d'histoire, 1986.
10. TONDA (J.) : *La guérison divine en Afrique centrale (Congo, Gabon)*, Paris, Karthala, 2002.
11. TRINCAZ (J) : *Colonisations et religions en Afrique noire,* Paris, éd. L'Harmattan, 1981.
12. SYNDAY ONOZIE, *Sociologie du roman africain,* Paris, Aubier, 1970.
13. WARENGHEM (G) : *Quelle communauté ? Avec quel prêtre ? Une expérience africaine,* Texte ronéoté, 2001.

d) Ouvrage de spiritualité ou de théologie pour la médecine

1. LARCHET (J.-C.) : *Le chrétien devant la maladie, la souffrance et la mort,* Paris, éd. Cerf, 2002, 280.
2. LARCHET (J.-C.) : *Thérapeutique des maladies spirituelles,* Paris, 4e éd., Cerf, 2000.
3. LEVY (I) : *Soins & Croyance,* Paris, éd. ESTEM, 1999.
4. LEVY (I.) : *Croyance & laïcité,* Paris, éd. ESTEM, 2002.
5. UGEUX (B.) : *Guérir à tout prix ?* Paris, Les éditions de l'Atelier, 2000.

e) Ouvrages d'épistémologie, d'éthique et d'histoire de la médecine

1. ABGRALL (J.-M) : *Les charlatans de la santé,* Paris, Documents Payot, 1998.

2. ATLAN (H.) : *À tord et à raison. Intercritique de la science et du mythe,* Paris, Seuil, 1986.
3. BACHELARD (G.) : *Le matérialisme rationnel,* Paris, Puf, 1953.
4. BACHELARD (G.) : *Le rationalisme appliqué,* Paris, 1998.
5. BALINT (M.) : *Le médecin, son malade et la maladie,* trad. Jean-Paul Valabrega, Paris, Payot, 1996, 419.
6. BEAUNE (J.C.) (sous la direction de) : *La philosophie du remède,* Mayenne, Champ Vallon, 1993, 376.
7. BICHOT (J.) et LENSEL (D.) : *Les autoroutes du mal. Les structures déviantes dans la société moderne,* Paris, Presses de la Renaissance, 2001.
8. BRELET (Cl.) : *Médecines du monde, histoires et pratiques des médecines traditionnelles,* Paris, éd. Robert Laffont, 2002.
9. BRELET (Cl.) : *Anthropologie de l'ONU. Utopie et Fondation,* Paris, l'Harmattant, 1995, 228.
10. CANGUILHEM (G) : *Études d'histoire et de Philosophie des sciences,* Paris, Puf, 1975.
11. CANGUILHEM (G) : *Le normal et le pathologique,* Paris, Puf, 1975.
12. DAGOGNET (F) : *La raison et les remèdes,* Paris, Puf, 1964.
13. DAGOGNET (F.) et PIGNARD (P) : *100 mots pour comprendre les médicaments. Comment on vous soigne,* Paris, Les Empêcheurs de penser en rond/Seuil 2005
14. DRANSARRT (P) : *La maladie cherche à me guérir,* Grenoble, Le Mercure Dauphinois, 2004.
15. EVEN (P.) et al : *Savoirs et pouvoir. Une nouvelle politique de la recherche et du médicament,* Paris, 2004.
16. EVEN (P.) et al : *Avertissement aux malades, aux médecins et aux élus,* Paris, 2002.
17. FOUCAULT (M.) : *Naissance de la clinique,* Paris, Puf, 1963.

18. GLORION (B.) : *Quelle médecine au XXI*^{e} ? Il est temps d'en parler…, Paris, Plon, 2000.
19. GOOD (B.) : *Comment faire de l'anthropologie médicale ? Médecine, rationalité et vécu,* Le Plessis-Robinson, éd. Institut Synthélabo, col. Les Empêcheurs de pensée en rond, 1998.
20. HAEGEL (P.) : *Le Corps quel défi pour la personne ?* Paris, Fayard, 1999.
21. HENRY (M) : *La barbarie,* Paris, Puf., 2001.
22. HIPPOCRATE : *L'art de la médecine,* traduction et présentation par Jacques Jouanna et Caroline Magdelaine, Paris, Gf. Flammarion, 1999.
23. HYPPOCRATE : *Connaître, Soigner, Aimer, Le Serment et autres textes,* Paris, Seuil, 1999, 278 pages.
24. HALIOUA (B.) : *La médecine au temps des pharaons,* Paris, éd. Liana Lévi, 2002.
25. ISRAËL (L.) : *La décision médicale, Essai sur l'art de la médecine,* Paris, Calmann-Lévy, 1980.
26. JACQUARD (A.) : *la légende de la VIE,* Paris, Champs/Flammarion, 1999.
27. JONAS (H.) : *Le principe responsabilité,* trad. Jean Greisch, Paris, Champs/Flammarion, 1990.
28. JONAS (H) : *Le Principe responsabilité*, trad. Jean Greisch, Flammarion, 1990.
29. JONAS (H) : *Évolution et liberté,* trad. Sabine Cornille et Philippe Ivernel, Bibliothèque Rivages, 2000.
30. KAHN (A) : *Et l'homme dans tout ça ? Plaidoyer pour un humanisme moderne,* Paris, éd. Nil, 2000.
31. KUHN (T) : *La structure des révolutions scientifiques,* Paris, Champs/Flammarion, 1983.
32. NEUBERG (M) : *La responsabilité. Questions philosophiques,* Paris, Puf, 1997.
33. LEBRUN (F.) : *Se soigner autrefois. Médecins, saints et sorcier aux XVIIe et XVIIIe siècles,* Paris, Seuil, 1995.

34. MALHERBE (J.-F) : *Pour une éthique de la médecine,* Paris, Larousse, 1987.
35. QUENEAU (P.) : *Le malade n'est pas un numéro ! Sauver la médecine,* Paris, Odile Jacob, 2005.
36. QUERE (F.) : *L'homme maître de l'homme,* Lonrai, 2001.
37. SCHÜTZENBERGER (A. A.) : *Aïe, mes aïeux !,* Paris, 15e éd., La méridienne/Desclée de Brouwer, 2001.
38. SÜNDER (R.) : *Médecine du mal Médecine des mots,* La Penne sur Huveaune, éd. Quintessence, 2002.
39. TUBIANA (M.) : *Histoire de la pensée médicale, les chemins d'esculape,* Paris, Champs/Flammarion, 1995.
40. WUNENBURGER (J. J.) sous la direction de : *La rencontre des imaginaires entre Europe et Amériques,* Paris, l'Harmattan, 1993.
41. WUNENBURGER (J.-J.) : *Philosophie des images,* Presses universitaires de France, 1997.
42. WUNENBURGER (J.-J.) : *Art mythe et Création,* édition universitaire de Dijon, 1998.
43. WUNENBURGER (J.J.) : *Questions éthiques,* Paris, Puf, 1993.

f) Articles

1. ALIOUNE TOURE : *Médecine et Pharmacopée,* In Bingo Nouveau n° 406, novembre 1989
2. AKENDENGUE (B.) : *Importance de la médecine traditionnelle au Gabon »* in, Archives, Département de médecine traditionnelle, CICIBA, Libreville.
3. KALIS (S.) : « *Médecine traditionnelle et Médecine moderne en Afrique : dialogue et complémentarité. L'exemple des Seereer Siin du Sénégal ».* In, Schweitzeriennes, Printemps1998 n° 8, p.192.

4. KANE (C.H.) et al : *Vers une mise en cause des politiques de santé en Afrique de l'Ouest et du Centre ?* in Tiers-Monde, Paris, Puf, n° 53, pp.135-147
5. MUNZ (W.) : *Albert Schweitzer dans la mémoire des Africains,* Études Schweitzériennes, n° 5, 1998
6. PELLEGRIN (M. L.) : *Imaginaire et symbolisme dans la définition du remède,* in La philosophie du remède, Champ Vallon, 1993,

Films
Secrets de femmes, Un film de Jean-Claude Cheyssial, VHS Pal, durée : 48' 30 Coproduction : RFO/Dominique RICHARD, Joëlle GUILLEMANT RTG1/ LATITUDE 16/35 avec le concours du Centre National du Cinéma.
La Nuit du Bwiti. Un film de Jean-Claude Cheyssial, VHS Pal, durée : 48' 30 Coproduction : RFO/Dominique RICHARD, Joëlle GUILLEMANT RTG1/ LATITUDE 16/35 avec le concours du Centre National du Cinéma.

Table des matières

Santé et Médecine

aux éditions L'Harmattan

Dernières parutions

MAL DE MÈRE ET MAUX D'ENFANTS
Robert Jacques - Préface d'Olivier Revol
S'appuyant sur quarante ans d'expériences cliniques, Jacques Robert, pédiatre, décortique ici les maladies les plus fréquentes du petit enfant. Son but est d'accompagner les mères pour une prise en charge de l'enfant, quand celui-ci n'est pas comme d'habitude : - Pourquoi mon bébé pleure-t-il ? - L'éruption dentaire est-elle responsable de pathologie ? Faut-il diversifier précocement l'alimentation ? Que faire avant de consulter le médecin si mon enfant tousse, a de la fièvre, mal au ventre... ?
(Coll. Éthique et pratique médicales, 17.00 euros, 172 p.)
ISBN : 978-2-343-04066-0, ISBN EBOOK : 978-2-336-35927-4

LOI ET ADDICTION
Quand l'addiction impose sa loi, quelle loi pour l'addiction ?
Christian Colbeaux (dir.)
La stigmatisation des substances psychotropes n'empêche pas l'industrie d'abreuver nos concitoyens de benzodiazépines, toutes aussi addictives. La loi républicaine serait-elle clivée ? Les lois édictées de par le monde font la fortune de mafias qui menacent la démocratie. Quelle législation pour l'addiction ? Le langage instaure l'être parlant comme sujet au désir, dont la satisfaction ne peut être qu'interdite. Donc manquée, assurant ainsi la pérennité de la quête de jouissance. L'addiction déroge-t-elle à la loi symbolique ?
(16.50 euros, 164 p.)
ISBN : 978-2-343-04295-4, ISBN EBOOK : 978-2-336-35783-6

RAPPORT LAROQUE
Commission d'étude des problèmes de la vieillesse du Haut comité consultatif de la population et de la famille
Laroque Pierre - Préambule Bernard Ennuyer, Daniel Reguer, Laurent Giroux – Préface Anne-Marie Guillemard - Postface Rolande Ruellan
Le rapport Laroque représente un tournant dans les orientations de la politique en direction des personnes âgées. Il nous a donc paru indispensable de rééditer ce rapport que les acteurs du secteur social et médico-social connaissent mais que peu ont lu. Nous avons, en outre, ajouté à cet ouvrage le rapport d'information, publié en juillet 1961 (aujourd'hui introuvable), « sur la prolongation du temps moyen de la vie face aux problèmes de l'emploi et de la retraite » par J.-R. Debray.
(Coll. Effiscience, 40.00 euros, 448 p.)
ISBN : 978-2-343-03058-6, ISBN EBOOK : 978-2-336-35865-9

DE NEZ À NEZ
Histoire du nez
Bouton Vincent
Cet ouvrage propose de découvrir le nez, à travers l'histoire, la mythologie, l'histoire de la médecine, des anecdotes et des figures célèbres comme Louis XIV ou Sigmund Freud. Vincent Bouton, chirurgien ORL signe ici son troisième pensum sur le nez et la rhinologie.
(Coll. Médecine à travers les siècles, 14.50 euros, 150 p., Illustré en noir et blanc)
ISBN : 978-2-343-04429-3, ISBN EBOOK : 978-2-336-35878-9

MÉDECINE (LA) AU CŒUR DE LA NOUVELLE ÉCONOMIE
Persoons Dominique
Revendiquant le rôle incontournable et central des médecins au sein de l'économie sanitaire, l'auteur regrette qu'ils soient exclus du management de l'Assurance-Maladie. Probablement, la médicalisation du monde va s'accélérer, sans doute au détriment d'autres icônes de la société de consommation, comme la grosse voiture ou la belle maison. Le XXIe siècle, siècle de la médecine génomique et personnalisée, va-t-il faire des progrès sans les médecins ? L'Économie de la Santé va bouleverser les idéologies en place.
(33.00 euros, 324 p.)
ISBN : 978-2-343-04111-7, ISBN EBOOK : 978-2-336-35686-0

MIGRATIONS EN BLANC
Médecins d'est en ouest
Sous la direction de Anna Krasteva et Despina Vasilcu.
Préface de Catherine Wihtol de Wenden
La Roumanie et la Bulgarie se sont inscrites dans le nouveau contexte d'élargissement de l'UE avec une intensification de la migration des professionnels de santé. L'ampleur prise par la migration des médecins roumains et bulgares est liée à l'effondrement économique et à la dégradation de la qualité de vie dans ces deux pays. Cette situation a des effets négatifs sur les systèmes de santé et sur l'accès aux soins pour la population.
(Coll. Local et Global, 24.00 euros, 242 p.)
ISBN : 978-2-343-03831-5, ISBN EBOOK : 978-2-336-35361-6

SANTÉ ET JUSTICE
Savoirs et pratiques
Sous la direction de Paul Mbanzoulou et Philippe Pottier
Ces contributions abordent la question, de plus en plus vive, du soin contraint. Elles traitent aussi des questions relatives à l'entrée, matérielle et symbolique, de la prison dans l'hôpital ; à la collaboration entre les personnels de santé et les personnels pénitentiaires ; aux conditions d'application de la suspension de peine pour raisons médicales ; au soin psychiatrique en détention ; au secret partagé et au partage opérationnel d'informations.
(Coll. Criminologie, série Champ pénitentiaire, 19.00 euros, 184 p.)
ISBN : 978-2-343-03828-5, ISBN EBOOK : 978-2-336-35486-6

SUPPLICE (LE) DE TANTALE
Apprivoiser la recto-colite hémorragique
Dumoulin Dana
A 14 ans, Dana Dumoulin développe une maladie inflammatoire chronique de l'intestin. Cet ouvrage retrace 30 ans de combat pour retrouver une vie normale. C'est sa passion du dessin qui l'aidera à transformer sa souffrance en création, mais surtout sa rencontre avec un médecin avant-gardiste. Dans ce récit intimiste, illustré de croquis, de dessins et de poèmes, elle propose de partager son vécu avec les malades et leurs familles et de leur apporter un message d'espoir.
(Coll. Mouvements des Savoirs, 25.00 euros, 244 p., Illustré en noir et blanc)
ISBN : 978-2-343-04226-8, ISBN EBOOK : 978-2-336-35532-0

ÉDUCATION ET SANTÉ
Des pratiques aux savoirs
Sous la direction de Séverine Parayre et Alexandre Klein
Préface de Georges Vigarello
À partir des contributions de chercheurs de différentes disciplines, cet ouvrage propose une réflexion inédite sur les enjeux sociaux et scientifiques soulevés, en France comme à l'étranger, par les nouvelles problématiques de santé en éducation et en formation mais également sur l'impact des enjeux éducatifs dans les questions de santé. Les racines historiques et philosophiques de l'union entre santé et éducation ne sont pas oubliées.
(Coll. Savoir et formation, 25.00 euros, 242 p.)
ISBN : 978-2-343-03957-2, ISBN EBOOK : 978-2-336-35348-7

PSYCHIATRIE (LA) FRANCOPHONE
Pour une psychiatrie humaniste
Delteil Pierre - avec la collaboration de Jean Garrabé
La psychiatrie francophone adhère aux principes spécifiques de la francophonie qui reconnaît la prééminence des valeurs humanistes sur la puissance de l'économie (caractéristique de la culture anglo-saxonne) et privilégie en matière de psychiatrie les idées d'équité, de générosité, de fraternité, associés à des recherches scientifiques de haut niveau.
(Coll. Psyché de par le monde, 27.00 euros, 288 p.)
ISBN : 978-2-343-03602-1, ISBN EBOOK : 978-2-336-35494-1

ESSAIS CLINIQUES DANS LES PAYS DU SUD : ENTRE IMPÉRIALISME ÉTHIQUE ET RELATIVISME MORAL ?
Béréterbide France
Nombre de « scandales éthiques » ont émaillé l'actualité de la recherche clinique dans les pays du Sud. L'objet de cet ouvrage est de soutenir que l'éthique de la recherche peut et doit être replacée dans son contexte mais que cette contextualisation ne passe pas par la conception de « standards éthiques » moins exigeants dans les pays du Sud, mais par un « acclimatement » à ceux-ci.
(Coll. Éthique et pratique médicales, 25.00 euros, 250 p.)
ISBN : 978-2-343-03578-9, ISBN EBOOK : 978-2-336-35508-5

SANTÉ ET DÉVELOPPEMENT EN AFRIQUE SUBSAHARIENNE
La maladie : approche historique, d'hier à aujourd'hui
Tchero Joachim
Préface de Jean-Claude Djereke
Cet ouvrage questionne l'action médicale occidentale en Afrique subsaharienne. S'il reconnaît que l'effort consenti par l'Occident n'est pas à nier, il remet en cause les résultats sur le terrain, faute de coordination systématique entre les divers déterminants de la santé. Pour l'auteur, la médication doit être considérée dans ses liaisons non seulement avec la science mais aussi avec le culturel (croyance, organisation et fonctionnement des relations sociales).
(Harmattan Côte d'Ivoire, Coll. Harmattan Côte-d'Ivoire, 24.00 euros, 248 p.)
ISBN : 978-2-343-03882-7, ISBN EBOOK : 978-2-336-35429-3

CIRCONCISION (LA) EN QUESTION
Sous la direction de Monique Lise Cohen
Le 1er octobre 2013, l'Assemblée parlementaire du Conseil de l'Europe adoptait la résolution 1952 et la recommandation 2023 classant la circoncision parmi les «violations médicalement non justifiées de l'intégrité physique des enfants». En mars 2014, elle renonça à s'engager dans cette voie d'interdiction de la circoncision. C'est devant l'inquiétude suscitée par la première recommandation que l'AJLT et la LICRA ont décidé d'organiser un colloque sur ces questions.
(Éditions Orizons, 14.00 euros, 134 p.)
ISBN : 978-2-336-29873-3, ISBN EBOOK : 978-2-336-35613-6

CHIRURGIE. L'ENVERS DU DÉCOR
(nouvelle édition)
De la Caffinière Jean-Yves
Confrontés à des tâches administratives toujours plus exigeantes, sous la menace d'une judiciarisation galopante, les chirurgiens français s'interrogent sur leur avenir de praticiens. Ce livre fait état d'une expérience toute personnelle, qui s'attache à donner au lecteur non averti les réalités qui se cachent derrière l'image trop souvent réductrice du personnage chirurgien.
(15.50 euros, 154 p.)
ISBN : 978-2-343-04093-6, ISBN EBOOK : 978-2-336-35513-9

ODONTOLOGIE MÉDICO-LÉGALE ET SERIAL KILLERS
La dent qui en savait trop
Riaud Xavier, Brousseau Philippe
Les auteurs de ce livre, tous deux dentistes, nous livrent ici le résultat de leur enquête. Ils mettent en évidence les tueurs en série qui ont pu être arrêtés après avoir laissé des traces de morsure sur le corps de leurs victimes, une fois identifiés leur ADN salivaire ou bien leurs dents. Au cours de véritables récits relatant l'histoire et les investigations policières qui ont conduit à l'arrestation de ces meurtriers, cette étude remonte aux premiers tueurs connus.
(Coll. Médecine à travers les siècles, 32.50 euros, 318 p., Illustré en noir et blanc)
ISBN : 978-2-343-04207-7, ISBN EBOOK : 978-2-336-35647-1

L'HARMATTAN ITALIA
Via Degli Artisti 15; 10124 Torino

L'HARMATTAN HONGRIE
Könyvesbolt ; Kossuth L. u. 14-16
1053 Budapest

L'HARMATTAN KINSHASA
185, avenue Nyangwe
Commune de Lingwala
Kinshasa, R.D. Congo
(00243) 998697603 ou (00243) 999229662

L'HARMATTAN CONGO
67, av. E. P. Lumumba
Bât. – Congo Pharmacie (Bib. Nat.)
BP2874 Brazzaville
harmattan.congo@yahoo.fr

L'HARMATTAN GUINÉE
Almamya Rue KA 028, en face
du restaurant Le Cèdre
OKB agency BP 3470 Conakry
(00224) 657 20 85 08 / 664 28 91 96
harmattanguinee@yahoo.fr

L'HARMATTAN MALI
Rue 73, Porte 536, Niamakoro,
Cité Unicef, Bamako
Tél. 00 (223) 20205724 / +(223) 76378082
poudiougopaul@yahoo.fr
pp.harmattan@gmail.com

L'HARMATTAN CAMEROUN
BP 11486
Face à la SNI, immeuble Don Bosco
Yaoundé
(00237) 99 76 61 66
harmattancam@yahoo.fr

L'HARMATTAN CÔTE D'IVOIRE
Résidence Karl / cité des arts
Abidjan-Cocody 03 BP 1588 Abidjan 03
(00225) 05 77 87 31
etien_nda@yahoo.fr

L'HARMATTAN BURKINA
Penou Achille Some
Ouagadougou
(+226) 70 26 88 27

L'HARMATTAN SÉNÉGAL
10 VDN en face Mermoz, après le pont de Fann
BP 45034 Dakar Fann
33 825 98 58 / 33 860 9858
senharmattan@gmail.com / senlibraire@gmail.com
www.harmattansenegal.com

L'HARMATTAN BÉNIN
ISOR-BENIN
01 BP 359 COTONOU-RP
Quartier Gbèdjromèdé,
Rue Agbélenco, Lot 1247 I
Tél : 00 229 21 32 53 79
christian_dablaka123@yahoo.fr

Achevé d'imprimer par Corlet Numérique - 14110 Condé-sur-Noireau
N° d'Imprimeur : 114268 - Dépôt légal : décembre 2014 - *Imprimé en France*